Conheça o
Saraiva Conecta

Uma plataforma que apoia o leitor em sua jornada de estudos e de atualização.

Estude *online* com conteúdos complementares ao livro e que ampliam a sua compreensão dos temas abordados nesta obra.

Tudo isso com a **qualidade Saraiva Educação** que você já conhece!

Veja como acessar

No seu computador
Acesse o *link*
https://somos.in/PPEPT9

No seu celular ou tablet
Abra a câmera do seu celular ou aplicativo específico e aponte para o QR Code disponível no livro.

Faça seu cadastro

1. Clique em "Novo por aqui? Criar conta".

2. Preencha as informações – insira um *e-mail* que você costuma usar, ok?

3. Crie sua senha e clique no botão "CRIAR CONTA".

Pronto!
Agora é só aproveitar o conteúdo desta obra!*

Qualquer dúvida, entre em contato pelo *e-mail* **suportedigital@saraivaconecta.com.br**

Confira o material do professor
Marco Antonio Redinz
para você:

https://somos.in/PPEPT9

---

* Sempre que quiser, acesse todos os conteúdos exclusivos pelo link ou pelo QR Code indicados. O seu acesso tem validade de 24 meses.

PASSO A PASSO PARA ELABORAÇÃO DE PETIÇÕES TRABALHISTAS

Noções sobre cálculos trabalhistas

www.editorasaraiva.com.br/direito
Visite nossa página

MARCO ANTONIO REDINZ

PASSO A PASSO PARA ELABORAÇÃO DE PETIÇÕES TRABALHISTAS

Noções sobre cálculos trabalhistas

9ª edição
2023

Av. Paulista, 901, Edifício CYK, 4º andar
Bela Vista – São Paulo – SP – CEP 01310-100

SAC | sac.sets@saraivaeducacao.com.br

Diretoria executiva	Flávia Alves Bravin
Diretoria editorial	Ana Paula Santos Matos
Gerência de produção e projetos	Fernando Penteado
Gerência editorial	Thais Cassoli Reato Cézar
Novos projetos	Aline Darcy Flôr de Souza
	Dalila Costa de Oliveira
Edição	Jeferson Costa da Silva (coord.)
	Liana Brito
Design e produção	Camilla Felix Cianelli Chaves
	Deborah Mattos
	Rosana Peroni Fazolari
	Tiago Dela Rosa
Planejamento e projetos	Cintia Aparecida dos Santos
	Daniela Maria Chaves Carvalho
	Emily Larissa Ferreira da Silva
	Kelli Priscila Pinto
Diagramação	Laura Guidali Amaral
Revisão	Paula Craveiro
Capa	Tiago Dela Rosa
Produção gráfica	Marli Rampim
	Sergio Luiz Pereira Lopes
Impressão e acabamento	Gráfica Paym

DADOS INTERNACIONAIS DE CATALOGAÇÃO NA PUBLICAÇÃO (CIP)
VAGNER RODOLFO DA SILVA – CRB-8/9410

R317p   Redinz, Marco Antonio
　　　　　Passo a passo para elaboração de petições trabalhistas: noções sobre cálculos trabalhistas / Marco Antonio Redinz. - 9. ed. - São Paulo : SaraivaJur, 2023.
　　　　　554 p.
　　　　　ISBN: 978-65-5362-406-1 (Impresso)
　　　　　1. Direito. 2. Direito trabalhista. 3. Petições trabalhistas. I. Título.

2023-1082
　　　　　　　　　　　　　　　　　　　　　　CDD 344.01
　　　　　　　　　　　　　　　　　　　　　　CDU 349.2

Índices para catálogo sistemático:

1. Direito trabalhista   344.01
2. Direito trabalhista   349.2

Data de fechamento da edição: 17-5-2023

Dúvidas? Acesse www.saraivaeducacao.com.br

Nenhuma parte desta publicação poderá ser reproduzida por qualquer meio ou forma sem a prévia autorização da Saraiva Educação. A violação dos direitos autorais é crime estabelecido na Lei n. 9.610/98 e punido pelo art. 184 do Código Penal.

| CÓD. OBRA | 15850 | CL | 608567 | CAE | 830025 |

Agradecimentos

Agradeço,

A Deus, pela oportunidade da vida e pelos dons que nos concede, que nos fazem progredir como seres humanos.

À minha querida mãe, Mercedes (*in memoriam*), a quem dedico cada palavra e página desta obra, e cujo amor e afeto sempre me inspiraram e me acompanharão por toda a eternidade.

À minha família pelo apoio e a todos que estão ao meu lado me acompanhando, orientando e compartilhando os preciosos dias de minha existência.

Aos muitos educadores e professores que procuram, com seu árduo e complexo trabalho, contribuir para a formação de cidadãos livres e conscientes, imprescindíveis para o crescimento e o desenvolvimento deste país.

E, principalmente, aos meus queridos alunos e ex-alunos, que me inspiraram na elaboração desta obra.

Sumário

Agradecimentos VII

Introdução XIX

CAPÍTULO 1 Linguagem Jurídica — Como Escrever Direito 1

CAPÍTULO 2 Reforma Trabalhista 5

2.1 Responsabilidade das Partes por Dano Processual 33
    2.1.1 Da litigância de má-fé 33
    2.1.2 Da má-fé 34
    2.1.3 Da multa por litigância de má-fé 34
    2.1.4 Do assédio processual 35
    2.1.5 Da indenização por assédio processual 35
2.2 Declaração de Direitos de Liberdade Econômica 36

CAPÍTULO 3 Compreendendo o Desenvolvimento da Petição Inicial 39

CAPÍTULO 4 Petição Inicial Trabalhista 41

4.1 Requisitos da Petição Inicial Trabalhista 43
    4.1.1 Endereçamento ou designação do juízo a quem a petição inicial é dirigida 43
    4.1.2 Qualificação individualizada e completa do autor (reclamante) 45
    4.1.3 Individualização do réu (reclamado) 51
        4.1.3.1 Ação trabalhista que questiona a validade de cláusula coletiva 52
        4.1.3.2 Sucessão de empregadores ou sucessão empresarial .. 53
        4.1.3.3 Grupo econômico 54
        4.1.3.4 Terceirização de serviços 56
            4.1.3.4.1 Responsabilidade da Administração Pública pelos encargos trabalhistas de suas empresas contratadas 59

	4.1.3.5	Responsabilidade solidária no caso de inadimplemento dos valores devidos ao trabalhador avulso	62
	4.1.3.6	Responsabilidade no caso de inadimplemento dos valores devidos ao trabalhador temporário	64
	4.1.3.7	Responsabilidade pelo inadimplemento dos valores devidos ao trabalhador no caso de contrato de empreitada e de subempreitada	66
4.1.4		Breve exposição dos fatos de que resulte o dissídio	69
	4.1.4.1	Atenção no caso de reconhecimento de vínculo empregatício	72
4.1.5		Pedido(s)	73
	4.1.5.1	Pedidos alternativos	78
	4.1.5.2	Pedidos subsidiários	79
	4.1.5.3	Pedidos simples	80
	4.1.5.4	Pedidos acumulados	80
	4.1.5.5	Pedido de reflexos	80
	4.1.5.6	Pedido de diferenças	81
	4.1.5.7	Reclamação trabalhista com pedido de concessão de medida liminar	82
	4.1.5.8	Reclamação trabalhista com pedido de concessão da tutela provisória de urgência	84
4.1.6		Valor da causa	85
4.1.7		Pedido de deferimento	86
4.1.8		Local, data e assinatura do autor ou de seu representante	87

4.2 Outros Requisitos Previstos no Código de Processo Civil 88

4.2.1	Fundamentos jurídicos do pedido	88
4.2.2	Indicação das provas	90
4.2.3	Requerimento de citação do réu	91
4.2.4	Indicação da opção pelo autor pela realização ou não da audiência de conciliação ou de mediação	92

4.3 Estrutura da Petição Inicial Trabalhista pelo Rito Ordinário 92

CAPÍTULO 5 Petição Inicial Trabalhista pelo Procedimento Sumaríssimo 101

5.1 Noções sobre cálculos trabalhistas 102

5.1.1	Contrato individual de trabalho a prazo indeterminado no regime presencial e na modalidade de tempo integral	103
5.1.2	Contrato individual de trabalho a prazo indeterminado para o exercício de atividade externa incompatível com a fixação de horário de trabalho	104
5.1.3	Contrato individual de trabalho a prazo indeterminado no regime presencial e na modalidade de tempo parcial	105

5.1.4	Contrato individual de trabalho a prazo determinado no regime presencial e na modalidade de tempo integral	106
5.1.5	Contrato individual de trabalho a prazo determinado no regime presencial e na modalidade de tempo parcial	108
5.1.6	Contrato individual de trabalho por experiência no regime presencial e na modalidade de tempo integral	109
5.1.7	Contrato individual de trabalho por experiência no regime presencial e na modalidade de tempo parcial	109
5.1.8	Contrato individual de trabalho a prazo indeterminado no regime de teletrabalho ou trabalho remoto	110
5.1.9	Contrato individual de trabalho a prazo determinado no regime de teletrabalho ou trabalho remoto	111
5.1.10	Contrato individual de trabalho por experiência no regime de teletrabalho ou trabalho remoto	112
5.1.11	Contrato individual de trabalho a prazo indeterminado no regime de teletrabalho ou trabalho remoto e na modalidade de tempo parcial	113
5.1.12	Contrato individual de trabalho intermitente no regime presencial, e obrigatoriamente a prazo indeterminado	113
5.1.13	Terceirização	116
5.1.14	Salário mensal	116
5.1.15	Repouso Semanal Remunerado (RSR) ou Descanso Semanal Remunerado (DSR)	117
5.1.16	Aviso prévio trabalhado (cumprido em serviço)	122
5.1.17	Aviso prévio não trabalhado (indenizado)	124
5.1.18	Saldo de salário	125
5.1.19	Décimo terceiro salário integral ou gratificação natalina	125
5.1.20	Décimo terceiro salário proporcional	127
5.1.21	Férias anuais vencidas	129
5.1.22	Férias proporcionais	130
5.1.23	Férias em dobro	131
5.1.24	1/3 constitucional	133
5.1.25	Fundo de Garantia do Tempo de Serviço (FGTS)	134
5.1.26	FGTS sobre o saldo de salário do mês da rescisão	136
5.1.27	FGTS sobre o décimo terceiro salário	136
5.1.28	FGTS sobre o aviso prévio	136
5.1.29	Multa de 40% do FGTS	137
5.1.30	Indenização do *caput* do art. 479 da CLT	138
5.1.31	Horas extras	139
5.1.32	Indenização decorrente da concessão parcial (redução) ou da não concessão do intervalo intrajornada mínimo para descanso ou alimentação	142
5.1.33	Pagamento decorrente da não concessão ou da redução do intervalo interjornada	146

5.1.34	Indenização decorrente da supressão total ou parcial das horas extras prestadas com habitualidade	149
5.1.35	Horas *in itinere* ou horas de deslocamento	152
5.1.36	Adicional noturno	153
5.1.37	Adicional de insalubridade	158
5.1.38	Adicional de periculosidade	160
5.1.39	Adicional de transferência	160
5.1.40	Horas de sobreaviso e de prontidão	161
5.1.41	Salário-família	167
5.1.42	Seguro-desemprego	167
5.1.43	Multa do § 8º do art. 477 da CLT	170
5.1.44	Indenização adicional do art. 9º da Lei n. 7.238/84	171
5.1.45	Multa do art. 467 da CLT	171
5.1.46	Multa do § 5º do art. 476-A da CLT	172
5.1.47	Ressarcimento de valores gastos com transporte coletivo público — vale-transporte não fornecido pelo empregador	173
5.1.48	Multas do art. 457 da CLT	176
5.1.49	Multa do § 6º do art. 461 da CLT	180
5.1.50	Multa do § 4º do art. 452-A da CLT	181
5.1.51	Cálculo das verbas rescisórias em um contrato de trabalho intermitente	181
5.1.52	Dicas finais sobre cálculos trabalhistas	183

5.2 Distinção Básica entre Verbas de Natureza Salarial e Indenizatória 186

5.3 Principais Distinções entre o Rito Sumário e o Procedimento Sumaríssimo e sua Aplicação Prática no Exame da OAB 187

5.4 Distinções entre incorporar e integrar 188

5.5 Primeira Estrutura da Petição Inicial Trabalhista pelo Procedimento Sumaríssimo 190

5.6 Segunda Estrutura da Petição Inicial Trabalhista pelo Procedimento Sumaríssimo 195

CAPÍTULO 6 Resposta do Réu 199

6.1 Contestação ou Defesa 199

6.2 Defesa Preliminar 200

6.2.1	Incompetência absoluta	201
	6.2.1.1 Incompetência absoluta em razão da matéria	202
	6.2.1.2 Incompetência absoluta em razão da pessoa	203
6.2.2	Inexistência ou nulidade de citação	203
6.2.3	Inépcia da petição inicial	204

6.2.3.1 Como identificar na questão do Exame da OAB, para redação da peça profissional de contestação, a preliminar de inépcia da petição inicial na hipótese em que há pedido mas não há causa de pedir (§ 1º do art. 330 do CPC) 207

6.2.4	Continência		208
6.2.5	Litispendência		209
6.2.6	Coisa julgada		210
6.2.7	Conexão		211
6.2.8	Incapacidade da parte, defeito de representação ou falta de autorização		213
6.2.9	Carência da ação		213
6.2.10	Perempção		217
6.2.11	Quitação perante a Comissão de Conciliação Prévia		217

6.3 Defesa de Mérito 218

6.3.1	Defesa de mérito indireta		218
	6.3.1.1	Prescrição	218
	6.3.1.2	Decadência	228
6.3.2	Defesa direta de mérito propriamente dita		229

6.4 Exceções 233

6.4.1	Exceção de suspeição	233
6.4.2	Exceção de incompetência territorial ou em razão do lugar	235

6.5 Estrutura da Petição de Contestação ou Defesa 239

6.6 Estrutura da Segunda Petição de Contestação ou Defesa 250

6.7 Estrutura da Primeira Petição de Contestação ou Defesa Oferecida com Reconvenção 259

6.8 Estrutura da Segunda Petição de Contestação ou Defesa Oferecida com Reconvenção 266

6.9 Estrutura da Petição de Exceção de Incompetência Territorial (ou em Razão do Lugar) 271

CAPÍTULO 7 Recurso Ordinário 276

7.1 Estrutura da Peça Processual de Recurso Ordinário — Recurso Interposto pelo Reclamante 281

7.2 Estrutura da Primeira Peça do Recurso Ordinário — Petição de Interposição ou Peça de Rosto 282

7.3 Estrutura da Segunda Peça do Recurso Ordinário — Razões do Recurso 285

7.4 Estrutura da Peça Processual de Recurso Ordinário — Recurso Interposto pelo Reclamado 290

7.5 Estrutura da Primeira Peça do Recurso Ordinário — Petição de Interposição ou Peça de Rosto 291

7.6 Estrutura da Segunda Peça do Recurso Ordinário — Razões do Recurso 294

7.7 Estrutura da Peça Processual de Recurso Ordinário em Dissídio Coletivo 298

7.8 Estrutura da Primeira Peça do Recurso Ordinário em Dissídio Coletivo — Petição de Interposição ou Peça de Rosto 299

7.9 Estrutura da Segunda Peça do Recurso Ordinário em Dissídio Coletivo — Razões do Recurso 301

CAPÍTULO 8 Agravo de Instrumento 309

8.1 Estrutura da Peça Processual do Agravo de Instrumento 312

8.2 Estrutura da Primeira Peça do Agravo de Instrumento — Petição de Interposição 313

8.3 Estrutura da Segunda Peça do Agravo de Instrumento — Razões do Recurso 316

CAPÍTULO 9 Embargos de Declaração 319

9.1 Estrutura da Peça Processual de Embargos de Declaração 322

CAPÍTULO 10 Recurso de Revista 325

10.1 Estrutura da Peça Processual de Recurso de Revista 332

10.2 Estrutura da Primeira Peça do Recurso de Revista — Petição de Interposição ou Peça de Rosto 333

10.3 Estrutura da Segunda Peça do Recurso de Revista — Razões do Recurso 337

CAPÍTULO 11 Recursos de Decisões Proferidas pelo Tribunal Superior do Trabalho 345

11.1 Embargos Infringentes 345

11.2 Embargos à Subseção I da Seção Especializada em Dissídios Individuais ou Embargos de Divergência 346

11.3 Estrutura da Peça Processual do Recurso de Embargos Infringentes.... 348

11.4 Estrutura da Primeira Peça do Recurso de Embargos Infringentes – Petição de Interposição ou Peça de Rosto 349

11.5 Estrutura da Segunda Peça do Recurso de Embargos Infringentes – Razões do Recurso 351

11.6 Estrutura da Peça Processual de Embargos para a Subseção I da Seção Especializada em Dissídios Individuais ou Embargos de Divergência.. 354

11.7 Estrutura da Primeira Peça do Recurso de Embargos de Divergência – Petição de Interposição ou Peça de Rosto 354

11.8 Estrutura da Segunda Peça do Recurso de Embargos de Divergência – Razões do Recurso 357

CAPÍTULO 12 Agravo de Petição 362

12.1 Estrutura da Peça Processual do Recurso de Agravo de Petição 363

12.2 Estrutura da Primeira Peça do Agravo de Petição — Petição de Interposição ou Peça de Rosto 363

12.3 Estrutura da Segunda Peça do Agravo de Petição — Razões do Recurso... 366

CAPÍTULO 13 Embargos à Execução 371

13.1 Estrutura da Petição Inicial dos Embargos à Execução 374

CAPÍTULO 14 Outras Ações 379

14.1 Ação de Cumprimento 379

 14.1.1 Estrutura da Petição Inicial da Ação de Cumprimento 382

14.2 Ação de Consignação em Pagamento... 387

 14.2.1 Estrutura da Petição Inicial da Ação de Consignação em Pagamento 391

14.3 Inquérito para Apuração de Falta Grave 397

 14.3.1 Estrutura da Petição Inicial do Inquérito para Apuração de Falta Grave 399

14.4 Ação Rescisória... 403

 14.4.1 Primeira Estrutura da Petição Inicial da Ação Rescisória 409

 14.4.2 Segunda Estrutura da Petição Inicial da Ação Rescisória (com Requerimento de Benefício da Justiça Gratuita) 414

14.5 Mandado de Segurança 418

 14.5.1 Primeira Estrutura da Petição Inicial do Mandado de Segurança (com endereçamento para Tribunal Regional do Trabalho) 422

 14.5.2 Segunda Estrutura da Petição Inicial do Mandado de Segurança (com endereçamento para Vara do Trabalho)......................... 429

14.6 Ação Anulatória de Débito Fiscal e Ação Anulatória de Auto de Infração 433

 14.6.1 Estrutura da Petição Inicial da Ação Anulatória de Débito Fiscal 435

 14.6.2 Estrutura da Petição Inicial da Ação Anulatória de Auto de Infração 439

14.7 Ações Possessórias 442

 14.7.1 Estrutura da Petição Inicial da Ação de Manutenção de Posse 446

 14.7.2 Estrutura da Petição Inicial da Ação de Reintegração de Posse.. 452

 14.7.3 Estrutura da Petição Inicial da Ação de Interdito Proibitório .. 457

14.8 Ação Monitória.. 462

 14.8.1 Estrutura da Petição Inicial da Ação Monitória 462

14.9 *Habeas Corpus* 466

14.9.1 Estrutura da Petição Inicial de *Habeas Corpus* 467

CAPÍTULO 15 Petição de Homologação de Acordo Extrajudicial no Processo de Jurisdição Voluntária 472

15.1 Estrutura da Petição Conjunta de Homologação de Acordo Extrajudicial 474

CAPÍTULO 16 Assuntos Importantes que Devem Ser Observados na Elaboração das Peças Trabalhistas 478

16.1 Espécies ou Tipos de Trabalhadores 478

16.1.1 Empregado 479
16.1.2 Trabalhador eventual 482
16.1.3 Trabalhador autônomo 483
16.1.4 Trabalhador temporário 484

16.1.4.1 Quanto à forma 485
16.1.4.2 Quanto ao prazo 485
16.1.4.3 Quanto às vantagens aplicáveis ao trabalhador temporário 486
16.1.4.4 Quanto à competência para resolver os conflitos 486

16.1.5 Trabalhador avulso 487
16.1.6 Trabalhador voluntário 488
16.1.7 Trabalhador doméstico 488
16.1.8 Estagiário 497
16.1.9 Detetive particular 498
16.1.10 Motorista profissional empregado 498
16.1.11 Trabalhador cooperado 503
16.1.12 Cuidados que devem ser observados no momento da elaboração da petição inicial trabalhista em razão das várias espécies de trabalhadores 504

16.2 Formas de Extinção do Contrato de Trabalho 511

16.2.1 Rescisão do contrato de trabalho a prazo determinado pelo decurso/término do prazo fixado 513
16.2.2 Extinção do contrato de trabalho por rescisão antecipada do contrato por prazo determinado 513
16.2.3 Rescisão do contrato de trabalho por prazo indeterminado por pedido de demissão do empregado 515
16.2.4 Rescisão do contrato de trabalho por rescisão indireta ou despedida indireta 516
16.2.5 Rescisão do contrato de trabalho por prazo indeterminado por despedimento, despedida ou dispensa do empregado sem justa causa 517
16.2.6 Rescisão do contrato de trabalho por prazo indeterminado por despedida, despedimento ou dispensa do empregado com justa causa 518

16.2.7 Rescisão do contrato de trabalho por culpa recíproca 519

16.2.8 Rescisão do contrato de trabalho por acordo entre empregado e empregador 520

16.2.9 Rescisão do contrato de trabalho por morte do empregado 521

16.2.10 Rescisão do contrato de trabalho por extinção da empresa 522

16.2.11 Rescisão do contrato de trabalho por morte do empregador pessoa física 522

16.2.12 Rescisão do contrato de trabalho intermitente sem justa causa.. 523

CAPÍTULO 17 Aspectos Relacionados à Competência da Justiça do Trabalho.. 525

17.1 Da Competência em Razão da Matéria 525

17.1.1 Ação em que se pleiteia indenização por dano moral 525

17.1.2 Ação em que se pleiteia indenização por dano moral decorrente de acidente de trabalho ou doença ocupacional 529

17.1.3 Ação movida pelos herdeiros, sucessores ou dependentes do trabalhador falecido em que se pleiteia indenização por acidente de trabalho 530

17.1.4 Ações relativas a penalidades administrativas......................... 530

17.1.5 Ação de cobrança de honorários advocatícios 531

17.2 Da Competência em Razão das Pessoas.. 532

17.2.1 Tipos de trabalhadores que a Justiça do Trabalho tem competência para julgar suas questões 533

17.2.2 Tipos de trabalhadores que a Justiça do Trabalho não tem competência para julgar suas questões.................................... 534

17.3 Da Competência em Razão do Lugar ou Territorial............................ 534

CAPÍTULO 18 Dicas Finais — Como Desenvolver a Resposta das Questões Discursivas do Exame da OAB.. 535

Referências 537

Introdução

O presente livro é resultado de muitos anos de trabalho, estudo, dedicação e pesquisa como advogado e professor de disciplinas relacionadas com o Direito do Trabalho e o Processo do Trabalho, além de ter sido membro da Banca Examinadora do Exame da OAB, Seção Espírito Santo (Exame 01/2000).

Os assuntos foram organizados de forma que o candidato que optou pela prova prático-profissional de Direito do Trabalho possa se preparar para a 2ª fase do Exame da OAB.

O livro destina-se sobretudo a estudantes do curso de Direito e advogados, e tem como principal objetivo servir de instrumento para preparar o candidato para prestar o Exame da Ordem dos Advogados do Brasil (OAB), bem como servir de fonte de estudo e pesquisa para estudantes e advogados.

Inicialmente, tratamos sobre a importância da linguagem jurídica na redação de trabalhos advocatícios.

Depois, abordamos de forma inédita e inovadora o passo a passo na elaboração das principais peças que normalmente são cobradas no Exame da Ordem, ou seja, a petição inicial trabalhista, tanto pelo rito ordinário quanto pelo sumaríssimo, a contestação, o recurso ordinário, o recurso de revista, o agravo de instrumento, o agravo de petição, os embargos de declaração, além de muitas outras peças igualmente importantes, como a Ação Anulatória de Auto de Infração, a Ação Anulatória de Débito Fiscal e as Ações Possessórias, como a Ação de Manutenção de Posse, a Ação de Reintegração de Posse e a de Interdito Proibitório. Na parte alusiva ao procedimento sumaríssimo, discorremos sobre a elaboração de cálculos trabalhistas, mediante noções básicas acompanhadas de vários exemplos.

Ao longo da obra, incluímos inúmeras orientações, dicas e exemplos sobre as peças processuais.

Acreditamos que o presente material poderá servir de importante ferramenta para o estudo, aperfeiçoamento e preparação para a tão esperada aprovação na Ordem dos Advogados do Brasil, bem como de fonte de pesquisa e apoio para advogados e estudantes de Direito.

Inclusive, tem-se observado que esta obra tem sido utilizada como bibliografia nos planos de ensino das disciplinas de prática jurídica trabalhista, tanto nas aulas teóricas quanto nas de prática jurídica real dos laboratórios dos cursos de

Direito de instituições de Ensino Superior. Isso se deve, principalmente, à apresentação clara, objetiva e didática de cada um dos roteiros passo a passo para o desenvolvimento das peças trabalhistas.

Como material complementar, serão disponibilizados conteúdos digitais, como informações sobre o Exame da OAB, além de exercícios com respostas, sendo alguns inéditos e outros baseados em questões de Exames anteriores da OAB.

Além disso, também será disponibilizado conteúdo exclusivo contendo todas as peças processuais tratadas ao longo da obra, e um bônus sobre "Sistemática, Pesquisa, Citação e Interpretação das Normas Jurídicas".

Capítulo 1

Linguagem Jurídica — Como Escrever Direito

Inicialmente, é de fundamental importância tratarmos sobre linguagem jurídica e a necessidade de se buscar escrever direito.

É muito comum identificarmos peças processuais repletas de citações e repetições desnecessárias de textos de leis, doutrinas e, principalmente, de jurisprudência.

O que muitos profissionais do Direito ignoram é que dificilmente o juiz irá ler integralmente uma petição muito extensa e cheia de tais excessos.

Assim, deve o advogado ater-se ao essencial para que possa alcançar os objetivos pretendidos com tal trabalho jurídico, ou seja, defender os interesses de quem o contratou, procurando convencer o magistrado acerca dos direitos pretendidos por seu cliente.

Outra questão não menos importante é a frequente e exagerada utilização de termos e expressões latinas nas petições. Tantas são as repetições de locuções como *data venia* (com a devida vênia, com o devido respeito) e *ad argumentandum tantum* (somente para argumentar), que acabam por prejudicar a clareza e objetividade do texto. Sem contar que algumas expressões arcaicas e ultrapassadas como *data venia maxima* há muito já deveriam ter sido banidas da redação de peças advocatícias, uma vez que em nada contribuem para a objetividade do texto.

Ademais, importante ressaltar a veemente necessidade de simplificação da linguagem jurídica para torná-la compreensível por todas as pessoas, não somente a juízes e profissionais do Direito, mas também ao jurisdicionado, formado muitas vezes por empresários, donas de casa, estudantes e pessoas simples que também têm o direito de compreender o texto jurídico que será utilizado na defesa de seus interesses.

A utilização de frases muito longas e repletas de palavras incompreensíveis torna muitas vezes o texto jurídico prolixo, prejudicando o entendimento e trazendo dúbias interpretações, além de dificultar a efetiva prestação da tutela jurisdicional pelo Estado, na grande e importante tarefa de fazer Justiça.

Como exemplos de textos de difícil compreensão, podemos destacar os seguintes:

> "O vetusto vernáculo manejado no âmbito dos excelsos pretórios, inaugurado a partir da peça 'ab ovo', contaminando as súplicas do petitório, não repercute na cognoscência dos frequentadores do átrio forense. (...) Hodiernamente, no mesmo diapasão, elencam-se os empreendimentos 'in judicium specialis', curiosamente primando pelo rebuscamento, ao revés do perseguido em sua prima gênese. (...) Portanto, o hercúleo despendimento de esforços para o desaforamento do 'juridiquês' deve contemplar igualmente a Magistratura, o ínclito 'Parquet', os doutos patronos das partes, os corpos discentes e docentes do Magistério das ciências jurídicas" (ARRUDÃO, 2010).

> "Com espia no referido precedente, plenamente afincado, de modo consuetudinário, por entendimento turmário iterativo e remansoso, e com amplo supedâneo na Carta Política, que não preceitua garantia ao contencioso nem absoluta nem ilimitada, padecendo ao revés dos temperamentos constritores limados pela dicção do legislador infraconstitucional, resulta de meridiana clareza, tornando despicienda maior peroração, que o apelo a este Pretório se compadece do imperioso prequestionamento da matéria abojada na insurgência, tal entendido como expressamente abordada no Acórdão guerreado, sem o que estéril se mostrará a irresignação, inviabilizada 'ab ovo' por carecer de pressuposto essencial ao desabrochar da operação cognitiva" (MACIEL, 2009).

> "(...) o direito de reparação de autoaplicabilidade ou autorreparabilidade, em razão de que, as garantias inerentes à pessoa humana como princípio de desenvolvimento do ser humano, não se poderá haver prolongamento, pois o direito é inviolável, com a sua violação, a indenização será efetivamente de rigor. Assim, como direito de ir, vir e permanecer, calar-se ou não, manifestar-se ou não. Assim, o direito inviolável a vida, se fizera-se presente a demanda presente" (ACOMPANHAMENTO, 2009).

Assim, na elaboração do texto de uma petição ou mesmo de um parecer jurídico, o profissional do Direito deve procurar escrever com clareza e objetividade, atentando sempre para a correta ortografia.

Para tanto, a utilização de palavras fáceis tem o condão de simplificar o entendimento. Da mesma forma, a redação de frases curtas facilita a compreensão do contexto.

Outro cuidado importante é criar o hábito de consultar os dicionários para ter certeza de que empregou a correta ortografia, e para verificar se o significado da palavra utilizada está realmente de acordo com o sentido pretendido.

Roger Luiz Maciel (2007, p. 68), no texto "Linguagem jurídica — É difícil escrever direito?", orienta com espetacular simplicidade como se deve fazer a redação de uma frase. Para o autor, deve-se "usar de cautela na construção da frase.

Aqui outra técnica simples pode ser usada com resultado sempre positivo. Trata-se do seguinte:

> ❯ REGRA DE BRONZE: frases curtas.
> ❯ REGRA DE PRATA: frases muito curtas.
> ❯ REGRA DE OURO: frases curtíssimas.

Assim, acreditamos que com a simplificação da linguagem, ao utilizar um vocabulário direto e objetivo, empregando palavras de fácil compreensão, frases curtas e concisas, o profissional do Direito conseguirá não somente a atenção do juiz, que se sentirá estimulado em ler seu texto jurídico, mas atenderá principalmente a uma comunicação eficaz e atingirá um dos principais objetivos de sua profissão, que é ser o intermediário entre o jurisdicionado e os órgãos responsáveis pela Justiça.

IMPORTANTE

Na redação de peças jurídicas é importante se expressar com **clareza**, sem obscuridade, de forma simples, utilizando preferencialmente frases curtas, objetivas e de fácil compreensão. É preciso escrever em **linguagem correta**, observando as regras gramaticais básicas.

Também é de fundamental importância conhecer a **terminologia jurídica** de determinadas palavras, para que se possa fazer seu emprego de forma correta.

Já outras palavras, apesar de não terem um significado jurídico, é necessário que se observe sua correta colocação no contexto da peça jurídica. Por exemplo, as palavras **devolução** ou **devolver** podem ser utilizadas quando o empregador houver retirado algo de direito do trabalhador, e que possa ser compelido judicialmente a devolver, como um desconto feito indevidamente no salário, ou mesmo um aparelho celular do obreiro que foi ilegalmente confiscado pelo empregador. Já as palavras **ressarcimento** ou **ressarcir** podem ser utilizadas na hipótese em que o empregador deve indenizar o trabalhador de um gasto feito com seus próprios meios, quando a legislação determina que seja custeado pelo empregador, parcial ou integralmente, como o ressarcimento dos gastos do trabalhador com valores despendidos com as passagens do transporte coletivo público, quando deveria ter recebido da empresa os vales-transportes.

Importante, portanto, buscar conhecer o significado das palavras, sejam jurídicas ou não, para que sejam empregadas corretamente e, ao final, se consiga transmitir com clareza as informações desejadas, na busca pela defesa dos interesses da parte, perante a Justiça do Trabalho.

DICA

Quando se está iniciando a redação de peças jurídicas, é comum surgirem dúvidas em relação aos termos que podem ser utilizados. Somente com o estudo e muita prática é que se conseguirão resultados satisfatórios, com frases objetivas e de fácil compreensão. Nada pior para um juiz que se deparar com petições malfeitas e repletas de erros de ortografia e acentuação gráfica, e principalmente com utilização incorreta das expressões comumente utilizadas no Direito.

Uma **dica simples,** mas muito eficaz, é buscar empregar na redação das peças jurídicas, ou mesmo dos pareceres, as mesmas palavras que compõem o texto das normas jurídicas, como os dispositivos da CLT ou do CPC, por exemplo, ou mesmo utilizar as expressões contidas na jurisprudência uniforme de determinado Tribunal, como as Súmulas do Tribunal Superior do Trabalho. Com o tempo e o emprego habitual, tais palavras passarão a fazer parte do vocabulário de forma natural, facilitando a redação.

Vejamos alguns exemplos:

a) Na redação da preliminar de inépcia da petição inicial, uma expressão muito importante está exatamente no *caput* do art. 330 do CPC, na qual "a petição inicial será *indeferida* quando". Assim, na contestação, pode-se redigir o texto da preliminar utilizando a palavra *indeferida/indeferir,* como a seguir exposto: "deverá ser *indeferida* a petição inicial, visto que foi formulado o pedido de pagamento de horas extras sem a correspondente causa de pedir (...)".

b) No pedido da peça de contestação, em relação à defesa direta de mérito, é muito comum se consignar o seguinte: "no mérito, requer sejam *indeferidos* os pedidos formulados pelo reclamante". Como visto na letra *a*, deve ser utilizada a expressão *indeferida* em relação à petição inicial, na hipótese de inépcia, em uma das situações previstas do § 1º do art. 330 do CPC. Neste caso, o correto seria empregar os seguintes termos: "no mérito, requer a *improcedência* do pedido formulado pelo reclamante", ou mesmo "no mérito, requer que não seja *acolhido* o pedido formulado pelo reclamante", ou ainda "no mérito, requer seja *rejeitado* o pedido formulado pelo reclamante". Tais termos constam no texto dos seguintes dispositivos: inciso II do art. 789 da CLT e inciso I do art. 487 do CPC.

c) Outra situação muito comum é utilizar a palavra *interpor* da seguinte forma: "vem *interpor* Reclamação Trabalhista em face da Empresa X", quando o correto é utilizar as expressões *apresentar* ou mesmo *ajuizar,* visto que interpor está relacionado a recurso ("vem *interpor* Recurso Ordinário"). Tais expressões podem ser identificadas no *caput* do art. 852-A da CLT, no *caput* do art. 839 da CLT, e ainda no *caput* do art. 997 do CPC. Outrossim, a palavra *apresentar* também pode ser utilizada no caso da defesa ou contestação, seguindo o parágrafo único do art. 847 da CLT ("vem apresentar contestação nos autos da reclamação trabalhista"), e também em relação à exceção de incompetência territorial, conforme previsão do *caput* do art. 800 da CLT ("vem apresentar exceção de incompetência territorial").

Outrossim, pode-se também utilizar as mesmas expressões contidas na jurisprudência uniforme de determinado Tribunal, fazendo a devida contextualização ao caso concreto. Numa contestação, por exemplo, pode-se citar a impugnação ao pedido de pagamento da multa do § 8º da CLT feito numa reclamação trabalhista ajuizada contra a Massa Falida de determinada empresa da seguinte forma: "o pedido deverá ser rejeitado, visto que a Massa Falida não se sujeita à multa do § 8º do art. 477 da CLT, de conformidade com a Súmula n. 388 do TST".

Seguindo tal sistemática, torna-se mais simples desenvolver os textos jurídicos, e com maior possibilidade de acerto no emprego dos termos, principalmente para quem está dando os primeiros passos no desenvolvimento de peças jurídicas. Isto irá facilitar a leitura e ajudar na identificação dos objetivos da peça jurídica, facilitando o entendimento da parte contrária, e principalmente do juiz que irá proferir a sentença.

Capítulo 2

Reforma Trabalhista

A Lei n. 13.467, sancionada pelo Presidente da República em 13-7-2017, que entrou em vigor no dia 11-11-2017, ficou conhecida como **Reforma Trabalhista,** visto que ensejou significativas mudanças na Consolidação das Leis do Trabalho (Decreto-lei n. 5.452/1943), tendo criado novas relações de trabalho, marcadas em alguns dispositivos pela expressiva flexibilidade, que impactaram profundamente no vínculo existente entre empregado e empregador, além de normas que influenciaram diretamente o processo trabalhista.

Quanto à aplicabilidade das novas regras em relação aos contratos de trabalho, a Medida Provisória n. 808/2017 previa expressamente que a Lei n. 13.467/2017 devia ser aplicada, na integralidade, não somente aos novos contratos de trabalho, mas também aos antigos, que já se encontravam em andamento antes da alteração legislativa. Porém, como a vigência da citada MP foi encerrada no dia 23-4-2018, esta questão novamente ficou em aberto, visto que a Reforma Trabalhista é omissa nesse aspecto. Alguns juízes têm aplicado as regras da Reforma Trabalhista, em relação ao direito material do trabalho, da seguinte forma: para os contratos de trabalho rescindidos até 10-11-2017 deverá ser aplicada a legislação anterior, e aos contratos ajustados depois do dia 11-11-2017 devem ser disciplinados pela lei nova.

Logo após o início de vigência da Lei n. 13.467/2017, o Tribunal Superior do Trabalho noticiou que as questões de direito material seriam discutidas caso a caso, tanto no julgamento no primeiro grau quanto no segundo, bem assim no julgamento dos recursos sobre os temas dirigidos ao TST. Para o Tribunal, com o tempo haverá a construção jurisprudencial a partir do julgamento de casos concretos quanto à parte do direito material constante da Reforma, que trata de temas como férias, tempo à disposição do empregador, reparação por dano extrapatrimonial, trabalho intermitente, extinção do contrato por comum acordo, dentre outros.

É fundamental o acompanhamento das definições da jurisprudência trabalhista, em especial das decisões proferidas pelo Supremo Tribunal Federal, quanto a determinados temas da Reforma Trabalhista, questionados por meio de ações diretas de inconstitucionalidade.

Mesmo passados alguns anos do início de sua vigência, a Reforma Trabalhista ainda tem gerado dúvidas acerca de sua aplicação na prática das relações de trabalho, visto que algumas retratam possibilidades que anteriormente eram inexistentes na seara do trabalho brasileiro, como a quitação anual das obrigações trabalhistas, por exemplo.

Assim, uma questão de primordial importância diz respeito à necessidade de a empresa fazer corretamente todos os registros dos direitos ajustados e das alterações contratuais realizadas, principalmente aquelas que demandam somente o ajuste direto entre empregador e empregado, pois sendo este a parte hipossuficiente da relação de emprego pode com mais facilidade vir a questionar judicialmente o pactuado, podendo dar margem a condenações de pretensões inexistentes, caso a empresa tenha agido de conformidade com as normas, mas não tenha tido o devido cuidado de proceder aos registros de praxe, como a anotação no contrato individual de trabalho do regime em tempo parcial e mesmo da modalidade intermitente.

Apesar de muitas das alterações serem abordadas ao longo dos capítulos do livro, apresentaremos, a seguir, de forma simples e direta, algumas das principais mudanças, que inclusive têm sido motivo de debates no meio jurídico:

APLICAÇÃO DAS NORMAS PROCESSUAIS DA CLT

Uma dúvida existente após o início da vigência da Lei n. 13.467, em 11-11-2017, diz respeito à aplicação das novas normas processuais da CLT aos antigos e novos processos ajuizados na Justiça do Trabalho. No dia 21-6-2018, o Tribunal Superior do Trabalho aprovou a Instrução Normativa n. 41, dispondo sobre a aplicabilidade de vários dispositivos da Reforma Trabalhista ao processo do trabalho.

Para o Tribunal Superior do Trabalho, a ação trabalhista ajuizada antes de 11-11-2017, data em que entrou em vigor a Reforma Trabalhista, é subordinada aos preceitos constantes no texto da CLT vigente até então. Portanto, a aplicação das normas processuais previstas na CLT alteradas pela Reforma Trabalhista é imediata, mas não atinge as situações iniciadas ou consolidadas na vigência da lei revogada.

PREVALÊNCIA DO NEGOCIADO SOBRE O LEGISLADO

Com certeza foi um dos pontos mais importantes da Reforma Trabalhista, e que tem gerado maior resistência, visto que irá prevalecer sobre a legislação do trabalho o que for negociado por meio do acordo coletivo (sindicato do trabalhador negocia com a empresa) ou convenção coletiva de trabalho (sindicato do trabalhador negocia com o sindicato das empresas do mesmo ramo de negócio). Porém, nem tudo poderá ser negociado, seja reduzindo ou suprimindo direitos, como o salário mínimo, o décimo terceiro salário, as férias, as licenças maternidade e paternidade e o seguro-desemprego.

Em resumo, na comparação entre as condições estabelecidas no acordo ou na convenção coletiva de trabalho, com as condições estabelecidas pela legislação do trabalho, deverão prevalecer as cláusulas das normas coletivas. E na comparação entre as previsões de um acordo coletivo com uma convenção coletiva, as condições estabelecidas no acordo sempre prevalecerão, visto que é o resultado da negociação entre a empresa com o sindicato dos trabalhadores da categoria, e as cláusulas estipulam condições que vão atender às necessidades específicas de determinada empresa e de seus empregados. Assim, as condições estabelecidas nos acordos coletivos deverão prevalecer em relação às condições previstas nas convenções coletivas e na legislação do trabalho. Esta, inclusive, é a previsão expressa do art. 620 da CLT, alterado pela Lei n. 13.467/2017.

Quando o empregado tiver diploma de nível superior e remuneração mensal igual ou superior a duas vezes o limite máximo dos benefícios da Previdência Social, o acordo individual, pactuado diretamente entre empregado e empregador, irá prevalecer sobre a negociação coletiva (acordo ou convenção coletiva de trabalho), e também sobre a legislação do trabalho. Neste aspecto, é importante ressaltar a condição de subordinação de tais trabalhadores perante o empregador, pois o fato de terem diploma de nível superior e elevados salários não lhes dá a autonomia e a isenção necessárias para dispor de direitos trabalhistas, visto que como todos os outros empregados dependem do salário para sobreviver e jamais estarão em condições de igualdade para negociar com quem lhe dá ordens e lhe paga os salários, e tem o poder disciplinar de aplicar punições, e de rescindir o contrato de trabalho a qualquer momento, sem justo motivo.

É claro que o fato de o empregador poder pactuar diretamente com empregado algumas condições do contrato de trabalho, sem a necessidade da intervenção sindical, facilita muito o desenvolvimento da atividade empresarial, por exemplo, a possibilidade de ajustar com o trabalhador a realização de horas extras, de pactuar o banco de horas para compensação no período máximo de 6 meses, de contratar para a prestação de serviços na modalidade de teletrabalho, bem como ajustar os horários de descanso para a mulher amamentar o filho, até que este complete 6 meses de idade, dentre outras possibilidades.

Em sessão ocorrida em 02-06-2022, o Supremo Tribunal Federal decidiu favoravelmente ao Recurso Extraordinário interposto por uma empresa mineradora, tendo fixado a seguinte tese: "São constitucionais os acordos e as convenções coletivas que, ao considerarem a adequação setorial negociada, pactuam limitações ou afastamentos de direitos trabalhistas, independentemente da explicitação especificada de vantagens compensatórias, desde que respeitados os direitos absolutamente indisponíveis". Para o Supremo Tribunal Federal, são válidos os acordos coletivos e as convenções coletivas de trabalho que limitam ou mesmo suprimem direitos trabalhistas, mas desde que seja assegurado aos trabalhadores um patamar civilizatório mínimo. Com isso, foi ratificada a jurisprudência do STF que reconhece a validade dos acordos coletivos e convenções coletivas de trabalho que dispõem sobre redução de direitos trabalhistas. Porém, para o STF, a supressão ou redução de direitos não podem ser absolutas, devendo serem respeitados os chamados direitos indisponíveis, constitucionalmente assegurados.

PODE SER PACTUADO POR ACORDO OU CONVENÇÃO COLETIVA DE TRABALHO

Direitos que podem ser reduzidos ou alterados pela negociação coletiva:

> ❯ Banco de horas anual;
> ❯ Intervalo de almoço, devendo ser respeitado o limite mínimo de 30 minutos para jornadas superiores a 6 horas;
> ❯ Teletrabalho, regime de sobreaviso e trabalho intermitente;
> ❯ Remuneração por produtividade, incluídas as gorjetas percebidas pelo empregado, e remuneração por desempenho individual;
> ❯ Modalidade de registro de jornada de trabalho;
> ❯ Troca do dia de feriado;
> ❯ Participação nos lucros ou resultados da empresa etc.

Como ao final do *caput* do art. 611-A da CLT foi utilizada a expressão "entre outros", significa que tal dispositivo traz uma enumeração exemplificativa e não taxativa, permitindo outras possibilidades de redução ou supressão de direitos, à exceção daqueles que não podem ser negociados coletivamente, que se encontram elencados no art. 611-B da CLT.

NÃO PODE SER PACTUADO POR ACORDO OU CONVENÇÃO COLETIVA DE TRABALHO

Direitos que não podem ser negociados coletivamente:

> ❯ Valor dos depósitos do FGTS e a multa de 40%;
> ❯ Seguro-desemprego;
> ❯ Salário mínimo;
> ❯ Décimo terceiro salário;
> ❯ Remuneração do trabalho noturno;
> ❯ Salário-família;
> ❯ Repouso semanal remunerado;
> ❯ Remuneração das horas extras;
> ❯ Número de dias e gozo de férias;
> ❯ Licença-maternidade e paternidade;
> ❯ Aviso prévio e aposentadoria;
> ❯ Direito de greve, entre outros.

ENQUADRAMENTO DO GRAU DE INSALUBRIDADE E PRORROGAÇÃO DA JORNADA DE TRABALHO EM AMBIENTES INSALUBRES

É permitido o enquadramento do grau de insalubridade por meio de acordo ou convenção coletiva de trabalho.

Também é permitido o ajuste coletivo prevendo a prorrogação da jornada para o trabalho em ambientes insalubres, sem a necessidade de licença prévia das autoridades competentes do Ministério do Trabalho e Emprego.

A Medida Provisória n. 808/2017 afastava a licença prévia do Ministério do Trabalho e Emprego, desde que estivessem sendo respeitadas, na integralidade, as normas de saúde, higiene e segurança do trabalho previstas em lei ou em normas regulamentadoras do Ministério do Trabalho e Emprego. Porém, a citada MP perdeu vigência no dia 23-4-2018, ficando mais fácil o ajuste coletivo prevendo o enquadramento do grau de insalubridade e a prorrogação da jornada de trabalho para as atividades insalubres.

Alguns pontos da Reforma Trabalhista (Lei n. 13.467/2017) estão previstos na Portaria MTP n. 671 de 08-11-2021. Nela, há referência quanto à prorrogação de jornada em ambientes insalubres, porém é omissa quanto à pactuação coletiva em relação ao enquadramento do grau de insalubridade.

ULTRATIVIDADE DAS NORMAS COLETIVAS

O que for ajustado por meio do acordo coletivo ou da convenção coletiva de trabalho da categoria somente irá valer pelo tempo máximo de 2 anos. Passado esse tempo, as cláusulas serão automaticamente revogadas e os benefícios ajustados deixarão de valer, mesmo que não tenha outro acordo ou convenção em curso.

Isso fará com que os sindicatos procurem dar à negociação coletiva maior agilidade, visto que o ideal é o novo instrumento coletivo iniciar sua vigência tão logo termine a do antigo. Ao mesmo tempo, é possível que algumas empresas ou mesmo os sindicatos patronais busquem na demora uma forma de induzir a redução de direitos e benefícios, o que poderá dar margem ao surgimento de greves e conflitos coletivos.

Em maio de 2022, o Tribunal Pleno do Supremo Tribunal Federal julgou procedente a Arguição de Descumprimento de Preceito Fundamental – ADPF 323, de modo a declarar a inconstitucionalidade da Súmula n. 277 do Tribunal Superior do Trabalho, na versão atribuída pela Resolução 185, de 27/09/2012, assim como a inconstitucionalidade de interpretações e de decisões judiciais que entendem que o art. 114, § 2º, da Constituição Federal de 1988, na redação dada pela Emenda Constitucional n. 45/2004, autoriza a aplicação do princípio da ultratividade de normas de acordos e de convenções coletivas.

Com isso, as normas coletivas previstas em acordos coletivos e convenções coletivas de trabalho não se integram automaticamente aos contratos individuais de trabalho dos trabalhadores, conforme determinava a Súmula n. 277 do TST.

Findo o período de vigência do acordo coletivo ou da convenção coletiva de trabalho, as normas pactuadas perdem validade jurídica e deixam de ser obrigatórias, não havendo prolongamento de seus efeitos até que seja ajustado novo instrumento coletivo.

Porém, determinadas cláusulas ajustadas coletivamente se incorporam, pela sua própria natureza, de forma definitiva aos contratos individuais de trabalho dos empregados e não podem ser suprimidas, como é o caso dos reajustes salariais e até mesmo das garantias de emprego previstas em alguns instrumentos coletivos, como a garantia da pré-aposentadoria.

FONTE SUBSIDIÁRIA DO DIREITO DO TRABALHO

O direito comum será fonte subsidiária do direito do trabalho e poderá ser utilizado na ausência de disposições legais e contratuais.

PRINCÍPIO DA INTERVENÇÃO MÍNIMA DA JUSTIÇA DO TRABALHO EM INSTRUMENTOS COLETIVOS

A Lei n. 13.467/2017 adotou como princípio a intervenção mínima da Justiça do Trabalho, com vistas a possibilitar maior segurança às convenções e acordos coletivos de trabalho.

Assim, no exame dos instrumentos coletivos de trabalho, a Justiça do Trabalho deverá atuar com a mínima intervenção, respeitando a autonomia da vontade coletiva.

RESTRIÇÕES AO EXERCÍCIO INTERPRETATIVO DA JUSTIÇA DO TRABALHO

As súmulas e outros enunciados da jurisprudência do Tribunal Superior do Trabalho não poderão ser utilizados para restringir direitos legalmente previstos, nem poderão criar obrigações que não estejam previstas em lei.

GRUPO ECONÔMICO

A Lei n. 13.467/2017 ampliou as hipóteses de solidariedade entre as espécies de grupo econômico, podendo ocorrer nos grupos econômicos: a) por subordinação, quando as empresas integrantes estiverem sob a direção, controle ou administração de outra; e b) nos grupos econômicos por coordenação, desde que haja interesse integrado, bem como a efetiva comunhão de interesses e a atuação conjunta das empresas integrantes.

TELETRABALHO OU *HOME OFFICE*

Quanto ao teletrabalho, a Reforma Trabalhista alterou o art. 62, tendo incluído o inciso III, bem como incluiu o Capítulo II-A, que trata especificamente sobre o tema do art. 75-A ao art. 75-F.

Posteriormente, em 2022, importantes alterações foram feitas na CLT pela Lei n. 14.442, que, inclusive, passou a considerar teletrabalho e trabalho remoto como expressões sinônimas, com mesmo sentido e significado. Uma das alterações da citada lei está na redação do inciso III do art. 62 da CLT que excluiu das regras da CLT, que tratam sobre controle de jornada de trabalho, "os empregados em regime de teletrabalho que prestam serviço por produção ou tarefa". Assim, no teletrabalho ou trabalho remoto, apenas os empregados que prestam serviços por produção ou por tarefa estão isentos do controle de jornada de trabalho.

No trabalho por produção ou por tarefa, o empregado não é remunerado em razão de uma carga horária previamente estabelecida, mas em conformidade com o trabalho executado, seja quanto ao resultado de sua produção ou na realização de determinadas tarefas. Por exemplo, poderá prestar serviços por produção o empregado encarregado de elaborar e atualizar relatórios em relação a cada cliente da empresa, sendo remunerado pela sua produção, e por tarefa o programador encarregado de criar e desenvolver "softwares", sendo remunerado por cada tarefa concluída.

Já os empregados contratados para cumprir jornada de trabalho são remunerados em conformidade com a quantidade de horas de trabalho prestadas durante o horário normal de expediente, que no geral é de 8 horas diárias, totalizando 44 horas semanais. Neste caso, deverá haver o controle da jornada de trabalho para a prestação de serviços no regime de teletrabalho ou trabalho remoto. Em tal situação, o empregado irá acessar os meios digitais em horários definidos pelo empregador, e ultrapassando a jornada normal, as horas extras deverão ser pagas com o respectivo adicional de 50% sobre o valor da hora normal de trabalho.

Importante ressaltar que no teletrabalho ou trabalho remoto por jornada, por produção ou por tarefa, obrigatoriamente o empregado deverá prestar atividade que utilize tecnologia de informação ou comunicação. Para outras atividades, que não utilizam tecnologias de informação e de comunicação, poderá ser ajustado acordo coletivo ou convenção coletiva de trabalho.

Segundo as normas atuais, o teletrabalho ou trabalho remoto é uma forma de trabalho à distância, na qual o empregado presta os serviços fora das dependências do empregador, de maneira preponderante ou não, podendo realizar as atividades contratadas na sua própria residência, ou mesmo em outro local externo, com a utilização de tecnologias de informação e de comunicação. Por sua natureza, o teletrabalho não é considerado trabalho externo. O trabalho será exercido fora das dependências do empregador, porém, o comparecimento, ainda que de modo habitual, ao estabelecimento do empregador, para a realização de atividades específicas, que exijam a presença do empregado, não irá descaracterizar o regime de teletrabalho ou trabalho remoto. Isso significa que parte das atividades poderá ser realizada em regime de teletrabalho ou trabalho remoto, e parte em regime de trabalho presencial, no denominado regime híbrido.

Tal modalidade de contrato deverá constar por escrito na carteira de trabalho, podendo ser relacionadas as atividades que serão realizadas pelo empregado.

Deverá estar previsto no contrato individual de trabalho de quem será a responsabilidade pela aquisição, pela manutenção ou pelo fornecimento dos equipamentos tecnológicos e da infraestrutura necessária e adequada para a prestação do trabalho, bem como se haverá reembolso das despesas arcadas pelo empregado, como as decorrentes no pagamento de água, luz, telefone, *internet*, aluguel etc. Via de regra, tais utilidades não integram a remuneração do empregado, visto que são utilizadas para que o trabalhador possa exercer suas funções. Esta foi a forma que o legislador encontrou para estimular o empregador a assumir a aquisição de equipamentos e o reembolso de despesas, sem que venha a ser surpreendido com ações trabalhistas pretendendo o reconhecimento de tais utilidades como salário indireto.

Caso o empregador empreste equipamentos ao trabalhador, como computador, impressora e celular, por meio de contrato de comodato, para a prestação de serviços remotos, em ocorrendo a rescisão do contrato de trabalho, o empregado deverá devolver tais equipamentos para a empresa, e não o fazendo, caberá reclamação trabalhista. Eventualmente, caso o empregador se recuse a receber tais materiais caberá ação de consignação em pagamento.

É possível ser realizada a alteração do regime presencial para o teletrabalho, mas desde que haja mútuo acordo entre as partes, que deverá ser registrado em aditivo contratual.

Também é possível ser realizada a alteração do regime de teletrabalho para o presencial por determinação do empregador, mesmo que não haja a concordância do trabalhador, mas deverá ser garantido ao empregado um prazo de transição mínimo de 15 dias para que possa se adaptar à nova situação. Também neste caso deverá ser feito o registro da alteração em aditivo contratual.

É obrigatório que o empregador instrua o empregado, de maneira expressa e ostensiva, quanto às precauções que deverá tomar a fim de evitar doenças e acidentes de trabalho. Neste caso, o empregado deverá assinar um termo de responsabilidade se comprometendo a seguir as instruções fornecidas pelo empregador. Caso não venha a observar tais instruções, poderá até mesmo vir a ser dispensado por justa causa.

A princípio, não há impedimento para a contratação de empregado no regime de teletrabalho, desde que sejam seguidas as determinações legais, que a prestação de serviços ocorra fora das dependências da empresa, de maneira preponderante ou não, e sejam utilizadas tecnologias de informação e de comunicação. É óbvio que em muitas espécies de trabalho e funções pode ser inviável tal tipo de modalidade contratual. Não é possível a contratação para a prestação de trabalho intermitente na modalidade de teletrabalho, visto que aceita, pelo trabalhador intermitente a oferta, deverá comparecer ao trabalho para prestar os serviços, o que é totalmente inviável no caso de empregado contratado para trabalhar fora das dependências da empresa.

Dadas as características específicas de tal tipo de contrato, não há a possibilidade de o empregador transferir o trabalhador para localidade diversa da que resultar do contrato, na forma prevista no art. 469 da CLT, como pode ocorrer quando o trabalho é prestado na modalidade presencial, nas situações e condições previstas no dispositivo celetista citado.

Quanto à base territorial dos empregados em teletrabalho ou trabalho remoto, a Lei n. 14.442/22 estabeleceu que deverão ser aplicadas as convenções coletivas e os acordos coletivos de trabalho relativos à base territorial do estabelecimento de lotação do empregado, em que tenha sido celebrado o contrato de trabalho, independentemente do local em que o teletrabalhador esteja efetivamente trabalhando.

CONTRATO DE TRABALHO INTERMITENTE

Contrato de trabalho que obrigatoriamente deve ser celebrado por escrito e registrado na CTPS do trabalhador, ainda que previsto em cláusula de acordo coletivo ou convenção coletiva de trabalho, devendo conter: identificação, assinatura e domicílio ou sede das partes; o valor da hora ou do dia de trabalho, que não poderá ser inferior ao valor horário ou diário do salário mínimo, nem inferior ao devido aos demais empregados do estabelecimento que estejam exercendo a mesma função, sendo assegurada a remuneração do trabalho noturno superior à do diurno; e local e prazo para o pagamento da remuneração.

É facultado às partes, empregado e empregador, convencionar no contrato individual de trabalho intermitente: os locais da prestação de serviços, os turnos para os quais o empregado será convocado para prestar serviços, e as formas e instrumentos de convocação e de resposta para a prestação de serviços.

Pagará uma multa o empregado ou o empregador que descumprir com o que foi combinado, no todo ou em parte, caso não apresente um motivo justificado. Neste aspecto, exatamente um problema que pode ser identificado são as situações que poderão ser aceitas ou não como motivo justificado para o não cumprimento do ajustado. A grande possibilidade é esta questão vir a ser objeto de litígio, ficando a cargo da Justiça do Trabalho apresentar uma solução.

Em tal modalidade de trabalho, o empregador poderá convocar o empregado para o trabalho por WhatsApp, correio eletrônico (e-mail) ou qualquer outro meio de comunicação eficaz, que poderá ser previamente ajustado, com pelo menos 3 dias corridos de antecedência, com todas as informações da prestação de serviço, inclusive a jornada que será cumprida. O empregado terá o prazo de 1 dia útil para responder ao chamado. Se nada disser, o empregador deverá presumir que a oferta não foi aceita, não podendo punir o trabalhador em razão disso.

Quando constatada a prestação dos serviços pelo empregado, estarão satisfeitos os prazos previstos nos §§ 1º e 2º do art. 452-A da Consolidação das Leis do Trabalho, ou seja, mesmo que não venha a ser observado o prazo de convocação de 3 dias corridos de antecedência e o de resposta em 1 dia útil, o mais importante é que o trabalhador esteja prestando o serviço, não gerando qualquer direito às partes as situações em que os prazos não houverem sido rigorosamente observados.

O empregado poderá ser contratado para trabalhar somente nos períodos em que for necessário o serviço, conforme o negócio da empresa, como o trabalho em bares, hotéis e restaurantes em períodos de festas e férias de final do ano.

As regras da Consolidação das Leis do Trabalho que tratam sobre o contrato intermitente não preveem uma carga horária mínima de horas de trabalho. Isso significa que o trabalho poderá ocorrer em horas, dias ou meses, e que o empregado pode ser convocado para prestar, por exemplo, 2 horas de serviço na semana ou mesmo no mês. Somente não pode ser ultrapassado o limite máximo de duração do trabalho previsto na Constituição Federal, de 44 horas semanais e 220 horas mensais, à exceção das situações em que houver trabalho extraordinário, quando deverá ser pago o adicional de 50% sobre o valor da hora normal de trabalho.

Na data acordada para o pagamento, que não poderá ser estipulado por período superior a um mês, contado a partir do primeiro dia do período de prestação de serviço, o empregado receberá, de imediato, as seguintes parcelas: a remuneração; as férias proporcionais com acréscimo de um terço; o décimo terceiro salário proporcional; o repouso semanal remunerado; e os adicionais legais, como o adicional noturno e de periculosidade, por exemplo.

Não há dúvida de que tal tipo de contrato de trabalho poderá ser benéfico para a empresa, pois resolve o problema de precisar do trabalhador para situações e épocas específicas, e muitas vezes previsíveis para o empregador, mas é pouco provável que seja benéfico para o trabalhador, visto que terá períodos de inatividade, legalmente considerado como o intervalo temporal distinto daquele para o qual o empregado intermitente haja sido convocado e tenha prestado serviços. Como tais períodos de inatividade não são considerados tempo à disposição do empregador, e poderão durar dias, semanas ou até mesmo meses, sem que o empregado intermitente esteja trabalhando, não há a obrigatoriedade de o empregador proceder ao pagamento do salário. E nem sempre o trabalhador terá facilidade de encontrar outros empregos, na modalidade intermitente, que dependendo do tipo de profissão poderá demandar a convocação para os mesmos períodos, com iguais momentos de inatividade e, por conseguinte, sem remuneração, tendo que vir a assumir *bicos* de atividades alheias à sua profissão para sua sobrevivência. Aliás, aparentemente, esse foi o objetivo do legislador, regulamentar o *bico,* sob a égide de que tal tipo de contrato poderá ensejar a formação de novos postos de trabalho. Talvez sim, mas de extrema precariedade para o trabalhador, que na oportunidade de ter um emprego que demande a prestação de serviços contínuos, de 6 dias da semana, sendo 8 horas de trabalho por dia, e 4 horas no sábado, totalizando 44 horas de trabalho semanais, com certeza tenderá a deixar de lado o trabalho intermitente, senão abandonar tal tipo de emprego, que, certamente não conseguirá estabelecer um vínculo mais estreito entre as partes contratadas, como normalmente ocorre nos contratos com trabalho contínuo, em que não há períodos de inatividade, e ruptura na prestação de serviços.

Outrossim, os períodos de inatividade serão tratados como hipótese de suspensão do contrato de trabalho, na qual, não há salário nem contagem do tempo de serviço nem recolhimentos previdenciários e depósitos do FGTS. E não havendo a contagem do tempo de serviço, dificilmente o trabalhador irá receber o décimo terceiro salário integral, visto que ao final da prestação de cada serviço será pago o valor proporcional da gratificação natalina. E isso irá influenciar também a contagem do tempo de serviço com vistas à aposentadoria.

Inobstante os períodos de inatividade serem considerados hipótese de suspensão do contrato de trabalho, na qual não há trabalho nem pagamento dos salários, contam como tempo de serviço para efeito de férias para o empregado intermitente, o que não ocorre, em regra, nos contratos de trabalho contínuo.

Restará descaracterizado o contrato de trabalho intermitente caso haja o pagamento da remuneração no período de inatividade.

De acordo com a Portaria MTP n. 671, de 08-11-2021, durante o período de inatividade, o empregado intermitente poderá prestar serviços de qualquer natureza a outros tomadores de serviço, que exerçam ou não a mesma atividade econômica, utilizando contrato de trabalho intermitente ou outra modalidade de contrato de trabalho, o que na prática não será tão simples, dada as condições econômicas do país e os altos índices de desemprego dos últimos anos.

Quanto às férias, consta na legislação trabalhista que o trabalhador terá direito a usufruir os 30 dias de férias, que poderão ser gozados em até três períodos, mediante prévio acordo com o empregador, mas nada dispõem acerca do pagamento do período, como ocorre normalmente, uma vez que, igualmente ao décimo terceiro salário, ao final de cada prestação de serviços o trabalhador irá receber o valor proporcional das férias acrescido do 1/3 constitucional. Portanto, o empregado irá usufruir as férias, após cada período aquisitivo, mas sem a correspondente remuneração integral das férias, visto que já terá recebido o valor de forma proporcional ao período efetivamente trabalhado. Tal situação será igual em relação ao décimo terceiro salário, que será recebido de forma proporcional, e não de forma integral em dezembro, como ocorre normalmente com qualquer trabalhador. Basicamente, a única distinção entre o período de gozo das férias vencidas e os períodos de inatividade é que somente no primeiro haverá a contagem do tempo de serviço.

A princípio, não há nenhum impedimento para a contratação do empregado na modalidade intermitente seja em qual atividade for, desde que sejam seguidas as determinações legais. Diferentemente do teletrabalho, há mais possibilidades de aplicação de tal tipo de contrato às mais diferentes profissões e funções, visto que irá depender exclusivamente das necessidades de prestação de serviço da empresa.

Não há dúvida de que alguns empregadores vão preferir dispensar empregados que prestam serviços contínuos, substituindo-os pelo trabalhador intermitente, que irá lhe proporcionar muito mais vantagens, principalmente no campo econômico.

Caso o empregado tenha sido contratado a prazo determinado ou mesmo de experiência (*caput* e parágrafo único do art. 445 da CLT, respectivamente), e tenha ocorrido a rescisão do contrato pelo decurso do prazo fixado, não há óbice para a contratação posterior por meio de um contrato de trabalho intermitente. Da mesma forma, não há que se falar em ilegalidade se o empregado pedir demissão, e logo depois vier a ser contratado como intermitente, visto que não há qualquer impedimento legal.

Inobstante a empresa poder contratar um trabalhador autônomo para a prestação de serviços esporádicos, não há dúvida de que irá preferir contratar um empregado pelo regime de trabalho intermitente, mesmo que tenha que assumir todas as obrigações trabalhistas, pois, enquanto o primeiro profissional atua com total independência, o segundo tem como característica a subordinação, na qual fica obrigado a obedecer às ordens de serviço, e terá seu processo de trabalho supervisionado pelo empregador, podendo, inclusive, receber punições disciplinares.

Para alguns, o trabalho intermitente constitui uma forma prejudicial de contratação de trabalhadores, utilizada para atender exclusivamente as necessidades empresariais, na qual o empregado acaba sendo compelido a aceitar determinados tipos de trabalho, não por vontade própria, mas em razão das suas necessidades vitais de sobrevivência, e também em decorrência da escassez de novos postos de trabalho e da expressiva demanda de desempregados.

Em relação a tal tipo de contrato, também é questionada a atuação sindical, prejudicada em razão do fato de o empregado intermitente trabalhar em períodos descontínuos, o que dificulta o contato do sindicato com o trabalhador, principalmente a divulgação da agenda de negociações e de conscientização sobre seus direitos trabalhistas.

Segundo a Portaria MTP n. 671, de 08-11-2021, as verbas rescisórias e o aviso prévio serão calculados com base na média dos valores recebidos pelo empregado no curso do contrato de trabalho intermitente, sendo que no cálculo somente serão considerados os meses durante os quais o empregado tenha recebido parcelas remuneratórias no intervalo dos últimos 12 meses ou o período de vigência do contrato de trabalho intermitente, se este for inferior. Neste aspecto, a citada Portaria reproduziu parte do texto do dispositivo da Medida Provisória n. 808/2017, que tratava sobre as verbas rescisórias, porém, da forma como está expresso na Portaria, o cálculo das verbas rescisórias não será de fácil aplicação pelas empresas quando da ruptura do contrato de trabalho intermitente.

Logo após o início da vigência da Lei n. 13.467/2017, foi publicado um anúncio de vagas de emprego para trabalho intermitente por uma empresa do Espírito Santo, que opera com várias franquias de *fast food,* na qual se destacava o valor do salário de R$ 4,45 por hora trabalhada, com uma jornada de trabalho de 5 horas nos sábados, domingos e feriados, e nos dias de maior movimento em que for necessário pessoal extra. Inicialmente, pode-se identificar que, na verdade, se tratava de um anúncio para a contratação de trabalho contínuo a tempo parcial, e não de um contrato de trabalho intermitente, visto que neste deverá conter especificamente o valor da hora ou do dia de trabalho, e não a jornada de trabalho, pois, como a prestação do serviço não será contínua, não há como ser definida na contratação do trabalhador a jornada de trabalho, como ocorre no contrato de trabalho com a prestação de serviços contínuos, que constitui a regra geral. Após a contratação é que o empregador irá convocar o trabalhador, por qualquer meio de comunicação eficaz, com, pelo menos, 3 dias corridos de antecedência do início da prestação de serviços, informando qual será a jornada de trabalho e o período em que o trabalho será prestado. Ademais, quando da convocação para o trabalho intermitente é que a jornada de trabalho será definida, bem como se o trabalho será prestado em algumas horas, dias ou meses, não podendo ser ajustada uma situação que dependa de uma condição futura, incerta, como a prevista no citado anúncio, na qual consta que o trabalho poderá ocorrer nos dias em que houver maior movimento de clientes da empresa e for necessário pessoal extra, visto que poderá coincidir de em determinado dia o trabalhador intermitente estar prestando serviços para outra empresa, num contrato de trabalho contínuo ou intermitente, não podendo ser caracterizada insubordinação, caso não tenha como prestar os serviços nos dias ou horários que não ficarem expressamente ajustados para o trabalho.

A princípio, neste tipo de contrato não há a possibilidade de transferência do trabalhador para localidade diversa da que resultar do contrato, na forma prevista no art. 469 da CLT, pois podem ocorrer longos períodos de inatividade, o que torna inviável para o trabalhador a transferência para outro local, e principalmente em razão do fato de que tal tipo de contrato é muito menos benéfico que um prestado na modalidade contínua, na qual o empregado pode contar com a continuidade da prestação do serviço, e principalmente com o pagamento mensal do salário.

CONTRATO DE TRABALHO EM REGIME DE TEMPO PARCIAL

Modalidade de contrato de trabalho que obrigatoriamente deve ser escrito, com duração semanal não superior a 30 horas, sem a possibilidade de o empregado realizar horas extras, e não superior a 26 horas, com a possibilidade de até 6 horas extras por semana.

No contrato com até 26 horas semanais, caso sejam feitas horas extras, poderão ser compensadas até a semana imediatamente posterior à da sua execução, devendo ser feito o pagamento no contracheque do mês subsequente, caso a compensação não ocorra. Orienta-se, para tal situação, fazer um acordo individual escrito de compensação de horas de trabalho, entre empregado e empregador.

Por exemplo, se foi ajustado contrato de trabalho em regime de tempo parcial com um empregado para prestar 26 horas semanais de trabalho e ele fizer 2 horas extras, totalizando naquela semana 28 horas de trabalho, na semana seguinte poderá haver a compensação, com a redução da quantidade semanal de horas de trabalho para 24 horas. Caso não ocorra a compensação, no mês subsequente o trabalhador deverá receber o pagamento das 2 horas extras prestadas, com o adicional de 50% sobre o valor da hora normal de trabalho.

A partir da Reforma Trabalhista, a quantidade de dias de férias do empregado em regime e tempo parcial passou a ser a mesma do trabalhador contratado pelo regime de tempo integral (44 horas semanais).

Nada obsta que uma empresa tenha somente empregados contratados a tempo parcial, ou mesmo uma parte a tempo integral e outra a tempo parcial. Neste caso, o salário do empregado contratado a tempo parcial deverá ser proporcional ao do empregado que cumpre a mesma função, mas em tempo integral. Por exemplo, se José foi contratado a tempo integral (44 horas semanais), com o salário de R$ 3.000,00, e Paulo for contratado a tempo parcial de 22 horas semanais, na mesma função, seu salário deverá ser de R$ 1.500,00.

SUCESSÃO EMPRESARIAL OU DE EMPREGADORES

Ocorrendo a transferência do estabelecimento da empresa, o adquirente/sucessor responderá sozinho pelos débitos contraídos pelo sucedido, mesmo os anteriores à aquisição. Portanto, serão de responsabilidade exclusiva do sucessor todas as obrigações que não foram cumpridas antes da transferência, como as correspondentes a direitos trabalhistas pendentes, como horas extras, férias vencidas + 1/3 constitucional, décimos terceiros salários não pagos, verbas rescisórias etc. A sucedida somente responderá solidariamente com o sucessor quando ficar comprovado que houve fraude na transferência, o que, na prática, não será de fácil comprovação, pois caberá ao trabalhador buscar a prova da existência de fraude, correndo o risco de responder por dano processual caso ajuíze a ação trabalhista e não tenha êxito.

RESPONSABILIDADE DO SÓCIO QUE SAIU DA SOCIEDADE

Em regra, o sócio pode responder pelas dívidas da empresa para com seus empregados. Se houver saído da sociedade, o sócio somente irá responder subsidiariamente por tais dívidas pelo prazo de 2 anos, após a averbação da alteração do contrato social da empresa que o excluiu. Passados 2 anos, não mais será alcançado pela Justiça do Trabalho, a não ser se estiver envolvido em fraude relacionada à alteração da modificação do contrato social, o que não será de fácil comprovação judicial, podendo o trabalhador reclamante vir a responder por dano processual caso alegue, mas não consiga comprovar a ocorrência da fraude na saída do sócio da sociedade.

Porém, no caso de comprovada fraude, o sócio retirante irá responder não mais de forma subsidiária, mas solidária.

De acordo com a Lei n. 13.467/2017, a condenação subsidiária se dará na seguinte ordem de responsabilidade: a) responde primeiro a empresa devedora; b) em segundo lugar, os sócios; c) por fim, os sócios retirantes, obedecido o prazo de 2 anos.

SISTEMA DE TRABALHO DE 12 × 36

É facultado às partes, empregado e empregador, estabelecer horário de trabalho de 12 horas seguidas por 36 horas de descanso. O modelo poderá ser adotado por empresas de qualquer segmento, sem que seja necessário passar obrigatoriamente pelo sindicato.

Prevista anteriormente à Reforma Trabalhista em acordos e convenções coletivas de trabalho, a jornada de 12 horas seguidas de trabalho por 36 horas de descanso pode, agora, ser adotada com maior facilidade pelas empresas, devendo-se, porém, analisar as reais necessidades de utilização de tal jornada, visto que o trabalho de longa duração acaba gerando grande desgaste físico e mental ao trabalhador, apesar de poder usufruir do intervalo de descanso de 36 horas.

Tal tipo de jornada é utilizado com mais frequência nas empresas em que a prestação de serviços é ininterrupta, como clínicas médicas e hospitais, e nas atividades que envolvem os cuidados de pessoas, como as casas de repouso de idosos.

Inobstante a facilidade da pactuação de tal sistema, é fundamental que ocorra fiscalização, pelos auditores fiscais do trabalho do Ministério do Trabalho e Emprego, a fim de coibir possíveis abusos, como jornadas de trabalho que ultrapassam 12 horas, vindo a durar algumas vezes até mesmo 24 horas ininterruptas, principalmente nas situações em que algum dos empregados falta ao serviço, e a empresa acaba mantendo no trabalho o empregado que estaria terminando sua jornada laboral. Tal expediente, além de desgastante e ilegal, é extremamente prejudicial para o trabalhador, podendo dar margem a acidentes de trabalho, e erros na execução das atividades, que podem ter sérias consequências, principalmente quando a prestação de serviços envolve os cuidados com pessoas, como no caso de pacientes de hospitais e idosos de uma casa de repouso.

Em tal tipo de sistema de trabalho, as 36 horas de descanso já abrangem o descanso semanal remunerado e o descanso em feriado.

Em relação ao intervalo intrajornada, devem ser observadas as previsões da CLT de concessão do intervalo de, no mínimo, 1 hora para descanso e alimentação, sob pena de ter que indenizar, com o adicional de 50%.

BANCO DE HORAS

É válida a negociação diretamente com o empregado, devendo a compensação ocorrer no período máximo de 6 meses (banco de horas semestral).

É lícito, igualmente, o regime de compensação de jornada estabelecido por acordo individual para a compensação no mesmo mês (banco de horas mensal).

Também pode ser pactuado por meio de acordo coletivo ou convenção coletiva de trabalho, devendo a compensação ocorrer no período máximo de 1 ano (banco de horas anual).

É importante que seja formalizado, principalmente no caso do ajuste feito diretamente com o trabalhador, e que sejam adotados instrumentos precisos de monitoramento e contagem da quantidade de horas de trabalho antecipadas e as compensações ocorridas, para não gerar prejuízos para o trabalhador e novas demandas judiciais.

Importante, também, que o acordo individual para implantação do banco de horas não seja imposto pelo empregador, sob pena de ser anulado pela Justiça do Trabalho.

A prestação de horas extras habituais não descaracteriza o banco de horas.

REGIME DE COMPENSAÇÃO DE JORNADA DE TRABALHO

Pode ser ajustado entre empregado e empregador o regime de compensação de jornada de trabalho, por acordo individual, tácito ou escrito, para a compensação das horas no mesmo mês.

A prestação de horas extras habituais não irá descaracterizar o acordo de compensação de jornada.

INTERVALO INTRAJORNADA PARA DESCANSO OU ALIMENTAÇÃO

A não concessão ou mesmo a concessão parcial do intervalo intrajornada mínimo, para repouso ou alimentação, irá implicar o pagamento, de natureza indenizatória, apenas do período suprimido, com o acréscimo de 50% sobre o valor da remuneração da hora normal de trabalho. O empregado não mais tem direito ao pagamento do intervalo suprimido ou reduzido como horas extras, mas tem direito ao pagamento de uma indenização, que, por não ter natureza jurídica salarial, não tem reflexos nas verbas contratuais e rescisórias, isto é, não constitui base de cálculo para vários direitos trabalhistas, como férias e décimo terceiro salário, por exemplo.

Por meio de acordo ou convenção coletiva de trabalho, poderá ser ajustada cláusula aumentando ou mesmo reduzindo o intervalo intrajornada, devendo ser respeitado o limite mínimo de 30 minutos para jornadas superiores a 6 horas.

HORAS EXTRAS

Não será considerado horas extras o tempo em que o empregado permanecer nas dependências da empresa, após o término do expediente de trabalho, buscando se abrigar da chuva, do frio, ou mesmo do excesso de calor, ou também para evitar ficar exposto à insegurança das vias públicas.

É fundamental que o trabalhador faça o registro do ponto do término da jornada e que não permaneça no local prestando qualquer serviço, nem mesmo atendendo ao telefone da empresa.

Também não será considerado horas extras o tempo em que o empregado permanecer nas dependências da empresa para exercer atividades particulares, como práticas religiosas, estudo, lazer, alimentação, descanso, entre outras.

Em tais casos, cabe ao empregador o dever de fiscalizar, para evitar novas demandas judiciais, com vistas ao pagamento de horas extras.

Os períodos destinados a reuniões realizadas fora do horário de trabalho do empregado são considerados horas extras, que devem ser pagas com o acréscimo de 50% sobre o valor da hora normal de trabalho.

Da mesma forma, a exigência de o trabalhador permanecer na empresa para participar de eventos de capacitação técnica também é considerada tempo à disposição do empregador, à exceção se ocorrerem dentro do horário de trabalho, pois o trabalhador já estará sendo remunerado pelo período.

HORAS *IN ITINERE* OU HORAS DE DESLOCAMENTO

O tempo gasto pelo trabalhador da sua casa até o local de trabalho, e quando do seu retorno, seja caminhando ou utilizando qualquer meio de transporte, como bicicleta, motocicleta, ônibus, inclusive o transporte fornecido pelo empregador (automóvel, táxi, ônibus fretado, *Uber* etc.) não será somado à sua jornada de trabalho, mesmo que ele gaste horas no trânsito, pois não será considerado tempo à disposição do empregador.

Porém, em conformidade com o item II da Súmula n. 90 do TST, havendo a incompatibilidade entre os horários de início e término da jornada de trabalho do empregado e os do transporte público regular, o tempo que for despendido pelo empregado aguardando poderá gerar o direito ao pagamento das horas *in itinere*, como horas extras, com o adicional de 50% sobre o valor da hora normal de trabalho.

FÉRIAS

Desde que o empregado concorde, os 30 dias de férias poderão ser parcelados em até três períodos, sendo que um deles não poderá ser inferior a 14 dias e os demais deverão ter, pelo menos, 5 dias cada um.

Como será individual a negociação do fracionamento das férias em três períodos, o ajustado deverá ser formalizado, visto que a nova regra exige a concordância das partes.

Será proibido começar as férias 2 dias antes de feriados ou do dia de repouso semanal remunerado. Por exemplo, as férias não poderão iniciar na sexta-feira para o empregado que descansa aos domingos.

Esta é uma nova possibilidade que atende com maior frequência as necessidades da empresa, que encontra dificuldade em manter a normalidade dos serviços e a produtividade, com a ausência prolongada do trabalhador, que terá maior dificuldade em se recuperar do cansaço e da fadiga gerada pelo labor ao longo do ano de trabalho, uma vez que um período de férias de 5 dias tem praticamente o mesmo efeito que um final de semana prolongado por algum feriado, mas não atende ao objetivo principal das férias, que é proporcionar ao trabalhador o descanso pleno, com a preservação da sua saúde e integridade física, bem como lhe proporcionar condições de se preparar para mais um período longo de trabalho, até completar novo período aquisitivo.

Para as profissões que demandam maior desgaste físico e mental, os períodos de férias fracionados talvez não consigam dar ao trabalhador as condições para o descanso pleno, podendo dar margem à ocorrência de doenças e até mesmo de acidentes de trabalho.

EMPREGADA GESTANTE OU LACTANTE

Segundo o texto da Reforma Trabalhista, Lei n. 13.467/2017, para a insalubridade em grau médio ou mínimo, a gestante poderá apresentar atestado de saúde, emitido por médico do sistema privado ou público de saúde, recomendando seu afastamento durante o período de gestação, para que exerça suas atividades em local salubre, isto é, saudável. Caso a gestante, voluntariamente, não apresente o atestado, poderá continuar trabalhando no local insalubre, isto é, prejudicial à sua saúde e, por conseguinte, à saúde do bebê. Já segundo o texto da Medida Provisória n. 808/2017, que perdeu vigência no dia 23-4-2018, a empregada gestante deveria ser afastada por todo o período de gestação, para exercer suas atividades em local salubre, e somente iria continuar trabalhando num local insalubre se voluntariamente apresentasse um atestado médico de saúde autorizando sua permanência no exercício das atividades insalubres.

No caso da lactante, seja em qual grau de insalubridade for, máximo, médio ou mínimo, a Lei n. 13.467/2017 prevê que a mulher poderá apresentar atestado de saúde, recomendando o seu afastamento do local insalubre durante o período de lactação.

Porém, para o Supremo Tribunal Federal, é inconstitucional o trecho da Reforma Trabalhista que prevê a possibilidade de gestantes e lactantes trabalharem em atividades insalubres. Por 10 votos a 1, na Ação Direta de Inconstitucionalidade (ADI) n. 5.938, o Supremo confirmou liminar proferida em maio de 2019 pelo Ministro Alexandre de Moraes, relator do caso, suspendendo a norma. Com a decisão, fica valendo a regra anterior da Consolidação das Leis do Trabalho, na qual a gestante deverá ser afastada de atividades e locais insalubres, devendo ser realocada em outro tipo de serviço. Em não sendo possível, a empregada deverá ser afastada e terá direito a receber o salário-maternidade.

Seja em qual caso for, as empresas que assumirem o risco de manter a trabalhadora, gestante ou lactante no ambiente de trabalho insalubre estarão sujeitas às condenações por eventuais danos que tal situação possa acarretar à saúde da mãe e do bebê.

Ocorrendo o afastamento, a remuneração da trabalhadora não poderá sofrer redução salarial, devendo ser mantido o pagamento do valor do adicional de insalubridade. Neste caso, a empresa poderá compensar os valores pagos a tal título, na ocasião dos recolhimentos das contribuições previdenciárias incidentes sobre a folha de salários e demais rendimentos pagos ou creditados, a qualquer título, à pessoa física que lhe prestar serviço.

Quando não for possível que a gestante ou a lactante exerça suas atividades na empresa em local salubre, isto é, saudável, a hipótese será considerada como **gravidez de risco**, e ensejará a percepção do salário-maternidade durante todo o período de afastamento. Portanto, passou a ser possível a mulher receber mais de um salário-maternidade, quando não houver local salubre na empresa para o exercício do trabalho: o **primeiro**, no período de gestação, de 9 meses; o **segundo**, quando do nascimento do filho, no período da licença-maternidade; e o **terceiro**, no período da lactação que, de acordo com a Consolidação das Leis do Trabalho, pode chegar a 6 meses, podendo ser dilatado pela autoridade competente quando a amamentação for necessária para a saúde do filho. Assim, é possível o afastamento do trabalho, especificamente na situação descrita, por até 450 dias, sendo 270 dias (período de gestação), mais 120 dias (período da licença-maternidade), mais 60 dias (período da amamentação de 6 meses, já descontados os 120 dias da licença-maternidade).

Caso não ocorra o afastamento, a mulher poderá romper com o vínculo de emprego, mediante a apresentação ao empregador de um atestado médico, constando que o trabalho ou atividade insalubre está sendo prejudicial à gestação.

EQUIPARAÇÃO SALARIAL

A equiparação salarial somente será possível entre empregados da mesma empresa, que trabalham no mesmo estabelecimento, exercendo função idêntica, com igual produtividade e com a mesma perfeição técnica. Não será possível a equiparação salarial quando a diferença de tempo de serviço entre o empregado que tem maior salário (paradigma) e o que tem menor salário (equiparando) for superior a 4 anos. Se José foi admitido em janeiro de 2013, e estiver recebendo o salário de R$ 4.000,00, e Mário tiver sido admitido em janeiro de 2018, com salário de R$ 2.000,00, este não terá direito à equiparação salarial com José. A equiparação salarial também não será possível se a diferença de tempo na função entre o empregado que tem maior salário (paradigma) e o que tem menor salário (equiparando) for superior a 2 anos. Se Maria tiver sido promovida em fevereiro de 2015 e estiver recebendo uma gratificação de função de R$ 2.000,00, e Lúcia for promovida em fevereiro de 2018, com uma gratificação de R$ 1.500,00, esta não terá direito à equiparação salarial com Maria.

Impede o reconhecimento da equiparação salarial quando o empregador tiver pessoal organizado em quadro de carreira ou adotar, por meio de norma interna ou de negociação coletiva, plano de cargos e salários, não sendo necessária a homologação na Superintendência Regional do Trabalho.

Sendo desnecessária a homologação, as empresas podem agora criar mais facilmente normas internas regulamentando os critérios para a promoção dos empregados, por merecimento ou antiguidade, ou apenas por um deles, alterando-os de conformidade com suas necessidades e interesses, ficando o trabalhador na expectativa de um dia vir a ser promovido e, por conseguinte, ter o aumento de salário ou outras vantagens profissionais.

Segundo o item I da Súmula n. 51 do TST, "as cláusulas regulamentares, que revoguem ou alterem vantagens deferidas anteriormente, só atingirão os trabalhadores admitidos após a revogação ou alteração do regulamento". Pois bem, como não é mais obrigatória a homologação do plano de cargos e salário pela Superintendência Regional do Trabalho, deverão ficar valendo para o trabalhador os termos do plano de carreira existente quando da sua admissão, ou mesmo implantado após ela, visto que, a partir dos critérios de promoção nele estabelecidos, o empregado buscará cumprir, com o objetivo de ser promovido, inclusive fazendo cursos e despendendo tempo e parte do salário para evoluir na carreira profissional, não sendo justo a empresa alterar as regras conforme sua conveniência, frustrando o trabalhador de um dia poder vir a ascender profissionalmente e a perceber um salário melhor. Isto é ainda mais reforçado pela atual previsão do § 2º do art. 461 da CLT, na qual o empregador poderá adotar por meio de norma interna, ou seja, por meio do regulamento interno, o plano de cargos e salários, atraindo assim a regra prevista no item I da Súmula n. 51 do TST, na qual as alterações somente serão aplicáveis aos contratos individuais de trabalho dos empregados admitidos após a mudança do quadro de carreira, permanecendo para os antigos as previsões da regra anterior.

DISCRIMINAÇÃO SALARIAL

Comprovado judicialmente que o empregador pagou salário a menor por motivo de sexo ou etnia, o juízo trabalhista determinará o pagamento de uma multa em favor da empregada ou empregado discriminado, correspondente a 50% do valor do limite máximo dos benefícios da Previdência Social.

Em casos desta natureza, deverá haver a inversão do ônus da prova, não cabendo ao empregado provar a discriminação na ação trabalhista, mas o empregador é quem deverá demonstrar judicialmente que as eventuais divergências salariais não foram motivadas em decorrência do sexo ou etnia do(a) trabalhador(a). Portanto, deverá o empregador provar a inexistência de discriminação salarial, por motivo de sexo e etnia, nas situações em que houver salários diferenciados entre homens e mulheres e entre pessoas de etnias diferentes.

AUXÍLIO-ALIMENTAÇÃO

Segundo o texto da Reforma Trabalhista, o auxílio-alimentação não integra a remuneração do empregado nem se incorpora ao contrato de trabalho, além de não constituir base de incidência de qualquer encargo trabalhista e previdenciário.

Assim, nenhuma verba trabalhista será calculada com base no valor do auxílio-alimentação, como as férias e o décimo terceiro salário. Igualmente, não há que se falar em reflexos nos recolhimentos previdenciários e depósitos fundiários.

Com a alteração legislativa, restou prejudicada a previsão contida na Súmula n. 241 do TST, na qual "o vale para refeição, fornecido por força do contrato de trabalho, tem caráter salarial, integrando a remuneração do empregado, para todos os efeitos legais".

Porém, é vedado o pagamento do auxílio-alimentação em dinheiro, mas, caso seja feito, o benefício irá incorporar ao contrato de trabalho e integrar o salário do trabalhador para todos os efeitos legais.

Podem ser consideradas expressões sinônimas: auxílio-alimentação, tíquete-alimentação, tíquete-refeição e vale-refeição; e, portanto, devem ter o mesmo tratamento legal, ou seja, não têm natureza salarial, desde que não sejam pagos em dinheiro pelo empregador.

AJUDA DE CUSTO, DIÁRIAS PARA VIAGEM, PRÊMIOS E ABONOS

Podem ser pagos pelo empregador sem o risco de integrar a remuneração do empregado e incorporar ao seu contrato de trabalho.

Alteração trabalhista benéfica, visto que a regra anterior desestimulava qualquer tentativa de pagar importâncias mais expressivas a título de diárias de viagem e ajuda de custo, pois os valores que ultrapassassem o percentual de 50% do salário do trabalhador eram considerados salário, com todos os efeitos legais.

São considerados prêmios as liberalidades concedidas pelo empregador em forma de bens, serviços ou valor em dinheiro a empregado ou a grupo de empregados, em razão de desempenho superior ao ordinariamente esperado no exercício de suas atividades.

SERVIÇO MÉDICO, ODONTOLÓGICO E MEDICAMENTOS

O empregador poderá ajudar o trabalhador pagando, integralmente ou em parte, os custos com serviços médicos e odontológicos, e ainda o reembolso de despesas com medicamentos, óculos, aparelhos ortopédicos, próteses, órteses, além de despesas médico-hospitalares, sem correr o risco de algum dia o trabalhador vir a questionar judicialmente a integração dos valores de tais benefícios ao seu salário.

Importante alteração na CLT que poderá servir de estímulo às empresas oferecerem tais benefícios ao trabalhador, sem o risco de ser surpreendidas no futuro com o ajuizamento de uma ação trabalhista, com o empregado pretendendo a integração dos valores ao salário, com os reflexos nas importâncias relativas às férias e décimo terceiro salário, e nos recolhimentos previdenciários e depósitos fundiários.

JUSTA CAUSA

O empregado que depende da habilitação ou dos requisitos estabelecidos em lei para o exercício da profissão, por exemplo, o motorista, poderá ser dispensado por justa causa se vier a perder a habilitação, em decorrência de conduta dolosa. Se a conduta for culposa o empregado somente poderá ser dispensado sem justa causa, ou mesmo ser aplicada uma penalidade mais branda que a justa causa, dependendo da situação.

No caso do advogado, também é obrigatório estar habilitado junto à Ordem dos Advogados do Brasil para poder exercer sua profissão. Caso o advogado empregado venha a cometer algum ato ilícito, que culmine com sua exclusão do quadro de advogados da OAB, poderá ser dispensado por justa causa pelo empregador.

RESCISÃO DO CONTRATO DE TRABALHO

Não mais é necessária a homologação da rescisão do contrato de trabalho no sindicato da categoria ou na Superintendência Regional do Trabalho, para os empregados com um ou mais anos de serviço. Assim, o empregador poderá pagar as verbas rescisórias no setor de recursos humanos da empresa ou mesmo no contador, efetuando o pagamento em dinheiro, depósito bancário ou cheque visado. Quando o empregado for analfabeto, somente poderá pagar em dinheiro ou depósito bancário. Para tanto, deverá observar o prazo de 10 dias corridos, contado da data do término do contrato, independentemente do tipo de rescisão contratual, e do cumprimento ou não do aviso prévio, e até mesmo de sua inexistência. Por exemplo, se o término da relação de trabalho ocorrer no dia 5 de determinado mês, o pagamento das verbas rescisórias deverá ser feito até o dia 15, sob pena de pagar ao empregado uma multa no valor equivalente ao seu salário, além de outra multa que poderá ser aplicada no caso de fiscalização do trabalho.

Nada obsta que o trabalhador venha solicitar ao sindicato da sua categoria que acompanhe o momento de pagamento das verbas rescisórias, conferindo cada um dos títulos pagos e apontando os que não estiverem corretos, que, se não forem devidamente quitados, poderão dar ensejo ao ajuizamento da ação trabalhista. Caso seja do interesse do trabalhador, um advogado trabalhista também poderá estar presente no ato formal de pagamento, pois tal profissional conhece as regras trabalhistas e pode orientar o trabalhador.

Alguns sindicatos de trabalhadores têm buscado incluir nos instrumentos coletivos uma cláusula prevendo a exigência da homologação no sindicato da categoria, objetivando propiciar maior segurança ao empregado dispensado.

EXTINÇÃO DO CONTRATO DE TRABALHO POR MÚTUO ACORDO

É possível extinguir a relação de emprego por mútuo acordo entre empregado e empregador. O aviso prévio indenizado e a multa de 40% do FGTS serão pagos pela metade, e o trabalhador poderá sacar até 80% dos valores dos depósitos do FGTS, mas não terá direito a receber o seguro-desemprego. Caso ao aviso prévio seja trabalhado deverá ser pago na sua integralidade.

Isto pôs um fim às rescisões contratuais simuladas, principalmente no caso do pedido de demissão do empregado. Tais manobras atendiam principalmente ao desejo do trabalhador de sacar o FGTS e receber o seguro-desemprego. E, por ser ilegal, pode se configurar em estelionato, com a aplicação das penas criminais.

ARBITRAGEM

Quando o trabalhador tiver a remuneração mensal superior a duas vezes o limite máximo dos benefícios da Previdência Social, poderá pactuar diretamente com o empregador a cláusula compromissória de arbitragem, desde que a iniciativa seja do empregado ou mediante sua concordância expressa, nos termos da Lei n. 9.307, de 23-9-1996, que trata sobre a arbitragem.

Porém, como o empregado com altos salários continua sendo a parte hipossuficiente da relação de emprego, e os direitos trabalhistas são indisponíveis e irrenunciáveis, e a Lei n. 9.307/96 somente permite a utilização da arbitragem para dirimir os litígios envolvendo direitos patrimoniais disponíveis, possivelmente o trabalhador poderá pleitear perante a Justiça do Trabalho a declaração de nulidade da cláusula compromissória e mesmo da sentença arbitral, principalmente quando for constatado vício de vontade.

DISPENSAS INDIVIDUAIS, PLÚRIMAS OU COLETIVAS

Têm o mesmo tratamento, e não dependem de autorização do sindicato, ou mesmo da celebração de acordo ou convenção coletiva de trabalho prevendo as dispensas.

Igualmente às dispensas individuais, as dispensas plúrimas e as coletivas não mais necessitam da homologação da rescisão contratual no sindicato da categoria ou no órgão regional do Ministério do Trabalho e Emprego.

Nos casos em que o empregador dispensar vários trabalhadores objetivando recontratar com menor valor de salário ou menos direitos trabalhistas, a Justiça do Trabalho poderá cancelar as rescisões, determinando a manutenção dos direitos anteriormente existentes, pois a ruptura contratual claramente gerou prejuízos para os trabalhadores, que constituem a parte mais frágil e suscetível da relação de emprego e necessitam de maior proteção jurídica.

Tem que ser observado também pelo empregador se na dispensa plúrima ou na coletiva não há empregados com algum tipo de garantia de emprego, como no caso do dirigente sindical e da gestante, os quais terão direito à reintegração caso venham a ser dispensados sem justa causa, pois têm o emprego garantido por lei.

O texto da Reforma Trabalhista não apresentou uma distinção entre dispensa plúrima e dispensa coletiva. Como o antepositivo *pluri* significa mais ou maior, referindo-se a múltiplos, vários, e a expressão *coletivo* dá a ideia de abranger muitos, vários, pode-se concluir que, a princípio, as expressões são sinônimas. Provavelmente, o legislador pretendeu não deixar dúvidas nas situações em que um conjunto de trabalhadores for dispensado num mesmo momento, podendo ser considerada dispensa plúrima ou coletiva, dando ao empregador o poder de fazê-lo sem o risco de vir a ser questionado judicialmente.

Em 2022, no julgamento do Recurso Extraordinário - RE 999435, pelo Supremo Tribunal Federal, foi fixada a seguinte tese de repercussão geral n. 638: "A intervenção sindical prévia é exigência procedimental imprescindível para dispensa em massa de trabalhadores que não se confunde com a autorização prévia por parte da entidade sindical ou celebração de convenção ou acordo coletivo". Para o Ministro Dias Toffoli, a participação dos sindicatos é imprescindível para a defesa das categorias profissionais, não se tratando de pedir autorização ao sindicato para a dispensa, mas de envolvê-lo num processo coletivo com foco na manutenção de empregos, a partir do dever de negociação pelo diálogo. Para o Ministro, a participação de sindicatos, nessas situações, pode ajudar a encontrar soluções alternativas ao rigor das dispensas coletivas e evitar a incidência de multas, além de contribuir para a recuperação e o crescimento da economia e valorização do trabalho humano, cumprindo, de modo efetivo, sua função social.

DEMISSÃO VOLUNTÁRIA OU INCENTIVADA

É obrigatório que a empresa celebre um acordo ou convenção coletiva de trabalho, prevendo a demissão voluntária ou incentivada. Aceita pelo empregado, implicará renúncia de todos os direitos decorrentes da relação de emprego que não tenham sido quitados pelo empregador, salvo se houver cláusula coletiva prevendo o contrário.

CONTRIBUIÇÃO SINDICAL

Importante ressaltar que a Reforma Trabalhista não extinguiu a contribuição sindical, mas a tornou facultativa, determinando que o desconto salarial está absolutamente condicionado à autorização prévia e expressa do trabalhador.

Assim, o desconto da contribuição sindical no salário passou a ser facultativo, voluntário, e somente ocorrerá se houver prévia e expressa autorização do trabalhador. Autorizado, a empresa deverá proceder ao desconto.

Em 29-6-2018, no julgamento da Ação Direta de Inconstitucionalidade (ADI) n. 5794, ajuizada pela Confederação Nacional dos Trabalhadores em Transporte Aquaviário e Aéreo, na Pesca e nos Portos (CONTTMAF), o Supremo Tribunal Federal decidiu que é constitucional o fim da obrigatoriedade da contribuição sindical, conforme expresso na Reforma Trabalhista.

ACORDO EXTRAJUDICIAL

É possível resolver os conflitos entre empregado e empregador de forma amigável, por meio do acordo extrajudicial. Inicialmente, deverá ser redigida uma petição conjunta do acordo pelos advogados de cada uma das partes. Não será aceita a representação das partes por um advogado comum. Caso o trabalhador queira, poderá ser assistido pelo advogado do sindicato da sua categoria. Após, deverá ser protocolada na Justiça do Trabalho, e o juiz terá 15 dias para analisar o acordo e, se entender necessário, poderá marcar audiência para ouvir as partes, proferindo ao final a sentença. Confirmado o acordo pelo juiz, as partes não poderão recorrer. O acordo extrajudicial também poderá ser utilizado nas situações envolvendo outros tipos de trabalhadores, como o doméstico, por exemplo.

Quando o acordo extrajudicial se referir ao pagamento de verbas rescisórias, o empregador deverá observar o prazo de 10 dias, contados da data do término do contrato, estabelecido no § 6º do art. 477 da CLT, sob pena de ter que pagar a multa prevista no § 8º do art. 477 da CLT, equivalente ao valor do salário do empregado.

REPRESENTAÇÃO DOS EMPREGADOS NAS EMPRESAS

Nas empresas com mais de 200 empregados, é obrigatória a eleição de uma comissão para representar os trabalhadores, com o objetivo de facilitar o entendimento direto com o empregador, além de acompanhar as negociações coletivas para a celebração das convenções e acordos coletivos de trabalho. Neste aspecto, é importante ressaltar que a comissão de representantes dos empregados não substituirá a função do sindicato de defender os direitos e os interesses coletivos ou individuais da categoria, inclusive em questões judiciais ou administrativas, hipótese em que continuará sendo obrigatória a participação dos sindicatos em negociações coletivas de trabalho.

Nas empresas com mais de 200 e até 3 mil empregados, a comissão será composta por três membros. Se tiver entre 3 mil e 5 mil empregados, será composta de cinco membros. E se tiver mais de 5 mil empregados, a comissão será integrada por sete membros. Não havendo candidatos suficientes, a comissão poderá ser formada com número de membros inferior ao legalmente previsto. Se não houver registro de candidatura, a comissão eleitoral deverá lavrar ata e a empresa deverá convocar nova eleição no prazo de 1 ano. Caso a empresa tenha empregados em vários estados da Federação e no Distrito Federal, poderá ser realizada eleição de uma comissão de representantes dos empregados por estado ou no Distrito Federal.

Todos os empregados da empresa poderão participar do processo eletivo, à exceção dos que estiverem com o contrato de trabalho suspenso ou em período de aviso prévio, trabalhado ou indenizado, bem como os trabalhadores contratados a prazo determinado.

Desde o registro da candidatura até 1 ano após o término do mandado, o membro da comissão dos representantes dos empregados não poderá sofrer despedida arbitrária, considerada a que não se fundar em motivo disciplinar (justa causa), técnico, econômico ou financeiro. Neste aspecto, para a rescisão do contrato de trabalho, por justa causa, do membro da comissão de representantes dos empregados, não há a exigência do ajuizamento do inquérito para apuração de falta grave, como ocorre, por exemplo, com o dirigente sindical.

Será de 1 ano o mandato dos membros da comissão de representantes dos empregados, e o membro que houver exercido a função por dois mandados subsequentes será considerado inelegível, e não poderá participar de novo processo eletivo nos dois períodos subsequentes, evitando a permanência do mesmo grupo de empregados no exercício da função, como ocorre muitas vezes com os trabalhadores eleitos dirigentes sindicais, que se mantêm na função por vários mandatos, até mesmo para evitar a dispensa sem justa causa quando do término da garantia de emprego. Como os membros da comissão de representantes dos empregados não vão poder exercer a função nos dois períodos subsequentes, nada irá lhes garantir que venham a ser dispensados sem justa causa quando esgotado o período da garantia de emprego, principalmente se sua atuação vier a desagradar o empregador. Com isso, não há dúvida de que muitos trabalhadores irão repensar sua participação no processo eletivo, visto que poderão ficar vulneráveis após o término da garantia de emprego e, se eleitos, poderão ter uma atuação mais comedida para evitar grandes desgastes com o empregador, e riscos futuros de vir a ficar desempregados.

O empregado eleito não poderá se afastar, devendo permanecer no exercício normal das suas funções.

Importante ressaltar que a comissão eleitoral, integrada por cinco empregados não candidatos, encarregada de organizar e acompanhar o processo eleitoral, não poderá sofrer a interferência da empresa e nem do sindicato da categoria. Neste aspecto, tendo em vista a atribuição constitucional dos sindicatos, é injustificável a sua não participação no processo eleitoral, visto a possibilidade de ser formadas comissões de fachada que venham simplesmente cumprir com a exigência legal, bem como defender os interesses da empresa e não dos trabalhadores.

Como a nova regra não prevê como deve ser procedido o processo de escolha dos cinco empregados que irão integrar a comissão eleitoral, é bem possível que a escolha final seja da empresa, o que poderá prejudicar a isenção da comissão, encarregada exatamente em garantir o processo de lisura da eleição.

Segundo a Portaria MTP n. 671/2021, a comissão de representantes dos empregados não substituirá a função do sindicato de defender os direitos e interesses coletivos ou individuais da categoria, inclusive em questões judiciais ou administrativas, hipótese em que será obrigatória a participação dos sindicatos nas negociações coletivas de trabalho.

UNIFORMES

O empregador poderá definir o padrão de vestimenta no meio ambiente laboral, inclusive no exercício do trabalho externo, podendo incluir no uniforme a logomarca da empresa ou de empresas parceiras, além de outros itens de identificação relacionados à atividade desempenhada.

Isso põe fim aos casos de ajuizamento de ações de indenização trabalhista, buscando a reparação de danos morais, sob o argumento do uso indevido da imagem do empregado, decorrente da obrigação de utilizar uniformes com a logomarca da própria empresa ou de empresas fornecedoras.

Via de regra, a higienização do uniforme é da responsabilidade do trabalhador, salvo no caso em que for necessário o emprego de procedimentos ou produtos diferentes dos utilizados para vestimentas de uso comum. Como exemplo, podem-se citar os uniformes dos trabalhadores que mantêm contato com amianto, além dos que trabalham em setor de explosivos, e ainda os trabalhadores da saúde, que normalmente estão expostos a agressivos agentes biológicos. Em tais casos, a higienização do vestuário deverá ser feita obrigatoriamente pelo empregador.

TROCA DE ROUPA OU DE UNIFORME

Via de regra, o tempo despendido na troca de roupa ou de uniforme não é tido como hora extra, pois não é considerado tempo à disposição do empregador, mesmo que venha a exceder a jornada normal de trabalho. Porém, quando a troca da roupa ou do uniforme ocorrer por exigência ou determinação do empregador, e tal período de tempo ultrapassar o horário normal de trabalho, deverá ser considerado como hora extra, com o pagamento do acréscimo de 50% sobre o valor da hora normal de trabalho.

Cabe ao empregador fiscalizar para identificar possíveis abusos no momento da troca da roupa ou do uniforme, com a utilização de tempo excessivo pelo empregado, fora do razoável para tal tipo de situação.

Outrossim, como é possível a negociação coletiva em relação à jornada de trabalho, pode ser ajustada, por meio de acordo ou convenção coletiva de trabalho, uma cláusula prevendo o tempo destinado para a troca de roupa ou uniforme, tanto na entrada quanto na saída, sem que venha a ser considerado hora extra.

CONTRATAÇÃO DE TRABALHADOR AUTÔNOMO

Passou a ser mais fácil contratar trabalhadores autônomos (e não menos arriscado, em razão da possibilidade de reconhecimento do vínculo de emprego, caso presentes os requisitos dos arts. 2º e 3º da CLT), que não serão considerados empregados, mesmo que exerçam atividade relacionada ao negócio da empresa contratante.

Para evitar contratempos judiciais, devem ser tomados alguns cuidados pelo tomador de serviços, como: a) o autônomo deverá estar em situação regular, tendo cumprido com as exigências legais; neste caso, poderá ser pedido ao autônomo a Declaração de Regularidade perante a Previdência Social, pois por meio de tal documento o tomador de serviços poderá identificar se o trabalhador está em situação regular, e poderá atestar se ele está em dia com os recolhimentos previdenciários; poderá também ser exigido o "Certificado de Registro de Autônomo", obtido no *site* das prefeituras; b) a contratação do autônomo poderá ser com ou sem exclusividade; c) o trabalhador poderá prestar o trabalho de forma contínua ou não; d) jamais deverá receber ordens diretas de quem quer que seja da empresa; e) pode ser estipulado "o que fazer" e "o quando fazer", mas jamais "o como fazer"; f) não deve prestar serviços no local do estabelecimento da empresa; g) não deve haver vinculação hierárquica entre o tomador e o trabalhador; h) e, é claro, deve ser feito um contrato escrito de representação comercial ou de prestação de serviços de autônomo, pormenorizado, com as informações do serviço a ser realizado, o cumprimento dos prazos, o valor da remuneração com o preço do serviço e as condições de pagamento etc. Sugere-se contratar somente o trabalhador autônomo que tenha formalizado seu negócio como empresa, no caso, que seja um Microempreendedor Individual (MEI).

Porém, havendo a subordinação jurídica, poderá ser reconhecido judicialmente o vínculo empregatício, regido pela CLT.

Não irá caracterizar a qualidade de empregado, prevista no *caput* dos arts. 2º e 3º da CLT, o fato de o autônomo prestar serviços a apenas um tomador de serviços. Porém, sugere-se que não haja cláusula contratual prevendo a exclusividade na prestação dos serviços, para evitar possíveis questionamentos judiciais.

O autônomo poderá prestar serviços de qualquer natureza a outros tomadores de serviços que exerçam ou não a mesma atividade econômica, sob qualquer modalidade de contrato de trabalho, inclusive como autônomo.

É garantida ao autônomo a possibilidade de recusar realizar atividade demandada pelo contratante, garantida a aplicação de cláusula de penalidade, desde que prevista em contrato. Portanto, caso seja determinada a realização de serviço distinto do previamente ajustado no contrato, o autônomo poderá recusar a realização da atividade, sem que lhe seja imposto qualquer tipo de penalidade pelo tomador, dadas as características específicas do contrato de trabalho autônomo.

O tomador de serviços jamais deverá confundir as características específicas do contrato de trabalho autônomo com as do contrato de emprego, regido pela CLT, na qual se busca em ambos a prestação de serviços, porém enquanto o empregado é um trabalhador subordinado por natureza, o autônomo é marcado pela prestação de serviços de forma independente, sem o exercício do poder de mando e atos de ingerência por parte do tomador dos serviços.

Poderão ser contratados como autônomos, e não serão considerados empregados, motoristas, representantes comerciais, corretores de imóveis, parceiros e trabalhadores de outras categorias profissionais reguladas por leis específicas relacionadas a atividades compatíveis com o contrato autônomo, desde que cumpridas as exigências do *caput* do art. 442-B da CLT. Esses trabalhadores não possuirão a qualidade de empregado prevista no art. 3º da CLT, a não ser que o tomador não observe os cuidados necessários a tal espécie de contrato, valendo-se da subordinação jurídica do trabalhador, dando ensejo ao reconhecimento judicial da relação jurídica de emprego, regida pela CLT, com os direitos inerentes a tal tipo de contrato.

TRABALHADORA DOMÉSTICA

Os direitos não foram afetados, visto que o trabalho doméstico não é regido pela CLT, mas pela Lei Complementar n. 150/2015.

Porém, as alterações legislativas ocorridas em relação às normas de direito processual do trabalho são aplicáveis a todos os tipos de trabalhadores, à exceção do servidor público e do profissional liberal, cuja competência para a solução dos conflitos não é da Justiça do Trabalho.

Até muito recentemente, a trabalhadora doméstica buscava a igualdade de direitos com o empregado celetista, o que veio a se concretizar com a Lei Complementar n. 150/2015. Porém, a partir da Reforma Trabalhista, a doméstica encontra-se em situação de vantagem, pois legalmente não é permitida a sua contratação na modalidade intermitente, nem no regime de teletrabalho, além de não haver a possibilidade de ser substituída por um trabalhador temporário, visto que a Lei n. 6.019/74 é expressa ao prever que o tomador de serviços deverá ser pessoa jurídica.

PRAZOS PROCESSUAIS

Serão contados em dias úteis, com exclusão do dia do começo e inclusão do dia do vencimento. Portanto, não devem ser contados os feriados, sábados e domingos. A nova regra atendeu a um antigo anseio dos advogados, que muitas vezes tinham que trabalhar nos finais de semana e feriados para conseguir cumprir os prazos, principalmente aqueles que exatamente venciam nestes dias, e o vencimento era prorrogado para o dia útil seguinte.

Os prazos poderão ser prorrogados quando o juízo entender necessário ou em virtude de força maior, desde que devidamente comprovada.

CUSTAS PROCESSUAIS

O reclamante que faltar à audiência inaugural será condenado ao pagamento das custas processuais, ainda que seja beneficiário da justiça gratuita, salvo se comprovar, nos autos do processo, no prazo de 8 dias, que sua ausência ocorreu por motivo legalmente justificável, ficando a cargo do juiz deferir ou não o pedido de isenção do pagamento.

Para propor nova demanda trabalhista, o reclamante deverá comprovar que fez o pagamento das custas do processo anterior, sob pena de a nova ação trabalhista ser extinta sem resolução do mérito.

JUSTIÇA GRATUITA

A regra geral é que a gratuidade da justiça é concedida ao trabalhador que não tem condições financeiras para assumir com os custos do processo.

O *caput* do art. 4º da Lei n. 1.060/50 estabelecia que, para o deferimento da assistência judiciária, bastava a mera declaração da parte de que não estava em condições de pagar as custas do processo e os honorários de advogado sem prejuízo próprio ou de sua família.

Com o advento do Novo Código de Processo Civil, aplicado de forma subsidiária no processo do trabalho, alguns artigos da Lei n. 1.060/50 foram revogados, e a gratuidade da justiça passou a ser regulada pelo art. 98 do CPC.

Segundo o art. 98 do CPC, "a pessoa natural ou jurídica, brasileira ou estrangeira, com insuficiência de recursos para pagar as custas, as despesas processuais e os honorários advocatícios tem direito à gratuidade da justiça, na forma da lei". Já o § 3º do art. 99 do CPC dispõe que "presume-se verdadeira a alegação de insuficiência deduzida exclusivamente por pessoa natural", e não a alegação da pessoa jurídica.

A partir da Reforma Trabalhista houve a modificação dos requisitos, exigindo-se não apenas a mera declaração ou afirmação de que a parte não possui condições de arcar com as despesas do processo sem prejuízo do seu sustento e da sua família, como também a efetiva comprovação da situação de insuficiência de recursos (§§ 3º e 4º do art. 790 da CLT). Porém, apesar de tal previsão, para a Subseção I da Seção Especializada em Dissídios Individuais do TST basta a declaração de hipossuficiência econômica para a comprovação do estado de miserabilidade, mesmo após a Reforma Trabalhista.

O benefício da justiça gratuita pode ser concedido a requerimento da parte ou mesmo de ofício pelo juiz.

PREPOSTO

Na audiência trabalhista, o empregador poderá ser representado por um preposto, que não precisa ser empregado, podendo ser até mesmo o contador ou mesmo o estagiário, desde que a pessoa tenha conhecimento dos fatos, e cuidado quando for prestar as declarações, pois poderá gerar obrigações para a empresa.

De acordo com a Instrução Normativa n. 41/2018 do TST, não será admitida a cumulação das condições de advogado e preposto.

Segundo a Súmula n. 377 do TST, "exceto quanto à reclamação de empregado doméstico, ou contra micro ou pequeno empresário, o preposto deve ser necessariamente empregado do reclamado". Doravante, até mesmo para as grandes empresas o preposto não precisará ser empregado. Tal Súmula, portanto, encontra-se superada pela nova regra.

> Como o preposto pode assumir compromissos na audiência, como propor ou aceitar um acordo, obrigando o reclamado a cumprir com o ajustado e homologado judicialmente, empresa pode adotar como cuidado registrar na carta de preposto, que é o documento que autoriza a substituição do empregador, uma cláusula informando que o preposto não terá poderes para propor ou aceitar propostas de acordo na audiência, que deverão ser levadas ao conhecimento da direção da empresa, que oportunamente dará uma resposta nos autos do processo.

Outro ponto importante da Reforma Trabalhista diz respeito à responsabilidade das partes por dano processual, que por suas especificidades se preferiu tratar em separado, como se verá a seguir.

2.1 Responsabilidade das Partes por Dano Processual

A Lei n. 13.467, de 13-7-2017, que alterou a CLT, incluiu dispositivos que tratam sobre a responsabilidade das partes por dano processual, sendo que anteriormente era utilizado subsidiariamente na Justiça do Trabalho o Código de Processual Civil, mais especificamente dos arts. 79 a 81, por inexistir no ordenamento jurídico trabalhista uma previsão legal que tratasse da litigância de má-fé, e estabelecesse o reconhecimento e a penalização da parte que age de má-fé no processo do trabalho.

Porém, os citados dispositivos do CPC eram de aplicação controvertida, tendo em vista a resistência de juízes em utilizar tais regras no processo do trabalho, em decorrência do princípio da proteção ao hipossuficiente, no caso, o trabalhador, e da possibilidade do *jus postulandi* (*caput* do art. 791 da CLT).

Mas, como se verá a seguir, as novas regras trabalhistas que regulamentam a questão preveem que a penalidade por litigância de má-fé poderá ser aplicada a qualquer das partes, inclusive para as testemunhas.

2.1.1 Da litigância de má-fé

Poderá responder por perdas e danos à parte, reclamante ou reclamado, ou mesmo o interveniente, como o perito, a testemunha ou o terceiro que litigar de má-fé (art. 793-A da CLT).

Considera-se **litigante de má-fé** a parte que, no processo, age de forma maldosa, com dolo ou culpa, causando dano processual à parte contrária, segundo as hipóteses elencadas no art. 793-B da CLT:

a) quando deduzir pretensão ou defesa contra texto expresso de lei ou fato incontroverso;

b) quando alterar a verdade dos fatos;

c) quando usar do processo para conseguir objetivo ilegal;

d) quando opuser resistência injustificada ao andamento do processo;

e) quando proceder de modo temerário em qualquer incidente ou ato do processo;

f) quando provocar incidente manifestamente infundado;

g) quando interpuser recurso com intuito manifestamente protelatório.

Tais hipóteses de litigância de má-fé são as mesmas do art. 80 do CPC.

2.1.2 Da má-fé

A **má-fé** restará caracterizada quando a parte causar dano processual ao ex- -adverso ou se utilizar de conduta flagrantemente maliciosa e temerária para auferir vantagem no processo.

Em tais casos, o descumprimento dos deveres éticos do processo implicará a responsabilização por dano processual.

2.1.3 Da multa por litigância de má-fé

Comprovado o dano processual, o juízo condenará o litigante de má-fé a pagar **multa**, que deverá ser superior a 1% e inferior a 10% do valor corrigido da causa, com vistas a indenizar a parte contrária pelos prejuízos que esta sofreu e a arcar com os honorários advocatícios e com todas as despesas que efetuou (*caput* do art. 793-C da CLT).

Tal multa é nos mesmos parâmetros da prevista no *caput* do art. 81 do CPC.

Havendo dois ou mais os litigantes de má-fé, o juízo condenará cada um na proporção do seu respectivo interesse na causa ou solidariamente aqueles que se coligaram para lesar a parte contrária (§ 1º do art. 793-C da CLT).

Quando o valor da causa for irrisório ou inestimável, a multa poderá ser fixada em até duas vezes o limite máximo dos benefícios do Regime Geral de Previdência Social (§ 2º do art. 793-C da CLT).

O valor da indenização será fixado pelo juízo ou, caso não seja possível mensurá-lo, será liquidado por arbitramento ou pelo procedimento comum, nos próprios autos (§ 3º do art. 793-C da CLT).

A multa também será aplicada à testemunha que intencionalmente alterar a verdade dos fatos ou omitir fatos essenciais ao julgamento da causa (*caput* do art. 793-D da CLT).

A execução da multa ocorrerá nos mesmos autos do processo (parágrafo único do art. 793-D da CLT).

Da mesma forma, no caso da testemunha, a execução da multa ocorrerá nos mesmos autos do processo em que foi prestado o depoimento.

Como exemplo de litigância de má-fé, pode-se citar a ação trabalhista na qual o trabalhador busca a rescisão indireta do contrato de trabalho, e a reclamada apresenta defesa alegando que o reclamante foi dispensado por justa causa, por ato de improbidade, sem apresentar, contudo, nenhuma prova a respeito, e o juízo vir a concluir que, na verdade, a dispensa por justa causa teve como propósito a represália pelo fato de o autor ter apresentado demanda trabalhista contra a empresa, já que a dispensa por justa causa teria ocorrido após o ajuizamento da ação trabalhista e da notificação da reclamada para apresentar defesa e comparecer à audiência, ficando evidente a prática da litigância de má-fé, uma vez que o empregador agiu com deslealdade processual, objetivando induzir o juízo a erro, tendo, inclusive, privado o obreiro do percebimento dos direitos rescisórios, restando demonstrado o dano processual sofrido pelo autor.

2.1.4 Do assédio processual

Importante também distinguir a litigância de má-fé do **assédio processual**. Enquanto a primeira se caracteriza pela prática de ato ilícito com o fim de obter vantagem processual, a segunda também não deixa de ser uma litigância maliciosa do agente, contudo, é mais ampla, visto que se caracteriza pela sucessão de atos processuais, que, em conjunto, tem como única finalidade retardar desarrazoadamente a solução da controvérsia e prejudicar o ex-adverso, podendo atingir, inclusive, a saúde psicológica da vítima. Neste aspecto, em regra, o dano a ser reparado é de natureza moral.

2.1.5 Da indenização por assédio processual

No caso do assédio processual, não há previsão de pagamento de multa, como na litigância de má-fé (*caput* do art. 793-C da CLT), mas a fixação pelo juízo de uma **indenização** que possa reparar os prejuízos materiais e compensar os danos morais decorrentes, visto que, como toda espécie de abuso de direito, o assédio processual é considerado ato ilícito no ordenamento jurídico, dando margem ao dever de indenizar a vítima.

Segundo o art. 187 do Código Civil, "também comete ato ilícito o titular de um direito que, ao exercê-lo, excede manifestamente os limites impostos pelo seu fim econômico ou social, pela boa-fé ou pelos bons costumes".

Diferentemente da litigância de má-fé, não há limite para a fixação do valor da indenização por assédio processual, apesar de alguns juízes aplicarem as penalidades legalmente previstas para o litigante de má-fé, não obstante não se tratarem de institutos iguais.

IMPORTANTE

De ofício ou mediante requerimento da parte, reclamante ou reclamado, poder-se-á requerer a aplicação da multa do *caput* do art. 793-C da CLT, seja em qual fase o processo estiver, conquanto se configure uma ou mais hipóteses do art. 793-B da CLT, que, por serem taxativas, não permitem ampliação.

O reclamado poderá alegar a litigância de má-fé, ou mesmo o assédio processual, como matéria de defesa, e não em reconvenção, devendo ser articulada em tópico específico na peça de contestação.

No **requerimento**, a parte ofendida deverá requerer a condenação da parte ofensora ao pagamento da multa do *caput* do art. 793-C da CLT por litigância de má-fé, devendo observar se ao caso deverá ser aplicado algum dos parágrafos do citado dispositivo (quando forem dois ou mais litigantes de má-fé, quando o valor da causa for irrisório ou inestimável, e quando o valor da indenização não for de possível mensuração).

No **requerimento**, a parte ofendida deverá requerer a condenação da parte ofensora ao pagamento de uma indenização por assédio processual.

Em ambos os casos, litigância de má-fé ou assédio processual, o requerimento deverá ser minuciosamente fundamentado, para que o juízo possa ser convencido a condenar a parte ofensora ao pagamento da multa ou da indenização, conforme o caso.

Tanto a multa quanto a indenização, por não terem caráter salarial, não integram a remuneração do empregado, não constituindo base de incidência de qualquer encargo trabalhista e previdenciário.

Segundo a Instrução Normativa TST n. 41/2018, os arts. 793-A, 793-B e 793-C, § 1º, da CLT têm aplicação autônoma e imediata, e a condenação de que trata o *caput* do art. 793-C da CLT deverá ser aplicada apenas às ações ajuizadas a partir de 11-11-2017 (Lei n. 13.467/2017). De acordo com a mesma norma, têm aplicação apenas nas ações ajuizadas a partir de 11-11-2017 (Lei n. 13.467/2017) os seguintes dispositivos: os §§ 2º e 3º do art. 793-C da CLT e o *caput* do art. 793-D da CLT.

2.2 Declaração de Direitos de Liberdade Econômica

A Declaração de Direitos de Liberdade Econômica foi instituída pela Lei n. 13.874, de 20 de setembro de 2019, publicada no *Diário Oficial da União* do dia 20-9-2019, na Edição Extra-B, com o objetivo de reduzir a burocracia para negócios da iniciativa privada, tendo alterado e revogado vários dispositivos legais, inclusive na Consolidação das Leis do Trabalho, da qual 8 dispositivos foram alterados e outros 22 foram revogados.

Vejamos, a seguir, as principais alterações legislativas ocorridas nas normas trabalhistas.

CTPS

Preferencialmente, será emitida por meio eletrônico, e somente excepcionalmente por meio físico, ou seja, em papel. Outrossim, a carteira de trabalho terá como identificação única do empregado o número da sua inscrição no Cadastro de Pessoas Físicas (CPF).

O empregador terá o prazo de 5 dias úteis, contados da data de admissão, para proceder às anotações na CTPS, em relação aos trabalhadores que admitir, registrando a data da admissão, a remuneração e as condições especiais, como a contratação por experiência, por exemplo, e o trabalhador deverá ter acesso às informações no prazo de até 48 horas, contado do momento em que for feito o registro.

A falta de cumprimento de tais exigências legais pela empresa poderá dar margem à lavratura de auto de infração pelo auditor fiscal do trabalho.

TRABALHO AOS DOMINGOS

Apesar de autorizar o desenvolvimento de atividades econômicas em qualquer horário ou dia da semana, inclusive nos feriados, a Declaração de Direitos de Liberdade Econômica determina que seja observada a legislação trabalhista. Portanto, para o trabalho aos domingos, continua sendo obrigatória a permissão prévia da autoridade competente em matéria de trabalho, bem como seja estabelecida escala de revezamento, mensalmente organizada e constando de quadro sujeito à fiscalização.

Para algumas atividades, a Portaria MTP n. 671, de 08-11-2021, prevê autorização permanente para o trabalho aos domingos, e também nos dias feriados, por exemplo, comércio varejista de frutas e verduras, indústria de alimentos e bebidas e serviços portuários. Para algumas outras atividades, a citada Portaria prevê os procedimentos para autorização transitória para o trabalho aos domingos e feriados civis e religiosos, para atender à realização ou conclusão de serviços inadiáveis ou necessidade imperiosa de serviço, e quando a inexecução das atividades puder acarretar prejuízo manifesto. Tal autorização é concedida pelo chefe da unidade descentralizada da Inspeção do Trabalho, com circunscrição no local da prestação de serviço, mediante fundamentação técnica que leve à conclusão pela realização ou conclusão de serviços inadiáveis ou cuja inexecução possa acarretar prejuízo manifesto à requerente.

REGISTRO DE PONTO

Para os estabelecimentos com mais de 20 trabalhadores, e não mais com 10 empregados, como era anteriormente, será obrigatória a anotação da hora de entrada e de saída, em registro manual, mecânico ou eletrônico, permitida a pré-assinalação do período de repouso. Portanto, para as empresas com até 20 empregados não mais será obrigatório o registro de ponto, mas a empresa deverá ter cuidado em relação às ocorrências do trabalho em sobrejornada, quando da realização de horas extraordinárias pelo empregado.

REGISTRO DE PONTO POR EXCEÇÃO

Passou a ser permitida a utilização de registro de ponto por exceção à jornada normal de trabalho, mediante acordo individual escrito, convenção coletiva ou acordo coletivo de trabalho.

Assim, apesar da obrigatoriedade do registro de ponto para empresas com mais de 20 empregados, a Declaração de Direitos de Liberdade Econômica permite que seja realizado acordo diretamente com o empregado, ou mesmo seja celebrado acordo ou convenção coletiva de trabalho prevendo o registro de ponto por exceção. Em havendo, o ponto deverá ser registrado somente nas situações de exceção, ou seja, na ocorrência de horas extras, atrasos, saídas antecipadas do empregado, e nas situações de ausências ao serviço.

Portanto, a regra será o registro de ponto para empresas com mais de 20 empregados, mas será possível abolir o registro das situações de normalidade, com a obrigatoriedade de anotação somente quando das situações de exceção, mas desde que a empresa tenha realizado acordo individual com o trabalhador, ou quando houver previsão nos instrumentos coletivos da categoria.

REGISTRO DE PONTO PARA EMPREGADOS QUE EXECUTAM ATIVIDADES EXTERNAS

Anteriormente, no caso de serviços externos, isto é, prestados pelo empregado fora do estabelecimento físico da empresa, a CLT exigia o registro de ponto em ficha ou papeleta em poder do empregado. Segundo o texto da Declaração de Direitos de Liberdade Econômica, o empregado que executa atividades externas poderá registrar o ponto de forma manual, mecânica ou eletrônica, em poder do trabalhador. Portanto, passou a ser possível o empregador adotar meios eletrônicos para o registro da jornada de trabalho dos empregados que executam atividades externas. Para efeito de fiscalização do trabalho, devem ser observadas as previsões da Portaria MTP n. 671, de 08-11-2021, que prevê também os tipos de sistema de registro eletrônico de ponto que podem ser adotados pelas empresas.

Capítulo 3

Compreendendo o Desenvolvimento da Petição Inicial

Temos que partir do princípio de que, no geral, a petição inicial é composta de uma **estrutura básica** na qual, dependendo da situação, poderão ser adaptadas as mais diferentes espécies de ações, seja uma reclamação trabalhista, uma ação de consignação em pagamento ou mesmo um mandado de segurança.

Compreendendo isso, ficará mais fácil entender a importância de conhecer e assimilar essa estrutura básica para poder desenvolver as muitas peças iniciais que podem ser utilizadas na prática da advocacia, em especial a **prática jurídica trabalhista**.

É comum o estudo das distintas espécies de ações de forma separada. O importante é saber que, na maioria das vezes, há elementos básicos que poderão ser aplicados, e que, dependendo da situação, haverá somente a **necessidade de adaptação** às muitas espécies de ações previstas na legislação.

Vejamos, a seguir, quais são esses **requisitos ou elementos básicos** que, no geral, fazem parte da estrutura das peças iniciais:

Endereçamento para o órgão jurisdicional perante o qual a ação será processada

Qualificação individualizada e completa do autor

Individualização do réu com a sua completa qualificação

OBSERVAÇÃO

A princípio, **não há a obrigatoriedade** de articular na petição inicial trabalhista os fundamentos jurídicos do pedido, o requerimento de citação do reclamado e a indicação prévia das provas. Porém, para que ela possa **ficar mais completa**, sugere-se incluir tais elementos na redação das peças processuais trabalhistas, principalmente na prova prático-profissional da OAB, na qual a **fundamentação** e **consistência** são quesitos em que a pontuação normalmente é expressiva.

Apesar de o atual CPC não prever no art. 319 o requerimento de citação do réu (inciso VII do art. 282 do CPC/1973), continua sendo indispensável requerer tal providência na petição inicial da ação cível, pois, segundo o *caput* do art. 239 do CPC, para a validade do processo é indispensável a citação do réu. Ademais, na citação o réu é convocado para integrar a relação processual (art. 238 do CPC).

A seguir detalharemos, especificamente, o desenvolvimento da peça inicial trabalhista, tanto pelo rito ordinário quanto pelo sumaríssimo.

Mais adiante, abordaremos outras ações, bem como aquelas que podem ser aplicadas subsidiariamente ao processo do trabalho.

Capítulo 4

Petição Inicial Trabalhista

A palavra *petição* tem origem no latim *petitione*, que significa pedido, requerimento.

Juridicamente, petição é o instrumento de que se vale o interessado para provocar a prestação da tutela jurisdicional do Estado. Assim, para que tenha início o processo de cognição ou de conhecimento, cabe ao interessado levar seu conflito de interesses ao conhecimento dos órgãos que compõem a Justiça do Trabalho, por meio da petição inicial, na qual deverá articular quais são as suas pretensões, bem como os meios que pretende utilizar para demonstrar e comprovar o seu direito.

Pode-se conceituar petição inicial como o conjunto de elementos (requisitos), previstos na legislação ordinária, que organizados de forma lógica e coerente retratam a pretensão da(s) parte(s) autora(s), mediante a qual, através de sua utilização perante o Poder Judiciário, pretende-se obter a prestação da tutela jurisdicional pelo Estado, para que seja solucionado o conflito de interesse e possa(m) ter acesso ao direito que não lhe(s) está sendo concedido por outrem.

A elaboração da petição inicial no Processo do Trabalho é mais simples do que nas ações de Direito Civil e de Direito Comercial, visto que a quantidade de requisitos exigidos pela legislação trabalhista é menor.

Segundo o professor Sergio Pinto Martins (2009, p. 239), a "petição inicial é uma das peças mais importantes do processo. É dela que irão decorrer as demais consequências do processo. Para isso, deve ser redigida cuidadosamente, de modo que, não só a parte contrária a entenda perfeitamente, como também o juiz ao proferir a sentença compreenda o que está sendo postulado pelo autor. Petições iniciais malfeitas geram contestações ainda piores, e sentenças iguais, pois se o juiz não entende o que está na inicial e na defesa, terá dificuldades para prolatar a decisão".

Assim, na elaboração da peça inicial, deve-se utilizar uma redação clara, concisa, precisa e, principalmente, elegante, de modo que possa ser bem compreendido o que está sendo postulado pelo autor na ação.

Para tanto, na segunda fase do Exame da OAB, devem-se observar os requisitos previstos no § 1º do art. 840 da CLT. Há, entretanto, o requisito do valor da causa em que deverá ser observada a previsão contida no Código de Processo Civil, no inciso V do art. 319, bem como nos arts. 1º e 2º da Lei n. 5.584/70.

Importante ressaltar também que, na Justiça do Trabalho, podem ser identificadas ações que são **genuinamente trabalhistas**, como a reclamação trabalhista, a ação de cumprimento e o inquérito para apuração de falta grave, por exemplo, e, na elaboração de tais peças, deverão ser observados os requisitos contidos na CLT, mais especificadamente no § 1º do art. 840 da CLT e também no inciso V do art. 319 do CPC, que trata sobre o valor da causa; **e ações que podem ser utilizadas de forma subsidiária** (art. 769 da CLT e art. 15 do CPC), como a ação de consignação em pagamento e a ação rescisória, por exemplo, na qual, além do § 1º do art. 840 da CLT, também deverão ser observados os requisitos relacionados no art. 319 do CPC e os dispositivos específicos para cada tipo de ação, como no caso da ação de consignação em pagamento, que o CPC trata especificamente dos arts. 539 a 549. Porém, nada obsta que também se utilizem os requisitos previstos no art. 319 do CPC quando da redação das peças genuinamente trabalhistas, apesar de não serem obrigatórios.

IMPORTANTE

Pode-se nominar a **ação individual**, no Processo do Trabalho, utilizando-se como sinônimas as expressões **Reclamação Trabalhista**, **Dissídio Trabalhista** e **Ação Trabalhista**, dando-se preferência à primeira, pois é a mais comum na prática.

No caso de reclamação trabalhista pelo rito sumaríssimo, quando presentes os requisitos do art. 852-A e incisos I e II do art. 852-B da CLT, pode-se empregar a seguinte nomenclatura: **Reclamação Trabalhista pelo Procedimento Sumaríssimo** ou **Reclamação Trabalhista pelo Rito Sumaríssimo**. A primeira denominação está em conformidade com a Seção II-A do Capítulo III do Título X da CLT, que trata do Processo Judiciário do Trabalho, enquanto a segunda expressão está em conformidade com o art. 1º da Instrução Normativa n. 27/2005 do TST.

Porém, havendo pedido de pagamento de indenização por danos morais (inciso X do art. 5º da CRFB e art. 223-A da CLT), sugere-se nominar da seguinte forma: **Reclamação Trabalhista cumulada com Ação de Indenização por Danos Morais**.

Pode-se também nominar a ação de **Ação de Consignação em Pagamento** (arts. 539 e seguintes do CPC), no caso em que o empregador pretende afastar a incidência da multa aplicável quando do atraso no pagamento das verbas rescisórias (§ 8º do art. 477 da CLT), visando resguardar o prazo previsto no § 6º do art. 477 da CLT.

No caso de dispensa de dirigente sindical, por justa causa, nas hipóteses do art. 482 da CLT, no qual somente pode ser despedido mediante a apuração em inquérito judicial (art. 494 da CLT, § 3º do art. 543 da CLT e Súmula n. 379 do TST), sugere-se nominar a ação empregando-se a seguinte nomenclatura: **Inquérito para Apuração de Falta Grave**.

> No caso de o empregado postular a rescisão indireta de seu contrato de trabalho, tendo em vista justa causa que o atingiu, praticada pelo empregador, nas hipóteses das alíneas do art. 483 da CLT, pode-se nominar a ação da seguinte forma: **Reclamação Trabalhista com Pedido de Rescisão Indireta do Contrato de Trabalho.**

Passemos agora ao estudo dos requisitos da petição inicial trabalhista.

Na elaboração da referida peça inicial, quando do Exame da Ordem, observe atentamente as orientações e dicas a seguir.

4.1 Requisitos da Petição Inicial Trabalhista

DICA

> Atenção para a apresentação da prova. Evite borrões e rasuras, pois poderão influenciar a nota. Se preferir, faça um rascunho antecipadamente, controlando o tempo de duração da prova. Normalmente, o Exame tem duração de 5 horas, tanto para elaborar a peça processual quanto para responder às questões-problema. Neste caso, preferencialmente, deve-se resguardar, pelo menos, 2 horas e 30 minutos para elaborar a peça e uma média de 37 minutos para responder a cada uma das questões.

4.1.1 Endereçamento ou designação do juízo a quem a petição inicial é dirigida

É o órgão jurisdicional perante o qual a demanda será processada.

Normalmente, o dissídio individual é remetido para uma Vara do Trabalho, que é o órgão de primeiro grau ou de primeira instância da Justiça do Trabalho. Podemos conceituar dissídio individual como o conflito surgido nas relações de trabalho entre o tomador de serviços (que pode ser pessoa física ou jurídica) e o trabalhador *lato sensu* (que somente pode ser pessoa física). Também são considerados dissídios individuais os conflitos surgidos entre sindicatos, entre sindicatos e trabalhadores, e entre sindicatos e empregadores, nas ações que envolvam representação sindical (inciso III do art. 114 da CRFB).

IMPORTANTE

> Segundo o § 1º do art. 840 da CLT, alterado pela Lei n. 13.467/2017, a reclamação deverá conter a designação do juízo, e não do juiz. Isso significa que jamais deverá ser feito o endereçamento nominal do juiz na peça inicial.

A legislação prevê que nos casos em que não há Vara do Trabalho a ação trabalhista poderá ser remetida aos juízos de direito (Justiça Comum Estadual), de conformidade com o art. 112 da CRFB e o art. 668 da CLT. Porém, atualmente, o mais comum é a jurisdição de uma Vara do Trabalho ser estendida, por meio de lei federal, para as localidades não servidas pela Justiça do Trabalho.

Segundo o *caput* do art. 669 da CLT, a competência dos juízes de direito, quando investidos na administração da Justiça do Trabalho, é a mesma dos magistrados das Varas do Trabalho.

Exemplos de endereçamento: "Excelentíssimo Senhor Doutor Juiz da Vara do Trabalho de..."; ou "Excelentíssimo Senhor Doutor Juiz do Trabalho da Vara do Trabalho de..."; ou "Excelentíssimo Senhor Juiz da Vara do Trabalho de..."; ou "Excelentíssimo Senhor Doutor Juiz de Direito da ... Vara Cível da Comarca de..."; ou "Excelentíssimo Senhor Doutor Juiz de Direito de uma das Varas Cíveis da Comarca de..." (as duas últimas formas são utilizados no caso de a petição ser dirigida ao juiz de direito da Justiça Comum Estadual investido na Jurisdição Trabalhista).

Nas localidades em que houver mais de uma Vara do Trabalho, haverá um distribuidor (arts. 713 e 714 da CLT). Neste caso, deve-se deixar um espaço assinalado com reticências para a posterior inclusão do número da Vara do Trabalho. Exemplos: "Excelentíssimo Senhor Doutor Juiz da ... Vara do Trabalho de Vitória"; "Excelentíssimo Senhor Doutor Juiz da ... Vara do Trabalho de Salvador"; "Excelentíssimo Senhor Doutor Juiz da ... Vara do Trabalho de São Paulo"; "Excelentíssimo Senhor Doutor Juiz de Direito da ... Vara Cível da Comarca de Vitória".

DICAS

A petição inicial deve ser dirigida ao "juiz do trabalho" e não ao "juiz **federal** do trabalho", pois na Constituição Federal somente existe a primeira denominação, apesar de o juiz do trabalho ser um magistrado federal. Como exemplo, pode-se citar o inciso III do art. 111 e o inciso II do art. 115 da CRFB que utilizam a expressão "juízes do trabalho" e não "juízes federais do trabalho".

Faça o endereçamento correto, preferencialmente sem abreviaturas.

Na questão, para elaboração da peça profissional, em que não houver expressa menção do local da competência jurisdicional, sugere-se utilizar reticências. No Exame da OAB jamais invente tal dado. Exemplo: **"Excelentíssimo Senhor Doutor Juiz da ... Vara do Trabalho de..."**. Pode-se complementar o endereçamento com a indicação do estado da federação onde estiver localizada a Vara do Trabalho. Neste caso, também podem ser utilizadas reticências quando tal dado não constar expressamente no enunciado da questão. Exemplo: **"Estado do..."**.

Entre o cabeçalho e a qualificação das partes, deixe um espaço de 10 a 15 linhas. **Preferencialmente,** na prova da OAB, entre o endereçamento e a qualificação do reclamante, escreva entre parênteses a palavra "espaço": (Espaço). Exemplo:

"Excelentíssimo Senhor Doutor Juiz da ... Vara do Trabalho de Vitória/ES

— deixe uma linha em branco —

Escreva entre parênteses: **(Espaço)**

— deixe uma linha em branco, e logo a seguir faça a qualificação do reclamante — Maria Longa, brasileira, solteira, trabalhadora doméstica, residente e domiciliada na...".

Na hipótese em que o reclamante for beneficiário da prioridade na tramitação processual, por exemplo, o previsto no Estatuto da Pessoa Idosa (Lei n. 10.741/2003) e no inciso I do art. 1.048 do CPC, sugere-se registrar a observação seguinte algumas linhas abaixo do endereçamento: "**Processo com prioridade nos termos do Estatuto da Pessoa Idosa (art. 71 da Lei n. 10.741/2003) e no inciso I do art. 1.048 do CPC**". Na prática, tal providência irá auxiliar a Secretaria da Vara do Trabalho a identificar que naquela ação deverá fazer a anotação dessa circunstância em local visível nos autos do processo (§ 1º do art. 71 da Lei n. 10.741/2003).

Ainda, segundo o Estatuto da Pessoa Idosa, os idosos maiores de 80 anos têm prioridade especial na tramitação processual em relação aos outros idosos (§ 5º do art. 71 da Lei n. 10.741/2003), devendo constar tal informação na peça inicial. Da mesma forma se poderá proceder quanto à prioridade na tramitação processual e procedimentos judiciais, nas ações em que forem partes: a) crianças e adolescentes, nos termos do inciso II do art. 1.048 do CPC; b) pessoas portadoras de doença grave, de conformidade com o inciso I do art. 1.048 do CPC; c) pessoas com deficiência, conforme o inciso VII do art. 9º da Lei n. 13.146/2015; d) e, ainda, nos dissídios cuja decisão tiver que ser executada perante o juízo de falência, conforme previsto no art. 768 da CLT. Também têm prioridade os dissídios em que o trabalhador busca o pagamento de salário e os que derivarem da falência do empregador, conforme o parágrafo único do art. 652 da CLT.

Apesar de dificilmente ser cobrado no Exame da OAB, a ação trabalhista poderá ser remetida para o juízo de direito nas questões que insinuarem acerca da inexistência de Vara do Trabalho na localidade, bem como que a jurisdição trabalhista está sendo exercida por juiz de direito da Justiça Comum Estadual.

4.1.2 Qualificação individualizada e completa do autor (reclamante)

O reclamante, autor ou requerente é a parte que ajuíza a ação trabalhista. Na redação da peça processual deve-se dar preferência à primeira nomenclatura (reclamante), utilizando as restantes para evitar a repetição do termo ao longo da peça processual.

Segundo Amauri Mascaro Nascimento (2009a, p. 384), "o vocábulo reclamante é encontrado em 1939 num decreto-lei que organizou a Justiça do Trabalho e passou a constar também dos modelos que foram estabelecidos na ocasião, por uma portaria, e que passaram a ser utilizados para maior facilidade das partes e do próprio serviço estatal". Tal nomenclatura, inclusive, é a mais utilizada para designar a parte do polo ativo da reclamação trabalhista.

No que diz respeito à correta qualificação do reclamante, podem ser informados os seguintes dados: nome completo, nacionalidade, estado civil, profissão, endereço eletrônico, domicílio ou endereço com CEP, além de outros dados julgados convenientes para a sua identificação. A partir da previsão contida no *caput* do art. 15 da Lei n. 11.419/2006 e no *caput* do art. 6º da Resolução n. 46, de 18-12-2007, do Conselho Nacional de Justiça, passou a ser obrigatório informar na petição inicial o número de inscrição das partes no cadastro de pessoas físicas (CPF) ou jurídicas (CNPJ) da Receita Federal. Da mesma forma, o inciso II do art. 319 do CPC prevê que a petição inicial deverá indicar o número de inscrição no CPF e CNPJ. É aconselhável mencionar pelo menos um documento de identificação (cédula de identidade, carteira de trabalho, carteira de motorista, carteira profissional ou passaporte). Tal dado, muitas vezes, é utilizado na redação da petição inicial para evitar problemas com homônimos.

Exemplo: "Antônio Xavier Costa, brasileiro, casado, administrador, portador da Carteira de Trabalho e Previdência Social n. ..., série..., inscrito no CPF n. ..., com endereço eletrônico..., com domicílio e residência na Rua..., n. ..., Bairro..., Cidade..., Estado..., CEP..., vem, por meio de seu advogado infrassubscrito, com instrumento procuratório juntado, com escritório profissional na Rua..., n. ..., Bairro..., Cidade..., Estado..., CEP..., onde recebe intimações, ajuizar a presente Reclamação Trabalhista em face de...".

No caso de ação movida pelo espólio de empregado falecido, devidamente representado pelo inventariante (inciso VII do art. 75 do CPC), pode-se proceder à qualificação da seguinte forma: "Espólio de Lucas Ataúde, representado pela inventariante Emenegarda Ataúde, (nacionalidade), (estado civil), (profissão), portadora da Carteira de Identidade RG n. ..., inscrita no CPF n. ..., com endereço na Rua..., n. ..., Bairro..., Cidade..., Estado..., CEP..., vem..."; ou "Vanderlino Aparecido da Silva, espólio representado por Marieta Helena da Silva, brasileira, viúva, bancária, portadora da Carteira de Identidade RG n. 000.015, inscrita no CPF n. 038.201.967-37, com endereço na Rua Limão Limoeiro, n. 02, Bairro Praia do Canto, Vitória, ES, CEP: 29.000-000, vem...". Em tais casos, as partes legítimas para pleitear direitos trabalhistas decorrentes da relação de trabalho são os herdeiros ou sucessores do trabalhador falecido, devendo ser observadas as previsões contidas no art. 1º da Lei n. 6.858/80 e no art. 1.829 do Código Civil. Com o inventário em andamento o espólio possui legitimidade para figurar no polo ativo da ação, para reivindicar pedidos como reconhecimento do vínculo empregatício, pagamento de saldo de salário, aviso prévio, férias + 1/3 constitucional, décimo terceiro salário, depósitos do FGTS etc. Caso o inventariante ainda não tenha prestado compromisso (art. 613 do CPC) o espólio deverá ser representado em juízo pelo administrador provisório, de conformidade com o art. 614 do Código de Processo Civil. Exemplo: "Espólio de Luciano Boamorte, representado pelo administrador provisório Luiz Boamorte, (nacionalidade), (estado civil), (profissão), portador da Carteira de Identidade RG n. ..., inscrito no CPF n. ..., com endereço na Rua..., n. ..., Bairro..., Cidade..., Estado..., CEP..., vem...". Considera-se espólio o conjunto patrimonial dos bens e direitos deixados pelo falecido, cuja transmissão tem início imediata e automaticamente com o seu falecimento.

Já na hipótese de viúva e filhos que pleiteiam o pagamento de uma indenização por danos morais e materiais, decorrentes de acidente do trabalho, como se trata de direitos personalíssimos dos próprios herdeiros, sugere-se fazer a qualificação da viúva e de cada um dos filhos da seguinte forma: "Marieta Metusa, (nacionalidade), viúva, (profissão), portadora da Carteira de Identidade RG n. ..., inscrita no CPF n. ..., com endereço na Rua..., n. ..., Bairro..., Cidade..., Estado..., CEP..., e seus filhos Maurício Metusa, menor nascido no dia .../.../... (certidão de nascimento, documento n. ...), e Miriam Metusa, menor nascida no dia .../.../... (certidão de nascimento, documento n. ...), vêm, por seu advogado, infra-assinado e devidamente constituído, conforme o instrumento procuratório juntado, com escritório profissional na Rua..., n. ..., Bairro..., Cidade..., Estado..., CEP..., onde recebe intimações e notificações, ajuizar a presente Ação de Indenização por Danos Morais e Materiais, em face de..."; "Helena Sentinela, brasileira, viúva, bancária, portadora da Carteira de Identidade RG n. 549.103, inscrita no CPF n. 928.000.587-97, com endereço na Avenida Afonso Pena, n. 1000, Centro, Belo Horizonte, MG, CEP: 30130-000; e Leonardo Sentinela, menor nascido no dia .../.../... (certidão de nascimento, documento n. ...), e Luciana Sentinela, menor nascida no dia .../.../... (certidão de nascimento, documento n. ...)". Na causa de pedir, deverá ser informado que o falecido era empregado da reclamada e esposo da primeira reclamante, ou requerente, bem como era pai dos reclamantes restantes (filhos). Em tais casos, havendo filhos menores, a viúva é a representante legal dos menores, e tem legitimidade para propor ação de indenização por danos morais e materiais contra a empresa, em decorrência de acidente do trabalho, de conformidade com o parágrafo único do art. 12, combinado com os arts. 943 e 1.784, todos do CC, visto que o direito à indenização transmite-se aos herdeiros. Ademais, segundo a doutrina, essas pessoas são tidas como prejudicadas indiretas, visto que sofrem o dano de forma reflexa. Em razão disso, possuem legitimidade para pleitear indenização por danos morais, em nome próprio, em razão do dano extrapatrimonial que pessoalmente sofreram com o acidente fatal.

IMPORTANTE

Não há como confundir espólio com herdeiros, visto que o espólio constitui a totalidade dos bens deixados pelo falecido, ou seja, a herança propriamente dita, representado em juízo, ativa e passivamente, pelo inventariante (inciso VI do art. 75 do CPC) ou pelo administrador provisório, caso o inventariante ainda não tenha prestado compromisso (arts. 613 e 614 do CPC).

Quando são postulados direitos personalíssimos dos próprios herdeiros, a ação não deverá ser movida pelo espólio, mas pelos herdeiros do empregado falecido. Porém, quando são postulados direitos decorrentes da relação de trabalho prestada pelo empregado falecido, na qual há inventariante, a ação deverá ser movida pelo espólio do *de cujus*.

Segundo a jurisprudência, quando a viúva e filhos propõem, em nome próprio, ação de indenização em decorrência de ato ilícito relacionado ao trabalho, que tem como consequência a morte do marido e pai, o prazo de prescrição tem início na data do óbito do trabalhador, momento em que nasce o direito de agir (direito subjetivo).

Na hipótese em que o reclamante for beneficiário da prioridade na tramitação processual, como o previsto no Estatuto da Pessoa Idosa (Lei n. 10.741/2003), sugere-se informar na qualificação que o(a) autor(a) é pessoa com idade igual ou superior a 60 anos (*caput* do art. 71 da Lei n. 10.741/2003 e inciso I do art. 1.048 do CPC). Exemplo: "Marieta Vilanova, brasileira, solteira, bancária, com idade superior a 60 anos, portadora da Carteira de Trabalho e Previdência Social n. 5.678, série 200, inscrita no CPF sob o n. 000.111.222-97, com domicílio e residência na Rua...". Segundo o Estatuto da Pessoa Idosa, os idosos maiores de 80 anos têm prioridade especial na tramitação processual em relação aos outros idosos (§ 5º do art. 71 da Lei n. 10.741/2003). Nesse aspecto, poder-se-á informar na qualificação da seguinte forma: "Leopoldo Silvares, brasileiro, viúvo, professor, com idade superior a 80 anos, portador da Carteira de Trabalho e Previdência Social n. ..., série..., inscrito no CPF sob o n. ..., com domicílio e residência na Rua...".

Tratando-se de menor de 18 anos a reclamação trabalhista será feita por seus representantes legais e, na falta destes, pela Procuradoria da Justiça do Trabalho, pelo sindicato, pelo Ministério Público Estadual ou curador nomeado em juízo (art. 793 da CLT). Neste caso, a qualificação poderá ser procedida da seguinte forma: "Ricardo Teobaldo, menor de 18 anos, brasileiro, solteiro, empacotador, portador da Carteira de Trabalho e Previdência Social n. ..., série..., inscrito no CPF n. ..., assistido por seu genitor (ou por sua genitora), Senhor Esmeraldo Teobaldo (ou Senhora...), brasileiro, casado, marceneiro, portador da Cédula de Identidade RG n. ..., inscrito no CPF n. ..., com endereço na Rua..., n. ..., Bairro..., Cidade..., Estado..., CEP..., vem, por seu advogado infra-assinado devidamente constituído no instrumento procuratório juntado, com escritório profissional na (endereço completo), onde recebe intimações, ajuizar a presente...".

OBSERVAÇÃO

Havendo menor é necessária a intervenção do Ministério Público em razão do interesse do incapaz (*caput* do art. 112 da LC n. 75/93), de conformidade com o inciso II do art. 178 do CPC, devendo ser requerida a intimação do Ministério Público para sua manifestação sobre o feito.

DICAS

Nas ações em que o reclamante possui idade inferior a 18 anos ou idade igual ou superior a 60 anos, sugere-se informar tal dado quando da qualificação da parte, visto que o menor deverá ser assistido pelos pais ou pelo representante legal (art. 793 da CLT), sendo que ambos, menor e idoso, têm direito à prioridade na tramitação processual, conforme o inciso II do art. 1.048 do CPC e o inciso I do mesmo dispositivo processual, respectivamente, além do art. 71 da Lei n. 10.741/2013 para o caso específico do idoso. Mas atenção, segundo o Estatuto da Pessoa Idosa, os idosos maiores de 80 anos têm prioridade especial na tramitação processual em relação aos outros idosos (§ 5º do art. 71 da Lei n. 10.741/2003).

Na qualificação das partes coloque os dados constantes da questão. Os dados que faltarem complemente com reticências, por exemplo: "inscrito no CPF n. ..."; "com endereço na Rua..., n. ..., Bairro..., Cidade..., Estado..., CEP...". Jamais invente dados como nomes e números, além daqueles fornecidos no problema, pois pode ser entendido como forma de identificação da prova.

No caso de dissídio individual plúrimo, em que há mais de um reclamante, deve-se proceder à qualificação completa de cada um dos autores. Exemplo: "Leopoldo Nogueira, brasileiro, casado, bancário, portador da Carteira de Trabalho e Previdência Social n. ..., série..., inscrito no CPF n. ..., com endereço na Rua..., n. ..., Bairro..., Cidade..., Estado..., CEP...; e Almerinda Silva, brasileira, solteira, bancária, portadora da Carteira de Trabalho e Previdência Social n. ..., série..., inscrita no CPF n. ..., com endereço na Rua..., n. ..., Bairro..., Cidade..., Estado..., CEP..., vêm, por meio de seus advogados infrassubscritos...". Numa petição real, pode-se proceder da seguinte forma: colocar na petição "Fulano de Tal e outros, devidamente qualificados na relação juntada, vêm, por meio de seu advogado e procurador...". Neste caso, deve-se juntar à petição inicial a relação com a qualificação de cada uma das partes autoras.

Comumente, ao citar a parte integrante da relação jurídica processual, no corpo da petição, emprega-se a letra inicial em maiúscula. Exemplo: Reclamante; Autor; Requerente; Demandante; "a Reclamante exerceu a função de balconista, percebendo como salário último a importância de R$... (valor por extenso)"; "o Reclamante foi dispensado com justa causa em.../.../...".

Não há necessidade de indicação da data de nascimento do autor, tendo em vista que inexiste previsão legal neste sentido.

Como documento de identificação pode ser informado o número e série da Carteira de Trabalho e Previdência Social do trabalhador ou mesmo o número da cédula de identidade. Exemplos: "portador da Carteira de Trabalho e Previdência Social n. ..., série..."; "portador da Cédula de Identidade RG n. ...". Mas, atenção, quando for citar o número do Cadastro Pessoa Física, CPF, deve-se empregar a expressão "inscrito no CPF n. ..." e não "portador do CPF n. ...".

Os familiares de trabalhador falecido, por causa de doença profissional, podem pedir indenização por danos morais na Justiça do Trabalho, visto que possuem legitimidade para pleitear indenização por danos morais, em nome próprio, em razão do dano extrapatrimonial que pessoalmente sofreram com o acidente fatal. Como a transferência dos direitos sucessórios está prevista no art. 1.784 do Código Civil, em caso de falecimento do titular da ação de indenização (que tem natureza patrimonial), os sucessores têm legitimidade para propor a ação. Parte da doutrina defende que o dano moral possui caráter personalíssimo, e que não se transmite com a herança, uma vez que a personalidade desaparece com a morte do titular. Entretanto, outra parte da doutrina segue a teoria da transmissibilidade, segundo a qual os dependentes da vítima podem propor ação de reparação. Isso porque, se a Justiça do Trabalho tem competência para julgar ação de indenização por dano moral e material decorrente de infortúnio do trabalho (doença ou acidente) movida por empregado, no caso do falecimento do trabalhador, o direito de ação pode ser exercido pelos seus sucessores.

Jamais utilize a expressão "residente e domiciliado à Rua Tal". O correto é "residente e domiciliado na Rua Tal".

Cuidado, pois normalmente os textos das questões de provas trazem uma qualificação incompleta, deixando para o candidato complementá-la. Este detalhe faz parte da avaliação do raciocínio jurídico. Exemplos: a) num problema que não cita qual é a nacionalidade e o endereço do reclamante, pode-se fazer a qualificação da seguinte forma: "Rodrigo Bomvivam, (nacionalidade), casado, bancário, com endereço na Rua..., n. ..., Bairro..., Cidade..., Estado..., CEP..."; b) num problema que não cita qual é o endereço do autor, pode-se fazer a qualificação da seguinte forma: "José de Arimatéia, brasileiro, solteiro, caminhoneiro, residente na Rua..., n. ..., Bairro..., Cidade..., Estado..., CEP..."; c) num problema que não cita qual é o estado civil da parte, pode-se fazer a qualificação da seguinte forma: "Clarabela Boamorte, brasileira, (estado civil), trabalhadora doméstica, residente e domiciliada na Rua Castanheira, n. 100, Bairro Vila Madalena, CEP 29.000-000, nesta cidade...". Porém, a qualificação jamais deve ser feita da seguinte forma: "Leopogildo Vilaverde, (qualificação conforme o art. 319 do CPC)". Neste caso, deve-se procurar redigir a peça profissional como se verdadeira fosse, pois isto é o esperado pelos examinadores do Exame da OAB, sendo que em uma petição real o advogado jamais fará a qualificação da parte simplesmente fazendo remissão ao art. 319 do CPC.

Ao citar o advogado como procurador, fazer menção de que está devidamente constituído (procuração – *caput* do art. 104 do CPC), e o endereço completo do escritório profissional onde receberá intimações (inciso V do art. 77 do CPC). Exemplo: "por seu advogado, infra-assinado e devidamente constituído, conforme instrumento procuratório juntado, com escritório profissional na Rua..., n. ..., Bairro..., CEP..., nesta cidade, onde recebe intimações". Mas, atenção, se houver pedido expresso de que as intimações e publicações sejam realizadas exclusivamente em nome de determinado advogado, a comunicação em nome de outro profissional constituído nos autos é nula, salvo se constatada a inexistência de prejuízo (Súmula n. 427 do TST).

IMPORTANTE

A princípio, não há necessidade de citar o nome da mãe quando da qualificação do reclamante, a não ser no caso em que as normas de Organização Judiciária local contenham tal exigência. Tanto na CLT quanto no CPC não há esta exigência. Excepcionalmente, tal informação pode ser exigida pelo juízo na hipótese prevista no art. 33 da Consolidação dos Provimentos da Corregedoria-Geral da Justiça do Trabalho, na seguinte situação: na identificação das partes, salvo no caso de impossibilidade que comprometa o acesso à Justiça, o Juiz do Trabalho determinará às partes a apresentação das seguintes informações: a) no caso de pessoa física, o número da CTPS, RG e órgão expedidor, CPF e PIS/PASEP ou NIT (Número de Inscrição do Trabalhador); b) no caso de pessoa jurídica, o número do CNPJ e do CEI (Cadastro Específico do INSS), bem como cópia do contrato social ou da última alteração feita no contrato original, constando o número do CPF do(s) proprietário(s) e do(s) sócio(s) da empresa demandada. Porém, não sendo possível obter das partes o número do PIS/PASEP ou do NIT, no caso de trabalhador, e o número da matrícula no Cadastro Específico do INSS — CEI, relativamente ao empregador pessoa física, o juiz determinará à parte que forneça o número da CTPS, a data de seu nascimento e **o nome da genitora**.

A indicação do nome da mãe será imprescindível na hipótese em que o reclamante pleiteia na ação trabalhista a percepção do seguro-desemprego, quando a modalidade da dispensa for sem justa causa, visto que no "Requerimento de Seguro-Desemprego" consta

> tal exigência, bem como quando o ex-empregado precisa se habilitar ao seguro-desemprego. Neste caso, sugere-se indicar tal dado quando da qualificação do autor.

4.1.3 Individualização do réu (reclamado)

O reclamado, réu ou requerido é a parte em face de quem se ajuíza a reclamação trabalhista. Na redação da peça processual deve-se dar preferência à primeira nomenclatura (reclamado), utilizando as restantes para evitar a repetição do termo ao longo da peça inicial.

Na qualificação, devem ser informados os seguintes dados: o nome da empresa e o endereço completo com CEP, além de outros dados julgados convenientes para a sua identificação.

Também deverá ser informado o número de inscrição do reclamado no cadastro de pessoas físicas (CPF) ou jurídicas (CNPJ) da Receita Federal (*caput* do art. 15 da Lei n. 11.419/2006 e *caput* do art. 6º da Resolução n. 46, de 18-12-2007, do Conselho Nacional de Justiça). Da mesma forma, o inciso II do art. 319 do CPC exige a identificação de tal dado na individualização do reclamado.

Para uma completa qualificação, pode ser informado, também, o endereço eletrônico da empresa reclamada, conforme previsão contida no inciso II do art. 319 do CPC.

Exemplos: "vem ajuizar Reclamação Trabalhista em face de Marcos Moura Veículos S/A, empresa sediada na Rua..., n. ..., Bairro..., CEP..., nesta cidade, inscrita no CNPJ n. ..., com endereço eletrônico..., pelos motivos de fato e razões de direito que passa a expor"; "em face da Padaria Pão Branco S/A, pessoa jurídica de direito privado, inscrita no CNPJ n. ..., com endereço eletrônico..., com sede na Rua..., n. ..., Bairro..., Cidade..., Estado..., CEP..., pelos motivos de fato e razões de direito que a seguir passa a expor".

Logo após o nome, pode-se complementar a qualificação do reclamado utilizando a seguinte expressão: "pessoa jurídica de direito privado", "pessoa jurídica de direito público", ou simplesmente "pessoa jurídica de...", no caso de dúvida se é uma pessoa jurídica de direito público ou privado.

DICAS

Na hipótese de o reclamado ser **pessoa física**, qualifique-o com todos os dados semelhantes aos do reclamante (nome completo, nacionalidade, estado civil, profissão e endereço com CEP). Também deve ser informado o número de inscrição no CPF mantido pela Receita Federal.

Se o reclamado for **pessoa jurídica**, deve-se mencionar o número de inscrição no Cadastro Nacional da Pessoa Jurídica, CNPJ. Porém, se a questão não cita expressamente tal número, pode-se proceder na forma do seguinte exemplo: "vem propor Reclamação Trabalhista em face da Empresa Tal, devidamente inscrita no CNPJ n. ..., estabelecida na Rua..., n. ..., Bairro..., Cidade..., Estado..., CEP...". Assim, os dados que faltarem complemente com reticências (pontilhados).

Caso o reclamante não disponha de alguma informação importante para a correta individualização do reclamado, de forma que possa ser regularmente identificado, poderá requerer na petição inicial que o juízo promova diligências para sua obtenção (§ 1º do art. 319 do CPC).

Comumente, ao citar a parte integrante da relação jurídica processual, no corpo da petição, emprega-se a letra inicial em maiúscula. Exemplo: Reclamado; Réu; Requerido; Demandado; "a Reclamada não procedeu ao pagamento das seguintes verbas rescisórias:..."; "a Requerida jamais procedeu ao pagamento das horas extras devidas ao Autor, na seguinte quantidade...". No caso de **falência** reconhecida judicialmente, na forma prevista no art. 99 da Lei n. 11.101/2005, na qualificação da empresa reclamada sugere-se utilizar a expressão **"Massa Falida de/da"** antes do nome da empresa, como nos seguintes exemplos: Massa Falida da Fábrica de Brinquedos Constelação S.A. e Massa Falida de Touros Participações Ltda. Isto porque, de acordo com o inciso VIII do art. 99 da Lei n. 11.101/2005, a sentença que decreta falência determina ao Registro Público de Empresas e a Secretaria Especial da Receita Federal do Brasil que procedam à anotação da expressão "Falido". Importante destacar que, em se tratando de massa falida, a Justiça do Trabalho somente tem competência até a apuração dos créditos devidos ao reclamante para, após, ser habilitados no Juízo Universal (art. 3º combinado com o art. 76 da Lei n. 11.101/2005), pois cabe ao Juízo da Falência a atribuição da coordenação dos atos relativos à execução, tais como a alienação de ativos e os pagamentos dos credores que envolvam créditos apurados em outros órgãos judiciais, inclusive trabalhistas.

A regra relativa à qualificação das partes nas peças jurídicas é a seguinte: sempre na primeira vez que a parte, reclamante ou reclamado, for se manifestar nos autos do processo, deverá apresentar uma completa qualificação. Daí por diante, poderá utilizar a expressão "já qualificado(a)". É um erro comum acreditar que pelo fato de o reclamante ter apresentado a qualificação do reclamado na petição inicial o réu não mais precisará consignar sua qualificação na peça de contestação ou mesmo na de exceção de competência territorial. O correto é fazer a qualificação completa e nas petições seguintes utilizar a expressão "já qualificado(a)".

Porém, muitas vezes, na hipótese de litisconsórcio passivo, não é uma tarefa fácil identificar corretamente quem poderá figurar no polo passivo da ação trabalhista, principalmente quando envolve sucessão de empregadores, terceirização de serviços etc. Outra dúvida recorrente dá-se quando da identificação da responsabilidade do réu, se é solidária ou subsidiária.

Assim, quando da elaboração da peça inicial, na identificação e qualificação do reclamado, observe também as seguintes questões:

4.1.3.1 *Ação trabalhista que questiona a validade de cláusula coletiva*

De acordo com o § 5º do art. 611-A da CLT, em toda ação trabalhista, individual ou coletiva, em que se discuta a validade de cláusula de convenção coletiva ou de acordo coletivo de trabalho, os sindicatos subscritores, isto é, que participaram na formação da norma coletiva, deverão ser incluídos no polo passivo da lide.

Trata-se de um litisconsórcio necessário (art. 114 do Código de Processo Civil), no qual se faz obrigatória a participação dos sindicatos de classe na demanda judicial.

O litisconsórcio necessário tem como objetivo garantir o legítimo direito ao contraditório e à ampla defesa daquele que poderá vir a sofrer os efeitos do provimento judicial, assegurando-se, dessa forma, o devido processo legal.

Exemplo: numa ação trabalhista, um ex-empregado questiona o desconto mensal feito a título de contribuição social, previsto em cláusula da convenção coletiva da sua categoria profissional, alegando que a cláusula normativa é abusiva e ilegal, e que deve ser anulada e devolvido o valor que lhe foi descontado pelo empregador. Neste caso, deverão integrar o polo passivo da reclamação trabalhista o ex-empregador e o sindicato da categoria, este como litisconsorte necessário.

De acordo com o parágrafo único do art. 115 do CPC, em não sendo providenciada a citação de todos os litisconsortes, o processo será extinto sem resolução do mérito, por carência de ação por ilegitimidade passiva para a causa.

4.1.3.2 *Sucessão de empregadores ou sucessão empresarial*

Em regra, a sucessão de empregadores ocorre quando da alteração da titularidade da unidade produtiva, com a continuidade da prestação de serviço pelos empregados. Em tais casos, não ocorre a extinção da empresa, mas a alteração apenas de um dos sujeitos do contrato de trabalho.

De conformidade com o art. 448 da CLT, a mudança na titularidade da propriedade da empresa ou na sua estrutura jurídica não afetará os contratos de trabalho dos respectivos empregados, que podem voltar-se contra o sucessor, mesmo que o antigo fosse inadimplente.

Caracterizada a sucessão empresarial ou de empregadores, prevista nos arts. 10 e 448 da CLT, as obrigações trabalhistas, inclusive as contraídas à época em que os empregados trabalhavam para a empresa sucedida, são de responsabilidade do sucessor (art. 448-A da CLT).

Assim, quando houver sucessão, o empregador sucedido transfere para o sucessor todas as obrigações decorrentes do contrato de trabalho (arts. 10 e 448 da CLT). Em tais casos, a reclamatória trabalhista deve ser sempre dirigida ao sucessor e não ao sucedido, a não ser na ocorrência de fraude na transferência ou simulação (art. 9º da CLT; inciso III do art. 932, art. 933 e art. 942 do Código Civil).

Em tal situação, a empresa sucedida **responderá solidariamente** com a sucessora quando ficar comprovada fraude na transferência, ou mesmo na ocorrência de simulação (parágrafo único do art. 448-A da CLT).

Segundo Evaristo de Moraes Filho (1960, p. 254), "mesmo para os contratos já rescindidos pelo antigo empregador, inexistentes no momento do trespasse, fica privativamente responsável o sucessor. Dívidas não pagas pelo sucedido, a antigos empregados ou aos poderes públicos, também por elas torna-se responsável o adquirente do negócio. Em suma: é como se não ocorresse a sucessão de empresa, por isso que o novo titular subentra ou sub-roga-se em todos os direitos e obrigações do seu antecessor. As relações jurídicas passadas e presentes permanecem as mesmas, com todos os seus efeitos. Todos os débitos constituídos antes da cessão, ao tempo do primitivo titular, passam para o patrimônio do novo titular. Dá-se uma sucessão em sentido absoluto. (...) Daí o cuidado necessário, perante o nosso direito, na aquisição de uma empresa ou de um estabelecimento. É necessário (...) averiguar se há empregados dispensados há menos de dois anos ou se corre alguma ação contra a empresa".

No caso de sucessão envolvendo grupo de empresas ou grupo econômico, tanto a empresa sucessora quanto a sucedida poderão **responder solidariamente** pelos créditos devidos aos trabalhadores (§ 2º do art. 2º da CLT, para o caso de grupo econômico de empresas urbanas; e § 2º do art. 3º da Lei n. 5.889/73, quando envolver grupo econômico de empresas rurais).

DICA

Por precaução, quando houver dúvida da ocorrência ou não de fraude ou simulação sugere-se trazer ao polo passivo da ação tanto o sucessor quanto o sucedido, deixando ao juízo a tarefa de examinar e decidir pela manutenção ou exclusão do sucedido da ação, caso a última hipótese seja expressamente requerida pelo sucedido em sua peça de defesa.

IMPORTANTE

Segundo a jurisprudência trabalhista, em razão da finalidade e dos critérios de constituição da CIPA, **os seus membros estão ligados ao estabelecimento patronal**. Assim, o empregado eleito a cargo de direção da CIPA tem direito à garantia de emprego (inciso I do art. 10 do ADCT da Constituição da República). Ocorrendo a sucessão trabalhista, a Justiça do Trabalho pode declarar nula a dispensa e condenar as empresas, sucessora e sucedida, a reintegrar ou a pagar uma indenização equivalente ao período da garantia de emprego, visto que, em tais casos, o trabalhador não pode ter o seu contrato de trabalho rescindido por iniciativa do empregador, a não ser por justa causa ou motivos disciplinares, técnicos, econômicos e financeiros.

4.1.3.3 *Grupo econômico*

Caracteriza-se sempre que uma ou mais empresas, tendo, embora, cada uma delas, personalidade jurídica própria, estiverem sob a direção, controle ou administração de outra, ou ainda quando, mesmo guardando cada uma sua autonomia, integrem grupo econômico. Neste caso, serão solidariamente responsáveis, pelas obrigações decorrentes da relação de emprego, a empresa principal e cada uma das subordinadas (§ 2º do art. 2º da CLT).

Porém, não caracteriza grupo econômico a mera identidade de sócios, sendo necessárias, para a configuração do grupo, a demonstração do interesse integrado, a efetiva comunhão de interesses e a atuação conjunta das empresas integrantes do grupo (§ 3º do art. 2º da CLT).

O grupo econômico de empresas rurais está previsto no § 2º do art. 3º da Lei n. 5.889/73.

Com o cancelamento da Súmula n. 205 do TST firmou-se o entendimento de que não é necessária a participação das empresas integrantes do grupo econômico na fase de conhecimento do processo. Porém, em 2022, no julgamento do Recurso Extraordinário com Agravo n. 1.160.361, o Supremo Tribunal Federal cassou a decisão proferida pela Quarta Turma do Tribunal Superior do Trabalho, e determinou que outra decisão fosse proferida com observância da Súmula Vinculante n. 10 do STF e do art. 97 da Constituição Federal de 1988, visto que "o responsável solidário, integrante do grupo econômico, que não participou da relação processual como reclamado e que, portanto, não consta no título executivo judicial como devedor, não pode ser sujeito passivo na execução". Em suma, a decisão monocrática do Ministro Gilmar Mendes foi no sentido de que uma empresa somente deve responder como coobrigada ou corresponsável pelo pagamento de verbas trabalhistas, se estiver devidamente indicada como parte desde o início do processo, conforme prevê o § 5º do art. 513 do Código de Processo Civil. Nada mais justo, visto que ao ingressar no processo trabalhista, desde o início, a empresa tem a oportunidade de se defender, em consonância com os princípios do devido processo legal, do contraditório e da ampla defesa, que somente estão assegurados a quem participa de todo o processo, e não apenas quando é chamado a pagar o valor das verbas trabalhistas deferidas na ação.

Portanto, nas hipóteses em que ficar configurado o grupo econômico, **a reclamatória trabalhista deve ser direcionada a todas as empresas do grupo**. Neste caso, deve-se requerer a **condenação solidária** dessas empresas. No Exame da OAB, sugere-se proceder na qualificação individualizada e completa de todas as empresas integrantes do grupo econômico e, no pedido, requerer a sua condenação solidária aos créditos devidos ao trabalhador.

IMPORTANTE

Faça a qualificação individualizada e completa de cada uma das empresas reclamadas, que fazem parte do grupo econômico, citando como primeira ré a empresa empregadora do reclamante, na qual foi estabelecido o vínculo jurídico, e em seguida as restantes. Exemplo: "Empresa 'A', pessoa jurídica de direito privado, inscrita no CNPJ n. ..., estabelecida na Rua..., n. ..., Bairro..., Cidade..., Estado..., CEP...; Empresa 'B', pessoa jurídica de direito privado, inscrita no CNPJ n. ..., estabelecida na Rua..., n. ..., Bairro..., Cidade..., Estado..., CEP...; e Empresa 'C', pessoa jurídica de direito privado, inscrita no CNPJ n. ..., estabelecida na Rua..., n. ..., Bairro..., Cidade..., Estado..., CEP...". No pedido, requerer a condenação solidária das empresas que fazem parte do grupo econômico ao pagamento dos créditos trabalhistas devidos ao reclamante. Exemplo: "Requer o Reclamante seja acolhido o pedido de condenação solidária das Reclamadas ao pagamento do valor de R$... (extenso), atualizado desde 10-12-2017, com incidência de juros de mora e correção monetária".

Segundo o parágrafo único do art. 275 do CC, não importará renúncia da solidariedade a propositura da ação pelo credor contra um ou alguns devedores. Caso a ação seja proposta somente contra um devedor (empregador), os outros codevedores (empresas que fazem parte do grupo econômico) poderão vir a ser responsabilizados quando da execução da sentença.

4.1.3.4 *Terceirização de serviços*

A terceirização foi regulamentada pela Lei n. 13.429, de 31-3-2017, que alterou a Lei n. 6.019, de 3-1-1974, que passou a tratar também sobre as relações de trabalho na empresa de prestação de serviços a terceiros. Posteriormente, a Lei n. 6.019/74 foi alterada pela Lei n. 13.467, de 13-7-2017. A Súmula n. 331 do Tribunal Superior do Trabalho também dispõe a respeito da terceirização.

Segundo a Lei n. 6.019/74, a empresa prestadora de serviços a terceiros é a pessoa jurídica de direito privado destinada a prestar à contratante serviços determinados e específicos (*caput* do art. 4º-A), sendo responsável pela contratação, remuneração e direção do trabalho realizado por seus trabalhadores, podendo subcontratar outras empresas para a realização dos serviços (§ 1º do art. 4º-A), não se configurando vínculo empregatício entre os trabalhadores, ou sócios das empresas prestadoras de serviços, qualquer que seja o seu ramo, e a empresa contratante (§ 2º do art. 4º-A).

Já a empresa contratante é a pessoa física ou jurídica que celebra contrato com empresa de prestação de serviços relacionados a quaisquer de suas atividades, inclusive sua **atividade principal** (*caput* do art. 5º-A), sendo vedada a utilização dos trabalhadores terceirizados em atividades distintas daquelas que foram objeto do contrato com a empresa prestadora de serviços (§ 1º do art. 5º-A).

Portanto, a partir da alteração da Lei n. 6.019/74 pela Lei n. 13.467/2017, passou a ser expressamente permitida a terceirização tanto da **atividade-meio** quanto da **atividade-fim** do tomador de serviços (empresa contratante).

Os serviços contratados podem ser executados nas instalações físicas da empresa contratante ou mesmo em outro local, de comum acordo com a empresa de prestação de serviços (§ 2º do art. 5º-A).

É de responsabilidade da empresa contratante garantir as condições de segurança, higiene e salubridade dos trabalhadores terceirizados, quando o trabalho for realizado em suas dependências, ou em local previamente convencionado no contrato (§ 3º do art. 5º-A).

A empresa contratante poderá estender ao trabalhador da empresa de prestação de serviços o mesmo atendimento médico, ambulatorial e de refeição destinado aos seus empregados, existente nas dependências da contratante, ou local por ela designado (§ 2º do art. 9º).

De acordo com a Lei n. 6.019/74, a empresa contratante é **subsidiariamente responsável** pelas obrigações trabalhistas referentes ao período em que ocorrer a prestação de serviços (primeira parte do § 7º do art. 10). Quanto ao recolhimento das contribuições previdenciárias, deverá observar o disposto no art. 31 da Lei n. 8.212/91 (segunda parte do § 7º do art. 10).

Portanto, nos casos em que a terceirização for **lícita**, a responsabilidade principal é da empresa prestadora de serviços. No entanto, a empresa tomadora de serviços irá responder de forma subsidiária.

Porém, quando a terceirização for **ilícita**, ou seja, fora das hipóteses admitidas na Lei n. 6.019/74 e na Súmula n. 331 do Tribunal Superior do Trabalho, pode-se postular o reconhecimento do vínculo jurídico de emprego do trabalhador terceirizado com a empresa tomadora de serviços, podendo postular também, de forma subsidiária (*caput* do art. 326 do CPC), caso o juiz não acolha o pedido de reintegração em razão do não reconhecimento da ilicitude da terceirização, a condenação da empresa prestadora de serviços, e subsidiariamente da empresa tomadora, ao pagamento das obrigações trabalhistas não cumpridas pela empregadora.

Caso fique comprovado que a contratação do trabalhador foi irregular, pelo princípio da isonomia, os empregados terceirizados têm direito às mesmas verbas trabalhistas legais e normativas asseguradas àqueles contratados pelo tomador dos serviços, desde que esteja presente a igualdade de funções (Orientação Jurisprudencial n. 383 da Subseção de Dissídios Individuais I do Tribunal Superior do Trabalho). Como exemplo, pode-se citar a situação envolvendo trabalhador terceirizado, designado especificamente para desempenhar as atividades de limpeza nas instalações do banco, mas que, na prática, acaba desempenhando atividades típicas de bancário, por exemplo, os serviços de processamento de envelopes dos caixas eletrônicos. Em tal caso, apesar de ter sido contratado por outra empresa (terceirizada), pode pleitear na Justiça do Trabalho os mesmos direitos assegurados aos empregados do banco. Caso sua ação trabalhista seja julgada procedente, fará jus aos mesmos salários e benefícios pagos à categoria dos bancários, inclusive às vantagens previstas em instrumentos coletivos (acordos e convenções coletivas da categoria). Nesse mesmo exemplo, será lícita a contratação se o contrato com a empresa de prestação de serviços prever a realização de atividade-fim do tomador (banco), como a prestação de serviços de caixa bancário.

A premissa da **responsabilização subsidiária** da tomadora de serviços advém do Código Civil, utilizado como fonte subsidiária do Direito do Trabalho (§ 1º do art. 8º da CLT e art. 15 do CPC), na qual estabelece que aquele que causar prejuízo a outrem, por ação ou omissão voluntária, negligência ou imprudência, tem o dever de repará-lo (segundo o art. 186, combinado com o art. 927, ambos do Código Civil). Isso porque, ao contratar empresa terceirizada, a empresa contratante tem a obrigação de fiscalizar o fiel cumprimento das obrigações trabalhistas devidas pela empresa contratada, sob pena de vir a ser responsabilizada subsidiariamente, em decorrência da culpa *in eligendo* e *in vigilando*, principalmente por se tratar de crédito de natureza alimentar.

Na hipótese de execução frustrada contra o devedor principal (empresa de prestação de serviços), o responsável subsidiário (tomador de serviços) imediatamente passa a responder pelo débito que está sendo executado a favor do trabalhador. No entanto, para ser ressarcido dos valores despendidos quando do pagamento do valor devido ao trabalhador, o tomador poderá ajuizar ação regressiva contra o devedor principal.

Segundo o item VI da Súmula n. 331 do Tribunal Superior do Trabalho, a responsabilidade subsidiária do tomador de serviços deverá abranger todas as verbas decorrentes da condenação, porém somente aquelas referentes ao período da prestação laboral.

OBSERVAÇÃO

Em agosto de 2018, o Supremo Tribunal Federal decidiu que é lícita a terceirização em todas as etapas do processo produtivo, seja meio ou fim, sendo que a tese de repercussão geral aprovada no Recurso Extraordinário (RE) n. 958252 foi a seguinte: "É lícita a terceirização ou qualquer outra forma de divisão do trabalho entre pessoas jurídicas distintas, independentemente do objeto social das empresas envolvidas, mantida a responsabilidade subsidiária da empresa contratante". Portanto, a partir do aval do Supremo Tribunal Federal é possível a terceirização de qualquer tipo de atividade da empresa, não havendo mais que se falar em terceirização ilegal, à exceção das hipóteses em que não são observadas as previsões da Lei n. 13.429/2017 e da Súmula n. 331 do TST.

Se ficar comprovado que a empresa contratada não é idônea, existe a possibilidade de a tomadora ser responsabilizada pelas obrigações por culpa *in eligendo*, isto é, pela má escolha da prestadora de serviços. Por outro lado, poderá vir a ficar caracterizada a culpa *in vigilando* quando ficar comprovado que durante o exercício específico das atividades contratadas o tomador beneficiou-se do labor dos obreiros, bem como não cumpriu com a sua obrigação legal de fiscalizar a prestadora de serviços com relação aos deveres trabalhistas (registro da CTPS, recolhimento das contribuições previdenciárias, depósitos do FGTS etc.).

A princípio, não deverá haver subordinação dos empregados da prestadora de serviços em relação à tomadora, porém, com a possibilidade da contratação de atividade-fim, na prática, fica bastante difícil o trabalhador terceirizado não vir a ser subordinado dos prepostos da empresa tomadora.

Na **responsabilidade solidária**, havendo a pluralidade de devedores, o credor poderá cobrar a integralidade da dívida de todos ou apenas do que entender que tem mais probabilidade de quitá-la. Na responsabilidade solidária todos os devedores são responsáveis pela totalidade da obrigação. O devedor que pagar o total da dívida poderá receber dos demais a parte que pagou por eles. Via de regra, as situações de tal tipo de responsabilidade estão previstas em lei, ou podem ser pactuadas entre as partes em contratos ou outros tipos de negociações. Já na **responsabilidade subsidiária**, há uma ordem a ser observada para cobrar a dívida, na qual o devedor subsidiário, ou secundário, somente poderá ser acionado após a dívida não ter sido paga pelo devedor principal. No contrato de empreitada, o empreiteiro será o devedor principal e o dono da obra será o devedor subsidiário, ou seja, o que deverá cumprir a obrigação caso o primeiro não venha a fazê-lo.

IMPORTANTE

Faça a qualificação individualizada e completa de cada uma das empresas reclamadas, citando como primeira ré a empresa empregadora do reclamante (empresa prestadora de serviços), que é a devedora principal, e como segunda reclamada a empresa tomadora de serviços, que responde na ação de forma subsidiária. Neste caso, se o devedor principal não tiver como suportar a execução, ficará a cargo do devedor subsidiário proceder ao pagamento das obrigações. Exemplo: "Empresa Prestadora de Serviços S/A, pessoa jurídica de direito privado, inscrita no CNPJ n. ..., com endereço eletrônico..., estabelecida na Rua..., n. ..., Bairro..., Cidade..., Estado..., CEP...; e Empresa Tomadora de Serviços Ltda., pessoa jurídica de direito privado, inscrita no CNPJ n. ..., com endereço eletrônico..., estabelecida na Rua..., n. ..., Bairro..., Cidade..., Estado..., CEP...". No pedido, requerer a condenação da empresa prestadora de serviços (1ª Reclamada), e subsidiariamente da empresa tomadora de serviços (2ª Reclamada), ao pagamento dos créditos trabalhistas devidos ao reclamante.

4.1.3.4.1 Responsabilidade da Administração Pública pelos encargos trabalhistas de suas empresas contratadas

Em maio de 2011, o Tribunal Superior do Trabalho alterou a Súmula n. 331, inserindo o item V, dispondo da seguinte forma:

> Os entes integrantes da **administração pública direta e indireta respondem subsidiariamente**, nas mesmas condições do item IV, caso evidenciada a sua conduta culposa no cumprimento das obrigações da Lei n. 8.666/93, especialmente na fiscalização do cumprimento das obrigações contratuais e legais da prestadora de serviço como empregadora. A aludida responsabilidade não decorre de mero inadimplemento das obrigações trabalhistas assumidas pela empresa regularmente contratada. (destacamos)

Tal alteração na jurisprudência predominante do Tribunal Superior do Trabalho vem ao encontro do atual entendimento do Supremo Tribunal Federal quanto à responsabilização subsidiária do ente público, tendo em vista a decisão proferida pelo Supremo no julgamento da Ação Declaratória de Constitucionalidade (ADC) n. 16, ajuizada pelo governador do Distrito Federal, na qual foi declarada a constitucionalidade do § 1º do art. 71 da Lei n. 8.666/93 (Lei de Licitações e Contratos), que prevê que a inadimplência de contratado pelo Poder Público em relação a encargos trabalhistas, fiscais e comerciais **não transfere à Administração Pública a responsabilidade por seu pagamento**, nem pode onerar o objeto do contrato ou restringir a regularização e o uso das obras e edificações, inclusive perante o Registro de Imóveis (BRASIL, 2011c).

Assim, de conformidade com a decisão proferida pelo Supremo Tribunal Federal, a responsabilidade subsidiária dos órgãos públicos não deverá ser baseada na responsabilidade objetiva, mas dependerá da efetiva comprovação de culpa do órgão público contratante na escolha e fiscalização da empresa contratada (terceirizada).

Desta forma, o Supremo Tribunal Federal não afastou a possibilidade de o ente público vir a ser responsabilizado subsidiariamente pelo pagamento dos débitos trabalhistas da empresa prestadora de serviços, na hipótese em que ficar comprovada a existência de culpa *in eligendo* e/ou *in vigilando*. Porém, para o STF a inadimplência dos encargos trabalhistas de um contratado pelo Poder Público para prestar serviços não transfere automaticamente ao governo (União, Estados e Municípios) a responsabilidade do pagamento.

Com isto, o Tribunal Superior do Trabalho alterou a redação da Súmula n. 331, no sentido de que os entes que integram a Administração Pública Direta e Indireta somente irão responder subsidiariamente na hipótese em que houverem participado da relação processual e constarem do título executivo judicial, bem como quando ficar evidenciado que houve omissão culposa no dever de fiscalizar o cumprimento das obrigações contratuais e legais pela empregadora, a empresa de prestação de serviços (terceirizada).

Para o Tribunal Superior do Trabalho, a responsabilidade subsidiária não irá decorrer do mero inadimplemento das obrigações trabalhistas assumidas pela empresa contratada de forma regular, mas da efetiva comprovação de sua conduta culposa no cumprimento das obrigações constantes da Lei de Licitações, em especial da obrigação de fiscalizar o cumprimento das obrigações contratuais e legais da empresa de prestação de serviços empregadora.

Como exemplo, pode-se citar a ação trabalhista movida por trabalhador contra seu empregador (empresa de prestação de serviços) e contra o Município (tomador dos serviços), na qual ficou comprovado judicialmente que o contrato celebrado entre os reclamados continha cláusula em que os pagamentos do tomador de serviços à empresa terceirizada estavam condicionados à efetiva comprovação mensal dos recolhimentos previdenciários e dos depósitos fundiários (FGTS) de seus empregados. Nesse caso, constatado pelo juízo de 1º grau a existência de diferenças dos depósitos de FGTS e de recolhimentos previdenciários do trabalhador, bem como que o tomador de serviços não apresentou provas efetivas de fiscalização, restará cabalmente comprovado que o Município não acompanhou devidamente a execução do contrato, devendo responder subsidiariamente pelo cumprimento de tais obrigações patronais descumpridas pela empresa terceirizada, tendo em vista que foi diretamente beneficiado com a força de trabalho do empregado.

Segundo a Instrução Normativa n. 5, de 26-5-2017, da Secretaria de Gestão do Ministério do Planejamento, Desenvolvimento e Gestão, que trata sobre as regras e diretrizes do procedimento de contratação de serviços sob o regime de execução indireta no âmbito da Administração Pública Federal Direta, Autárquica e

Fundacional, a prestação de serviços terceirizados não gera vínculo empregatício entre os empregados da empresa contratada e o órgão público, sendo vedada qualquer relação entre estes que caracterize pessoalidade e subordinação direta (art. 4º), bem como, também é vedado que sejam praticados atos de ingerência na administração da empresa contratada, por exemplo: a) possibilitar ou dar causa a atos de subordinação, vinculação hierárquica, prestação de contas, aplicação de sanção e supervisão direta sobre os empregados da contratada; b) exercer o poder de mando sobre os empregados da contratada, devendo reportar-se somente aos prepostos ou responsáveis por ela indicados, exceto quando o objeto da contratação previr a notificação direta para a execução das tarefas previamente descritas no contrato de prestação de serviços para a função específica, como nos serviços de recepção, apoio administrativo ou ao usuário; c) direcionar a contratação de pessoas para trabalhar nas empresas contratadas; d) promover ou aceitar o desvio de funções dos trabalhadores da contratada, mediante a utilização destes em atividades distintas daquelas previstas no objeto da contratação e em relação à função específica para a qual o trabalhador foi contratado; e) considerar os trabalhadores da contratada como colaboradores eventuais do próprio órgão ou entidade responsável pela contratação, especialmente para efeito de concessão de diárias e passagens; f) definir o valor da remuneração dos trabalhadores da empresa contratada para prestar os serviços, salvo nos casos específicos em que se necessitam de profissionais com habilitação/experiência superior a daqueles que, no mercado, são remunerados pelo piso salarial da categoria, desde que justificadamente; e g) conceder aos trabalhadores da contratada direitos típicos de servidores públicos, tais como recesso, ponto facultativo, entre outros (art. 5º).

No dia 24 de setembro de 2018, foi publicado no *Diário Oficial da União* o Decreto Federal n. 9.507, que trata sobre a terceirização de serviços da administração pública federal direta, autárquica e fundacional e das empresas públicas e das sociedades de economia mista controladas pela União, tendo sido revogado o Decreto Federal n. 2.271/97.

De acordo com a norma caberá ao Ministro de Estado do Planejamento, Desenvolvimento e Gestão estabelecer os serviços que preferencialmente serão terceirizados.

Em relação à administração pública federal direta, autárquica e fundacional é vedada a terceirização dos serviços das atividades que envolvam a tomada de decisão ou posicionamento institucional nas áreas de planejamento, coordenação, supervisão e controle, bem como as que sejam consideradas estratégicas para o órgão ou a entidade, cuja terceirização possa colocar em risco o controle de processos e de conhecimentos e tecnologias, além das que estejam relacionadas ao poder de polícia, de regulação, de outorga de serviços públicos e de aplicação de sanção, e ainda as que sejam inerentes às categorias funcionais abrangidas pelo plano de cargos do órgão ou da entidade, exceto disposição legal em contrário ou quando se tratar de cargo extinto, total ou parcialmente, no âmbito do quadro geral de pessoal.

Já os serviços auxiliares, instrumentais ou acessórios poderão ser executados de forma indireta, sendo vedada a transferência de responsabilidade para a realização de atos administrativos ou a tomada de decisão para o contratado. Já os serviços auxiliares, instrumentais ou acessórios de fiscalização e consentimento, relacionados ao exercício do poder de polícia, não serão objeto de terceirização.

Em relação às empresas públicas e sociedades de economia mista controladas pela União, não poderão ser terceirizados os serviços que demandem a utilização, pela contratada, de profissionais com atribuições inerentes às dos cargos integrantes de seus planos de cargos e salários, exceto quando se tratar de cargo extinto ou em processo de extinção, e quando contrariar os princípios administrativos da eficiência, da economicidade e da razoabilidade, como na ocorrência de, ao menos, uma das seguintes hipóteses: caráter temporário do serviço; incremento temporário do volume de serviços; atualização de tecnologia ou especialização de serviço, quando for mais atual e segura, reduzir o custo ou for menos prejudicial ao meio ambiente; ou impossibilidade de competir no mercado concorrencial em que se insere.

A gestão e fiscalização da execução dos contratos terceirizados será da competência do gestor da execução dos contratos, auxiliado pela fiscalização técnica, administrativa, setorial e pelo público usuário, e, se necessário, poderá ter o auxílio de terceiro ou de empresa especializada, desde que justificada a necessidade de assistência especializada.

4.1.3.5 *Responsabilidade solidária no caso de inadimplemento dos valores devidos ao trabalhador avulso*

Considera-se trabalhador avulso a pessoa física que presta serviços sem vínculo empregatício a inúmeras empresas, mediante a intermediação do sindicato da categoria ou do Órgão Gestor de Mão de Obra, OGMO. A Constituição Federal concede igualdade de direitos ao avulso e ao trabalhador com vínculo empregatício (inciso XXXIV do art. 7º).

A Lei n. 12.815/2013 dispõe sobre o trabalhador avulso no setor portuário, enquanto a Lei n. 12.023/2009 trata sobre o trabalhador avulso em atividades de movimentação de mercadorias em geral.

Basicamente, a diferença existente entre o avulso portuário e o avulso que trabalha com atividades de movimentação de mercadoria se dá em relação ao local da prestação de serviço, e de quem faz a intermediação com o tomador de serviços ou cliente.

Em geral, o trabalhador avulso que exerce atividades de movimentação de mercadorias trabalha fora da área dos portos, e sua contratação depende da intermediação obrigatória do sindicato da categoria, por meio de acordo ou convenção coletiva de trabalho para execução das atividades (art. 1º da Lei n. 12.023/2009).

Já o avulso portuário trabalha no âmbito das instalações portuárias, e depende da intermediação do Órgão Gestor de Mão de Obra, (OGMO – inciso I do art. 32 da Lei n. 12.815/2013).

De acordo com o inciso III do art. 4º da Lei n. 12.023/2009, o trabalhador avulso tem direito ao repouso semanal remunerado, aos depósitos do Fundo de Garantia por Tempo de Serviço, ao décimo terceiro salário, às férias remuneradas mais 1/3 constitucional, ao adicional de trabalho noturno e ao adicional de trabalho extraordinário.

Segundo o inciso III do art. 5º da Lei n. 12.023/2009, a entidade sindical tem o dever de repassar aos trabalhadores avulsos, no prazo máximo de 72 horas úteis, contadas a partir do seu arrecadamento, os valores devidos e pagos pelos tomadores do serviço, relativos à remuneração pelos serviços prestados. Nesse caso, havendo descumprimento de tal regra, os dirigentes da entidade sindical poderão ser responsabilizados, pessoal e **solidariamente**, pelos créditos devidos ao trabalhador avulso (§ 1º do art. 5º).

Ainda de conformidade com o art. 8º da Lei n. 12.023/2009, as empresas tomadoras do trabalho avulso respondem **solidariamente** pela efetiva remuneração do trabalho contratado e são responsáveis pelo recolhimento dos encargos fiscais e sociais, bem como das contribuições ou de outras importâncias devidas à Seguridade Social, no limite do uso que fizerem do trabalho avulso intermediado pelo sindicato.

De acordo com o § 2º do art. 33 da Lei n. 12.815/2013, o OGMO responde **solidariamente** com os operadores portuários, pela remuneração devida ao trabalhador portuário avulso, no caso de seu inadimplemento, e pelas indenizações decorrentes de acidente de trabalho. No mesmo sentido, prevê o § 4º do art. 2º da Lei n. 9.719/98, ao dispor que tanto o operador portuário quanto o órgão gestor de mão de obra são **solidariamente responsáveis** pelo pagamento dos encargos trabalhistas, das contribuições previdenciárias e demais obrigações, inclusive acessórias, devidas à Seguridade Social, arrecadadas pelo Instituto Nacional do Seguro Social (INSS), sendo vedada a invocação do benefício de ordem.

Segundo alguns julgados, a lei faculta ao trabalhador portuário ajuizar a reclamação contra o órgão gestor da mão de obra e contra o operador portuário, solidariamente, ou contra um ou outro, individualmente, sem que isso importe em renúncia à solidariedade (parágrafo único do art. 275 do CC). Neste caso, ainda que o operador portuário ou o órgão gestor de mão de obra não tenham participado da relação jurídica processual, poderão vir a ser responsabilizados quando da execução da sentença, visto que são codevedores da parte exequente.

IMPORTANTE

Faça a qualificação individualizada e completa do tomador de serviços (1º reclamado) e do sindicato da categoria, na pessoa do seu presidente (2º reclamado), para o caso de trabalho avulso em atividades de movimentação de mercadorias em geral (Lei n. 12.023/2009). No pedido, requerer a condenação solidária do primeiro (tomador de serviços) e segundo (sindicato) reclamados, aos créditos devidos ao trabalhador avulso. Exemplo de qualificação do sindicato: "Sindicato dos Trabalhadores..., entidade civil de direito privado, inscrito no CNPJ n. ..., representado pelo seu presidente, Sr. ..., com endereço na Rua..., n. ..., na Cidade de..., CEP ...".

Faça a qualificação individualizada e completa do tomador de serviços (1º reclamado), do Órgão Gestor de Mão de Obra (OGMO) (2º reclamado), e do operador portuário (3º reclamado), no caso do trabalho avulso em instalações portuárias (Lei n. 12.815/2013). No pedido, requerer a condenação solidária do primeiro (tomador de serviços), segundo (OGMO) e terceiro (operador portuário) reclamados, aos créditos devidos ao trabalhador avulso.

4.1.3.6 *Responsabilidade no caso de inadimplemento dos valores devidos ao trabalhador temporário*

Considera-se trabalho temporário o prestado por pessoa física contratada por uma empresa de trabalho temporário, pessoa jurídica responsável pela colocação de trabalhadores à disposição de uma empresa tomadora de serviços, que é a pessoa jurídica ou entidade a ela equiparada, que celebra contrato de prestação de trabalho temporário, que poderá versar sobre o desenvolvimento de atividades-meio e atividades-fim, com vistas a atender à necessidade de substituição transitória de pessoal permanente ou à demanda complementar de serviços (*caput* dos arts. 2º e 4º, art. 5º e § 3º do art. 9º da Lei n. 6.019/74).

Segundo o inciso III do art. 43 do Decreto n. 10.854/2021, considera-se trabalhador temporário a pessoa natural contratada por empresa de trabalho temporário (empresa de locação de mão de obra temporária), colocada à disposição de uma empresa tomadora de serviços ou cliente, destinada a atender a necessidade de substituição transitória de pessoal permanente ou a demanda complementar de serviços.

De conformidade com o art. 12 da Lei n. 6.019/74, o trabalhador temporário possui os seguinte direitos: jornada de trabalho de 8 horas, remuneradas as excedentes, não superiores a duas, com acréscimo de 20%; férias proporcionais; repouso semanal remunerado; adicional noturno; indenização por dispensa sem justa causa ou término normal do contrato, correspondente a 1/12 do pagamento recebido; seguro contra acidente do trabalho; proteção previdenciária, como segurado autônomo; e registro na CTPS.

Porém, não se aplica ao trabalhador temporário, contratado pela tomadora de serviços, o contrato de experiência previsto no parágrafo único do art. 445 da CLT (§ 4º do art. 10 da Lei n. 6.019/74).

Segundo a lei do trabalho temporário, alterada pela Lei n. 13.429, de 31-3-2017, a empresa contratante é **subsidiariamente responsável** pelas obrigações trabalhistas referentes ao período em que ocorrer o trabalho temporário (§ 7º do art. 10 da Lei n. 6.019/74).

Porém, no caso de falência da empresa de trabalho temporário, a empresa tomadora ou cliente é **solidariamente responsável** pelos débitos trabalhistas e previdenciários, no tocante ao período em que o trabalhador esteve sob suas ordens (art. 16 da Lei n. 6.019/74). Em tal caso, mesmo que o tomador de serviços não tenha participado da relação jurídica processual, poderá vir a ser responsabilizado quando da execução da sentença, visto que é codevedor da parte exequente, não havendo que se falar em renúncia à solidariedade (parágrafo único do art. 275 do Código Civil).

ATENÇÃO

O adicional de hora extraordinária passou de 20% para 50%, e às férias deve-se acrescentar o terço constitucional (incisos XVI e XVII do art. 7º da CRFB, respectivamente).

O FGTS foi estendido aos trabalhadores temporários por meio da Lei n. 8.036/90 (§§ 1º e 2º do art. 15 e inciso IX do art. 20) e do Decreto n. 99.684/90 (arts. 3º e 9º e inciso IX do art. 35).

O trabalhador temporário passou da condição de segurado-autônomo para segurado-empregado, consoante a Lei n. 8.212/91 (letra *b* do inciso I do art. 12) e a Lei n. 8.213/91 (letra *b* do inciso I do art. 11).

O **contrato de trabalho temporário,** com relação ao mesmo empregador, não poderá exceder o prazo de 180 dias, consecutivos ou não (§ 1º do art. 10 da Lei n. 6.019/74), podendo ser prorrogado por até 90 dias, consecutivos ou não, quando comprovada a manutenção das condições que o ensejaram (§ 2º do art. 10 da Lei n. 6.019/74). O trabalhador temporário que cumprir o período de 180 dias, e ainda da prorrogação de até 90 dias, somente poderá ser colocado à disposição da mesma empresa tomadora de serviços, em novo contrato temporário, após 90 dias do término do contrato anterior (§ 5º do art. 10 da Lei n. 6.019/74). Qualquer que seja o ramo da empresa tomadora de serviços, não existirá vínculo de emprego entre ela e os trabalhadores contratados pelas empresas de trabalho temporário (*caput* do art. 10 da Lei n. 6.019/74). Porém, a contratação anterior ao prazo de 90 dias, a contar da data do término do contrato anterior, poderá caracterizar vínculo empregatício com a tomadora dos serviços temporários (§ 6º do art. 10 da Lei n. 6.019/74).

O empregado que for dispensado não poderá prestar serviços para esta mesma empresa na qualidade de empregado de empresa prestadora de serviços antes do decurso de prazo de 18 meses, contados a partir da rescisão do contrato de trabalho (art. 5º-D da Lei n. 6.019/74).

DICA

Somente se deve requerer a **responsabilidade solidária** da tomadora de serviços no caso de falência da empresa de trabalho temporário. À exceção de tal hipótese, deve-se requerer a **condenação subsidiária** do tomador de serviços. Exemplo de pedido: "Requer a condenação do primeiro reclamado (empresa de trabalho temporário), e subsidiariamente do segundo reclamado (empresa tomadora de serviços), aos pagamentos devidos ao trabalhador temporário".

> Na hipótese do art. 16 da Lei n. 6.019/74 (falência da empresa de trabalho temporário), faça a qualificação individualizada e completa da empresa de trabalho temporário (1ª reclamada) e do tomador de serviços (2º reclamado). Exemplo: "Empresa de Trabalho Temporário S/A, pessoa jurídica de direito privado, inscrita no CNPJ n. ..., com endereço eletrônico..., estabelecida na Rua..., n. ..., Bairro..., Cidade..., Estado..., CEP...; e Empresa Tomadora de Serviços Ltda., pessoa jurídica de direito privado, inscrita no CNPJ n. ..., com endereço eletrônico..., estabelecida na Rua..., n. ..., Bairro..., Cidade..., Estado..., CEP...". No pedido, requerer a condenação solidária da primeira reclamada (empresa de trabalho temporário) e do segundo reclamado (tomador de serviços), aos créditos devidos ao trabalhador temporário. Exemplo de pedido: "Requer a condenação solidária do primeiro (empresa de trabalho temporário) e segundo (empresa tomadora de serviços) reclamados, aos pagamentos devidos ao trabalhador temporário".

4.1.3.7 *Responsabilidade pelo inadimplemento dos valores devidos ao trabalhador no caso de contrato de empreitada e de subempreitada*

O **dono da obra** é considerado o proprietário ou possuidor de imóvel, interessado na realização de uma determinada obra, que contrata o **empreiteiro**, ou seja, uma empresa construtora ou uma pessoa física especializada, para a realização do serviço, mediante contrato de empreitada.

No contrato de empreitada, o empreiteiro se obriga a executar lavor ou obra certa, enquanto o dono da obra se compromete ao pagamento do preço estabelecido.

Entende-se por obra a construção, reforma, ampliação, demolição ou qualquer benfeitoria realizada em determinado imóvel.

Quanto à responsabilidade trabalhista do dono da obra, segundo a Orientação Jurisprudencial n. 191 da Subseção I da Seção Especializada em Dissídios Individuais do Tribunal Superior do Trabalho: "Diante da inexistência de previsão legal, o contrato de empreitada entre o dono da obra e o empreiteiro não enseja responsabilidade solidária ou subsidiária nas obrigações trabalhistas contraídas pelo empreiteiro, salvo sendo o dono da obra uma empresa construtora ou incorporadora".

O entendimento previsto na citada Orientação Jurisprudencial se destina às hipóteses em que o dono da obra, pessoa física ou jurídica, contrata a realização de uma obra não relacionada ao seu objeto social, em benefício próprio e de forma eventual, não abrangendo as construtoras e incorporadoras, cuja execução de obra constitui a atividade essencial de tais empresas. Pode-se citar como exemplo o dono da obra que não exerce qualquer atividade ligada ao ramo da construção civil, e que tem como atividade única o comércio, conforme consignado em seu Cadastro Nacional de Pessoa Jurídica e Estatuto Social Consolidado, e que contrata um empreiteiro para construir um prédio.

A exceção, em que o dono da obra é empresa construtora ou incorporadora, está contida na parte final da Orientação Jurisprudencial, e objetiva evitar a terceirização indiscriminada de mão de obra pelas construtoras e incorporadoras, o que poderia estimular a precarização das relações de trabalho e a lesão a direitos trabalhistas.

Portanto, salvo em se tratando de empresa exploradora de atividade ligada à construção civil ou à incorporação, não há como responsabilizar o dono da obra pelo pagamento de créditos trabalhistas não adimplidos pelo empreiteiro com seus empregados.

No julgamento do Incidente de Recursos de Revista Repetitivos TST--IRR-190-53.2015.5.03.0090, da lavra do Ministro-Relator João Oreste Dalazen, publicado em 30-06-2017, foi firmado o entendimento de que, em regra, a responsabilidade solidária ou subsidiária por obrigação trabalhista, a que se refere a Orientação Jurisprudencial n. 191 da SDI-1 do TST, não se restringe a pessoa física ou micro e pequenas empresas, abrangendo também empresas de médio e grande portes e entes públicos.

Quanto ao mencionado julgamento, firmou-se também a tese no sentido de que, à exceção de ente público da Administração Direta e Indireta, "se houver inadimplemento das obrigações trabalhistas contraídas por empreiteiro que contratar, sem idoneidade econômico-financeira, o dono da obra responderá subsidiariamente por tais obrigações, em face de aplicação analógica do art. 455 da CLT e de culpa *in eligendo*. Tal entendimento, segundo decidido pelo Tribunal Superior do Trabalho, somente será aplicável aos contratos de empreitada celebrados após 11-05-2017.

A reanálise da Orientação Jurisprudencial n. 191 da SBDI-I do TST, no julgamento do IRR-190-53.2015.5.03.0090, conferiu uma exceção à ausência de responsabilidade do dono da obra quanto às obrigações trabalhistas contraídas no contrato de empreitada de construção civil, e abriu a possibilidade de o dono da obra responder subsidiariamente pelas obrigações trabalhistas contraídas pelo empreiteiro que contratar sem idoneidade econômico-financeira, em caso de inadimplemento das obrigações trabalhistas deste último, exceto se se tratar de ente público da Administração direta e indireta.

Assim, a partir da tese firmada pelo Tribunal Superior do Trabalho, o dono da obra, independentemente do porte econômico, poderá responder pelas obrigações trabalhistas do empreiteiro, no caso de ser constatada a inidoneidade econômico--financeira daquele, por aplicação analógica do art. 455 da CLT e pela culpa *in eligendo*, ou seja, pela culpa na má escolha na contratação da prestadora de serviços (culpa na escolha).

Essa importante decisão constitui um alerta, pois ao contratar a realização de uma obra, mediante contrato de empreitada, é fundamental que o dono da obra verifique se os salários dos trabalhadores contratados pelo empreiteiro estão sendo devidamente pagos, pois a partir da citada decisão, existe a possibilidade de o dono da obra ser responsabilizado, por culpa *in eligendo*, independentemente de quem seja (pessoa física, ou micro ou pequena empresa, ou empresa de médio e grande portes), caso comprovada sua negligência na contratação de empreiteiro inidôneo.

O Tribunal Superior do Trabalho decidiu não ser aplicável a Orientação Jurisprudencial n. 191 da SDI-1 do TST nas hipóteses de **danos materiais, morais e estéticos**, advindos do acidente do trabalho, cuja natureza é civil, de modo que o dono da obra pode ser solidariamente responsável, nos termos do art. 942 do Código Civil, se concorreu para o infortúnio do trabalhador, deixando de exigir e de fiscalizar a observância das normas de saúde e segurança do trabalho.

Pontue-se, ainda, o entendimento do Tribunal Superior no sentido de que incumbe ao dono da obra a corresponsabilidade pelo resguardo do meio ambiente laboral, cabendo-lhe à obrigação de fiscalizar e zelar o cumprimento, pela empresa contratada, da legislação pertinente à saúde e segurança do trabalho, de forma a garantir um ambiente de trabalho seguro aos trabalhadores que prestam serviços em seu benefício.

Assim, sendo constatada a negligência do contratante, ou seja, do dono da obra, com seu dever de adotar todas as medidas protetivas à saúde e segurança do trabalho, desponta para este a responsabilidade civil pela reparação do ato ilícito ocorrido.

Assim, por exemplo, se o dono da obra resolve construir um muro, objetivando a contenção de um barranco com mais de cinco metros de altura, que estava trazendo grande risco para sua segurança, é exigível que contrate profissionais especializados para garantir a execução da obra com segurança. Porém, se ao contrário, não contrata engenheiro para projetar o muro, e não tem autorização das autoridades competentes para realizar a obra, em ocorrendo algum acidente o dono da obra poderá responder pelo fato, visto que não adotou o mínimo de medidas de segurança para a execução da obra. Ao agir assim o dono da obra assumiu os riscos da contratação precária, de modo que poderá responder pelos danos que possam advir. E se ocorrer o falecimento do trabalhador, decorrente de um acidente de trabalho, durante a execução da obra, restará configurado o nexo causal, estando presentes as condições dos arts. 186 e 927 do Código Civil para a reparação dos danos.

Por conseguinte, pode-se concluir que o contrato de empreitada de construção civil entre o dono da obra e o empreiteiro não enseja responsabilidade solidária ou subsidiária nas obrigações trabalhistas contraídas pelo empreiteiro, independentemente do porte da empresa ou de sua natureza, se pública ou privada, exceto se o dono da obra de construção civil for uma empresa construtora ou incorporadora, e desenvolver a mesma atividade econômica do empreiteiro, ou se dono da obra contratar, após 11-05-2017, empreiteiro sem idoneidade econômico-financeira e negligente em relação ao cumprimento das obrigações decorrentes do contrato de trabalho firmado com seus empregados. Neste caso, o dono da obra poderá responder de forma subsidiária pelos deveres trabalhistas do empreiteiro considerado inidôneo.

Já no caso de empregado de subempreiteira, a ação trabalhista poderá ser proposta contra a subempreiteira (empregador) e o empreiteiro principal, pelo inadimplemento das obrigações trabalhistas por parte do primeiro, de conformidade com o *caput* do art. 455 da CLT.

Para o Tribunal Superior do Trabalho, na subempreitada há responsabilidade solidária, e não subsidiária, do empreiteiro principal em relação à satisfação dos créditos devidos ao trabalhador:

"AGRAVO INTERNO. AGRAVO DE INSTRUMENTO. RECURSO DE REVISTA. RESPON-SABILIDADE SOLIDÁRIA. GRUPO ECONÔMICO. SUBEMPREITADA. O Tribunal Regional manteve a responsabilidade solidária da segunda reclamada, ora agravante, por integrar o mesmo grupo econômico da Biocom, empresa contratante da primeira reclamada; bem como em razão da ocorrência de subempreitada na contratação da primeira reclamada, figurando como empreiteiro o Grupo Odebrecht. Observa-se que a questão adquiriu contornos fático-probatórios , pois só seria possível acolher a tese recursal em sentido contrário, mediante o revolvimento da prova, vedado em sede de recurso de revista, a teor da Súmula n. 126 do TST. No mais, esta Corte, com esteio no art. 455 da CLT, reconhece a responsabilidade solidária entre a empreiteira e a subempreiteira pelos créditos trabalhistas porventura inadimplidos . Precedentes. Incide, no aspecto, o art. 896, § 7º, da CLT e a Súmula n. 333 do TST. Fundamentos da decisão agravada não desconstituídos. Agravo interno de que se conhece e a que se nega provimento." (Ag-AIRR-11308-60.2014.5.15.0079, 7ª Turma, Relator Desembargador Convocado roberto nobrega de almeida filho, DEJT 31/05/2019).

IMPORTANTE

No contrato de empreitada, o empreiteiro se obriga a executar obra certa, enquanto o dono da obra se compromete com o pagamento do preço estabelecido, objetivando apenas o resultado do trabalho ajustado. Em tal contexto, o empreiteiro é o efetivo responsável pela obra a que se dedica, valendo-se de seus próprios meios e expensas para executá-la, mediante pagamento de valor global. Juridicamente, não há vínculo de emprego entre o empreiteiro e o dono da obra. Em havendo empregado contratado pelo empreiteiro, este será o empregador, e não o dono da obra.

No caso de empreitada, em regra, a ação trabalhista deve ser movida somente contra o empreiteiro (empregador), salvo se o dono da obra for uma empresa construtora ou incorporadora, quando a ação poderá ser movida em face dos dois.

No caso de subempreitada, faça a qualificação individualizada e completa do subempreiteiro (1º reclamado) e do empreiteiro principal (2º reclamado). Exemplo: "Subempreiteiro 'A' S/A, pessoa jurídica de direito privado, inscrita no CNPJ n. ..., estabelecida na Rua..., n. ..., Bairro..., Cidade..., Estado..., CEP...; e Empreiteiro 'B' S/A, pessoa jurídica de direito privado, inscrita no CNPJ n. ..., estabelecida na Rua..., n. ..., Bairro..., Cidade..., Estado..., CEP...". No pedido, requerer a condenação solidária do primeiro e segundo reclamados, aos créditos devidos ao trabalhador.

4.1.4 Breve exposição dos fatos de que resulte o dissídio

Corresponde à **causa de pedir**. Constitui a **base** para a formulação dos pedidos. Tem como consequência lógica os pedidos.

A exposição dos fatos deve ser breve, clara e precisa. Normalmente, são informados os seguintes dados: a data da admissão e da dispensa do empregado; o cargo ou a função que exercia; o valor do último salário; a jornada de trabalho que cumpria; os dias de trabalho; o intervalo que cumpria (se era de 1 hora, 2 horas ou 15 minutos); se houve ou não justa causa para a rescisão do contrato de trabalho etc.

Preferencialmente, os fatos devem ser expostos em ordem cronológica, para facilitar a coerência e organização do texto.

Exemplos: "O Reclamante foi admitido pela Reclamada no dia 20-11-2018, para trabalhar como auxiliar administrativo, com salário mensal de R$ 1.800,00 (mil e oitocentos reais), tendo sido dispensado sem justa causa em 10-10-2020"; "O Reclamante foi admitido pela Reclamada em.../.../..., para exercer as funções de..., recebendo o salário mensal de R$... (extenso), tendo sido dispensado pelo Réu, sem justa causa, em.../.../..., sendo que até o momento nada lhe foi pago a título de verbas rescisórias".

DICAS

Em síntese, deve ser feito um breve histórico da admissão, do trabalho que o obreiro realizava, do horário que cumpria, dos salários, e como foi dispensado ou se pediu demissão.

Ao mencionar os fatos, deve-se evitar transcrever na íntegra o texto do enunciado da questão discursiva do Exame da OAB. Pode ocorrer de algumas informações serem totalmente desnecessárias e inúteis, devendo ser descartadas quando da redação dos fatos. Este raciocínio faz parte da avaliação. Exemplo: "Marília, que é gerente do Banco Dólar e Real S/A, foi provisoriamente transferida para a Cidade de... em 20-10-2018. Porém, a empregada não ficou nada satisfeita com a alteração do seu local de trabalho, visto que a cidade não tinha praia nem *shopping center*, e durante o período não lhe foi pago o adicional de transferência". Neste caso, deve-se descartar a informação de que a empregada não estava satisfeita pelo fato de o local não ter praia e *shopping*, visto que tal dado não servirá de base para a formulação de qualquer pedido, nem terá qualquer influência em relação ao pedido de pagamento do adicional de transferência.

Faça uma breve exposição clara e objetiva de que resulte o litígio.

Na redação dos dados, como a data da admissão e da dispensa, o valor do salário, dentre outros, observe se tais informações foram fornecidas pela questão do Exame da OAB. Caso a questão seja omissa e tenha que citar tais dados na resposta utilize reticências (pontilhados), para evitar a identificação da prova. Exemplo: "O Reclamante foi admitido pela Reclamada em .../.../..., e dispensado na data de .../.../..., tendo recebido como último salário a importância mensal de R$... (extenso)".

Evite utilizar abreviações, procurando escrever tudo por extenso.

Havendo pedido de equiparação salarial, devem ser apresentados o paradigma e uma estimativa da diferença salarial. Segundo o § 5º do art. 461 da CLT, é vedada a indicação de paradigma remoto, ainda que o paradigma contemporâneo tenha obtido a vantagem em ação judicial própria. Considera-se paradigma remoto o empregado apontado como paradigma na primeira decisão que deu origem à cadeia. Portanto, somente deve ser indicado na ação trabalhista o paradigma imediato, que é aquele com os quais o reclamante conviveu.

Não invente dados; siga o raciocínio do enunciado do problema.

Para maior facilidade em encontrar determinados assuntos, utilize sempre o índice alfabético-remissivo da Constituição Federal, da Consolidação das Leis do Trabalho e dos Códigos.

Na breve exposição dos fatos, na ação em que se postula o benefício da prioridade na tramitação processual, como o previsto no inciso I do art. 1.048 do CPC e no Estatuto da Pessoa Idosa (Lei n. 10.741/2003), dever-se-á informar que o autor é pessoa com idade igual ou superior a 60 anos (*caput* do art. 71 da Lei n. 10.741/2003 e inciso I do art. 1.048 do CPC), bem como que está se fazendo prova da idade, conforme determina o § 1º do art. 71 da Lei n. 10.741/2003. Exemplo: "Importante ressaltar que a Autora é pessoa com idade superior a 60 anos, conforme comprova a certidão de nascimento juntada, sendo beneficiária da prioridade no andamento processual, de conformidade com o Estatuto da Pessoa Idosa (art. 71 da Lei n. 10.741/2003) e o inciso I do art. 1.048 do CPC".

IMPORTANTE

No caso da ação de Inquérito para Apuração de Falta Grave, sugere-se discorrer na exposição dos fatos sobre:

a) **A garantia de emprego do empregado estável (requerido) do qual se pretende rescindir o contrato de trabalho, com justa causa**. Exemplo: "O Requerido foi eleito dirigente sindical e detém garantia provisória de emprego para cumprir seu mandato. Neste contexto, o inciso VIII do art. 8º da CRFB e o § 3º do art. 543 da CLT preveem a garantia provisória de emprego do dirigente sindical eleito. Porém, com o cometimento da falta grave apurada e comprovada, o Requerido pode ser dispensado por justa causa".

b) **A falta grave cometida pelo empregado estável (requerido)**. As hipóteses de justa causa estão previstas no art. 482 da CLT. Exemplo: "No dia 25 de setembro de 2018 teve início a greve dos bancários, e durante o movimento de paralisação o Requerido, que é dirigente sindical, praticou diversos atos de violência verbal e física contra um superior hierárquico e colegas de serviço que não queriam aderir à greve. Nesta linha de raciocínio, as alíneas *j* e *k* do art. 482 da Consolidação das Leis do Trabalho deixam claro que a ofensa física é considerada falta grave que enseja a dispensa por justa causa, mesmo que o Requerido tenha garantia de emprego à época de seu cometimento. E, como o dirigente sindical somente pode ser dispensado mediante a apuração em inquérito judicial, de conformidade com o § 3º do art. 543 da Consolidação das Leis do Trabalho e da Súmula n. 379 do Tribunal Superior do Trabalho, requer o Requerente que seja reconhecida por este Douto Juízo a falta grave cometida pelo empregado e que o seu contrato de trabalho seja rescindido por justa causa, sendo devidos somente o saldo salário, as férias vencidas + 1/3 constitucional e o décimo terceiro salário integral".

4.1.4.1 *Atenção no caso de reconhecimento de vínculo empregatício*

Sempre que houver necessidade de pedir o reconhecimento do vínculo de emprego e anotação da contratação na Carteira de Trabalho e Previdência Social (CTPS), a petição inicial deverá demonstrar que se encontram presentes os requisitos do *caput* dos arts. 2º e 3º da CLT, que fundamentam a formação do vínculo. Assim, deve-se alegar que o trabalho foi executado com subordinação, habitualidade e pessoalidade.

Porém, quando a relação jurídica formalizada entre o trabalhador e o tomador não for aquela efetivamente observada na prática da prestação de serviços, deve-se requerer:

1) seja **declarada a nulidade do contrato** celebrado entre as partes, em decorrência de sua ilicitude (art. 9º da CLT);

2) seja **reconhecido o vínculo jurídico** de trabalho ou de emprego, conforme o caso.

Isto atendendo ao **princípio da primazia da realidade**, visto que, havendo discordância entre o que ocorre na prática da prestação de serviço e o que emerge de documentos ou acordos, deve-se dar preferência ao que ocorre no terreno dos fatos, pois no Direito do Trabalho os fatos são mais importantes do que os documentos, quando houver divergência entre ambos.

Como exemplo, podemos citar o caso da trabalhadora contratada como doméstica (Lei Complementar n. 150/2015), mas que no dia a dia da prestação de serviços executa atividade com finalidade lucrativa para o empregador doméstico, como fazer doces e biscoitos para o tomador vender em seu comércio. Em tal hipótese, a trabalhadora poderá alegar a ilicitude do contrato de trabalho doméstico e pleitear o reconhecimento do vínculo jurídico de emprego, regido e protegido pela Consolidação das Leis do Trabalho. Caso o juízo trabalhista constate que a trabalhadora realmente não se enquadra na definição legal de doméstica, poderá afastar a incidência do art. 1º da Lei Complementar n. 150/2015 e aplicar a Consolidação das Leis do Trabalho.

Outro exemplo que pode ser citado refere-se ao trabalhador formalmente contratado como representante comercial: na prática da prestação de serviços são identificados os elementos caracterizadores da relação de emprego (ser pessoa física, a pessoalidade, a onerosidade, a não eventualidade, a alteridade e, principalmente, a subordinação jurídica), conforme o disposto no *caput* dos arts. 2º e 3º da CLT. Em tal caso, o trabalhador poderá pleitear na Justiça do Trabalho a declaração de nulidade do contrato de representação comercial, com o consequente reconhecimento do contrato de emprego, regido pela Consolidação das Leis do Trabalho. Em situações como esta, a caracterização da relação de emprego restará comprovada principalmente quando o trabalhador não assumir o risco do negócio, não participando do risco econômico; não possuir autonomia, por prestar contas de seu trabalho ao tomador de serviços; ter as rotas de trabalho definidas pela empresa, sob a fiscalização de um gerente ou de um supervisor; bem como não trabalhar para mais ninguém, caracterizando a exclusividade; sendo irrelevante a constatação da existência de um contrato formal de representação comercial, uma vez que no Direito do Trabalho há a prevalência do contrato realidade, tendo em vista que é a prática verificada na execução do contrato que será levada em consideração pelo juízo para declarar a nulidade do contrato formal e promover o reconhecimento do vínculo de emprego, regido pela CLT.

DICA

Numa questão em que a parte autora pretende o reconhecimento do vínculo de emprego e o registro do contrato na carteira de trabalho (CTPS), bem como o pagamento das verbas rescisórias, deve-se elaborar os pedidos na **seguinte ordem**: numa mesma petição inicial, deve-se requerer **primeiro** a declaração da existência do vínculo de emprego (**pedido declaratório**) e, em **segundo,** a condenação do reclamado em proceder ao registro do contrato na CTPS do reclamante, bem como a pagar as verbas rescisórias devidas, como aviso prévio, saldo de salário, multa de 40% do FGTS etc. (**pedido condenatório**). Assim, conforme as pretensões formuladas na petição inicial a ação trabalhista pode ao mesmo tempo ser declaratória e condenatória. Quando numa ação houver a cumulação de pedidos cuja natureza seja declaratória e condenatória, somente está sujeito ao prazo prescricional do inciso XXIX do art. 7º da CRFB e do *caput* do art. 11 da CLT o pedido condenatório, tendo em vista que o declaratório é imprescritível (§ 1º do art. 11 da CLT).

4.1.5 Pedido(s)

É a pretensão do autor, é o objeto do processo, devendo versar sobre o **principal** (exemplos: férias anuais vencidas, acrescidas do 1/3 constitucional; décimo terceiro salário integral; aviso prévio trabalhado ou indenizado) e **acessórios** (exemplos: juros de mora, correção monetária e honorários advocatícios).

Segundo o § 1º do art. 840 da CLT, na petição inicial trabalhista o pedido deverá ser certo, determinado e com a indicação do seu correspondente valor.

OBSERVAÇÃO

A partir da Lei n. 13.467, de 13-7-2017, que alterou substancialmente a CLT, não somente deverá ser procedida a indicação do valor de cada pedido nas reclamações trabalhistas enquadradas no procedimento sumaríssimo (inciso I do art. 852-B da CLT), mas também nas que se enquadrarem no procedimento ordinário.

Em decisão no Tribunal Superior do Trabalho, proferida no processo AIRR-228-34.2018.5.09.0562, o Ministro Mauricio Godinho Delgado, da Terceira Turma, consignou que após a vigência da Lei n. 13.467/2017, o § 1º do art. 840 da CLT passou a exigir que, em caso de reclamação escrita, o pedido deverá ser certo, determinado e com indicação do valor, além da designação do juízo, qualificação das partes, exposição dos fatos, data, assinatura do demandante ou de seu representante legal. Entretanto, para o Magistrado, em nome dos princípios da finalidade e da efetividade social do processo, da simplicidade e da informalidade, deve-se buscar uma interpretação que busque o alcance da norma, sob pena de, ao se fixar valores dos pedidos, serem afrontados os princípios da reparação integral do dano, da irrenunciabilidade dos direitos e, por fim, do acesso à Justiça. Dessa forma, o Ministro entende que o § 1º do art. 840 da CLT, após alterações da Lei n. 13.467/2017, deve ser interpretado como uma exigência apenas de estimativa preliminar do crédito, a ser apurado, de forma mais detalhada na fase de liquidação. Segundo o Ministro, diante dos pedidos deferidos, não é possível exigir do trabalhador a apresentação de uma memória de cálculo detalhada, pois a reclamação trabalhista contém pedidos de apuração complexa, como, por exemplo, quando envolve a pretensão a horas extras, que demanda usualmente o acesso aos documentos relativos à jornada e a produção de prova oral. Assim, somente por ocasião da liquidação judicial poderá ser possível a quantificação da parcela.

Quanto à questão, a jurisprudência do Tribunal Superior do Trabalho se firmou no sentido de que, na hipótese em que há pedido líquido e certo na petição inicial, o julgador deverá se ater aos valores atribuídos a cada um desses pedidos, sob pena de julgamento *ultra petita*. Nesse sentido, o seguinte precedente da Subseção de Dissídios Individuais I do TST:

> "RECURSO DE EMBARGOS. REGÊNCIA DA LEI N. 13.015/2014. JULGAMENTO "ULTRA PETITA". LIMITAÇÃO DA CONDENAÇÃO AO VALOR ATRIBUÍDO AO PEDIDO NA PETIÇÃO INICIAL. 1. A Quarta Turma considerou que o requerimento, na petição inicial, de "pagamento de 432 horas *in itinere* no valor de R$ 3.802,00 (fl. 11 - numeração eletrônica) 'traduziu' mera estimativa, tendo o magistrado feito a adequação de acordo com as provas do processo", razão pela qual não reputou violados os arts. 141 e 492 do CPC. 2. **Todavia, esta Corte Superior adota firme entendimento no sentido de que a parte autora, ao formular pedidos com valores líquidos na petição inicial, sem registrar qualquer ressalva, limita a condenação a tais parâmetros**, por expressa dicção do art. 492 do CPC. Precedentes. Recurso de embargos conhecido e provido" (E-ARR-10472-61.2015.5.18.0211, Subseção I Especializada em Dissídios Individuais, Relator Ministro Walmir Oliveira da Costa, DEJT 29/05/2020). (Grifou-se)

Importante ressaltar que o juiz está adstrito aos limites da lide, nos termos dos arts. 141 e 492 do Código de Processo Civil de 2015, sendo-lhe vedado proferir sentença de natureza diversa da pedida pelo autor, bem como condenar o réu em quantidade superior ou em objeto diverso do que lhe foi demandado, **exceto se houver ressalva**, conforme esclarece o precedente transcrito acima. Portanto, **havendo ressalva de que os valores indicados na petição inicial devem ser apreciados como estimativa** das pretensões deduzidas pelo reclamante, a apuração da condenação deverá ocorrer apenas em liquidação da sentença, não havendo falar em limitação aos valores apontados na petição inicial.

O pedido será **certo** quando for feito de modo expresso, preciso, não sendo possível o reclamante formular pedido implícito. Considera-se **determinado** o pedido no qual seus limites encontram-se bem definidos, devendo ser delimitado em sua qualidade (exemplo: horas extras) e quantidade (exemplo: 10 horas extras mensais).

O pedido que não for certo, determinado e contiver o respectivo valor, poderá ser julgado extinto sem resolução do mérito (§ 3º do art. 840 da CLT), com amparo na inépcia da petição inicial (inciso II do § 1º do art. 330 do CPC).

Exemplo: "O Reclamante pleiteia a condenação do Reclamado a pagar-lhe, com juros e correção monetária, o aviso prévio indenizado no valor de R$..., e as férias vencidas simples + 1/3 constitucional, no valor de R$...".

IMPORTANTE

No **Capítulo 5** serão apresentadas informações sobre cálculos das principais verbas trabalhistas, mediante noções básicas acompanhadas de vários exemplos e dicas, que irão auxiliar na elaboração da petição inicial trabalhista, seja no procedimento ordinário ou no sumaríssimo.

Basicamente, os pedidos da ação de **Inquérito Judicial para Apuração de Falta Grave** são os seguintes: requerer a rescisão do contrato de trabalho por justa causa em decorrência da falta grave cometida pelo empregado detentor de garantia de emprego (requerido), e o consequente pagamento do saldo de salário, das férias vencidas + 1/3 constitucional e do décimo terceiro salário integral (se houver).

Na **Ação de Consignação em Pagamento** (com fundamento nos arts. 539 e seguintes do CPC), como o consignante pretende impedir a aplicação da multa do § 8º do art. 477 da CLT, pode-se requerer o seguinte: "Para evitar que a Consignada venha exigir o pagamento da multa do § 8º do art. 477 da CLT ou faça qualquer outra alegação, tem a presente ação por objeto que a Ré venha receber a importância de R$... (extenso), correspondente às suas verbas rescisórias devidamente corrigidas, visto que até a presente data não as recebeu, não mais comparecendo à empresa. Assim, nos termos dos incisos I e II do art. 335 do CC, combinados com os arts. 539 e seguintes do CPC, requer a notificação da Consignada para responder à presente, sob pena de revelia, com a decretação da procedência da presente ação, e consequente extinção da obrigação atinente ao pagamento das verbas rescisórias". No caso de ajuizamento da **Ação de Consignação em Pagamento** em virtude de justa causa praticada pelo empregado, nas hipóteses das alíneas do art. 482 da CLT, pode-se argumentar na petição inicial o seguinte: que a rescisão do contrato de trabalho foi em decorrência de justa causa (citar a alínea do art. 482, a qual se refere à hipótese do problema); arguir que não cabe a multa prevista no § 8º do art. 477 da CLT; apresentar a planilha de cálculo das verbas rescisórias (saldo de salário, férias vencidas + 1/3 constitucional e décimo terceiro salário integral, se for o caso) e requerer a consignação destas verbas, com efeitos de quitação; requerer, também, a notificação do empregado para comparecer à audiência para receber as verbas rescisórias que lhe são devidas.

Segundo a Instrução Normativa n. 39/2016 do TST, é aplicável ao Processo do Trabalho o inciso V do art. 292 do CPC, no qual o reclamante deverá informar na peça inicial o valor pretendido do pedido indenizatório. Apesar de as Instruções Normativas do TST não terem caráter vinculante, ou seja, não serem de observância obrigatória pelas instâncias inferiores, é por meio delas que o TST sinaliza como irá aplicar na prática as normas interpretadas por tais Instruções.

DICAS

Saiba requerer corretamente, peça tudo aquilo que argumentou na causa de pedir (breve exposição dos fatos).

Na petição inicial, sugere-se requerer **honorários advocatícios**, observando os dispositivos inseridos na CLT pela Lei n. 13.467/2017. Segundo o *caput* do art. 791-A da CLT, são devidos **honorários de sucumbência** ao advogado, ainda que atue em causa própria, fixados pelo juízo entre o mínimo de 5% e o máximo de 15% sobre o valor que resultar da liquidação da sentença, do proveito econômico obtido, como no caso do acordo homologado, ou, não sendo possível mensurá-lo, sobre o valor atualizado da causa. Também são devidos honorários de sucumbência na reconvenção (§ 5º do art. 791-A da CLT), e ainda nas ações contra a Fazenda Pública, e nas causas em que a parte estiver sendo assistida ou substituída pelo sindicato da sua categoria (§ 1º do art. 791-A da CLT e item III da Súmula n. 219 do TST). Na fixação dos honorários, o juízo observará o grau de zelo do profissional; o lugar da prestação do serviço; a natureza e a importância da causa; e o trabalho realizado pelo advogado, além do tempo exigido para o seu serviço (§ 2º do art. 791-A da CLT). No caso de procedência parcial, o juízo arbitrará honorários de sucumbência recíproca, sendo vedada a compensação entre os honorários (§ 3º do art. 791-A da CLT).

Importante ressaltar que os honorários advocatícios sucumbenciais não se confundem com os honorários advocatícios contratuais, que são os decorrentes do contrato ajustado entre o advogado e seu cliente, sendo que este último é o único responsável pelo cumprimento da obrigação de pagar.

Os §§ 3º e 4º do art. 790 da CLT estabelecem que o benefício da justiça gratuita será concedido pelo magistrado a quem receber salário igual ou inferior a 40% do limite máximo dos benefícios do Regime Geral de Previdência Social ou que comprovar que não tem recursos financeiros para assumir os custos do processo. Para o Tribunal Superior do Trabalho a declaração de hipossuficiência econômica para a comprovação do estado de miserabilidade, no caso da pessoa física, é suficiente para ter direito à gratuidade da justiça. Legalmente, pode ser exigido da parte perdedora da ação trabalhista o pagamento dos honorários advocatícios sucumbenciais, mesmo sendo beneficiária da justiça gratuita, porém a obrigação de pagar ficará suspensa e somente poderá ser executada se, nos dois anos seguintes, o credor demonstrar que deixou de existir a situação de insuficiência de recursos do devedor, que justificou a concessão do benefício pelo magistrado do trabalho. A alteração do estado de insuficiência de recursos do devedor pode ser comprovada por qualquer meio lícito ou circunstância que autorize a execução das obrigações decorrentes da sucumbência, porém não poderá decorrer da mera obtenção de créditos na mesma ação ou em outras. Portanto, não é o fato de ser concedida a gratuidade da justiça ao reclamante ou autor da ação trabalhista, que na maioria das vezes é uma pessoa física, como um empregado ou ex-empregado, por exemplo, que este ficará isento de pagar os honorários advocatícios sucumbenciais, que deverão ser quitados quando tiver condições financeiras, devendo ser observado pelo credor o prazo de dois anos para a execução do valor relativo à sucumbência.

A sucumbência será reciproca na hipótese de procedência parcial, quando o reclamante for vitorioso apenas em parte de sua pretensão, ou seja, quando parte dos pedidos formulados na petição inicial trabalhista forem julgados procedentes, e outra parte for improcedente. Assim, tanto o reclamante quanto o reclamado serão vencidos e vencedores ao mesmo tempo, e ambos deverão pagar os honorários advocatícios sucumbenciais ao advogado da outra parte, caso tal obrigação tenha sido determinada pelo juiz do trabalho. Porém, não é autorizada a compensação entre os honorários, visto que a obtenção de valores pelo trabalhador reclamante na mesma, ou mesmo em outra ação, por si só não exclui sua condição de insuficiência de recursos. Para a parte que foi deferido o benefício da justiça gratuita, os honorários advocatícios sucumbenciais ficarão sob condição suspensiva, e somente poderão ser executados se, nos dois anos seguintes à decisão definitiva, o credor demonstrar que deixou de existir a situação de insuficiência de recursos do devedor. Passado esse prazo extingue-se a obrigação. Por exemplo, numa reclamação trabalhista uma auxiliar de cozinha, que obteve a gratuidade da justiça, teve êxito apenas ao pedido de pagamento de horas extras, mas não quanto ao pedido de pagamento do aviso prévio, tendo sido condenada a pagar honorários advocatícios sucumbenciais de 5% sobre o valor do pedido indeferido. Neste caso, se a parte credora não conseguir demonstrar que a parte perdedora, ou seja, a auxiliar de cozinha, tem condições de assumir com a obrigação, os honorários sucumbenciais ficarão sob condição suspensiva, e somente poderão ser executados se, nos dois anos seguintes à decisão definitiva, em que não mais for possível a interposição de recursos, a parte credora conseguir demonstrar que deixou de existir a situação de insuficiência de recursos da devedora. Em passando esse prazo será extinta a obrigação. Portanto, somente poderão ser cobrados os honorários advocatícios sucumbenciais da auxiliar de cozinha, no caso em que tiver condições financeiras de assumir com a obrigação. Quanto ao reclamado, que na maior parte das vezes é uma empresa, um empregador ou ex-empregador, por exemplo, a cobrança dos honorários advocatícios sucumbenciais será imediata. A cobrança também será imediata, quando da execução do julgado, no caso em que o trabalhador reclamante não houver obtido o benefício da gratuidade da justiça e for condenado a pagar os honorários advocatícios de sucumbência à parte contrária.

A decisão proferida em 2022 pelo Supremo Tribunal Federal na ADI 5.766/DF decidiu pela inconstitucionalidade parcial dos dispositivos da CLT relativos à cobrança de honorários advocatícios sucumbenciais da parte beneficiária da gratuidade da justiça, que, em resumo, não excluiu a possibilidade dela contrair obrigações decorrentes da sucumbência, que ficará sob condição suspensiva de exigibilidade, sendo que o valor somente poderá ser executado se, nos dois anos subsequentes ao trânsito em julgado da decisão, que assegurou os honorários, o credor demonstrar que deixou de existir a situação de insuficiência de recursos do devedor.

Pode-se também requerer a condenação do empregador (reclamado) ao pagamento de uma indenização correspondente aos honorários de advogado, na hipótese em que for necessária a contratação de um patrono para defender em juízo os interesses do trabalhador, que não tem como arcar com tal despesa, decorrente do descumprimento de obrigações trabalhistas por parte da empresa.

Tal requerimento pode ser fundamentado com base nos arts. 389 e 404 do CC, que tratam da responsabilidade do devedor em caso de perdas e danos, e baseia-se no entendimento de que, como a empresa se beneficiou dos serviços prestados pelo empregado, e descumpriu obrigações contratuais básicas, por exemplo, a de pagar as horas extras, o adicional de insalubridade etc., deu causa ao ajuizamento da reclamação trabalhista e dos gastos com a contratação de advogado. Enquanto o art. 389 estabelece que, descumprida a obrigação, o devedor responde por perdas e danos, acrescidos de juros, atualização monetária e **honorários advocatícios**, o art. 404 prevê o pagamento de perdas e danos, nas obrigações de pagamento em dinheiro, abrangendo juros, custas e **honorários de advogado**. Na hipótese presente, não se trata de honorários de sucumbência, mas de honorários contratuais, os quais são devidos também na área trabalhista, em decorrência do princípio da *restitutio integrum*, que significa retorno à situação anterior. Ou seja, a fim de restaurar o estado anterior ao dano, a indenização será destinada a cobrir os prejuízos, no caso, gerados pelo descumprimento da obrigação patronal e, em consequência, pela necessidade de contratação de advogado. Porém, já há tribunal trabalhista, como o Tribunal Regional do Trabalho da 2ª Região, de São Paulo, que entende ser inaplicável a regra dos arts. 389 e 404 do Código Civil, de pagamento de indenização por despesa com contratação de advogado.

Quando o reclamante for beneficiário da prioridade na tramitação processual, como o previsto no Estatuto da Pessoa Idosa (Lei n. 10.741/2003) e no inciso I do art. 1.048 do CPC, dever-se-á fazer pedido específico (§ 1º do art. 71), como no seguinte exemplo: "Requer o Autor o benefício da prioridade na tramitação processual nos termos do Estatuto da Pessoa Idosa (*caput* do art. 71 da Lei n. 10.741/2003) e do inciso I do art. 1.048 do CPC". Também se poderá formular pedido de prioridade na tramitação processual nas petições em que o reclamante for: criança ou adolescente (inciso II do art. 1.048 do CPC), pessoa portadora de doença grave (inciso I do art. 1.048 do CPC), pessoa com deficiência (inciso VII do art. 9º da Lei n. 13.146/2015). Também se poderá formular tal pedido nos dissídios cuja decisão tiver que ser executada perante o juízo de falência (art. 768 da CLT) e nos dissídios em que o trabalhador buscar o pagamento de salário e os que derivarem da falência do empregador (parágrafo único do art. 652 da CLT). No caso de idosos maiores de 80 anos, segundo o Estatuto da Pessoa Idosa, no § 5º do art. 71 da Lei n. 10.741/2003, estes têm prioridade especial na tramitação processual em relação aos outros idosos.

No caso de pedido relacionado a reparação decorrente de dano extrapatrimonial, dever--se-á observar as previsões contidas nos arts. 223-A a 223-G da CLT.

OBSERVAÇÃO

De conformidade com a Instrução Normativa n. TST 41/2018, na Justiça do Trabalho, a condenação em honorários advocatícios sucumbenciais, prevista no art. 791-A, e parágrafos, da CLT, será aplicável apenas às ações propostas após 11-11-2017 (Lei n. 13.467/2017). Nas ações propostas anteriormente, subsistem as diretrizes previstas no art. 14 da Lei n. 5.584/70 e nas Súmulas n. 219 e 329 do TST.

4.1.5.1 *Pedidos alternativos*

Pode-se formular pedido alternativo no caso de existir mais de uma forma de a obrigação ser cumprida pelo devedor (art. 325 do CPC).

Exemplos: requerer o fornecimento da guia do seguro-desemprego, sob pena de o empregador ser condenado a pagar uma indenização no valor da quantia respectiva (item II da Súmula n. 389 do TST); requerer a comprovação dos depósitos do FGTS, em relação a todo o período trabalhado, sob pena de pagar uma indenização no valor da quantia correspondente.

4.1.5.2 *Pedidos subsidiários*

Utilizado na hipótese em que houver **pedido principal** e **pedido subsidiário ou secundário**. Neste caso, se juiz não conhecer do pedido principal, poderá analisar o pedido subsidiário (*caput* do art. 326 do CPC). Portanto, o pedido subsidiário somente será examinado se o pedido principal não puder ser deferido pelo Juízo. Caso tenha sido acolhido o principal, o subsidiário nem sequer será examinado.

IMPORTANTE
> Enquanto o CPC de 1973 utilizava a expressão **pedido sucessivo** no art. 289, o CPC de 2015 utiliza **pedido subsidiário** no art. 326.

Exemplos:

1. O autor pede como **postulação principal** a declaração da nulidade da dispensa sem justa causa com sua reintegração no emprego, tendo em vista que detém garantia de emprego; e como **pedido subsidiário** o pagamento da indenização correspondente ao período de garantia de emprego. Caso o pedido principal não possa ser conhecido, dada a incompatibilidade da reintegração no emprego ou sua impossibilidade pelo término da garantia de emprego, o juiz poderá conceder o pedido de pagamento da indenização (art. 496 da CLT).

OBSERVAÇÃO
> Segundo a Súmula n. 396 do TST, no caso de reintegração de empregado que detém garantia de emprego, o pedido subsidiário de pagamento da indenização não é obrigatório, visto que o art. 496 da CLT permite que o juiz determine de ofício a indenização em substituição à reintegração.

2. O autor, contratado como trabalhador autônomo, pede como **postulação principal** o reconhecimento do vínculo de emprego, e **subsidiariamente** o pagamento das verbas alusivas a um contrato de trabalho de autônomo (contrato de natureza civil). No caso de o juiz não acolher o pedido principal, poderá conceder o pagamento das verbas alusivas ao contrato de trabalho autônomo, com a condenação do reclamado a pagar o preço ajustado etc.

3. Na reclamação trabalhista em que o empregado, no **pedido principal**, requer a sua reintegração no emprego em decorrência de garantia de emprego e, **subsidiariamente**, pretende a conversão do seu pedido de demissão em dispensa sem justa causa.

Na hipótese de cumulação de pedidos alternativos (parágrafo único do art. 326 do CPC), o juiz irá decidir qual deles irá acolher, ainda que não haja conexão entre eles (§ 3º do art. 327 do CPC). Tal situação não se confunde com a prevista no *caput* do art. 325 do CPC, que trata de pedidos alternativos, na qual o pedido é formulado de forma que possa ser cumprido por mais de um modo pelo devedor.

4.1.5.3 *Pedidos simples*

Para o caso de existir somente uma forma de a obrigação ser cumprida. Exemplo: recolhimentos previdenciários; pagamento do décimo terceiro salário; pagamento do aviso prévio etc.

4.1.5.4 *Pedidos acumulados*

Quando tivermos a pluralidade de pedidos na mesma ação, como é muito frequente ocorrer no processo trabalhista. Exemplo: FGTS, aviso prévio (trabalhado ou indenizado), décimo terceiro salário integral, férias vencidas etc.

4.1.5.5 *Pedido de reflexos*

Refere-se ao pedido os quais o reclamante pleiteia na ação trabalhista o pagamento de determinado direito, cujo valor deverá integrar diretamente no cálculo de outras verbas trabalhistas contratuais e rescisórias. Como tal direito não foi corretamente pago no momento oportuno pelo empregador, na forma do art. 459 da CLT e/ou quando da rescisão contratual, dever-se-á pleitear também na peça inicial os reflexos de cujas verbas ele integra a sua base de cálculo. Integrar aqui tem o sentido de fazer parte, de compor o *quantum* deve ser utilizado no cálculo de determinadas verbas trabalhistas.

Como exemplo, pode-se citar:

■ O valor pago a título de horas extras habituais integra o cálculo do décimo terceiro salário, das férias + 1/3 constitucional, do repouso semanal remunerado, da contribuição para o FGTS (Súmula n. 63 do TST), e dos recolhimentos previdenciários. Portanto, se numa ação trabalhista o reclamante pleitear o pagamento de horas extras habituais, deverá pedir também os reflexos destes valores nos cálculos do décimo terceiro salário, das férias + 1/3 constitucional, do repouso semanal remunerado etc.

- O valor pago a título de aviso prévio, trabalhado ou indenizado, integra o cálculo da contribuição para o FGTS (Súmula n. 305 do TST). Portanto, se numa ação trabalhista o autor pleitear o pagamento do aviso prévio, deverá pedir também o reflexo deste valor no cálculo da contribuição para o FGTS.

- O valor do adicional de periculosidade, pago em caráter permanente, integra o cálculo das horas extras (item I da Súmula n. 132 do TST) e do adicional noturno (Orientação Jurisprudencial n. 259 da Subseção de Dissídios Individuais I do TST). Neste caso, se em uma ação trabalhista o reclamante pedir o pagamento do adicional de periculosidade, também deverá requerer o reflexo deste valor no cálculo das horas extras e do adicional noturno, na hipótese de labor extraordinário e jornada de trabalho das 22 horas de um dia às 5 horas do dia seguinte.

- O valor do adicional noturno, pago com habitualidade, integra o salário do empregado para todos os efeitos (item I da Súmula n. 60 do TST). Isso significa que, havendo o pedido de pagamento do adicional noturno, o autor da ação trabalhista poderá pleitear também os reflexos sobre as férias vencidas, os décimos terceiros salários, os depósitos do FGTS e os recolhimentos previdenciários, além das verbas rescisórias, como saldo de salário, aviso prévio etc.

- O valor pago a título de férias indenizadas não integra o cálculo da contribuição para o FGTS (Orientação Jurisprudencial n. 195 da Subseção de Dissídios Individuais I do TST). Portanto, se numa demanda trabalhista o reclamante pedir o pagamento das férias indenizadas, não deverá pleitear o reflexo de tal valor no cálculo da contribuição para o FGTS, visto que este não tem incidência sobre o valor das férias indenizadas.

Assim, muitas vezes, em determinadas situações, dever-se-á incluir nos pedidos da petição inicial trabalhista o pagamento de reflexos, que se referem à integração de determinadas verbas no cálculo de outras.

4.1.5.6 *Pedido de diferenças*

Normalmente, refere-se ao pedido no qual se está pleiteando na ação trabalhista o pagamento de complementações em relação a valores de determinadas verbas que foram pagas a menor.

Exemplo: o empregador ajustou com o empregado o salário mensal de R$ 1.000,00, mas quando do efetivo pagamento, somente pagou a quantia de R$ 800,00 mensais. Nesse caso, o trabalhador poderá pleitear o pagamento de diferenças de salário de R$ 200,00 mensais, sob o período em que tal verba foi paga a menor. O valor correspondente à diferença de salários pagos a menor terá reflexos nos cálculos de outras verbas contratuais e rescisórias, como as horas extras habituais; o adicional noturno; o adicional de insalubridade e periculosidade; o saldo de salário; o aviso prévio, trabalhado ou indenizado; o décimo terceiro salário, integral e proporcional; as férias, vencidas e proporcionais, + 1/3 constitucional; bem como a contribuição para o FGTS e os recolhimentos previdenciários.

Da mesma forma, numa ação em que o empregado pleiteia equiparação salarial, caso procedente o pleito, serão devidos os pagamentos de diferenças de salários, devendo essas diferenças integrar nos cálculos das verbas contratuais e rescisórias (reflexos).

DICAS

Numa petição inicial trabalhista, os pedidos de diferenças e os reflexos poderão ser articulados na forma a seguir:

Pedidos

Requer o Reclamante a condenação do Reclamado ao pagamento dos seguintes títulos:

a) Diferenças correspondentes ao valor dos salários pagos a menor durante todo o pacto laboral... R$...

b) Reflexo da diferença dos salários pagos a menor nas horas extras prestadas habitualmente durante todo o pacto laboral... R$...

c) Reflexo da diferença dos salários pagos a menor no aviso prévio indenizado... R$...

d) Reflexo da diferença dos salários pagos a menor no saldo de salário (20 dias)... R$...

e) Reflexo da diferença dos salários pagos a menor no décimo terceiro salário de 2012... R$...

f) Reflexo da diferença dos salários pagos a menor nas férias vencidas (2021/2022) + 1/3 constitucional... R$...

g) Reflexo da diferença dos salários pagos a menor no descanso semanal remunerado... R$...

h) Reflexo da diferença dos salários pagos a menor no repouso em feriado... R$...

i) Reflexo da diferença dos salários pagos a menor nos depósitos do FGTS... R$...

j) Reflexo da diferença dos salários pagos a menor nos recolhimentos previdenciários... R$...

k) Depósitos do FGTS sobre a diferença de valor das horas extras... R$...

l) Depósitos do FGTS sobre a diferença de valor do aviso prévio indenizado... R$...

m) Depósitos do FGTS sobre a diferença de valor do saldo de salário... R$...

n) Depósitos do FGTS sobre a diferença de valor do décimo terceiro salário... R$...

o) Depósitos do FGTS sobre a diferença de valor do repouso semanal remunerado... R$...

p) Depósitos do FGTS sobre a diferença de valor do repouso em feriado... R$...

q) Reflexo dos depósitos das diferenças de FGTS sobre a multa fundiária de 40%... R$...

4.1.5.7 *Reclamação trabalhista com pedido de concessão de medida liminar*

A CLT prevê duas hipóteses que permitem ao juiz, no curso do processo de conhecimento, conceder medida liminar. Tais hipóteses estão previstas nos incisos IX e X do art. 659 do texto consolidado.

Em regra, pode ser requerido no caso de **transferência abusiva de empregado,** onde não foram observadas as previsões contidas nos parágrafos do art. 469 da CLT, bem como no caso de **reintegração de empregado dirigente sindical** que tenha sido afastado, suspenso ou dispensado pelo empregador.

IMPORTANTE

Como o art. 55 da Lei n. 5.764/71 prevê que os **empregados eleitos diretores de sociedades cooperativas** gozarão das garantias asseguradas aos dirigentes sindicais, pelo art. 543 da CLT, no caso de dispensa de tais trabalhadores, sem justa causa, pode-se requerer também a concessão de medida liminar visando determinar a sua imediata reintegração no emprego.

Para tanto, deve-se alegar na petição inicial os seguintes pressupostos para sua concessão:

> ❯ A provável existência de um direito (*fumus boni iuris*).

Neste caso, deve-se demonstrar de forma clara e objetiva o direito do empregado de não ser transferido e do dirigente sindical de não ser afastado, suspenso ou dispensado pelo empregador.

Exemplo: "O Reclamante foi eleito dirigente sindical, sendo portador da garantia de emprego prevista no inciso VIII do art. 8º da CFRB e no § 3º do art. 543 da CLT, devendo ser liminarmente reintegrado ao emprego, conforme lhe garante o inciso X do art. 659 da CLT".

> ❯ O perigo de dano irreparável que a demora trará (*periculum in mora*).

Em tal pressuposto deve-se demonstrar que há fundado receio da ocorrência de dano irreparável ou de difícil reparação, que poderá advir em decorrência da demora na prestação da tutela jurisdicional pelo Estado.

Exemplo: "Como dirigente sindical o Reclamante defende o interesse dos empregados para prevenir ilegalidades cometidas pela empresa contra os direitos de seus trabalhadores, configurando o perigo da demora da sua reintegração nos quadros da empresa".

Em tais casos, o **pedido** poderá ser elaborado das seguintes formas:

"Do exposto, é a presente para requerer a concessão de medida liminar, visando à suspensão dos efeitos do afastamento (da dispensa ou da suspensão) do Reclamante, dirigente sindical, e determinar a sua imediata reintegração no emprego".

"Assim, requer o Reclamante o reconhecimento da nulidade de sua dispensa e a reintegração no emprego, com pedido liminar (inciso X do art. 659 da CLT), fundamentando seu direito no inciso VIII do art. 8º da Constituição da República Federativa do Brasil e no § 3º do art. 543 da Consolidação das Leis do Trabalho, visto que a sua dispensa foi arbitrária e ilegal".

"Do exposto, é a presente para requerer a concessão de medida liminar, visando à suspensão imediata dos efeitos da transferência do Reclamante, e determinar o seu retorno para o estabelecimento acima mencionado".

IMPORTANTE

O **pedido liminar** em Reclamação Trabalhista difere da **medida cautelar,** pois a primeira é uma pretensão de caráter eminentemente satisfativa, que visa assegurar o direito em si, ainda que de maneira provisória (pode ser modificada ou revogada de ofício pelo juiz), e está vinculada à existência da Reclamação Trabalhista, enquanto a segunda visa obter providências urgentes e provisórias para assegurar os efeitos de outro processo, denominado principal.

DICA

Pode-se nominar a peça da seguinte forma: **Reclamação Trabalhista com pedido de Concessão de Medida Liminar.**

4.1.5.8 Reclamação trabalhista com pedido de concessão da tutela provisória de urgência

Para pleitear a concessão da tutela provisória de urgência deve-se demonstrar a existência dos requisitos previstos no art. 300 do CPC.

Importante destacar que, ao requerer a tutela para antecipar o direito material pretendido, o autor objetiva evitar o perigo dos males que o tempo poderia fazer ao processo, porque nem sempre a Justiça do Trabalho consegue prestar a devida tutela jurisdicional com a agilidade e presteza que os fatos da vida e as necessidades humanas exigem.

Apesar de a CLT ser omissa, a tutela de urgência é aplicável subsidiariamente no processo do trabalho, por força do art. 769 da CLT, visto que, nos casos omissos, o direito processual comum será fonte subsidiária do direito processual do trabalho, exceto naquilo em que for incompatível com as normas contidas no texto consolidado.

Para a sua concessão a parte deverá demonstrar na petição inicial que existem elementos que evidenciam a probabilidade do direito, e que há fundado perigo de dano ou risco ao resultado útil do processo (*caput* do art. 300 do CPC).

Assim, para a concessão da tutela de urgência deve-se demonstrar de forma clara e inequívoca que estão presentes os seguintes requisitos:

> ❭ a relevância do fundamento da demanda (*fumus boni iuris*); e
> ❭ o receio de ineficácia do provimento final (*periculum in mora*).

As hipóteses mais frequentes em que é pedida a tutela de urgência no processo do trabalho são as seguintes:

> ❭ anotar ou retificar as anotações da Carteira de Trabalho do empregado;
> ❭ entregar as guias de levantamento dos depósitos do FGTS;
> ❭ reintegrar o empregado com garantia de emprego;

PETIÇÃO INICIAL TRABALHISTA

> reintegrar o empregado dispensado por motivo discriminatório (gênero, raça, origem, estado civil, situação familiar, idade);
> impedir que o empregador exija atestados de gravidez ou esterilização;
> assegurar o emprego do trabalhador que estiver às vésperas de aposentar-se;
> determinar a entrega de equipamentos de proteção individual a empregado etc.

DICAS

Pode-se nominar a peça da seguinte forma: **Reclamação Trabalhista com Pedido de Concessão da Tutela de Urgência**.

Exemplos de pedidos: "Requer seja concedida a tutela provisória de urgência"; "Requer a concessão imediata da tutela provisória de urgência, sem oitiva da parte contrária, no sentido de declarar a nulidade do ato de encerramento contratual e, em consequência, determinar a imediata reintegração do Autor no quadro de empregados da Reclamada, com o pagamento de parcelas vencidas e vincendas, garantindo-se os reajustamentos normativos e regulamentares. Deverá ser fixada multa diária em caso de atraso no cumprimento da decisão judicial"; "Assim, presentes os requisitos do art. 300 do CPC, requer o Reclamante que seja concedida tutela de urgência para determinar que a Reclamada proceda a sua imediata reintegração no emprego em função compatível com seu quadro de saúde".

IMPORTANTE

De acordo com o inciso VI do art. 3º da Instrução Normativa n. 39/2016 do TST, aplica-se ao Processo do Trabalho a tutela provisória prevista nos arts. 294 a 311 do CPC.

4.1.6 Valor da causa

Não existe previsão na Consolidação das Leis do Trabalho sobre o valor da causa, mesmo após as alterações ocorridas no § 1º do art. 840 da norma consolidada por meio da Lei n. 13.467/2017, que prevê expressamente a obrigatoriedade de indicação do valor do pedido, mas nada menciona sobre a exigência de registro do valor da causa na petição inicial trabalhista. Porém, por consequência lógica, o valor da causa deverá corresponder ao valor do pedido líquido.

Segundo o *caput* do art. 2º da Lei n. 5.584/70, é obrigatório indicar o valor da causa na peça inicial, mesmo porque será por meio dele que se estabelecerá o tipo de procedimento a ser adotado (ordinário, sumário e sumaríssimo).

Na análise do *caput* do art. 852-A da CLT se pode concluir que o valor da causa é requisito obrigatório nas causas sujeitas ao procedimento sumaríssimo, visto que a Consolidação das Leis do Trabalho é expressa ao prever que ficarão submetidas ao mencionado procedimento as causas cujo valor não exceder a 40 vezes o salário mínimo vigente na data do ajuizamento da ação trabalhista.

Ademais, o valor da causa é necessário para que o reclamado possa saber quanto o obreiro pretende receber. Tal informação pode, inclusive, facilitar a conciliação em audiência.

DICA

Na fixação do valor da causa devem ser somados todos os valores dos pedidos pretendidos na petição inicial. No Exame da Ordem, pode-se utilizar reticências (pontilhados), como: "Dá-se à causa o valor de R$... (extenso)".

IMPORTANTE

Segundo a Instrução Normativa n. 41/2018 do TST, para fim do que dispõem os §§ 1º e 2º do art. 840 da CLT, o valor da causa será estimado observando-se, no que couber, o disposto nos arts. 291 a 293 do Código de Processo Civil.

Observar a previsão contida no inciso V do art. 319 do CPC e nos arts. 1º e 2º da Lei n. 5.584/70.

O valor da causa é muito importante, pois irá estabelecer o tipo de procedimento (ou rito). Assim, se o valor for igual ou inferior a dois salários mínimos, deverá ser observado o **rito sumário** (§§ 3º e 4º da Lei n. 5.584/70); se for superior ao limite referido, até 40 salários mínimos, o rito será o **sumaríssimo**; agora, se o valor for superior a 40 salários mínimos o rito será o **ordinário**.

De ofício e por arbitramento, o juiz do trabalho poderá corrigir o valor da causa quando verificar que não corresponde ao conteúdo patrimonial em discussão na ação ou ao proveito econômico perseguido pelo autor (§ 3º do art. 292 do CPC e inciso V do art. 3º da Instrução Normativa n. 39/2016 do TST).

Exemplos: "Dá-se à causa o valor de R$ 700,00 (setecentos reais)"; ou "Dá-se à presente o valor de R$... (extenso)".

DICA

Tenha cuidado ao fazer a grafia por extenso dos valores compreendidos entre R$ 1.000,00 a R$ 1.999,99. O correto é escrever por extenso "mil reais" e não "um mil reais", e muito menos "hum mil reais", como normalmente é utilizado em cheques para evitar fraude na adulteração da quantia. Em textos jurídicos, deve-se empregar somente a primeira forma. Outros exemplos: R$ 1.200,00 (mil e duzentos reais); R$ 1.490,00 (mil, quatrocentos e noventa reais).

4.1.7 Pedido de deferimento

Exemplos:
"Nestes termos, pede deferimento."

"Nestes termos, pedem deferimento." (para o caso das reclamatórias plúrimas, em que há mais de um reclamante).

"Termos em que, pede deferimento."

"Termos em que, espera deferimento."

"Nestes termos, pede e espera deferimento."

4.1.8 Local, data e assinatura do autor ou de seu representante

Basta a assinatura do advogado (por procuração), mas nada impede que a parte também assine com o advogado a petição inicial.

Se o enunciado da questão não fornecer o nome do advogado e o número da inscrição na OAB, escreva: "Advogado OAB/... n. ...", e pronto. Jamais coloque o seu nome ou assine a prova.

Exemplos:

> Advogado OAB/... n. ...
> Advogado OAB/ES n. 99.999

Em relação ao local, que deve corresponder ao da competência jurisdicional, deve-se observar se tal dado consta do problema ou se a questão traz alguma insinuação neste sentido. Se não constar, pode-se utilizar a palavra "local" seguida de reticências ou entre parênteses. Exemplos: Local...; (Local). Jamais invente tal informação ou indique a cidade de aplicação do Exame da OAB.

Quanto à data, deve-se verificar se a questão pede ou insinua o prazo para apresentar a inicial, visto que o problema pode determinar que a ação seja ajuizada no último dia do prazo prescricional.

Caso não seja possível identificar o local nem a data, pode-se utilizar uma das seguintes hipóteses:

> Local..., data...
> (Local), (data).
> (Local), .../.../...
> Local..., .../.../...

Exemplos:

"Vitória, 18 de fevereiro de 2023.
Advogado OAB/ES n. ..."

"Local..., data...
Advogado OAB/... n. ..."

"(Local), .../.../...
Advogado OAB/... n. ..."

DICA

Há candidatos que conseguem elaborar uma ótima e completa petição, porém não conseguem a aprovação pelo simples fato de terem assinado a prova ou terem utilizado alguma forma de identificação. O atual Provimento que dispõe sobre o Exame de Ordem (Provimento n. 144/2011 do Conselho Federal da OAB) suprimiu a cláusula que continha o antigo Provimento n. 136/2009 que proibia expressamente qualquer identificação e assim regulamentava: "é nula a prova prático-profissional que contiver qualquer forma de identificação do examinando". Porém, o candidato deve observar atentamente as cláusulas dos Editais de abertura do Exame Unificado da OAB, nas quais tem vindo contida a seguinte previsão: "Quando da realização das provas prático-profissionais, caso a peça profissional e/ou as respostas das questões práticas exijam assinatura, o examinando deverá utilizar apenas a palavra 'ADVOGADO...'. Ao texto que contenha outra assinatura, será atribuída nota 0 (zero), por se tratar de identificação do examinando em local indevido".

IMPORTANTE

Com a implantação do processo eletrônico, previsto na Lei n. 11.419/2006, o advogado pode praticar atos processuais utilizando o computador, ou outros aparelhos que tenham acesso à internet. Atualmente, o peticionamento e o processo eletrônico fazem parte da rotina de trabalho de advogados que atuam na Justiça do Trabalho (§ 1º do art. 1º). Para tanto, é obrigatório o prévio credenciamento no Poder Judiciário para ter acesso à assinatura digital (*caput* do art. 2º). Legalmente, são considerados realizados os atos processuais por meio eletrônico no dia e na hora do seu envio ao sistema do Poder Judiciário, mediante o fornecimento do protocolo eletrônico (*caput* do art. 3º). A distribuição da petição inicial e a juntada da contestação, dos recursos e das petições em geral, todos em formato digital, nos autos do processo eletrônico, podem ser feitas diretamente pelos advogados, não havendo a necessidade de intervenção do cartório ou da secretaria judicial. O Tribunal Superior do Trabalho regulamentou a Lei n. 11.419/2006 por meio da Instrução Normativa n. 30/2007, que dispõe sobre a informatização do processo judicial. Na Justiça do Trabalho, a prática de atos processuais por meio eletrônico pelas partes, advogados e peritos é feita por meio do Sistema Integrado de Protocolização e Fluxo de Documentos Eletrônicos (e-DOC).

A Resolução CSJT n. 185, de 24-3-2017, dispõe sobre o Sistema Processo Judicial Eletrônico (PJe) instalado na Justiça do Trabalho.

4.2 Outros Requisitos Previstos no Código de Processo Civil

4.2.1 Fundamentos jurídicos do pedido

Segundo o inciso III do art. 319 do CPC, a petição inicial indicará o fato e os fundamentos jurídicos do pedido.

Os fundamentos jurídicos do pedido consubstanciam a união entre os fatos alegados pelo autor e o efeito jurídico, isto é, as consequências jurídicas resultantes de tais fatos.

Por meio dos fundamentos jurídicos do pedido o autor irá informar como os fatos narrados justificam o que se pede.

Os fundamentos constituem uma **justificativa para o convencimento do juiz**, na qual o autor busca convencer o juízo a julgar favoravelmente suas pretensões, formuladas na petição inicial.

Para tanto, o autor deverá indicar nos fundamentos o **porquê do pedido**.

Neste aspecto, **não há a obrigatoriedade de apontar os fundamentos jurídicos do pedido na petição inicial trabalhista,** tanto pelo rito ordinário quanto pelo sumaríssimo, uma vez que a CLT não é omissa em relação aos requisitos da peça inaugural, e não há a necessidade de se aplicar subsidiariamente o Direito Processual Comum (CPC), à exceção do inciso V do art. 319, que trata da indicação do valor da causa.

Da mesma forma, **não há a obrigatoriedade de informar a fundamentação legal,** com a indicação do dispositivo legal em que o reclamante baseia a sua pretensão.

Porém, em relação à segunda fase do Exame da OAB, ao elaborar a peça da prova prático-profissional, **deve-se procurar apontar de forma completa e convincente os fundamentos de fato e de direito, indicando sempre o dispositivo legal correspondente,** tendo em vista que tais aspectos têm peso substancial quando da correção da petição pela Banca Examinadora da OAB. Ademais, de tal forma, pode-se melhor defender os interesses da parte, bem como convencer o juízo da procedência dos pleitos formulados na petição inicial.

Da mesma forma, quando a **matéria for de direito** e no caso das ações sujeitas ao **rito especial,** tais como o mandado de segurança, *habeas corpus*, *habeas data*, ação rescisória, ação cautelar e ação de consignação em pagamento, dentre outras, é **obrigatória a fundamentação jurídica do pedido**.

Outra questão importante diz respeito à necessária indicação da **jurisprudência** dominante do Tribunal Superior do Trabalho (Súmulas, Orientações Jurisprudenciais e Precedentes Normativos).

Exemplo: "Conforme explicitado, o Reclamante era técnico eletricista e efetuava a instalação, conservação e reparos em fusíveis e condutores, armava e desarmava chaves no quadro de força elétrica da empresa, bem como realizava a manutenção no interior da cabine de distribuição de alta voltagem com rede energizada. Assim, faz jus o Autor ao pagamento do adicional de periculosidade de 30% (trinta por cento), de conformidade com o § 1º do art. 193 da Consolidação das Leis do Trabalho e a Orientação Jurisprudencial n. 324 da Subseção I da Seção Especializada em Dissídios Individuais do Tribunal Superior do Trabalho".

DICA

Tendo em vista os **princípios da simplicidade** e da **informalidade** existentes no Processo do Trabalho, quando do desenvolvimento da petição inicial trabalhista, poder-se-á redigir separadamente os **fatos** e os **fundamentos**, ou mesmo de forma conjunta. Na primeira hipótese, serão redigidos, inicialmente, os argumentos de fato e, na etapa seguinte, os argumentos dos fundamentos jurídicos. Já na segunda hipótese, os argumentos de fato e de direito se mesclam, num único texto, tendo o cuidado de se observar a exigência da coerência e da clareza quando da sua redação.

4.2.2 Indicação das provas

Também não há a necessidade de indicação prévia das provas (inciso VI do art. 319 do CPC) que serão produzidas, tendo em vista a concentração das provas na audiência trabalhista.

Porém, se tal dado for informado na petição inicial não trará qualquer prejuízo.

ATENÇÃO

Apesar de não ser obrigatória a indicação prévia das provas na petição inicial, a peça inaugural já deverá ser protocolizada com todos os documentos, na qual o reclamante pretende provar o seu direito (art. 787 da CLT), bem como na audiência a parte deverá também levar suas testemunhas, visto que na Justiça do Trabalho as testemunhas devem comparecer independentemente de notificação judicial ou serem arroladas no prazo legal.

Em relação aos documentos oferecidos como prova, a Consolidação das Leis do Trabalho admite seja declarada a sua autenticidade pelos próprios advogados da causa (*caput* do art. 830 da CLT).

De acordo com a Súmula n. 263 do TST, à exceção das hipóteses previstas no art. 330 do CPC, o indeferimento da petição inicial, no caso de se encontrar desacompanhada de documento indispensável à propositura da ação ou por não preencher outro requisito legal, somente será cabível se, após intimada para suprir a irregularidade no prazo de 15 dias, mediante a indicação precisa do que deve ser corrigido ou completado, a parte não o fizer (art. 321 do CPC).

IMPORTANTE

Deve ser requerida na petição inicial a intimação do reclamado para comparecer à audiência para prestar depoimento pessoal, com a expressa cominação de aplicação da confissão, para o caso de não comparecer (item I da Súmula n. 74 do TST) ou se recusar a depor.

Presume-se verdadeira a declaração firmada pela parte interessada ou por seu procurador, objetivando fazer prova de residência, pobreza e dependência econômica (art. 1º da Lei n. 7.115, de 29-8-1983).

Segundo o art. 830 da CLT, o documento em cópia oferecido para prova poderá ser declarado autêntico pelo próprio advogado, sob sua responsabilidade pessoal. Porém, se a autenticidade da cópia for impugnada, a parte que a produziu será intimada para apresentar as cópias devidamente autenticadas ou mesmo os originais, cabendo ao serventuário da Vara do Trabalho proceder à conferência e certificar a conformidade dos documentos. E, de acordo com o art. 411 do CPC, o documento será considerado autêntico quando:

I) o tabelião reconhecer a firma do signatário; II) a autoria estiver identificada por qualquer outro meio legal de certificação, inclusive eletrônico, nos termos da lei; e III) não houver impugnação da parte contra quem foi produzido o documento.

A partir da Lei n. 13.793/2019, que deu nova redação ao inciso XIII do art. 7º do Estatuto da Advocacia (Lei n. 8.906/94), e incluiu o § 5º no art. 107 do Código de Processo Civil, os advogados podem examinar, mesmo sem procuração, atos e documentos de processos, assim como obter cópias e o registro de apontamentos, em qualquer órgão dos Poderes Judiciário e Legislativo, ou da Administração Pública em geral, de autos de processos findos ou em andamento, abrangendo o acesso aos processos eletrônicos, com exceção das ações de conteúdo sigiloso ou que tramitam em segredo de justiça. Também foi alterada a lei que dispõe sobre a informatização do processo judicial (Lei n. 11.419/2006), no que concerne ao acesso a documentos digitalizados, que deverão ser disponibilizados por meio de uma rede externa, na qual advogados, procuradores e membros do Ministério Público cadastrados, mas não vinculados a processo previamente identificado, poderão acessar eletronicamente todos os atos e documentos processuais.

4.2.3 Requerimento de citação do réu

O fato de o art. 319 do CPC não prever a indicação do requerimento de citação do réu (inciso VII do art. 282 do CPC/1973) como requisito da petição inicial, continua sendo indispensável requerer tal providência na petição inicial da ação cível, visto que a relação processual somente se aperfeiçoa com a regular citação do réu, conforme o *caput* do art. 239 do CPC. Apesar de não mais existir tal exigência na legislação processual civil, há ainda situações em que o próprio Código de Processo Civil determina que seja procedido o requerimento de citação do réu na petição inicial, como é o caso, por exemplo, da ação de consignação em pagamento no inciso II do art. 542 do CPC, e da ação de exigir contas no *caput* do art. 550 do CPC.

Na prática, quando do protocolo eletrônico da petição inicial na Justiça do Trabalho, em ato contínuo é expedida a notificação ao reclamado, certificando-o da data e hora da realização da audiência.

Assim, o juiz do trabalho somente toma conhecimento do inteiro teor da petição inicial e dos documentos juntados na própria audiência inaugural.

IMPORTANTE

A princípio, **não há a obrigatoriedade** de articular na petição inicial trabalhista os fundamentos jurídicos do pedido, o requerimento de citação do reclamado e a indicação prévia das provas. Porém, para que possa **ficar mais completa**, sugere-se incluir tais elementos na redação das peças processuais trabalhistas, principalmente na prova prático-profissional da OAB, na qual a **fundamentação** e **consistência** são quesitos em que a pontuação normalmente é expressiva.

4.2.4 Indicação da opção pelo autor pela realização ou não da audiência de conciliação ou de mediação

Igualmente, não é preciso indicar na petição inicial trabalhista a opção do autor pela realização ou não da audiência de conciliação ou de mediação (inciso VII do art. 319 do CPC), visto que os dissídios individuais ou coletivos submetidos à apreciação da Justiça do Trabalho sempre são sujeitos à conciliação (art. 764 da CLT), cuja tentativa ocorre em dois momentos distintos: quando da abertura da audiência (*caput* do art. 846 da CLT) e antes de ser proferida a decisão (*caput* do art. 850 da CLT).

Ademais, segundo o inciso IV do art. 2º da Instrução Normativa n. 39 do Tribunal Superior do Trabalho, não é aplicável ao Processo do Trabalho o art. 334 do CPC, que trata sobre a possibilidade de designação da audiência de conciliação ou de mediação pelo juiz.

4.3 Estrutura da Petição Inicial Trabalhista pelo Rito Ordinário

Com base no problema, a seguir, elaboramos uma peça inaugural trabalhista, pelo rito ordinário, na qual destacamos os requisitos obrigatórios da petição inicial trabalhista, previstos no § 1º do art. 840 da CLT, no inciso V do art. 319 do CPC e no *caput* do art. 2º da Lei n. 5.584/70. Complementamos com outros dados do art. 319 do CPC, quais sejam: os incisos III (fundamentos jurídicos do pedido) e VI (indicação das provas).

Exemplo de um problema:

Liamárcia França foi admitida pelo Restaurante Mariscos S/A, em 2-4-2013, para trabalhar como cozinheira, tendo recebido como última remuneração a importância mensal de R$ 1.800,00 (mil e oitocentos reais). O empregador não efetuou a anotação e assinatura da Carteira de Trabalho e Previdência Social da obreira, e jamais procedeu aos depósitos fundiários e recolhimentos previdenciários. A jornada de trabalho da empregada era das 8 às 18 horas, com 2 horas de intervalo. Porém, a obreira sempre trabalhou até as 23 horas, sem o pagamento de horas extras e do adicional noturno. A empregada foi dispensada sem justa causa em 4-4-2018, sem que o empregador tenha cumprido a obrigação de proceder ao pagamento das verbas rescisórias. Liamárcia é solteira e encontra-se desempregada. Apresentar, como advogado(a) da ex-empregada, a medida processual adequada na hipótese.

Endereçamento ou designação do juiz da Vara do Trabalho
(§ 1º do art. 840 da CLT)

Excelentíssimo Senhor Doutor Juiz da ...
Vara do Trabalho de... — Estado do...

(Espaço)

> Qualificação do reclamante (§ 1º do art. 840 da CLT)

Liamárcia França, brasileira, solteira, cozinheira, portadora da Carteira de Trabalho e Previdência Social n. ..., série..., inscrita no CPF n. ..., com endereço eletrônico..., com domicílio e residência na Rua..., n. ..., Bairro..., Cidade..., Estado..., CEP..., vem, por seu advogado, infra-assinado e devidamente constituído, conforme instrumento procuratório juntado, com escritório profissional na Rua..., n. ..., Bairro..., Cidade..., Estado..., CEP..., onde recebe intimações e notificações, ajuizar a presente

Reclamação Trabalhista

> Individualização do reclamado (§ 1º do art. 840 da CLT)

pelo rito ordinário, em face do **Restaurante Mariscos S/A,** pessoa jurídica de direito privado, inscrito no CNPJ n. ..., com endereço eletrônico..., estabelecido na Rua..., n. ..., Bairro..., Cidade..., Estado..., CEP..., com fundamento no § 1º do art. 840 da Consolidação das Leis do Trabalho, e nos incisos III, V e VI do art. 319 do Código de Processo Civil, pelos motivos de fato e razões de direito a seguir aduzidos:

> Breve exposição dos fatos de que resulte o dissídio (§ 1º do art. 840 da CLT)

Dos Fatos

A Reclamante foi admitida pelo Reclamado em 2-4-2013, para trabalhar como cozinheira, percebendo como última remuneração a importância mensal de R$ 1.800,00 (mil e oitocentos reais).

Durante o lapso laboral o Reclamado não efetuou a anotação e assinatura da Carteira de Trabalho e Previdência Social da obreira, bem como jamais procedeu aos depósitos fundiários e recolhimentos previdenciários.

Apesar de ter sido contratada para prestar serviços das 8 às 18 horas, com 2 horas de intervalo, a Autora sempre trabalhou até as 23 (vinte e três) horas, sem o pagamento das horas extraordinárias e do adicional noturno.

A Requerente foi dispensada sem justa causa em 4-4-2018, sem que tenha recebido quaisquer valores a título de verbas rescisórias, muito menos o saldo de salário, as férias vencidas e proporcionais, acrescidas do 1/3 constitucional, e o décimo terceiro salário proporcional, além da multa de 40% do FGTS. Tampouco foram fornecidas pela empresa Reclamada as guias para levantamento do FGTS e para a percepção do seguro-desemprego.

A Autora encontra-se desempregada, não tendo condições de assumir o pagamento das custas, das despesas processuais e dos honorários advocatícios.

Fundamentos jurídicos do pedido (inciso III do art. 319 do CPC)

Dos Direitos/Dos Fundamentos

1. Reconhecimento do vínculo de emprego regido pela CLT

A obreira trabalhou para o Reclamado durante o período de 2-4-2013 a 4-4-2018 sem o devido registro do contrato de emprego em sua Carteira de Trabalho e Previdência Social (CTPS), apesar de configurados todos os elementos da relação jurídica, regida pela Consolidação das Leis do Trabalho, especialmente a pessoalidade, subordinação e habitualidade, de conformidade com o *caput* dos arts. 2º e 3º da CLT.

Nesse sentido, impõe-se o reconhecimento do vínculo jurídico de emprego entre a Autora e o Réu, sob o citado período, com o consequente registro das anotações do contrato na CTPS da Reclamante, devendo ser observado na anotação o tempo alusivo à projeção do aviso prévio proporcional ao tempo de serviço.

Da mesma forma, o Reclamado deverá ser condenado a pagar à Autora os seguintes títulos:

2. Aviso prévio indenizado proporcional ao tempo de serviço

Como a Reclamante foi dispensada sem justa causa, sem que o empregador lhe tenha concedido o cumprimento do aviso prévio, tem direito ao pagamento da indenização correspondente ao período, de conformidade com o § 1º do art. 487 da CLT, visto que "a falta do aviso prévio por parte do empregador dá ao empregado o direito aos salários correspondentes ao prazo do aviso, garantida sempre a integração desse período no seu tempo de serviço".

E por ter trabalhado para o Reclamado por 5 anos completos, a Autora tem direito ao pagamento do aviso prévio proporcional ao tempo de serviço de 45 dias, sendo 33 dias pelo primeiro ano trabalhado, e 12 dias pelos 4 últimos anos trabalhados (4 anos × 3 dias = 12 dias), conforme previsto no art. 1º da Lei n. 12.506/2011.

3. Saldo de salário

Como a Reclamante trabalhou até o dia 4-4-2018, faz jus ao direito de receber o pagamento pelo labor prestado nesses dias a título de saldo de salário, devendo a Reclamada ser condenada nesse sentido.

4. Décimo salário proporcional (5/12)

A Reclamante foi dispensada imotivadamente em 4-4-2018, com o aviso prévio indenizado proporcional ao tempo de serviço, tendo direito ao décimo terceiro salário proporcional (5/12), conforme prescrito no art. 3º da Lei n. 4.090/62.

5. Férias proporcionais (2/12) acrescidas do 1/3 constitucional

Como a Autora foi dispensada em 4-4-2018, com a projeção do aviso prévio indenizado proporcional ao tempo de serviço (19-5-2018), tem direito ao pagamento de 2/12 a título de férias proporcionais + 1/3 constitucional, tendo em vista que, "salvo na hipótese de dispensa do empregado por justa causa, a extinção do contrato de trabalho sujeita o empregador ao pagamento da remuneração das férias proporcionais, ainda que incompleto o período aquisitivo de 12 (doze) meses" (Súmula n. 171 do TST).

6. Férias vencidas acrescidas do 1/3 constitucional

Da mesma forma, a Autora tem direito ao pagamento das férias vencidas, em relação ao período aquisitivo de 2-4-2017 a 1-4-2018, acrescido do 1/3 constitucional, uma vez que completou o período aquisitivo previsto no *caput* do art. 130 da CLT.

7. Horas extras e reflexos

Inobstante ter sido contratada para trabalhar das 8 às 18 horas, com 2 horas de intervalo, a Autora habitualmente trabalhava até as 23 (vinte e três) horas, sem jamais ter recebido o pagamento pelo labor extraordinário, com o acréscimo de 50% (cinquenta por cento) sobre o valor da hora normal (inciso XVI do art. 7º da CRFB).

Nesse sentido, deverá a empresa ser condenada a proceder ao pagamento de todas as horas extras prestadas, com os devidos reflexos sobre as seguintes parcelas: aviso prévio, saldo de salário, décimo terceiro salários, férias vencidas e proporcionais acrescidas do 1/3 constitucional, repouso semanal remunerado, além dos depósitos fundiários e dos recolhimentos previdenciários.

8. Adicional noturno

Da mesma forma, em virtude do labor extraordinário habitual até as 23 horas, faz jus a Autora ao pagamento do adicional noturno de 20% devido a todo trabalhador cuja jornada de trabalho ultrapassar as 22 horas (*caput* e § 2º do art. 73 da CLT).

E, de conformidade com a Orientação Jurisprudencial n. 97 da Subseção de Dissídios Individuais I do TST, "o adicional noturno integra a base de cálculo das horas extras prestadas no período noturno". Assim, o empregador deverá integrar no cálculo das horas extras habituais, consideradas noturnas, o percentual do adicional noturno.

Ademais, o Reclamado deverá pagar também os reflexos do valor do adicional noturno nas verbas rescisórias e contratuais, como os décimos terceiros salários, as férias vencidas, além dos depósitos fundiários e recolhimentos previdenciários, pois, segundo o item I da Súmula n. 60 do TST, o adicional noturno integra o salário para todos os efeitos.

9. Depósitos e saque do FGTS

Apesar de ser uma obrigação da empresa (art. 15 da Lei n. 8.036/90), o Reclamado jamais efetuou os recolhimentos do FGTS, devendo ser condenado a proceder aos depósitos fundiários sobre todo o período trabalhado pela Reclamante, ou seja, de 2-4-2013 a 4-4-2018, inclusive sobre as férias, os décimos terceiros salários, as horas extras e as importâncias alusivas ao adicional noturno.

Da mesma forma, deverá ser condenado a entregar à Autora as guias para saque do saldo da conta vinculada do FGTS, visto que, em tal forma de rescisão contratual, a empregada faz jus ao saque da importância total depositada, de conformidade com o inciso I do art. 20 da Lei n. 8.036/90.

10. Multa de 40% sobre o FGTS

Como a iniciativa do rompimento do vínculo empregatício foi do Reclamado e a dispensa foi sem justa causa, a Reclamante tem direito ao pagamento da multa de 40% (quarenta por cento) sobre o FGTS, de acordo com o § 1º do art. 18 da Lei n. 8.036/90, a seguir transcrito (ou *in verbis*):

Art. 18. (...)

§ 1º Na hipótese de **despedida pelo empregador sem justa causa**, depositará este, na conta vinculada do trabalhador no FGTS, **importância igual a quarenta por cento do montante de todos os depósitos realizados na conta vinculada** durante a vigência do contrato de trabalho, atualizados monetariamente e acrescidos dos respectivos juros. (grifamos)

11. Seguro-desemprego

Como informado anteriormente, a Reclamante foi dispensada imotivadamente pelo empregador, fazendo jus à percepção do seguro-desemprego, conforme previsto no *caput* do art. 3º da Lei n. 7.998/90.

Nesse sentido, prevê o item II da Súmula n. 389 do Colendo Tribunal Superior do Trabalho, a seguir transcrito:

> Súmula n. 389. SEGURO-DESEMPREGO. COMPETÊNCIA DA JUSTIÇA DO TRABALHO. DIREITO À INDENIZAÇÃO POR NÃO LIBERAÇÃO DE GUIAS (conversão das Orientações Jurisprudenciais n. 210 e 211 da SBDI-1) – Res. 129/2005, *DJ* 20, 22 e 25.04.2005.
> (...)
> II – O não fornecimento pelo empregador da guia necessária para o recebimento do seguro-desemprego **dá origem ao direito à indenização**. (ex-OJ n. 211 da SBDI-1 – inserida em 08-11-2000). (grifamos)

Assim, requer a Autora seja o Réu condenado a entregar na audiência inaugural as guias alusivas ao seguro-desemprego, para que a obreira possa gozar de tal benefício, e, no caso de as guias não serem fornecidas pelo Reclamado, requer que o empregador seja responsabilizado pelo pagamento de uma indenização de forma direta, correspondente aos prejuízos advindos de sua injustificada postura (art. 325 do CPC).

12. Multa do § 8º do art. 477 da CLT e do art. 467 da CLT

É devido o pagamento da importância alusiva à multa do § 8º do art. 477 da CLT, uma vcz que até a presente data a Reclamante não recebeu as verbas rescisórias a que faz jus, incorrendo a Reclamada à citada multa.

Devido, também, o pagamento da multa do art. 467 da CLT, caso o Reclamado deixe de pagar os valores das verbas rescisórias incontroversas à data do comparecimento à audiência inaugural na Justiça do Trabalho.

13. Honorários sucumbenciais

O Reclamado deverá ser condenado a pagar os honorários sucumbenciais, na forma prevista no *caput* do art. 791-A da CLT, ou seja, de 15%, visto que na fixação do seu valor deverá ser levada em consideração a natureza e importância da presente causa, bem como o intenso trabalho realizado pelo advogado, e o tempo que lhe foi exigido para seu serviço (§ 2º do art. 791-A da CLT).

14. Justiça gratuita

Esclarece a Reclamante que, por estar desempregada, não tem condições de demandar sem sacrifício do sustento próprio e de seus familiares, motivo pelo qual pede que lhe sejam concedidos os benefícios da assistência judiciária gratuita, nos termos dos §§ 3º e 4º do art. 790 da CLT, a seguir transcritos:

> Art. 790. (...)
> § 3º É facultado aos juízes, órgãos julgadores e presidentes dos tribunais do trabalho de qualquer instância conceder, a requerimento ou de ofício, o benefício da justiça gratuita, inclusive quanto a traslados e instrumentos, àqueles que perceberem salário igual ou inferior a 40% (quarenta por cento) do limite máximo dos benefícios do Regime Geral de Previdência Social.
> § 4º O benefício da justiça gratuita será concedido à parte que comprovar insuficiência de recursos para o pagamento das custas do processo. (destacamos)

Fundamenta, também, o seu pedido de assistência judiciária gratuita com base no art. 98 do Código de Processo Civil, aplicável subsidiariamente ao direito processual do trabalho, nos termos do art. 769 da CLT e do art. 15 do CPC.

Pedidos (§ 1º do art. 840 da CLT)

Dos Pedidos

Diante de tudo o quanto foi exposto, requer a Reclamante a declaração de reconhecimento do vínculo jurídico de emprego existente entre as partes, com a consequente anotação do contrato de emprego em sua Carteira de Trabalho e Previdência Social pelo período compreendido entre 2-4-2013 e 19-5-2018 (incluída a projeção do aviso prévio proporcional ao tempo de serviço), bem como os registros de praxe.

Ademais, o Réu também deverá ser compelido a pagar à Autora as horas extras e o adicional noturno, com os consequentes reflexos, nos valores de R$... e R$..., respectivamente, além das férias vencidas acrescidas do 1/3 constitucional, no valor de R$..., bem como as verbas rescisórias indicadas acima, acrescidas de juros de mora e correção monetária, no valor de R$..., e também a multa de 40% (quarenta por cento) do FGTS e do § 8º do art. 477 da CLT, nos valores de R$... e R$..., respectivamente.

Os pedidos acima totalizaram a importância de R$...

Requer, ainda, a condenação do Réu ao pagamento de honorários de sucumbência de 15%, conforme fundamentado anteriormente.

Requer, igualmente, que o Reclamado seja condenado a fornecer as guias para a percepção do seguro-desemprego e para o saque do saldo da conta vinculada do FGTS, sob pena de pagar uma indenização substitutiva.

Requer, por fim, que as verbas rescisórias incontroversas sejam pagas na primeira audiência, sob pena de pagá-las acrescidas de 50%, de conformidade com o art. 467 da CLT, bem como reitera que lhe seja concedida a assistência judiciária gratuita, tendo em vista a sua atual situação de desempregada.

> Indicação das provas (inciso VI do art. 319 do CPC)

Das Provas

Protesta a Autora por todos os meios de provas em direito admitidas, especialmente pelo depoimento pessoal do Reclamado, juntada de documentos, inquirição de testemunhas, perícias e tantas outras quantas forem necessárias para provar tudo o quanto aqui foi afirmado.

Protesta, também, pela intimação do Reclamado para comparecer à audiência para prestar depoimento pessoal, com a expressa cominação de aplicação da confissão, para o caso de não comparecer (item I da Súmula n. 74 do Tribunal Superior do Trabalho) ou se recusar a depor.

Declara, desde já, o advogado da Reclamante, sob sua responsabilidade pessoal, a fidelidade das cópias dos documentos oferecidos como prova aos documentos originais, na forma do *caput* do art. 830 da Consolidação das Leis do Trabalho.

Das Disposições Finais

Requer que todas as notificações a ser publicadas sejam feitas em nome de seu representante, conforme instrumento procuratório juntado.

> Requerimento de citação (notificação) do réu (*caput* do art. 239 do CPC)

Requer, por fim, se digne Vossa Excelência a determinar a notificação do Reclamado para, querendo, contestar a presente reclamação trabalhista, sob pena de revelia, acompanhando-a até seus ulteriores trâmites, quando deverá ser julgada totalmente procedente.

> Valor da causa (*caput* do art. 2º da Lei n. 5.584/70
> e inciso V do art. 319 do CPC)

Dá-se à causa o valor de R$... (extenso).
Nesses termos, pede-se deferimento.

Data e assinatura do representante (§ 1º do art. 840 da CLT)

Local..., data...
Advogado OAB/... n. ...

Capítulo 5

Petição Inicial Trabalhista pelo Procedimento Sumaríssimo

O procedimento sumaríssimo foi criado para dar maior celeridade aos processos trabalhistas, cujo valor da causa seja de até 40 salários-mínimos.

Segundo Amauri Mascaro Nascimento (2009a, p. 771), o procedimento sumaríssimo "é, em resumo, um rito especial para solução de dissídios individuais de pequeno valor, no qual a jurisdição é investida de maiores poderes para conduzir o processo e levá-lo, com maior brevidade, a uma solução".

Na elaboração da petição inicial pelo procedimento sumaríssimo, devem ser observados os requisitos previstos no § 1º do art. 840 da CLT, no art. 852-A da CLT e nos incisos I e II do art. 852-B da CLT. Há, ainda, o requisito do valor da causa em que deverá ser observada a previsão contida no Código de Processo Civil, no inciso V do art. 319, bem como nos arts. 1º e 2º da Lei n. 5.584/70.

De acordo com as previsões contidas na Consolidação das Leis do Trabalho, no art. 852-A e nos incisos I e II do art. 852-B:

a) Somente os **dissídios individuais** ficam submetidos ao procedimento sumaríssimo (dissídios coletivos não).

b) O **valor dado à causa** não pode exceder a 40 vezes o salário-mínimo vigente na data do ajuizamento da reclamação.

c) Estão **excluídas** do procedimento sumaríssimo as demandas em que é parte a administração pública direta, autárquica e fundacional.

d) Estão **incluídas** no procedimento sumaríssimo as demandas em que são parte as sociedades de economia mista e as empresas públicas que explorem atividade econômica (inciso II do § 1º do art. 173 da CRFB).

e) O **pedido** deve ser certo, isto é, deve-se indicar o valor de cada pleito, e determinado, isto é, o pedido deve ser delimitado em sua qualidade (exemplo: horas extras) e quantidade (exemplo: 10 horas extras mensais), sob pena de arquivamento da reclamação e condenação ao pagamento de custas sobre o valor da causa. Neste aspecto, segundo Humberto Theodoro Júnior (1994, p. 358), "entende-se por certo o pedido expresso, pois não se admite que possa o pedido do autor ficar apenas implícito. Já a determinação se refere aos limites da pretensão. O autor deve ser claro, preciso, naquilo que espera obter da pretensão jurisdicional".

OBSERVAÇÃO

Com a mudança da redação do art. 840 da CLT, pela Lei n. 13.467/2017, as reclamações à Justiça do Trabalho passaram a ter de trazer um pedido "certo, determinado e com indicação de seu valor", sob pena de serem extintas sem análise de mérito. Assim, o trabalhador que ingressar com uma ação trabalhista deverá indicar na petição inicial o valor dos seus pedidos, entretanto, não está obrigado a detalhar como eles foram calculados, caso contrário, a exigência desse detalhamento poderá violar o direito de acesso ao Judiciário. Em 2021, acórdão do Tribunal Superior do Trabalho, por meio da Segunda Turma, anulou a sentença que havia rejeitado a reclamação de um bancário em razão da não apresentação dos cálculos dos valores que pleiteava receber. Para a Segunda Turma do TST, "a indicação de valor é expressão autoexplicativa, sendo obrigação da parte apontar o valor que pretende receber em razão de cada pedido certo e determinado que formular", sendo que em momento algum o § 1º do artigo 840 da CLT "também determinou que a parte está obrigada a trazer memória de cálculo ou indicar de forma detalhada os cálculos de liquidação que a levaram a atingir o valor indicado em seu pedido" (Processo: RR-1001473-09.2018.5.02.0061).

Apesar de o § 1º do art. 852-B da CLT prever expressamente o arquivamento da ação trabalhista, na prática, muitas vezes, o Juízo de Primeiro Grau tem convertido o procedimento de sumaríssimo para ordinário quando não forem observados pela parte os requisitos dos incisos I e II do art. 852-B da CLT. O contrário também tem sido observado (conversão do rito ordinário para sumaríssimo).

Como na petição inicial trabalhista, independentemente do rito, devem ser informados os valores de cada um dos pedidos (§ 1º do art. 840 da CLT e inciso I do art. 852-B da CLT), passaremos, a seguir, a apresentar noções sobre como elaborar cálculos que são básicos no Direito do Trabalho.

5.1 Noções sobre cálculos trabalhistas

Importante relacionar antes os tipos de contrato de trabalho e suas respectivas particularidades, tendo em vista que podem dar margem a pretensões distintas, que devem ser levadas em consideração quando da identificação dos pedidos e dos cálculos de cada um deles.

Segundo as atuais regras trabalhistas, têm-se as seguintes possibilidades:

> Quanto ao local da prestação de serviços, o trabalho pode ser prestado no regime presencial ou de teletrabalho (ou trabalho remoto).

> ❭ Quanto à duração semanal do trabalho, pode ter duração integral ou parcial.
> ❭ Quanto à definição do prazo, pode ser a prazo indeterminado ou determinado, inclusive por experiência.
> ❭ Quanto à continuidade na prestação de serviços, o empregado pode prestar serviços contínuos ou serviços intermitentes.

A partir das alterações na CLT pela Lei n. 14.442/2022 passou a ser permitido o regime híbrido, no qual parte das atividades prestadas pelo empregado ocorrem de forma presencial e outra parte por meio do teletrabalho ou trabalho remoto.

Quando do ajuste contratual, deverão ser observadas também as particularidades de determinadas profissões como: bancário (arts. 224 ao 226 da CLT), telefonista (arts. 227 ao 231 da CLT), motorista profissional empregado (arts. 235-A ao 235-G da CLT), comerciário (Lei n. 12.790/2013), dentre muitas outras.

A CLT contém dispositivos que constituem previsões que são gerais, aplicáveis a todos os empregados, mas há também condições especiais de proteção a determinados trabalhadores, como no caso da mulher e do menor, na qual há na CLT capítulos específicos.

Assim, com base em tais possibilidades, podem ser identificadas várias modalidades de contrato individual de trabalho, como se discorrerá a seguir.

5.1.1 Contrato individual de trabalho a prazo indeterminado no regime presencial e na modalidade de tempo integral

O contrato de trabalho a prazo indeterminado (*caput* do art. 443 da CLT) constitui a regra geral de contratação, podendo ser ajustado de forma tácita ou expressa, verbalmente ou por escrito, mas é exigido o registro na CTPS no prazo de 5 dias úteis, devendo o trabalhador ter acesso às informações no prazo de 48 horas, contado do momento em que for feito o registro, sob pena de autuação e multa administrativa. Caso não seja ajustado nenhum prazo, o contrato será sempre a prazo indeterminado.

No regime presencial, o empregado irá prestar serviços no estabelecimento do empregador e, em sendo em tempo integral, terá uma carga horária semanal de trabalho de, no máximo, 44 horas, podendo cumprir até 2 horas extras diárias.

IMPORTANTE _____

É possível a contratação a prazo indeterminado tanto no regime presencial quanto no teletrabalho.

É possível a contratação a prazo indeterminado tanto na modalidade de tempo integral quanto na modalidade de tempo parcial.

Na modalidade de tempo integral, é possível a contratação no sistema de 12 horas de trabalho por 36 horas de descanso (art. 59-A da CLT). Pode ser ajustado mediante acordo individual escrito, entre empregado e empregador. Em tal sistema, o trabalhador atua por 12 horas diretas e descansa por 36 horas seguidas, observados ou indenizados os intervalos para repouso e alimentação. O salário pactuado engloba os pagamentos devidos pelo descanso semanal remunerado e pelo descanso em feriados, que serão considerados compensados, assim como as prorrogações de trabalho noturno, quando houver.

5.1.2 Contrato individual de trabalho a prazo indeterminado para o exercício de atividade externa incompatível com a fixação de horário de trabalho

Em tal tipo de contrato individual de trabalho não é ajustado prazo para o término da relação jurídica de emprego, sendo utilizado nas situações em que o empregado exerce atividade externa não sujeita à anotação da jornada de trabalho (inciso I do art. 62 da CLT), como cobradores, viajantes ou pracistas, dentre outros.

Em razão disso, o empregado não faz jus ao pagamento de horas extras nem ao adicional noturno.

É fundamental que exista total incompatibilidade entre a natureza da atividade exercida pelo empregado e a fixação do seu horário de trabalho.

A condição do exercício de trabalho externo, incompatível com a fixação de horário de trabalho, deverá ser anotada na CTPS do trabalhador e no livro de registro de empregados.

Porém, havendo algum meio de fiscalização da jornada de trabalho, mesmo que de forma indireta, o empregado passará a ter direito ao pagamento de horas extras e adicional noturno.

Para o Tribunal Superior do Trabalho, "a imposição, pelo empregador, de comparecimento diário do empregado na sede da empresa, sempre no início e no término da jornada de trabalho, bem como o cumprimento de roteiros predeterminados, no caso do vendedor externo, caracteriza o efetivo controle de horário pelo empregador, ainda que de forma indireta, e afasta a aplicação da norma inscrita no inciso I do artigo 62 da CLT" (E-ED-RR-147300-36.2005.5.12.0032, SDI-I, Relator Ministro João Oreste Dalazen, DEJT 24/05/2013). A Subseção de Dissídios Individuais I do TST, inclusive, já sedimentou o entendimento de que a exigência de comparecimento à empresa no início e no fim do expediente demonstra que a jornada de trabalho é passível de ser controlada (E-ED-RR-68500-09.2006.5.09.0657, Rel. Min. Hugo Carlos Scheuermann, DEJT 17/6/2016).

IMPORTANTE

Mesmo para o empregado que exerce atividade externa, não sujeita à anotação da jornada de trabalho, é possível a contratação a prazo determinado, inclusive por experiência,

> com o ajuste prévio de prazo para o término da relação de emprego. Porém, obrigatoriamente deverão ser observadas as condições de validade do contrato a prazo previstas no § 2º do art. 443 da CLT, sob risco de o contrato ser considerado a prazo indeterminado.

5.1.3 Contrato individual de trabalho a prazo indeterminado no regime presencial e na modalidade de tempo parcial

No contrato de trabalho a prazo indeterminado, não é ajustado um prazo para o término da relação de emprego, devendo ser procedido o registro na CTPS do empregado no prazo de 5 dias úteis, e devendo o trabalhador ter acesso às informações no prazo de 48 horas, contado do momento em que for feito o registro, sob pena de autuação e multa administrativa.

No regime presencial, o empregado irá prestar serviços no estabelecimento do empregador, podendo também vir a desenvolver atividades externas, sem que venha a ser caracterizado teletrabalho ou trabalho remoto; na modalidade de tempo parcial (art. 58-A da CLT), a duração do trabalho não será de 44 horas semanais, podendo ter a seguinte quantidade de horas de trabalho:

a) Duração de até 30 horas semanais, sem a possibilidade de realizar horas suplementares semanais; ou

b) Duração de até 26 horas semanais, com a possibilidade de acréscimo de até 6 horas suplementares semanais.

Havendo horas suplementares, deverão ser pagas com o acréscimo de 50% sobre o valor do salário-hora normal.

As horas suplementares poderão ser compensadas diretamente até a semana imediatamente posterior à da sua execução, devendo ser feita a sua quitação na folha de pagamento do mês subsequente caso não ocorra a compensação.

O salário a ser pago aos empregados sob o regime de tempo parcial deverá ser proporcional à sua jornada de trabalho, em relação aos empregados que cumprem, nas mesmas funções, tempo integral, isto é, 44 horas semanais.

Para os empregados contratados a tempo integral, a alteração contratual para o regime de tempo parcial somente poderá ser feita mediante opção manifestada perante a empresa, na forma prevista em instrumento decorrente de negociação coletiva, ou seja, por previsão em cláusula de acordo coletivo ou convenção coletiva de trabalho.

As férias seguem as mesmas regras da modalidade integral, prevista no art. 130 da CLT, sendo facultado ao empregado converter um terço do período de férias a que tiver direito em abono pecuniário.

5.1.4 Contrato individual de trabalho a prazo determinado no regime presencial e na modalidade de tempo integral

No regime presencial, o empregado irá prestar serviços no estabelecimento do empregador. Pode também ser contratado para desenvolver atividades externas, sem que venha a ser caracterizado teletrabalho. Caso a atividade externa seja incompatível com a fixação de horário de trabalho, tal condição deverá ser anotada na CTPS e no registro de empregados, e, neste caso, o empregado não terá direito a horas extras, tendo em vista que não haverá controle do horário de trabalho.

Na modalidade de tempo integral, a duração do trabalho será de, no máximo, 44 horas semanais.

Diferentemente do contrato a prazo indeterminado, no contrato de trabalho a prazo determinado (§ 1º do art. 443 da CLT) é ajustado antecipadamente o seu termo, ou seja, a data do término do vínculo jurídico de emprego, sendo que o término do contrato poderá ser medido em número de dias, semanas, meses, anos ou mesmo em relação a certo serviço específico.

Pode ser celebrado verbalmente, mas o ideal é que seja estabelecido por escrito, para evitar fraudes na contratação.

Deve ser procedido o registro na CTPS do empregado no prazo de 5 dias úteis contados da data de admissão, devendo o trabalhador ter acesso às informações no prazo de 48 horas, contado do momento em que for feito o registro, sob pena de autuação e multa administrativa.

Somente pode ser celebrado para o prazo máximo de 2 anos (*caput* do art. 445 da CLT).

Somente pode ser prorrogado uma única vez, sob pena de passar a vigorar sem determinação de prazo (art. 451 da CLT).

Para se celebrar novo contrato a prazo com o mesmo empregado, o empregador deverá observar o intervalo de, no mínimo, 6 meses (art. 452 da CLT).

Se o contrato de trabalho contiver cláusula assecuratória do direito recíproco de rescisão antecipada (art. 481 da CLT), permitindo às partes a rescisão imotivada antes do termo final, deverão ser aplicadas as mesmas regras que regem a rescisão dos contratos por prazo indeterminado. Neste caso, temos as seguintes possibilidades:

a) Rescisão antecipada sem cláusula assecuratória: no caso de rescisão por iniciativa do empregador, será paga ao empregado a indenização do art. 479 da CLT, cujo valor corresponde à metade dos salários que seriam devidos até o término normal do contrato. Neste caso, não há o pagamento da multa de 40% do FGTS nem o aviso prévio, pois o termo final do contrato já é conhecido por ambas as partes; no caso de rescisão por iniciativa do empregado, este ficará obrigado a pagar ao empregador uma indenização em decorrência dos prejuízos que lhe resultarem.

b) Rescisão antecipada com cláusula assecuratória: o empregado terá direito ao aviso prévio e à multa de 40% do FGTS, no caso de rescisão por iniciativa do empregador, e caso o trabalhador tenha pedido demissão deverá conceder o aviso prévio de 30 dias ao empregador, sob pena de ser descontado quando do pagamento das verbas rescisórias.

Hipóteses em que o contrato a prazo determinado pode ser considerado válido (§ 2º do art. 443 da CLT):

a) Quando se tratar de serviço cuja natureza ou transitoriedade, justifique a predeterminação do prazo. Neste caso, o serviço deverá ser transitório, isto é, o serviço deverá ser breve, temporário. Exemplos: contratação de empregado para atender a um temporário aumento da produção em certo período do ano; contrato por obra, na qual o pedreiro é contratado para trabalhar em certa obra, como na construção de um edifício, ou mesmo no caso de uma reforma; contrato de safra, cujo termo ocorre com o término da colheita, que se realiza periodicamente em certas épocas do ano.

b) Quando se tratar de atividades empresariais de caráter transitório. Neste caso, as atividades desenvolvidas pela empresa é que são transitórias. A transitoriedade diz respeito à empresa e não ao empregado ou ao serviço. Exemplos: a criação de uma empresa que apenas funcionasse em certas épocas do ano, como: a empresa que funcionasse em junho na venda de fogos de artifício nas festas juninas; a empresa que funcionasse em certo período na produção de ovos de Páscoa; a empresa que funcionasse em novembro e dezembro na produção de panetones para o Natal; a loja funcionasse em novembro e dezembro na venda de produtos natalinos.

c) Quando se tratar de contrato de experiência, que tem como prazo máximo de duração 90 dias e visa verificar se o empregado tem aptidão ou condições de se adaptar ao novo ambiente de trabalho. Também é obrigado a anotar na CTPS do empregado que o contrato firmado é por experiência. Pode ser prorrogado uma única vez, mas se o prazo máximo de 90 dias for excedido, o contrato de experiência se transformará em um contrato por tempo indeterminado. No caso de rescisão antecipada do contrato de experiência, é cabível o aviso prévio, desde que previsto em cláusula assecuratória do direito recíproco de rescisão antecipada (Súmula n. 163 do TST). O empregador não pode exigir do candidato ao emprego comprovação de experiência por tempo superior a 6 meses no mesmo tipo de atividade. Mais adiante, tratar-se-á de forma específica sobre o contrato de experiência.

No caso de o contrato de trabalho a prazo determinado vir a ser judicialmente considerado inválido, o empregado terá os mesmos direitos de um contrato de trabalho a prazo indeterminado, com o pagamento do aviso prévio e da multa de 40% do FGTS.

IMPORTANTE

É possível a contratação a prazo determinado tanto no regime presencial quanto no teletrabalho.

É possível a contratação a prazo determinado tanto na modalidade de tempo integral quanto na modalidade de tempo parcial.

Para outras situações distintas do previsto nas alíneas do § 2º do art. 443 da CLT, que elenca as condições de validade do contrato por prazo determinado, o *caput* do art. 1º da Lei n. 9.601/1998 prevê que "as convenções e os acordos coletivos de trabalho poderão instituir contrato de trabalho por prazo determinado, de que trata o art. 443 da Consolidação das Leis do Trabalho (CLT), independentemente das condições estabelecidas em seu § 2º, em qualquer atividade desenvolvida pela empresa ou estabelecimento, para admissões que representem acréscimo no número de empregados".

5.1.5 Contrato individual de trabalho a prazo determinado no regime presencial e na modalidade de tempo parcial

No regime presencial, o empregado irá prestar serviços no estabelecimento do empregador, podendo também vir a desenvolver atividades externas sem que venha a ser caracterizado teletrabalho. Caso a atividade externa seja incompatível com a fixação de horário de trabalho, tal condição deverá ser anotada na CTPS e no registro de empregados, e, neste caso, o empregado não terá direito a horas extras, tendo em vista que não haverá controle do horário de trabalho.

Neste tipo de contrato de trabalho a prazo determinado (§ 1º do art. 443 da CLT), será ajustado antecipadamente o seu termo, ou seja, a data do término do contrato de trabalho, isto é, a data do término do vínculo jurídico de emprego, sendo que o término do contrato poderá ser medido em número de dias, semanas, meses, anos ou em relação a serviço específico.

Somente pode ser celebrado para o prazo máximo de 2 anos (*caput* do art. 445 da CLT), devendo ser observadas as condições de validade de tal tipo de contrato, ou seja, no caso de atividades empresariais de caráter transitório ou serviço cuja natureza ou transitoriedade justifique a predeterminação do prazo (§ 2º do art. 443 da CLT).

Como é na modalidade de tempo parcial (*caput* do art. 58-A da CLT), a duração do trabalho poderá ter a seguinte quantidade semanal de horas de trabalho:

a) Duração de até 30 horas semanais, sem a possibilidade de realizar horas suplementares semanais.

b) Duração de até 26 horas semanais, com a possibilidade de acréscimo de até 6 horas suplementares semanais.

5.1.6 Contrato individual de trabalho por experiência no regime presencial e na modalidade de tempo integral

No regime presencial, o empregado irá prestar serviços no estabelecimento do empregador, podendo também ser desenvolvidas atividades externas, sem que venham a ser caracterizadas teletrabalho. Caso a atividade externa seja incompatível com a fixação de horário de trabalho, tal condição deverá ser anotada na CTPS e no registro de empregados, e, neste caso, o empregado não terá direito a horas extras, tendo em vista que não haverá controle do horário de trabalho.

Sendo em tempo integral, o empregado terá uma carga horária semanal de trabalho de, no máximo, 44 horas, podendo cumprir até 2 horas extras diárias.

Por se tratar de contrato de experiência (letra *c* do § 2º do art. 443 da CLT), terá como prazo máximo de duração 90 dias (parágrafo único do art. 445 da CLT), e objetiva verificar se o empregado tem aptidão ou condições de se adaptar ao novo ambiente de trabalho, bem como ao novo serviço.

É obrigatório anotar na CTPS do empregado, no prazo de 5 dias úteis, contados da data de admissão, que o contrato firmado é um contrato de experiência.

Pode ser prorrogado uma única vez (art. 451 da CLT), mas se o prazo máximo de 90 dias for excedido, o contrato de experiência se transformará em um contrato por tempo indeterminado. Por exemplo, o empregado pode ser contratado por 45 dias, podendo ser prorrogado por mais 45 dias. Porém, não pode ser contratado para 90 dias e ser prorrogado por mais 30 dias, pois passará a ser por tempo indeterminado, com todos os direitos de tal tipo de contrato.

No caso de rescisão antecipada do contrato de experiência, sem justa causa, é cabível o aviso prévio, desde que previsto em cláusula assecuratória do direito recíproco de rescisão antecipada (Súmula n. 163 do TST). Também é devida a indenização prevista no *caput* do art. 479 da CLT, correspondente à metade da remuneração a que o empregado teria direito até o término do contrato de experiência.

5.1.7 Contrato individual de trabalho por experiência no regime presencial e na modalidade de tempo parcial

Contrato individual de trabalho ajustado por experiência, que não poderá exceder o prazo de 90 dias, e na modalidade de tempo parcial (art. 58-A da CLT), com a duração semanal de trabalho de até 30 horas semanais, sem a possibilidade de realizar horas suplementares semanais; ou de até 26 horas semanais, com a possibilidade de acréscimo de até 6 horas suplementares semanais.

Ao término do período de experiência, o contrato estará automaticamente extinto, não havendo que se falar em aviso prévio e multa de 40% do FGTS.

Porém, ultrapassado o prazo de 90 dias, o contrato passará a vigorar sem determinação de prazo (art. 451 da CLT).

5.1.8 Contrato individual de trabalho a prazo indeterminado no regime de teletrabalho ou trabalho remoto

Neste tipo de contrato, não é ajustado um prazo para o término da relação de emprego, devendo ser procedido o registro na CTPS do empregado no prazo de 5 dias úteis, contados da data de admissão, e devendo o trabalhador ter acesso às informações no prazo de 48 horas, contado do momento em que for feito o registro, sob pena de autuação e multa administrativa.

A prestação de serviços ocorrerá fora das dependências do empregador (do art. 75-A ao art. 75-E da CLT), de maneira preponderante ou não, com a utilização de tecnologias de informação e de comunicação que, por sua natureza, não se constituem como trabalho externo.

O comparecimento, ainda que de modo habitual, às dependências do empregador, para a realização de atividades específicas que exijam a presença do empregado no estabelecimento, não descaracteriza o regime de teletrabalho ou trabalho remoto.

O empregado submetido ao regime de teletrabalho ou trabalho remoto poderá prestar serviços por jornada, produção ou tarefa. Na hipótese da prestação de serviços em regime de teletrabalho por produção ou por tarefa, não se aplicará o disposto no Capítulo II do Título II da CLT que trata sobre controle de jornada de trabalho.

É obrigatório o registro na CTPS do trabalhador, no prazo de 5 dias úteis, contados da data de admissão, de que a prestação de serviços será na modalidade de teletrabalho, podendo ser especificadas as atividades que serão realizadas pelo empregado.

É possível a alteração entre o regime presencial e o de teletrabalho, mas desde que haja mútuo acordo entre as partes, devendo a modificação ser registrada em aditivo contratual.

É possível a alteração do regime de teletrabalho para o presencial por determinação do empregador, mesmo sem a concordância do trabalhador, mas devendo ser garantido o prazo de transição mínimo de 15 dias, além de ser feito o registro da modificação em aditivo contratual.

Deverá estar previsto expressamente no contrato quem (empregado ou empregador) será responsável pela aquisição, manutenção ou fornecimento dos equipamentos tecnológicos e da infraestrutura necessária e adequada à prestação do trabalho remoto, bem como se haverá reembolso de despesas arcadas pelo empregado, por exemplo, água, luz, aluguel, telefone e internet. Tal responsabilidade poderá ser assumida no todo ou em parte pelo empregador, ou da mesma forma pelo empregado. Caso alguma utilidade seja fornecida pelo empregador, não irá integrar a remuneração do empregado, isto é, o valor da utilidade não irá somar ao salário do trabalhador nem servirá de base para o cálculo do décimo terceiro salário, das férias e dos depósitos do FGTS.

O empregador deverá instruir o empregado, de maneira expressa e ostensiva, quanto às precauções que deverá observar a fim de evitar doenças e acidentes de trabalho. Neste caso, o empregado deverá assinar termo de responsabilidade comprometendo-se a seguir as instruções fornecidas pelo empregador, podendo até mesmo ser dispensado por justa causa caso fique comprovado que não está seguindo as instruções.

Na modalidade de teletrabalho, o empregado não tem direito ao pagamento de horas extras (inciso III do art. 62 da CLT), desde que preste serviço por produção ou tarefa. Em prestando serviço por jornada fará jus ao pagamento das horas extraordinárias.

IMPORTANTE

Pode ser ajustado entre empregador e empregado que o trabalho será realizado no regime híbrido, com parte das atividades em teletrabalho (ou trabalho remoto), e parte de forma presencial.

Enunciado n. 72 da 2ª Jornada de Direito Material e Processual do Trabalho: *"TELETRABALHO. RESPONSABILIDADE CIVIL DO EMPREGADOR POR DANOS.* A mera subscrição, pelo trabalhador, de termo de responsabilidade em que se compromete a seguir as instruções fornecidas pelo empregador, previsto no art. 75-E, parágrafo único, da CLT, não exime o empregador de eventual responsabilidade por danos decorrentes dos riscos ambientais do teletrabalho. Aplicação do art. 7º, XXII da Constituição c/c art. 927, parágrafo único, do Código Civil". (Enunciado Aglutinado n. 3 da Comissão 6)

No caso de fiscalização no local da residência do empregado, a visita sempre deverá ocorrer mediante a concordância expressa e com a presença do trabalhador, ou de alguém por ele indicado, bem como a visita somente deverá ter por objeto o controle da atividade laboral e dos instrumentos de trabalho, devendo se dar no horário comercial, respeitando os direitos fundamentais do empregado à intimidade e vida privada.

Tal modalidade de contratação poderá estar prevista em cláusula de acordo coletivo ou convenção coletiva de trabalho da categoria do trabalhador, sendo que a cláusula coletiva terá prevalência sobre a lei (inciso VIII do art. 611-A da CLT).

5.1.9 Contrato individual de trabalho a prazo determinado no regime de teletrabalho ou trabalho remoto

Neste tipo de contrato, a prestação de serviços ocorrerá fora das dependências do empregador (do art. 75-A ao art. 75-E da CLT), de maneira preponderante ou não, com a utilização de tecnologias de informação e de comunicação que, por sua natureza, não se constituem como trabalho externo.

É obrigatório o registro do contrato na CTPS do empregado no prazo de 5 dias úteis, contados da data de admissão, devendo o trabalhador ter acesso às informações no prazo de 48 horas, contado do momento em que for feito o registro, sob pena de autuação e multa administrativa.

Por ser a prazo determinado (§ 1º do art. 443 da CLT), será ajustado antecipadamente o seu termo, ou seja, a data do término do contrato de trabalho, isto é, a data do término do vínculo jurídico de emprego, sendo que o término do contrato poderá ser medido em número de dias, semanas, meses, anos ou em relação a certo serviço específico.

Deverão ser observadas as condições de validade do contrato de trabalho a prazo determinado (§ 2º do art. 443 da CLT).

Tal modalidade de contratação poderá estar prevista em cláusula de acordo coletivo ou convenção coletiva de trabalho da categoria do trabalhador, sendo que a cláusula coletiva terá prevalência sobre a lei (inciso VIII do art. 611-A da CLT).

IMPORTANTE

> Em tal tipo de contrato também pode ser ajustado que o trabalho será realizado no regime híbrido, com parte das atividades em teletrabalho (ou trabalho remoto), e parte em trabalho presencial.

5.1.10 Contrato individual de trabalho por experiência no regime de teletrabalho ou trabalho remoto

Contrato de trabalho na qual a prestação de serviços ocorrerá fora das dependências do empregador (do art. 75-A ao art. 75-E da CLT), de maneira preponderante ou não, com a utilização de tecnologias de informação e de comunicação que, por sua natureza, não se constituem como trabalho externo.

Por se tratar de contrato de experiência (letra *c* do § 2º do art. 443 da CLT), terá como prazo máximo de duração 90 dias, e visa verificar se o empregado tem aptidão ou condições de se adaptar às peculiaridades do trabalho.

É obrigatório anotar na CTPS do empregado, no prazo de 5 dias úteis, contados da data de admissão, que o contrato firmado é por experiência.

Pode ser prorrogado uma única vez, mas se o prazo máximo de 90 dias for excedido, o contrato de experiência se transformará em um contrato por tempo indeterminado. Por exemplo, o empregado pode ser contratado por 45 dias, podendo ser prorrogado por mais 45 dias. Porém, não pode ser contratado para 90 dias e ser prorrogado por mais 30 dias, pois passará a ser por tempo indeterminado.

No caso de rescisão antecipada do contrato de experiência, sem justa causa, é cabível o aviso prévio, desde que previsto em cláusula assecuratória do direito recíproco de rescisão antecipada (Súmula n. 163 do TST). Também é cabível a indenização prevista no *caput* do art. 479 da CLT, correspondente à metade da remuneração a que o empregado teria direito até o término do contrato de experiência.

IMPORTANTE

> Quando da contratação por experiência, poderá ser ajustado que o trabalho será realizado no regime híbrido, com parte das atividades em teletrabalho (ou trabalho remoto), e parte em trabalho presencial.

5.1.11 Contrato individual de trabalho a prazo indeterminado no regime de teletrabalho ou trabalho remoto e na modalidade de tempo parcial

Contrato de trabalho no qual a prestação de serviços ocorrerá fora das dependências do empregador (do art. 75-A ao art. 75-E da CLT), de maneira preponderante ou não, com a utilização de tecnologias de informação e de comunicação que, por sua natureza, não se constituem como trabalho externo.

Por se tratar de contrato a prazo indeterminado, não é ajustado prazo para o término da relação de emprego, e em sendo na modalidade de tempo parcial (*caput* do art. 58-A da CLT), a duração do trabalho poderá ter a duração semanal de até 30 horas, sem a possibilidade de realizar horas suplementares semanais, ou de até 26 horas, com a possibilidade de acréscimo de até 6 horas suplementares semanais.

Pode ser ajustado que o trabalho será realizado no regime híbrido, com parte das atividades em teletrabalho (ou trabalho remoto), e parte em trabalho presencial.

Tal tipo de contrato não é cabível no caso da prestação de serviços por produção ou tarefa, em que a remuneração do empregado não está condicionada à jornada de trabalho, ou seja, ao tempo despendido ao longo do dia para o cumprimento das atividades contratuais, sendo cabível somente no teletrabalho, ou trabalho remoto, por jornada.

IMPORTANTE

> É possível a contratação a prazo determinado, porém, deverão ser observadas as condições de validade do contrato a prazo previstas § 2º do art. 443 da CLT.

5.1.12 Contrato individual de trabalho intermitente no regime presencial, e obrigatoriamente a prazo indeterminado

No regime presencial, o empregado irá prestar serviços no estabelecimento do empregador, podendo também ser desenvolvidas atividades externas, sem que venham a ser caracterizadas teletrabalho.

Espécie de contrato de trabalho (*caput* do art. 443 da CLT) na qual a prestação de serviços, com subordinação, não é contínua, ocorrendo com alternância de períodos de prestação de serviços e de inatividade (§ 3º do art. 443 da CLT).

A prestação de serviços pode ser determinada em horas, dias ou meses, independentemente do tipo de atividade do empregado e do empregador, exceto para os aeronautas, que são regidos por legislação própria (§ 3º do art. 443 da CLT).

É obrigatório que seja celebrado por escrito e registrado na CTPS, no prazo de 5 dias úteis, ainda que previsto em acordo coletivo ou convenção coletiva de trabalho, devendo conter (*caput* do art. 452-A da CLT):

a) A identificação, a assinatura e o domicílio ou sede das partes;

b) O valor da hora ou do dia de trabalho, que não poderá ser inferior ao valor horário ou diário do salário-mínimo, nem inferior àquele devido aos demais empregados do estabelecimento que exerçam a mesma função, assegurada a remuneração do trabalho noturno superior à do diurno;

c) O local e o prazo para o pagamento da remuneração.

Dadas as características especiais do contrato de trabalho intermitente, é possível ser ajustado valor da hora de trabalho ou do dia de trabalho superior ao pago aos demais trabalhadores da empresa contratados no regime contínuo, sem que isso constitua discriminação salarial, ou mesmo dê direito ao pagamento de diferenças salariais por equiparação salarial. Porém, essa é uma questão prevista no art. 33 da Portaria MTP n. 671, de 08-11-2021, o que não significa que a Justiça do Trabalho venha a adotar o mesmo entendimento, visto que são esferas distintas, sendo uma administrativa e a outra judicial, respectivamente.

É facultado ser convencionado no contrato de trabalho intermitente (art. 35 da Portaria MTP n. 671, de 08-11-2021):

a) Os locais de prestação de serviços;

b) Os turnos para os quais o empregado será convocado para prestar serviços;

c) E as formas e instrumentos de convocação e de resposta para a prestação de serviços.

Neste tipo de contrato, o empregador irá convocar o empregado para prestar serviços com, pelo menos, 3 dias corridos de antecedência, podendo utilizar qualquer meio de comunicação eficaz (correio eletrônico, *WhatsApp, Messenger* etc.), devendo também ser informada qual será a jornada de trabalho no período, e por quanto tempo o trabalhador irá prestar os serviços (§ 1º do art. 452-A da CLT).

Recebida a convocação, o empregado terá o prazo de 1 dia útil para responder ao chamado, presumindo-se, no silêncio, a recusa. A recusa da oferta não irá descaracterizar a subordinação e o trabalhador não poderá sofrer qualquer tipo de punição disciplinar (§ 2º do art. 452-A da CLT).

Aceita a oferta para o comparecimento ao trabalho, a parte que descumprir (seja no todo ou em parte), sem justo motivo, pagará à outra parte, no prazo de 30 dias, uma multa equivalente a 50% da remuneração que seria devida, permitida a compensação em igual prazo (§ 4º do art. 452-A da CLT).

O período de inatividade não é considerado tempo à disposição do empregador, não tendo direito ao pagamento do salário, podendo o trabalhador prestar serviços a outros contratantes (§ 5º do art. 452-A da CLT). Legalmente, considera-se período de inatividade o intervalo temporal distinto daquele para o qual o empregado intermitente haja sido convocado e tenha prestado serviços, sendo que durante o período de inatividade o empregado poderá prestar serviços de qualquer natureza a outros tomadores, que exerçam ou não a mesma atividade econômica, utilizando contrato de trabalho intermitente ou mesmo outra modalidade de contrato de trabalho, como autônomo, por exemplo (§ 1º do art. 36 da Portaria MTP n. 671/2021).

Como no contrato de trabalho intermitente o período de inatividade não é considerado tempo à disposição do empregador, não é remunerado (§ 2º do art. 36 da Portaria MTP n. 671/2021). Porém, havendo remuneração nos períodos de inatividade, restará descaracterizado o contrato de trabalho intermitente, passando a ser considerado *contrato de trabalho contínuo,* com a exigência da prestação de serviços de forma continuada, sem períodos de inatividade (§ 2º do art. 36 da Portaria MTP n. 671/2021).

Ao final de cada período de prestação de serviço, o empregado receberá o pagamento imediato das seguintes parcelas (§ 6º do art. 452-A da CLT):

a) A remuneração;

b) As férias proporcionais com acréscimo de um terço;

c) O décimo terceiro salário proporcional;

d) O repouso semanal remunerado;

e) E os adicionais legais, se houver.

Na hipótese de o período de convocação exceder um mês, o pagamento das parcelas acima não poderá ser estipulado por período superior a um mês, devendo ser pagas até o 5º dia útil do mês seguinte ao trabalhado, e o recibo de pagamento deverá conter a discriminação dos valores pagos (art. 32 da Portaria MTP n. 671/2021).

O empregador deverá efetuar o recolhimento da contribuição previdenciária e o depósito do Fundo de Garantia do Tempo de Serviço (FGTS), na forma da lei, com base nos valores pagos no período mensal e fornecerá ao empregado comprovante do cumprimento dessas obrigações (art. 38 da Portaria MTP n. 671/2021).

A cada 12 meses, o empregado irá adquirir o direito a usufruir, nos 12 meses subsequentes, 1 mês de férias, período no qual não poderá ser convocado para prestar serviços pelo mesmo empregador (§ 9º do art. 452-A da CLT). Mediante prévio acordo com o empregador, o empregado poderá usufruir das férias em até três períodos, sendo que um deles não poderá ser inferior a 14 dias corridos e os demais não poderão ser inferiores a 5 dias corridos, cada um, sendo vedado o início das férias no período de 2 dias que antecede feriado ou dia de repouso semanal remunerado (§§ 1º e 3º do art. 134 da CLT).

Quando da rescisão contratual, as verbas rescisórias e o aviso prévio serão calculados com base na média dos valores recebidos pelo empregado no curso do contrato de trabalho intermitente (art. 38 da Portaria MTP n. 671/2021).

É possível ser estabelecido por meio de cláusula de acordo coletivo ou de convenção coletiva de trabalho a possibilidade ou não de contratação de trabalhador na modalidade intermitente, sendo que as cláusulas normativas têm prevalência sobre a lei (inciso VIII do art. 611-A da CLT).

IMPORTANTE

Legalmente, somente é possível a contratação da prestação do trabalho intermitente a prazo indeterminado, não sendo possível a contratação a prazo determinado nem mesmo por experiência.

5.1.13 Terceirização

Há, ainda, a possibilidade de o trabalhador celetista estar vinculado juridicamente a uma empresa que presta serviços a terceiros. Isto é o que prevê a Lei n. 6.019/74, modificada pela Lei n. 13.429/2017, que, além de tratar sobre o trabalho temporário, dispõe também sobre as relações de trabalho na empresa de prestação de serviços a terceiros. Segundo a Lei podem ser terceirizados os serviços de qualquer uma das atividades da empresa contratante (tomadora).

5.1.14 Salário mensal

Para calcular o valor do salário mensal, pode-se proceder da seguinte forma:

> **Quando o empregado recebe salário/hora e cumpre jornada normal de trabalho de 8 horas diárias e 44 horas semanais**: o salário mensal corresponderá ao valor do salário/hora multiplicado por 220 (considerando a duração do trabalho de 44 horas semanais, sendo que: 44 horas ÷ 6 dias úteis da semana = 7,33 horas/dia × 30 dias = 220 horas).

OBSERVAÇÃO _____

Alguns autores ainda utilizam o divisor 240 em vez de 220. Exemplo: João recebe o salário/hora de R$ 5,00. Neste caso, o valor do salário mensal do empregado é de R$ 1.200,00 (R$ 5,00 × 240 = R$ 1.200,00).

Sempre deverá ser considerado o mês de 30 dias para cálculo de dias de trabalho/mês, mesmo que o mês tenha 29 ou 31 dias (*caput* do art. 64 da CLT).

> **Quando o empregado recebe salário/hora e cumpre jornada normal de trabalho de 8 horas diárias e 40 horas semanais, por ter sido dispensado o trabalho aos sábados**: o salário mensal corresponderá ao valor do salário/hora multiplicado por 200 (considerando a duração do trabalho de 40 horas semanais, sendo que: 40 horas ÷ 6 dias úteis da semana = 6,66 horas/dia × 30 dias = 200 horas).

> **Quando o empregado recebe salário/hora e cumpre jornada normal de trabalho de 6 horas (exemplo: bancários)**: o salário mensal corresponderá ao valor do salário/hora multiplicado por 180 (considerando a duração do trabalho de 30 horas semanais, sendo que: 30 horas ÷ 5 dias úteis da semana = 6 horas/dia × 30 dias = 180 horas).

> **Quando o empregado recebe salário/dia**: o salário mensal corresponderá ao valor do salário/dia multiplicado por 30 dias.

> **Quando o empregado recebe salário/semana**: o salário mensal corresponderá ao valor do salário semanal dividido por 7 e multiplicado por 30 dias.

OBSERVAÇÃO

O mês trabalhista tem cinco semanas, sendo que: 44 horas × 5 semanas = 220 horas.

› **Quando o empregado recebe salário/quinzena:** o salário mensal corresponderá ao valor do salário quinzenal multiplicado por 2.

Exemplos:

1. João recebe o salário/hora de R$ 6,00:

Valor do salário mensal = R$ 6,00 × 220 horas = R$ 1.320,00

2. Luciano é bancário e recebe o salário/hora de R$ 8,00:

Valor do salário mensal = R$ 8,00 × 180 horas = R$ 1.440,00

3. Maria recebe por dia a importância de R$ 30,00:

Valor do salário mensal = R$ 30,00 × 30 dias = R$ 900,00

4. Leonardo recebe por semana o salário de R$ 280,00:

Valor do salário mensal = R$ 280,00 ÷ 7 × 30 = R$ 1.200,00

5. Lia recebe por quinzena o salário de R$ 800,00:

Valor do salário mensal = R$ 800,00 × 2 = R$ 1.600,00

5.1.15 Repouso Semanal Remunerado (RSR) ou Descanso Semanal Remunerado (DSR)

Segundo o *caput* do art. 67 da CLT e o art. 1º da Lei n. 605, de 5-1-1949, todo empregado tem direito ao Repouso Semanal Remunerado (RSR) de 24 horas consecutivas, preferentemente aos domingos, abrangendo também os dias feriados, civis e religiosos (art. 70 da CLT).

Portanto, o RSR corresponde a 1 dia de folga, que preferentemente deve ser usufruído aos domingos, mas que também pode ocorrer em outros dias da semana, como no caso de empregados de bares, restaurantes, cinemas, supermercados etc., que trabalham muitas vezes nos domingos e feriados, e acabam gozando o repouso semanal em outro dia da semana.

Constitui violação ao inciso XV do art. 7º da CRFB a concessão de repouso semanal remunerado após o sétimo dia consecutivo de trabalho, importando no seu pagamento em dobro (Orientação Jurisprudencial n. 410 da Subseção de Dissídios Individuais I do TST).

Não será devida a remuneração do repouso quando, sem motivo justificado, o trabalhador não tiver trabalhado durante toda a semana anterior, isto é, não tiver sido **assíduo**, cumprindo integralmente o seu horário de trabalho, ou seja, não houver sido **pontual**. Então, no caso em que o empregado tiver alguma falta injustificada durante a semana, não será devida a remuneração do RSR (*caput* e § 1º do art. 6º da Lei n. 605/49 e art. 473 da CLT).

O trabalho prestado em domingos e feriados, não compensado, deve ser pago em dobro, sem prejuízo da remuneração relativa ao repouso semanal (Súmula n. 146 do TST).

Computam-se no cálculo do repouso remunerado as horas extras habitualmente prestadas (Súmula n. 172 do TST), assim como as gorjetas (*caput* do art. 457 da CLT).

Em decisão proferida em 20/03/2023, o Tribunal Pleno do Tribunal Superior do Trabalho alterou o teor da Orientação Jurisprudencial n. 394 da Subseção I da Seção Especializada em Dissídios Individuais, na qual a majoração do valor do repouso semanal remunerado, em razão da integração das horas extras habitualmente prestadas, deve repercutir no cálculo das férias, do décimo terceiro salário, do aviso prévio e do FGTS. Na prática, a alteração do entendimento impactou a folha de pagamentos, especialmente quando há prestações habituais de horas extraordinárias. A situação envolveu a sistemática dos recursos repetitivos, introduzida no processo do trabalho pela Lei n. 13.015/2014, na qual, em considerando que determinada matéria é repetitiva, todos os recursos que estiverem nos Tribunais Regionais do Trabalho, sobre o mesmo tema, ficarão sobrestados aguardando a decisão do primeiro caso, denominado de recurso paradigma. Em sendo decidido o caso paradigma, todos os demais que estavam sobrestados deverão ser julgados no mesmo sentido.

No caso do **contrato de trabalho intermitente** (§ 3º do art. 443 da CLT), ao final de cada período de prestação de serviço o empregado receberá o pagamento imediato do repouso semanal remunerado (inciso IV do § 6º do art. 452-A da CLT).

No sistema de 12 horas de trabalho por 36 horas de descanso (*caput* do art. 59-A da CLT), o salário pactuado com o trabalhador engloba os pagamentos devidos pelo descanso semanal remunerado e pelo descanso em feriados, que serão considerados compensados (parágrafo único do art. 59-A da CLT).

Calculando o repouso semanal remunerado

Para o empregado que recebe por hora, poderá obter o valor do RSR multiplicando o valor da hora pelo número de horas trabalhadas na jornada normal.

> **RSR (valor semanal)** = valor do salário hora × número de horas trabalhadas na jornada normal

Exemplo: José tem uma jornada normal de trabalho de 8 horas e recebe R$ 10,00 por hora de trabalho. Neste caso, o valor do RSR de José será de R$ 80,00.

> **RSR = R$ 10,00 × 8 horas = R$ 80,00**

Para o empregado que recebe por semana, poderá obter o valor do RSR somando o valor de cada dia de trabalho da semana, dividindo o resultado pelo número de dias trabalhados na semana.

> **RSR (valor semanal)** = valor total dos dias de trabalho na semana ÷ número de dias trabalhados na semana

Exemplo: Maria recebe R$ 300,00 por semana, com uma jornada de trabalho 8 horas, de segunda a sexta-feira, e 4 horas no sábado. Neste caso, o valor do RSR de Maria será de R$ 50,00.

> **RSR = R$ 300,00 ÷ 6 dias = R$ 50,00**

Para o empregado que recebe por mês, poderá obter o valor do RSR dividindo o valor do salário do mês por 30. O resultado será o valor de 1 dia do RSR. Normalmente, para quem recebe salário mensal, a remuneração do repouso já é procedida integralmente na folha de pagamento.

> **RSR (valor semanal)** = valor do salário do mês : 30

Exemplo: Pedro recebe R$ 1.200,00 mensais. Neste caso, o valor do RSR de Pedro será de R$ 40,00.

> **RSR = R$ 1.200,00 ÷ 30 dias = R$ 40,00**

Também se pode obter o valor do RSR deduzindo dos 30 dias o número correspondente aos domingos e feriados do mês, dividindo-se o salário pelo número de dias úteis, e multiplicando pelo número de RSR (incluídos os feriados).

> **Fórmulas**
> Quantidade de dias úteis no mês = 30 dias – número de RSR no mês (incluídos os feriados)
> Valor do RSR = valor do salário ÷ número de dias úteis no mês
> Valor mensal do RSR = valor de 1 dia do RSR × número de RSR no mês (incluídos os feriados)

Exemplo: o mês de novembro de 2017 possui 4 domingos e 2 feriados (finados no dia 2 e Proclamação da República no dia 15). Portanto, em novembro de 2017 temos 24 dias úteis e 6 RSR. Paulo recebe o salário mensal de R$ 1.500,00. Neste caso, o RSR de Paulo no mês de novembro de 2017 é de R$ 375,00.

Utilizando as fórmulas:

> ❯ Quantidade de dias úteis no mês = 30 dias – 6 RSR = 24 dias úteis
> ❯ Valor do RSR = R$ 1.500,00 ÷ 24 dias = R$ 62,50
> ❯ Valor mensal do RSR = R$ 62,50 × 6 RSR = R$ R$ 375,00

DICA

> Pode-se obter o mesmo resultado dividindo-se a quantidade de dias de domingos e feriados pelo percentual do número de dias úteis do mês. Após, deve-se multiplicar o valor total do salário recebido pelo percentual do resultado obtido.
>
> No exemplo acima: o mês tinha 4 domingos e 2 feriados, totalizando 6 RSR, e 24 dias úteis, e o empregado recebeu o salário mensal de R$ 1.500,00.
>
> Neste caso: 6 RSR ÷ 24% = 25(%). Então, o valor do RSR será de R$ 375,00, pois R$ 1.500,00 × 25% = R$ 375,00.

Também se pode obter o valor do RSR utilizando a seguinte fórmula:

> **RSR** = ([quantidade de horas normais realizadas no mês ÷ número de dias úteis no mês (inclusive o sábado)] × número de domingos e feriados no mês) × valor da hora normal

Exemplo: Lúcia recebe R$ 10,00 por cada hora de trabalho. Em setembro de 2017, a obreira trabalhou 200 horas, sendo que tal mês teve 25 dias úteis, 4 domingos e 1 feriado (7 de setembro). Neste caso, Lúcia tem direito ao RSR no valor de R$ 400,00.

> **RSR = ([200 ÷ 25] × 5) × R$ 10,00 = R$ 400,00**

DICA

Pode-se obter o mesmo resultado dividindo-se a quantidade de dias de domingos e feriados pelo percentual do número de dias úteis do mês.

Posteriormente, deve-se multiplicar o valor da hora de trabalho pela quantidade de horas de trabalho prestadas no mês e, após, deverá ser multiplicado pelo percentual do resultado obtido no parágrafo anterior.

No exemplo acima: o mês tinha 4 domingos e 1 feriado, totalizando 5 RSR, e 25 dias úteis, e a empregada recebeu R$ 10,00 por hora de trabalho, tendo prestado 200 horas de trabalho no mês.

Neste caso: 5 RSR ÷ 25% = 20 (%). Então, o valor do RSR será de R$ 400,00, pois [R$ 10,00 × 200 horas] × 20% = R$ 400,00.

Porém, quando há pagamento de adicionais (horas extras, adicional noturno, adicional de insalubridade etc.), comissões e gratificações, o cálculo será outro. Devem ser somados os valores pagos a título de adicionais, gratificações e comissões, dividindo o resultado pelo número de dias úteis no mês (considerando o sábado), e multiplicando pelo número de domingos e feriados do mês. Com isso, se obterá o valor mensal a ser recebido a título de integração do valor dos adicionais etc. no valor do repouso semanal remunerado.

RSR (valor mensal) = [total dos valores pagos a título de adicionais, gratificações e comissões ÷ número de dias úteis no mês (inclusive o sábado)] × número de domingos e feriados no mês

Exemplo: se um empregado receber o salário fixo mensal de R$ 2.000,00, mais R$ 500,00 a título do adicional de horas extras, em um mês com 26 dias úteis (inclusive o sábado), e 4 dias de descanso, ele deverá ter a quantia de R$ 76,92 integrada ao seu RSR, tendo como salário final o valor de R$ 2.076,92.

Utilizando a fórmula:

RSR (valor mensal) = [R$ 500,00 ÷ 26 dias úteis] × 4 = R$ 76,92

DICA

Pode-se obter o mesmo resultado dividindo-se a quantidade de dias de domingos e feriados pelo percentual do número de dias úteis do mês. Agora é só multiplicar o valor total dos adicionais, gratificações e comissões recebidos no mês pelo percentual do resultado obtido.

No exemplo acima: o mês tinha 4 domingos, e nenhum feriado, totalizando 4 RSR, e 26 dias úteis, tendo o empregado recebido a importância de R$ 500,00 a título de horas extras.

Neste caso: 4 RSR ÷ 26% = 15,3834 (%). Então, o valor do RSR será de R$ 76,92, pois R$ 500,00 × 15,3834% = R$ 76,92.

Somando este valor ao salário (R$ 2.000,00 + R$ 76,92), o resultado obtido é R$ 2.076,92, que corresponderá à remuneração do trabalhador no mês, incluso o valor do RSR.

No caso da trabalhadora doméstica mensalista, o salário-dia normal é obtido dividindo-se o salário mensal por 30, e servirá de base para o pagamento do repouso semanal remunerado e dos feriados (§ 3º do art. 2º da Lei Complementar n. 150/2015). O trabalho da doméstica não compensado, prestado em domingos e feriados, deve ser pago em dobro, sem prejuízo da remuneração relativa ao repouso semanal (§ 8º do art. 2º da Lei Complementar n. 150/2015).

5.1.16 Aviso prévio trabalhado (cumprido em serviço)

Pagamento correspondente a um salário do empregado devido em decorrência da rescisão, sem justa causa, do contrato de trabalho ajustado por prazo indeterminado (*caput* do art. 487 da CLT). Devido também nos contratos por prazo determinado, que tenham cláusula assecuratória do direito recíproco de rescisão, na hipótese em que a parte venha a exercer tal direito, rescindindo o contrato antes de expirado o prazo ajustado, sem justo motivo (art. 481 da CLT). No caso de o empregado pedir demissão, antes de terminado o prazo, caberá a ele dar o aviso prévio (§ 2º do art. 487 da CLT).

Deve-se utilizar como base o valor do último salário do empregado. As gorjetas, cobradas pelo empregador na nota de serviço ou oferecidas espontaneamente pelos clientes, não servem de base de cálculo do aviso prévio (Súmula n. 354 do TST).

O pagamento relativo ao período do aviso prévio, trabalhado ou não, está sujeito a contribuição para o FGTS (Súmula n. 305 do TST).

IMPORTANTE

Segundo a Lei n. 12.506, de 11-10-2011, o aviso prévio será concedido na proporção de 30 dias aos empregados que contem até 1 ano de serviço na mesma empresa, devendo ser acrescido de 3 dias por cada ano adicional de serviço prestado para a mesma empresa, até o máximo de 60 dias, perfazendo um total de até 90 dias.

De acordo com a Nota Técnica CGRT/SRT/MTE n. 184/2012, que trata sobre o aviso prévio proporcional ao tempo de serviço, os empregados terão no mínimo 30 dias de aviso prévio durante o primeiro ano completo de serviço na mesma empresa, somando a cada novo ano completo mais 3 dias. Neste caso, deverá ser de 33 dias o tempo do aviso prévio para empregados com 1 ano completo de serviço na empresa; será de 36 dias para os empregados que contem 2 anos, e assim sucessivamente, resguardado o limite de 90 dias. Portanto, de acordo com tal norma, o primeiro ano de serviço também deverá ser computado para a concessão do aviso prévio proporcional ao tempo de serviço.

Importante ressaltar que a Lei n. 12.506/2011 somente é aplicável nas hipóteses de dispensa sem justa causa, sendo incompatível com o pedido de demissão formulado pelo empregado.

Há uma forma simples de calcular o aviso prévio proporcional ao tempo de serviço, com base na Nota Técnica CGRT/SRT/MTE n. 184/2012, que pode ser observada no seguinte exemplo: um empregado trabalhou 10 anos numa empresa, tendo direito a 60 dias de aviso prévio. Tal quantidade de dias foi obtido por meio da seguinte fórmula: 30 dias + (número de anos completos trabalhados × 3). No exemplo, 30 + (10 × 3) = 30 + 30 = 60 dias de aviso prévio proporcional ao tempo de serviço.

Para o empregado ter direito aos 90 dias de aviso prévio deverá ter trabalhado 20 anos completos para a mesma empresa, sem que tenha ocorrido rescisão contratual.

Uma dúvida recorrente é se deverá haver a aplicação da proporcionalidade em relação à quantidade de dias, quando o empregado vier a escolher faltar ao serviço por 7 dias corridos, na forma disposta no parágrafo único do art. 488 da CLT, no caso do aviso prévio proporcional ao tempo de serviço, previsto pela Lei n. 12.506/2011. Assim, uma questão que surge é se deverão ser acrescidos mais dias quando o aviso prévio for superior a 30 dias. Por exemplo, empregado que trabalhou numa empresa por 4 anos, e foi dispensado sem justa causa, poderá escolher entre reduzir em duas horas a jornada de trabalho ou faltar ao serviço; como seu aviso prévio será de 42 dias, terá direito a faltar 10 dias corridos em vez de 7 dias? Neste caso, a proporcionalidade foi obtida por meio de uma regra de três simples, da seguinte forma: [42 dias × 7 dias] ÷ 30 dias = 9,8 dias, que, arredondado, totaliza 10 dias. Em situações como esta, na qual o aviso prévio é em número superior a 30 dias, em aplicação da Lei n. 12.506/2011, deverá ser observada a orientação prevista na Nota Técnica CGRT/SRT/MTE n. 184/2012, na qual o art. 488 da CLT trata do cumprimento de jornada reduzida ou da faculdade de ausência no trabalho durante o aviso prévio, sendo que a Lei n. 12.506/2011 em nada alterou sua aplicabilidade, pois que nenhum critério de proporcionalidade foi expressamente regulado pelo legislador. Em assim sendo, continua em vigência a redução de duas horas diárias ou de 7 dias corridos, durante todo o prazo do aviso prévio, seja de 30 ou mais dias. Portanto, quando o empregado tiver mais de um ano de serviço na mesma empresa, e for dispensado sem justa causa, poderá optar pelo o que lhe for mais favorável, ou seja, reduzir a jornada de trabalho em duas horas por todo o período do aviso prévio, ou faltar por 7 dias corridos, sem majoração proporcional pelo elastecimento do período do aviso prévio.

Outra questão importante se refere ao fato de que algumas profissões têm jornada de trabalho diferenciada, inferior a 8 horas diárias, como é o caso do bancário, que tem jornada de trabalho de 6 horas, conforme previsto no *caput* do art. 224 da CLT. Neste caso, em relação às duas horas de trabalho que deverão ser reduzidas, caso o empregado opte pela aplicação do *caput* do art. 488 da CLT, deverá ocorrer a proporcionalidade em relação à quantidade de horas. Assim, o empregado bancário que optar pela redução da jornada de trabalho, durante o prazo do aviso prévio, terá seu horário normal de trabalho reduzido em 1h30, e não em 2 horas, como ocorre com aquele que trabalha 8 horas diárias. Por meio de uma regra de três simples se poderá obter tal resultado: [6 horas × 2 horas] ÷ 8 horas = 1,5 hora, ou seja, 1h30. Como o objetivo do aviso prévio é proporcionar ao trabalhador certa quantidade de dias para que possa buscar nova colocação no mercado do trabalho, o empregado com jornada de trabalho inferior a oito horas terá maior disponibilidade de tempo para procurar novo emprego do que aquele que trabalha por mais horas ao longo do dia.

5.1.17 Aviso prévio não trabalhado (indenizado)

Pagamento de uma quantia substitutiva devida ao empregado despedido sem justa causa, em razão da dispensa do cumprimento do aviso prévio pelo empregador.

Isto porque "a falta do aviso prévio por parte do empregador dá ao empregado o direito aos salários correspondentes ao prazo do aviso, garantida sempre a integração desse período no seu tempo de serviço" (§ 1º do art. 487 da CLT).

Deve-se utilizar como base o valor do último salário.

O pagamento relativo ao período de aviso prévio, trabalhado ou não, está sujeito a contribuição para o FGTS (Súmula n 305 do TST). Portanto, é obrigatório o depósito do FGTS sobre o aviso prévio indenizado.

Como a letra *f* do inciso V do § 9º do art. 214 do Decreto n. 3.048/99 foi revogada pelo Decreto n. 6.727/2009, passou a ser procedida a contribuição previdenciária sobre o aviso prévio indenizado.

Porém, em relação à incidência da contribuição previdenciária sobre o aviso prévio indenizado, o Tribunal Superior do Trabalho tem manifestado o entendimento de que tal verba não tem natureza salarial, mas indenizatória, quando paga no processo e, portanto, não pode ser objeto de incidência da referida contribuição, que somente deve ser procedida em relação ao aviso prévio trabalhado.

Em 2017, a Instrução Normativa n. 1.730/2017 da Receita Federal do Brasil alterou as regras sobre geração e preenchimento de GPS em relação ao aviso prévio indenizado, determinando que a contribuição previdenciária não deverá incidir sobre o aviso prévio indenizado. No julgamento do Recurso Especial (REsp) n. 1.230.957/RS, o Superior Tribunal de Justiça já havia manifestado o entendimento de que não é possível a incidência da contribuição previdenciária sobre o aviso prévio indenizado. Tal posicionamento foi reconhecido pela Procuradoria-Geral da Fazenda Nacional (PGFN) na Nota PGFN/CRJ n. 485, de 2-6-2016, vinculando o entendimento no âmbito da Receita Federal.

OBSERVAÇÃO

Aplicando-se a Lei n. 12.506/2011 e a Nota Técnica CGRT/SRT/MTE n. 184/2012, que tratam sobre o aviso prévio proporcional ao tempo de serviço, se o empregado for despedido sem justa causa e houver trabalhado, por exemplo, 6 anos completos para a mesma empresa, com salário mensal de R$ 2.000,00, e for dispensado do cumprimento do aviso prévio, terá direito ao pagamento do valor correspondente à indenização do aviso no importe de R$ 3.200,16. Pode-se obter tal resultado utilizando os seguintes cálculos: 30 dias + (número de anos completos trabalhados × 3). Aplicando ao exemplo: 30 dias + (6 anos × 3 dias) = 48 dias(período que o empregado tem direito ao aviso prévio). Para se chegar ao valor da indenização, pode-se utilizar o cálculo a seguir: R$ 2.000,00 ÷ 30 dias = R$ 66,67 (valor de 1 dia de trabalho); R$ 66,67 × 48 dias = R$ 3.200,16. Outro exemplo: com 10 anos completos de trabalho para a empresa XYZ S/A, e salário mensal de R$ 1.500,00, José foi despedido sem justa causa, com a dispensa do cumprimento do aviso prévio. Neste caso, o trabalhador terá direito ao pagamento do aviso prévio indenizado proporcional ao tempo de serviço no importe de R$ 3.000,00. Cálculos: 30 dias + (10 anos × 3 dias) = 60 dias (período a que José tem direito ao aviso prévio); R$ 1.500,00 ÷ 30 dias = R$ 50,00 (valor de 1 dia de trabalho); R$ 50,00 × 60 dias = R$ 3.000,00.

5.1.18 Saldo de salário

Pagamento correspondente à quantidade de dias trabalhados pelo empregado no último mês de serviço.

A verba deve ser calculada da seguinte forma: deve-se dividir o valor do salário mensal do empregado por 30 (dias), e multiplicar este resultado pela quantidade de dias trabalhados no último mês de serviço.

Fórmula: (valor do salário mensal ÷ 30 dias) × quantidade de dias trabalhados no último mês de serviço

Exemplos:

1. Um empregado que tiver trabalhado até o dia 16-7-2020, com salário mensal de R$ 1.260,00. O valor de seu saldo de salário será de R$ 672,00 (R$ 1.260,00 ÷ 30 dias × 16 dias trabalhados no último mês de serviço).

2. Maria recebe um salário mensal de R$ 960,00. Se for dispensada pelo empregador no dia 21-8-2021, terá direito ao recebimento de R$ 672,00 a título de saldo de salário (R$ 960,00 ÷ 30 dias × 21 dias trabalhados no último mês de serviço).

5.1.19 Décimo terceiro salário integral ou gratificação natalina

Pagamento do valor da remuneração mensal do empregado, correspondente ao período completo de 12 meses de trabalho, para o mesmo empregador, no mesmo ano. Deve-se utilizar como base o valor da remuneração devida no mês de dezembro.

Tem direito ao pagamento da gratificação natalina o empregado que houver trabalhado todo o ano, de janeiro a dezembro.

Exemplo: João foi admitido no dia 1º-1-2020, com salário mensal de R$ 2.000,00. Considerando que o trabalhador não teve nenhum aumento de salário durante o ano, em dezembro de 2020 o obreiro terá direito ao décimo terceiro salário no valor de R$ 2.000,00.

Segundo a Súmula n. 45 do TST, a importância recebida a título de horas extras, habitualmente prestadas, integra o cálculo do décimo terceiro salário (somam-se todas as horas extras prestadas no ano e divide-se o resultado por 12).

Exemplo: Joaquim recebe o salário mensal de R$ 2.200,00. Considerando que a duração normal do trabalho de Joaquim é de 44 horas semanais, e que o trabalhador fez horas extras regulares durante o ano, conforme o quadro abaixo, em dezembro de 2023 o obreiro terá direito ao pagamento de R$ 2.360,00 a título de décimo terceiro salário, sendo: R$ 1.920,00 ÷ 12 meses = R$ 160,00 + R$ 2.200,00 = R$ 2.360,00.

Mês	Quantidade de horas extras feitas no mês	Valor mensal das horas extras
01/2023	10 horas	R$ 150,00
02/2023	20 horas	R$ 300,00
03/2023	15 horas	R$ 225,00
04/2023	5 horas	R$ 75,00
05/2023	10 horas	R$ 150,00
06/2023	10 horas	R$ 150,00
07/2023	12 horas	R$ 180,00
08/2023	14 horas	R$ 210,00
09/2023	8 horas	R$ 120,00
10/2023	5 horas	R$ 75,00
11/2023	16 horas	R$ 240,00
12/2023	3 horas	R$ 45,00
Valor total recebido por Joaquim a título de horas extras em 2023		R$ 1.920,00
Valor médio recebido por Joaquim a título de horas extras em 2023		R$ 160,00

Na contagem dos avos, deverá ser considerado mês integral a fração igual ou superior a 15 dias de trabalho no mês. Exemplo: empregado admitido em 10-1-2019 (trabalhou mais de 15 dias em janeiro) e dispensado sem justa causa em 15 de dezembro do mesmo ano (trabalhou 15 dias em dezembro) tem direito ao pagamento do décimo terceiro salário integral de 2019.

No cálculo, sempre deverá ser integrado o tempo correspondente ao aviso prévio, trabalhado ou indenizado. Exemplo: empregado admitido em 2-1-2019 e dispensado sem justa causa em 20-11-2019, com a dispensa do cumprimento do aviso prévio pelo empregador (aviso prévio indenizado); com a projeção do contrato de trabalho pelo tempo correspondente ao prazo do aviso prévio, tem-se como último dia do contrato de trabalho a data de 20-12-2019; portanto o empregado tem direito ao pagamento do décimo terceiro integral de 2019 (20 dias é mais do que 15 dias = 1/12). A quantidade de dias acrescidos em decorrência do novo aviso prévio (Lei n. 12.506/2011) também deverá ser considerada no cálculo do décimo terceiro salário integral ou proporcional.

No caso de trabalhador que recebe salário variável, o décimo terceiro salário deverá corresponder ao cálculo da média de todos os valores recebidos nos meses trabalhados no ano (somam-se os salários recebidos de janeiro a dezembro e divide-se o resultado por 12).

OBSERVAÇÃO

No processo trabalhista, o décimo terceiro salário deve ser calculado sobre a remuneração do mês da rescisão.

5.1.20 Décimo terceiro salário proporcional

Pagamento do valor da remuneração mensal do empregado multiplicada pelo total do número de avos corresponde à quantidade de meses, ou fração igual ou superior a 15 dias, alusivo ao espaço de tempo inferior a 12 meses de trabalho, no mesmo ano, na qual o empregado não completou o período necessário para ter direito ao décimo terceiro salário integral. Deve-se levar em conta o mês em que ocorreu a rescisão do contrato de trabalho.

Na contagem da quantidade de avos, o mês da rescisão somente deverá ser considerado quando o empregado houver trabalhado 15 dias ou mais. Caso tenha trabalhado até 14 dias, o mês da rescisão não deverá ser considerado para cálculo da proporcionalidade da verba. Assim, um empregado que tenha trabalhado de janeiro até o dia 16 de novembro tem direito a 11/12; já outro que tenha trabalhado até o dia 14 de outubro tem direito a 9/12.

A verba deve ser calculada da seguinte forma: multiplicar o valor da remuneração mensal do empregado pela quantidade total de avos. No caso de trabalhador que recebe salário variável, deve-se calcular a média de todos os valores recebidos nos meses trabalhados.

Fórmula: valor da remuneração mensal × a quantidade total de avos

IMPORTANTE

No processo trabalhista, o décimo terceiro salário deve ser calculado sobre a remuneração do mês da rescisão.

Exemplos:
1. Um empregado com salário de R$ 1.350,00 que tenha trabalhado de janeiro até o dia 14 de dezembro receberá na rescisão do contrato de trabalho a importância de R$ 1.237,50, sendo R$ 1.350,00 × 11 / 12 (onze doze avos).
2. O empregado admitido no dia 22-1-2020, com salário mensal de R$ 2.200,00, dispensado sem justa causa no dia 15-12-2020, tem direito a 11/12 a título de décimo terceiro proporcional, sendo:

De 22-1-2020	a 31-1-2020	Como em janeiro o empregado somente trabalhou 10 dias, a fração não deverá ser computada para efeito de avos, pois tem menos do que 15 dias de trabalho (a fração inferior a 15 dias de serviço não será havida como mês integral)
De 1º-2-2020	a 28-2-2020	O mês inteiro de serviço corresponde a 1/12
De 1º-3-2020	a 31-3-2020	O mês inteiro de serviço corresponde a 1/12
De 1º-4-2020	a 30-4-2020	O mês inteiro de serviço corresponde a 1/12
De 1º-5-2020	a 31-5-2020	O mês inteiro de serviço corresponde a 1/12
De 1º-6-2020	a 30-6-2020	O mês inteiro de serviço corresponde a 1/12
De 1º-7-2020	a 31-7-2020	O mês inteiro de serviço corresponde a 1/12
De 1º-8-2020	a 31-8-2020	O mês inteiro de serviço corresponde a 1/12
De 1º-9-2020	a 30-9-2020	O mês inteiro de serviço corresponde a 1/12
De 1º-10-2020	a 31-10-2020	O mês inteiro de serviço corresponde a 1/12
De 1º-11-2020	a 30-11-2020	O mês inteiro de serviço corresponde a 1/12
De 1º-12-2020	a 15-12-2020	A fração deverá ser computada para efeito de avos, pois tem 15 dias de trabalho (a fração igual ou superior a 15 dias de serviço será havida como mês integral)

Assim, o empregado deverá receber a título de décimo terceiro proporcional a importância de R$ 2.016,66, sendo: R$ 2.200,00 × 11 / 12 (onze doze avos).

IMPORTANTE

O período do aviso prévio trabalhado ou indenizado conta para fins de cômputo do número de avos do décimo terceiro salário integral e proporcional. Assim, o empregado dispensado sem justa causa no dia 18-4-2023, com aviso prévio indenizado, tem direito a 5/12 a título de décimo terceiro salário proporcional, visto que o aviso prévio indenizado (e o trabalhado) tem como principal efeito a projeção do contrato de trabalho pelo tempo correspondente ao período do aviso prévio (30 dias). No exemplo, a extinção do vínculo jurídico ocorrerá no dia 18-5-2023.

5.1.21 Férias anuais vencidas

Pagamento de uma remuneração mensal do empregado, correspondente a um período completo de 12 meses de trabalho para o mesmo empregador, no qual o trabalhador adquiriu o direito ao gozo das férias anuais. Portanto, tem direito ao gozo de férias o empregado que houver completado o período aquisitivo (*caput do art. 130 da CLT*). Exemplos: o empregado que for admitido em 10-3-2018 terá completado o período aquisitivo em 9-3-2019, e as férias deverão ser concedidas dentro dos 12 meses subsequentes, ou seja, de 10-3-2019 a 9-3-2020; empregada admitida em 25-8-2020 terá completado o período aquisitivo em 24-8-2021, sendo que as férias deverão ser concedidas pelo empregador dentro dos 12 meses subsequentes, ou seja, de 25-8-2021 a 24-8-2022.

No cálculo das férias deve-se utilizar como base o valor da última remuneração do empregado. Os adicionais por trabalho extraordinário, noturno, insalubre ou perigoso também servem de base ao cálculo da remuneração das férias (§ 5º do art. 142 da CLT). Segundo a Súmula n. 7 do TST, a indenização pelo não deferimento das férias no tempo oportuno será calculada com base na remuneração devida ao empregado na época da reclamação ou, se for o caso, na da extinção do contrato de trabalho. No caso de trabalhador que recebe salário variável, deve-se calcular a média de todos os valores recebidos nos meses trabalhados no período aquisitivo.

No cálculo, deve-se observar a proporção de dias de férias, em razão da quantidade de faltas não justificadas, conforme previsão contida no art. 130 da CLT, inclusive para a modalidade do regime de tempo parcial (art. 58-A da CLT).

Segundo o citado dispositivo, o empregado terá direito a:

a) 30 dias de férias, quando não houver faltado ao serviço mais de 5 vezes;

b) 24 dias de férias, quando houver tido de 6 a 14 faltas injustificadas;

c) 18 dias de férias, quando houver tido de 15 a 23 faltas injustificadas;

d) 12 dias de férias, quando houver tido de 24 a 32 faltas injustificadas.

As férias que não foram gozadas dentro do período legal de concessão devem ser calculadas em dobro (*caput do art. 137 da CLT e Súmula n. 81 do TST*). Mas, atenção, somente será paga em dobro a parte das férias que houver sido gozada fora do período concessivo. Exemplo: 20 dias de férias foram concedidos dentro do período concessivo e 10 dias foram gozados fora daquele período. Assim, apenas esses últimos 10 dias é que serão devidos em dobro, pois foi o lapso de tempo que excedeu o período concessivo.

IMPORTANTE

A quantidade de dias acrescidos em decorrência do novo aviso prévio (Lei n. 12.506/2011) também deverá ser considerada no cálculo das férias integrais ou proporcionais.

Conforme decidido pelo Supremo Tribunal Federal, em dia 03-03-2023, no Recurso Extraordinário – RE 1400787, o direito constitucional ao acréscimo de pelo menos um terço à retribuição pecuniária das férias, previsto no inciso XVII do art. 7º da Constituição Federal de 1988, alcança tanto aos empregados submetidos à relação jurídico celetista quanto aos servidores públicos que mantêm vínculo jurídico-administrativo com o Estado. Em assim sendo, se as férias acumuladas forem de 60 dias, por exemplo, o terço constitucional deverá incidir sobre a totalidade da remuneração, não cabendo restringi-la ao período de 30 dias. Para o STF, o precedente consubstancia a jurisprudência da Corte e mostra a interpretação mais adequada do inciso XVII do art. 7º da Constituição Federal de 1988, devendo ser aplicada aos casos em que as férias tiverem duração superior a 30 dias, como ocorre nas situações que envolve a Lei n. 12.506/2011, na qual o acréscimo de 1/3 deverá incidir sobre o valor pecuniário correspondente à remuneração integral das férias.

OBSERVAÇÃO

O *caput* do art. 143 da CLT faculta ao empregado a conversão de 1/3 do período de férias em **abono pecuniário**, no valor da remuneração que lhe seria devida nos dias correspondentes. Assim, se o empregado tem direito a 30 dias de férias, poderá converter 10 dias em abono pecuniário. Porém, segundo o art. 130 da CLT, o empregado que tiver certa quantidade de faltas injustificadas terá direito a período inferior a 30 dias de gozo de férias, o que irá gerar consequências no caso de resolver converter 1/3 em abono. Por exemplo, o empregado que tiver 20 faltas em determinado período aquisitivo, sendo 6 delas injustificadas, terá direito a apenas 24 dias corridos de férias (inciso II do art. 130 da CLT), e, caso pretenda a conversão de 1/3, somente poderá converter em pecúnia 8 dias do período concessivo, visto que 24 dias × 1 / 3 = 8 dias.

5.1.22 Férias proporcionais

Pagamento do valor da remuneração mensal do empregado multiplicada pelo total do número de avos, por mês de serviço ou fração igual ou superior a 15 dias (parágrafo único do art. 146 e art. 147, ambos da CLT), relativo ao período incompleto de férias, no qual o empregado não completou os 12 meses necessários para ter direito ao gozo das férias.

Salvo na hipótese de dispensa do empregado por justa causa (art. 482 da CLT), a extinção do contrato de trabalho sujeita o empregador ao pagamento da remuneração das férias proporcionais, ainda que incompleto o período aquisitivo de 12 meses (Súmula n. 171 do TST).

Da mesma forma, o empregado que pede demissão antes de completar 12 meses de serviço tem direito a férias proporcionais (Súmula n. 261 do TST).

No cálculo, deve-se observar a tabela de faltas não justificadas, prevista nos arts. 130 e 130-A da CLT.

Fórmula: valor da remuneração mensal × a quantidade total de avos

Exemplo: o empregado admitido no dia 10-10-2019, com remuneração mensal de R$ 1.790,00, dispensado sem justa causa no dia 20-7-2020, tem direito a 9/12 a título de férias proporcionais, sendo:

De 10-10-2019	a 9-11-2019	O mês inteiro de serviço corresponde a 1/12
De 10-11-2019	a 9-12-2019	O mês inteiro de serviço corresponde a 1/12
De 10-12-2019	a 9-1-2020	O mês inteiro de serviço corresponde a 1/12
De 10-1-2020	a 9-2-2020	O mês inteiro de serviço corresponde a 1/12
De 10-2-2020	a 9-3-2020	O mês inteiro de serviço corresponde a 1/12
De 10-3-2020	a 9-4-2020	O mês inteiro de serviço corresponde a 1/12
De 10-4-2020	a 9-5-2020	O mês inteiro de serviço corresponde a 1/12
De 10-5-2020	a 9-6-2020	O mês inteiro de serviço corresponde a 1/12
De 10-6-2020	a 9-7-2020	O mês inteiro de serviço corresponde a 1/12
De 10-7-2020	a 20-7-2020	Esta fração não deverá ser computada, pois tem menos do que 15 dias de serviço

Assim, o empregado deverá receber a título de férias proporcionais a importância de R$ 1.342,50, sendo: R$ 1.790,00 × 9 / 12 (nove doze avos).

5.1.23 Férias em dobro

Deve-se utilizar como base o valor das férias vencidas, não gozadas no prazo do período concessivo (*caput* do art. 134 da CLT), acrescido do 1/3 constitucional, cujo resultado deve ser multiplicado por dois.

Fórmula: [valor das férias vencidas + (valor das férias vencidas ÷ 3)] × 2

Exemplo: Joana recebe a remuneração mensal de R$ 1.900,00. A importância devida à empregada a título de férias + 1/3 será de R$ 2.533,33. Caso as férias vencidas não sejam gozadas no prazo do período concessivo, a trabalhadora terá direito às férias em dobro, cujo valor totalizará a importância de R$ 5.066,66, sendo: [R$ 1.900,00 + (R$ 1.900,00 ÷ 3)] × 2 = R$ 5.066,66.

Segundo o art. 137 da CLT, o valor em dobro das férias vencidas é devido pelo empregador quando o descanso anual for concedido após o prazo de que trata o art. 134 do texto consolidado, correspondente aos 12 meses subsequentes à data em que o empregado tiver adquirido o direito a férias.

Exemplo: empregado admitido em 12-8-2018 terá adquirido o direito às férias no dia 11-8-2019 (este período é denominado aquisitivo), porém, o empregador deverá conceder as férias nos 12 meses subsequentes (período concessivo), ou seja, de 12-8-2019 a 11-8-2020. Concedida dentro do período concessivo, as férias serão pagas na forma simples. Porém, se forem concedidas após tal data, ou seja, partir do dia 12-8-2020, inclusive, deverão ser remuneradas em dobro.

Em tais casos, somente será paga em dobro a parte das férias que houver sido gozada fora do período concessivo (Súmula n. 81 do TST). Exemplo: 20 dias de férias foram concedidos dentro do período concessivo e 10 dias foram gozados fora daquele período. Assim, apenas estes últimos 10 dias é que serão devidos em dobro, pois foi o lapso de tempo que excedeu o período concessivo.

IMPORTANTE

Dependendo da situação ou do caso concreto, os pedidos de pagamento de férias em dobro podem ser elaborados na petição inicial trabalhista das seguintes formas:

- **Férias em dobro + 1/3 constitucional** (para o caso de as férias terem sido concedidas integralmente após o prazo do art. 134 da CLT).

  Exemplo: "Pedido: Férias em dobro + 1/3 constitucional ... R$... **[valor]**".

- **... [número] dia(s) de férias em dobro + 1/3 constitucional** (para o caso de parte do período de férias ter sido gozado após o prazo do período concessivo (Súmula n. 81 do TST).

  Exemplo: se 20 dias de férias forem gozados após o período concessivo, o pedido poderá ser o seguinte: "Pedido: 20 (vinte) dias de férias em dobro + 1/3 constitucional ... R$... **[valor]**".

OBSERVAÇÃO

A Arguição de Descumprimento de Preceito Fundamental – ADPF n. 501 foi julgada procedente pelo Supremo Tribunal Federal em 2022, tendo sido declarada a inconstitucionalidade da Súmula n. 450 do Tribunal Superior do Trabalho, e invalidadas todas as decisões judiciais de ações trabalhistas em curso na Justiça do Trabalho, que não tenham transitado em julgado, e que tenham aplicado a sanção de pagamento em dobro prevista no art. 137 da CLT, com base na citada orientação jurisprudencial uniforme. Em assim sendo, nos casos em que houver o descumprimento do prazo previsto no art. 145 da CLT, que determina o pagamento da remuneração das férias no prazo de até 2 dias antes do início do respectivo período de gozo, a Justiça do Trabalho não mais pode aplicar as previsões da Súmula n. 450 do TST, na qual "é devido o pagamento em dobro da remuneração de férias, incluído o terço constitucional, com base no art. 137 da CLT, quando, ainda que gozadas na época própria, o empregador tenha descumprido o prazo previsto no art. 145 do mesmo diploma legal". Porém, em não sendo observado o prazo a empresa pode ser autuada pela fiscalização do trabalho, com risco de ser aplicada multa administrativa com base no art. 153 da CLT.

As férias não gozadas e pagas na rescisão do contrato de trabalho não constituem tempo de serviço, como ocorre com o aviso prévio, correspondendo o seu pagamento, simples ou em dobro, a uma indenização pela sua não concessão e pelo dano sofrido pelo empregado. Assim, não é devida a incidência do FGTS (§ 6º do art. 15 da Lei n. 8.036/90).

> Da mesma forma, não integra o salário de contribuição à Previdência Social as importâncias recebidas a título de férias indenizadas e respectivo adicional constitucional, inclusive o valor correspondente à dobra da remuneração de férias de que trata o art. 137 da CLT (inciso IV do § 9º do art. 214 do Decreto n. 3.048/99).

5.1.24 1/3 constitucional

Pagamento correspondente ao valor das férias vencidas ou proporcionais multiplicado por 1/3. Exemplo: R$ 1.950,00 × 1 / 3 = R$ 650,00 ou R$ 1.950,00 / 3 = R$ 650,00.

O pagamento das férias, integrais ou proporcionais, gozadas ou não, sujeita-se ao acréscimo do terço previsto no inciso XVII do art. 7º da CRFB (Súmula n. 328 do TST).

Porém, o abono pecuniário, previsto no *caput* do art. 143 da CLT, correspondente à conversão de um terço do período de férias vencidas, no valor da remuneração que lhe seria devida nos dias correspondentes, não serve de base de cálculo do terço constitucional, pois segundo o entendimento do Tribunal Superior do Trabalho a incidência do 1/3 constitucional sobre o abono implicaria o pagamento equivalente a 40 dias de férias e não a 30, representando uma obrigação não prevista em lei.

> **Fórmula 1:** valor das férias vencidas ÷ 3

> **Fórmula 2:** valor das férias proporcionais ÷ 3

OBSERVAÇÃO

Para o Tribunal Superior do Trabalho, o abono pecuniário, previsto no *caput* do art. 143 da CLT, não deve ser calculado com o terço constitucional, pois segundo a Súmula n. 328 do TST somente o pagamento das férias, integrais ou proporcionais, gozadas ou não, sujeita-se ao acréscimo do terço previsto no inciso XVII do art. 7º da CRFB.

Ainda, segundo a jurisprudência do Tribunal Superior do Trabalho, tem direito ao recebimento do terço constitucional o empregado que perder o direito às férias pelo fato de lhe ter sido concedida licença remunerada durante o curso do período aquisitivo, por período superior a 30 dias (inciso II do art. 133 da CLT).

Em acórdão publicado em 03-03-23, no Recurso Extraordinário – RE 1400787, com repercussão jurídica, social e econômica quanto à questão constitucional, o Supremo Tribunal Federal fixou a seguinte tese: "O adicional de 1/3 (um terço) previsto no art. 7º, XVII, da

> Constituição Federal incide sobre a remuneração relativa a todo período de férias". Portanto, para o STF, nos casos em que as férias tiverem duração superior a 30 (trinta) dias o acréscimo de 1/3 (um terço) deverá incidir sobre o valor pecuniário correspondente à remuneração integral das férias.

5.1.25 Fundo de Garantia do Tempo de Serviço (FGTS)

Consiste em um percentual incidente sobre a remuneração paga ou devida ao empregado, incluídas na remuneração as parcelas de que tratam os arts. 457 e 458 da CLT e a gratificação natalina (décimo terceiro salário), o qual deve ser depositado pelo empregador em uma conta especial da Caixa Econômica Federal, em nome do trabalhador, até o 7º dia de cada mês subsequente ao mês vencido (Lei n. 8.036/90 e Decreto n. 99.684/90).

No cálculo deve-se tomar como base o valor da remuneração atualizada, com a aplicação dos seguintes percentuais de incidência:

> 8% (*caput* do art. 15 da Lei n. 8.036/90); ou
> 2% para o contrato de aprendizagem (§ 7º do art. 15 da Lei n. 8.036/90).

Neste caso, se o empregado recebe o salário mensal de R$ 1.000,00, o empregador deverá proceder ao depósito fundiário da seguinte importância:

$$FGTS = R\$\ 1.000,00 \times 8\% = R\$\ 80,00$$

Já na hipótese em que o empregado recebe o salário mensal de R$ 700,00, mais uma cesta básica (salário *in natura*) no valor de R$ 300,00, e R$ 400,00 a título de gorjetas, o FGTS deverá ser calculado não somente sobre o salário, mas sobre o valor total da remuneração do trabalhador, tendo em vista que as prestações *in natura* compreendem-se no salário para todos os efeitos legais (*caput* do art. 458 da CLT), e as gorjetas compreendem-se na remuneração, também para todos os efeitos legais (*caput* do art. 457 da CLT). Nesta hipótese, o empregador deverá proceder ao depósito fundiário da seguinte importância:

$$FGTS = (R\$\ 700,00 + R\$\ 300,00 + R\$\ 400,00) \times 8\% = R\$\ 112,00$$

O pagamento relativo ao período de aviso prévio, trabalhado ou não, está sujeito a contribuição para o FGTS (Súmula n. 305 do TST).

O FGTS incide, também, sobre todas as parcelas de natureza salarial pagas ao empregado em virtude de prestação de serviços no exterior (Orientação Jurisprudencial n. 232 da Subseção de Dissídios Individuais I do TST).

Porém, não incide a contribuição para o FGTS sobre as férias indenizadas (Orientação Jurisprudencial n. 195 da Subseção de Dissídios Individuais I do TST).

No caso do trabalhador doméstico, deve-se tomar como base para o cálculo dos depósitos do FGTS o percentual de 8%, calculado sobre o valor da remuneração paga ou devida no mês anterior, incluída a remuneração do décimo terceiro salário (alínea *d* dos itens 1.3 e 1.3.1 da Circular n. 694, de 25-9-2015, da Caixa Econômica Federal). No caso da dispensa sem justa causa, ou culpa recíproca, a indenização compensatória do FGTS é de 3,2%, e o seu valor deve ser depositado na conta vinculada do trabalhador doméstico, distinta daquela em que se encontrarem os valores oriundos dos depósitos do FGTS, e somente podem ser movimentados por ocasião da rescisão contratual (item 1.3.2 da Circular n. 694/2015).

IMPORTANTE

Não há depósitos para o FGTS (§ 6º do art. 15 da Lei n. 8.036/90) nem recolhimentos previdenciários (§ 9º do art. 28 da Lei n. 8.212/91) sobre as seguintes parcelas:

a) os benefícios da previdência social, nos termos e limites legais, salvo o salário-maternidade;

b) a parcela *in natura* recebida de acordo com os programas de alimentação aprovados pelo Ministério do Trabalho e Emprego, nos termos do art. 3º da Lei n. 6.321/76;

c) as importâncias recebidas a título de férias indenizadas e respectivo adicional constitucional, inclusive o valor correspondente à dobra da remuneração de férias (art. 137 da CLT);

d) a importância prevista no inciso I do art. 10 do ADCT, ou seja, a multa de 40% do FGTS;

e) o valor relativo à indenização por tempo de serviço, anterior a 5-10-1988, do empregado não optante pelo FGTS;

f) o valor recebido a título da indenização correspondente ao pagamento da metade da remuneração a que teria direito o empregado até o término do contrato, na hipótese de rescisão antecipada do contrato a prazo determinado, sem justa causa (art. 479 da CLT);

g) o valor recebido a título de abono de férias na forma dos arts. 143 e 144 da CLT;

h) a parcela recebida a título da indenização adicional de que trata o art. 9º da Lei n. 7.238/84, devida ao empregado dispensado, sem justa causa, no período de 30 dias que antecede a data de sua correção salarial, equivalente a um salário mensal;

i) a parcela recebida a título de vale-transporte, na forma da legislação própria;

j) a ajuda de custo, em parcela única, recebida exclusivamente em decorrência de mudança de local de trabalho do empregado, na forma do art. 470 da CLT;

k) as diárias para viagens, desde que não excedam a 50% da remuneração mensal;

l) a participação nos lucros ou resultados da empresa, quando paga ou creditada de acordo com lei específica;

m) os valores correspondentes a transporte, alimentação e habitação fornecidos pela empresa ao empregado contratado para trabalhar em localidade distante da de sua residência, em canteiro de obras ou local que, por força da atividade, exija deslocamento e estada, observadas as normas de proteção estabelecidas pelo Ministério do Trabalho e Emprego;

n) o valor correspondente a vestuários, equipamentos e outros acessórios fornecidos ao empregado e utilizados no local do trabalho para prestação dos respectivos serviços;

o) o valor da multa prevista no § 8º do art. 477 da CLT;

p) a habitação, a energia elétrica e veículo fornecidos pelo empregador ao empregado, quando indispensáveis para a realização do trabalho, ainda que, no caso de veículo, seja ele utilizado pelo empregado também em atividades particulares (Súmula n. 367 do TST).

5.1.26 FGTS sobre o saldo de salário do mês da rescisão

Para o cálculo, deve-se multiplicar o valor do saldo de salário por 8%.

Fórmula: valor do saldo de salário × 8%
Ou: valor do saldo de salário × 8 ÷ 100

Exemplo: um empregado que tiver trabalhado 10 dias no mês da rescisão, com salário mensal de R$ 1.200,00. O valor de seu saldo de salário será de R$ 400,00 (R$ 1.200,00 ÷ 30 dias × 10 dias trabalhados). Já o valor devido a título de FGTS será de R$ 32,00 (R$ 400,00 × 8%).

5.1.27 FGTS sobre o décimo terceiro salário

No cálculo, deve-se multiplicar o valor do décimo terceiro salário, integral ou proporcional, por 8%.

Fórmula: valor do décimo terceiro salário × 8%
Ou: valor do décimo terceiro salário × 8 ÷ 100

5.1.28 FGTS sobre o aviso prévio

No cálculo, deve-se multiplicar o valor do aviso prévio, trabalhado ou indenizado, por 8%.

Fórmula: valor do aviso prévio (trabalhado ou indenizado) × 8%
Ou: valor do aviso prévio (trabalhado ou indenizado) × 8 ÷ 100

5.1.29 Multa de 40% do FGTS

Pagamento correspondente ao percentual de 40% (que deve ser aplicado sobre o valor total do saldo atualizado da conta vinculada do empregado no FGTS, no caso de rescisão do contrato de trabalho por iniciativa do empregador, sem justa causa, bem como na rescisão antecipada do contrato por prazo determinado, realizada sem justa causa por decisão do empregador e independentemente da existência de cláusula assecuratória do direito recíproco de rescisão antecipada (art. 481 da CLT).

Ocorrendo despedida por culpa recíproca ou força maior reconhecida pela Justiça do Trabalho, o percentual será de 20%, de conformidade com o § 2º do art. 9º do Decreto n. 99.684/90.

No cálculo rescisório, deve-se somar o valor do saldo da conta do FGTS com os valores do FGTS do saldo de salário do mês da rescisão, bem como do FGTS sobre o décimo terceiro salário, integral ou proporcional, e sobre o aviso prévio, trabalhado ou indenizado. Do resultado, deve-se multiplicar por 40% ou por 20% na hipótese de culpa recíproca ou força maior reconhecida pela Justiça do Trabalho.

> **Fórmula:** (valor do saldo da conta do FGTS na Caixa Econômica Federal + valor do FGTS do saldo de salário do mês da rescisão + valor do FGTS sobre o décimo terceiro salário integral ou proporcional + valor do FGTS sobre o aviso prévio trabalhado ou indenizado) × 40%
> **Ou:** (valor do saldo da conta do FGTS + valor do FGTS do saldo de salário do mês da rescisão + valor do FGTS sobre o décimo terceiro salário integral ou proporcional + valor do FGTS sobre o aviso prévio trabalhado ou indenizado) × 40 ÷ 100

Segundo a Orientação Jurisprudencial n. 42 da Subseção de Dissídios Individuais II do TST, o cálculo da multa de 40% do FGTS deverá ser feito com base no saldo da conta vinculada na data do efetivo pagamento das verbas rescisórias, desconsiderada a projeção do aviso prévio indenizado, por ausência de previsão legal.

De acordo com o § 6º do art. 15 da Lei n. 8.036/90 e o § 9º do art. 28 da Lei n. 8.212/91, não há depósitos para o FGTS nem recolhimentos previdenciários sobre a importância prevista no inciso I do art. 10 do ADCT, ou seja, sobre o valor da multa de 40% do FGTS.

Ainda, segundo a letra *a* do inciso V do § 9º do art. 214 do Decreto n. 3.048/99, não há contribuição previdenciária sobre a multa fundiária.

OBSERVAÇÃO

O saldo da conta vinculada no FGTS refere-se ao somatório de todos os depósitos efetuados pelo empregador na conta vinculada do empregado no FGTS, correspondente ao percentual de 8% aplicável sobre as remunerações pagas ao trabalhador durante a vigência do contrato de trabalho, incluídas as comissões, percentagens, gratificações, diárias para viagens superiores a 50% do salário percebido pelo trabalhador e abonos, além da alimentação, habitação, vestuário ou outras prestações *in natura* que a empresa, por força do contrato ou do costume, fornecer habitualmente ao empregado, bem como a gratificação de Natal.

No caso de contrato de trabalho firmado nos termos do art. 428 da CLT e da Lei n. 11.180/2005 (Contrato de Aprendizagem), o percentual é reduzido para 2% (§ 7º do art. 15 da Lei n. 8.036/90).

A anotação da extinção do contrato na Carteira de Trabalho e Previdência Social é documento hábil para o trabalhador requerer a movimentação da conta vinculada no Fundo de Garantia do Tempo de Serviço (§ 10 do art. 477 da CLT), desde que a comunicação aos órgãos competentes tenha sido realizada pelo empregador (caput do art. 477 da CLT).

5.1.30 Indenização do *caput* do art. 479 da CLT

Indenização correspondente ao pagamento da metade da remuneração a que teria direito o empregado até o término do contrato, na hipótese de rescisão antecipada do contrato por prazo determinado, sem justa causa (*caput* do art. 479 da CLT).

De acordo com o § 6º do art. 15 da Lei n. 8.036/90 e o § 9º do art. 28 da Lei n. 8.212/91 não há depósitos para o FGTS nem recolhimentos previdenciários sobre a indenização prevista no *caput* do art. 479 da CLT.

No mesmo sentido, segundo a letra *c* do inciso V do § 9º do art. 214 do Decreto n. 3.048/99, não há contribuição previdenciária sobre a indenização do art. 479 da CLT.

Fórmulas:

❯ Para o contrato de trabalho por prazo determinado contado em número de dias:

Fórmula: [(valor da remuneração × quantidade de dias restantes para o término do contrato por prazo determinado) ÷ 30 dias] × 50%

❯ Para o contrato de trabalho por prazo determinado contado em número de meses:

Fórmula: (valor da remuneração × quantidade de meses restantes para o término do contrato por prazo determinado) × 50%

Exemplo: empregado admitido em 3-4-2020, mediante contrato de experiência de 45 dias, e salário mensal de R$ 1.800,00. Neste caso, o contrato de experiência deverá terminar no dia 17-5-2020. Ocorrendo a dispensa antecipada, sem justa causa, em 5-5-2020, faltando 12 dias para o término do contrato de experiência, o trabalhador tem direito ao pagamento de uma indenização, equivalente a 6 dias de salário, no importe de R$ 160,00, sendo: [(R$ 1.800,00 × 12) ÷ 30] × 50% = [R$ 21.600,00 ÷ 30] × 50% = R$ 720,00 × 50% = R$ 360,00.

5.1.31 Horas extras

Consideram-se extras as horas realizadas antes do início do expediente, após o término normal do expediente, ou durante os intervalos destinados ao repouso ou alimentação. Para a contagem da jornada de trabalho do empregado, devemos somar todas as horas compreendidas entre o momento em que o obreiro chegou na empresa para trabalhar até o momento em que o obreiro foi embora, deduzindo-se o intervalo para descanso ou alimentação (de 1 a 2 horas para jornadas de trabalho superiores a 6 horas, e de 15 minutos para jornadas superiores a 4 horas, até o limite de 6 horas). Neste caso, o total de horas trabalhadas corresponde à jornada de trabalho do empregado. Deste total, o tempo que ultrapassar a duração normal de trabalho do empregado será considerado como extra. Em regra, a duração normal de trabalho é de 8 horas diárias, porém existem empregados que têm jornada reduzida, por exemplo, o bancário, que tem jornada de 6 horas (*caput* do art. 224 da CLT); a telefonista, que tem jornada de 6 horas (*caput* do art. 227 da CLT); o jornalista, que tem jornada de 5 horas (art. 303 da CLT); o operador cinematográfico, que tem jornada de 6 horas (*caput* do art. 234 da CLT), dentre outros.

O trabalho suplementar deve ser pago com o adicional de, pelo menos, 50% sobre o valor da hora normal (inciso XVI do art. 7º da CRFB e § 1º do art. 59 da CLT).

O empregado que recebe salário por produção e trabalha em sobrejornada somente tem direito à percepção do adicional de horas extras (50%), exceto na hipótese em que é cortador de cana, pois além de ser devido o pagamento das horas extras também faz jus ao pagamento do respectivo adicional de produção (Orientação Jurisprudencial n. 235 da Subseção de Dissídios Individuais I do Tribunal Superior do Trabalho).

IMPORTANTE

Não enseja o pagamento de horas extras, ainda que ultrapasse o limite de 5 minutos previsto no § 1º do art. 58 da CLT, por não se considerar tempo à disposição do empregador os períodos em que o empregado, por escolha própria, buscar proteção pessoal, em caso de insegurança nas vias públicas ou más condições climáticas, bem como adentrar ou

> permanecer nas dependências da empresa para exercer atividades particulares, como práticas religiosas, descanso, lazer, estudo, alimentação, atividades de relacionamento social, higiene pessoal, troca de roupa ou uniforme, quando não houver obrigatoriedade de realizar a troca na empresa, dentre outras possibilidades, visto que os incisos do § 2º do art. 4º da CLT não são taxativos, mas exemplificativos.

Fórmulas:

❭ Cálculo do valor de 1 hora normal para o empregado que trabalha 8 horas diárias e 44 horas semanais:

> **Fórmula:** valor do salário mensal ÷ 220

❭ Cálculo do valor de 1 hora normal para o empregado que trabalha 8 horas diárias e 40 horas semanais, por ter sido dispensado o trabalho aos sábados:

> **Fórmula:** valor do salário mensal ÷ 200

❭ Cálculo do valor de 1 hora normal para o empregado que trabalha 6 horas diárias e 30 horas semanais (exemplo: bancário):

> **Fórmula:** valor do salário mensal ÷ 180

❭ Cálculo do valor de 1 hora extra:

> **Fórmula:** (valor de 1 hora normal × 50%) + valor de 1 hora normal
> **Ou:** valor de 1 hora normal × 1,5

❭ Cálculo da quantidade total de horas extras:

> **Fórmula:** valor de 1 hora extra × a quantidade total de horas extras trabalhadas pelo empregado

Exemplo: empregado que cumpre jornada normal de trabalho de 44 horas semanais, que fez 10 horas extras no mês de março de 2021, com salário mensal de R$ 2.200,00, tem direito ao seguinte valor a título de trabalho suplementar:

> **Cálculo do valor de 1 hora normal:** R$ 2.200,00 ÷ 220 = R$ 10,00.
> **Cálculo do valor de 1 hora extra:** (R$ 10,00 × 50%) + R$ 10,00 = R$ 15,00; ou R$ 10,00 × 1,5 = R$ 15,00.
> **Cálculo do valor total das horas extras prestadas no mês de março de 2021:** R$ 15,00 × 10 = R$ 150,00.

O adicional noturno integra a base de cálculo das horas extras prestadas no período noturno (Orientação Jurisprudencial n. 97 da Subseção de Dissídios Individuais I do TST).

A remuneração do serviço suplementar, habitualmente prestado, também integra o cálculo da gratificação natalina prevista na Lei n. 4.090/62 (Súmula n. 45 do TST). Neste caso, deverá ser obtida a média, somando-se todos os valores recebidos no ano a título de horas extraordinárias e dividindo-se por 12.

Segundo a Orientação Jurisprudencial n. 47 da Subseção de Dissídios Individuais I do TST, "a base de cálculo da hora extra é o resultado da soma do salário contratual mais o adicional de insalubridade". E, de conformidade com a Súmula n. 132 do TST, o adicional de periculosidade, pago em caráter permanente, também integra o cálculo das horas extras.

Como a contribuição para o Fundo de Garantia do Tempo de Serviço incide sobre a remuneração mensal devida ao empregado, também deverá incidir sobre o valor recebido pelo trabalho suplementar (Súmula n. 63 do TST).

Da mesma forma, as horas extras habitualmente prestadas devem ser computadas no cálculo do repouso semanal remunerado (Súmula n. 172 do TST).

Porém, as gorjetas cobradas pelo empregador na nota de serviço ou oferecidas espontaneamente pelos clientes não servem de base de cálculo das horas extras (Súmula n. 354 do TST).

A supressão total ou parcial, pelo empregador, do serviço suplementar prestado com habitualidade, durante pelo menos 1 ano, assegura ao empregado o direito à indenização correspondente ao valor de 1 mês das horas suprimidas, total ou parcialmente, para cada ano ou fração igual ou superior a 6 meses de prestação de serviço acima da jornada normal. O cálculo deverá observar a média das horas suplementares efetivamente trabalhadas nos 12 meses anteriores à mudança, multiplicada pelo valor da hora extra do dia da supressão (Súmula n. 291 do TST).

No caso de trabalho prestado em domingos e feriados, não compensados, isto é, se o empregador não determinar outro dia de folga (art. 9º da Lei n. 605/49), as horas trabalhadas devem ser pagas em dobro, com o adicional de 100% sobre o valor da hora normal, sem prejuízo do pagamento da remuneração relativa ao repouso semanal devido ao trabalhador (Súmula n. 146 do TST).

IMPORTANTE

Segundo a Súmula n. 113 do TST, a princípio, o sábado do bancário é considerado dia útil não trabalhado, e não dia de repouso remunerado. Por conseguinte, não há a repercussão do pagamento das horas extras habituais em sua remuneração. Com a nova redação da Súmula n. 124 do TST, o divisor que deverá ser utilizado no cálculo das horas extras do bancário deverá ser o seguinte:

a) Havendo acordo individual expresso ou acordo coletivo no sentido de considerar o sábado como dia de descanso remunerado, utilizar-se-á o divisor:

- **150**, para os empregados submetidos à jornada de trabalho de 6 horas contínuas, de segunda a sexta-feira, perfazendo um total de 30 horas de trabalho por semana (*caput* do art. 224 da CLT). Utilizando a fórmula "Divisor = [limite da duração semanal ÷ (quantidade de dias trabalhados na semana + 1 dia remunerado/sábado)] × 30 dias", teremos: [30 horas semanais ÷ (5 dias trabalhados na semana + 1 dia remunerado/sábado)] × 30 dias = (30 ÷ 6) × 30 = 5 × 30 = 150.

- **200**, para os empregados submetidos à jornada de 8 horas, que exercem funções de direção, gerência, fiscalização, chefia e equivalentes, ou que desempenhem outros cargos de confiança, desde que o valor da gratificação não seja inferior a 1/3 do salário do cargo efetivo (§ 2º do art. 224 da CLT). Utilizando a fórmula teremos: [40 horas semanais ÷ (5 dias trabalhados na semana + 1 dia remunerado/sábado)] × 30 dias = [40 ÷ 6] × 30 = 199,99, que arredondando totaliza o divisor 200, mas dever-se-á utilizar o divisor 220.

b) Na hipótese de o sábado não ser considerado dia de repouso, será:

- **180**, para os empregados submetidos à jornada de 6 horas contínuas nos dias úteis, com exceção dos sábados, perfazendo um total de 30 horas de trabalho por semana (*caput* do art. 224 da CLT). Utilizando a fórmula "Divisor = (limite da duração semanal ÷ quantidade de dias trabalhados na semana) × 30 dias", teremos: (30 horas semanais ÷ 5 dias trabalhados na semana) × 30 dias = 6 × 30 = 180.

- **220**, para os empregados submetidos à jornada de 8 horas, que exercem funções de direção, gerência, fiscalização, chefia e equivalentes, ou que desempenhem outros cargos de confiança, desde que o valor da gratificação não seja inferior a 1/3 do salário do cargo efetivo (§ 2º do art. 224 da CLT). Utilizando a fórmula teremos: (40 horas semanais ÷ 5 dias) × 30 dias = 8 × 30 = 240, mas dever-se-á utilizar o divisor 220, tendo em vista que a Súmula n. 267 do TST foi cancelada.

5.1.32 Indenização decorrente da concessão parcial (redução) ou da não concessão do intervalo intrajornada mínimo para descanso ou alimentação

Quando o intervalo intrajornada mínimo para repouso e alimentação, previsto no *caput* e § 1º do art. 71 da CLT, for concedido em parte (reduzido) ou não for concedido pelo empregador (suprimido), o empregado terá direito ao pagamento de uma **indenização** sobre o período suprimido com o acréscimo de 50% sobre o valor da remuneração da hora normal de trabalho (§ 4º do art. 71 da CLT).

Segundo o Tribunal Superior do Trabalho, é inválida a cláusula de acordo ou convenção coletiva de trabalho contemplando a supressão ou redução do intervalo intrajornada (item II da Súmula n. 437 do Tribunal Superior do Trabalho). Porém, de acordo com o inciso III do art. 611-A da CLT, é válida cláusula de convenção ou acordo coletivo de trabalho dispondo sobre a redução do intervalo intrajornada, desde que respeitado o limite mínimo de 30 minutos para jornadas de trabalho superiores a 6 horas.

Fórmulas:

1ª hipótese: no caso de redução (ou mesmo da não concessão) do intervalo intrajornada mínimo de 1 hora, previsto no *caput* do art. 71 da CLT:

> ❯ Cálculo do valor de 1 hora normal para o empregado que trabalha 8 horas diárias e 44 horas semanais:

Fórmula: valor do salário mensal ÷ 220

> ❯ Cálculo do valor de 1 hora normal para o empregado que trabalha 8 horas diárias e 40 horas semanais, por ter sido dispensado o trabalho aos sábados:

Fórmula: valor do salário mensal ÷ 200

> ❯ Cálculo do valor de 1 hora normal para o empregado que trabalha 6 horas diárias e 30 horas semanais (exemplo: bancário):

Fórmula: valor do salário mensal ÷ 180

> ❯ Cálculo do valor de 1 hora com o acréscimo de 50% sobre o valor da remuneração da hora normal de trabalho:

Fórmula: (valor de 1 hora normal × 50%) + valor de 1 hora normal
Ou: valor de 1 hora normal × 1,5

> ❯ Cálculo do valor da indenização decorrente da concessão parcial (ou mesmo da não concessão) do intervalo intrajornada mínimo de 1 hora:

> **Fórmula:** valor de 1 hora com o acréscimo de 50% × a quantidade de dias em que ocorreu a redução (ou não concessão) do intervalo intrajornada mínimo

2ª hipótese: no caso de redução (ou mesmo não concessão) do intervalo intrajornada de 15 minutos previsto no § 1º do art. 71 da CLT:

> ❯ Cálculo do valor de 1 hora normal para o empregado que trabalha 8 horas diárias e 44 horas semanais:

> **Fórmula:** valor do salário mensal ÷ 220

> ❯ Cálculo do valor de 1 hora normal para o empregado que trabalha 8 horas diárias e 40 horas semanais, por ter sido dispensado o trabalho aos sábados:

> **Fórmula:** valor do salário mensal ÷ 200

> ❯ Cálculo do valor de 1 hora normal para o empregado que trabalha 6 horas diárias e 30 horas semanais (exemplo: bancário):

> **Fórmula:** valor do salário mensal ÷ 180

> ❯ Cálculo do valor de 1 hora com o acréscimo de 50% sobre o valor da remuneração da hora normal de trabalho:

> **Fórmula:** (valor de 1 hora normal × 50%) + valor de 1 hora normal
> **Ou:** valor de 1 hora normal × 1,5

> ❯ Cálculo do valor da proporcionalidade dos 15 minutos em relação ao intervalo de 1 hora (60 minutos):

> **Fórmula:** valor de 1 hora extra × 0,25 (neste caso, 15 minutos correspondem a 1/4 de hora, cuja divisão totaliza 0,25)

> Cálculo do valor da indenização decorrente da concessão parcial (ou mesmo da não concessão) do intervalo intrajornada de 15 minutos:

Fórmula: valor da proporcionalidade × a quantidade de dias em que ocorreu a redução (ou mesmo supressão) do intervalo

---

Exemplos:

1. Empregado com jornada de trabalho de 8 horas, na qual somente foi concedido o intervalo intrajornada de 30 minutos. Considerando que o empregado tenha uma remuneração mensal de R$ 1.100,00, e que a redução do intervalo tenha ocorrido durante 5 dias, terá direito ao seguinte pagamento a título de indenização:

> **Cálculo do valor de 1 hora normal:** R$ 1.100,00 ÷ 220 = R$ 5,00.
> **Cálculo do valor de 1 hora com o acréscimo de 50% sobre o valor da remuneração da hora normal de trabalho:** (R$ 5,00 × 50%) + R$ 5,00 = R$ 7,50, ou R$ 5,00 × 1,5 = R$ 7,50.
> **Cálculo do valor da indenização decorrente da concessão parcial do intervalo intrajornada mínimo de 1 hora:** R$ 7,50 × 5 dias = R$ 37,50.

2. Empregado com jornada de trabalho de 6 horas, na qual não foi concedido o intervalo intrajornada de 15 minutos. Considerando que o empregado tenha uma remuneração mensal de R$ 900,00, e que a não concessão do intervalo tenha ocorrido durante 5 dias, terá direito ao seguinte pagamento a título de indenização:

> **Cálculo do valor de 1 hora normal:** R$ 900,00 ÷ 180 = R$ 5,00.
> **Cálculo do valor de 1 hora com o acréscimo de 50% sobre o valor da remuneração da hora normal de trabalho:** (R$ 5,00 × 50%) + R$ 5,00 = R$ 7,50, ou R$ 5,00 × 1,5 = R$ 7,50.
> **Cálculo do valor da proporcionalidade dos 15 minutos em relação a 1 hora (60 minutos):** R$ 7,50 × 0,25 = R$ 1,87.
> **Cálculo do valor da indenização decorrente da não concessão do intervalo intrajornada de 15 minutos:** R$ 1,87 × 5 dias = R$ 9,37.

Como tal valor não possui natureza salarial, não deverá servir de base de cálculo do aviso prévio trabalhado ou indenizado, das férias vencidas ou proporcionais + 1/3 constitucional, do décimo terceiro salário integral ou proporcional, dos descansos semanais remunerados, da multa de 40% do FGTS, além de não servir de base de incidência dos recolhimentos previdenciários e depósitos fundiários.

OBSERVAÇÃO

Os intervalos intrajornada são aqueles feitos pelo empregado dentro da mesma jornada de trabalho, e têm duração de 1 a 2 horas para jornadas superiores a 6 horas, 15 minutos para jornadas superiores a 4 horas até o limite de 6 horas (*caput* e § 1º do art. 71 da CLT).

Tais descansos não são computados na duração do trabalho, e, portanto, não são remunerados pelo empregador (§ 2º do art. 71 da CLT).

Existem, ainda, os intervalos de 10 minutos a cada 90 minutos trabalhados para os empregados que executam serviços permanentes de datilografia e digitação (art. 72 da CLT e Súmula n. 346 do TST), bem como as duas pausas de 10 minutos, após os primeiros e antes dos últimos 60 minutos de trabalho em atividade de teleatendimento e *telemarketing* (item 6.4.1 da Norma Regulamentadora n. 17 da Portaria n. 4.219/2022, que trata sobre ergonomia). Caso tais intervalos não sejam concedidos, ou sejam reduzidos pelo empregador, o empregado também tem direito ao pagamento do período correspondente acrescido do percentual de 50%.

Existe também o intervalo de 20 minutos para os empregados que trabalham no interior das câmaras frigoríficas e os que movimentam mercadorias do ambiente quente ou normal para o frio e vice-versa, depois de 1h40 de trabalho contínuo (*caput* do art. 253 da CLT). Tal período de intervalo deve ser computado como de trabalho efetivo. Por aplicação analógica, também tem direito ao mesmo intervalo o empregado submetido a trabalho contínuo em ambiente artificialmente frio, ainda que não labore em câmara frigorífica (Súmula n. 438 do TST).

No caso da mulher empregada, a Consolidação das Leis do Trabalho também prevê dois intervalos de 30 minutos, durante a jornada normal de trabalho, para a amamentação do filho, inclusive se advindo de adoção, até a idade de 6 meses, prorrogáveis quando assim o exigir a saúde do menor (art. 396 da CLT). A não concessão ou concessão parcial desse intervalo gerará a aplicação do § 4º do art. 71 da CLT, e o empregador deverá pagar uma indenização em relação ao período suprimido, com o acréscimo de 50% sobre a remuneração da hora normal de trabalho.

5.1.33 Pagamento decorrente da não concessão ou da redução do intervalo interjornada

Corresponde ao pagamento da quantidade de horas diárias subtraídas do intervalo interjornada mínimo de 11 horas, previsto no art. 66 da CLT.

Nesse caso, são possíveis as seguintes situações, com consequências distintas:

a) **1ª situação:** as horas trabalhadas, em seguida ao término da jornada normal, com prejuízo do intervalo mínimo de 11 horas consecutivas para descanso entre jornadas, devem ser remuneradas como **extraordinárias,** inclusive com o respectivo adicional de 50% sobre o valor da remuneração da hora normal de trabalho. A Súmula n. 110 do TST prevê que, no regime de revezamento, as horas trabalhadas em seguida ao repouso semanal de 24 horas, com prejuízo do intervalo mínimo de 11 horas consecutivas para descanso entre jornadas, devem ser remuneradas como extraordinárias, inclusive com o respectivo adicional de 50% sobre o valor da hora normal de trabalho.

b) **2ª situação:** ocorrendo a concessão parcial do intervalo interjornada, em razão de o número de horas existentes entre o término de uma jornada normal de trabalho e o início de outra ser inferior a 11 horas, o empregado terá direito ao pagamento, de **natureza indenizatória,** do período suprimido, com o acréscimo de 50% sobre o valor da remuneração da hora normal de trabalho. Nesse caso, dever-se-á utilizar de forma analógica o § 4º do art. 71 da CLT, que trata sobre a não concessão ou a concessão parcial do intervalo intrajornada mínimo, para repouso e alimentação. Segundo a Orientação Jurisprudencial n. 355 da Subseção de Dissídios Individuais I do Tribunal Superior do Trabalho, o desrespeito ao intervalo mínimo interjornadas previsto no art. 66 da CLT acarreta, por analogia, os mesmos efeitos previstos no § 4º do art. 71 da CLT, e, portanto, o trabalhador terá direito ao pagamento de indenização e não de horas extras.

Na **primeira situação,** como o valor possui natureza salarial, deverá servir de base de cálculo do aviso prévio trabalhado ou indenizado, das férias vencidas ou proporcionais + 1/3 constitucional, do décimo terceiro salário integral ou proporcional, dos descansos semanais remunerados, além de servir de base de incidência dos recolhimentos previdenciários e depósitos fundiários, refletindo, ainda, no cálculo da multa de 40% do FGTS. Já na **segunda situação,** como o valor possui natureza indenizatória, não terá os mesmos reflexos.

IMPORTANTE

As fórmulas de cálculo são as mesmas, tanto na primeira quanto na segunda situação, sendo que na segunda, por ser uma verba de caráter indenizatório, não irá repercutir no cálculo de outras parcelas salariais, como as férias, o décimo terceiro salário etc.

Quando forem consideradas horas extras, o empregado terá direito ao **adicional** de 50%, porém, no caso da indenização, o obreiro terá direito a um **acréscimo** de 50%, sendo que ambas deverão ser calculadas sobre o valor da hora normal de trabalho, porém, na segunda hipótese, sem os reflexos de uma verba de natureza salarial.

Fórmulas:

❯ Cálculo do valor de 1 hora normal para o empregado que trabalha 8 horas diárias e 44 horas semanais:

Fórmula: valor do salário mensal ÷ 220

❯ Cálculo do valor de 1 hora normal para o empregado que trabalha 8 horas diárias e 40 horas semanais, por ter sido dispensado o trabalho aos sábados:

> **Fórmula:** valor do salário mensal ÷ 220

> ❱ Cálculo do valor de 1 hora normal para o empregado que trabalha 6 horas diárias e 30 horas semanais (exemplo: bancário):

> **Fórmula:** valor do salário mensal ÷ 180

> ❱ Cálculo do valor de 1 hora com o adicional de 50% sobre o valor da hora normal de trabalho:

> **Fórmula:** (valor de 1 hora normal × 50%) + valor de 1 hora normal
> **Ou:** valor de 1 hora normal × 1,5

> ❱ Cálculo da quantidade total de horas decorrentes da redução ou não concessão do intervalo interjornada:

> **Fórmula:** [valor de 1 hora com o adicional de 50% × a quantidade diária de horas suprimidas do intervalo interjornada] × a quantidade de dias do mês em que ocorreu a redução do intervalo interjornada

Exemplo da 1ª situação: sujeito ao regime de revezamento, determinado trabalhador prestou serviços após o término de sua jornada normal de trabalho, com prejuízo de 3 horas que seriam do intervalo mínimo de 11 horas consecutivas para descanso entre jornadas. Nesse caso, o obreiro tem direito ao pagamento de 3 horas diárias como extras em razão da violação do intervalo interjornada mínimo de 11 horas. Para se obter o total de horas extras decorrentes do tempo suprimido do intervalo utilizou-se o seguinte cálculo: 11 horas – 8 horas = 3 horas. Considerando que o empregado trabalhe 44 horas semanais, que tenha uma remuneração mensal de R$ 1.100,00 e que a redução do intervalo interjornada tenha ocorrido durante 5 dias no mês, terá direito ao seguinte pagamento a título de horas extras:
> ❱ **Cálculo do valor de 1 hora normal:** R$ 1.100,00 ÷ 220 = R$ 5,00;
> ❱ **Cálculo do valor de 1 hora extra:** (R$ 5,00 × 50%) + R$ 5,00 = R$ 7,50, ou R$ 5,00 × 1,5 = R$ 7,50;
> ❱ **Cálculo da quantidade total de horas extras decorrentes da redução do intervalo interjornada:** [R$ 7,50 × 3 horas a menos do intervalo por dia] × 5 dias de ocorrência no mês = R$ 112,50.

Exemplo da 2ª situação: determinado empregado, com remuneração mensal de R$ 4.400,00 e duração do trabalho semanal de 44 horas, encerrou sua jornada de trabalho às 18 horas, tendo reiniciado nova jornada no dia seguinte às 3 horas da manhã, fato este que ocorreu em 8 dias do mês. Neste caso, segundo o art. 66 da CLT, ele tem direito a um intervalo de 11 horas entre as jornadas, porém teve somente 9 horas. Para se obter o total de horas decorrentes do tempo suprimido do intervalo, utilizou-se o seguinte cálculo: 11 horas – 9 horas = 2 horas. Neste caso, terá direito ao seguinte pagamento a título de indenização:

> **Cálculo do valor de 1 hora normal:** R$ 4.400,00 ÷ 220 = R$ 20,00;
> **Cálculo do valor de 1 hora com o adicional de 50% sobre o valor da hora normal de trabalho:** (R$ 20,00 × 50%) + R$ 20,00 = R$ 30,00, ou R$ 20,00 × 1,5 = R$ 30,00;
> **Cálculo do valor da indenização:** [R$ 30,00 × 2 horas a menos do inter-valor por dia] × 8 dias de ocorrência no mês = R$ 480,00.

OBSERVAÇÃO

O intervalo interjornada diz respeito ao espaço de tempo de, no mínimo, 11 horas que deve haver entre uma jornada de trabalho e outra (art. 66 da CLT). Neste caso, o emprega-do que, em determinado dia da semana, encerra a prestação de serviços às 23 horas, so-mente poderá reiniciar os serviços no dia seguinte, a partir das 10 horas. Caso venha a reiniciar os serviços antes das 10 horas, terá direito ao pagamento da quantidade de horas correspondentes à diferença do intervalo não concedido com o adicional de 50% sobre o valor da hora normal de trabalho, sendo que, dependendo da situação, o trabalhador re-ceberá horas extras ou uma indenização.

5.1.34 Indenização decorrente da supressão total ou parcial das horas extras prestadas com habitualidade

Indenização devida ao empregado correspondente ao valor de 1 mês das ho-ras extraordinárias suprimidas para cada ano ou fração igual ou superior a 6 meses de prestação de serviço acima da jornada normal de trabalho, objetivando reparar a supressão, total ou parcial, pelo empregador, do serviço suplementar prestado com habitualidade (Súmula n. 291 do TST).

No cálculo, deverá ser obtida a quantidade média das horas extraordinárias trabalhadas nos últimos 12 meses anteriores à mudança, a qual será multiplicada pelo valor da hora extra do dia da supressão.

Fórmulas:

> Cálculo de 1 hora normal em valor correspondente ao do dia da supressão, para o empregado que trabalha 8 horas diárias e 44 horas semanais:

> **Fórmula:** valor do salário do mês da supressão das horas extras ÷ 220

> ❯ Cálculo de 1 hora normal em valor correspondente ao do dia da supressão, para o empregado que trabalha 8 horas diárias, de segunda a sexta-feira, com a dispensa do trabalho aos sábados, totalizando 40 horas semanais:

> **Fórmula:** valor do salário do mês da supressão das horas extras ÷ 200

> ❯ Cálculo de 1 hora normal em valor correspondente ao do dia da supressão, para o empregado que trabalha 6 horas diárias e 30 horas semanais (exemplo: bancário):

> **Fórmula:** valor do salário do mês da supressão das horas extras ÷ 180

> ❯ Cálculo do valor de 1 hora extra correspondente ao do dia da supressão, total ou parcial:

> **Fórmula:** (valor de 1 hora normal em valor correspondente ao do dia da supressão × 50%) + valor de 1 hora normal em valor correspondente ao do dia da supressão
> **Ou:** valor de 1 hora normal em valor correspondente ao do dia da supressão × 1,5

> ❯ Cálculo da quantidade média das horas extras prestadas nos últimos 12 meses anteriores à mudança:

> **Fórmula:** quantidade total de horas extras prestadas nos últimos 12 meses anteriores à data da supressão, total ou parcial, do labor extraordinário ÷ 12 meses

> ❯ Cálculo do valor da indenização devida pela supressão, total ou parcial, das horas extras prestadas com habitualidade:

> **Fórmula:** (quantidade média de horas extras prestadas nos últimos 12 meses anteriores à data da supressão total ou parcial do labor extraordinário × valor de 1 hora extra correspondente ao do dia da supressão) × número de anos ou fração igual ou superior a 6 meses de prestação habitual do serviço suplementar

Exemplos:

1. Após José ter feito horas extras durante 2 anos e 6 meses, o empregador resolveu suprimir totalmente o trabalho suplementar. Considerando que o empregado trabalha 44 horas semanais e que recebe o salário mensal de R$ 1.100,00, bem como que tenha prestado um total de 480 horas extraordinárias nos últimos 12 meses, terá direito ao pagamento de uma indenização pela supressão total do labor em sobrejornada no valor de R$ 900,00, sendo:

> ❯ **Cálculo de 1 hora normal em valor correspondente ao do dia da supressão:** R$ 1.100,00 ÷ 220 = R$ 5,00.
> ❯ **Cálculo do valor de 1 hora extra correspondente ao do dia da supressão:** (R$ 5,00 × 50%) + R$ 5,00 = R$ 7,50, ou R$ 5,00 × 1,5 = R$ 7,50.
> ❯ **Cálculo da quantidade média das horas extras prestadas nos últimos 12 meses anteriores à mudança:** 480 horas extras prestadas no último ano ÷ 12 meses = 40 horas extras.
> ❯ **Cálculo do valor da indenização devida pela supressão total das horas extras prestadas com habitualidade:** (40 horas extras × R$ 7,50) × 3 (sendo, 2 anos e 6 meses de prestação de serviço acima da jornada normal) = R$ 900,00.

2. O bancário Malaquias fez horas extras durante 4 anos e 5 meses (lembrando que somente será contada a fração igual ou superior a 6 meses). O empregador resolveu suprimir totalmente o trabalho suplementar prestado pelo empregado com habitualidade, pois não mais era necessário. Considerando que o bancário recebe o salário mensal de R$ 1.080,00, e que tenha prestado um total de 360 horas extraordinárias nos últimos 12 meses anteriores à mudança, terá direito ao pagamento de uma indenização pela supressão do labor em sobrejornada no valor de R$ 1.080,00, sendo:

> ❯ **Cálculo de 1 hora normal em valor correspondente ao do dia da supressão:** R$ 1.080,00 ÷ 180 = R$ 6,00.
> ❯ **Cálculo do valor de 1 hora extra correspondente ao do dia da supressão:** (R$ 6,00 × 50%) + R$ 6,00 = R$ 9,00, ou R$ 6,00 × 1,5 = R$ 9,00.
> ❯ **Cálculo da quantidade média das horas extras prestadas nos últimos 12 meses anteriores à mudança:** 360 horas extras prestadas no último ano ÷ 12 meses = 30 horas extras.

> **Cálculo do valor da indenização devida pela supressão total das horas extras prestadas com habitualidade:** (30 horas extras × R$ 9,00) × 4 anos = R$ 1.080,00.

3. Pedro fez horas extras durante 2 anos e 6 meses. O empregador resolveu reduzir, suprimir parcialmente, o trabalho suplementar prestado pelo empregado com habitualidade, passando de 2 horas extras diárias para somente 1 hora extra. Considerando que a jornada normal de trabalho do obreiro era de 8 horas, totalizando 40 horas semanais, já que foi dispensado de trabalhar aos sábados, e que recebe o salário mensal de R$ 1.600,00, bem como que tenha prestado um total de 1.200 horas extraordinárias nos últimos 12 meses anteriores à mudança, terá direito ao pagamento de uma indenização pela supressão parcial do labor em sobrejornada no valor de R$ 3.600,00, sendo:

> **Cálculo de 1 hora normal em valor correspondente ao do dia da supressão:** R$ 1.600,00 ÷ 200 = R$ 8,00.
> **Cálculo do valor de 1 hora extra correspondente ao do dia da supressão:** (R$ 8,00 × 50%) + R$ 8,00 = R$ 12,00, ou R$ 8,00 × 1,5 = R$ 12,00.
> **Cálculo da quantidade média das horas extras prestadas nos últimos 12 meses anteriores à mudança:** 1.200 horas extras prestadas no último ano ÷ 12 meses = 100 horas extras.
> **Cálculo do valor da indenização devida pela supressão parcial das horas extras prestadas com habitualidade:** (100 horas extras × R$ 12,00) × 3 (2 anos e 6 meses) = R$ 3.600,00.

5.1.35 Horas *in itinere* ou horas de deslocamento

A partir da alteração do § 2º do art. 58 da CLT pela Lei n. 13.467, de 13-7-2017, não mais existe a possibilidade de se pleitear o pagamento de horas extras em decorrência do tempo despendido pelo empregado no deslocamento da sua residência ao local do posto de trabalho, e vice-versa, em razão de o local do estabelecimento da empresa ser de difícil acesso ou não ser servido por transporte público, e o empregador fornecer a condução.

Neste aspecto, de acordo com o dispositivo alterado, não é computado na jornada de trabalho, e, por conseguinte, não é mais considerado como horas de deslocamento, o tempo despendido pelo empregado desde a sua residência até a efetiva ocupação do posto de trabalho, e para o seu retorno, caminhando ou por qualquer meio de transporte, inclusive por condução fornecida pela própria empresa, por não ser tempo à disposição do empregador.

Assim, passaram a ser inaplicáveis os itens I e IV da Súmula n. 90 do TST, à exceção do item II, em que "a incompatibilidade entre os horários de início e término da jornada do empregado e os do transporte público regular é circunstância que também gera o direito às horas *in itinere*".

Igualmente, será exceção à nova regra, dando margem ao pedido de pagamento de horas *in itinere* ou horas de deslocamento, a exigência do empregador de o empregado se dirigir a localidade diversa, antes de chegar ao respectivo posto de trabalho, ou mesmo se isso ocorrer após o término da jornada de trabalho. Como exemplo, pode-se citar a determinação de o empregado passar no banco todos os dias, após o término da sua jornada de trabalho, para depositar os valores das vendas, ou mesmo o obreiro ter que passar no banco, antes de iniciar a jornada de trabalho, para fazer retiradas em dinheiro, que será utilizado no caixa da empresa. Em tais casos, os períodos de tempo deverão ser computados na jornada de trabalho do obreiro, visto que estará à disposição do empregador cumprindo ordens.

Como as horas *in itinere* são computáveis na jornada de trabalho, o tempo que extrapolar a jornada legal ou normal deve ser considerado como extraordinário, e sobre ele deverá incidir o adicional respectivo, ou seja, 50% (item V da Súmula n. 90 do TST).

Assim, no cálculo das horas *in itinere* deve-se observar a mesma sistemática utilizada no cálculo das horas extras.

5.1.36 Adicional noturno

Percentual de, pelo menos, 20%, aplicado sobre o valor da hora de trabalho diurna, devido aos empregados urbanos que trabalham entre as 22 horas de um dia e as 5 horas do dia seguinte (*caput* e § 2º do art. 73 da CLT).

Tem o intuito de compensar a penosidade do trabalho noturno, visto que, normalmente, no período noturno há maior desgaste físico e intelectual na realização das tarefas pelo empregado.

Nos casos de revezamento semanal, também é devido o pagamento do adicional de serviço noturno (Súmula n. 213 do STF).

Da mesma forma, é assegurado ao vigia sujeito ao trabalho noturno o direito ao respectivo adicional (Súmula n. 140 do TST).

Quando cumprida integralmente a jornada no período noturno e prorrogada esta, também é devido o adicional quanto às horas prorrogadas. Neste caso, as horas diurnas deverão ser pagas com o acréscimo de 20% (Súmula n. 60 do TST).

A transferência para o período diurno de trabalho implica a perda do direito ao adicional noturno (Súmula n. 265 do TST).

Quando pago com habitualidade, o adicional noturno integra o salário do empregado para todos os efeitos (Súmula n. 60 do TST). Assim, no cálculo do décimo terceiro salário e das férias + 1/3 constitucional devem ser observados os valores recebidos pelo empregado a título de adicional noturno. Da mesma forma, tal verba integra a base de cálculo dos depósitos fundiários e recolhimentos previdenciários (FGTS e INSS).

No caso de empregado submetido a jornada de 12 horas de trabalho por 36 de descanso, cuja duração de trabalho compreenda a totalidade do período noturno, tem direito ao adicional noturno, relativo às horas trabalhadas após as 5 horas da manhã (Orientação Jurisprudencial n. 388 da Subseção de Dissídios Individuais I do TST). Exemplos: empregado com jornada de trabalho das 22 horas de um dia às 9 horas do dia seguinte tem direito ao pagamento do adicional noturno pelo trabalho prestado entre as 5 e as 9 horas (lembrando que das 22 às 5 horas a hora de trabalho tem duração de somente 52 minutos e 30 segundos; sendo que em tal período o obreiro terá prestado 7 horas de trabalho, mas receberá como se houvesse trabalhado 8 horas); empregado com jornada de trabalho das 19 horas de um dia às 6 horas do dia seguinte tem direito ao pagamento do adicional noturno pelo trabalho prestado das 5 às 6 horas. Porém, não há direito ao pagamento do adicional noturno, em relação às horas trabalhadas após as 5 horas da manhã, quando a jornada de trabalho não compreenda a totalidade do período noturno (exemplo: a jornada de trabalho iniciar às 24 horas).

O trabalho noturno rural deverá ser acrescido do percentual de 25% sobre a remuneração normal (parágrafo único do art. 7º da Lei n. 5.889/73). Considera-se trabalho noturno rural o executado entre as 21 horas de um dia e as 5 horas do dia seguinte, na lavoura, e entre as 20 horas de um dia e as 4 horas do dia seguinte, na atividade pecuária (*caput* do art. 7º da Lei n. 5.889/73). A hora noturna rural tem duração de 60 minutos.

Fórmulas:

1ª hipótese: cálculo do valor das horas de trabalho noturnas para o empregado urbano:

Inicialmente, é preciso calcular o valor da hora normal de trabalho, em uma das seguintes hipóteses:

> **Cálculo do valor de uma hora normal para o empregado que trabalha 8 horas diárias e 44 semanais:**

Fórmula: valor do salário mensal ÷ 220

> **Cálculo do valor de uma hora normal para o empregado que trabalha 8 horas diárias e 40 semanais, por ter sido dispensado o trabalho aos sábados:**

Fórmula: valor do salário mensal ÷ 200

> Cálculo do valor de uma hora normal para o empregado que trabalha 6 horas diárias e 30 semanais (exemplo: bancário):

Fórmula: valor do salário mensal ÷ 180

Agora, é preciso converter a hora normal diurna, de 60 minutos, em hora normal noturna, de 52min30seg:
> **Conversão da hora normal diurna em hora normal noturna:**

Fórmula: 60 ÷ 52,5 = 1,1428571

O próximo passo é calcular o valor de uma hora de trabalho noturna:
> **Cálculo do valor de uma hora de trabalho noturna:**

Fórmula: valor da hora normal diurna de trabalho × 1,20
ou
(valor da hora normal diurna de trabalho × 20%) + valor da hora normal diurna de trabalho

Depois, é necessário calcular a quantidade de horas noturnas prestadas ao longo do mês:
> **Cálculo da quantidade de horas noturnas prestadas no mês: multiplicar 1,1428571 pela quantidade total de horas de trabalho prestadas no mês no período noturno:**

Fórmula: 1,1428571 × quantidade total de horas de trabalho prestadas no período noturno no mês

Por fim, é necessário calcular o valor das horas trabalhadas no turno noturno:

> **Cálculo do valor das horas de trabalho noturnas prestadas no mês:**

Fórmula: valor de uma hora de trabalho noturna × quantidade de horas noturnas prestadas no mês

Vejamos um exemplo utilizando as fórmulas apresentadas anteriormente. Empregado urbano que trabalha 8 horas diárias, totalizando 44 horas semanais, e recebe mensalmente o salário de R$ 1.100,00, tendo trabalhado das 22 de um dia às 3 horas do dia seguinte, por quatro dias da semana no mês de março, totalizando 20 horas de trabalho no período noturno. Neste caso, o empregado terá direito ao seguinte pagamento a título de horas noturnas:

> **Primeiro vamos calcular o valor de uma hora normal de trabalho:** R$ 1.100,00 ÷ 220 horas = R$ 5,00. Portanto, cada hora normal de trabalho vale R$ 5,00.

> **Depois, vamos calcular o valor de uma hora normal de trabalho com o adicional noturno de 20%:** R$ 5,00 × 1,20 = R$ 6,00, ou (5 × 20%) + 5 = R$ 6,00.

> **Agora, vamos converter a hora normal diurna, de 60 minutos, em hora normal noturna, de 52min30seg, aplicando tal resultado sobre a quantidade mensal de horas de trabalho prestadas no período noturno:** 60 ÷ 52,5 = 1,1428571 × 20 horas noturnas no mês = 22,857142.

> **Por fim, vamos calcular o valor total das horas noturnas prestadas pelo empregado no mês de março:** R$ 6,00 × 22,857142 = R$ 137,14.

Neste caso, como o empregado urbano fez 20 horas noturnas, tem direito ao pagamento de R$ 137,14 a título de trabalho noturno, com o correspondente adicional noturno.

Porém, há situações em que é necessário apurar a quantidade de horas noturnas trabalhadas pelo empregado.

Para tanto, inicialmente se deve apurar o número de horas trabalhadas, como se fossem horas diurnas, com 60 minutos cada uma. Por tal resultado se deverá multiplicar o coeficiente **1,1428571** (60 minutos ÷ 52min50seg = 1,1428571). Depois, o resultado deverá ser transformado em horas e minutos.

Exemplo: certo empregado trabalhou das 22 às 4 horas. Neste caso, das 22 às 4 horas temos 6 horas de 60 minutos cada. Agora é só multiplicar as 6 horas por 1,1428571, cujo resultado é 6,8571626. Como as calculadoras trabalham em escala de 0 a 100, devemos pegar os números antes da vírgula, multiplicar por 60 e dividir por 100: (0,8571626 × 60) ÷ 100 = 0,51. Portanto, 6 horas diurnas correspondem a 6h51min noturnas.

Outra possibilidade de cálculo do adicional noturno do empregado urbano é a seguinte:

> Identificar a quantidade de horas noturnas realizadas no mês e multiplicar por **1,1428571**, utilizado para converter a hora diurna em noturna, ou seja, 1 hora em 52 minutos e trinta segundos (60 ÷ 52,5 = 1,1428571).

> Para transformar cada hora normal de trabalho, de 60 minutos, em uma hora noturna, de 52min30seg, com o adicional noturno de, no mínimo,

20%, pode-se utilizar a seguinte fórmula: $1,1428571 \times 1,20 = \mathbf{1,37142852}$ ou $(1,1428571 \times 20\%) + 1,1428571 = \mathbf{1,37142852}$.

Exemplo: José, empregado urbano, recebe o valor da hora normal de trabalho no importe de R$ 5,00. Em março de 2019 José prestou 20 horas noturnas de trabalho, com 52min30seg cada uma. O valor mensal das horas de trabalho, sem o adicional noturno, será de R$ 100,00, sendo R$ 5,00 × 20 horas = R$ 100,00. Já o valor das mesmas horas acrescidas do adicional noturno de, no mínimo, 20% será de R$ 137,14, sendo R$ 100,00 × 1,37142852 = R$ 137,14.

É importante também ser calculado o descanso semanal remunerado, DSR. Neste caso, o valor do adicional noturno mensal deverá ser dividido pelo número de dias úteis no mês e o resultado multiplicado pelo número de domingos e feriados no mês.

2ª hipótese: cálculo do valor da hora de trabalho noturna rural:

É bem mais simples, pois a hora noturna terá duração de 60 minutos e não de 52min30seg:

> ❯ **Cálculo do valor de uma hora normal para o empregado que trabalha 8 horas diárias e 44 semanais:**

> Fórmula: valor do salário mensal ÷ 220

> ❯ **Cálculo do valor de uma hora normal para o empregado que trabalha 8 horas diárias e 40 semanais, por ter sido dispensado o trabalho aos sábados:**

> Fórmula: valor do salário mensal ÷ 200

> ❯ **Cálculo do valor de uma hora normal para o empregado que trabalha 6 horas diárias e 30 semanais:**

> Fórmula: valor do salário mensal ÷ 180

> ❯ **Cálculo do valor de uma hora noturna rural:**

> Fórmula: (valor de uma hora normal × 25%) + valor de uma hora normal
> **Ou:** valor de uma hora normal × 1,25

Exemplo: empregado rural que trabalha 8 horas diárias e 44 semanais e recebe mensalmente o salário de R$ 1.540,00, o valor da hora noturna rural deverá ser o seguinte:

> **Cálculo do valor de uma hora normal:** R$ 1.540,00 ÷ 220 = R$ 7,00
> **Cálculo do valor de uma hora noturna rural:** (R$ 7,00 × 25%) + R$ 7,00 = R$ 8,75; ou R$ 7,00 × 1,25 = R$ 8,75.

Portanto, se o empregado rural houver feito 20 horas noturnas, terá direito ao pagamento mensal de R$ 175,00 a título de horas noturnas, sendo: R$ 8,75 × 20 horas = R$ 175,00.

5.1.37 Adicional de insalubridade

Valor pago ao empregado que presta serviços em local considerado insalubre, ou seja, não saudável para o trabalhador, de conformidade com as normas expedidas pelo Ministério do Trabalho e Emprego.

Considera-se atividade ou operação insalubre aquela que, por sua natureza, condições ou métodos de trabalho, exponha o empregado a agentes nocivos à sua saúde, acima dos limites de tolerância fixados em razão da natureza e da intensidade do agente e do tempo de exposição aos seus efeitos (art. 189 da CLT e Norma Regulamentadora n. 15 do Ministério do Trabalho e Emprego).

O exercício de trabalho em condições insalubres, acima dos limites de tolerância assegura a percepção do adicional de 40%, 20% e 10% do salário mínimo, segundo se classifiquem nos graus máximo, médio e mínimo, respectivamente.

Portanto, o adicional de insalubridade é calculado com base no valor do salário-mínimo.

IMPORTANTE

Para o Supremo Tribunal Federal, o salário-mínimo não pode ser usado como indexador de base de cálculo de vantagem de servidor público ou de empregado, nem ser substituído por decisão judicial, salvo nos casos previstos na Constituição Federal (Súmula Vinculante n. 4 do STF). Porém, a substituição da base de cálculo do adicional de insalubridade somente pode ocorrer por meio de lei ordinária. Assim, em termos práticos, encontra-se suspensa a aplicação da Súmula n. 228 do TST, até que o Supremo julgue o mérito da Reclamação Constitucional n. 6.266, devendo o adicional de insalubridade, enquanto isso, continuar sendo calculado com base no valor do salário mínimo.

Fórmulas:
> Adicional de insalubridade em grau máximo:

> **Fórmula:** valor do salário mínimo × 40%
> **Ou:** valor do salário mínimo × 40 ÷ 100
> **Ou:** valor do salário mínimo × 0,4

> ❯ Adicional de insalubridade em grau médio:

> **Fórmula:** valor do salário mínimo × 20%
> **Ou:** valor do salário mínimo × 20 ÷ 100
> **Ou:** valor do salário mínimo × 0,2

> ❯ Adicional de insalubridade em grau mínimo:

> **Fórmula:** valor do salário mínimo × 10%
> **Ou:** valor do salário mínimo × 10 ÷ 100
> **Ou:** valor do salário mínimo × 0,1

Exemplos, levando-se em consideração o valor do salário mínimo do ano de 2023, ou seja, R$ 1.302,00, conforme o *caput* do art. 1º da Medida Provisória n. 1.143/2023:

1. José trabalha em contato permanente com poeiras minerais. Neste caso, tem direito ao pagamento do adicional de insalubridade em grau máximo no valor mensal de R$ 520,80 (R$ 1.302,00 × 40% = R$ 520,80; ou R$ 1.302,00 × 0,4 = R$ 520,08).

2. Maria presta serviços em contato permanente com frio intenso. Neste caso, tem direito ao pagamento do adicional de insalubridade em grau médio (20%). Portanto, Maria faz jus à importância mensal de R$ 260,40 a título de adicional de insalubridade (R$ 1.302,00 × 20% = R$ 260,40; ou R$ 1.302,00 × 0,2 = R$ 260,40).

3. Pedro trabalha em contato permanente com agentes químicos. Mediante inspeção realizada no local de trabalho, o Auditor-Fiscal do Trabalho concluiu que o obreiro tem direito ao pagamento do adicional de insalubridade em grau mínimo (10%). Portanto, faz jus a R$ 130,20 mensais a título de adicional de insalubridade (R$ 1.302,00 × 10% = R$ 130,20; ou R$ 1.302,00 × 0,1 = R$ 130,20).

Havendo horas extraordinárias prestadas pelo empregado, a base de cálculo das horas extras deverá ser o resultado da soma do salário contratual mais o adicional de insalubridade (Orientação Jurisprudencial n. 47 da Subseção de Dissídios Individuais I do TST).

5.1.38 Adicional de periculosidade

São consideradas atividades ou operações perigosas, na forma da regulamentação aprovada aprovada pelo Ministério do Trabalho e Emprego, aquelas que, por sua natureza ou métodos de trabalho, impliquem risco acentuado em virtude de exposição permanente do trabalhador a inflamáveis, explosivos ou energia elétrica; roubos ou outras espécies de violência física nas atividades profissionais de segurança pessoal ou patrimonial, bem como as atividades do trabalhador em motocicleta (*caput*, incisos I e II, e § 4º do art. 193 da CLT, Súmula n. 361 do Tribunal Superior do Trabalho).

Em tais casos, somente faz jus ao adicional de periculosidade o empregado exposto às condições de risco de forma permanente (contínua), ou intermitente (descontínua), não sendo devido, apenas, quando o contato for eventual (Súmula n 364 do TST).

O trabalho em condições de periculosidade assegura ao empregado um adicional de 30% sobre o valor do salário básico, sem os acréscimos resultantes de gratificações, prêmios ou participações nos lucros da empresa (§ 1º do art. 193 da CLT e item I da Súmula n 191 do TST). Segundo o item I da Súmula n 132 do TST, o adicional de periculosidade, pago em caráter permanente, integra o cálculo das horas extras. Em relação aos eletricitários, o cálculo do adicional de periculosidade deverá ser efetuado sobre a totalidade das parcelas de natureza salarial (Súmula n. 191 do TST).

Quanto ao vigilante, serão descontados ou compensados do adicional outros da mesma natureza eventualmente já concedidos por meio de acordo coletivo (§ 3º do art. 193 da CLT).

Fórmula: valor do salário básico mensal × 30%
Ou: valor do salário básico mensal × 30 ÷ 100
Ou: valor do salário básico mensal × 0,3

Exemplo: Luciano trabalha com transporte de explosivos e recebe mensalmente o salário de R$ 3.000,00. Neste caso, tem direito ao pagamento de R$ 900,00 mensais a título de adicional de periculosidade (R$ 3.000,00 × 30% = R$ 900,00); ou R$ 3.000,00 × 0,3 = R$ 900,00.

O adicional de periculosidade não pode ser acumulado com o adicional de insalubridade, devendo o empregado optar entre eles (§ 2º do art. 193 da CLT).

5.1.39 Adicional de transferência

Adicional de, no mínimo, 25%, devido ao empregado na hipótese de transferência provisória para local diverso do que resultar do contrato de trabalho, desde que importe na mudança de sua residência e que haja real necessidade de serviço (§ 3º do art. 469 da CLT).

Tem como base de cálculo o valor do salário mensal do empregado, não incidindo a importância recebida pelo empregado a título de gorjeta.

Em razão da falta de critério objetivo para definir em que situação a transferência será provisória, os tribunais trabalhistas têm manifestado o entendimento de que é provisória a transferência que ocorrer em período inferior a 1 ano. Se superior, os tribunais a têm considerada definitiva, não sendo devido o adicional.

Mesmo no caso de transferência de empregado que exerce cargo de confiança ou na hipótese da existência de previsão de transferência no contrato de trabalho, o empregado também faz jus ao adicional, visto que o pressuposto legal apto a legitimar a percepção do adicional é a transferência provisória (Orientação Jurisprudencial n. 113 da Subseção de Dissídios Individuais I do TST).

Dada a habitualidade no pagamento da verba, que será paga enquanto perdurar a situação, o adicional deve integrar o salário no cálculo das seguintes parcelas: horas extras (Súmula n. 264 do TST), aviso prévio, saldo de salário, décimo terceiro salário, férias vencidas e proporcionais, acrescidas do 1/3 constitucional, repouso semanal remunerado, além dos depósitos fundiários e dos recolhimentos previdenciários.

Fórmula de cálculo: valor do salário mensal do empregado × 25%
Ou: valor do salário mensal do empregado × 25 ÷ 100
Ou: valor do salário mensal do empregado × 0,25

Exemplo: empregado com salário de R$ 2.000,00 tem direito ao pagamento mensal do adicional de transferência de R$ 500,00, sendo: R$ 2.000,00 × 25%; ou R$ 2.000,00 × 0,25. Se esta situação perdurar por 5 meses, ao final, o empregado terá recebido a importância total de R$ 2.500,00 a título de adicional de transferência (R$ 500,00 × 5 meses).

OBSERVAÇÃO

Para o Tribunal Superior do Trabalho, o fato de o empregado exercer cargo de confiança ou a existência de previsão de transferência no contrato de trabalho não exclui o direito ao adicional de transferência, e o pressuposto legal apto a legitimar a percepção do adicional é a transferência provisória (primeira e segunda parte, respectivamente, da Orientação Jurisprudencial n. 113 da Subseção de Dissídios Individuais I do TST).

5.1.40 Horas de sobreaviso e de prontidão

Considera-se de sobreaviso o empregado, do serviço ferroviário (art. 236 da CLT), que permanecer em sua própria casa, aguardando a qualquer momento o chamado para o serviço, sendo que cada escala de sobreaviso será de, no máximo, 24 horas (§ 2º do art. 244 da CLT).

Para o Tribunal Superior do Trabalho, considera-se em sobreaviso o empregado que, a distância e submetido a controle patronal por instrumentos telemáticos ou informatizados, permanecer em regime de plantão ou equivalente, aguardando a qualquer momento o chamado para o serviço, durante o período de descanso (item II da Súmula n. 428 do TST). Porém, o uso de instrumentos telemáticos ou informatizados fornecidos pela empresa ao empregado, por si só, não caracteriza o regime de sobreaviso (item I da Súmula n. 428 do TST), pois, para que fique caracterizado, é obrigatório que o empregado esteja aguardando ordens à distância, em regime de plantão ou equivalente, durante seu período de descanso, sendo submetido ao controle patronal, não sendo necessário que a locomoção do empregado seja limitada à sua residência.

Neste aspecto, é preciso compreender a regra do § 2º do art. 244 da CLT, à luz da realidade da época em que foi editada, por volta de 1943, quando os meios de comunicação eram rudimentares e, por isso, era exigida a permanência do empregado em sua própria casa, a fim de ser localizado mais rapidamente. Hoje, porém, a realidade é bem diferente, sendo possível que o trabalhador tenha certa mobilidade e, ainda assim, seja prontamente contatado pela empresa, por meio de telefone celular, *laptop* ligado à empresa ou outros recursos tecnológicos. Nesse sentido é a Súmula n. 428 do TST, na qual se caracteriza em escala de sobreaviso o empregado em que há restrição à sua liberdade, durante os períodos de plantão.

Por analogia, a regra prevista no § 2º do art. 244 da CLT pode ser aplicada a qualquer empregado, e não somente ao trabalhador ferroviário, visto que, para o Tribunal Superior do Trabalho, o elemento definidor do sobreaviso não é a simples impossibilidade de locomoção, mas, sim, a obrigação do empregado de atender ao chamado do empregador a qualquer momento, pois, nesse caso, terá que interromper o que estiver fazendo, esteja com quem for e em que local estiver. Enquanto o empregado está sujeito a ser chamado para trabalhar, ele não pode dispor livremente do seu tempo de descanso e, ainda que possa ter certa liberdade de locomoção, acaba ficando impedido de realizar algumas atividades, que poderia fazer durante o período de repouso, como, por exemplo, viajar, ir até um local onde não haja sinal de internet ou mesmo de celular etc.

As horas de sobreaviso, para todos os efeitos, devem ser contadas à razão de 1/3 do salário normal (§ 2º do art. 244 da CLT), isto é, o valor da hora de sobreaviso corresponde a 1/3 do valor da hora normal de trabalho.

Mas sobreaviso não se confunde com prontidão.

Segundo a CLT, considera-se de prontidão o empregado ferroviário que ficar nas dependências da estrada, aguardando ordens (primeira parte do § 3º do art. 244 da CLT). A escala de prontidão será de, no máximo, 12 horas (segunda parte do § 3º do art. 244 da CLT). As horas de prontidão serão, para todos os efeitos, contadas à razão de 2/3 do salário-hora normal (terceira parte do § 3º do art. 244 da CLT).

Quando, no estabelecimento ou dependência em que se achar o empregado, houver facilidade de alimentação, as 12 horas de prontidão, previstas no § 3º do art. 244 da CLT, podem ser contínuas (primeira parte do § 4º do art. 244 da CLT). Porém, quando não existir essa facilidade, depois de 6 horas de prontidão, haverá sempre um intervalo de 1 hora para cada refeição, que não será computada como de serviço (segunda parte do § 4º do art. 244 da CLT).

Portanto, as horas de prontidão se assemelham às horas de sobreaviso, porém, enquanto nesta o empregado permanece em sua residência, naquela o trabalhador permanece nas dependências da empresa, ou em local determinado pelo empregador, sem prestar serviços, aguardando ser acionado para o trabalho, a qualquer momento.

Da mesma forma que o sobreaviso, por analogia, a regra prevista no § 3º do art. 244 da CLT também pode ser aplicada a qualquer empregado, e não somente ao trabalhador ferroviário, desde que identificadas as mesmas condições que caracterizam o regime de prontidão.

Para o cálculo do valor da hora de **sobreaviso** deverá ser utilizada a seguinte fórmula:

> **Valor da hora de sobreaviso** = valor da hora normal de trabalho ÷ 3

Porém, é necessário apurar antes o valor da hora normal de trabalho, utilizando os divisores 220, 200 e 180, se a duração do trabalho for de 44, 40 ou 30 horas semanais, respectivamente.

Assim, quando a duração semanal do trabalho for de 44 horas, deverá ser utilizada a seguinte fórmula para o cálculo do valor da hora normal de trabalho:

> **Valor da hora normal de trabalho** = valor do salário mensal ÷ 220

Se for de 40 horas:

> **Valor da hora normal de trabalho** = valor do salário mensal ÷ 200

E se for de 30 horas:

> **Valor da hora normal de trabalho** = valor do salário mensal ÷ 180

Exemplos:

1. Lúcia recebe o salário mensal de R$ 2.000,00, e trabalha 44 horas semanais, o valor da sua hora normal de trabalho será de R$ 9,09, e o valor da hora de sobreaviso será de R$ 1,82.
Primeiro, foi calculado o valor da hora normal de trabalho:

R$ 2.000,00 ÷ 220 = R$ 9,09

Segundo, foi calculado o valor da hora de sobreaviso:

R$ 9,09 ÷ 3 = R$ 3,03

2. Se Marcos recebe o salário mensal de R$ 1.320,00 e trabalha 40 horas por semana, o valor da sua hora normal de trabalho será de R$ 6,60, e o valor da hora de sobreaviso será de R$ 2,20.
Primeiro, foi calculado o valor da hora normal de trabalho:

R$ 1.320,00 ÷ 200 = R$ 6,60

Segundo, foi calculado o valor da hora de sobreaviso:

R$ 6,60 ÷ 3 = R$ 2,20

3. Se Pedro é bancário e recebe o salário mensal de R$ 1.440,00, e trabalha 30 horas semanais, o valor da sua hora normal de trabalho será de R$ 8,00, e o valor da hora de sobreaviso será de R$ 2,67.
Primeiro, foi calculado o valor da hora normal de trabalho:

R$ 1.440,00 ÷ 180 = R$ 8,00

Segundo, foi calculado o valor da hora de sobreaviso:

R$ 8,00 ÷ 3 = R$ 2,67

Já para calcular o valor da hora de **prontidão** deverá ser utilizada a seguinte fórmula:

> **Valor da hora de prontidão** = [valor da hora normal de trabalho × 2] ÷ 3

Exemplo: Raquel recebe o salário mensal de R$ 1.980,00 e trabalha 44 horas semanais, o valor da sua hora normal de trabalho será de R$ 9,00, e o valor da hora de prontidão será de R$ 6,00.

Primeiro, foi calculado o valor da hora normal de trabalho:

> R$ 1.980,00 ÷ 220 = R$ 9,00

Segundo, foi calculado o valor da hora de prontidão:

> R$ 9,00 × 2 = R$ 18,00
> R$ 18,00 ÷ 3 = R$ 6,00

IMPORTANTE

Na **petição inicial,** no pedido, deve ser requerido o pagamento das horas de sobreaviso ou de prontidão, e não de horas extras. Exemplos: "Assim, requer o Reclamante a condenação do Reclamado ao pagamento das horas de sobreaviso, com reflexos nas verbas contratuais e rescisórias. "Neste sentido, requer a Reclamante a condenação da Reclamada ao pagamento das horas de prontidão, com reflexos nas verbas contratuais e rescisórias".

Não é cabível a integração do adicional de periculosidade durante as horas de sobreaviso, visto que o empregado não se encontra em condições de risco (item II da Súmula n. 132 do TST). Portanto, o adicional de periculosidade não incide sobre o cálculo das horas de sobreaviso, pois o empregado não está sujeito a risco algum, visto que durante o sobreaviso não se encontra na empresa.

Por aplicação analógica do § 2º do art. 244 da CLT, as horas de sobreaviso dos empregados eletricitários são remuneradas à base de 1/3 sobre a totalidade das parcelas de natureza salarial (Súmula n. 229 do TST).

As horas de sobreaviso e de prontidão não são consideradas horas de prestação de serviço, mas horas de expectativa, visto que o empregado estará aguardando eventual chamado para a realização de um serviço, que pode vir a ocorrer ou não. Porém, se o sobreaviso (ou a prontidão) resultar em trabalho efetivo, as horas de trabalho deverão ser remuneradas como horas extras.

Tanto no sobreaviso quanto na prontidão não há que se falar no pagamento do adicional noturno e em interrupção do período de descanso interjornada ou mesmo do descanso semanal remunerado.

> O regime de sobreaviso pode ser pactuado mediante acordo ou convenção coletiva de trabalho, seja para qual categoria profissional for (inciso VIII do art. 611-A da CLT).

OBSERVAÇÃO

Para os **aeronautas**, o sobreaviso tem sua definição contida no *caput* do art. 43 da Lei n. 13.475/2017. Para o aeronauta, o sobreaviso é o período de tempo não inferior a 3 horas e não excedente a 12 horas, em que o tripulante permanece em local de sua escolha à disposição do empregador, devendo apresentar-se no aeroporto, ou em outro local determinado, no prazo de até 90 minutos após receber comunicação para o início de nova tarefa. Portanto, o aeronauta deve se apresentar no local determinado dentro de 90 minutos após receber o chamado. O sobreaviso é remunerado à razão de 1/3 do valor da hora de voo (§ 2º do art. 43 da Lei n. 13.475/2017). O número de sobreavisos que o aeronauta poderá concorrer não deverá exceder a oito mensais. O *caput* do art. 44 da Lei n. 13.475/2017 denomina **reserva** as horas de prontidão dos aeronautas: "Reserva é o período em que o tripulante de voo ou de cabine permanece à disposição, por determinação do empregador, no local de trabalho".

Para os empregados que prestam serviços em atividades de exploração, perfuração, produção e refinação de petróleo, bem como na industrialização do xisto, na indústria petroquímica e no transporte de petróleo e seus derivados por meio de dutos, a delimitação do sobreaviso encontra-se estabelecida pelo § 1º do art. 5º da Lei n. 5.811/72, na qual se considera de sobreaviso o **empregado petroleiro** que permanecer à disposição do empregador por um período de 24 horas para prestar assistência aos trabalhos normais ou atender às necessidades ocasionais de operação. Em cada período de sobreaviso, o trabalho efetivo não excederá 12 horas. Durante o período em que permanecer no regime de sobreaviso, são assegurados os seguintes direitos: alimentação gratuita no posto de trabalho, durante o turno em que estiver em serviço; transporte gratuito para o local de trabalho; alojamento coletivo gratuito e adequado ao seu descanso e higiene; repouso de 24 horas consecutivas para cada período de 24 horas em que permanecer de sobreaviso; remuneração adicional correspondente a, no mínimo, 20% do respectivo salário-básico, para compensar a eventualidade de trabalho noturno ou a variação de horário para repouso e alimentação (art. 6º da Lei n. 5.811/72). Considera-se salário-básico a importância fixa mensal correspondente à retribuição do trabalho prestado pelo empregado na jornada normal de trabalho, antes do acréscimo de vantagens, incentivos ou benefícios, a qualquer título (parágrafo único do art. 6º da Lei n. 5.811/72).

A Resolução n. 1.834/2008 do Conselho Federal de Medicina definiu "como disponibilidade médica em sobreaviso a atividade do **médico** que permanece à disposição da instituição de saúde, de forma não presencial, cumprindo jornada de trabalho preestabelecida, para ser requisitado, quando necessário, por qualquer meio ágil de comunicação, devendo ter condições de atendimento presencial quando solicitado em tempo hábil" (art. 1º da Resolução CFM n. 1.834/2008). Como se pode observar, há um erro no citado dispositivo quando confunde o período do sobreaviso com jornada de trabalho, visto que o médico estará aguardando o chamado, e não efetivamente trabalhando.

5.1.41 Salário-família

Valor pago ao trabalhador de baixa renda que possui dependente(s) (inciso XII do art. 7º da CRFB). Tem direito a uma quota por filho ou equiparado de qualquer condição, até 14 anos de idade ou inválido de qualquer idade.

A Lei n. 8.213/91 não prevê período de carência, isto é, número mínimo de contribuições mensais ao INSS, indispensáveis para que o beneficiário faça jus ao pagamento do benefício.

O salário-família é devido, mensalmente, ao segurado empregado, inclusive ao doméstico e ao trabalhador avulso (art. 65).

As cotas do salário-família são pagas pela empresa, mensalmente, junto com o salário, efetivando-se a compensação quando do recolhimento das contribuições previdenciárias.

Segundo a Portaria Ministerial MPS/MF n. 26, de 10 de janeiro de 2023, (BRASIL, 2023) o valor da cota do salário-família por filho ou equiparado de qualquer condição, até 14 anos de idade, ou inválido de qualquer idade, a partir de 1º de janeiro de 2023 , é de R$ 59,82 para o segurado com remuneração mensal não superior a R$ 1.754,18.

No cálculo do valor da cota do salário-família, deve ser observada a remuneração devida ao empregado no mês, independentemente da quantidade de dias que tenha efetivamente trabalhado. Exemplo: o empregado que tem um filho de até 14 anos ou inválido e recebeu, em janeiro de 2023, a remuneração de R$ 1.400,00 terá direito ao salário-família de R$ 59,82. Já o empregado que tem três filhos, de 5, 13 e 16 anos, sendo o último inválido, e recebeu, em março de 2023, a remuneração de R$ 1.450,00 terá direito ao salário-família de R$ 179,46, pois 3 × R$ 59,82 = R$ 179,46.

Tanto o décimo terceiro salário quanto o adicional de férias previsto no inciso XVII do art. 7º da CRFB não devem ser observados para efeito de definição do valor da cota do salário-família.

O valor da cota do salário-família é devido proporcionalmente à quantidade de dias trabalhados pelo empregado nos meses de admissão e rescisão contratual.

5.1.42 Seguro-desemprego

Atualmente, tem direito ao seguro-desemprego: o trabalhador da iniciativa privada e/ou mista dispensado em justa causa (Lei n. 7.998/90); os trabalhadores resgatados de situações de trabalho forçado ou análogas à escravidão (Lei n. 7.998/90); os trabalhadores domésticos dispensados sem justa causa (Lei Complementar n. 150/2015); e os profissionais da pesca profissional artesanal (Lei n. 10.779/2003).

No dia 30-12-2014 foi publicada a Medida Provisória n. 665, alterando a Lei n. 7.998/90, que regulamenta o Programa do Seguro-desemprego. Posteriormente, a Medida Provisória foi convertida na Lei n. 13.134, de 16-6-2015.

Basicamente, as alterações afetaram os trabalhadores que solicitam o seguro-desemprego pela primeira e segunda vezes, e a partir da terceira solicitação as regras praticamente permanecem as mesmas.

Segundo o art. 3º da Lei n. 7.998/90, alterado pela Lei n. 13.134/2015, terá direito à percepção do seguro-desemprego o trabalhador dispensado sem justa causa que comprove: 1) ter recebido salários de pessoa jurídica ou pessoa física a ela equiparada, relativos a: a) pelo menos 12 meses nos últimos 18 meses imediatamente anteriores à data da dispensa, quando da primeira solicitação; b) pelo menos 9 meses nos últimos 12 meses imediatamente anteriores à data da dispensa, quando da segunda solicitação; e c) cada um dos 6 meses imediatamente anteriores à data da dispensa, quando das demais solicitações; 2) não estar em gozo de qualquer benefício previdenciário de prestação continuada, previsto no Regulamento dos Benefícios da Previdência Social, excetuado o auxílio-acidente e o auxílio suplementar previstos na Lei n. 6.367/76, bem como o abono de permanência em serviço previsto na Lei n. 5.890/73; 3) não estar em gozo do auxílio-desemprego; e 4) não possuir renda própria de qualquer natureza suficiente à sua manutenção e de sua família.

Somente tem direito ao seguro-desemprego o trabalhador dispensado sem justa causa, inclusive de forma indireta (inciso I do art. 2º da Lei n. 7.998/90).

A anotação da extinção do contrato na Carteira de Trabalho e Previdência Social é documento hábil para o trabalhador requerer o benefício do seguro-desemprego (§ 10 do art. 477 da CLT), desde que a comunicação aos órgãos competentes tenha sido realizada pelo empregador (*caput* do art. 477 da CLT).

De conformidade com Tabela Anual do Seguro Desemprego de 2023 (BRASIL, 2023a), divulgada pelo Ministério do Trabalho e Emprego em 11-01-2023, a partir de janeiro de 2023 , no cálculo do seguro-desemprego deve-se observar o seguinte:

1. Para quem recebe até R$ 1.968,36: multiplica-se o valor do salário médio dos últimos três meses anteriores à dispensa por 0,8 (80%);

2. Para quem recebe de R$ 1.968,37 até R$ 3.280,93: o que exceder a R$ 1.968,36, multiplica-se por 0,5 (50%) e soma-se a R$ 1.574,69;

3. Para quem recebe acima de R$ 3.280,93: o valor da parcela será de R$ 2.230,97, invariavelmente.

Exemplo: empregado cuja média de salário dos últimos três meses é de R$ 2.000,00 . Neste caso, ele se encaixa na faixa intermediária (entre R$ 1.968,37 até R$ 3.280,93). Assim: R$ 2.000,00 – R$ 1.968,36 = R$ 31,64 × 0,5 = R$ 15,82 + R$ 1.574,69 = **R$ 1.590,51**, que corresponde ao valor de cada parcela do seguro-desemprego.

Na hipótese de o trabalhador não ter trabalhado integralmente em qualquer um dos últimos 3 meses anteriores à dispensa, o salário deverá ser calculado com base no mês de trabalho completo.

Caso o trabalhador tenha recebido apenas dois salários mensais, em vez dos três últimos salários daquele vínculo empregatício, a apuração deverá considerar a média dos salários dos 2 últimos meses.

Porém, se, em vez dos três ou dois últimos salários daquele mesmo vínculo empregatício, houver recebido apenas o último salário mensal, este deverá ser considerado, para fins de apuração.

Para o trabalhador que recebe salário/hora, salário/semanal ou salário/quinzenal, o valor deverá ser o do salário mensal equivalente.

A quantidade de parcelas do seguro-desemprego varia de 3 a 5 parcelas, depende da quantidade de meses trabalhados, bem como se o trabalhador solicitou o benefício pela primeira, segunda, terceira ou mais vezes, e, além disso, os meses necessários para a obtenção das parcelas não precisam ser trabalhados de forma ininterrupta ou consecutiva. Caso seja a **primeira vez**, o trabalhador deverá ter trabalhado no mínimo 12 e no máximo 23 meses para ter direito a 4 parcelas; e se houver trabalhado no mínimo 24 meses irá receber 5 parcelas. Caso seja a **segunda vez**, o trabalhador deverá ter trabalhado no mínimo 9 e no máximo 11 meses para ter direito a 3 parcelas; o trabalhador deverá ter trabalhado no mínimo 12 e no máximo 23 meses para ter direito a 4 parcelas; e se houver trabalhado no mínimo 24 meses irá receber 5 parcelas. Caso seja a **terceira ou mais vezes**, o trabalhador deverá ter trabalhado no mínimo 6 e no máximo 11 meses para ter direito a 3 parcelas; se houver trabalhado no mínimo 12 e no máximo 23 meses terá direito a 4 parcelas; e se houver trabalhado no mínimo 24 meses irá receber 5 parcelas.

Portanto, em síntese, a quantidade de parcelas será a seguinte:

Para a primeira solicitação:

❭ 4 parcelas: de 12 a 23 meses trabalhados, no período de referência.

❭ 5 parcelas: no mínimo 24 meses trabalhados, no período de referência.

Para a segunda solicitação:

❭ 3 parcelas: de 9 a 11 meses trabalhados, no período de referência.

❭ 4 parcelas: de 12 a 23 meses trabalhados, no período de referência.

❭ 5 parcelas: no mínimo 24 meses trabalhados, no período de referência.

Para a terceira solicitação:

❭ 3 parcelas: de 6 a 11 meses trabalhados, no período de referência.

❭ 4 parcelas: de 12 a 23 meses trabalhados, no período de referência.

❭ 5 parcelas: no mínimo 24 meses trabalhados, no período de referência.

IMPORTANTE

De conformidade com a Lei n. 7.998/90, o seguro-desemprego tem por finalidade auxiliar o trabalhador na busca ou preservação do emprego, promovendo, para tanto, ações integradas de orientação, recolocação e qualificação profissional (inciso II do art. 2º). Neste caso, foi instituída a bolsa de qualificação profissional, custeada pelo Fundo de Amparo ao Trabalhador (FAT), à qual faz jus o trabalhador que estiver com o contrato de trabalho suspenso em virtude da participação em curso ou programa de qualificação profissional oferecido pelo empregador, em conformidade com o disposto em convenção ou acordo coletivo celebrado para este fim (art. 2º-A).

> O **trabalhador doméstico** que for dispensado sem justa causa tem direito ao benefício do seguro-desemprego por um período máximo de 3 meses, de forma contínua ou alternada, no valor de um salário mínimo vigente (*caput* do art. 26 da Lei Complementar n. 150/2015).
>
> O **pescador profissional** que exerça sua atividade exclusiva e ininterruptamente, de forma artesanal, individualmente ou em regime de economia familiar, tem direito ao seguro-desemprego no valor de um salário-mínimo mensal, durante o período de defeso de atividade pesqueira para a preservação da espécie (*caput* do art. 1º da Lei n. 10.779/2003).
>
> O **trabalhador identificado como submetido a regime de trabalho forçado ou reduzido a condição análoga à de escravo**, em decorrência de ação dos órgãos governamentais de fiscalização do trabalho, tem direito à percepção de 3 parcelas de seguro-desemprego no valor de 1 salário-mínimo cada (art. 2º-C da Lei n. 7.998/90).

5.1.43 Multa do § 8º do art. 477 da CLT

Valor equivalente a um salário do empregado. Portanto, no cálculo deve-se utilizar como base o valor do último salário.

Tal multa é devida ao empregado quando o empregador procede ao pagamento das verbas rescisórias em prazo superior ao previsto no § 6º do art. 477 da CLT. Segundo a Orientação Jurisprudencial n. 162 da Subseção de Dissídios Individuais I do TST, "a contagem do prazo para quitação das verbas decorrentes da rescisão contratual prevista no art. 477 da CLT exclui necessariamente o dia da notificação da demissão e inclui o dia do vencimento, em obediência ao disposto no art. 132 do Código Civil de 2002 (art. 125 do Código Civil de 1916)". Assim, no pagamento das verbas rescisórias o empregador deverá observar o seguinte prazo: até o 10º dia, contado a partir da data do término do contrato, independentemente do tipo de rescisão contratual (dispensa sem justa causa, dispensa por justa causa, pedido de demissão etc.) e da dispensa ou não do cumprimento do aviso prévio (aviso prévio trabalhado ou aviso prévio indenizado).

A multa também será devida na hipótese em que a relação de emprego houver sido reconhecida apenas em juízo (primeira parte da Súmula n. 462 do TST). Neste caso, somente não será devida se ficar comprovado que foi o empregado quem deu causa à mora no pagamento das verbas rescisórias (segunda parte da Súmula n. 462 do TST).

A multa não será devida na hipótese de falência reconhecida judicialmente antes da data de pagamento das verbas rescisórias, visto que a massa falida não se sujeita à multa do § 8º do art. 477 da CLT, conforme o entendimento consubstanciado na Súmula n. 388 do TST. Porém, se a rescisão contratual ocorreu em 19-2-2017 e a falência foi decretada em 23-4-2017, ou seja, após a ruptura do contrato de trabalho, e após o prazo para pagamento das verbas rescisórias (§ 6º do art. 477 da CLT), não será devida a aplicação da Súmula n. 388 do TST, visto que, na época da rescisão e do pagamento das verbas resilitórias, a empresa não detinha a condição de massa falida, estando sujeita ao pagamento da multa do § 8º do art. 477 da CLT.

De conformidade com o § 6º do art. 15 da Lei n. 8.036/90 e o § 9º do art. 28 da Lei n. 8.212/91 não há depósitos para o FGTS nem recolhimentos previdenciários sobre o valor da multa prevista no § 8º do art. 477 da CLT.

Também, segundo o inciso XXII do § 9º do art. 214 do Decreto n. 3.048/99, não há contribuição previdenciária sobre a multa do § 8º do art. 477 da CLT.

5.1.44 Indenização adicional do art. 9º da Lei n. 7.238/84

Pagamento devido ao empregado despedido, sem justa causa, no período de 30 dias antecedentes ao reajustamento salarial coletivo da categoria (art. 9º da Lei n. 7.238/84).

No cálculo, deve-se utilizar como base o valor do último salário do empregado.

IMPORTANTE _____

> A indenização adicional não é calculada sobre o valor da remuneração do empregado, mas sobre o seu salário. Isto significa que o valor recebido pelo trabalhador a título de gorjeta não servirá de base para o cálculo da indenização.

Segundo a Súmula n. 242 do TST, a indenização adicional corresponde ao salário mensal, no valor devido na data da comunicação do despedimento (sem justa causa), integrado pelos adicionais legais ou convencionados, ligados à unidade de tempo mês, não sendo computável a gratificação natalina.

No caso de ocorrer a rescisão do contrato de trabalho no período de 30 dias que antecede à data-base, o pagamento das verbas rescisórias com o salário já corrigido não afasta o direito ao pagamento da indenização adicional (Súmula n. 314 do TST). Em tal caso, deve-se também observar que o tempo do aviso prévio, mesmo indenizado, deve ser contado para efeito da referida indenização (Súmula n 182 do TST).

Conforme o § 6º do art. 15 da Lei n. 8.036/90 e o § 9º do art. 28 da Lei n. 8.212/91 não há depósitos para o FGTS nem recolhimentos previdenciários sobre a parcela recebida a título da indenização adicional de que trata o art. 9º da Lei n. 7.238/84.

Da mesma forma, segundo a letra g do inciso V do § 9º do art. 214 do Decreto n. 3.048/99, não há contribuição previdenciária sobre a indenização adicional.

5.1.45 Multa do art. 467 da CLT

Multa devida na hipótese em que o empregador não comprova o pagamento das verbas rescisórias, bem como deixa de pagar à data do comparecimento à audiência inaugural na Justiça do Trabalho as verbas consideradas incontroversas, como, por exemplo: saldo de salário, décimo terceiro salário, férias + 1/3 constitucional, aviso prévio, FGTS sobre as verbas rescisórias, multa de 40% do FTGS, mas desde que estas verbas estejam relacionadas à rescisão contratual.

Neste caso, o empregador será obrigado a pagar a parte incontroversa de tais verbas com o acréscimo de 50%.

A multa não será devida na hipótese de falência reconhecida judicialmente antes da data de pagamento das verbas rescisórias, visto que a massa falida não se sujeita à penalidade do art. 467 da CLT, conforme o entendimento consubstanciado na Súmula n. 388 do TST. Porém, se a rescisão contratual ocorreu em 19-2-2017 e a falência foi decretada em 23-4-2017, ou seja, após a ruptura do contrato de trabalho, e após o prazo para pagamento das verbas rescisórias (§ 6º do art. 477 da CLT), não será devida a aplicação da Súmula n. 388 do TST, visto que, na época da rescisão e do pagamento das verbas resilitórias, a empresa não detinha a condição de massa falida, estando sujeita à penalidade do art. 467 da CLT.

Quando na ação trabalhista o empregador for revel e confesso quanto à matéria de fato, poderá vir a ser condenado ao pagamento da multa do art. 467 da CLT, de conformidade com a Súmula n. 69 do TST.

DICA

Havendo pagamento pendente de verbas rescisórias pode-se fazer o pedido de pagamento da multa do art. 467 da CLT na petição inicial. Porém, não deve ser incluído na peça o valor da multa, visto que esta somente será devida após a audiência em que o empregador compareceu e não procedeu ao pagamento das verbas rescisórias consideradas incontroversas.

A base de cálculo da multa do art. 467 da CLT são as verbas rescisórias não pagas até a data da primeira audiência trabalhista, como o não pagamento do saldo de salário, do aviso prévio, do décimo terceiro salário, das férias com o terço adicional.

Na hipótese de não ser paga nenhuma verba rescisória, poder-se-á requerer o pagamento da multa do § 8º do art. 477 da CLT, e também o pagamento da multa do art. 467 da CLT. Porém, no caso de haver pedido de pagamento de diferenças de verbas rescisórias, somente poderá requerer o pagamento da multa do art. 467 da CLT, visto que a multa do § 8º do art. 477 da CLT somente é devida na hipótese de não haver nenhum pagamento das verbas rescisórias no prazo estabelecido no § 6º do art. 477 da CLT.

5.1.46 Multa do § 5º do art. 476-A da CLT

Segundo o *caput* do art. 476-A da CLT, o contrato de trabalho poderá ser suspenso, por um período de 2 a 5 meses, para participação do empregado em curso ou programa de qualificação profissional oferecido pelo empregador, com duração equivalente à suspensão contratual, mediante previsão em convenção ou acordo coletivo de trabalho, e aquiescência formal do empregado, observado o disposto no art. 471 da CLT, no qual são asseguradas ao empregado afastado do emprego, por ocasião da sua volta, todas as vantagens que tenham sido atribuídas à categoria em sua ausência.

Ocorrendo uma suspensão contratual, somente poderá ocorrer nova após o transcurso de 16 meses (§ 2º do art. 476-A a CLT).

O empregador poderá conceder ao empregado uma ajuda compensatória mensal, sem natureza salarial, durante o período de suspensão contratual, cujo valor deverá ser definido em convenção ou acordo coletivo (§ 3º do art. 476-A a CLT).

Caso venha a ocorrer a dispensa do empregado no transcurso do período de suspensão contratual ou nos 3 meses subsequentes ao seu retorno ao trabalho, o empregador deverá pagar ao trabalhador, além das parcelas indenizatórias previstas na legislação em vigor, uma multa a ser estabelecida em convenção ou acordo coletivo, que deverá ser de, no mínimo, 100% do valor da última remuneração mensal anterior à suspensão do contrato (§ 5º do art. 476-A a CLT).

5.1.47 Ressarcimento de valores gastos com transporte coletivo público — vale-transporte não fornecido pelo empregador

Faz jus ao ressarcimento dos valores gastos com transporte coletivo público o empregado, o trabalhador doméstico, o trabalhador temporário, o empregado do subempreiteiro, o atleta profissional, o servidor público celetista e o estatutário (art. 106 do Decreto nº 10.854/2021), que tem direito à percepção do vale-transporte para deslocamento da sua residência para o trabalho, e vice-versa, porém o benefício não foi concedido pelo empregador.

Segundo o *caput* do art. 109 do Decreto nº 10.854/2021, o empregador somente se exonera da obrigatoriedade de fornecer o vale-transporte no caso de a empresa proporcionar, por meios próprios ou contratados e em veículos adequados, o deslocamento de seus trabalhadores no trajeto da residência ao trabalho, e vice-versa. Outra hipótese é o caso de renúncia ao benefício pelo trabalhador, desde que inexistente qualquer vício de vontade.

A Orientação Jurisprudencial n. 215 da Subseção de Dissídios Individuais I do Tribunal Superior do Trabalho, cancelada no ano de 2016, previa que era do empregado o ônus de comprovar que havia satisfeito os requisitos indispensáveis ao recebimento do vale-transporte. Neste caso, se o trabalhador não apresentasse judicialmente uma única prova da necessidade de utilização do transporte coletivo público, não tinha direito ao ressarcimento dos valores que tinha gasto a título de vale-transporte. Pois bem, com a edição da Súmula n. 460 do Tribunal Superior do Trabalho, passou a ser do empregador o ônus de comprovar que o empregado não satisfaz os requisitos indispensáveis para a concessão do vale-transporte ou não pretende fazer uso do benefício, o que, com certeza, é bem mais justo, pois, além de o trabalhador ser a parte hipossuficiente, cabe ao empregador adquirir o vale-transporte diretamente da empresa operadora do sistema de transporte coletivo público, e também é quem procede ao desconto mensal no salário da parcela do obreiro no custeio do benefício (inciso II do art. 119 e parágrafo único do art. 114 do Decreto nº 10.854/2021, respectivamente).

O vale-transporte tanto é custeado pelo trabalhador como pelo empregador, sendo que enquanto o beneficiário arca com a parcela equivalente a 6% de seu salário básico ou vencimento, excluídos quaisquer adicionais ou vantagens, o empregador arca com o restante do valor (inciso I do art. 114 do Decreto nº 10.854/2021).

OBSERVAÇÃO

No que se refere à contribuição do empregador, o vale-transporte não tem natureza salarial, nem se incorpora à remuneração para quaisquer efeitos, não constituindo base de incidência da contribuição previdenciária (INSS) ou do Fundo de Garantia do Tempo de Serviço (FGTS), bem como não é considerado para efeito de pagamento da Gratificação de Natal (décimo terceiro salário), e tampouco se configura como rendimento tributável do trabalhador (Imposto de Renda), de conformidade com a Lei n. 7.418/85 (art. 2º) e o Decreto nº 10.854/2021 (art. 111).

Para calcular a importância devida a título de ressarcimento dos gastos com transporte público coletivo pode-se utilizar a seguinte fórmula:

Fórmula: (valor unitário da tarifa de ônibus/metrô × quantidade de dias úteis no mês × 2 [ida e volta]) – (valor do salário mensal × 6%)
Ou: (valor diário, ida e volta, da tarifa de ônibus/metrô × quantidade de dias úteis no mês) – (valor do salário mensal × 6%)

IMPORTANTE

Deve ser feito o cálculo do valor devido mês a mês, tendo em vista as distintas quantidades de dias úteis que podem ser observadas em cada mês. Ao final, deve-se somar todos os valores encontrados, cujo somatório final deverá ser cobrado a título de ressarcimento.

Exemplos:

1. Pedro recebe o salário mensal de R$ 1.500,00. O valor de uma tarifa do transporte público coletivo corresponde a R$ 3,00. O trabalhador não recebeu do empregador o vale-transporte dos meses de março e abril. Considerando que os meses de março e abril tiveram 27 e 26 dias úteis, respectivamente, o obreiro terá direito ao ressarcimento da seguinte quantia:

> Cálculo do ressarcimento relativo ao mês de março: (R$ 3,00 × 27 × 2) – (R$ 1.500,00 × 6%) = R$ 162,00 – R$ 90,00 = R$ 72,00.
> Cálculo do ressarcimento relativo ao mês de abril: (R$ 3,00 × 26 × 2) – (R$ 1.500,00 × 6%) = R$ 156,00 – R$ 90,00 = R$ 66,00.
> Cálculo do valor total devido a título de ressarcimento: R$ 72,00 + R$ 66,00 = R$ 138,00. Portanto, Pedro poderá pleitear na Justiça do

Trabalho a importância de R$ 138,00 a título de ressarcimento dos valores por ele gastos com transporte coletivo público nos meses de março e abril.

2. Maria recebe o salário mensal de R$ 1.850,00. O valor de uma tarifa do transporte público coletivo corresponde a R$ 5,00 e R$ 8,00 para o ônibus e metrô, respectivamente. A empregada não recebeu do empregador o vale-transporte dos meses de maio, junho e julho. Considerando que tais meses tiveram 27, 27 e 26 dias úteis, respectivamente, a obreira terá direito ao ressarcimento da seguinte quantia:

> **Cálculo do ressarcimento relativo ao mês de maio:** (R$ 13,00 × 27 × 2) – (R$ 1.850,00 × 6%) = R$ 702,00 – R$ 111,00 = R$ 591,00.

> **Cálculo do ressarcimento relativo ao mês de junho:** (R$ 13,00 × 27 × 2) – (R$ 1.850,00 × 6%) = R$ 702,00 – R$ 111,00 = R$ 591,00.

> **Cálculo do ressarcimento relativo ao mês de julho:** (R$ 13,00 × 26 × 2) – (R$ 1.850,00 × 6%) = R$ 676,00 – R$ 111,00 = R$ 565,00.

> **Cálculo do valor total devido a título de ressarcimento:** R$ 591,00 + R$ 591,00 + R$ 565,00 = R$ 1.747,00. Portanto, Maria poderá pleitear na Justiça do Trabalho a importância de R$ 1.747,00 a título de ressarcimento dos valores por ela gastos com transporte coletivo público nos meses de maio, junho e julho.

Porém, quando do cálculo do ressarcimento, deve-se observar se o valor relativo ao percentual de 6% do salário básico não é superior ao valor mensal gasto pelo trabalhador com transporte público coletivo. Se for superior, o trabalhador não terá direito a qualquer ressarcimento, visto que tal valor somente será devido quando houver diferença a ser custeada pelo empregador. Para exemplificar, vejamos as seguintes situações:

1. Hipótese em que o valor relativo ao percentual de 6% do salário do empregado é superior à importância mensal gasta com transporte coletivo público:

Exemplo: José recebe o salário mensal de R$ 4.000,00. Considerando que determinado mês tenha 27 dias úteis e que o valor unitário da tarifa de ônibus/metrô seja de R$ 3,00, bem como que o empregador não forneceu o vale-transporte, o trabalhador terá direito a algum ressarcimento dos valores gastos com transporte público coletivo?

Nesse caso, o trabalhador não terá direito a qualquer valor a título de ressarcimento, visto que o percentual de 6% sobre o seu salário básico excede o valor mensal da tarifa.

Enquanto o valor total da tarifa é de R$ 162,00 (R$ 3,00 × 27 × 2), o valor do percentual de 6% sobre o seu salário básico é de R$ 240,00 (R$ 4.000,00 × 6%), o que significa que se houvesse desconto a título de vale-transporte esse seria de no máximo R$ 162,00, valor este que seria integralmente custeado pelo trabalhador, não havendo qualquer importância a ser paga pelo empregador a título de ressarcimento.

2. Hipótese em que o valor relativo ao percentual de 6% do salário é inferior à importância mensal gasta com transporte coletivo público:

Exemplo: Maria recebe o salário mensal de R$ 1.300,00. Considerado que determinado mês tenha 27 dias úteis e que o valor unitário da tarifa de ônibus/metrô seja de R$ 4,00, bem como que o empregador não forneceu o vale-transporte, a trabalhadora terá direito a algum ressarcimento dos valores gastos com transporte público coletivo?

Nessa situação sim, visto que o valor do percentual de 6% sobre o salário, correspondente a R$ 78,00 (R$ 1.300,00 × 6%), é inferior à importância mensal gasta pela empregada com transporte público coletivo, ou seja, R$ 216,00 (R$ 4,00 × 27 × 2), devendo ser ressarcido pelo empregador a quantia de R$ 138,00.

> **Cálculo:** (R$ 4,00 × 27 × 2 [ida e volta]) – (R$ 1.300,00 × 6%) = R$ 216,00 – R$ 78,00 = R$ 138,00

5.1.48 Multas do art. 457 da CLT

Com a alteração do art. 457 da CLT*, pela Lei n. 13.419, de 13-3-2017, que disciplinou o rateio, entre empregados, da cobrança adicional sobre as despesas em bares, restaurantes, hotéis, motéis e estabelecimentos similares, foi criada uma nova multa a favor do trabalhador, com a possibilidade de o valor ser triplicado.

Tal cobrança adicional se refere à **gorjeta,** que tanto pode ser a importância espontaneamente dada pelo cliente ao empregado, como também o valor cobrado pela empresa dos seus clientes, como serviço ou adicional (§ 3º do art. 457 da CLT).

Segundo o § 11 do art. 457 da CLT, no caso de descumprimento da previsão contida nos §§ 4º, 6º, 7º e 9º do art. 457 da Consolidação das Leis do Trabalho, o empregador deverá pagar ao trabalhador prejudicado, a título de **multa,** o valor correspondente a 1/30 da média da gorjeta por dia de atraso, limitada ao piso da categoria, assegurados em qualquer hipótese o contraditório e a ampla defesa. No caso de **reincidência** do empregador a multa será triplicada (inciso I do § 11 do art. 457 da CT).

Portanto, a multa será devida ao trabalhador nas seguintes hipóteses:

a) quando o empregador deixar de fazer a distribuição da gorjeta segundo os critérios de custeio e de rateio definidos em acordo ou convenção coletiva de trabalho (§ 4º do art. 457 da CLT);

b) quando, havendo a cobrança da gorjeta pela empresa aos seus clientes, o empregador deixar de lançar a cobrança da gorjeta na respectiva nota de consumo,

---

* A Câmara dos Deputados apresentou o Projeto de Lei n. 10.071/2018, objetivando reeditar a Lei n. 13.419/2017, Lei da Gorjeta, que foi indevidamente revogada por erro de técnica legislativa com a publicação da Lei n. 13.467/2017 (Reforma Trabalhista).

e caso haja previsão em acordo ou convenção coletiva de trabalho, as empresas inscritas em regime de tributação federal diferenciado, como empresas de pequeno porte inscritas no Simples Nacional, poderão reter até 20% da arrecadação correspondente, e as empresas não inscritas, como empresas de médio e grande porte, poderão reter até 33% da arrecadação, com o objetivo de custear os encargos sociais, previdenciários e trabalhistas derivados da sua integração à remuneração dos empregados, com a reversão integral do valor remanescente aos trabalhadores, ou seja, 80% e 67%, respectivamente (incisos I e II do § 6º do art. 457 da CLT);

c) quando o empregador deixar de anotar na Carteira de Trabalho e Previdência Social e no contracheque dos empregados o valor do salário contratual fixo e o percentual percebido a título de gorjeta (inciso III do § 6º do art. 457 da CLT);

d) quando o empregador deixar de cumprir os critérios definidos em convenção ou acordo coletivo de trabalho, quando a gorjeta for entregue diretamente pelo cliente ao empregado (§ 7º do art. 457 da CLT);

e) quando o empregador não incorporar o valor da gorjeta no salário do empregado, na hipótese em que a empresa resolveu deixar de cobrar a gorjeta dos seus clientes, devendo utilizar como base de cálculo para a incorporação a média dos valores recebidos a título de gorjeta nos últimos 12 meses, salvo se houver outros parâmetros estabelecidos em acordo ou convenção coletiva de trabalho (§ 9º do art. 457 da CLT).

Será considerado **reincidente** o empregador que, durante o período de 12 meses, descumprir, por mais de 60 dias, qualquer das hipóteses acima (inciso II do § 11 do art. 457 da CLT), ficando obrigado a pagar a multa na forma triplicada.

No cálculo da multa de 1/30 por dia de atraso, deverá ser utilizado como base o valor anotado pelo empregador na Carteira de Trabalho e Previdência Social do empregado, relativo à média das gorjetas, referente aos últimos 12 meses (§ 8º do art. 457 da CLT e na letra "d" do inciso II do *caput* do art. 15 da Portaria MTP n. 671 de 08-11-2021).

Fórmulas:

❯ Calcular a média dos valores das gorjetas referentes aos últimos 12 meses:

> **Fórmula:** valor total das gorjetas dos últimos 12 meses ÷ 12

❯ Calcular a multa de 1/30 da média da gorjeta por dia de atraso (limitada ao piso da categoria):

> **Fórmula:** [valor da média das gorjetas referentes aos últimos 12 meses × quantidade de dias de atraso] ÷ 30

O resultado obtido deverá ser utilizado na cobrança da multa quando for **menor** que o valor do piso da categoria. Porém, quando for **maior,** deverá ser utilizado na cobrança da multa o valor do piso da categoria, visto que a multa não pode ter valor superior ao piso.

No caso de reincidência do empregador, calcular o triplo do valor da multa:

Fórmula: valor da multa de 1/30 (ou do piso da categoria, quando o valor da multa referente aos últimos 12 meses for superior) × 3

Exemplo:

O empregado José trabalha como garçom para o Restaurante Beira Rio Ltda., tendo percebido os seguintes valores mensais a título de gorjeta nos últimos 12 meses:

Mês	Valor mensal da gorjeta
01/2018	R$ 800,00
02/2018	R$ 700,00
03/2018	R$ 300,00
04/2018	R$ 450,00
05/2018	R$ 500,00
06/2018	R$ 350,00
07/2018	R$ 700,00
08/2018	R$ 550,00
09/2018	R$ 400,00
10/2018	R$ 350,00
11/2018	R$ 600,00
12/2018	R$ 800,00
Total	**R$ 6.500,00**

Pois bem: por 120 dias, o empregador de José deixou de anotar na CTPS e nos contracheques do trabalhador o valor do percentual percebido a título de gorjeta, conforme determina o inciso III do § 6º do art. 457 da CLT. Considerando que o valor do piso da categoria de José é de R$ 2.500,00, o obreiro poderá ajuizar uma Reclamação Trabalhista pleiteando o pagamento da multa do § 11 do art. 457 da CLT, no seguinte valor:

Primeiro, deverá ser calculada a média dos valores das gorjetas referente aos últimos 12 meses:

$$R\$\ 6.500,00 \div 12 = R\$\ 541,66$$

Após, deverá ser calculada a multa de 1/30 da média da gorjeta por dia de atraso:

$$[R\$\ 541,66 \times 120\ dias] \div 30 =$$
$$R\$\ 64.999,20 \div 30 = R\$\ 2.166,64$$

Como R$ 2.166,64 é < que o valor do piso da categoria, ou seja, R$ 2.500,00, a multa a ser cobrada será no valor do resultado obtido (R$ 2.166,64).

No caso de reincidência do empregador, em uma ou mais hipótese dos §§ 4º, 6º, 7º e 9º do art. 457 da CLT, deverá ser calculado o triplo do valor da multa:

$$R\$\ 2.166,64 \times 3 = R\$\ 6.499,92$$

DICA

Dependendo do caso concreto, na petição inicial se poderá formular o **pedido de pagamento da multa do § 11 do art. 457 da CLT** ou o **pedido de pagamento da multa do inciso I do § 11 do art. 457 da CLT**, na hipótese de reincidência do empregador.

IMPORTANTE

De acordo com a Súmula n. 354 do TST, "as gorjetas, cobradas pelo empregador na nota de serviço ou oferecidas espontaneamente pelos clientes, integram a remuneração do empregado, não servindo de base de cálculo para as parcelas de aviso-prévio, adicional noturno, horas extras e repouso semanal remunerado". Porém, tal entendimento não há mais como subsistir, visto que a nova redação do art. 457 da CLT prevê expressamente que a gorjeta deverá ser integrada à remuneração do empregado, sem que tenha sido estabelecida qualquer exceção.

O § 9º do art. 457 da CLT prevê a **incorporação** da gorjeta ao salário do empregado, na hipótese de cessar a cobrança da gorjeta, quando cobrada do cliente por mais de 12 meses, tendo como base a média dos últimos 12 meses, salvo o estabelecido em convenção ou acordo coletivo de trabalho.

A gorjeta, na forma definida no art. 457 da CLT será distribuída entre os empregados da empresa segundo critérios de custeio e de rateio definidos em convenção ou acordo coletivo de trabalho (§ 4º do art. 457 da CLT). Porém, inexistindo previsão em convenção ou acordo coletivo de trabalho, os critérios de rateio e distribuição da gorjeta e os percentuais de retenção, seja na gorjeta cobrada pela empresa do seu cliente ou a entregue diretamente pelo consumidor ao trabalhador, serão definidos em assembleia geral dos trabalhadores, convocada pelo sindicato da categoria, na forma definida pelo art. 612 da CLT (§ 5º do art. 457 da CLT).

Constitui obrigação da empresa anotar na Carteira de Trabalho e Previdência Social e no contracheque dos seus empregados o valor do salário contratual fixo e o percentual percebido a título de gorjeta (inciso III do § 6º do art. 457 da CLT). Neste aspecto é importante destacar um equívoco, visto que no contracheque do trabalhador não são registrados percentuais das verbas recebidas ou descontadas, mas os respectivos valores de cada uma delas. Ademais, enquanto o inciso III do § 6º do art. 457 da CLT determina o registro do percentual, o § 8º do art. 457 da CLT prevê o registro da média dos valores das gorjetas dos últimos 12 meses, o que na prática constitui a forma mais adequada.

Nas empresas que tiverem mais de 60 empregados deverá ser constituída uma comissão de empregados, mediante previsão em convenção ou acordo coletivo de trabalho, para acompanhar e fiscalizar a regularidade da cobrança e distribuição da gorjeta, cujos representantes serão eleitos em assembleia geral convocada para esse fim pelo sindicato laboral e gozarão de **garantia de emprego** vinculada ao desempenho das funções para o qual foram eleitos, e, para as demais empresas, será constituída uma **comissão intersindical** para o referido fim (§ 10 do art. 457 da CLT).

5.1.49 Multa do § 6º do art. 461 da CLT

Multa no valor de 50% do limite máximo dos benefícios do Regime Geral de Previdência Social, devida no caso de discriminação do empregador em relação ao valor do salário por motivo de sexo ou etnia.

Comprovada a discriminação, o juízo determinará, além do pagamento das diferenças salariais devidas, a multa em favor do empregado discriminado.

Fórmula: valor do limite máximo dos benefícios do Regime Geral da Previdência Social × 50%

Ou:

[valor do limite máximo dos benefícios do Regime Geral da Previdência Social × 50] ÷ 100

5.1.50 Multa do § 4º do art. 452-A da CLT

Devida no caso de descumprimento, sem justo motivo, do pactuado para a prestação de serviços, no caso do **contrato de trabalho intermitente,** devendo ser pago à outra parte, no prazo de 30 dias, a importância equivalente a 50% do valor da remuneração que seria devida, sendo permitida a compensação em igual prazo.

Segundo o texto do § 4º do art. 452-A da CLT, tanto o empregado quanto o empregador poderá ser compelido ao pagamento da multa, caso não venha a cumprir com o pactuado. No caso do trabalhador, o descumprimento poderá advir do fato de ter aceito a oferta e não comparecer ao serviço, sem que comprove o justo motivo. Já o empregador, que convocar o empregado para o trabalho, e, após aceita a oferta, descumprir o ajustado (seja em relação à quantidade de horas de trabalho, ou mesmo em relação ao período de prestação dos serviços, dentre outras possibilidades), sem justo motivo, também estará obrigado ao pagamento da multa a favor do trabalhador.

Porém, na prática das relações de trabalho intermitente a dificuldade será identificar o que pode ou não ser considerado como **justo motivo,** sendo provável que a Justiça do Trabalho venha a ser acionada para resolver tal questão na hipótese em que houver litígio no cumprimento da obrigação prevista no § 4º do art. 452-A da CLT.

5.1.51 Cálculo das verbas rescisórias num contrato de trabalho intermitente

Originalmente, a Reforma Trabalhista (Lei n. 13.467/2017) nada dispõe acerca do cálculo das verbas rescisórias no contrato de trabalho intermitente, cuja prestação do serviço não é contínua, o que pode dificultar bastante a obtenção do valor total das verbas. A lacuna foi suprida no dia 14-11-2017 pela Medida Provisória n. 808/2017, que incluiu o art. 452-E na CLT. Porém, no dia 23-4-2018 foi encerrada a vigência da MP. Em 11-11-2021 foi publicada no D.O.U. a Portaria MTP n. 671, dispondo sobre as verbas rescisórias no contrato de trabalho intermitente.

Porém, as sucessivas mudanças normativas têm gerado incertezas quanto à utilização prática dos dispositivos relativos ao cálculo das verbas rescisórias quando a prestação dos serviços é intermitente, que por ter características distintas do contrato de trabalho contínuo, acaba sendo mais complexo, na prática, estabelecer uma fórmula de cálculo que proporcione tranquilidade ao empregador no momento da rescisão contratual, e até mesmo para o advogado no momento de fazer o cálculo dos pedidos relativos aos direitos rescisórios, em conformidade com o § 1º do art. 840 da CLT.

Vejamos, a seguir, um exemplo prático de como se pode chegar aos direitos rescisórios em tal modalidade contratual:

Exemplo: foi ajustado um contrato de trabalho intermitente com João da Silva em 14-11-2017, tendo sido pactuado o valor do dia de trabalho no importe de

R$ 35,00. O trabalhador prestou serviços nos seguintes períodos: do dia 1º-1-2018 ao dia 28-2-2018, de segunda-feira ao sábado, tendo recebido R$ 1.085,00 pelo primeiro mês e R$ 980,00 pelo segundo, correspondentes a 31 dias e 28 dias, respectivamente, já incluído o repouso semanal remunerado aos domingos; e do dia 1º-7 ao dia 25-7-2018, de segunda-feira ao sábado, tendo recebido R$ 875,00, correspondente a 25 dias, já incluído o repouso semanal remunerado aos domingos. Em 30-12-2018, o trabalhador foi comunicado que seu contrato de trabalho estava sendo rescindido. Neste caso, o trabalhador tem direito aos seguintes pagamentos:

> Pagamento do valor devido a título de **aviso prévio indenizado,** calculado com base na média dos valores recebidos pelo empregado no curso do contrato de trabalho intermitente, ou seja, entre 1º-12-2017 e 30-12-2018 (data da comunicação da rescisão do contrato de trabalho intermitente). Portanto, no cálculo do aviso prévio deverá ser observada a média dos valores recebidos em 1º-1-2018 a 28-2-2018; e de 1º-7 a 25-7-2018.

- De 01/01 a 31/01 = R$ 1.085,00 + R$ 90,42 de décimo terceiro salário proporcional (1/12) + R$ 120,56 de férias proporcionais (1/12) com 1/3, totalizando R$ 1.295,98.
- De 01/02 a 28/02 = R$ 980,00 + R$ 81,67 de décimo terceiro salário proporcional (1/12) + R$ 108,89 de férias proporcionais (1/12) com 1/3, totalizando R$ 1.170,56.
- De 1/07 a 25/07 = R$ 875,00 + R$ 72,92 de décimo terceiro salário proporcional (1/12) + R$ 97,23 de férias proporcionais (1/12) com 1/3, totalizando R$ 1.045,15.

Agora deve ser calculada a média: R$ 1.295,98 + R$ 1.170,56 + R$ 1.045,15 = R$ 3.511,69 ÷ 3 meses = R$ 1.170,56 de aviso prévio indenizado.

É claro que, se o trabalhador vier a prestar serviços ao longo do aviso prévio de 30 dias **(aviso prévio trabalhado)**, deverão ser pagas todas as horas prestadas.

> Cálculo do reflexo do **FGTS sobre o aviso prévio:** R$ 1.170,56 × 8% = R$ 93,64.
> Cálculo da **indenização de 40% sobre o saldo do FGTS:**

- FGTS depositado na conta vinculada em relação ao período de trabalho de 1º-12 a 23-12-2017 = R$ 840,00 × 8% = R$ 67,20.
- FGTS de 1º-1 a 31-1 = R$ 1.295,98 × 8% = R$ 103,68.
- FGTS de 1º-2 a 28-2 = R$ 1.170,56 × 8% = R$ 93,64.
- FGTS de 1º-7 a 25-7 = R$ 1.045,15 × 8% = R$ 83,61.
- FGTS incidente sobre o aviso prévio indenizado = R$ 93,64.

Somando todos os valores do FGTS, temos o seguinte total: R$ 67,20 + R$ 103,68 + R$ 93,64 + R$ 83,61 + R$ 93,64 = R$ 441,77. Deste total o trabalhador tem direito à multa do FGTS equivalente a 40%. Portanto: R$ 441,77 × 40% = R$ 176,71.

Por fim, devem ser somados todos os valores identificados. No exemplo, o valor total das **verbas rescisórias** será de R$ 1.440,91, pois R$ 1.170,56 + R$ 93,64 + R$ 176,71 = R$ 1.440,91.

No caso de coincidir o final do período de prestação de serviços (§ 6º do art. 452-A da CLT) com o momento da rescisão do contrato de trabalho, também deverão ser pagas as seguintes verbas: a remuneração do trabalho prestado, as férias proporcionais com acréscimo de um terço, o décimo terceiro salário proporcional, o repouso semanal remunerado, e os adicionais legais, se houver, como o adicional de horas extras, trabalho noturno, perigoso, insalubre etc.

E, caso o empregado venha a pedir demissão, também deverão ser observadas as mesmas regras de cálculo.

> ❱ O empregador também deverá registrar a data de término do contrato na CTPS do trabalhador intermitente.

Originalmente, o trabalhador intermitente não tinha direito à percepção do **seguro-desemprego** (§ 2º do art. 452-E da CLT, incluído pela MP 808/2017, que perdeu vigência no dia 23-4-2018). Mas, caso o empregado tenha sido dispensado sem justa causa, deverão ser observadas as previsões da Lei n. 7.998/90, que trata sobre a concessão do seguro-desemprego, visto que atualmente não há nenhuma regra estabelecendo que o benefício não deve ser concedido no contrato de trabalho na modalidade intermitente.

ATENÇÃO

A Portaria MTB n. 349/2018 foi revogada pela Portaria MTP nº 671, de 06-11-2021. Enquanto a primeira previa que no cálculo das verbas rescisórias e do aviso prévio deveriam ser considerados apenas os meses durante os quais o empregado houvesse recebido parcelas remuneratórias no intervalo dos últimos 12 meses ou o período de vigência do contrato de trabalho intermitente, se este for inferior a 12 meses, a segunda norma determina que as verbas rescisórias e o aviso prévio deverão ser calculados com base na média dos valores recebidos pelo empregado no curso do contrato de trabalho intermitente, mesmo que em período superior a 12 meses.

5.1.52 Dicas finais sobre cálculos trabalhistas

Normalmente, não é solicitada a elaboração dos cálculos dos pedidos na prova prático-profissional do Exame da OAB, podendo ser colocado em cada pedido o "R$" seguido de reticências (pontilhados), da seguinte forma:

"Pedidos:
- Saldo de salário (28 dias) . . . . R$ . . .
- Aviso prévio indenizado . . . . R$ . . .

- Décimo terceiro salário integral de 2022 . . . R$ . . .
- Férias vencidas de 2019/2020. . . . . R$ . . .
- Total . . . . R$ . . ."

Dessa forma, o candidato poderá demonstrar que a sua peça inicial atendeu ao previsto no § 1º do art. 840 da CLT e no inciso I do art. 852-B da CLT, no qual o pedido deve ser certo e determinado, e deve indicar o valor correspondente, neste caso, representado por "R$...".

Porém, é possível serem elaborados os cálculos de cada um dos pedidos, como no seguinte exemplo:

Certo empregado foi admitido em 3-8-2016 e dispensado sem justa causa em 29-3-2019, sem o cumprimento do aviso prévio. Tampouco recebeu o décimo terceiro salário de 2018 e as férias vencidas em relação ao período aquisitivo de 3-8-2017 a 2-8-2018, bem como as verbas rescisórias a que faz jus. Recebeu como último salário a importância mensal de R$ 1.900,00. Consta no extrato da conta vinculada do empregado no FGTS o saldo atualizado de **R$ 2.976,00**.

Cálculo dos valores devidos ao trabalhador:

OBSERVAÇÃO

Para simplificar, será utilizado o mesmo valor do salário no cálculo de todas as verbas, como se o trabalhador houvesse recebido a remuneração mensal de R$ 1.900,00 ao longo de todo o pacto laboral.

❯ Aviso prévio indenizado proporcional ao tempo de serviço de 36 dias no valor de **R$ 2.280,00**;

Quantidade de dias: como trabalhou por 2 anos completos, tem direito a 3 dias por cada ano, totalizando 6 dias. Portanto: 30 dias + 6 dias = 36 dias.
Cálculo: R$ 1.900,00 ÷ 30 dias = R$ 63,33 (valor de um dia de trabalho); R$ 63,33 × 36 dias = R$ 2.280,00

❯ Saldo de salário de 29 dias de 2019 no valor de **R$ 1.836,66**;

Cálculo: (R$ 1.900,00 ÷ 30 dias) × 29 dias = R$ 1.836,66

❯ Décimo terceiro salário integral de 2018 no valor de **R$ 1.900,00**;

Cálculo: (R$ 1.900,00 × 12) ÷ 12 = R$ 1.900,00

> Décimo terceiro salário proporcional (4/12 avos) no valor de **R$ 633,33**;

Cálculo: (R$ 1.900,00 × 4) ÷ 12 = R$ 633,33

> Férias vencidas (período aquisitivo de 3-8-2017 a 2-8-2018) no valor de **R$ 1.900,00**;

Cálculo: (R$ 1.900,00 × 12) ÷ 12 = R$ 1.900,00

> 1/3 constitucional sobre as férias vencidas no valor de **R$ 633,33**;

Cálculo: R$ 1.900,00 ÷ 3 = R$ 633,33

> Férias proporcionais (9/12) no valor de **R$ 1.425,00**;

Cálculo: (R$ 1.900,00 × 9) ÷ 12 = R$ 1.425,00

> 1/3 constitucional sobre as férias proporcionais no valor de **R$ 475,00**;

Cálculo: R$ 1.425,00 ÷ 3 = R$ 475,00

> FGTS sobre o saldo de salário do mês da rescisão no valor de **R$ 146,93**;

Cálculo: R$ 1.836,66 × 8% = R$ 146,93

> FGTS sobre o décimo terceiro salário integral de 2018 no valor de **R$ 152,00**;

Cálculo: R$ 1.900,00 × 8% = R$ 152,00

> FGTS sobre o décimo terceiro salário proporcional no valor de **R$ 50,66**;

Cálculo: R$ 633,33 × 8% = R$ 50,66

> FGTS sobre o aviso prévio indenizado proporcional ao tempo de serviço no valor de R$ 182,40;

> Cálculo: R$ 2.280,00 × 8% = R$ 182,40.

> ❯ Multa de 40% do FGTS no valor de **R$ 1.403,19**;

> Cálculo: [(R$ 2.976,00 + R$ 146,93 + R$ 152,00 + R$ 50,66 + R$ 182,40) × 40] ÷ 100 = (R$ 3.507,99 × 40) ÷ 100 = R$ 1.403,19

> ❯ Multa do § 8º do art. 477 da CLT no valor de **R$ 1.900,00**;

> Cálculo: valor equivalente ao último salário = R$ 1.900,00

Valor total que corresponderá ao valor da causa: **R$ 14.918,50**.

> Cálculo: R$ 2.280,00 + R$ 1.836,66 + 1.900,00 + R$ 633,33 + R$ 1.900,00 + R$ 633,33 + R$ 1.425,00 + R$ 475,00 + R$ 146,93 + R$ 152,00 + R$ 50,66 + R$ 182,40 + R$ 1.403,19 + 1.900,00 = R$ 14.918,50

Além dessas verbas, deverão ser incluídos nos pedidos a multa do art. 467 da CLT e o requerimento de entrega das guias para levantamento do FGTS e para a percepção do seguro-desemprego, sob pena de pagar uma indenização substitutiva.

OBSERVAÇÃO

Na Justiça do Trabalho há o **PJe-Calc**, Sistema de Cálculo Trabalhista, desenvolvido pela Secretaria de Tecnologia da Informação do Tribunal Regional do Trabalho da 8ª Região, a pedido do Conselho Superior da Justiça do Trabalho, para utilização em toda a Justiça do Trabalho como ferramenta padrão de elaboração de cálculos trabalhistas e liquidação de sentenças, visando à uniformidade de procedimentos e confiabilidade nos resultados apurados. O sistema não necessita de Internet e está disponível nos sites da Justiça do Trabalho para advogados, procuradores e peritos.

O Sistema, inclusive, também faz a atualização das verbas, com a aplicação dos juros e correção monetária.

5.2 Distinção Básica entre Verbas de Natureza Salarial e Indenizatória

Em regra, apenas as **verbas de natureza salarial** servem de base para o cálculo do décimo terceiro salário, das férias anuais + 1/3 constitucional, dos depósitos do FGTS, bem como servem de base de cálculo para a incidência da contribuição previdenciária. Já as verbas que possuem **natureza indenizatória** geralmente não têm esta mesma incidência.

Exemplos de verbas salariais: horas extras acrescidas do adicional de 50%, descanso semanal remunerado (DSR), adicional noturno acrescido do percentual de 20% etc.

Exemplos de verbas não salariais (indenizatórias): férias indenizadas com o 1/3 constitucional (férias não gozadas e pagas na rescisão do contrato de trabalho), indenização do vale-transporte, indenização por danos morais, participação nos lucros ou resultados da empresa, multa do § 8º do art. 477 da CLT, multa de 40% sobre todos os depósitos do FGTS etc.

OBSERVAÇÃO

O Decreto n. 6.727/2009 revogou a letra *f* do inciso V do § 9º do art. 214 do Decreto n. 3.048/99, passando o aviso prévio indenizado a integrar o salário de contribuição, para fins de recolhimentos previdenciários.

IMPORTANTE

Não é devida a incidência do FGTS e da contribuição previdenciária sobre as importâncias recebidas a título de férias indenizadas e o respectivo adicional constitucional, pois não constituem tempo de serviço, sendo que o seu pagamento corresponde a uma indenização pela sua não concessão e pelo dano sofrido pelo empregado.

5.3 Principais Distinções entre o Rito Sumário e o Procedimento Sumaríssimo e sua Aplicação Prática no Exame da OAB

Segundo alguns autores, o rito sumário não foi absorvido pelo procedimento sumaríssimo, tendo em vista que são distintos, uma vez que foram criados por leis diferentes e possuem pressupostos próprios, como, por exemplo:

> ❯ **Número de testemunhas:** no sumaríssimo o número de testemunhas é de até 2; já no sumário é de até 3.
> ❯ **Citação por edital:** é permitida no rito sumário, porém, é proibida no sumaríssimo.
> ❯ **Possibilidade de recorrer da sentença proferida pela Vara do Trabalho:** no sumário prevalece a impossibilidade de recorrer quando da decisão de primeiro grau, salvo no caso de matéria constitucional; já no procedimento sumaríssimo são admitidos todos os recursos.

Assim, com base em tal entendimento, deve-se observar o seguinte, quando da elaboração da petição inicial trabalhista:

> ❯ Se o **valor fixado para a causa for de até dois salários mínimos,** o processo irá se desenvolver pelo rito sumário. Neste caso, pode-se nominar a ação da seguinte forma: **Reclamação Trabalhista.**

> Se o **valor fixado para a causa for de até quarenta vezes o valor do salário mínimo,** o processo irá se desenvolver pelo procedimento sumaríssimo. Neste caso, pode-se nominar a ação de **Reclamação Trabalhista pelo Procedimento (ou Rito) Sumaríssimo.**

DICAS

Normalmente, nas questões das provas da OAB e de concursos públicos, não é utilizada a expressão "Procedimento ou Rito Sumário". Tal rito pode ser identificado nas questões mediante o emprego da expressão "dissídios da alçada" ou "ações da alçada" (§ 4º do art. 2º da Lei n. 5.584/70 e Súmula n. 640 do STF).

Jamais se deve nominar a petição inicial trabalhista de **Reclamação Trabalhista pelo Rito Sumário,** visto que o Tribunal Superior do Trabalho somente reconhece os seguintes ritos: "As ações ajuizadas na Justiça do Trabalho tramitarão pelo **rito ordinário** ou **sumaríssimo,** conforme previsto na Consolidação das Leis do Trabalho, excepcionando-se, apenas, as que, por disciplina legal expressa, estejam sujeitas a **rito especial,** como o Mandado de Segurança, *Habeas Corpus, Habeas Data,* Ação Rescisória, Ação Cautelar e Ação de Consignação em Pagamento" (art. 1º da Instrução Normativa n. 27/2005 do TST). Da mesma forma, é desnecessário utilizar a expressão **"Reclamação Trabalhista pelo Rito Ordinário",** para as causas de valores mais elevados do que 40 vezes o salário-mínimo, tendo em vista que o Rito Ordinário é considerado o rito comum das causas trabalhistas.

IMPORTANTE

No processo do trabalho, temos os seguintes procedimentos:
- **Procedimento sumário:** para questões de até 2 salários-mínimos.
- **Procedimento sumaríssimo:** para questões de até 40 vezes o salário-mínimo.
- **Procedimento ordinário:** para questões de valores mais elevados do que 40 vezes o salário-mínimo.

5.4 Distinções entre incorporar e integrar

Na prática, observa-se grande dificuldade em entender o significado e, principalmente, em aplicar tais expressões em petições e pareceres jurídicos.

Porém, como se verá a seguir, são palavras distintas, com conceito e aplicações específicas, que requerem certo cuidado no seu emprego prático em textos jurídicos, em especial nos textos trabalhistas.

Incorporar significa acrescentar algo ou passar a fazer parte de alguma coisa ou de alguém. Juridicamente, no contexto do Direito do Trabalho, incorporar é uma expressão utilizada para indicar que um determinado direito trabalhista passou a compor o patrimônio jurídico do trabalhador, em definitivo [incorporou], e que não pode mais ser suprimido ou reduzido pelo empregador, visto que constitui um direito adquirido (inciso XXXVI do art. 5º da CRFB), principalmente quando caracterizada sua habitualidade.

A não incorporação de um direito pelo empregador constitui violação aos **princípios da função social do contrato de trabalho** e da **boa-fé objetiva**, previstos nos arts. 421 e 422 do Código Civil, dando margem ao ajuizamento de uma reclamação trabalhista pelo trabalhador, buscando a manutenção do direito trabalhista suprimido ou reduzido, ou mesmo o pagamento de diferenças, com reflexos nas verbas contratuais e rescisórias.

Via de regra, os adicionais não incorporam, e nem mesmo a gratificação decorrente do exercício da função de confiança, pois tanto os adicionais quanto a gratificação são pagos em razão de determinadas condições (o adicional de hora extra pelo trabalho extraordinário; o adicional noturno pelo trabalho no período noturno; o adicional de insalubridade pelo trabalho em condições insalubres, conforme definido em lei; o adicional de transferência no caso de transferência provisória; a gratificação da função de confiança, até o momento em que o empregador resolver reverter o trabalhador ao cargo efetivo). Porém, apesar de não incorporarem, eles integram a remuneração do trabalhador para todos os efeitos legais.

Anteriormente à Lei n. 13.467, de 13-7-2017, que alterou substancialmente a CLT, se podia citar como exceção a gratificação da função de confiança percebida por 10 anos ou mais, que incorporava ao salário do trabalhador, em decorrência da estabilidade financeira gerada pelo recebimento em tão expressivo período de tempo, conforme o item I da Súmula n. 372 do TST, e não podia mais ser retirada pelo empregador, visto que incorporava ao salário do empregado. Porém, o § 2º do art. 468 da CLT, incluído pela citada lei, prevê expressamente que a gratificação não se incorpora, independentemente do tempo de exercício da função de confiança.

Integrar significa passar a fazer parte de um grupo ou coletividade; sentir-se parte de uma coisa. Juridicamente, no contexto do Direito do Trabalho, integrar é uma expressão utilizada para indicar que o valor de determinado direito trabalhista deve compor a base para o cálculo de outros direitos, por exemplo, as horas extras habitualmente realizadas pelo trabalhador não se incorporam ao seu contrato de trabalho, mas integram o cálculo das férias, do décimo terceiro salário, do FGTS e dos recolhimentos previdenciários. Assim, o valor das horas extras habitualmente percebidas jamais vão incorporar ao contrato de trabalho, pois o empregador não terá que pagar tal valor em definitivo, mas somente quando o labor em sobrejornada for efetivamente realizado pelo trabalhador, que, por ser uma verba de natureza salarial, gera reflexos em outras verbas. Já o auxílio-alimentação pago em dinheiro com habitualidade ao trabalhador poderá incorporar ao seu contrato de trabalho, e, por conseguinte, ao salário do obreiro, integrando a remuneração para todos os efeitos legais, como no pagamento das férias, do décimo terceiro salário, no depósito do FGTS etc. Porém, o auxílio-alimentação pago na forma prevista no § 2º do art. 457 da CLT, ou seja, sem que seja em dinheiro, não incorpora ao contrato de trabalho, e nem integra a remuneração do trabalhador, e não constitui base de incidência de qualquer encargo trabalhista e previdenciário.

A seguir, apresentaremos de forma detalhada o passo a passo para a elaboração de duas peças iniciais trabalhistas pelo procedimento sumaríssimo, sendo que a segunda se refere às pretensões alusivas ao novo tipo de contrato de trabalho previsto no § 3º do art. 443 da CLT e no art. 452-A da CLT, que tratam sobre o contrato de trabalho intermitente, conforme os dispositivos da CLT que foram incluídos pela Lei n. 13.467/2017.

5.5 Primeira Estrutura da Petição Inicial Trabalhista pelo Procedimento Sumaríssimo

1º PASSO

Fazer o correto endereçamento para o juiz do trabalho ou para o juiz de direito investido de jurisdição trabalhista (parágrafo único do art. 872 da CLT), que irá conhecer e julgar a ação. O endereçamento jamais deve ser abreviado. Na questão para elaboração da peça profissional em que não houver expressa menção do local da competência jurisdicional, sugere-se utilizar reticências. Exemplo: **"Excelentíssimo Senhor Doutor Juiz da Vara do Trabalho de..."**. Pode-se complementar o endereçamento com a indicação do estado da federação onde estiver localizada a Vara do Trabalho. Neste caso, também podem ser utilizadas reticências quando tal dado não constar da questão. Exemplo: **"Estado do..."**.

DICA

Nas localidades onde houver mais de uma Vara do Trabalho (exemplos: Vitória tem 14 Varas do Trabalho; o Município de São Paulo possui 90 Varas do Trabalho) deve-se utilizar reticências antes da expressão "Vara do Trabalho", visto que tal número somente será identificado após o protocolo da ação. Exemplo: "Excelentíssimo Senhor Doutor Juiz da ... Vara do Trabalho".

Nas localidades onde houver somente uma Vara do Trabalho não devem ser utilizadas reticências. Exemplos: "Excelentíssimo Senhor Doutor Juiz da Vara do Trabalho de Ribeirão Pires/SP"; "Excelentíssimo Senhor Doutor Juiz da Vara do Trabalho de Linhares/ES".

Excelentíssimo Senhor Doutor Juiz da ... Vara
do Trabalho de... — Estado do...

2º PASSO

Deixar um espaço de 10 a 15 linhas. Porém, tendo em vista o limite de linhas para a resposta da questão discursiva na prova da OAB, sugerimos escrever "espaço" entre parênteses, evitando saltar muitas linhas.

(Espaço)

3º PASSO

Fazer a qualificação individualizada e completa da parte reclamante.

ATENÇÃO

Cuidado, desempregado não é profissão, mas, normalmente, é uma situação temporária, na qual mesmo sem estar trabalhando no momento do ajuizamento da ação, a pessoa na grande maioria das vezes tem uma profissão.

Emerson Ligeirinho, (nacionalidade), (estado civil), (profissão), com endereço eletrônico..., portador da Carteira de Trabalho e Previdência Social n. ..., série n. ..., inscrito no CPF n. ..., com endereço na Rua..., n. ..., Bairro..., Cidade..., Estado..., CEP..., (...)

4º PASSO

Inserir o endereço completo do escritório profissional do advogado.

(...) por seu advogado, infra-assinado e devidamente constituído, conforme instrumento procuratório juntado, com escritório profissional na Rua..., n. ..., Bairro..., Cidade..., Estado..., CEP..., onde recebe intimações, vem, respeitosamente, à presença de V. Exª, propor a presente

5º PASSO

Nominar a petição inicial de **Reclamação Trabalhista pelo Procedimento Sumaríssimo** ou **Reclamação Trabalhista pelo Rito Sumaríssimo.**

Reclamação Trabalhista pelo Procedimento Sumaríssimo

6º PASSO

Fazer a qualificação individualizada e completa da parte reclamada.

(...) em face de **MPK Representações Ltda.**, pessoa jurídica de direito privado, com endereço eletrônico..., inscrito no CNPJ n. ..., com endereço na Rua..., n. ..., Bairro..., Cidade..., Estado..., CEP..., (...)

7º PASSO

Indicar o dispositivo legal que autoriza o ajuizamento da ação.

(...) com fundamento no § 1º do art. 840 da Consolidação das Leis do Trabalho combinado com o art. 852-A da CLT e os incisos I e II do art. 852-B do mesmo diploma legal, pelos motivos de fato e razões de direito a seguir aduzidos:

8º PASSO

Apresentar a breve exposição dos fatos que deram origem ao dissídio individual (causa de pedir).

Dos Fatos

O Reclamante foi admitido pelo Reclamado em 2-1-2018 para trabalhar como auxiliar de serviços gerais, percebendo como última remuneração mensal a importância de R$ 1.900,00 (mil e novecentos reais).

Durante o curso do pacto laboral o Reclamado nunca pagou ao Reclamante os décimos terceiros salários.

Por fim, o Requerente foi dispensado em 20-1-2021, sem o cumprimento do aviso prévio, e sem receber qualquer verba, nem mesmo os dias trabalhados.

O Reclamado não forneceu ao Autor as guias para levantamento do FGTS, nem as guias para percepção do seguro-desemprego, muito menos pagou a indenização de 40% do FGTS.

9º PASSO

Fazer o pedido. No Procedimento Sumaríssimo, o pedido deverá ser certo (deve indicar o valor de cada pleito) e determinado (deve ser delimitado em sua quantidade e qualidade) e indicará o valor correspondente.

Quanto aos pedidos, poderá ser registrada ressalva de que os valores indicados na petição inicial devem ser apreciados como estimativa.

DICA

Nas ações trabalhistas movidas a partir da vigência da Lei n. 12.506, de 11-10-2011, publicada no *Diário Oficial da União* de 13-10-2011, que trata sobre o novo aviso prévio, pode-se empregar na causa de pedir e no pedido as expressões "aviso prévio" ou "aviso prévio indenizado" para contratos de trabalho com duração inferior a 1 ano. Nos contratos com vigência de 1 ano completo ou mais, para a mesma empresa, pode-se utilizar "aviso prévio proporcional ao tempo de serviço" ou "aviso prévio indenizado proporcional ao tempo de serviço", dependendo da situação.

> Há uma forma simples de calcular o aviso prévio proporcional ao tempo de serviço, com base na Nota Técnica CGRT/SRT/MTE n. 184/2012, que pode ser observada no seguinte exemplo: um empregado trabalhou 12 anos numa empresa, tendo direito a 66 dias de aviso prévio. Tal número foi obtido por meio da seguinte fórmula: 30 dias + (número de anos completos trabalhados x 3). No exemplo, 30 + (12 × 3) = 30 + 36 = 66 dias.

Dos Pedidos

Isto posto, pleiteia os seguintes pagamentos:

a) Saldo de salário correspondente a 20 dias........................... R$ 1.266,67
b) FGTS sobre o saldo de salário... R$ 101,33
c) Aviso prévio indenizado.. R$ 1.900,00
d) FGTS sobre o aviso prévio indenizado................................ R$ 152,00
e) Décimos terceiros salários integrais de 2018, 2019 e 2020... R$ 5.700,00
f) FGTS sobre os décimos terceiros salários integrais............. R$ 456,00
g) Décimo terceiro salário proporcional (2/12, com a projeção do aviso prévio indenizado) .... R$ 316,66
h) FGTS sobre o décimo terceiro salário proporcional............ R$ 25,33
i) Férias proporcionais (2/12)... R$ 316,66
j) 1/3 constitucional sobre as férias proporcionais................. R$ 105,55
k) Multa do § 8º do art. 477 da CLT .... R$ 1.900,00
l) Multa de 40% sobre o montante de todos os depósitos realizados na conta vinculada do empregado no FGTS.............. R$ 2.482,66

10º PASSO

> Colocar o somatório total, que corresponderá ao valor da causa.

Total: .... R$ 14.722,86

Além dos pedidos acima, o Autor requer, ainda, que o Reclamado seja condenado a proceder à baixa do contrato de trabalho em sua Carteira de Trabalho e Previdência Social, bem como a entregar a guia para levantamento do FGTS, sob pena de pagar uma indenização correspondente, e a guia para percepção do seguro-desemprego, sob pena de pagar uma indenização substitutiva.

Os valores relativos aos pedidos acima deverão ser corrigidos monetariamente e acrescidos de juros de mora na forma da lei.

As verbas rescisórias incontroversas deverão ser pagas na primeira audiência, sob pena de pagamento com acréscimo de 50% (art. 467 da CLT).

Requer, por fim, a condenação do Réu ao pagamento de honorários sucumbenciais no percentual a ser fixado por esse juízo (*caput* do art. 791-A da CLT).

11º PASSO

Requerer a produção de provas para comprovação dos fatos alegados.

Das Provas

Protesta provar o alegado por todos os meios de prova em direito admitidos, especialmente pelo depoimento pessoal do representante legal do Reclamado, realização de perícia, com juntada de novos documentos, oitiva de testemunhas, e demais provas úteis e necessárias ao bom andamento e julgamento da presente.

Protesta, também, pela intimação do Reclamado para comparecer à audiência para prestar depoimento pessoal, com a expressa cominação de aplicação da confissão, para o caso de não comparecer (item I da Súmula n. 74 do TST) ou se recusar a depor.

Declara, desde já, o advogado do Reclamante, sob sua responsabilidade pessoal, a fidelidade das cópias dos documentos oferecidos como prova aos documentos originais, na forma do *caput* do art. 830 da Consolidação das Leis do Trabalho.

12º PASSO

Fazer a conclusão, requerendo que o pedido seja julgado procedente.

Da Conclusão

Requer, ainda, a notificação do Reclamado para acompanhar a presente demanda em todos os seus termos e atos, onde ao final será julgada totalmente procedente, condenando o Requerido no pagamento das verbas postuladas, bem como no pagamento das despesas processuais.

13º PASSO

Indicar o valor da causa, que corresponderá ao somatório total dos pedidos. No Procedimento Sumaríssimo, o valor da causa não deve exceder a 40 vezes o valor do salário-mínimo vigente na data do ajuizamento da reclamação trabalhista, senão o rito será o ordinário.

Do Valor da Causa

Dá-se à presente causa o valor de R$ 14.722,86 (quatorze mil setecentos e vinte e dois reais e oitenta e seus centavos).

14º PASSO

Desfecho de praxe: requerimentos, local, data e advogado.

PETIÇÃO INICIAL TRABALHISTA PELO PROCEDIMENTO SUMARÍSSIMO

DICA

No Exame da OAB, se os dados relativos ao local e à data não forem conhecidos pode-se utilizar uma das seguintes formas: "Local..., data..."; "(Local), (data)"; ou "(Local), .../.../...".

Nestes termos, pede deferimento.
Local..., data...
Advogado OAB/... n. ...

5.6 Segunda Estrutura da Petição Inicial Trabalhista pelo Procedimento Sumaríssimo

1º PASSO

Fazer o correto endereçamento para o juiz do trabalho ou para o juiz de direito investido de jurisdição trabalhista (parágrafo único do art. 872 da CLT).

Excelentíssimo Senhor Doutor Juiz da ... Vara do Trabalho do Rio de Janeiro – Estado do Rio de Janeiro.

2º PASSO

Deixar um espaço de 10 a 15 linhas. Porém, tendo em vista o limite de linhas para a resposta da questão discursiva na prova da OAB, sugerimos escrever "espaço" entre parênteses, evitando saltar muitas linhas.

(Espaço)

3º PASSO

Fazer a qualificação individualizada e completa da parte reclamante.

Malaquias, brasileiro, estado civil..., garçom, portador da CTPS n...., série..., inscrito no CPF sob o n...., com endereço eletrônico..., com domicílio e residência na Rua..., n...., Bairro..., Rio de Janeiro, RJ, CEP..., por seu advogado, infra-assinado e devidamente constituído, conforme instrumento procuratório juntado, com escritório profissional na Rua..., n...., Bairro..., Rio de Janeiro, RJ, CEP..., onde recebe intimações e notificações, ajuizar a presente

4º PASSO

Nominar a petição inicial de **Reclamação Trabalhista pelo Procedimento Sumaríssimo** ou **Reclamação Trabalhista pelo Rito Sumaríssimo**.

Reclamação Trabalhista pelo Procedimento Sumaríssimo

5º PASSO

Fazer a qualificação individualizada e completa da parte reclamada.

em face do **Bar Petiscos & Bebidas Ltda.**, pessoa jurídica de direito privado, inscrito no CNPJ n...., com endereço eletrônico..., estabelecido na Rua..., n...., Bairro..., Rio de Janeiro, RJ, CEP..., (...)

6º PASSO

Indicar o dispositivo legal que autoriza o ajuizamento da ação.

(...) com fundamento no § 1º do art. 840 da Consolidação das Leis do Trabalho combinado com o art. 852-A e incisos I e II do art. 852-B da CLT, e nos incisos III, V e VI do art. 319 do CPC, pelos motivos de fato e razões de direito a seguir aduzidos:

7º PASSO

Apresentar a breve exposição dos fatos que deram origem ao dissídio individual (causa de pedir).

DICA

Podem-se apresentar os argumentos de fato juntamente com os fundamentos jurídicos do pedido, tendo o cuidado de redigir o texto com clareza e coerência, e observando a ordem cronológica dos fatos.

Dos Fatos e Fundamentos

O Reclamante foi admitido pelo Reclamado em 20-11-2017 para a prestação de serviços intermitentes como garçom, na forma prevista no § 3º do art. 443 da CLT, sendo que lhe era pago apenas o período em que efetivamente prestava seus serviços, tendo sido registrados em sua CTPS a data da admissão, a função e o valor da hora normal de trabalho no importe de R$ 6,00.

No mês de dezembro de 2017 o trabalhador foi convocado para prestar serviços, por meio do aplicativo *WhatsApp*, tendo respondido ao chamado no prazo de 1 dia útil, em atendimento ao previsto no § 2º do art. 452-A da CLT. Porém, ao chegar para prestar os serviços, o Reclamado lhe comunicou que não mais seria necessário o trabalho, apesar do compromisso assumido, conforme comprovam os *prints* da tela do aparelho celular do trabalhador, nos quais constam a convocação do Réu e o aceite do Autor (documentos juntados). Em razão disso, o obreiro deixou de receber a importância equivalente a um mês de trabalho no importe total de R$ 1.320,00.

Portanto, faz jus o trabalhador ao pagamento da multa prevista no § 4º do art. 452-A da CLT, equivalente a 50% do valor da remuneração que lhe seria devida, ou seja, R$ 660,00.

Um mês depois o Autor foi novamente convocado pelo empregador, tendo prestado corretamente o serviço, conforme estipulado na oferta feita pelo Réu, porém nada recebeu pelo trabalho executado ao longo dos meses de janeiro e fevereiro de 2018 (documentos juntados).

Em razão disso o Autor deixou de receber as verbas previstas no § 6º do art. 452-A da CLT, quais sejam: a remuneração do período trabalhado em janeiro e fevereiro de 2018, além das férias proporcionais de 2/12, com o acréscimo de um terço, o décimo terceiro salário proporcional (2/12), e o repouso semanal remunerado.

E, de conformidade com o § 8º do art. 452-A da CLT, sobre os valores acima é devido o recolhimento das contribuições previdenciárias e os depósitos do Fundo de Garantia do Tempo de Serviço, na forma da lei.

Portanto, o Reclamado deverá ser condenado a pagar ao Autor todos os valores devidos, com juros e correção monetária, e ainda os honorários advocatícios sucumbenciais, em percentual a ser fixado por esse juízo, na forma prevista no art. 791-A da CLT.

8º PASSO

Fazer o pedido.

Dos Pedidos

Diante do exposto, requer o Reclamante a condenação do Reclamado aos seguintes pagamentos:

a) Multa do § 4º do art. 452-A da CLT no valor de R$ 660,00;

b) Remuneração sobre o período trabalhado em janeiro e fevereiro de 2018, já incluído o repouso semanal remunerado: R$ 2.640,00;

c) 8% do FGTS sobre a remuneração do período trabalhado: R$ 211,20;

d) Férias proporcionais de 2/12, acrescido do um terço constitucional: R$ 586,66;

e) décimo terceiro salário proporcional (2/12): R$ 440,00;

f) 8% do FGTS sobre o décimo terceiro salário proporcional (2/12): R$ 35,20.

9º PASSO

Colocar o somatório total, que corresponderá ao valor da causa.

Valor total: R$ 4.573,06.

Requer, ainda, que o Reclamado seja condenado a pagar os valores acima com juros e correção monetária, e, também, a efetuar o recolhimento das contribuições previdenciárias, com base nos valores a ser pagos.

Requer, por fim, a condenação do Réu ao pagamento dos honorários advocatícios sucumbenciais, em percentual a ser fixado pelo juízo.

10º PASSO

Requerer a produção de provas para comprovação dos fatos alegados.

Das Provas

Protesta-se por todos os meios de provas em direito admitidas, especialmente pelo depoimento pessoal do Reclamado, sob pena de confissão (item I da Súmula n. 74 do TST).

11º PASSO

Fazer a conclusão, requerendo que o pedido seja julgado procedente.

Da Conclusão

Requer, ainda, a notificação do Reclamado para acompanhar a presente demanda em todos os seus termos e atos, onde ao final deverá ser julgada procedente.

12º PASSO

Indicar o valor da causa, que corresponderá ao somatório total dos pedidos.

Do Valor da Causa

Dá-se à causa o valor de R$ 4.573,06 (quatro mil, quinhentos e setenta e três reais e seis centavos).

13º PASSO

Desfecho de praxe: requerimentos, local, data e advogado.

Nestes termos, pede deferimento.
Rio de Janeiro, data...
Advogado...

Capítulo 6

Resposta do Réu

Quanto à **resposta do réu,** de conformidade com a Consolidação das Leis do Trabalho (CLT), alterada pela Lei n. 13.467, de 13-7-2017, e ainda conforme com o Código de Processo Civil, utilizado como fonte subsidiária (art. 799 da CLT e art. 15 do CPC), o reclamado poderá apresentar como resposta à demanda proposta pelo reclamante perante a Justiça do Trabalho a peça processual de **contestação** (ou defesa), e também a peça processual de **reconvenção,** e, ainda, a peça processual de **exceção de incompetência territorial,** conforme se verá a seguir, na qual, ao final, será apresentado o passo a passo da estrutura de cada uma de tais petições.

6.1 Contestação ou Defesa

A CLT utiliza a palavra defesa em vários artigos e não contestação. O termo "defesa" vem da época administrativa, em que não se falava em contestação.

A contestação, no processo do trabalho, ao contrário do que ocorre no processo civil, em que é apresentada à seção do Protocolo, pode ser formulada oralmente em audiência (art. 847 da CLT), ou apresentada por meio de petição escrita, como ocorre na maioria das vezes, pelo sistema de processo judicial eletrônico, até o dia da audiência (parágrafo único do art. 847 da CLT). No processo eletrônico, inclusive, a parte reclamada tem a faculdade de encaminhar a contestação e a reconvenção, com os respectivos documentos, utilizando a ferramenta "sigilo", disponibilizada no PJE, impedindo que a parte contrária tenha acesso antecipado à defesa antes do prazo do *caput* do art. 847 da CLT (§ 5º do art. 22 da Resolução CSJT n. 185, de 24-3-2017). No momento da audiência inaugural, em não ocorrendo o acordo, o juiz irá retirar o sigilo, disponibilizando a visualização da peça e dos documentos à parte reclamante.

Oferecida a contestação, ainda que eletronicamente, o reclamante não poderá, sem o consentimento do reclamado, desistir da ação (§ 3º do art. 841 da CLT).

ATENÇÃO

Segundo o inciso V do art. 2º da Instrução Normativa n. 39 do Tribunal Superior do Trabalho, não é aplicável ao processo do trabalho o art. 335 do CPC, que trata sobre o prazo de 15 dias para apresentação da contestação.

A peça de contestação ou defesa pode ser dividida em duas partes:
> 1ª **parte: Defesa Indireta**, também chamada de preliminares;
> 2ª **parte: Defesa de Mérito**, que se subdivide em:
   a) **Defesa de mérito indireta**: abrange as prejudiciais de mérito, também chamadas de preliminares de mérito; e a
   b) **Defesa direta de mérito propriamente dita**.

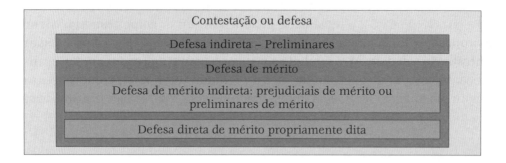

6.2 Defesa Preliminar

Preliminar significa aquilo que precede o objeto. No âmbito do direito processual, diz-se das objeções levantadas pelo reclamado antes do mérito e que ao juiz cumpre solucionar de plano.

Segundo o *Dicionário jurídico Acquaviva* (1993, p. 983), "chama-se preliminar um argumento que precede outro, com o qual guarda conexão. No direito processual, é o argumento que, sem se referir, diretamente ao mérito da causa, objetiva apontar vícios processuais ou fatos impeditivos do regular andamento da ação, de modo a favorecer o réu, ensejando a não apreciação do mérito pelo juiz".

De forma simples, pode-se comparar as preliminares como uma espécie de barreira ou obstáculo que é utilizado pela parte contestante para fazer com que o juízo não venha a julgar ou examinar o mérito da ação proposta pela parte reclamante, objetivando, principalmente, pôr fim ao processo sem resolução do mérito.

O art. 337 do Código de Processo Civil enumera as preliminares de contestação que devem ser arguidas pelo reclamado na peça de defesa, antes de fazer as alegações de mérito, isto é, antes de apresentar as impugnações específicas a cada um dos pedidos pretendidos pelo reclamante na petição inicial. Segundo o § 5º do mesmo dispositivo, tais matérias devem ser conhecidas de ofício pelo juiz, à exceção da incompetência relativa e da convenção de arbitragem, que obrigatoriamente devem ser alegadas pelo reclamado na peça de contestação.

IMPORTANTE

A **denunciação da lide** (art. 125 do CPC), bem como as demais figuras de intervenção de terceiros, típicas do processo comum, não podem ser alegadas em sede de preliminar da contestação ou defesa, visto que não são admitidas no Processo do Trabalho. Mesmo após a Emenda Constitucional n. 45/2004 e o cancelamento da Orientação Jurisprudencial n. 227 da Subseção de Dissídios Individuais I do TST, a denunciação da lide continua sendo inaplicável ao Processo do Trabalho, tendo em vista sua flagrante incompatibilidade com este, dado que constitui ação regressiva incidental, em prejuízo da celeridade processual. O objetivo principal da denunciação da lide é antecipar uma ação que o denunciante poderia propor após a eventual sucumbência na demanda principal, fazendo com que surjam no mesmo processo duas relações jurídicas distintas, ou seja, a lide originária existente entre as partes e a lide secundária decorrente da denunciação. Por conseguinte, a segunda relação jurídica decorrente da denunciação da lide, caso fosse aceita, iria prejudicar um dos princípios basilares do Processo do Trabalho, qual seja o da celeridade processual.

No processo do trabalho podem ser arguidas as preliminares apresentadas a seguir.

6.2.1 Incompetência absoluta

No processo do trabalho, a **incompetência absoluta** deve ser suscitada pelo réu em **preliminar** na própria contestação, devendo ser arguida antes de qualquer outra preliminar.

Já a **incompetência relativa** deve ser arguida por meio de **exceção** pelo réu, como veremos mais adiante.

OBSERVAÇÃO

A incompetência absoluta não pode ser prorrogada, como a relativa, e deve ser decretada pelo juiz de ofício, em qualquer tempo e grau de jurisdição (§ 1º do art. 64 do CPC).

Caso a alegação de incompetência (absoluta ou relativa) seja acolhida, os autos do processo serão remetidos ao juízo competente (§ 3º do art. 64 do CPC).

Na peça de contestação, em **preliminar,** a incompetência absoluta pode ser suscitada em razão da matéria e em razão da pessoa:

6.2.1.1 *Incompetência absoluta em razão da matéria*

Pode ser alegada quando determinado tipo de questão ou assunto, que não for da competência da Justiça do Trabalho, estiver sendo suscitado ou discutido pela parte autora no processo trabalhista, como nos exemplos a seguir:

1. No caso de a parte ingressar com uma ação na Justiça do Trabalho postulando separação dos cônjuges (matéria da competência da Justiça Comum Estadual);

2. No caso de a parte ingressar com uma ação na Justiça do Trabalho postulando alimentos (matéria da competência da Justiça Comum Estadual);

3. No caso de a parte ingressar com uma ação na Justiça do Trabalho postulando a percepção de benefícios do INSS (matéria da competência da Justiça Federal, à exceção das ações acidentárias que devem ser discutidas perante a Justiça Comum Estadual).

Pode-se também citar como exemplo a ação trabalhista ajuizada por ex-empregado pretendendo a aplicação de uma penalidade criminal ao proprietário da empresa que cometeu a infração prevista no inciso V do art. 49 da CLT, ou seja, anotou dolosamente na CTPS do trabalhador uma data de admissão ao emprego diversa da verdadeira. Nesta hipótese, a Justiça do Trabalho é incompetente, em razão da matéria, para condenar criminalmente o reclamado.

Requerer o seguinte: "Isto posto, requer a reclamada seja acolhida a presente alegação de incompetência absoluta em razão da matéria, com a remessa dos autos do processo para a Justiça Comum Estadual (§ 3º do art. 64 do CPC), que é a competente para apreciar a presente controvérsia".

IMPORTANTE

Na hipótese em que, dentre os pedidos formulados na petição inicial pelo reclamante, há pedido(s) cuja matéria não seja da competência da Justiça do Trabalho (exemplo: pedido de recolhimento das parcelas de contribuição previdenciária referentes ao período contratual), pode-se alegar na contestação a preliminar de incompetência absoluta em razão da matéria e requerer a extinção do processo sem resolução do mérito quanto a tal pedido, com fundamento no inciso IV do art. 485 do CPC, tendo em vista a impossibilidade de remessa dos autos do processo para o juízo competente, visto que o restante dos pedidos é da competência da Justiça Laboral. Exemplo de alegação em sede de preliminar na contestação: "Preliminarmente. Da incompetência absoluta em razão da matéria. Pleiteia o reclamante o recolhimento das parcelas das contribuições previdenciárias sobre as remunerações percebidas ao longo do período do contrato de trabalho. Porém, com fundamento no inciso IV do art. 485 do CPC, deverá ser extinto o presente processo sem resolução do mérito, em relação ao citado pedido, visto que a teor do item I da Súmula n. 368 do TST 'a competência da Justiça do Trabalho, quanto à execução das contribuições previdenciárias, limita-se às sentenças condenatórias em pecúnia que proferir e aos valores, objeto de acordo homologado, que integrem o salário de contribuição', não havendo como ocorrer na Justiça Laboral a execução das contribuições incidentes sobre as parcelas pagas no curso do contrato de trabalho, visto que se trata de matéria previdenciária cuja competência é da Justiça Federal (inciso I do art. 109 da CRFB)".

Porém, se o restante dos pedidos estiver relacionado diretamente ao pleito no qual se está alegando a incompetência absoluta da Justiça do Trabalho, sugere-se, neste caso, requerer a remessa dos autos do processo para o juízo competente, com base no § 3º do art. 64 do CPC.

Segundo a Súmula Vinculante n. 53 do Supremo Tribunal Federal, a competência da Justiça do Trabalho, prevista no inciso III do art. 114 da CRFB, alcança apenas a execução das contribuições previdenciárias relativas ao objeto da condenação constante das sentenças que proferir e acordos por ela homologados. Assim, a competência material da Justiça do Trabalho para a execução de contribuições previdenciárias (inciso VIII do art. 114 da CRFB) limita-se às sentenças condenatórias em pecúnia que proferir (item I da Súmula n. 368 do TST), não englobando o recolhimento sobre valores salariais já pagos durante o contrato de trabalho.

A Justiça do Trabalho também não tem competência material para julgar pedido de complementação de aposentadoria ou pensão. No julgamento dos RE 586.453/SE e 583.050/RS, ao interpretar o § 2º do art. 202 da Constituição Federal, o Supremo Tribunal Federal reconheceu que a Justiça Laboral é incompetente para apreciar pedido de complementação de aposentadoria ou pensão, pois a autonomia do Direito Previdenciário em face do Direito do Trabalho não permite incluir a matéria no inciso IX do art. 114 da CRFB.

6.2.1.2 *Incompetência absoluta em razão da pessoa*

Pode ser alegada no caso em que a Justiça do Trabalho não for competente, quanto à pessoa (do reclamante), para apreciar a demanda. Como é absoluta, pode ser alegada em qualquer tempo ou grau de jurisdição, e deve ser declarada de ofício pelo juiz (§ 1º do art. 64 do CPC).

Exemplo: no caso de a Justiça do Trabalho ter de examinar questões relativas a servidores públicos estatutários da União, dos Estados-membros ou dos Municípios.

Pode-se requerer o seguinte: "Posto isto, requer a reclamada seja a presente demanda enviada à Justiça Comum Estadual, que é a competente para apreciar a presente controvérsia"; ou "Assim, requer o reclamado seja a presente demanda enviada à Justiça Federal, que é a competente para apreciar a presente demanda".

6.2.2 Inexistência ou nulidade de citação

Ocorre nos casos em que o réu não foi citado. A falta de citação, devidamente comprovada, implica nulidade *ab initio* (desde o início) de todo o processado (arts. 238 e seguintes do CPC).

Normalmente, a alegação de tal preliminar na contestação não tem sucesso, visto que na Justiça do Trabalho a citação não é procedida de forma pessoal. Na maioria das vezes, os tribunais trabalhistas aceitam a simples entrega da citação/notificação no local onde funciona a empresa ou onde os seus responsáveis legais possam tomar ciência dos atos legais a ser praticados, ainda que as correspondências sejam recebidas por um empregado ou mesmo por terceiros (exemplo: porteiro ou zelador de um prédio). Contudo, é pressuposto de validade da relação processual a citação válida, sendo nula a citação encaminhada, por exemplo, para o endereço antigo da empresa reclamada.

6.2.3 Inépcia da petição inicial

Será considerada inepta a petição inicial que contiver defeitos e irregularidades que impedem o julgamento do mérito da causa.

Ocorre quando, por lacunas e irregularidades, a inicial for ininteligível, quando houver causa de pedir e não houver pedido, ou vice-versa, quando o pedido for indeterminado, ressalvadas as hipóteses legais em que se permite o pedido genérico, quando da narração dos fatos não decorrer logicamente a conclusão e quando contiver pedidos incompatíveis entre si (§ 1º do art. 330 do CPC).

Também poderá ser considerada inepta a petição inicial trabalhista que não contiver pedido certo, determinado e com a expressa indicação do seu respectivo valor, conforme estabelecido pelo § 1º do art. 840 da CLT. Neste caso, em relação ao pedido que não atender a determinação do mencionado dispositivo, o processo poderá ser julgado extinto sem resolução do mérito (§ 3º do art. 840 da CLT), com fundamento na inépcia da petição inicial (inciso II do § 1º do art. 330 do CPC).

Da mesma forma, o não atendimento da determinação contida nos incisos I e II do art. 852-B da CLT acarreta o arquivamento da reclamação trabalhista, e sua consequente extinção sem resolução do mérito, por inépcia da inicial, conforme o § 1º do art. 852-B da CLT. Neste caso, como a matéria é de ordem pública, não se limita a determinado pedido, mas alcança todos os pedidos e a própria reclamação trabalhista.

Segundo as novas regras do Código de Processo Civil, a impossibilidade jurídica do pedido não mais é hipótese de inépcia da petição inicial ou de extinção do processo sem resolução do mérito, conforme previa o CPC de 1973 (inciso III do parágrafo único do art. 295).

Exemplos de alegação preliminar de inépcia da petição inicial: "Deverá ser extinto o presente processo, sem resolução do mérito, com base no inciso I do art. 485 do Código de Processo Civil, visto que o Reclamante pleiteia a condenação do Reclamado ao pagamento do vale-transporte, tendo deixado, porém, de informar quantas conduções tomava no percurso casa-trabalho e vice-versa, bem como também não informou o valor das passagens"; "A teor do inciso I do art. 485 do Código de Processo, deverá ser extinto o processo, sem resolução do mérito, visto que há pedido de pagamento relativo ao descanso semanal remunerado, porém não consta na petição inicial qualquer causa de pedir a fundamentar o pedido"; "Deverá ser indeferida a petição inicial da presente ação trabalhista, com fundamento no inciso II do § 1º do art. 330 do Código de Processo Civil, visto que o Reclamante formulou pedido indeterminado ao pretender o pagamento de multa normativa sem especificar quais cláusulas normativas teriam sido descumpridas pela Reclamada, razão pela qual requer a extinção do processo, sem resolução do mérito, nos termos do inciso I do art. 485 do Código de Processo Civil"; "Deverá ser indeferida a petição inicial da presente ação trabalhista, com fundamento no inciso II do § 1º do art. 330 do Código de Processo Civil, uma vez que o reclamante alegou que tem direito a reajustes salariais, mas não indicou minimamente quais os parâmetros da sua pretensão, e nem sequer apontou os percentuais de aumento que entende corretos, e tampouco quando seriam devidos, tendo formulado pedido genérico, incompatível com a causa de pedir, razão pela qual requer o Reclamado a extinção do processo, sem resolução do mérito, nos termos do inciso I do art. 485 do Código de Processo Civil". "Deverá ser indeferida a petição inicial, com fundamento no inciso II do § 1º do art. 330 do Código de Processo Civil, em relação ao pleito alusivo à Participação nos Lucros e Resultados, PLR, visto que o autor se limitou a afirmar que 'a reclamada não procedeu de forma correta seu pagamento. (...) Com parâmetros previstos na Convenção Coletiva de Trabalho da categoria, requer o reclamante o pagamento do montante equivalente à PLR dos anos laborados'. Como se trata de pedido genérico, incompatível com a causa de pedir, visto que não foi indicado um valor sequer, requer o reclamado a extinção do processo, sem resolução do mérito, nos termos do inciso I do art. 485 do Código de Processo Civil". Em tal exemplo, se a empresa pagou incorretamente a participação nos lucros e resultados, o reclamante deveria ter pleiteado o pagamento de diferenças, e não da totalidade da PLR, tendo a parte autora formulado uma pretensão incompatível.

Exemplo de requerimento: "Requer a extinção do processo, sem resolução do mérito, em relação aos pedidos de pagamento da multa do § 8º do art. 477 da CLT, indenização de 40% (quarenta por cento) sobre o saldo atualizado do FGTS e o recolhimento dos depósitos do FGTS, visto que tais pedidos são ineptos, uma vez que o Reclamante fundamentou o pedido de pagamento da multa do § 8º do art. 477 da CLT com base na ausência de quitação das verbas rescisórias, até a data da propositura da ação, sendo que, ao formular o pedido de recolhimento do FGTS, requereu que o mesmo fosse efetuado sobre as verbas rescisórias constantes do Termo de Rescisão do Contrato de Trabalho juntado aos autos às fls. n. ...".

Exemplo de sentença que julgou inepto pedido da petição inicial: "Tem razão a Reclamada, uma vez que o pedido relativo à parcela vale-transporte é de fato inepto por ausência de causa de pedir, visto que o Reclamante apenas elencou tal verba entre os pedidos, porém não explicou as razões pelas quais formulava tal pleito. No processo do trabalho, ainda que orientado pela simplicidade e pelo informalismo não basta pedir. Exige o § 1º do art. 840 da CLT que a parte faça uma breve exposição dos fatos de que resulte o dissídio. No caso, como estão ausentes os fundamentos fáticos justificadores da pretensão, não há como negar tratar-se de pedido inepto, pelo que se extingue, no particular, o processo sem resolução do mérito".

DICAS

Devem-se requerer o indeferimento da petição inicial com base em uma ou mais hipóteses do § 1º do art. 330 do CPC, e a extinção do processo, sem resolução do mérito, com fundamento no inciso I do art. 485 do CPC.

Caso a inépcia não seja verificada em relação à totalidade dos pedidos elencados na petição inicial, pode-se requerer a extinção do processo, **no particular**, em relação a um ou a cada um dos pedidos ineptos, sem resolução do mérito. Exemplos: "Requer, a teor do inciso I do art. 485 do Código de Processo Civil, a extinção do processo, sem resolução do mérito, no particular, em relação ao pedido relativo ao descanso semanal remunerado, visto que não consta na petição inicial qualquer causa de pedir a fundamentar o pedido"; "Requer o Reclamado a extinção do processo sem resolução do mérito, por inépcia da petição inicial, no particular, quanto ao pedido de horas extras e consectários".

OBSERVAÇÕES

O pronunciamento judicial que extingue o processo sem resolução do mérito não obsta que a parte proponha de novo a ação (*caput* do art. 486 do CPC). No caso de extinção do processo em razão de litispendência, inépcia da petição inicial, ausência de pressupostos de constituição e de desenvolvimento válido e regular do processo, e quando o juiz acolher a alegação de existência de convenção de arbitragem ou o juízo arbitral reconhecer sua competência, a propositura da nova ação dependerá da correção do vício que levou à sentença sem resolução do mérito (§ 1º do art. 486 do CPC). A petição inicial, todavia, não será despachada sem a prova do pagamento ou do depósito das custas e dos honorários de advogado (§ 1º do art. 486 do CPC).

O informalismo do processo do trabalho faz com que o juízo trabalhista seja mais tolerante, admitindo-se, inclusive, a correção da petição inicial em audiência, desde que sem prejuízo da defesa, cujo prazo para apresentar a defesa deverá ser devolvido. De conformidade com o § 1º do art. 852-B da CLT, no caso do procedimento sumaríssimo, jamais deveria ser concedido prazo para a parte reclamante emendar a petição inicial, devendo o processo ser arquivado sem resolução do mérito.

De acordo com a Súmula n. 263 do TST, à exceção das hipóteses previstas no art. 330 do CPC, o indeferimento da petição inicial, no caso de se encontrar desacompanhada de documento indispensável à propositura da ação ou por não preencher outro requisito legal, somente será cabível se, após intimada para suprir a irregularidade no prazo de 15 dias, mediante a indicação precisa do que deve ser corrigido ou completado, a parte não o fizer (art. 321 do CPC).

6.2.3.1 *Como identificar na questão do Exame da OAB, para redação da peça profissional de contestação, a preliminar de inépcia da petição inicial na hipótese em que há pedido mas não há causa de pedir (§ 1º do art. 330 do CPC)*

Inicialmente, deve-se procurar identificar na questão qual parte do problema refere-se à **causa de pedir** da ação e qual parte refere-se ao **pedido.**

Depois disso, deve-se verificar se, em relação a cada um dos pedidos, foram articulados especificamente os fundamentos de fato e de direito que amparam a pretensão do reclamante.

Caso haja pedido, sem que tenham sido articuladas as razões com a devida justificativa para o seu deferimento, deve-se procurar alegar em sede de preliminar a inépcia da petição inicial, com base no inciso I do § 1º do art. 330 do CPC.

Vejamos a questão a seguir, na qual destacamos a **causa de pedir** e o **pedido:**

"Luciano Viriato promove reclamação trabalhista em face da empresa ZYA Ltda., alegando que:

(1) foi admitido na função de porteiro, para trabalhar na filial localizada na cidade de São Paulo, onde reside, tendo sido dispensado sem justa causa em 5-12-2017;	
(2) o empregado foi promovido para a função de encarregado de serviços em 1º-11-2016;	**Causa de Pedir**
(3) na mesma empresa trabalhava o empregado Manuel, que também foi promovido a encarregado de serviços em 28-1-2016;	
(4) embora exercendo idêntica função e com a mesma perfeição técnica, o reclamante percebia salário 30% inferior ao dele.	
Pretende a condenação da reclamada ao pagamento:	
(a) de diferenças salariais por equiparação salarial e seus reflexos;	**Pedido**
(b) do adicional de transferência de 25% sobre o salário.	

Assim, como advogado da empresa ZYA Ltda., apresente a medida judicial cabível e seus fundamentos".

Neste caso, os argumentos relacionados de 1 a 4 constituem a **causa de pedir**, enquanto os **pedidos** estão descritos nas letras *a* e *b*. Em relação ao pedido de letra *a*, há causa de pedir expressa, o que não ocorre com o de letra *b*, visto que em nenhuma parte do problema o reclamante justifica as razões pelas quais faz jus ao pagamento do adicional de transferência de 25% sobre o salário. Portanto, em relação a este último pleito, deve-se alegar a preliminar de inépcia da petição inicial na contestação. No mérito, também deverá ser feita a impugnação específica ao referido pleito. No pedido, dever-se-á requerer a extinção do processo sem resolução do mérito, com fundamento no inciso I do art. 485 do CPC.

6.2.4 Continência

Ocorre quando há identidade quanto às partes e à causa de pedir entre duas ou mais ações, e o pedido de uma ação, por ser mais amplo, abrange o pedido das demais (art. 56 do CPC).

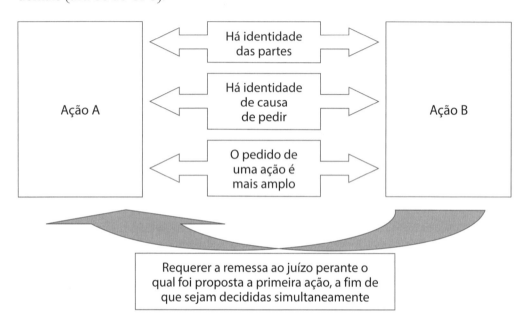

A continência, segundo Celso Agrícola Barbi (*in* MINAS GERAIS, 2009), não é senão "um caso especial de conexão", desta somente se distinguindo em razão do objeto mais amplo. Exemplo clássico de continência é dado por Celso Agrícola Barbi: "duas ações entre as mesmas pessoas, relativas a um contrato de mútuo, em uma delas, cobra-se uma prestação, isto é, uma parte dele; na outra, cobra-se o mútuo. Logo, esta última contém a primeira". No campo do Direito do Trabalho, podemos citar como exemplo o ajuizamento de duas ações em que o reclamante postula, numa, a incidência de horas extras nos títulos contratuais (ação contida), e, em outra, as próprias horas extras (ação continente). A segunda, porque mais ampla, abrangeria a primeira. Ocorrendo a continência impõe-se a reunião das ações para decisão simultânea, conforme determina o art. 58 do CPC. O objetivo da reunião dos processos é para evitar que sejam proferidas decisões contraditórias, bem como para fixar a competência funcional do juiz que já despachou em primeiro lugar.

Exemplo de requerimento: "Requer, com base no art. 58 do Código de Processo Civil, que a presente ação seja remetida ao juízo perante a qual foi proposta a primeira ação, ou seja, para a... Vara do Trabalho de..., visto que há continência entre as duas demandas (art. 56 do CPC)".

DICA

Deve-se requerer a extinção do processo sem resolução do mérito quando a ação continente (exemplo, com pedido de pagamento do adicional noturno) houver sido proposta antes da ação contida (exemplo, com pedido de reflexo do adicional noturno nas verbas contratuais e rescisórias), e, caso contrário, quando a ação contida for proposta anteriormente à continente, deve-se requerer a reunião das duas ações para julgamento conjunto (art. 57 do CPC).

6.2.5 Litispendência

Ocorre quando se repete ação que está em curso, com as mesmas partes, com a mesma causa de pedir e com o mesmo pedido (§ 3º do art. 337 do CPC). Confirmada a existência de litispendência, o juiz deve extinguir o processo sem resolução do mérito (inciso V do art. 485 do CPC).

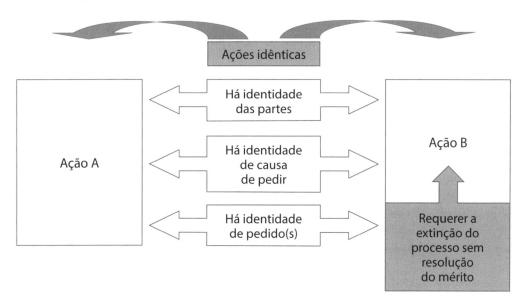

A preliminar pode ser alegada em relação a todos os pedidos formulados na petição inicial ou em relação a um ou a somente alguns deles. Exemplo: numa ação em que o empregado requer o pagamento de horas extras e do adicional noturno, onde somente há litispendência em relação ao primeiro pedido, pode ser alegado na defesa o seguinte: "Por conseguinte, diante da existência de litispendência, requer o Reclamado a extinção do presente processo, sem resolução do mérito, na forma do inciso V do art. 485 do CPC, em relação ao pedido de pagamento das horas extraordinárias trabalhadas, antes e depois da jornada contratual". Neste caso, acolhida a preliminar, somente será examinado o mérito do pedido de pagamento do adicional noturno.

Exemplos de requerimento: "Requer, com base no inciso V do art. 485 do CPC, a extinção do presente processo, sem resolução do mérito, visto que foi proposta a ação n. ..., perante a ... Vara do Trabalho de ..., com as mesmas partes, mesma causa de pedir e mesmo pedido, configurando litispendência, na forma prevista no § 3º do art. 337 do CPC". "Tendo em vista que restou configurada litispendência, pois há identidade de parte, de causa de pedir e de pedido, especificamente no que tange ao pedido de dano moral, entre a presente demanda e a Reclamação Trabalhista n. ..., em curso perante a ... Vara do Trabalho de ..., requer seja extinto o presente processo, sem resolução do mérito, no particular, com base no inciso V do art. 485 do Código de Processo Civil, em relação ao pedido de pagamento de indenização por danos morais".

DICA

Deve-se requerer a extinção do processo sem resolução do mérito, com base no inciso V do art. 485 do CPC.

IMPORTANTE

O advogado deve juntar fotocópias dos autos do processo que estão em andamento, demonstrando a duplicidade.
 Pode ocorrer a litispendência parcial ou total, em relação à parte dos pedidos ou todos os pedidos, respectivamente.

6.2.6 Coisa julgada

Ocorre quando é repetida ação, com as mesmas partes, mesma causa de pedir e mesmo pedido, que já foi decidida por decisão transitada em julgado (§ 4º do art. 337 do CPC), impondo-se a extinção do feito sem resolução do mérito (inciso V do art. 485 do CPC).

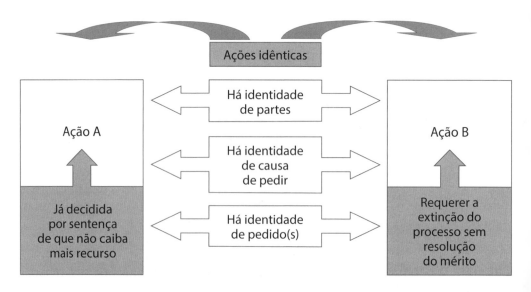

A preliminar pode ser alegada em relação a todos os pedidos formulados na petição inicial ou em relação a um ou a somente alguns deles. Exemplo: numa ação em que o empregado requer o pagamento de horas *in itinere* (horas de trajeto) e horas extras, em que somente há coisa julgada em relação ao primeiro pedido, pode ser alegado na defesa o seguinte: "Por conseguinte, diante da existência de coisa julgada, na forma prevista no § 4º do art. 337 do Código de Processo Civil, requer a Reclamada seja reconhecida a existência de coisa julgada, com a extinção do presente processo, sem resolução do mérito, conforme determina o inciso V do art. 485 do Código de Processo Civil, em relação ao pedido de pagamento da remuneração do tempo de deslocamento dentro da área da Reclamada (portaria até o local de trabalho e vice-versa)". Neste caso, acolhida a preliminar, somente será examinado o mérito do pedido de pagamento de horas extras.

Exemplo de requerimento: "Requer a extinção do presente processo, sem resolução do mérito, na forma do inciso V do art. 485 do Código de Processo Civil, visto que o Reclamante ajuizou reclamação trabalhista anterior em face da Reclamada, já decidida por decisão transitada em julgado (§ 4º do art. 337 do CPC), onde postulou o pagamento de remuneração do tempo de deslocamento dentro da área da Ré (da portaria até o local de trabalho e vice-versa), bem como o pagamento de horas extraordinárias trabalhadas antes e depois da jornada contratual".

DICA

Deve-se requerer a extinção do processo sem resolução do mérito, com fundamento no inciso V do art. 485 do CPC.

OBSERVAÇÃO

A **sentença definitiva** (art. 487 do CPC), na qual houve a resolução do mérito, faz **coisa julgada material**, impedindo que ocorra nova discussão sobre o mesmo caso em outro processo. Enquanto a **sentença terminativa** (art. 485 do CPC), que é aquela em que o juiz não resolveu o mérito, faz **coisa julgada formal**, o que não Impede de ocorrer nova discussão sobre a mesma questão em outro processo.

6.2.7 Conexão

Ocorre quando uma ação tem o mesmo pedido ou a mesma causa de pedir do que outra (art. 55 do CPC).

Para Nelson Nery Junior (1991, p. 64-158), basta a coincidência de um só dos elementos da ação (partes, causa de pedir ou pedido), visto que a conexão tem por finalidade a pacificação social, com a reunião de todos os conflitos existentes entre as partes, para evitar decisões conflitantes.

A ocorrência da conexão redunda na reunião dos processos para julgamento conjunto, exceto se um dos processos já houver sido sentenciado (§ 1º do art. 55 do CPC). Caso os processos das ações conexas tenham sido distribuídos para diferentes Varas do Trabalho, pode-se requerer a remessa dos autos de um juízo para outro, observada a prevenção do juízo perante o qual tenha sido proposta a primeira ação.

Há também a possibilidade de se alegar tal preliminar nos processos em que mesmo inexistindo conexão entre eles, há risco de ser prolatada decisão conflitante ou contraditória caso venham a ser decididos de forma separada (§ 1º do art. 55 do CPC).

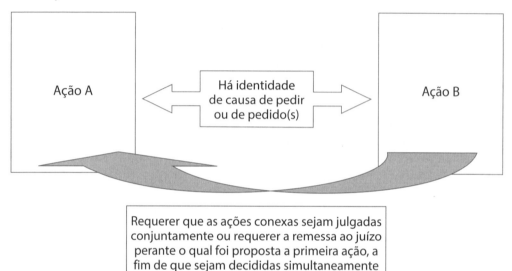

Exemplo de situação em que pode ser alegada a preliminar de conexão: em uma das ações, o reclamante requer o pagamento de indenização por danos morais em decorrência de doença ocupacional, enquanto na segunda ação pleiteia a nulidade da dispensa, com a consequente reintegração em decorrência da doença ocupacional, que é causa de pedir nas duas ações.

Exemplos de requerimento: "Requer, com fundamento no § 1º do art. 55 do Código de Processo Civil, que a presente ação seja remetida ao juízo perante o qual foi proposta a primeira ação, ou seja, para a... Vara do Trabalho de..., visto que restou configurada conexão entre as duas demandas (*caput* do art. 55 do CPC), sendo imprescindível que as causas sejam reunidas para ser proferida decisão conjunta, para evitar decisões conflitantes, que venham trazer prejuízos para o Reclamado"; "Requer, com base no § 1º do art. 55 do Código de Processo Civil, que a presente ação seja reunida à Reclamação Trabalhista n. ..., em curso perante essa Douta Vara do Trabalho, visto que restou configurada conexão entre as duas demandas, na forma prevista no *caput* do art. 55 do Código de Processo Civil, devendo ser proferida decisão conjunta".

6.2.8 Incapacidade da parte, defeito de representação ou falta de autorização

Ocorre normalmente quando há incapacidade de parte, defeito de representação da parte ou falta de autorização. O juiz pode conceder prazo para a parte regularizar a situação no processo, sob pena de extinção do processo sem resolução do mérito (inciso IV do art. 485 do CPC).

A capacidade processual no processo do trabalho adquire-se com 18 anos, visto que, em se tratando de menores de 18 anos, as reclamações deverão ser feitas pelo representante legal ou, na falta deles, pela Procuradoria da Justiça do Trabalho (art. 793 da CLT).

O defeito de representação ocorre quando não for juntada procuração pela parte ou quando for exigida procuração por instrumento público. Ocorre também quando não for juntado o contrato social em relação à empresa. O Tribunal Superior do Trabalho considera inválido o instrumento de mandato firmado em nome de pessoa jurídica que não contenha, pelo menos, o nome da entidade outorgante e do signatário da procuração, pois estes dados constituem elementos que os individualizam (item I da Súmula n. 456 do TST).

A falta de autorização pode ser observada quando o sindicato ajuíza o dissídio coletivo, sem juntar a ata da assembleia geral na qual consta a autorização para o ajuizamento da ação coletiva em nome da categoria (art. 859 da CLT).

6.2.9 Carência da ação

Verifica-se quando ausentes as condições da ação, quais sejam: a legitimidade de parte e o interesse processual (inciso XI do art. 337 do CPC). Em tais casos, deve-se requerer a extinção do processo sem resolução do mérito, com fundamento no inciso VI do art. 485 do CPC.

IMPORTANTE

Para alguns autores, o atual Código de Processo Civil não mais se vale da categoria **condição da ação**, na qual a legitimidade de parte e o interesse processual, enquanto espécies de requisito de admissibilidade do processo, doravante devem ser tidos como **pressupostos processuais**. Já para Nelson Nery Junior e Rosa Maria de Andrade Nery (2015b, p. 927), a expressão **carência de ação** deve ser utilizada quando da falta de uma ou mais **condições da ação**, e para tais autores são duas as condições no atual CPC: a legitimidade das partes e o interesse processual.

A **impossibilidade jurídica do pedido** não mais pode ser alegada na hipótese de inépcia da petição inicial e de carência da ação, como estava previsto no CPC de 1973, na qual redundava a extinção do processo sem resolução do mérito. O Projeto de Lei n. 166/2010, do Novo Código de Processo Civil, suprimiu a possibilidade jurídica do pedido do rol das condições da ação. Consta na Exposição de Motivos do citado projeto que o objetivo foi dar maior rendimento a cada processo, individualmente considerado, e atendeu a críticas tradicionais da doutrina, deixando a possibilidade jurídica do pedido de ser condição da ação. Consta também que a "sentença que, à luz da lei revogada seria de carência da ação, à luz do Novo CPC é de improcedência e resolve definitivamente a controvérsia". Para Nelson Nery Junior e Rosa Maria de Andrade Nery (2015b, p. 927), pela nova sistemática do Código de Processo Civil, a impossibilidade jurídica do pedido é justificativa de **improcedência liminar do pedido** (art. 332 do CPC), não podendo mais ser alegada em sede de preliminar na contestação. A improcedência liminar do pedido constitui a decisão na qual o juiz julga improcedente o pedido do autor, antes mesmo da citação do réu. Dificilmente tal possibilidade poderá ser aplicada ao Processo do Trabalho, visto que o juiz do trabalho somente passa a conhecer dos pedidos quando da realização da audiência, conforme previsto no art. 847 da CLT. Porém, para Nelson Nery Junior e Rosa Maria de Andrade Nery (2015b), soa estranho não mais poder alegar em preliminar a impossibilidade jurídica do pedido, em razão de poder estender desnecessariamente o julgamento do feito. Para os autores, como a possibilidade jurídica do pedido não mais é considerada condição autônoma da ação, pode ser alegada na contestação a preliminar de **carência de ação por falta de interesse processual**, posto que o autor que formula pedido juridicamente impossível é carecedor de ação por falta de interesse processual.

Segundo a **teoria da asserção**, adotada pelo ordenamento jurídico brasileiro e consagrada pela doutrina, a verificação das condições da ação deve ser feita de forma abstrata pelo magistrado, ou seja, as condições a ação devem ser verificadas através das alegações e afirmações feitas pela parte autora na petição inicial.

No desenvolvimento da redação da preliminar na contestação, pode-se utilizar uma das seguintes expressões:

a) **Carência de ação por ilegitimidade de parte,** *podendo ser alegada a ilegitimidade ativa ou passiva para a causa.*

Há **legitimidade para a causa** quando as partes da relação material integram a lide submetida à apreciação judicial. O direito processual prevê a exigência da legitimação para impedir que uma pessoa venha a propor ação ou oferecer defesa em nome de outrem. Somente tem legitimidade ativa quem invoca a tutela jurisdicional em defesa de seu próprio interesse, isto é, de seu próprio direito.

Exemplos: a) em contestação, argui a reclamada a **ilegitimidade ativa** do reclamante, argumentando que não é o verdadeiro inventariante. Na hipótese, o reclamante, que é irmão do ex-empregado da reclamada, ajuizou reclamação trabalhista pretendendo o recebimento de uma indenização por danos morais, alegando que seu irmão, no horário de trabalho, dirigindo ônibus da reclamada, veio a sofrer um assalto, tendo sido baleado e, em consequência, faleceu. Nesse caso, o reclamante, tomando os fatos ocorridos com seu irmão, está pedindo em nome próprio uma indenização, alegando laços de família. Todavia, pela certidão de óbito, constata-se que o *de cujus,* não obstante solteiro, vivia em união estável com uma mulher na qual teve e deixou dois filhos. Portanto, somente tem legitimidade para propor a ação a companheira, com quem o falecido mantinha união estável, e os filhos, não podendo o irmão pleitear indenização, desprezando a existência de herdeiros que lhe preferem (arts. 1.829 e 943 Código Civil). Assim, o autor não tem **legitimidade ativa** para promover a ação, pedindo em nome próprio, direitos que pela ordem de sucessão não são seus, e cujos legitimados não representa; b) em contestação o reclamado alega a **ilegitimidade ativa** da parte autora da ação trabalhista, visto que seus empregados estão filiados a determinado sindicato, e não ao sindicato que se apresenta como autor da ação; c) pode ser alega a **ilegitimidade passiva** na hipótese em que a empresa responde uma ação trabalhista movida pelo sindicato dos trabalhadores, na qual pleiteia valores alusivos à mensalidade sindical devida pelos trabalhadores. Nesse caso, o sindicato deveria ter acionado individualmente cada um dos devedores, e não o empregador, cuja única responsabilidade é efetuar os repasses dos valores; d) pode ser alegada a **ilegitimidade passiva** na hipótese em que a reclamante ajuizou uma reclamação trabalhista contra o salão de beleza que foi vendido em dezembro de 2017, tendo sido mantida a relação de emprego com quem adquiriu o estabelecimento da antiga empregadora, caracterizando-se a sucessão empresarial para fins de responsabilidade. Em tal hipótese, a sucessora é quem deverá responder pela integralidade da pretensão, e não o antigo empregador.

b) Carência de ação por falta de interesse processual ou carência de ação por falta de interesse de agir.

O **interesse processual** diz respeito ao binômio utilidade e necessidade, traduzindo-se na única maneira de a parte ver solucionada a controvérsia. Em regra, enquanto não se concretizar a lesão ao direito não haverá interesse em demandar.

Exemplo: a reclamante ajuizou uma reclamação trabalhista pretendendo o recebimento de diferenças da multa de 40% sobre o FGTS, sob argumento de que desde certo ano a Caixa Econômica Federal não vem atualizando o saldo da conta vinculada do FGTS, já que o índice TR (Taxa Referencial) está quase zerado. Porém, a reclamante sequer recebeu ainda as diferenças de FGTS que diz ter direito, sobre as quais incidiriam a multa de 40%, pois segundo ela tal questão está sendo objeto do Recurso Especial n. 1.381.683, que tramita no Superior Tribunal de Justiça, cuja decisão terá repercussão geral. Neste aspecto, a reclamante carece de interesse de agir, visto que está postulando um direito que sequer nasceu. Em tal hipótese, a autora somente passará a ter direito ao pagamento das diferenças da multa de 40% caso venha a receber as diferenças de FGTS, já que aquela incide sobre estas. Portanto, é flagrante a falta de interesse de agir da autora, devendo o feito ser extinto, sem resolução do mérito.

Na Justiça do Trabalho, em sua grande maioria, a preliminar de carência de ação é alegada na hipótese de negativa de relação empregatícia ou prestação de serviços.

Via de regra, está intimamente relacionada com o mérito, impondo-se a regular extinção do feito (inciso VI do art. 485 do CPC).

Outros exemplos:

1. Empregador que ajuíza ação de inquérito para apuração de falta grave de empregado não portador de garantia de emprego (**falta de interesse processual**).

2. Reclamante ajuíza ação trabalhista em face de uma empresa alegando sucessão de empregadores e postulando a declaração judicial de vínculo empregatício com a empresa sucessora. Ocorre, porém, que a empresa reclamada nunca havia negado a sua qualidade de sucessora, bem como já havia anotado na Carteira de Trabalho e Previdência Social do trabalhador a alteração do empregador, admitindo expressamente a sucessão e realizando, em nome próprio, a rescisão contratual do reclamante (**falta de interesse processual**).

3. Empresa ingressa com uma ação de consignação em pagamento, alegando a recusa no recebimento de haveres rescisórios por parte do ex-empregado, requerendo que o Juízo homologue a rescisão contratual, dando plena quitação do contrato de trabalho. Porém, a rescisão do contrato de trabalho já havia sido devidamente homologada no sindicato da categoria do trabalhador (**falta de interesse processual**).

4. Empregado requer a reintegração no emprego, sem que o contrato de trabalho tenha sido extinto (**falta de interesse processual**).

5. Empregado pleiteia que a empresa proceda à baixa em sua Carteira de Trabalho e Previdência Social, sendo que tal obrigação já foi cumprida pelo empregador (**falta de interesse processual**).

6. Empregado pretende a rescisão indireta do contrato de trabalho, quando já havia sido dispensado pelo empregador, sem justa causa (**falta de interesse processual**).

7. Trabalhador move uma ação contra empresa na qual jamais trabalhou (**ilegitimidade de parte**).

8. Havendo sucessão de empregadores, a ação trabalhista deve ser ajuizada contra a empresa sucessora, que é quem responde pelas dívidas trabalhistas do sucedido. Caso o trabalhador ajuíze a reclamação em face da sucedida, esta poderá alegar a preliminar de carência de ação, visto que é parte manifestamente ilegítima para figurar no polo passivo da demanda (**ilegitimidade de parte**). Em regra, o sucedido não pode ser responsabilizado solidariamente por dívidas do sucessor, salvo em se tratando de comprovada fraude ou simulação (parágrafo único do art. 448-A da CLT).

Exemplos de requerimento: "Requer, com base no inciso VI do art. 485 do CPC, a extinção do processo, sem resolução do mérito, em relação ao pedido de reconhecimento do vínculo jurídico de emprego, tendo em vista que o Reclamado é parte ilegítima para figurar no polo passivo da presente demanda"; "Requer, com base no inciso VI do art. 485 do CPC, a extinção do processo, sem resolução do mérito, no particular, em relação ao pedido de..., por falta de interesse processual".

DICA

Deve-se requerer a extinção do processo sem resolução do mérito, com base no inciso VI do art. 485 do CPC.

6.2.10 Perempção

Pode ser arguida em preliminar de contestação (inciso V do art. 337 do CPC) na hipótese em que o reclamante der causa ao arquivamento da ação por duas vezes seguidas (art. 732 da CLT), por não ter comparecido à audiência inaugural (art. 844 da CLT).

Tal instituto visa inibir que ocorram sucessivos arquivamentos provocados pela parte demandante, visto que isso acaba por gerar o ônus temporal e patrimonial ao Estado e também à parte demandada.

Exemplo: João ajuizou uma Reclamação Trabalhista no dia 17-6-2015, tendo sido autuada sob o número 20150001, a qual foi arquivada no dia 29-8-2016, nos termos do art. 844 da CLT. Após, João ajuizou a segunda Reclamação Trabalhista no dia 13-10-2016, autuada sob o número 20160002, que também foi arquivada no dia 2-12-2016, igualmente nos termos do art. 844 da CLT. Finalmente, ajuizou uma terceira Ação Trabalhista no dia 23-1-2017, autuada sob o número 20170003. Neste caso, verifica-se a hipótese de aplicação da pena prevista no art. 732 da CLT, com a suspensão temporária do direito do reclamante de reclamar por 6 meses perante a Justiça do Trabalho, podendo ser alegada perempção pelo reclamado, em sede de preliminar de contestação da terceira ação, uma vez que, em relação a esta, João não observou o prazo de 6 meses previsto no art. 732 da CLT.

Deve-se requerer seja acolhida a preliminar com o reconhecimento da existência da perempção, com a extinção do processo, sem resolução do mérito, com fundamento no inciso V do art. 485 do CPC.

6.2.11 Quitação perante a Comissão de Conciliação Prévia

Havendo Comissão de Conciliação Prévia, instituída pela empresa ou pelo sindicato (art. 625-A da CLT), aceita a conciliação, é lavrado um termo, assinado pelo empregado, pelo empregador ou seu proposto e pelos membros da Comissão (*caput* do art. 625-E da CLT). Caso o trabalhador ingresse com uma ação trabalhista pleiteando as mesmas verbas que foram objeto do acordo extrajudicial, ocorrido perante a Comissão de Conciliação Prévia, o reclamado poderá arguir a preliminar de quitação perante a Comissão de Conciliação Prévia, apresentando, como fundamento legal, o parágrafo único do art. 625-E da CLT, e sustentando que houve quitação, visto que o termo firmado pelas partes perante a Comissão de Conciliação Prévia tem eficácia liberatória geral, pois não houve registro de qualquer ressalva por parte do trabalhador.

Deve-se requerer seja acolhida a preliminar com a extinção do processo, sem resolução do mérito, com fundamento no inciso IV do art. 485 do CPC.

OBSERVAÇÃO

Para alguns juízes do trabalho, a existência de acordo perante a Comissão de Conciliação Prévia, outorgando quitação ao extinto contrato de trabalho, acarreta a **carência de ação por falta de interesse em agir**, com a extinção do processo sem resolução do mérito, com fundamento no inciso VI do art. 485 do CPC.

De acordo com o parágrafo único do art. 625-E da CLT, o termo de conciliação prévia é título executivo e tem validade e eficácia liberatória geral, exceto quanto às parcelas expressamente ressalvadas. Segundo recentes decisões do Tribunal Superior do Trabalho, para ser considerada nula, a declaração de vontade das partes deveria decorrer de erro (ignorância ou falsa noção sobre determinado objeto), dolo (má-fé), coação (constrangimento mediante ameaça física ou moral), estado de perigo (necessidade que faz com que a pessoa assuma obrigação excessivamente onerosa), lesão (aproveitamento indevido na celebração do negócio jurídico) ou fraude contra credores (negócio realizado para prejudicar o terceiro credor) ou simulação (declaração enganosa de vontade).

6.3 Defesa de Mérito

Após a arguição das preliminares, se houver, vem a defesa de mérito, onde o reclamado vai contestar os pedidos formulados pelo reclamante.

Pode ser subdividida em **defesa de mérito indireta** e **defesa direta de mérito propriamente dita**.

6.3.1 Defesa de mérito indireta

São as chamadas **preliminares de mérito** ou **prejudiciais de mérito**, como a **prescrição** e a **decadência**.

6.3.1.1 *Prescrição*

Pode ser conceituada como a perda da pretensão ou da exigibilidade do direito em virtude da inércia do seu titular, no prazo determinado por lei. Portanto, o que prescreve é a pretensão dedutível em juízo, quando violado o direito material (art. 189 do CC).

Em relação aos prazos prescricionais, deve ser observada a previsão contida no inciso XXIX do art. 7º da CRFB e no *caput* do art. 11 da CLT.

De acordo com tais dispositivos, a prescrição do direito de ação para o trabalhador **urbano** e **rural** é de **5 anos (prescrição quinquenal)**, até o limite de **2 anos** após a extinção do contrato (**prescrição bienal**).

Assim, no caso de **contrato de trabalho ativo** o trabalhador tem até 5 anos para ajuizar a reclamação trabalhista, a contar da data do ato que infringiu ou violou a lei. Já no caso de **contrato de trabalho extinto**, o trabalhador tem até 2 anos para ajuizar a reclamação trabalhista, a contar da data da rescisão contratual.

Exemplo: um trabalhador urbano ou rural admitido no emprego em 10-2-2006 e despedido em 5-3-2017, sua reclamação deverá ser ajuizada a qualquer tempo, até 5-3-2019 (**2 anos**), sob pena de prescrição; ajuizada a reclamação em 3-3-2018, estarão atingidos pela prescrição as parcelas decorrentes do contrato de trabalho, vencidas e exigíveis antes de 3-3-2013 (**5 anos**), isto é, de 10-2-2006 a 2-3-2013.

Importante destacar que a prescrição não é aplicável somente em relação ao trabalhador, mas também à empresa. Como exemplo, pode-se citar a ação trabalhista movida pelo empregador em face do empregado ou do ex-empregado, na qual pleiteia receber valores pagos indevidamente ao obreiro (ressarcimento de valores pagos a maior). Neste caso, a empresa deverá propor a ação no prazo máximo de 2 anos (prescrição bienal), contado da data da extinção do contrato de trabalho.

Como termo inicial da prescrição quinquenal deve-se observar a **data do ajuizamento da ação**, de conformidade com o item I da Súmula n. 308 do TST.

Exemplo: uma ação trabalhista foi proposta em 2-3-2020. A Reclamada poderá alegar a prescrição quinquenal de todas as pretensões a eventuais direitos anteriores a 2-3-2015 (isto é, de 1º-3-2015, inclusive, para trás).

Exemplos de situações em que pode ser alegada a prescrição na contestação:

1ª situação: empregado admitido em 17-3-2015 e dispensado sem justa causa no dia 20-3-2021. A ação deveria ter sido ajuizada até o dia 20-3-2023, porém somente foi protocolada no dia 10-4-2023, isto é, em prazo superior ao de 2 anos que teria para ingressar com a reclamação trabalhista. Assim, a reclamada poderá alegar o seguinte:

"**Prejudicial de Mérito — Prescrição bienal.**

A Reclamada requer o reconhecimento da prescrição total das pretensões do Reclamante, nos termos do inciso XXIX do art. 7º da CRFB, e do *caput* do art. 11 da CLT, além do item I da Súmula n. 308 do TST, tendo em vista o transcurso de tempo de mais de dois anos entre a data do seu desligamento da empresa, em 20-3-2021, e a data da propositura da presente ação trabalhista ocorrida em 10-4-2023, devendo ser decretada a extinção do processo, com resolução do mérito, nos termos do inciso II do art. 487 do Código de Processo Civil.".

Para facilitar o entendimento, elaboramos o quadro a seguir:

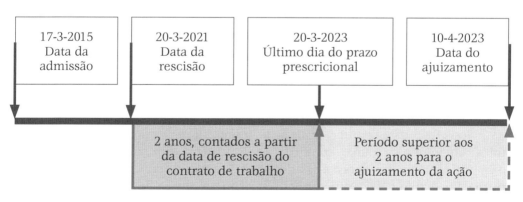

Neste caso, para identificar a ocorrência ou não da prescrição bienal são necessárias **duas datas**: a da **rescisão do contrato de trabalho** e a do **ajuizamento da ação**. Estarão prescritas as pretensões do autor se o ajuizamento da ação se der em prazo superior aos 2 anos, contados da data da rescisão contratual.

2ª situação: empregado admitido em 17-3-2015 e dispensado sem justa causa no dia 15-5-2021. A ação deveria ter sido ajuizada até o dia 15-5-2023, porém somente foi protocolada no dia 18-5-2023, isto é, em prazo superior ao de 2 anos que teria para ingressar com a reclamação trabalhista. Assim, poderá alegar o seguinte:

"**Prejudicial de Mérito — Prescrição bienal.**

O presente processo deverá ser extinto com resolução do mérito, nos termos do inciso II do art. 487 do CPC, tendo em vista o transcurso de tempo entre a data da rescisão do contrato de trabalho do Reclamante, em 15-5-2021, e a data da propositura da presente ação trabalhista, em 18-5-2023, ou seja, a ação foi ajuizada em período superior ao prazo prescricional de 2 (dois) anos previsto no inciso XXIX do art. 7º da CRFB", no *caput* do art. 11 da CLT e também no item I da Súmula n. 308 do TST."

Traçando a linha do tempo teremos:

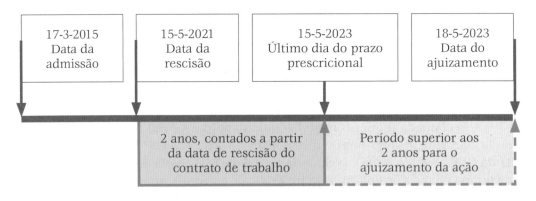

3ª situação: empregado admitido em 17-3-2014 e dispensado sem justa causa no dia 20-3-2019. A ação foi ajuizada no dia 20-3-2021, isto é, dentro do biênio subsequente à cessação do contrato de trabalho, não havendo que se falar em prescrição bienal. Porém, em relação à prescrição quinquenal poderá ser alegado o seguinte:

"**Prejudicial de Mérito — Prescrição quinquenal.**

A presente ação foi proposta em 20-3-2021. Desta forma, nos termos do inciso XXIX do art. 7º da Constituição Federal e do *caput* do art. 11 da CLT, além do item I da Súmula n. 308 do TST, a Reclamada requer o reconhecimento da prescrição quinquenal de todas as pretensões a eventuais direitos anteriores a 20-3-2016, referentes ao período laborado pelo ex-empregado entre 17-3-2014 a 19-3-2025."

Neste caso, para identificar o período imprescrito e o período prescrito, pode-se traçar uma linha do tempo, conforme apresentado a seguir, na qual é necessária a identificação de **três datas**: a da **admissão do empregado**, a da **rescisão do contrato de trabalho** e a do **ajuizamento da ação** na Justiça do Trabalho.

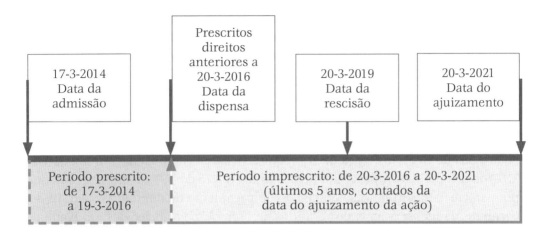

Assim, no caso citado, o trabalhador somente poderá pleitear direitos trabalhistas no período compreendido entre 20-3-2016 a 20-3-2019, data em que ocorreu a rescisão do seu contrato de trabalho, sendo que a partir do dia 21-3-2019 já não mais era empregado da empresa.

4ª situação: empregado admitido em 25-1-2011 e dispensado sem justa causa no dia 5-12-2019. A ação foi ajuizada no dia 2-8-2021, isto é, dentro do biênio subsequente à cessação do contrato de trabalho, não havendo que se falar em prescrição bienal. Já em relação a prescrição quinquenal poderá ser alegado o seguinte:

"**Prejudicial de Mérito — Prescrição quinquenal.**

A presente ação foi proposta em 2-8-2021. Desta forma, nos termos do inciso XXIX do art. 7º da Constituição Federal e do *caput* do art. 11 da CLT, e ainda do item I da Súmula n. 308 do TST, a Reclamada requer o reconhecimento da prescrição quinquenal de todas as pretensões a eventuais direitos anteriores a 2-8-2016, referentes ao período laborado pelo ex-empregado entre 25-1-2011 a 1º-8-2016".

Assim:

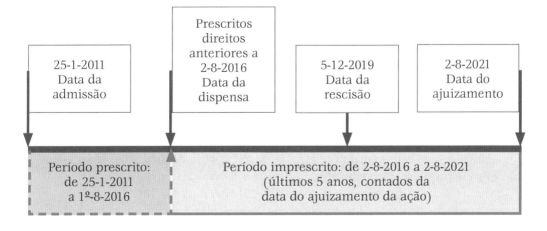

É claro que neste caso, o empregado somente poderá pleitear direitos compreendidos no período de 2-8-2016 a 5-12-2019 (data da rescisão), tendo em vista que a partir desta data o contrato de trabalho já se encontrava extinto.

A prescrição interrompe-se com o ajuizamento da reclamatória (§ 1º do art. 240 do CPC e inciso I do art. 202 do CC), ainda que arquivada, mas apenas em relação aos pedidos idênticos (Súmula n. 268 do TST).

Prescrição parcial é aquela que envolve prestações sucessivas, que se dá mês a mês, quando se torna devida a parcela salarial, que tem caráter alimentar (§ 2º do art. 206 do CC). Nos casos de equiparação salarial (item IX da Súmula n. 6 do TST) ou de desvio de função (item I da Súmula n. 275 do TST), a prescrição é sempre parcial. Também no caso de pedido de pagamento de diferenças salariais decorrentes da inobservância dos critérios de promoção estabelecidos em plano de cargos e salários, criado pela empresa, a prescrição aplicável é a parcial, pois a lesão é considerada sucessiva, visto que se renova mês a mês (Súmula n. 452 do TST).

Exemplo: empregado que trabalhou para uma empresa de telefonia fora de suas funções por 10 anos, tendo sido enquadrado quando de sua admissão na função de instalador e reparador de rede, mas que exercia de fato as atribuições de examinador de cabos, linhas e aparelhos, que ajuíza uma reclamação trabalhista na Justiça do Trabalho alegando desvio de função, terá direito às diferenças salariais concernentes aos últimos 5 anos anteriores ao ajuizamento da ação.

Tratando-se de pretensão que envolva **pedido de prestações sucessivas** decorrente de alteração ou descumprimento do pactuado, a prescrição será total, exceto quando o direito à parcela esteja também assegurado por preceito de lei (§ 2º do art. 11 da CLT).

De acordo com a Lei n. 13.467, de 13-7-2017, que alterou a CLT, a **prescrição intercorrente**, que se dá no curso do processo, pela omissão na prática de algum ato que dependia da parte, passou a ser aplicável no Processo do Trabalho, afastando a previsão contida na Súmula n. 114 do Tribunal Superior do Trabalho e no inciso VIII do art. 2º da Instrução Normativa n. 39 do Tribunal Superior do Trabalho. Segundo o *caput* do art. 11-A da CLT, ocorre a prescrição intercorrente no processo do trabalho no prazo de 2 anos, cuja fluência tem início quando o exequente deixar de cumprir determinação judicial no curso da execução (§ 1º do art. 11-A da CLT). A declaração da prescrição intercorrente pode ser requerida ou declarada de ofício em qualquer grau de jurisdição (§ 2º do art. 11-A da CLT).

OBSERVAÇÃO

Segundo a Instrução Normativa n. 41/2018 do TST, o fluxo da prescrição intercorrente deverá se contar a partir do descumprimento da determinação judicial a que alude o § 1º do art. 11-A da CLT, desde que feita após 11-11-2017 (Lei n. 13.467/2017).

Segundo o art. 193 do CC, a prescrição pode ser alegada originariamente em qualquer instância e grau de jurisdição. No entanto, esse princípio se aplica exclusivamente às instâncias ordinárias (Vara do Trabalho e Tribunal Regional do Trabalho), uma vez que, nas instâncias extraordinárias (Supremo Tribunal Federal e Tribunal Superior do Trabalho), toda a matéria veiculada deve estar prequestionada (Súmula n. 153 do TST).

O inciso II do art. 487 do CPC prevê que o juiz poderá decidir de ofício (sem requerimento da parte interessada) sobre a prescrição. Porém, o Tribunal Superior do Trabalho tem manifestado o entendimento que a prescrição não pode ser decretada de ofício na Justiça do Trabalho em função do princípio da proteção. Tal princípio visa atenuar, na esfera jurídica, a desigualdade socioeconômica existente na relação empregatícia, tendo em vista a posição de dependência econômica do trabalhador em relação ao empregador.

Em relação ao **décimo terceiro salário**, deve-se observar como marco prescricional o dia 20 de dezembro de cada ano, visto que a gratificação natalina somente passa a ser exigível a partir do momento em que é devido o seu pagamento integral (art. 1º da Lei n. 4.749/65).

Quanto aos **depósitos do FGTS**, dever-se-á observar o seguinte: para os casos em que o prazo prescricional já estava em curso em 13-11-2014, deve-se aplicar o prazo prescricional que se consumar primeiro, ou seja, 30 anos, contados do termo inicial, ou 5 anos, a partir de 13-11-2014 (item II da Súmula n. 362 do Tribunal Superior do Trabalho). Já para os casos em que a ciência da lesão ocorreu a partir de 13-11-2014, é quinquenal a prescrição do direito de reclamar contra o não recolhimento da contribuição para o FGTS, observado o prazo de 2 anos após o término do contrato (item I da Súmula n. 362 do TST). É de 5 anos o prazo prescricional quando se discute em juízo tanto o principal (salários) quanto o acessório (depósitos do FGTS sobre os salários) (Súmula n. 206 do TST).

Para ilustrar o item II da Súmula n. 362 do TST, pode-se utilizar a seguinte representação gráfica:

Aplicando-se no exemplo, a seguir, a prescrição será **trintenária,** pois os 30 anos vão se consumar primeiro que os 5 anos, contados a partir da decisão do Supremo Tribunal Federal, no dia 13-11-2014. Como já haviam transcorridos 27 anos, faltando somente 3 anos, o prazo prescricional de 30 anos irá se completar primeiro que o prazo prescricional de 5 anos.

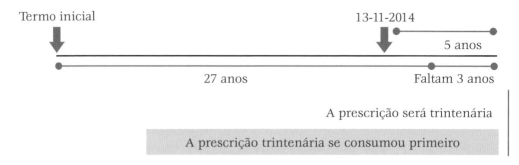

A prescrição trintenária se consumou primeiro

Já no próximo exemplo a prescrição será **quinquenal**, pois, antes da data da decisão do STF, ou seja, 13-11-2014, já haviam transcorridos 23 anos do prazo prescricional, faltando 7 anos para completar o prazo prescricional de 30 anos. Neste caso, como o prazo prescricional de 5 anos irá se consumar primeiro que o prazo prescricional de 30 anos, não há como a prescrição ser trintenária.

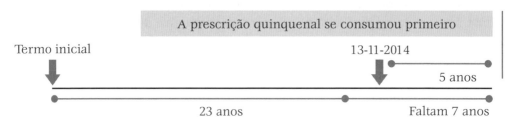

A prescrição será quinquenal

Exemplos:

a) Se a admissão foi em 13-6-1994 e a rescisão contratual ocorreu em 30-4-2014, com o ajuizamento da ação trabalhista dentro do prazo prescricional de 2 anos, a prescrição será quinquenal, visto que se passaram 20 anos e ainda faltam 10 anos para completar a prescrição trintenária.

b) A admissão foi em 10-1-1986 e a rescisão contratual ocorreu em 15-11-2014, com o ajuizamento da ação trabalhista dentro do prazo prescricional de 2 anos. Neste caso, como se passaram 28 anos e ainda faltam 2 anos, a prescrição será trintenária.

c) Joana trabalhou para a Empresa X S.A., tendo sido admitida em 5-4-1992 e dispensada em 25-3-2016. A empregadora deixou de proceder os depósitos fundiários de abril/1992 a dezembro/1998. A ação foi proposta em 9-6-2016. Nesta hipótese, como restam mais de 5 anos para atingir o prazo prescricional de 30 anos, a prescrição será quinquenal. Quando do ajuizamento da ação tinham se passado somente 24 anos do prazo prescricional de 30 anos, faltando ainda 6 anos.

Na hipótese de **pré-contratação de horas extras** quando da admissão do bancário, opera-se a prescrição total se a ação trabalhista não for ajuizada pelo empregado no prazo de 5 anos, a partir da data em que as horas extraordinárias foram suprimidas pelo empregador (Súmula n. 199 do TST).

O direito de reclamar em relação à anotação na Carteira de Trabalho e Previdência Social não está sujeito à prescrição, por se tratar de pretensão substancialmente declaratória, de conformidade com o § 1º do art. 11 da CLT. Na hipótese de termos numa mesma ação a cumulação de pedidos de natureza declaratória (exemplo: reconhecimento do vínculo jurídico de emprego) e condenatória (exemplo: diferenças de salário, férias vencidas + 1/3 constitucional), somente o pedido condenatório estará sujeito ao prazo prescricional, tendo em vista que o pedido declaratório é imprescritível.

A prescrição não corre contra os **menores de 18 anos.** Se no momento do término do contrato de trabalho, o obreiro for menor de 18 anos, o prazo prescricional bienal (2 anos) somente passará a fluir quando o trabalhador atingir a idade de 18 anos. Exemplo: Paulo nasceu no dia 13-6-2002; quando tinha 14 anos, foi contratado para trabalhar em uma fábrica de papel, sem ter direito ao pagamento dos décimos terceiros salários e das férias vencidas, e sem os recolhimentos previdenciários, tendo sido dispensado sem justa causa quando tinha 17 anos de idade; ao completar 18 anos, isto é, em 13-6-2020, tem início a contagem do prazo prescricional bienal; assim, Paulo poderá ingressar com uma ação trabalhista em face do empregador pleiteando os pagamentos dos décimos terceiros salários e das férias vencidas, bem como os recolhimentos previdenciários, até o dia 13-6-2022, sob pena de prescrição total. Outro exemplo: o menor José trabalhou para um mercadinho de 6-10-2020 a 23-10-2021. Caso a ação seja ajuizada em 12-12-2013, isto é, mais de 2 anos do término do contrato de trabalho, não há falar em prescrição bienal, visto que o reclamante ainda era menor de 18 anos quando do ajuizamento da ação trabalhista, estando a salvo da prescrição todas as suas pretensões.

No caso de ação trabalhista ajuizada por **herdeiros menores de 16 anos**, representados no processo pelo pai, pela mãe ou pelo responsável legal, visando o pagamento de créditos trabalhistas, não é aplicável o prazo prescricional de 2 anos a contar da extinção do contrato de trabalho em decorrência do falecimento do empregado, de conformidade com o previsto no inciso XXIX do art. 7º da CRFB e no *caput* do art. 11 da CLT. Em tais casos, segundo o Tribunal Superior do Trabalho, aplica-se o inciso I do art. 198 do CC, segundo o qual a prescrição não corre contra os incapazes (entre eles, os menores de 16 anos). Porém, alguns Tribunais Regionais têm manifestado o entendimento de que os herdeiros do trabalhador têm até 2 anos, após sua morte, para pleitear na Justiça do Trabalho os direitos hereditários relativos ao contrato de trabalho. Para tais Tribunais, havendo viúva ou companheira e filhos menores, o ajuizamento da ação trabalhista caberá à viúva ou companheira, na qualidade de representante natural do espólio (inciso I do art. 1.797 do CC), visto que os filhos menores não têm legitimidade para representar em juízo o espólio, devendo ser observado o prazo prescricional de 2 anos, contado a partir do dia da morte do empregado.

Outrossim, o prazo para filhos e filhas reclamarem direitos após a morte do pai, ou da mãe, começa a contar aos 16 anos de idade, visto que a suspensão do prazo prescricional até os 18 anos, prevista na CLT, diz respeito apenas a empregados menores de idade, e não a herdeiros. Em tais casos, o prazo prescricional tem início na data em que os filhos completarem 16 anos, e podem pleitear seus direitos na Justiça do Trabalho com a assistência de um representante legal. Para o Tribunal Superior do Trabalho, em casos de tal natureza, apenas se aplica o art. 440 da CLT ao empregado menor de 18 anos, e não ao menor herdeiro de empregado falecido. Assim, nas reclamações trabalhistas que envolvem interesse de herdeiro menor, em relação ao contrato de trabalho de empregado falecido, deve ser aplicado o inciso I do art. 198 e o art. 3º, ambos do Código Civil, sendo que o primeiro dispositivo prevê a suspensão do prazo prescricional no caso de incapazes e o segundo considera "absolutamente incapazes de exercer pessoalmente os atos da vida civil os menores de 16 anos".

Nas **relações trabalhistas não empregatícias,** nas quais profissionais liberais pleiteiam o pagamento de honorários, o prazo prescricional é de 5 anos, contados do término do contrato. Neste caso, aplica-se o inciso II do § 5º do art. 206 do CC e não o inciso XXIX do art. 7º da CRFB e o *caput* do art. 11 da CLT.

Em relação à **indenização por danos morais e materiais,** decorrente da relação de trabalho, alguns julgados trabalhistas têm aplicado a prescrição civil de 3 anos prevista no inciso V do § 3º do art. 206 do CC, por ser mais benéfica ao trabalhador.

A **interrupção da prescrição** somente ocorrerá pelo ajuizamento de reclamação trabalhista, mesmo que em juízo incompetente, ainda que venha a ser extinta sem resolução do mérito, produzindo efeitos apenas em relação aos pedidos idênticos (§ 3º do art. 11 da CLT).

Para o Tribunal Superior do Trabalho, o ajuizamento de uma reclamação trabalhista, ainda que tenha sido arquivada, tem como efeito a **interrupção da contagem do prazo prescricional**, tanto em relação à prescrição total (bienal) quanto à parcial (quinquenal), para o caso de pedidos que sejam idênticos. De acordo com a Súmula n. 268 do TST, "a demanda trabalhista, ainda que arquivada, interrompe a prescrição". Neste caso, a contagem do prazo da prescrição bienal (2 anos) será reiniciada a partir do momento em que ocorrer o trânsito em julgado da decisão proferida na ação que havia sido ajuizada anteriormente. Já em relação à prescrição quinquenal (5 anos), a contagem do prazo deve ser reiniciada na data do ajuizamento da primeira reclamação. Portanto, deve-se contar a prescrição quinquenal a partir da data do ajuizamento da última reclamação trabalhista. Segundo a Orientação Jurisprudencial n. 204 da Subseção de Dissídios Individuais I do TST, "a prescrição quinquenal abrange os cinco anos anteriores ao ajuizamento da reclamatória e não os cinco anos anteriores à data da extinção do contrato". Exemplo: José trabalhou para a Empresa "A" S/A, tendo sido dispensado sem justa causa em 18-12-2018. O ex-empregado ajuizou contra o empregador duas ações trabalhistas. A primeira em 13-4-2019, na qual apresentou desistência em 5-9-2020, devidamente homologada pelo Juízo. Com o ajuizamento em 13-4-2019 ocorreu a interrupção da contagem do prazo da prescrição bienal, em relação aos pedidos nela elencados, tendo recomeçado a fluência do prazo em 5-9-2020, quando da desistência dos pedidos formulados naquela ação. Em 17-3-2021 ajuizou nova ação com os mesmos pedidos da primeira, estando prescritas as parcelas exigíveis anteriores a 17-3-2016, isto é, 5 anos anteriores à data do ajuizamento da última ação trabalhista. Outro exemplo: Maria ajuizou uma ação trabalhista contra seu empregador em 19-12-2021, tendo sido arquivada, em virtude de seu pedido de desistência. Em 6-4-2022 ajuizou nova ação com os mesmos pedidos da primeira. Neste caso, em relação à prescrição quinquenal, não se deverá levar em consideração a data de ajuizamento da primeira demanda, 19-12-2021, mas a data da última (6-4-2022), estando prescritas as verbas anteriores a 6-4-2017.

Segundo julgados da Subseção de Dissídios Individuais I do TST, na hipótese em que a prejudicial de prescrição, arguida corretamente na peça de defesa em contestação, não vier a ser examinada na sentença, pelo fato de os pedidos formulados na petição inicial trabalhista terem sido julgados improcedentes, automaticamente deverá ser devolvida ao exame pelo colegiado do Tribunal Regional do Trabalho competente, quando do julgamento do recurso ordinário interposto pelo reclamante, mesmo que a alegação de prescrição não tenha sido suscitada nas contrarrazões pelo reclamado (recorrido). Porém, nesses casos, sugere-se renovar nas contrarrazões ao recurso ordinário a alegação da prejudicial de mérito prescrição.

ATENÇÃO

Ocorrendo a prescrição, há a **extinção do processo com resolução do mérito** (inciso II do art. 487 do CPC). Em atendimento ao **princípio da eventualidade**, o reclamado sempre deve fazer a impugnação específica para cada um dos pedidos formulados na petição inicial, mesmo que seja um caso em que se alegue a prescrição total das pretensões do autor. Numa situação, por exemplo, em que se suscitou a inépcia da petição inicial e a prescrição total (bienal), nos pedidos pode-se requerer o seguinte: "Assim sendo, requer o reclamado o acolhimento da preliminar de inépcia da petição inicial quanto ao pedido de pagamento do décimo terceiro salário de 2019, com a extinção do processo sem resolução do mérito em relação a tal pleito, bem como o acolhimento da prejudicial de mérito prescrição bienal, com a consequente extinção do processo com a resolução do mérito. Porém, na eventual hipótese de rejeição da prejudicial de mérito, requer o réu a improcedência de todos os pedidos formulados pelo autor na petição inicial".

> Segundo o Código de Processo Civil, incumbe ao réu manifestar-se precisamente sobre as alegações de fato constantes da petição inicial, presumindo-se verdadeiras as não impugnadas, à exceção das alegações de fato em que não for admissível a seu respeito a confissão, ou quando a petição inicial não estiver acompanhada de instrumento que a lei considerar da substância do ato; ou quando as alegações de fato formuladas pelo autor estiverem em contradição com a defesa, considerada em seu conjunto (art. 341 do CPC). Para Nelson Nery Junior e Rosa Maria de Andrade Nery (2015b, p. 942), se o reclamado deixar de impugnar um fato, por exemplo, será revel quanto a ele, incidindo os efeitos da revelia, com a presunção de veracidade das alegações de fato formuladas pelo autor na petição inicial (art. 344 do CPC).
>
> De acordo com a Orientação Jurisprudencial n. 83 da SBDI-I do TST, a prescrição começa a fluir no final da data do término do aviso prévio, tanto trabalhado quanto indenizado. Assim, se o trabalhador foi dispensado sem justa causa no dia 5-9-2015, com aviso prévio indenizado (§ 1º do art. 487 da CLT), o término do aviso ocorrerá no dia 5-10-2015, e poderá ajuizar a reclamação trabalhista até a data de 5-10-2017. Se a ação for ajuizada posteriormente, estarão prescritas todas as pretensões do trabalhador.

6.3.1.2 *Decadência*

Consiste na perda do próprio direito, em razão de este não ter sido exercido no prazo legal. O prazo decadencial mais conhecido no Direito do Trabalho, diz respeito ao inquérito para apuração de falta grave (art. 853 da CLT), em que o empregado é suspenso e o empregador tem o prazo de 30 dias para ajuizar a referida ação (Súmulas n. 62 e 379 do TST e Súmula n. 403 do STF).

Há ainda o prazo decadencial de 2 anos para a propositura da ação rescisória, contado do dia imediatamente subsequente ao trânsito em julgado da última decisão proferida na causa, seja de mérito ou não (*caput* do art. 975 do CPC e item I da Súmula n. 100 do TST).

Exemplo:

"Prejudicial de Mérito — Decadência.

Como a ação foi apresentada pelo Requerente em período superior ao prazo de 30 dias previsto no art. 853 da Consolidação das Leis do Trabalho, na qual deve ser contado da data da suspensão do empregado dirigente sindical, o Requerido requer seja decretada a extinção do presente processo com resolução do mérito, na forma do inciso II do art. 487 do Código de Processo Civil, em face da ocorrência da decadência do direito do Autor de apresentar o presente inquérito judicial para apuração de falta grave".

ATENÇÃO

Se a decadência for acolhida ocorre a **extinção do processo com resolução do mérito** (inciso II do art. 487 do CPC).

6.3.2 Defesa direta de mérito propriamente dita

É aquela em que se combatem as pretensões do reclamante com relação aos pedidos referentes ao direito material, como: aviso prévio, horas extras, adicional noturno, décimo terceiro salário etc.

Assim, quando da elaboração da peça de contestação, na segunda fase do Exame da OAB, deve-se procurar identificar uma norma, que pode ser um dispositivo da CLT ou do CPC, uma Súmula, uma Orientação Jurisprudencial etc., que possa ser utilizada para impugnar os pedidos formulados pelo reclamante na petição inicial.

Vejamos o seguinte exemplo:

"Marlene promove reclamação trabalhista em face de XYZ Representações Ltda., ajuizada em 20-10-2020, alegando que:

1) fora admitida em 15-3-2013, na função de auxiliar administrativo, tendo sido dispensada sem justa causa em 15-10-2020;

2) além do serviço administrativo, também era responsável por fazer a limpeza dos escritórios, em todos os dias da semana, normalmente no início e final do expediente;

3) tal limpeza envolvia também a coleta do lixo das salas, cozinha e banheiros;

4) o empregador concedeu moradia à trabalhadora durante todo o pacto laboral.

Pretende a condenação da reclamada a) ao pagamento do valor alusivo ao adicional de insalubridade, por todo o período trabalhado, uma vez que a insalubridade foi constatada por laudo pericial, bem como b) a integração do salário *in natura* (habitação) à sua remuneração, dada a sua natureza salarial. Assim, como advogado do empregador, apresentar a medida judicial cabível e seus fundamentos".

Na análise do problema, percebe-se que são dois os pedidos ("a" e "b") na qual deverá ser procedida a impugnação específica na peça de defesa. Os itens de 1 a 4 correspondem à causa de pedir da ação.

Neste caso, também deverá ser alegada a prejudicial de mérito prescrição, como pode se observar da linha do tempo a seguir demonstrada:

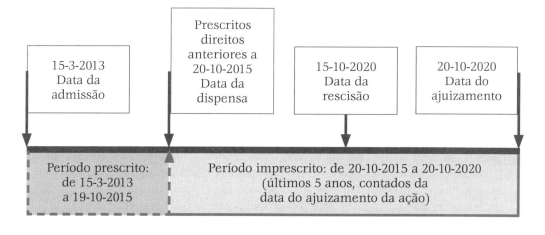

Assim, em relação ao pedido de pagamento do adicional de insalubridade (pleito "a"), pode-se refutar tal pedido utilizando-se da previsão contida no item II da Orientação Jurisprudencial n. 4 da Subseção de Dissídios Individuais I do Tribunal Superior do Trabalho, segundo a qual "a limpeza em residências e escritórios e a respectiva coleta de lixo **não podem ser consideradas atividades insalubres,** ainda que constatadas por laudo pericial, porque não se encontram dentre as classificadas como lixo urbano na Portaria do Ministério do Trabalho".

Já em relação ao pedido de integração do salário *in natura* (habitação) à remuneração (pleito "b"), pode-se combater tal pretensão utilizando-se das previsões contidas no item I da Súmula n. 367 do TST, uma vez que "a **habitação,** a energia elétrica e veículo fornecidos pelo empregador ao empregado, quando indispensáveis para a realização do trabalho, **não têm natureza salarial,** ainda que, no caso de veículo, seja ele utilizado pelo empregado também em atividades particulares".

A prescrição poderá ser alegada da seguinte forma:

"**Prejudicial de Mérito — Prescrição quinquenal.**

A presente ação foi proposta em 20-10-2020. Desta forma, nos termos do inciso XXIX do art. 7º da Constituição Federal e do *caput* do art. 11 da CLT, a Reclamada requer o reconhecimento da prescrição quinquenal de todos os eventuais direitos anteriores a cinco anos do ajuizamento da ação, ou seja, anteriores a 20-10-2015, relativos ao período laborado entre 15-3-2013 a 19-10-2015" (o lapso temporal de 20-10-2015 a 20-10-2020 corresponde ao período não prescrito, sendo que o trabalhador somente poderá pretender a condenação da reclamada aos direitos trabalhistas pendentes em relação ao período de 20-10-2015 a 15-10-2020, pois a partir desta data o contrato de trabalho encontrava-se extinto).

IMPORTANTE

O *caput* do art. 341 do CPC determina que o réu faça a **impugnação específica** de cada um dos pedidos alegados na petição inicial, sob pena de ser presumidos verdadeiros os fatos narrados pelo autor. Assim, para cada pedido formulado pelo reclamante, deverá haver uma impugnação específica na peça de defesa.

Tanto no processo civil quanto no processo do trabalho é vedada a contestação genérica, por negação geral.

Na contestação da ação de consignação em pagamento (art. 539 e seguintes do CPC) o réu poderá alegar na defesa direta de mérito (incisos I ao IV do art. 544 do CPC) que: não houve recusa do credor em receber a quantia ou a coisa devida pelo devedor; foi justa a recusa do credor, e para tanto deverá justificar na peça de defesa o motivo da sua recusa; o depósito não se efetuou no prazo ou no lugar do pagamento; não foi feito o depósito integral da quantia devida pelo devedor, como ocorre muitas vezes na hipótese de dispensa por justa causa, na qual o trabalhador entende que não praticou nenhuma das faltas graves previstas no art. 482 da CLT. Nesta última hipótese, o credor deverá informar na contestação o montante do valor que entende devido (parágrafo único do art. 544 do CPC).

Na contestação, também deverá haver a impugnação específica quanto ao conteúdo dos documentos juntados pelo reclamante na petição inicial (art. 437 do CPC), presumindo-se como válidos os que não forem devidamente impugnados pelo reclamado na peça de defesa.

DICA

Na peça de contestação, na **defesa direta de mérito**, cada pedido deve ser impugnado especificamente em toda sua extensão. Isso porque existem situações em que um único pedido da petição inicial pode dar margem a mais de um argumento de impugnação ou a uma única impugnação, cujos argumentos de fato e de direito englobem todos os seus aspectos. Tome-se como exemplo o caso a seguir: Mário ajuizou uma reclamação trabalhista em face do seu antigo empregador, alegando que foi admitido para trabalhar como operador de máquina, e que exercia idêntica função ao paradigma Lucas, prestando um trabalho com igual produtividade e com a mesma perfeição técnica, porém com salário mensal inferior ao percebido pelo paradigma. Em face disso, pretende a condenação do reclamado ao pagamento de diferenças salariais decorrentes da equiparação salarial. Em relação ao pedido, o reclamado informou ao seu advogado que a) a jornada de trabalho de Mário era de 6 horas, enquanto a do paradigma Lucas era de 8 horas; b) que, apesar de o paradigma exercer a mesma função de operador de máquina que o autor, também cumpria algumas tarefas distintas; (c) a diferença de tempo de serviço entre Mário e o paradigma Lucas era superior a 4 anos. Pois bem, apesar de identificarmos um único pedido **pagamento de diferenças salariais decorrentes da equiparação salarial**, na defesa direta de mérito, quando da elaboração da peça de contestação, o reclamado deverá impugnar o pedido de forma completa, abrangendo a totalidade de seus aspectos. Para tanto, poderá redigir 3 impugnações distintas: na **primeira**, poderá alegar que um dos requisitos indispensáveis para a configuração da equiparação salarial é o da produtividade, e na medida em que a jornada de trabalho do reclamante Mário era de 6 horas e a do Lucas era de 8 horas, a produtividade do autor era menor que a do paradigma (§ 1º do art. 461 da CLT); na **segunda**, poderá alegar que a diferença no tempo de serviço entre o paradigma e o reclamante, era superior a 4 anos (§ 1º do art. 461 da CLT); e na **terceira**, poderá alegar que a equiparação salarial somente é possível se o empregado e o paradigma exercerem a mesma função, desempenhando as mesmas tarefas, sendo que, apesar de o paradigma exercer a mesma função que o reclamante, cumpria algumas tarefas distintas (item III da Súmula n. 6 do TST). Se preferir, na peça de defesa, o advogado do reclamado poderá redigir uma **impugnação única**, porém deverá ter o cuidado de fazê-lo de forma completa, abrangendo cada um dos aspectos envolvidos na situação. Neste caso, tomando-se como base o exemplo, a impugnação ao pedido poderia ser assim redigida: "Segundo o § 1º do art. 461 da CLT um dos requisitos indispensáveis para a configuração da equiparação salarial é o da produtividade. Na medida em que a jornada de trabalho do reclamante era de 6 horas e a do Lucas era de 8 horas, a produtividade do autor sem dúvida era menor que a do paradigma. Ademais, o tempo de serviço entre o paradigma e o reclamante era superior a 4 anos, o que obsta a equiparação salarial pretendida, nos termos do § 1º do art. 461 da CLT. Por fim, é importante ressaltar que a equiparação salarial somente é possível se o empregado e o paradigma exercerem a mesma função, desempenhando as mesmas tarefas, conforme prevê o item III da Súmula n. 6 do TST. No caso presente, apesar de o paradigma Lucas ter exercido a mesma função que o reclamante, cumpria algumas tarefas distintas, o que torna impossível a equiparação salarial pretendida. Deste modo, deverá ser julgado improcedente o pedido formulado pelo reclamante". Ademais, quanto mais completa a impugnação ao pedido, maior a possibilidade de convencer o juízo a julgar pelo seu indeferimento.

Na segunda fase do Exame da OAB, na resposta da questão da prova prático-profissional, na qual o candidato deverá desenvolver uma contestação, na redação da defesa direta de mérito, pode-se utilizar a seguinte sequência lógica de desenvolvimento do texto da impugnação específica a cada um dos pedidos formulados na petição inicial: começar o texto com uma das seguintes expressões, "indevido", ou "não faz jus", ou "não tem direito", redigindo após o fundamento de impugnação, citando em seguida a norma jurídica utilizada como base de contestação do pedido. Portanto, a sequência poderá ser a seguinte:

Outra opção é citar a norma e, por fim, desenvolver o texto do fundamento de impugnação:

Vejamos, a seguir, à aplicação prática de cada uma das duas possibilidades:

1º exemplo: texto de impugnação ao pedido de pagamento de horas extras decorrentes da alegação de supressão das horas do repouso semanal: "Indevido, visto que é permitido o fracionamento do repouso semanal do motorista profissional empregado em dois períodos, conforme previsão contida no § 1º do art. 235-D da CLT".

2º exemplo: texto de impugnação ao pedido de pagamento das horas extras: "Indevido, pois segundo a Súmula n. 287 do TST, ao gerente-geral de agência bancária deve ser aplicado o inciso II do art. 62 da CLT, visto que exercia o cargo de gestão, não estando sujeito ao controle da jornada de trabalho, e, por conseguinte, sem direito ao pagamento de horas extras".

É claro que nem sempre será possível seguir tal sequência na redação do texto de impugnação dos pedidos formulados na peça inicial, mas por meio dela o candidato terá grande possibilidade de elaborar cada impugnação de forma **célere, objetiva** e **sucinta**, conforme se faz necessário, em razão do tempo destinado para a prova prática do Exame da OAB, e a quantidade de pedidos que normalmente devem ser impugnados na peça profissional da contestação.

Importante destacar também que, nos casos em que houver a alegação de alguma preliminar, em relação ao pedido, poder-se-á iniciar o texto de impugnação, na defesa direta de mérito, fazendo uma breve remissão à preliminar arguida, que poderá ser da seguinte forma: "Caso ultrapassada a preliminar de inépcia da petição inicial, ainda assim,

> deverá ser julgado improcedente tal pleito, visto que o reclamado sempre pagou correta-
> mente todas as verbas trabalhistas devidas ao reclamante, não lhe sendo devido nenhum
> valor a título de diferenças no valor da gratificação de função".

OBSERVAÇÃO

Ao contestar os pedidos formulados pelo reclamante, na ação trabalhista, a reclamada pode propor **reconvenção**, na própria contestação, abrangendo pretensão própria, conexa com a ação principal ou com o fundamento da defesa (*caput* do art. 343 do CPC). A reconvenção possui verdadeira **natureza jurídica de ação**, embora o Código de Processo Civil a trate como "resposta do réu". Se desejar, o reclamado pode propor reconvenção independentemente de oferecer contestação (§ 6º do art. 343 do CPC). A desistência da ação principal ou a ocorrência de causa extintiva, que venha a impedir o exame do mérito (inépcia da petição inicial, por exemplo), não irá obstar o prosseguimento do processo quanto à reconvenção (§ 2º do art. 343 do CPC). Pode-se nominar a peça de defesa da seguinte forma: "...vem respeitosamente à presença de Vossa Excelência, oferecer **Contestação (ou Defesa)** e propor **Reconvenção**, com fundamento no art. 847 da CLT e no *caput* do art. 343 do CPC, respectivamente...". Na hipóte-se de o reclamante formular pedido de cobrança de débito que já esteja devidamente quita-do, em reconvenção a reclamada pode requerer a condenação do autor ao pagamento em dobro do valor que já esteja devidamente quitado, com base no que dispõe o art. 940 do CC.

Segundo o § 5º do art. 791-A da CLT, são devidos honorários de sucumbência na re-convenção.

6.4 Exceções

É uma defesa contra defeitos, irregularidades ou vícios do processo, que im-pedem seu desenvolvimento normal, não se discutindo o mérito da questão.

Inobstante o Código de Processo Civil ter abolido as exceções de impedimen-to, suspeição e incompetência, a CLT prevê que podem ser opostas as exceções de suspeição e de incompetência (art. 799 da CLT).

No processo do trabalho, em **petição específica**, as exceções abordadas a seguir podem ser apresentadas.

6.4.1 Exceção de suspeição

Ocorre em relação ao juiz do trabalho e à pessoa dos litigantes.

Segundo o art. 801 da CLT, a exceção de suspeição é aquela arguida quando entre a parte e o juiz existe inimizade pessoal, amizade íntima, parentesco por consanguinidade ou afinidade, até o terceiro grau civil ou no caso de interesse particular na causa.

Para Amauri Mascaro Nascimento (2009a, p. 527), também pode ser alegada a suspeição quando esses mesmos fatos existirem entre o procurador da parte e o juiz.

Segundo os incisos I a IV do art. 145 do CPC, também há suspeição do juiz:

> que for amigo íntimo ou inimigo de qualquer das partes ou de seus advogados;

> que receber presentes de pessoas que tiverem interesse na causa antes ou depois de iniciado o processo, que aconselhar alguma das partes acerca do objeto da causa ou que subministrar meios para atender às despesas do litígio;

> quando qualquer das partes for sua credora ou devedora, de seu cônjuge ou companheiro ou de parentes destes, em linha reta até o terceiro grau, inclusive;

> quando tiver interesse no julgamento do processo em favor de qualquer das partes.

O juiz poderá se declarar suspeito por motivo de foro íntimo, sem a necessidade de informar suas razões (§ 1º do art. 145 do CPC).

IMPORTANTE

Na exceção de suspeição, o **excipiente** pode ser qualquer das partes da demanda (reclamante ou reclamado) e o **excepto** será o juiz do trabalho.

Requerer o seguinte: "Pelo exposto, aguarda o reclamado/excipiente que a presente exceção seja acolhida, com a declaração de Vossa Excelência como suspeita, caso já não o tenha feito, tendo em vista que possui parentesco por consanguinidade com o reclamante".

Apresentada a exceção de suspeição, o juiz ou Tribunal designará audiência dentro de 48 horas para instrução e julgamento da exceção (*caput* do art. 802 da CLT). Julgada procedente, será convocado o juiz substituto, o qual continuará a funcionar no feito até decisão final (§ 1º do art. 802 da CLT).

OBSERVAÇÃO

Na hipótese de juiz de direito investido na jurisdição trabalhista, caso seja julgada procedente a exceção de suspeição, o juiz deverá ser substituído na forma da organização judiciária local (§ 2º do art. 802 da CLT).

Os motivos de suspeição são extensivos ao órgão do Ministério Público, aos serventuários da Justiça, aos peritos e aos intérpretes (art. 148 do CPC).

6.4.2 Exceção de incompetência territorial ou em razão do lugar

Enquanto a **incompetência absoluta** deve ser alegada em qualquer tempo e grau de jurisdição, e deve ser declarada de ofício pelo juiz (§ 1º do art. 64 do CPC), a **incompetência relativa** deve ser arguida pelo réu por meio da exceção de incompetência territorial ou em razão do lugar, sob pena de o juiz do trabalho territorialmente incompetente passar a ser competente (*caput* do art. 65 do CPC).

A regra de fixação da competência territorial está prevista no *caput* do art. 651 da CLT, na qual a ação trabalhista deve ser ajuizada no último local da prestação de serviços do empregado, mesmo que o obreiro tenha sido contratado em outra localidade ou mesmo no estrangeiro.

A incompetência territorial não pode ser decretada de ofício, devendo haver provocação do réu com a apresentação da exceção de incompetência territorial no prazo de 5 dias, a contar da notificação, antes da audiência, e em **peça processual específica,** que sinalize a existência da exceção (*caput* do art. 800 da CLT).

IMPORTANTE

Caso o reclamado não observe o prazo de 5 dias, previsto no *caput* do art. 800 da CLT, e apresente a exceção de incompetência territorial após tal período, ou mesmo que venha a alegar a incompetência em razão do lugar em sede de preliminar na própria contestação, o juízo poderá decidir pela aplicação da **preclusão temporal,** visto que o réu deixou de exercitar o seu direito de apresentar a peça processual dentro do prazo legal, e de alegar a incompetência em razão do lugar na forma determinada pela legislação consolidada, ou seja, em peça específica, apresentada antes da audiência, e anterior à entrega da contestação. E, não sendo conhecida a exceção de incompetência territorial por preclusão, por não ter sido apresentada pelo reclamado no momento processual oportuno, haverá a prorrogação da competência, com a manutenção do processo na Vara do Trabalho em que foi originariamente apresentada.

Protocolada a petição contendo a exceção de incompetência territorial, o processo será suspenso pelo Juízo, e não se realizará a audiência de julgamento (art. 843 da CLT), até que se decida a exceção (§ 1º do art. 800 da CLT).

Neste caso, os autos serão imediatamente conclusos ao juiz, que intimará o reclamante (excepto) e, se existentes, os litisconsortes, para manifestação no prazo comum de 5 dias (§ 2º do art. 800 da CLT).

Se o Juízo entender necessária a produção de prova oral, designará audiência, garantindo o direito de o reclamado (excipiente) e de suas testemunhas serem ouvidos, por carta precatória, no juízo que este houver sido indicado como competente (§ 3º do art. 800 da CLT).

Decidida a exceção de incompetência territorial, o processo retomará seu curso, com a designação de audiência, a apresentação de defesa e a instrução processual perante o juízo competente (§ 4º do art. 800 da CLT).

Acolhida ou reconhecida a alegação da exceção, o juiz remeterá os autos à autoridade competente, com decisão fundamentada (§ 3º do art. 64 do CPC).

IMPORTANTE

Na exceção de incompetência territorial, o **excipiente** será o reclamado (réu), que é a parte que argui a exceção, e o **excepto** será o reclamante (autor).

Alegar o seguinte na redação do texto da exceção: "Da exceção de incompetência territorial (ou em razão do lugar). O reclamante/excepto deveria ter ajuizado a presente ação trabalhista no último local da prestação de serviços, conforme determina o *caput* do art. 651 da CLT. Como o Município de Bertioga/SP, sede da reclamada, encontra-se sob a jurisdição da Vara do Trabalho de Guarujá/SP, a reclamação deveria ter sido direcionada para tal juízo. Assim, com fundamento no § 3º do art. 64 do CPC, requer a reclamada/excipiente seja acolhida a presente exceção de incompetência em razão do lugar, determinado a remessa dos autos do processo para uma das Varas do Trabalho de Guarujá/SP, visto que é o local competente para apreciar a presente controvérsia". Outro exemplo: "Da exceção de incompetência em razão do lugar. O reclamante/excepto deveria ter ajuizado a presente ação trabalhista no último local da prestação de serviços, conforme determina o *caput* do art. 651 da CLT, ou seja, em uma das Varas do Trabalho da Capital, São Paulo. Em assim sendo, com fundamento no § 3º do art. 64 do CPC, requer a reclamada/excipiente seja reconhecida a alegação de incompetência territorial do presente Juízo, determinado a remessa dos autos do processo para uma das Varas do Trabalho de São Paulo, Capital, visto que é o local competente para apreciar a presente demanda".

Requerer o seguinte: "Isto posto, requer a reclamada/excipiente seja acolhida a presente exceção de incompetência em razão do lugar, determinado a remessa dos autos do processo a uma das Varas do Trabalho de Guarujá/SP, que é o local competente para apreciar a presente controvérsia". Outro exemplo: "Isto posto, o reclamado/excipiente requer seja reconhecida a alegação de incompetência territorial do presente Juízo, determinado a remessa dos autos do processo para uma das Varas do Trabalho de São Paulo, Capital".

Porém, quando a ação é ajuizada por vários autores (litisconsórcio ativo) na qual estes tenham prestado serviços em cidades diferentes, normalmente o juiz da Vara do Trabalho decide pela extinção do processo sem a resolução do mérito, com base no inciso IV do art. 485 do Código de Processo Civil, tendo em vista a impossibilidade de ser determinada a remessa dos autos do processo para os vários juízos. Exemplo: três empregados foram contratados em Itu/SP, para prestar serviços nos municípios de Americana, Araraquara e Franca, ajuizaram em Itu uma reclamação trabalhista contra o empregador, buscando o pagamento de verbas rescisórias. Acolhida a exceção por incompetência territorial, somente resta ao juízo de primeiro grau extinguir o processo sem resolução do mérito, com base no inciso IV do art. 485 do CPC, tendo em vista a impossibilidade de remessa da ação para os vários municípios da prestação de serviços de cada um dos trabalhadores. Neste caso, poderá ser requerido o seguinte: "Assim, requer a reclamada/excipiente seja acolhida a presente exceção de incompetência territorial, determinado a extinção do processo sem resolução do mérito, com base no inciso IV do art. 485 do CPC, tendo em vista a impossibilidade de remessa dos autos do processo às Varas do Trabalho de cada uma das localidades onde os trabalhadores/exceptos prestaram serviços".

OBSERVAÇÃO

Apresentada pelo reclamado a "Exceção de Incompetência Territorial", no prazo e na forma previstos no art. 800 da CLT, o processo será suspenso até que seja decidida a exceção. No julgamento, o juízo poderá acolher ou não a exceção. Como tal decisão tem natureza interlocutória, não há como ser interposto recurso imediato, visto que a CLT, no § 1º do art. 893, estabeleceu que as decisões interlocutórias são irrecorríveis, pois servem para solucionar uma questão incidente, ocorrida no curso do processo, sem que venha a pôr termo ao ofício judicial de julgar a causa. E, de acordo com o § 2º do art. 799 da CLT, "das decisões sobre exceções de (...) incompetência, salvo, quanto (...) terminativas do feito, não caberá recurso, podendo, no entanto, as partes alegá-las novamente no recurso que couber da decisão final." Neste caso, devem ser observadas as hipóteses previstas na Súmula n. 214 do TST, em especial na letra *c*. Assim, embora o § 2º do art. 799 da CLT não autorize a interposição de recurso imediato, quando a decisão interlocutória reconhecer a incompetência relativa, o Tribunal Superior do Trabalho admite a interposição de recurso no caso de incompetência territorial em que há a remessa dos autos do processo para Tribunal Regional do Trabalho distinto daquele a que se vincula o juízo excepcionado. Portanto, se o juízo acolher a exceção de incompetência territorial e determinar a remessa dos autos para uma Vara do Trabalho vinculada a outro TRT, caberá recurso imediato, que será o Recurso Ordinário, no prazo de 8 dias, nos termos do inciso I do art. 895 da CLT. Porém, quando a decisão acolher a exceção de incompetência territorial, com a remessa dos autos para uma Vara do Trabalho vinculada ao mesmo Tribunal Regional do Trabalho a que se vincula o juízo excepcionado, não será aplicável a hipótese prevista na letra *c* da Súmula n. 214 do TST, pelo que não será recorrível de imediato, podendo a pretensão ser oportunamente invocada pela parte em recurso ordinário quando da decisão terminativa. Em resumo, na prática, pode-se ter as seguintes situações, no julgamento da Exceção de Incompetência Territorial: a) Ser acolhida a exceção de incompetência em razão do lugar, determinado a remessa dos autos do processo para uma Vara do Trabalho vinculada ao mesmo Tribunal Regional do Trabalho, não havendo como se recorrer de imediato, visto que não estará configurada a exceção da letra *c* da Súmula n. 214 do TST. Para tanto, a parte deverá aguardar a decisão final para interpor o Recurso Ordinário; b) Ser acolhida a exceção de incompetência em razão do lugar, determinado a remessa dos autos do processo para uma Vara do Trabalho vinculada a outro Tribunal Regional do Trabalho, havendo como se recorrer de imediato, visto que estará configurada a exceção da letra *c* da Súmula n. 214 do TST. Neste caso, o recurso cabível será o Recurso Ordinário; c) Não ser acolhida a exceção de incompetência em razão do lugar, não havendo como se recorrer de imediato, por se tratar de uma decisão interlocutória, sendo que a pretensão poderá ser invocada pela parte em Recurso Ordinário quando da decisão final.

Segundo a Instrução Normativa n. 41/2018 do TST, a exceção de incompetência territorial é imediatamente aplicável aos processos trabalhistas em curso, desde que o recebimento da notificação seja posterior a 11-11-2017 (Lei n. 13.467/2017).

IMPORTANTE

O atual Código de Processo Civil, Lei n. 13.105/2015, aboliu as exceções de impedimento e suspeição.

Em relação à **exceção de suspeição**, há previsão expressa na Consolidação das Leis do Trabalho acerca dos motivos pelos quais o juiz deverá se dar por suspeito (art. 801 da CLT). Neste caso, cabe à parte reclamada arguir a exceção de suspeição em preliminar de contestação. Porém, como não há qualquer dispositivo consolidado a respeito das hipóteses de **impedimento**, dever-se-á observar as previsões do Código de Processo Civil, nas quais, doravante, impedimento não mais deve ser arguido sob a forma de exceção, mas por meio de petição específica, dirigida ao juiz do processo, no prazo de 15 dias, a contar do conhecimento do fato pela parte, que deverá indicar o fundamento de sua recusa, podendo instruir a petição com documentos em que se fundar a alegação e com rol de testemunhas (*caput* do art. 146 do CPC).

Caso o juiz reconheça o impedimento, ao receber a petição, irá ordenar a remessa dos autos do processo ao seu substituto legal, e, caso contrário, irá determinar a autuação da petição, e no prazo de 15 dias apresentará suas razões, acompanhadas de documentos e do rol de testemunhas, se houver, ordenando a remessa do incidente ao tribunal (§ 1º do art. 146 do CPC). No tribunal, caso seja acolhida a alegação, o juiz suspeito será condenado ao pagamento das custas, e os autos do processo será remetido ao seu substituto legal (§ 5º do art. 146 do CPC).

O impedimento relaciona-se com a impossibilidade de o magistrado exercer suas funções no processo (art. 144 do Código de Processo Civil), visto que a imparcialidade do juiz é tida como um atributo essencial e inerente ao exercício da atividade jurisdicional.

Segundo o Código de Processo Civil, há impedimento do juiz nas seguintes hipóteses: a) quando seu cônjuge ou companheiro, ou qualquer parente, consanguíneo ou afim, em linha reta ou colateral, até terceiro grau, inclusive, estiver postulando no processo, como defensor público, advogado ou membro do Ministério Público; b) quando for parte no processo ele próprio, seu cônjuge ou companheiro, ou parente, consanguíneo ou afim, em linha reta ou colateral, até terceiro grau, inclusive; c) quando for sócio ou membro de direção ou de administração, de pessoa jurídica que é parte no processo; d) quando for herdeiro presuntivo, donatário ou empregador de qualquer das partes; e) em que figure como parte instituição de ensino com a qual tenha relação de emprego ou decorrente de contrato de prestação de serviços; f) quando promover ação contra a parte ou contra seu advogado; g) quando for parente, consanguíneo ou afim, em linha reta ou colateral, até o terceiro grau, inclusive, com outro juiz que atua no mesmo processo (art. 147 do CPC), sendo que, neste caso, o primeiro juiz que conheceu do processo impede que o outro juiz atue nele, que deverá remeter os autos ao seu substituto legal; h) dentre outras hipóteses.

Requerer o seguinte na petição específica: "Do Impedimento. Tendo em vista que Vossa Excelência é empregador do Requerido (inciso VI do art. 144 do CPC), conforme faz prova os documentos juntados, e por este motivo se encontra juridicamente impedido de exercer suas funções na presente ação de Inquérito para Apuração de Falta Grave, visto que lhe falta o atributo essencial da imparcialidade para que possa cumprir com a atividade jurisdicional. Assim, aguarda o Réu que a presente arguição seja acolhida, com a

> esperada declaração de impedimento de Vossa Excelência, caso ainda já não se tenha declarado impedido, com a remessa dos autos do processo ao seu substituto legal (§ 1º do art. 146 do Código de Processo Civil)".
>
> A decisão de mérito, transitada em julgado, pode ser rescindida quando for preferida por juiz impedido (inciso II do art. 966 do CPC).
>
> Os motivos de impedimento são extensivos ao órgão do Ministério Público, aos serventuários da Justiça, aos peritos e aos intérpretes (art. 148 do CPC).

Agora, apresentaremos de forma detalhada o passo a passo para elaboração de duas peças de contestação trabalhista, nas quais serão apresentadas preliminares, e no mérito será alegada a prescrição e articulados argumentos de defesa.

A seguir, veremos a peça de defesa oferecida com reconvenção e, após, a peça de exceção de incompetência territorial.

Observe atentamente as dicas e as orientações para a elaboração de cada uma das petições.

6.5 Estrutura da Petição de Contestação ou Defesa

1º PASSO

> Indicar a competência e fazer o endereçamento.

DICAS

> Na contestação, a competência será sempre do Juízo da Vara do Trabalho onde foi distribuída a ação trabalhista, seja ele competente ou não. Se o juiz do trabalho for territorialmente incompetente para a causa, o reclamado poderá arguir a incompetência em razão do lugar por meio de exceção, e não como preliminar na contestação (art. 800 da CLT). A competência pode ser também do Juiz de direito, quando estiver investido na Jurisdição Trabalhista (art. 112 da CRFB e art. 668 da CLT).
>
> Caso o problema não informe em qual Vara do Trabalho e local a ação trabalhista está sendo movida, complete o texto com reticências. Exemplo: "Excelentíssimo Senhor Doutor Juiz da ... Vara do Trabalho de...".
>
> Somente nas localidades servidas por mais de uma Vara do Trabalho é que tais órgãos recebem uma numeração. Exemplos: "Excelentíssimo Senhor Doutor Juiz da 3ª Vara do Trabalho de Vitória — Estado do Espírito Santo"; "Excelentíssimo Senhor Doutor Juiz da 7ª Vara do Trabalho de Niterói — Estado do Rio de Janeiro"; "Excelentíssimo Senhor Doutor Juiz da 9ª Vara do Trabalho de Guarulhos — Estado de São Paulo".

Excelentíssimo Senhor Doutor Juiz da ... Vara do Trabalho de... — Estado do...

2º PASSO

Deixar um espaço de 10 a 15 linhas. Porém, tendo em vista o limite de linhas para a resposta da questão discursiva na prova da OAB, sugerimos escrever "espaço" entre parênteses, evitando saltar muitas linhas.

Logo depois, coloque o número dos autos do processo. Caso o problema não informe expressamente tal número utilize reticências. Exemplo: "Processo n. ...".

(Espaço)

Processo n. ...

3º PASSO

Fazer a qualificação individualizada e completa da parte reclamada.

DICAS

Se na petição inicial da reclamação o nome do reclamante e sua qualificação constituem o preâmbulo, é evidente que, na contestação, o reclamado é que deve constar da abertura da peça. Deve-se mencionar o endereço do escritório profissional do advogado. Em síntese, a qualificação na contestação é idêntica à petição inicial da reclamação trabalhista, somente invertendo-se a ordem das partes, reclamado e reclamante.

Quando a questão informar que a ação trabalhista está sendo movida pelo reclamante em face de dois ou mais reclamados, deve-se atentar que somente deverá ser feita a qualificação do réu à qual será redigida a peça de defesa. Somente deverá ser feita a qualificação de todos os réus, que fazem parte do polo passivo da ação, no caso de ser uma única peça de contestação para todos os reclamados. Isto de conformidade com a situação e condições do problema apresentado.

Deve-se fazer a qualificação completa da parte sempre que for peticionar pela primeira vez nos autos do processo (petição inicial, contestação ou defesa, reconvenção). Nas vezes seguintes, pode-se simplesmente utilizar a expressão "já qualificado(a)" ou "já qualificados(as)".

Indústria e Comércio de Motores Automotivos Ltda., pessoa jurídica de direito privado, inscrita no CNPJ n. ..., com endereço eletrônico..., com sede na Rua..., n. ..., Bairro..., Cidade..., Estado..., CEP..., (...)

4º PASSO

Inserir o endereço completo do escritório profissional do advogado.

(...) por seu advogado, infra-assinado e devidamente constituído, conforme instrumento procuratório juntado, com escritório profissional na Rua..., n. ..., Bairro..., Cidade..., Estado..., CEP..., onde recebe intimações, vem mui respeitosamente à presença de Vossa Excelência, apresentar

Contestação (ou Defesa)

com base no art. 847 da Consolidação das Leis do Trabalho, nos autos da Reclamação Trabalhista de número *supra*, proposta por (...)

5º PASSO

> Fazer a qualificação individualizada e completa da parte reclamante ou simplesmente utilizar a expressão "já qualificado".

(...) **Leonel Tardio**, brasileiro, casado, mecânico, portador da Carteira de Trabalho e Previdência Social n. ..., Série n. ..., inscrito no CPF n. ..., com endereço eletrônico..., com domicílio e residência na Rua..., n. ..., Bairro..., Cidade..., Estado..., CEP..., pelos motivos que passa a expor:

6º PASSO

> Fazer um breve resumo da petição inicial (opcional).

IMPORTANTE

> Constitui um breve relato dos itens pretendidos pelo reclamante e que serão atacados pela defesa.

I. Dos Fatos

Pleiteia o Reclamante a condenação da Reclamada, ora contestante, ao recolhimento das parcelas das contribuições previdenciárias sobre as remunerações percebidas ao longo do pacto laboral, além do pagamento do aviso prévio, horas extras, férias vencidas, domingo em dobro, adicional de insalubridade, reflexos e multas.

Pleiteia, ainda, a condenação da Requerida ao pagamento de honorários advocatícios sucumbenciais.

Apesar de tais pleitos, a Reclamada demonstrará, a seguir, pelas razões de fato e de direito que tais alegações não merecem prosperar.

7º PASSO

> Apresentar preliminares ou defesa preliminar processual (se houver).

DICA

> As preliminares estão relacionadas no art. 337 do CPC e acrescidas das exceções do art. 799 ao art. 801 da CLT. Em sua maioria, objetiva a extinção do processo sem resolução do mérito.

II. Preliminarmente

II.1. Da Incompetência Absoluta em Razão da Matéria

Pretende o Reclamante a condenação da Reclamada ao recolhimento das parcelas das contribuições previdenciárias sobre as remunerações percebidas ao longo do período do contrato de trabalho.

Porém, segundo o item I da Súmula n. 368 do TST, "a competência da Justiça do Trabalho, quanto à execução das contribuições previdenciárias, limita-se às sentenças condenatórias em pecúnia que proferir e aos valores, objeto de acordo homologado, que integrem o salário de contribuição", não havendo como ocorrer na Justiça Laboral a execução das contribuições incidentes sobre as parcelas pagas no curso do contrato de trabalho, visto que se trata de matéria previdenciária da competência da Justiça Federal (inciso I do art. 109 da CRFB).

Em assim sendo, com fundamento no inciso IV do art. 485 do CPC, requer o Reclamado seja extinto o presente processo, sem resolução do mérito, em relação ao mencionado pedido.

II.2. Da Continência

Há continência entre a presente ação e outra ajuizada pelo Reclamante perante a... Vara do Trabalho de..., Processo n. ..., na forma que preceitua o art. 56 do Código de Processo Civil.

Isto porque, conforme se denota da documentação juntada, o Reclamante ajuizou outra reclamatória que tramita perante a ... [informar o número]ª Vara do Trabalho de..., pleiteando o mesmo direito [descrever qual].

Apesar de a fundamentação legal ser diversa, a causa de pedir é a mesma e o pedido da presente ação, por ser mais amplo, abrange o pedido da outra.

Portanto, com fundamento no art. 58 do Código de Processo Civil, requer a remessa dos autos ao MM. Juízo da ... Vara do Trabalho de..., por prevento.

II.3. Da Inépcia da Petição Inicial

II.3.1. Data de Desligamento

A petição inicial deverá ser indeferida, visto que se mostra inepta, uma vez que o Reclamante postula em um dos pedidos a retificação das anotações em sua Carteira de Trabalho e Previdência Social, sem indicar a data lançada pela Reclamada.

Neste caso, se possui Carteira de Trabalho e Previdência Social, deveria o Autor ter colhido a data lançada como de admissão e reproduzi-la na petição inicial, tornando-a clara e objetiva.

Porém, pede a retificação, mas não indica qual é a data lançada em sua Carteira de Trabalho e Previdência Social, tornando o trabalho incompleto.

Assim, com base no inciso I do § 1º do art. 330 do Código de Processo Civil, combinado com o inciso I do art. 485 do Código de Processo Civil, deverá ser extinto o presente processo, sem resolução do mérito, em relação ao citado pedido.

II.3.2. Adicional de Insalubridade

Deve ser considerado inepto o pedido de adicional de insalubridade contido no item n. ... da petição inicial, uma vez que carece de causa de pedir, visto que, ao pleitear tal verba, o Reclamante não aponta por quais razões entende a mesma ser devida, impossibilitando a Reclamada de defender-se.

Desta forma, com fundamento no inciso I do § 1º do art. 330 do Código de Processo Civil, combinado com o inciso I do art. 485 do Código de Processo Civil, deverá ser extinto o presente processo, no particular, em relação ao pedido de pagamento do adicional de insalubridade, sem resolução do mérito.

8º PASSO
Fazer a alegação da defesa preliminar de mérito ou prejudiciais de mérito (se for o caso).

IMPORTANTE
Corresponde à **prescrição** e **decadência**. Se acolhidas, dispensam o exame da defesa direta.

III. Da Defesa de Mérito

DICA
Para identificar e alegar corretamente a prescrição sugere-se traçar uma linha do tempo, na qual são necessárias 3 datas: data da admissão, da rescisão contratual e do ajuizamento da ação, no seguinte sentido:

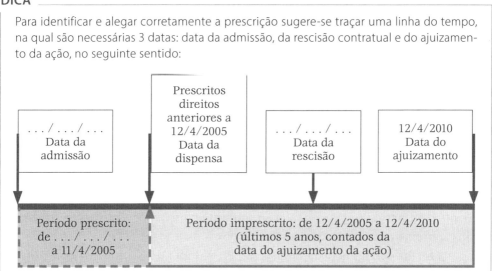

III.1. Da Defesa de Mérito Indireta — Prejudicial de Mérito: Prescrição quinquenal

A ação foi proposta em 12 de abril de 2018, desta forma, nos termos do inciso XXIX do art. 7º da Constituição Federal de 1988 e do *caput* do art. 11 da CLT, e ainda do item I da Súmula n. 308 do TST, a Reclamada requer o reconhecimento da prescrição quinquenal de todas as pretensões a eventuais direitos anteriores a 12 de abril de 2013, referentes ao período laborado entre .../.../... [**colocar a data da admissão do empregado**] e 11 de abril de 2013,devendo ser decretada a extinção do processo, com resolução do mérito, nos termos do inciso II do art. 487 do Código de Processo Civil.

9º PASSO

> Apresentar a defesa direta de mérito propriamente dita.

IMPORTANTE

> Constitui a defesa voltada contra a pretensão do reclamante e dirigida contra o pedido. Deve ser oposta impugnação a cada uma das pretensões formuladas pelo reclamante e não por negação geral, sob pena de ser entendido como acolhida aquela que não tenha sido objeto específico de defesa (*caput* do art. 341 do CPC).
>
> Mesmo que as preliminares processuais e/ou as prejudiciais de mérito fulminem todo o pedido do reclamante, deverá ser apresentada defesa de mérito específica em relação a cada um dos pedidos formulados pelo reclamante, uma vez que a peça tem que ser completa. Exemplo: mesmo que o reclamado alegue em sede de preliminar a carência de ação por ilegitimidade de parte, ainda assim deverá combater cada um dos pedidos formulados pelo reclamante na petição inicial, sob pena de ser julgados procedentes, caso o juízo venha a não acolher a preliminar suscitada.

III.2. Da Defesa Direta de Mérito

III.2.1. Recolhimento das parcelas das contribuições previdenciárias sobre as remunerações percebidas

Caso ultrapassada a preliminar de incompetência absoluta em razão da matéria, ainda assim deverá ser julgada improcedente a presente pretensão, visto que o empregador procedeu corretamente com os recolhimentos previdenciários sobre as remunerações recebidas por toda a vigência do contrato de trabalho, na forma e exigência da Legislação Previdenciária, conforme comprovam os documentos juntados.

III.2.2. Trabalhos aos domingos e feriados

Normalmente, a Reclamada jamais faz a convocação de seus empregados para trabalhar em dias de domingos e feriados, visto que a empresa somente funciona de segunda-feira ao sábado.

Nas raras vezes em que o Reclamante foi chamado a trabalhar em domingos e feriados, foi-lhe concedida folga compensatória em outro dia da semana (documento juntado), conforme determina o art. 9º da Lei n. 605/49 e a Súmula n. 146 do TST.

O Tribunal Superior do Trabalho, no Precedente Normativo n. 87 da Seção de Dissídios Coletivos, estabelece que:

> É devida a remuneração em dobro do trabalho em domingos e feriados, não compensados (...), desde que, para este, não seja estabelecido outro dia pelo empregador.

Dessa forma, como as poucas vezes que o Autor trabalhou em domingos e feriados foram corretamente compensadas, com o gozo do descanso em outro dia de folga, é totalmente descabido o pleito do Reclamante.

III.2.3. Jornada de Trabalho — Horas extras

O Reclamante alega que trabalhava de segunda a sexta-feira, no horário das 8 às 20 horas, com intervalo para descanso e alimentação de 2 horas, e aos sábados das 8 às 14 horas, perfazendo 12 horas extras semanais. No entanto, tais alegações não correspondem à verdade dos fatos.

Vejamos: durante todo o período que o Reclamante trabalhou na empresa, cumpriu jornada de trabalho de segunda a sexta-feira das 8 às 18 horas, com 2 horas para descanso e alimentação, e aos sábados das 8 às 12 horas, perfazendo o total de 44 horas semanais, sendo que os controles de ponto eram consignados e assinados pelo próprio Autor (documento juntado).

Diante dos fatos, como não foi excedida a duração de 8 horas diárias e 44 semanais (inciso XIII do art. 7º da CRFB e *caput* do art. 58 da CLT), deve ser julgado improcedente o pedido de pagamento de horas extras.

III.2.4. Férias vencidas

Não merece prosperar o presente pleito, visto que o aviso de férias, com a assinatura do Reclamante, o recibo de pagamento do abono de 1/3 das referidas férias e a anotação do período de gozo de férias em sua Carteira de Trabalho de Previdência Social provam que não há férias vencidas durante o vínculo de emprego (documentos juntados).

III.2.5. Aviso prévio

Alega o Reclamante que não lhe foi dado o direito de cumprimento ao período do aviso prévio.

Não há como ser acolhida a presente pretensão, uma vez que, na verdade, a Reclamada concedeu ao Autor o aviso prévio proporcional ao tempo de serviço, na forma prevista no *caput* e inciso II do art. 487 da CLT, e no art. 1º da Lei n. 12.506/2011, com a devida redução da jornada de trabalho em 2 horas, para que pudesse procurar um novo emprego (documento juntado), conforme determina o *caput* do art. 488 da CLT.

III.2.6. Adicional de insalubridade

Pleiteia o Reclamante o pagamento do adicional de insalubridade, em grau máximo.

Porém, tal pleito não pode prosperar, tendo em vista que o Autor jamais desenvolveu atividades ou operações insalubres, na forma prevista no *caput* e incisos I e II do art. 193 da CLT, bem como em momento algum teve contato com agentes nocivos à sua saúde durante todo o período em que laborou para a Reclamada.

III.2.7. Multa do § 8º do art. 477 da CLT

Conforme comprovam os recibos juntados à presente, a Reclamada procedeu corretamente ao pagamento dos direitos rescisórios no décimo dia, contado a partir do término do contrato de trabalho, em pleno atendimento ao § 6º do art. 477 da Consolidação das Leis do Trabalho.

Logo, tal pedido deverá ser considerado improcedente.

III.2.8. Honorários advocatícios sucumbenciais

Como todos os pleitos formulados pelo Reclamante deverão ser julgados improcedentes, não há que se falar em honorários advocatícios sucumbenciais.

10º PASSO

Apresentar os pedidos.

DICAS

Fazer os pedidos de acordo com o que foi argumentado e fundamentado nas preliminares, na defesa indireta e direta de mérito. Em síntese, pedir o acolhimento das preliminares, e, no mérito, que seja decretada, declarada ou acolhida a decadência ou a prescrição (bienal ou quinquenal), bem como a improcedência dos pedidos formulados pelo reclamante na reclamação trabalhista.

Nesta etapa, para dar melhor sentido, pode-se agrupar na mesma frase as preliminares que, se acolhidas, produzem igual efeito jurídico. Exemplo: as preliminares de inépcia da petição inicial, carência de ação, litispendência e coisa julgada têm como consequência jurídica a extinção do processo, sem resolução do mérito, podendo ser agrupadas na mesma frase, diferentemente das preliminares de continência e conexão que têm como efeito a remessa dos autos do processo para o juízo perante o qual foi proposta a outra ação. Exemplo: "Requer seja acolhida a preliminar de continência, com a remessa dos presentes autos do processo para o juízo perante a qual foi proposta a primeira ação, ou seja, para a 7ª Vara do Trabalho de São Paulo. Requer, ainda, sejam acolhidas as preliminares de inépcia da petição inicial trabalhista e a carência de ação em razão da falta de interesse processual, em relação aos pleitos de horas extras e adicional de penosidade, respectivamente, devendo ser extinto o processo, neste particular, sem resolução do mérito".

O importante é que, ao redigir o pedido, siga-se exatamente a mesma ordem na qual foi feita a alegação e fundamentação de cada uma das preliminares.

No modelo apresentado, as preliminares foram arguidas na seguinte ordem:

IMPORTANTE

Em relação ao mérito, no pedido da peça de contestação jamais deve ser requerido o **indeferimento** dos pedidos formulados na ação, visto que indeferimento é um termo relacionado à preliminar de inépcia da petição inicial, conforme previsão expressa do *caput* do art. 330 do CPC, que se for acolhida terá como consequência a extinção do processo sem resolução do mérito (inciso I do art. 485 do CPC). O correto é pedir a **improcedência** dos pedidos, ou mesmo que sejam **rejeitados** os pedidos, ou ainda que **não sejam acolhidos** os pedidos formulados na reclamação trabalhista, cuja consequência será a extinção do processo com resolução do mérito (inciso I do art. 487 do CPC).

IV. Dos Pedidos

Pelo exposto, requer a Reclamada seja acolhida a preliminar de exceção de incompetência absoluta da Justiça do Trabalho, devendo ser extinto o presente processo, sem resolução do mérito, em relação ao pedido de recolhimento das parcelas das contribuições previdenciárias sobre as remunerações percebidas.

Requer, também, sejam acolhidas as preliminares de continência, com a remessa dos autos para o Juízo da ... Vara do Trabalho de..., e de inépcia da petição inicial quanto aos pedidos de retificação de anotações da CTPS e adicional de insalubridade, devendo ser extinto o processo, sem resolução do mérito, em relação a tais pleitos.

No mérito, requer sejam declaradas prescritas as pretensões a eventuais direitos anteriores a 12 de abril de 2013, bem como, diante da claridade com que foram elucidadas as razões de fato e de direito, requer a improcedência total dos pedidos formulados na presente ação trabalhista.

11º PASSO

Alegar compensação ou retenção (se houver).

IMPORTANTE

Pode o reclamado pleitear na contestação a compensação ou a retenção, conforme previsto no art. 767 da CLT e nas Súmulas n. 18 e 48 do TST.

Compensação: constitui uma forma indireta de extinção da obrigação. Pode ser alegada quando haja reciprocidade de dívidas, estas dívidas sejam líquidas, certas, vencidas e homogêneas. Exemplo: o reclamante pleiteia o pagamento de horas extras no valor de R$ 5.000,00, mas deve ao reclamado a quantia de R$ 2.000,00. Neste caso, o reclamado poderá requerer a compensação de tal valor.

Retenção: ocorre quando o devedor/reclamado retém determinada coisa devida a outrem/ reclamante, visando satisfazer seu crédito. São requisitos da retenção: o retentor deve ser credor, deve deter a coisa de forma legítima, exista relação de conexidade entre o crédito e a coisa retida e não existir nenhum impedimento legal ou convencional para seu exercício. Exemplo: empregador retém mala de ferramentas do empregado, uma vez que este causou dano ao patrimônio da empresa ou, empregado retém mostruário de produtos da empresa, uma vez que esta lhe deve salário do último mês. Outro exemplo de retenção diz respeito ao desconto do imposto de renda e das contribuições previdenciárias, na qual o reclamado, mesmo negando os fatos articulados na petição inicial do reclamante, por cautela, requer ao final da peça de defesa a retenção dos valores devidos a título de **imposto de renda** e **contribuições previdenciárias**, à luz da previsão contida na Orientação Jurisprudencial n. 363 da Subseção de Dissídios Individuais I do TST e na Súmula n. 368 do mesmo órgão máximo da Justiça do Trabalho.

V. Da compensação

Na eventualidade de alguma verba ser deferida ao Reclamante, pede-se a aplicação da compensação dos valores já pagos sob o mesmo título, devendo ser apurados em liquidação de sentença, excluindo-se os dias não trabalhados e de acordo com a evolução salarial do Reclamante, sendo permitidos os descontos de Imposto de Renda e Previdência Social.

12º PASSO

Fazer a indicação das provas.

DICA

Mencionar os meios de prova que pretende produzir, como: depoimento pessoal do reclamante, inquirição de testemunhas, juntada de documentos, inspeção judicial e outras que se fizerem necessárias.

VI. Das provas

Protesta provar o alegado por todos os meios de prova em direito admitidos, especialmente pelo depoimento pessoal do Reclamante (item I da Súmula n. 74 do TST), juntada de documentos, oitiva de testemunhas, perícia e outras que se fizerem necessárias.

13º PASSO

Fazer o pedido de requerimento.

Nestes termos, pede deferimento.

14º PASSO

Indicar o local e a data.

DICA

No Exame da OAB, se os dados relativos ao local e à data não forem conhecidos, pode-se utilizar uma das seguintes formas: "Local..., data..."; "(Local), (data)"; ou "(Local), .../.../...".

Local..., data...

15º PASSO

Citar o advogado.

Advogado OAB/... n. ...

DICAS

Não abreviar tratamentos, normas legais etc.

É interessante a peça processual conter citação de doutrina, jurisprudência e Súmula do Tribunal Superior do Trabalho. Quanto à citação de doutrina e jurisprudência, observe as instruções do Exame da OAB.

Leia o texto com muita atenção, observando os pontos fundamentais que deverão ser atacados.

No mérito, deve-se impugnar cada uma das pretensões formuladas no pedido, sob pena de ser julgado procedente aquele que não tenha sido objeto específico da defesa. Isto porque o processo do trabalho não admite a contestação por negação geral, impõe-se a impugnação de cada uma das pretensões formuladas na petição inicial (*caput* do art. 341 do CPC).

250   PASSO A PASSO PARA ELABORAÇÃO DE PETIÇÕES TRABALHISTAS

> No Exame de Ordem, não assine (para não se identificar). Se a questão não mencionar o nome do advogado e o número de inscrição, utilize as expressões: "Advogado OAB/... n. ...". Lembre-se que é fundamental ler atentamente as instruções da prova antes de iniciar a resolução dos problemas.

6.6 Estrutura da Segunda Petição de Contestação ou Defesa

1º PASSO

Indicar a competência e fazer o endereçamento.

Excelentíssimo Senhor Doutor Juiz da 1ª Vara do Trabalho de Vitória – Estado do Espírito Santo

2º PASSO

Deixar um espaço de 10 a 15 linhas. Porém, tendo em vista o limite de linhas para a resposta da questão discursiva na prova da OAB, sugerimos escrever "espaço" entre parênteses, evitando saltar muitas linhas.

Logo depois, coloque o número dos autos do processo. Caso o problema não informe expressamente tal número, utilize reticências. Exemplo: "Processo n. ...".

(Espaço)

Processo n. ...

3º PASSO

Fazer a qualificação individualizada e completa da parte reclamada.

Instituto Novo Brasil S.A., pessoa jurídica de direito privado, inscrita no CNPJ n. ..., com endereço na Rua..., n. ..., Bairro, Vitória, Espírito Santo, CEP..., (...)

4º PASSO

Inserir o endereço completo do escritório profissional do advogado.

(...) por seus advogados, infra-assinados e devidamente constituídos, conforme instrumento procuratório juntado, com escritório profissional na Rua..., n. ..., Bairro, Vitória, Espírito Santo, CEP..., onde recebe intimações e notificações, vem respeitosamente à presença de Vossa Excelência apresentar

Contestação (ou Defesa)

com fundamento no art. 847 da Consolidação das Leis do Trabalho, nos autos da Reclamação Trabalhista de número *supra*, proposta por (...)

5º PASSO

> Fazer a qualificação individualizada e completa da parte reclamante ou simplesmente utilizar a expressão "já qualificado".

(...) **Paulo Capixaba**, já qualificado, pelos motivos que passa a expor:

6º PASSO

> Fazer um breve resumo da petição inicial (opcional).

I. Dos fatos

Pleiteia o Reclamante seja declarado nulo o horário de trabalho de 12 (doze) horas seguidas por 36 (trinta e seis) horas ininterruptas de descanso, 12×36, com a condenação ao pagamento de horas extras.

Pleiteia, também o pagamento de horas extras, sob a alegação de não concessão do intervalo intrajornada, e equiparação salarial em relação ao paradigma Luciano Boamorte.

Por fim, requer a gratuidade da Justiça e a condenação aos honorários advocatícios no percentual de 15%.

Apesar de tais pleitos, o Reclamado demonstrará, a seguir, por meio das razões de fato e de direito, que tais alegações não merecem prosperar.

7º PASSO

> Apresentar preliminares ou defesa preliminar processual (se houver).

II. Preliminarmente

II.1. Carência de ação por falta de interesse processual – Intervalos intrajornadas

Em sua exordial, o Reclamante pretende o pagamento dos intervalos intrajornadas, sob a alegação de que não foram concedidos pelo Reclamado, requerendo tal pagamento com o adicional de 50%, além de reflexos nas verbas relativas ao décimo terceiro salário, férias + 1/3 constitucional, depósitos e multa de 40% do FGTS, recolhimentos previdenciários e descanso semanal remunerado.

Segundo o § 4º do art. 71 da CLT, "a não concessão ou a concessão parcial do intervalo intrajornada mínimo, para repouso e alimentação (...) implica o pagamento, de natureza indenizatória, apenas do período suprimido, com acréscimo de 50% (cinquenta por cento) sobre o valor da remuneração da hora normal de trabalho".

Portanto, ao formular a pretensão como se fossem horas extras, com os reflexos de praxe, o Autor formulou pedido juridicamente impossível, sendo, por esse motivo, carecedor de ação por falta de interesse processual, com fundamento no inciso XI do art. 337 do Código de Processo Civil.

Assim, em relação ao pedido de pagamento do intervalo intrajornada, como se horas extras fossem, requer o Reclamado seja extinto o presente processo, sem resolução do mérito, com fundamento no inciso VI do art. 485 do CPC.

II.2. Inépcia da petição inicial – Alegação de 50 a 60 minutos de horas extras

Na causa de pedir, o Reclamante alegou que durante três anos perfazia uma média de 50 a 60 minutos de jornada extraordinária, por dia de trabalho, por supostamente ter que "aguardar o colega do turno noturno para rendê-lo".

Ainda, na causa de pedir, o Autor alegou que deverá ser declarado nulo o horário de trabalho de 12 (doze) horas seguidas por 36 (trinta e seis) horas ininterruptas de descanso, com o suposto pagamento das horas excedentes à oitava.

Porém, ao formular o pedido relativo às horas extras, o Reclamante somente requereu seja declarada nula a jornada especial de 12 (doze) horas seguidas por 36 (trinta e seis) horas ininterruptas de descanso, sendo consideradas extraordinárias as horas excedentes à oitava hora diária, sem haver pedido expresso e específico em relação às horas extras relativas ao período de 50 a 60 minutos, conforme alegado na causa de pedir da petição inicial, deixando de cumprir os requisitos mínimos do art. 840 da CLT.

Desta feita, a petição inicial deverá ser indeferida, com base no inciso I do § 1º do art. 330 do Código de Processo Civil, visto que se mostra inepta, uma vez que há causa de pedir em relação às horas extras relativas à média de 50 a 60 minutos, sem o correspondente pedido correlato, não havendo como ser resolvido o mérito neste tocante, com fundamento no inciso I do art. 485 do CPC.

II.3. Inépcia da petição inicial – Pedido de equiparação salarial

A petição inicial deverá ser indeferida, visto que se mostra inepta, uma vez que o Reclamante postula em um dos pedidos a equiparação salarial, sem ter indicado a data precisa em que supostamente teria sido promovido à função de gerente, tendo se limitado a informar que "desempenhou as mesmas funções que o paradigma durante o ano de 2018 a 2020".

Nesse caso, o Autor deveria ter informado em que mês do ano de 2018 a suposta promoção teria ocorrido, tornando a petição inicial clara e objetiva, e possibilitando ao Reclamado contestar a pretensão.

Tal informação é ainda mais relevante se levarmos em conta que o § 1º do art. 461 da CLT prevê como óbice ao direito à equiparação salarial a diferença de tempo de serviço, para o mesmo empregador, menor que 4 (quatro) anos, e diferença de tempo na função menor que 2 (dois) anos.

Porém, ao contrário, ao requerer a equiparação salarial sem indicar o período inicial em que teria trabalhado na função pretendida, o Reclamante acabou formulando uma peça inicial incompleta, prejudicando o Reclamado na formulação da sua defesa, com consequências na garantia constitucional do contraditório e da ampla defesa, prevista no inciso LV do art. 5º da Constituição Federal de 1988.

Assim, com base no inciso I do § 1º do art. 330 do Código de Processo Civil, combinado com o inciso I do art. 485 do mesmo Código, deverá ser extinto o presente processo, sem resolução do mérito, em relação ao citado pedido.

8º PASSO

Fazer a alegação da defesa preliminar de mérito ou prejudiciais de mérito (se for o caso).

III. Defesa de Mérito

III.1. Defesa de Mérito Indireta – Prejudicial de Mérito: Prescrição quinquenal

A ação foi proposta em 20-5-2020 e, desta forma, nos termos do inciso XXIX do art. 7º da Constituição Federal de 1988, do *caput* do art. 11 da CLT e, ainda, do item I da Súmula n. 308 do Tribunal Superior do Trabalho, o Reclamado requer o reconhecimento da prescrição quinquenal de todas as pretensões a eventuais direitos anteriores a 20-5-2015, referentes ao período laborado entre 3-5-2013 a 19-5-2015, devendo ser decretada a extinção do processo, com resolução do mérito, nos termos do inciso II do art. 487 do Código de Processo Civil.

9º PASSO

Apresentar a defesa direta de mérito propriamente dita.

III.2. Defesa Direta de Mérito

III.2.1. Pedido de que seja declarado nulo o horário de trabalho de doze horas seguidas por trinta e seis horas ininterruptas de descanso

Requer o Reclamante seja declarado nulo o horário de trabalho de (doze) horas seguidas por 36 (trinta e seis) horas ininterruptas de descanso, 12×36, com a pretensão de que seja considerada como normal a jornada de trabalho correspondente a oito horas de trabalho.

Deverá ser julgado improcedente o presente pedido, visto que não há qualquer irregularidade na adoção do horário de trabalho de 12 (doze) horas seguidas por 36 (trinta e seis) horas ininterruptas de descanso, tendo em vista que e é expressamente permitido pelo *caput* do art. 59-A da CLT, e, no caso presente, está amparado em cláusula da convenção coletiva de trabalho da categoria, a seguir transcrita:

CCT – CLÁUSULA TRIGÉSIMA PRIMEIRA – ESCALA DE 12×36
Fica facultado ao empregador instituir horário de trabalho em regime de plantões, com escala 12×36 (doze por trinta e seis) horas, neles compreendidos os períodos de refeição.

Sobre a questão, assim já se manifestou o **TRT da 17ª Região:**

JORNADA DE TRABALHO. 12×36. PREVALÊNCIA DA CONVENÇÃO COLETIVA. O respeito ao pactuado na negociação coletiva deve se tornar um primado dessa forma de autocomposição dos dissídios, inclusive para forjar um necessário processo de amadurecimento das relações entre o capital e o trabalho. Ao editar a Carta de 1988, o legislador constituinte procurou conferir primazia à autocomposição dos dissídios. **O só fato de o sindicato representante da categoria profissional firmar norma coletiva de trabalho pactuando jornada especial de 12×36, em razão da tipicidade da função, merece respeito, porquanto se constitui em manifestação expressa da vontade dos interessados na solução dos seus próprios conflitos,** o que evidentemente está convalidado pelo inciso XXVI do art. 7º da Constituição Federal (TRT 17ª R., ROT 0000544-92.2019.5.17.0011, Divisão da 3ª Turma, *DEJT* 7-2-2020). (destacou-se)

Por conseguinte, não há como ser julgado procedente o presente pedido.

III.2.2. Pedido de pagamento de horas extras correspondentes às que excederem à oitava hora normal de trabalho

Como já informado no item anterior, o Reclamante cumpriu horário de trabalho de 12 (doze) horas seguidas por 36 (trinta e seis) horas ininterruptas de descanso, de conformidade com as previsões contidas em cláusulas das convenções coletivas de trabalho da categoria e amparado no *caput* do art. 59-A da CLT, não havendo que se falar em horas extras a partir da oitava hora de trabalho.

Ademais, em todas as situações em que o Reclamante precisou cumprir horas extras, recebeu corretamente a devida contraprestação pecuniária, não havendo nada a lhe ser pago a tal título, inclusive, nenhum reflexo nas verbas contratuais e rescisórias, visto que todas as horas extras ocorridas ao longo do pacto laboral foram quitadas quando da sua ocorrência, como se pode observar dos contracheques do Autor que foram juntados.

Portanto, deverá ser julgado improcedente o presente pedido.

III.2.3. Pedido de pagamento de horas extras sob a alegação de não concessão do intervalo intrajornada

Caso ultrapassada a preliminar de carência de ação por falta de interesse processual, pelo fato de o Reclamante ter requerido o pagamento dos intervalos intrajornadas, que supostamente não teriam sido concedidos pelo empregador, como se fossem horas extras, em dissonância com o que prevê o § 4º do art. 71 da CLT, ainda assim tal pleito deverá ser julgado improcedente, como se verá a seguir.

Mesmo que se leve em consideração, por suposição, que o Reclamante pretendeu requerer a indenização prevista no § 4º do art. 71 da CLT, em relação ao pedido alusivo aos intervalos intrajornadas, ao invés de horas extras, como está expresso na petição inicial, ainda assim não tem direito a qualquer pagamento, visto que usufruiu regularmente dos intervalos intrajornadas, conforme registrado no sistema eletrônico de marcação de ponto, não havendo que se falar em intervalo "figurativo", tampouco em qualquer tipo de pagamento.

Inclusive, sobre o ponto eletrônico, é importante ressaltar que o equipamento utilizado pelo Reclamado atende à Portaria MTP n. 671/2021, que disciplina sobre o registro eletrônico de ponto e a utilização do Sistema de Registro Eletrônico de Ponto, sendo um equipamento devidamente aprovado pelo Instituto Nacional de Metrologia, Qualidade e Tecnologia (INMETRO), que registra fielmente as marcações efetuadas pelos empregados.

Em relação ao ponto eletrônico, inclusive, todas as vezes que o Autor registrou eletronicamente sua jornada de trabalho, recebeu o devido comprovante, que é o documento impresso para o empregado acompanhar, a cada marcação, o controle de sua jornada de trabalho. Porém, o Reclamante não juntou nenhum dos comprovantes alusivos à sua marcação de ponto, e nem poderia, visto que os intervalos que regularmente cumpriu ficaram devidamente consignados em seus comprovantes de registro de ponto.

Outrossim, todas as horas extras realizadas foram devidamente pagas pelo Reclamado, na forma da lei, conforme demonstram os contracheques juntados.

Não há também que se falar em reflexos, visto que, ainda que a pretensão fosse devida, o que se admite somente por suposição, a CLT prevê o pagamento de uma verba de caráter indenizatório, e não de uma verba salarial, como o Reclamante quer fazer supor ao requerer o período como horas extras.

Portanto, tal pedido deverá ser julgado improcedente.

III.2.4. Alegação de 50 a 60 minutos a título de horas extras

Caso venha a ser ultrapassada a preliminar de inépcia da petição inicial, pelo fato de o Reclamante ter alegado na causa de pedir, mas não ter consignado o respectivo pedido, o Reclamado, em atendimento ao princípio da eventualidade, demonstrará, a seguir, que, apesar de a petição inicial ser flagrantemente inepta, neste particular, nada é devido ao Autor.

Embora o Reclamante não tenha formulado pedido expresso em relação à pretensão relativa aos 50 a 60 minutos, a título de horas extras, por, supostamente, ter que "aguardar o colega do turno noturno para rendê-lo", e que "tinha que registrar o ponto como se tivesse saído no seu horário normal, isto é, às 19h", como informa na causa de pedir, não há que se falar em trabalho em sobrejornada em relação a tal período, visto que todas as horas extras porventura prestadas pelo Autor foram devidamente remuneradas pelo Reclamado, não havendo que se falar em 50 a 60 minutos a título de jornada extraordinária por dia de trabalho.

Os contracheques juntados comprovam os pagamentos de todas as horas extras ocorridas ao longo do pacto laboral, nada mais sendo devido a tal título.

Assim, ainda que esse Juízo entenda que o período alegado de 50 a 60 minutos, a título de horas extras, esteja inserido no pedido específico de pagamento das horas extras excedentes à oitava hora normal de trabalho, o que se admite somente por mera hipótese, visto a flagrante situação de inépcia da petição inicial pela existência de causa de pedir sem o correspondente pedido, não há como vir a ser julgado procedente.

III.2.5. Pedido de equiparação salarial

Caso venha a ser ultrapassada a preliminar de inépcia da petição inicial, ainda assim se verá, a seguir, que nada é devido ao Autor.

Alega o Reclamante que, no período compreendido entre 2018 a 2020, até a data de seu desligamento da empresa, em 28-3-2019, teria sido promovido para exercer a função de gerente, sem que houvesse recebido o salário correspondente.

Indicou como paradigma o Sr. Luciano Boamorte.

O pedido é totalmente indevido, visto que o Reclamante exercia a função de monitor, como registrado em sua CTPS, tendo cumprido, ao longo do pacto laboral, as atribuições específicas de sua função.

Já o paradigma, enquanto gerente, tinha atribuições específicas do cargo de confiança, sendo que nenhuma delas foi exercida pelo Autor, como quer fazer supor.

Portanto, ao contrário do afirmado na petição inicial, Reclamante e paradigma jamais desempenharam função idêntica, com mesma qualidade e produtividade técnica, não havendo que se falar, desse modo, em identidade de atividades, tampouco em direito ao pagamento de diferença de salário.

Outrossim, como o paradigma foi promovido na função de gerente em 1º-2-2015, e o Autor alega que sua promoção teria ocorrido em 2018, e mesmo que se leve em consideração que o Reclamante esteja se referindo ao mês de janeiro de 2018, o tempo na função entre o Autor e o paradigma será superior a 2 (dois) anos, não havendo que se falar em equiparação salarial, conforme previsto no § 1º do art. 461 da CLT a seguir transcrito:

> Art. 461. (...)
> § 1º Trabalho de igual valor, para os fins deste Capítulo, será o que for feito com igual produtividade e com a mesma perfeição técnica, **entre pessoas cuja** diferença de tempo de serviço para o mesmo empregador não seja superior a quatro anos e a **diferença de tempo na função não seja superior a dois anos**.
> (...) (destacou-se)

Ou seja, a alegada promoção do Autor teria ocorrido em, pelo menos, mais de 2 (dois) anos após o período em que o paradigma, Sr. Luciano Boamorte, foi promovido para a função de gerente, o que é suficiente para obstar qualquer pretensão à equiparação salarial.

Nesse mesmo sentido, a jurisprudência do E. TRT da 17ª Região:

> RECURSO ORDINÁRIO DA RECLAMADA. ADICIONAL DE INSALUBRIDADE. LAUDO PERICIAL. VALOR PROBATÓRIO. O magistrado, ao prolatar a sua decisão, não está adstrito ao laudo pericial, podendo formar a sua convicção por meio de outros elementos ou fatos provados nos autos. Todavia, a desconstituição dos fundamentos técnicos emitidos pelo *expert* deve estar ancorada em provas sólidas, sem as quais deve prevalecer a conclusão pericial. Recurso ordinário a que se nega provimento. RECURSO ORDINÁRIO ADESIVO DO RECLAMANTE. **EQUIPARAÇÃO SALARIAL. DIFERENÇA DE TEMPO NA FUNÇÃO SUPERIOR A DOIS ANOS. Uma vez comprovado que a diferença de tempo na função, entre autor e paradigma, supera dois anos, reputa-se incabível o reconhecimento do direito à equiparação salarial postulado na inicial.** Irrelevante, no caso, o debate acerca da nomenclatura do cargo conferida pela empregadora, uma vez que a análise deve levar em conta apenas as tarefas efetivamente desempenhadas na função. Inteligência da súmula n. 6, III, do TST. Recurso ordinário do reclamante a que se nega provimento (TRT 17ª R., ROT 000011523. 2017.5.17.0003, Divisão da 2ª Turma, *DEJT* 13-2-2020). (destacou-se)

Assim, o Autor não tem direito ao pagamento de qualquer diferença a título de salário, e também a título de reflexos, nas verbas contratuais e rescisórias.

III.2.6. Pedido de pagamento de honorários advocatícios no percentual de 15%

Como todos os pleitos formulados pela Reclamante deverão ser julgados improcedentes, não há que se falar em honorários advocatícios sucumbenciais muito menos no percentual de 15%, como pretende o Reclamante, visto que é prerrogativa do juiz fixar o percentual dos honorários e não das partes, conforme determina o § 2º do art. 791 da CLT.

10º PASSO

> Apresentar os pedidos.

IV. Pedidos

Pelo exposto, requer o Reclamado seja acolhida a preliminar de carência de ação por falta de interesse processual, em relação ao pedido de pagamento dos intervalos intrajornadas, como se fossem horas extras, devendo ser extinto o presente processo, no particular, sem resolução do mérito.

Requer, também, seja acolhida a preliminar de inépcia da petição inicial, por haver causa de pedir em relação às alegadas horas extras relativas à média de 50 a 60 minutos, sem o correspondente pedido correlato, não havendo como ser resolvido o mérito neste tocante.

Ainda, requer seja acolhida a preliminar de inépcia da petição inicial, em relação ao pedido de equiparação salarial, pelo fato de o Autor não ter indicado a data inicial da suposta promoção, prejudicando o Reclamado na formulação da sua defesa e principalmente o exercício do seu direito ao contraditório e ampla defesa.

No mérito, requer sejam declaradas prescritas as pretensões a eventuais direitos anteriores a 20-5-2015, referentes ao período laborado entre 3-5-2013 a 19-5-2015, bem como, diante da claridade com que foram elucidadas as razões de fato e de direito, requer a improcedência de todos os pedidos formulados na presente ação trabalhista.

11º PASSO

> Alegar compensação ou retenção (se houver).

V. Compensação

Na eventualidade de alguma verba ser deferida ao Reclamante, pede-se a aplicação da compensação dos valores já pagos sob o mesmo título, devendo ser apurados em liquidação de sentença, excluindo-se os dias não trabalhados e de acordo com a evolução salarial do Reclamante, sendo permitidos os descontos de Imposto de Renda e Previdência Social.

12º PASSO

Fazer a indicação das provas.

VI. Provas

Protesta provar o alegado por todos os meios de prova em direito admitidas, especialmente pelo depoimento pessoal do Reclamante (item I da Súmula n. 74 do Tribunal Superior do Trabalho), juntada de documentos, oitiva de testemunhas, perícia e outras que se fizerem necessárias.

Em razão do fato de grande parte dos pedidos formulados pelo Autor se referir a matéria de fato, justifica-se a necessidade de produção de prova testemunhal, além da documental, inclusive para que possa ser assegurado ao Reclamado o contraditório e ampla defesa, como expresso no inciso LV do art. 5º da CF/88.

13º PASSO

Fazer o pedido de requerimento.

Nestes termos, pede deferimento.

14º PASSO

Indicar o local e a data.

Vitória, data...

15º PASSO

Citar o advogado.

Advogado OAB/... n. ...

6.7 Estrutura da Primeira Petição de Contestação ou Defesa oferecida com Reconvenção

IMPORTANTE

Segundo o *caput* do art. 343 do CPC, ao contestar os pedidos formulados pelo reclamante, na ação trabalhista, a reclamada pode propor **reconvenção**, na própria contestação, abrangendo pretensão própria, conexa com a ação principal ou com o fundamento da defesa.

1º PASSO

Indicar a competência e fazer o endereçamento.

DICA

Na contestação e na reconvenção, a competência será sempre do Juízo da Vara do Trabalho onde foi distribuída a ação trabalhista, seja ele competente ou não. Se o Juízo for incompetente (absoluta ou relativamente), a arguição da incompetência poderá ser feita como preliminar na defesa.

Excelentíssimo Senhor Doutor Juiz da ...
Vara do Trabalho de ... – Estado de ...

2º PASSO

Deixar um espaço de 10 a 15 linhas. Porém, tendo em vista o limite de linhas para a resposta da questão discursiva na prova da OAB, sugerimos escrever "espaço" entre parênteses, evitando saltar muitas linhas.

Logo depois, coloque o número dos autos do processo. Caso o problema não informe expressamente tal número, utilize reticências. Exemplo: "Processo n. ...".

(Espaço)

Processo n. ...

3º PASSO

Fazer a qualificação individualizada e completa da parte reclamada/reconvinte.

Auto Posto Bom Combustível Ltda., pessoa jurídica de direito privado, inscrita no CNPJ n. ..., com endereço eletrônico..., com endereço na Rua..., n. ..., Bairro..., Cidade..., Estado..., CEP..., (...)

4º PASSO

Inserir o endereço completo do escritório profissional do advogado.

(...) por seu advogado, infra-assinado e devidamente constituído, conforme instrumento procuratório juntado, com escritório profissional na Rua..., n. ..., Bairro..., Cidade..., Estado..., CEP..., onde recebe intimações, (...)

5º PASSO

Informar que está oferecendo Contestação (ou Defesa) e propondo Reconvenção.

(...) vem mui respeitosamente à presença de Vossa Excelência oferecer **Contestação (ou Defesa)** e propor **Reconvenção**, com fundamento no art. 847 da CLT e no *caput* do art. 343 do CPC, respectivamente, nos autos da Reclamação Trabalhista de número supra, proposta por (...)

6º PASSO

Fazer a qualificação individualizada e completa da parte reclamante/reconvindo, ou simplesmente utilizar a expressão "já qualificado".

(...) **Denis Silvares**, brasileiro, solteiro, frentista/caixa, portador da Carteira de Trabalho e Previdência Social n. ..., Série n. ..., inscrito no CPF n. ..., com endereço eletrônico ..., com domicílio e residência na Rua..., n. ..., Bairro..., Cidade..., Estado..., CEP..., pelos motivos que passa a expor:

7º PASSO

Fazer um breve resumo da petição inicial (opcional).

IMPORTANTE

Constitui um breve relato dos itens pretendidos pelo reclamante e que serão atacados pela defesa.

I. Dos Fatos

Postula o Reclamante a declaração de nulidade da penalidade de justa causa, com a consequente condenação da Reclamada ao pagamento das verbas rescisórias alusivas a uma dispensa sem justa causa, quais sejam: aviso prévio indenizado, décimo terceiro salário proporcional, férias vencidas proporcionais + 1/3 Constitucional, multa de 40% sobre o FGTS, indenização do seguro-desemprego e liberação das guias do Termo de Rescisão do Contrato de Trabalho – TRCT, para saque do saldo do FGTS.

Requer, ainda, a condenação da Reclamada à restituição dos descontos salariais corridos ao longo do pacto laboral, referentes à devolução de cheques sem fundos, além de pagamento de indenização por danos morais, sem, contudo, explicitar os fatos que ensejaram tal pretensão.

Requer, por fim, os benefícios da justiça gratuita.

Apesar de tais pedidos, a Reclamada demonstrará, a seguir, por meio das razões de fato e de direito, que as alegações não merecem prosperar.

Ademais, em reconvenção, o Reclamante deverá ser condenado a ressarcir o Reclamado das quantias indevidamente subtraídas do caixa da empresa, bem como ao pagamento dos honorários sucumbenciais.

8º PASSO

Apresentar preliminares ou defesa preliminar processual (se houver).

II. Preliminarmente

II.1. Da Inépcia da Petição Inicial

Segundo o inciso I do § 1º do art. 330 do CPC, de aplicação subsidiária à esfera trabalhista, a petição inicial deverá ser considerada inepta quando lhe faltar a devida causa de pedir.

Assim, a petição inicial apresentada pelo Autor deverá ser indeferida, visto que é parcialmente inepta, pois o Reclamante formula o pedido de condenação da Reclamada ao pagamento de indenização por danos morais, sem, no entanto, ampará-lo com a devida fundamentação legal.

Assim, com base no inciso I do art. 485 do Código de Processo Civil, deverá ser extinto o presente processo, sem resolução do mérito, em relação ao citado pedido.

9º PASSO

Fazer a alegação da defesa preliminar de mérito ou prejudiciais de mérito (se for o caso).

IMPORTANTE

Corresponde à **prescrição** e à **decadência**. Se acolhidas, dispensam o exame da defesa direta.

III. Da Defesa de Mérito

III.1. Da Defesa de Mérito Indireta – Prejudicial de Mérito: Prescrição quinquenal

A ação foi proposta em 12 de abril de 2020, desta forma, nos termos do inciso XXIX do art. 7º da Constituição Federal de 1988, do *caput* do art. 11 da CLT, e ainda do item I da Súmula n. 308 do TST, a Reclamada requer o reconhecimento da prescrição quinquenal de todas as pretensões a eventuais direitos anteriores a 12 de abril de 2015, referentes ao período laborado entre .../.../... [colocar a data da admissão do empregado] a 11 de abril de 2015, devendo ser decretada a extinção do processo, com resolução do mérito, nos termos do inciso II do art. 487 do Código de Processo Civil.

10º PASSO

Apresentar a defesa direta de mérito propriamente dita.

III.2. Da Defesa Direta de Mérito

III.2.1. Do pedido de declaração de nulidade da penalidade de justa causa

Indevido, visto que o Reclamante cometeu um delito, configurando-se na justa causa prevista na alínea *a* do art. 482 da CLT, isto é, ato de improbidade, tendo em vista que se valia do exercício da função de caixa do posto de gasolina para subtrair valores da empresa por meio de conduta artificiosa de passar cartões de crédito ou débitos de clientes, contabilizando-os no caixa, porém, fazendo o imediato estorno dos valores contabilizados, sem o correspondente registro da informação.

Importante destacar que tal conduta abalou em definitivo a fidúcia que deveria haver entre as partes, tipificada no art. 171 do Código Penal, por se configurar em crime de estelionato, sendo que tais fatos estão sendo investigados pela autoridade policial competente.

Assim, é irrepreensível a falta grave aplicada pelo empregador, na medida em que a alínea *a* do art. 482 da CLT autoriza a dispensa por justa causa do empregado que pratica uma conduta criminosa no ambiente do trabalho, como cometeu o Reclamante.

Ademais, pode-se constatar na própria petição inicial que em momento algum o Reclamante nega ter cometido o delito objeto desta ação.

III.2.2. Do pedido de condenação da Reclamada ao pagamento das verbas rescisórias alusivas a uma dispensa sem justa causa

Sendo indevido o pedido de nulidade da justa causa aplicada corretamente pelo Reclamado, por consequência, também deverá ser julgado improcedente o pedido de pagamento das verbas alusivas a uma dispensa sem justa causa, como: aviso prévio indenizado, décimo terceiro salário proporcional, férias vencidas proporcionais + 1/3 Constitucional, multa de 40% sobre o FGTS, indenização do seguro-desemprego e a liberação das guias do Termo de Rescisão do Contrato de Trabalho (TRCT), para saque do saldo do FGTS.

III.2.3. Do pedido de restituição dos descontos nos salários em decorrência do recebimento de cheques devolvidos sem fundos

Requer o Reclamante a condenação da Reclamada à restituição dos descontos salariais ocorridos ao longo do pacto laboral, referentes à devolução dos cheques sem fundos recebidos pelo Autor no caixa do posto de gasolina.

Tal pretensão é indevida, pois segundo a Orientação Jurisprudencial n. 251 da Subseção de Dissídios Individuais I do Tribunal Superior do Trabalho, tais descontos são lícitos, visto que o frentista não observou as recomendações previstas na Cláusula n. 35 do instrumento coletivo da categoria (documento juntado).

III.2.4. Do pedido de pagamento de indenização por danos morais

Inobstante não haver a indicação da causa de pedir, configurando-se em inépcia da petição inicial, ainda assim o Reclamante não tem direito ao pagamento de uma indenização por danos morais, visto que jamais ocorreu qualquer fato que desse ensejo a danos à moral do Autor, devendo ser julgado improcedente o presente pedido.

III.2.5. Do pedido de benefícios da justiça gratuita

Tendo em vista que a declaração do Reclamante não satisfaz os requisitos do art. 14 da Lei n. 5.584/70 combinado com o § 4º do art. 790 da CLT, deverá ser rejeitado o pedido de benefícios da justiça gratuita.

11º PASSO

Apresentar os argumentos da reconvenção.

IV. Da Reconvenção

Importante ressaltar que na prática do ato de improbidade, que ensejou a aplicação da justa causa, o Reclamante/Reconvindo causou um expressivo prejuízo financeiro à Reclamada/Reconvinte por ter subtraído indevidamente do caixa do posto de gasolina o valor de R$ 45.890,00, devendo ser condenado a ressarcir o empregador de tal prejuízo.

Tendo em vista que são devidos honorários sucumbenciais na Reconvenção, de acordo com o § 5º do art. 791-A da CLT, o Reclamante/Reconvindo também deverá ser condenado a pagar os honorários advocatícios, no percentual a ser fixado por esse juízo, na forma prevista no art. 791-A da CLT.

12º PASSO

Apresentar os pedidos.

V. Dos Pedidos

Pelo exposto, requer a Reclamada seja acolhida a preliminar de inépcia da petição inicial quanto ao pedido de pagamento de indenização por danos morais, com a extinção do processo sem resolução de mérito.

No mérito, requer sejam declaradas prescritas as pretensões a eventuais direitos anteriores a 12 de abril de 2015, bem como a improcedência total dos pedidos formulados na Reclamação Trabalhista.

Por fim, em Reconvenção, requer a condenação do Reclamante/Reconvindo ao ressarcimento da quantia indevidamente subtraída do caixa da empresa, no valor de R$ 45.890,00, bem como ao pagamento dos honorários advocatícios, no percentual a ser fixado por esse juízo.

13º PASSO

Alegar compensação ou retenção (se houver).

14º PASSO

Fazer a indicação das provas.

DICA

Mencionar os meios de prova que pretende produzir, como: depoimento pessoal do reclamante, inquirição de testemunhas, juntada de documentos, inspeção judicial e outras que se fizerem necessárias.

VI. Das provas

Protesta provar o alegado por todos os meios de prova em direito admitidos, especialmente pelo depoimento pessoal do Reclamante/Reconvindo (item I da Súmula n. 74 do Tribunal Superior do Trabalho), juntada de documentos, oitiva de testemunhas, perícia e outras que se fizerem necessárias.

15º PASSO

Indicar o valor da causa em relação à reconvenção (art. 292 do CPC).

VII. Do valor da causa

Em Reconvenção, dá-se à causa o valor de R$ 45.890,00 (quarenta e cinco mil, oitocentos e noventa reais).

16º PASSO

Fazer o pedido de requerimento.

Nesses termos, pede-se deferimento.

17º PASSO

Indicar o local e a data.

DICA

No Exame da OAB, se os dados relativos ao local e à data não forem conhecidos, pode-se utilizar uma das seguintes formas: "Local..., data..."; "(Local), (data)"; ou "(Local), .../.../...".

Local..., data...

18º PASSO

Citar o advogado.

Advogado OAB/... n. ...

6.8 Estrutura da Segunda Petição de Contestação ou Defesa oferecida com Reconvenção

1º PASSO

Indicar a competência e fazer o endereçamento.

Excelentíssimo Senhor Doutor Juiz da ... Vara do Trabalho de... [indicar o local da competência jurisdicional] – **Estado do...** [indicar o Estado]

2º PASSO

Deixar um espaço de 10 a 15 linhas. Porém, tendo em vista o limite de linhas para a resposta da questão discursiva na prova da OAB, sugerimos escrever "espaço" entre parênteses, evitando saltar muitas linhas.

Logo depois, coloque o número dos autos do processo. Caso o problema não informe expressamente tal número utilize reticências. Exemplo: "Processo n....".

(Espaço)

Processo n. ...

3º PASSO

Fazer a qualificação individualizada e completa do autor/reconvinte.

Paulo Carvalho, brasileiro, casado, motorista, portador da Carteira de Trabalho e Previdência Social n...., Série n...., inscrito no CPF n...., com endereço eletrônico..., com domicílio e residência na Rua..., n...., Bairro..., Cidade..., Estado..., CEP..., (...)

4º PASSO

Inserir o endereço completo do escritório profissional do advogado.

(...) por seu advogado, infra-assinado e devidamente constituído, conforme instrumento procuratório juntado, com escritório profissional na Rua..., n...., Bairro..., Cidade..., Estado..., CEP..., onde recebe notificações e intimações, (...)

5º PASSO

Informar que está oferecendo Contestação (ou Defesa) e propondo Reconvenção.

(...) vem respeitosamente à presença de Vossa Excelência oferecer **Contestação (ou Defesa)** e propor **Reconvenção,** com fundamento no art. 847 da CLT e no *caput* do art. 343 do CPC, respectivamente, nos autos da ação de Inquérito para Apuração de Falta Grave de número supra, proposta pelo (...)

6º PASSO

Fazer a qualificação individualizada e completa do réu/reconvindo, ou simplesmente utilizar a expressão "já qualificado".

(...) **Mercado de Automóveis de Luxo Ltda.,** já qualificado, pelos motivos que passa a expor:

7º PASSO

Fazer um breve resumo da petição inicial (opcional). Informar em breves palavras acerca da reconvenção.

IMPORTANTE

Constitui um breve relato dos itens pretendidos pelo autor e que serão atacados pela defesa.

I. Dos Fatos

Postula o Requerente a instauração do inquérito judicial para apuração de falta, objetivando o reconhecimento de justa causa para extinção do contrato de trabalho do Requerido, com fundamento na alínea *m* do art. 482 da CLT, sob a alegação de que o Réu teria perdido sua habilitação para o exercício da profissão de motorista em decorrência de conduta dolosa.

Requer, por fim, a condenação do Requerido ao pagamento dos honorários sucumbenciais.

Apesar de tais pedidos, o Réu demonstrará, a seguir, por meio das razões de fato e de direito, que tais alegações não merecem prosperar.

Ademais, em reconvenção, o Requerido irá demonstrar que o Requerente deverá ser condenado ao pagamento de uma indenização por danos de natureza extrapatrimonial, bem como ao pagamento dos honorários advocatícios sucumbenciais.

8º PASSO

> Apresentar preliminares ou defesa preliminar processual (se houver).

II. Da Defesa de Mérito

II.1 Da defesa de mérito indireta – prejudicial de mérito: decadência

Como a presente ação de Inquérito foi ajuizada pelo Requerente em período superior ao prazo decadencial de 30 (trinta) dias, previsto no art. 853 da CLT, que deve ser contado a partir da data da suspensão do contrato de trabalho do empregado dirigente sindical, ocorrida em .../.../..., conforme faz prova o documento juntado, o Requerido requer seja decretada a extinção do processo com resolução do mérito, na forma do inciso II do art. 487 do Código de Processo Civil.

9º PASSO

> Apresentar a defesa direta de mérito.

II.2. Da Defesa Direta de Mérito

Caso ultrapassada a alegação anterior de decadência, o que se admite somente por hipótese, ainda assim deverão ser rejeitados os pedidos formulados pelo Autor na ação de inquérito para apuração de falta grave, como se demonstrará a seguir.

Indevido o pedido de reconhecimento de justa causa, objetivando a rescisão do contrato de trabalho do Requerido, pois jamais cometeu a falta grave que lhe está sendo imputada pelo Requerente, fundamentada na alínea *m* do art. 482 da CLT, isto é, em razão da suposta "perda da habilitação ou dos requisitos estabelecidos em lei para o exercício da profissão, em decorrência de conduta dolosa do empregado".

Na verdade, em momento algum houve a perda da habilitação para o exercício da profissão de motorista pelo trabalhador, conforme comprova o documento juntado, sendo que, na verdade, a Carteira Nacional de Habilitação (CNH) foi renovada corretamente, na forma e no prazo previstos na legislação de trânsito, não havendo que se falar em justa causa, e também em rescisão do contrato de trabalho do Requerido, que é dirigente sindical e tem garantido o emprego contra a despedida arbitrária ou sem justa causa, conforme o inciso VIII do art. 8º da CRFB e § 3º do art. 543 da CLT.

Portanto, inexistindo falta grave, não há como ser deferido o pedido de instauração do Inquérito judicial, e tampouco em reconhecimento de falta grave autorizadora da rescisão do contrato de trabalho do Requerido por justa causa, que deverá ser reintegrado imediatamente ao seu posto de trabalho, bem como, nos termos do art. 495 da CLT, deverão lhe ser pagos os salários e todas as demais vantagens, legais, contratuais e normativas a que tem direito, desde a data da suspensão do contrato de trabalho em .../.../..., até seu efetivo retorno ao trabalho.

E, em sendo indevido o pedido principal, não há que se falar em condenação ao pagamento dos honorários sucumbenciais, que na verdade deverão ficar a cargo do Requerente.

10º PASSO

Apresentar os argumentos da reconvenção.

III. Da Reconvenção

Em razão das falsas e caluniosas alegações de justa causa, que foram amplamente divulgadas pela empresa entre os colegas de serviço do Réu, o Requerente deverá ser condenado a pagar uma indenização por danos extrapatrimoniais ao trabalhador, na forma prevista no art. 223-G da CLT, devendo ser considerada a intensidade da humilhação sofrida pelo Réu, bem como as condições em que ocorreram a ofensa e o prejuízo moral para o trabalhador, que é dirigente sindical, e ainda o grau de publicidade da ofensa dentro da empresa Autora, visto que o empregador agiu de forma totalmente imoral, antiética e ilegal ao dar conhecimento a todos de uma falta grave que jamais existiu, trazendo grande constrangimento e dor moral ao Réu e sua família, principalmente pelo importante trabalho que o trabalhador desempenha à frente do Sindicato dos Motoristas, na qual busca exercer com seriedade suas funções sindicais, defendendo de forma incansável os interesses da categoria, sendo que os atos que lhe foram imputados se configuram em ofensa de natureza gravíssima, cuja indenização extrapatrimonial deverá ser fixada em 50 vezes o último salário contratual do ofendido, conforme previsão contida no inciso IV do § 1º do art. 223-G da CLT.

Tendo em vista que são devidos honorários sucumbenciais na Reconvenção, de acordo com o § 5º do art. 791-A da CLT, o Requerente/Reconvindo deverá ser condenado a pagar os honorários advocatícios, no percentual a ser fixado por esse juízo, na forma prevista no art. 791-A da CLT.

11º PASSO

Apresentar os pedidos.

IV. Dos Pedidos

Pelo exposto, requer o Requerido a improcedência dos pedidos formulados na ação de Inquérito para Apuração de Falta Grave, que deverá culminar na reintegração imediata do Réu no emprego, com o pagamento dos salários e de todas as demais vantagens, legais, contratuais e normativas a que tem direito, desde a data da suspensão do seu contrato de trabalho, até o efetivo retorno ao trabalho.

Por fim, em Reconvenção, o Reconvinte requer a condenação do Requerente/Reconvindo ao pagamento de uma indenização por danos de natureza extrapatrimonial, conforme a argumentação supra, bem como ao pagamento dos honorários advocatícios sucumbenciais, em percentual a ser fixado por esse juízo.

12º PASSO

Fazer a indicação das provas.

V. Das Provas

Protesta provar o alegado por todos os meios de prova em direito admitidas, especialmente pelo depoimento pessoal do Requerente/Reconvindo (item I da Súmula n. 74 do Tribunal Superior do Trabalho), juntada de documentos, oitiva de testemunhas, na quantidade prevista na parte final do art. 821 da CLT, além de perícia e outras que se fizerem necessárias.

13º PASSO

Indicar o valor da causa em relação à reconvenção (art. 292 do CPC).

VI. Do Valor da Causa

Em Reconvenção, dá-se à causa o valor de R$... (extenso).

14º PASSO

Fazer o pedido de requerimento.

Nesses termos, pede-se deferimento.

15º PASSO

Indicar o local e a data.

Local..., data...

16º PASSO

Citar o advogado.

Advogado OAB/... n. ...

6.9 Estrutura da Petição de Exceção de Incompetência Territorial (ou em Razão do Lugar)

1º PASSO

Indicar a competência e fazer o endereçamento.

DICA

A competência será sempre do Juízo da Vara do Trabalho onde foi distribuída a ação trabalhista.

> **Excelentíssimo Senhor Doutor Juiz da ...**
> **Vara do Trabalho de ... – Estado do ...**

2º PASSO

Deixar um espaço de 10 a 15 linhas. Porém, tendo em vista o limite de linhas para a resposta da questão discursiva na prova da OAB, sugerimos escrever "espaço" entre parênteses, evitando saltar muitas linhas.

Logo depois, coloque o número dos autos do processo. Caso o problema não informe expressamente tal número, utilize reticências. Exemplo: "Processo n. ...".

> **(Espaço)**
> Processo n. ...

3º PASSO

Fazer a qualificação individualizada e completa da parte reclamada.

Indústria de Móveis Casalar S.A., pessoa jurídica de direito privado, inscrita no CNPJ n. ..., com endereço eletrônico..., com sede na Rua..., n. ..., Bairro..., Cidade..., Estado..., CEP..., (...)

4º PASSO

Inserir o endereço completo do escritório profissional do advogado.

(...) por seu advogado, infra-assinado e devidamente constituído, conforme o instrumento procuratório juntado, com escritório profissional na Rua..., n. ..., Bairro..., Cidade..., Estado..., CEP..., onde recebe intimações, vem mui respeitosamente à presença de Vossa Excelência, apresentar

Exceção de Incompetência Territorial (ou em Razão do Lugar)

com base no art. 800 da Consolidação das Leis do Trabalho, nos autos da Reclamação Trabalhista de número supra, proposta por (...)

5º PASSO

Fazer a qualificação individualizada e completa da parte reclamante ou simplesmente utilizar a expressão "já qualificado".

(...) **Lucas Souto**, brasileiro, solteiro, marceneiro, portador da Carteira de Trabalho e Previdência Social n. ..., Série n. ..., inscrito no CPF n. ..., com endereço eletrônico..., com domicílio e residência na Rua..., n. ..., Bairro..., Cidade..., Estado..., CEP..., pelos motivos que fato e de direito que passa a expor:

6º PASSO

Apresentar argumentos de fato e de direito.

O Reclamante, ora Excepto, propôs Reclamação Trabalhista em face da Reclamada, ora Excipiente, pleiteando o pagamento do aviso prévio e do adicional de insalubridade, com reflexos nas verbas contratuais e rescisórias.

Ocorre que o Reclamante sempre prestou serviços na cidade de..., conforme comprovam os documentos juntados, tendo indevidamente ajuizado a presente demanda na Vara do Trabalho de..., não atendendo ao previsto no *caput* do art. 651 da CLT, na qual a ação trabalhista deve ser proposta no último local da prestação de serviços do trabalhador.

7º PASSO

Apresentar os pedidos.

Pelo exposto, requer a Reclamada que:

a) Seja imediatamente suspenso o presente processo e não seja realizada a audiência marcada para o dia .../.../..., às ... horas, até que seja decidida a presente Exceção;

b) O Reclamante seja intimado para se manifestar no prazo de 5 dias.

Requer, por fim, seja reconhecida a alegação de incompetência territorial do presente Juízo, com a remessa dos autos do processo para o Juízo competente, ou seja, para uma das Varas do Trabalho de... (§ 3º do art. 64 do CPC).

8º PASSO

Fazer a indicação da prova oral, para o caso de o Juízo entender necessário.

Caso esse Juízo entenda necessário, requer a produção da prova oral, com a designação de audiência para oitiva do Excipiente e de suas testemunhas, que deverão ser ouvidos por carta precatória no juízo já indicado como competente.

9º PASSO

Fazer o pedido de requerimento.

Nesses termos, pede-se deferimento.

10º PASSO

Indicar o local e a data.

Local..., data...

11º PASSO

Citar o advogado.

Advogado OAB/... n. ...

DICA

Uso da expressão latina *in verbis*

In verbis é uma expressão latina que significa *nestes termos, nestas palavras*.

É muito comum a transcrição textual, com a reprodução fidedigna de textos de dispositivos legais, súmulas etc., ou mesmo de partes de uma decisão judicial, em petições iniciais, contestações e recursos, com a utilização da expressão *in verbis*.

Normalmente, o texto reproduzido é transcrito se utilizando de um recuo esquerdo, por exemplo, 4 centímetros, para servir de destaque.

Vejamos os seguintes exemplos, numa hipótese em que se está impugnando pedidos em uma contestação na defesa direta de mérito:

1º exemplo: texto de impugnação ao pedido de pagamento do adicional de transferência e reflexos.

Indevido, visto que a transferência do Reclamante foi definitiva, e somente faz jus ao adicional o empregado transferido de forma provisória, conforme prevê o § 3º do art. 469 da CLT, *in verbis:*

> Art. 469 – (...)
>
> § 3º Em caso de necessidade de serviço o empregador poderá transferir o empregado para localidade diversa da que resultar do contrato, não obstante as restrições do artigo anterior, mas, nesse caso, ficará obrigado a um pagamento suplementar, nunca inferior a 25% (vinte e cinco por cento) dos salários que o empregado percebia naquela localidade, *enquanto durar essa situação*. (grifamos)

Da mesma forma a segunda parte da Orientação Jurisprudencial n. 113 da SBDI-1 do TST na qual o pressuposto legal apto a legitimar a percepção do mencionado adicional é a transferência provisória.

2º exemplo: texto de impugnação ao pedido de pagamento de horas extras e reflexos.

Indevido, visto que o período alegado pelo Reclamante não é considerado tempo à disposição do empregador, de conformidade com os incisos IV e VIII do § 2º do art. 4º da CLT, *in verbis*:

> Art. 4º (...)
>
> § 2º Por não se considerar tempo à disposição do empregador, não será computado como período extraordinário o que exceder a jornada normal, (...) quando o empregado, por escolha própria, (...) permanecer nas dependências da empresa para exercer atividades particulares, entre outras:
>
> (...)
>
> IV – estudo;
>
> (...)
>
> VIII – troca de roupa (...).

No **primeiro exemplo**, fez-se a transcrição de dispositivo da CLT suprimindo o texto do *caput* do artigo e dos §§ 1º e 2º, tendo em vista que é no § 3º que se encontra, especificamente, a previsão legal que se adequa ao texto de impugnação ao pedido, tendo inclusive sido destacada em itálico a parte específica da norma que prevê que o adicional de transferência somente deve ser pago no caso de transferência provisória.

No **segundo exemplo**, fez-se a citação da parte específica do art. 4º da CLT que se adequa ao texto de impugnação ao pedido de pagamento de horas extras, específico em relação ao tempo gasto com estudo e troca de roupa, tendo sido suprimido o texto do *caput* do § 1º e de parte do § 2º, além dos incisos I, II, III, V, VI e VII.

Capítulo 7

Recurso Ordinário

O recurso ordinário equivale à apelação do processo civil e tem como objetivo reformar a sentença proferida em primeira ou segunda instância, tendo em vista que para ações originárias no Tribunal Regional do Trabalho o recurso cabível será o Recurso Ordinário para o Tribunal Superior do Trabalho.

Segundo o art. 895 da CLT, é cabível das decisões definitivas ou terminativas das Varas do Trabalho e dos Juízes de Direito investidos na jurisdição trabalhista para os Tribunais Regionais do Trabalho da respectiva região (inciso I do art. 895 da CLT); é cabível também das decisões definitivas ou terminativas proferidas pelo Tribunal Regional do Trabalho em processos de sua competência originária, como dissídios coletivos, ação rescisória, *habeas corpus* e mandado de segurança (inciso II do art. 895 da CLT).

Em síntese, pode-se interpor recurso ordinário nas seguintes hipóteses:

Na hipótese do **inciso I do art. 895 da CLT**: no caso de decisões definitivas ou terminativas das Varas do Trabalho ou Juízos de Direito investidos da jurisdição trabalhista.

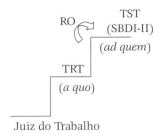

Na hipótese do **inciso II do art. 895 da CLT**: no caso de decisão do Tribunal Regional do Trabalho em **dissídios individuais** de competência originária do TRT (mandado de segurança, ação rescisória e *habeas corpus*).

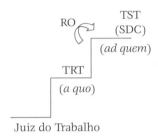

Na hipótese do **inciso II do art. 895 da CLT**: no caso de decisão do Tribunal Regional do Trabalho em **dissídios coletivos** de competência originária do TRT (categorias organizadas em nível regional).

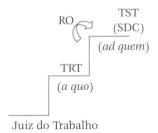

Na hipótese do **inciso II do art 895 da CLT**: no caso de decisão do Tribunal Regional do Trabalho em ação rescisória e mandado de segurança **pertinente a dissídios coletivos**.

IMPORTANTE

Entende-se por **definitiva** a sentença em que há a resolução do mérito, nas hipóteses em que o juiz acolhe ou rejeita o pedido formulado na ação ou na reconvenção, decide sobre a ocorrência de decadência ou prescrição, homologa o reconhecimento da procedência do pedido formulado na ação ou na reconvenção, homologa a transação, homologa o pedido de renúncia à pretensão formulada na ação ou na reconvenção (art. 487 do CPC). Entende-se por **terminativa** a sentença que extingue o processo sem resolução do mérito, nas hipóteses do art. 485 do CPC.

OBSERVAÇÃO

Cabe também recurso ordinário no caso de decisão que julga procedente exceção de incompetência material, declarando incompetente a Justiça do Trabalho, determinando a remessa dos autos à Justiça Estadual ou Federal (§ 2º do art. 799 da CLT). É cabível igualmente no caso de decisão que conclui pelo arquivamento do processo, em decorrência da ausência do reclamante (art. 844 da CLT).

O recolhimento do valor da multa imposta como sanção por litigância de má-fé, prevista no art. 81 do CPC, não é considerado pelo Tribunal Superior do Trabalho como pressuposto objetivo para interposição dos recursos de natureza trabalhista (Orientação Jurisprudencial n. 409 da Subseção de Dissídios Individuais I do TST).

Após o juiz verificar a admissibilidade do Recurso Ordinário poderá tomar duas decisões:

a) pode indeferir o recurso, denegando seguimento para a instância superior (Tribunal Regional do Trabalho ou Tribunal Superior do Trabalho): neste caso, o recurso cabível será o agravo de instrumento (letra *b* do art. 897 da CLT); ou

b) pode intimar a outra parte (recorrido), a qual deverá apresentar suas contrarrazões (§ 1º do art. 1.010 do CPC) no prazo de 8 dias (art. 6º da Lei n. 5.584/70).

O juiz poderá também se retratar no prazo de 5 dias nas hipóteses previstas nos incisos do art. 485 do CPC (§ 7º do art. 485 do CPC e inciso VIII do art. 3º da Instrução Normativa n. 39/2016 do TST).

O recurso deve ser interposto no prazo de 8 dias. Transcorrido o prazo a sentença transitará em julgado, não cabendo mais recurso.

IMPORTANTE

Segundo o *caput* do art. 775 da CLT os prazos processuais serão contados em dias úteis, com exclusão do dia do começo e inclusão do dia do vencimento, não sendo contados, portanto, os feriados, sábados e domingos.

No caso de feriado local, cabe à parte juntar ao recurso, quando da interposição, um documento que comprove a existência do feriado local, que justifique a prorrogação do prazo recursal, para evitar que o recurso seja considerado intempestivo (item I da Súmula n. 385 do TST).

O recurso ordinário será julgado pelo **Tribunal Regional do Trabalho**, no caso de a parte ter recorrido da sentença, definitiva ou terminativa, proferida pela Vara do Trabalho. Porém, no caso de processo de competência originária do Tribunal Regional do Trabalho, o recurso ordinário será julgado no Tribunal Superior do Trabalho:

a) pela **Subseção de Dissídios Individuais II, SBDI-II** (item 1 da letra *c* do inciso III do art. 71 do Regimento Interno do TST), quando se tratar de recurso ordinário interposto contra decisão de Tribunal Regional em processos de dissídio individual (ação rescisória, *habeas corpus* e mandado de segurança) de sua competência originária;

b) pela **Seção Especializada em Dissídios Coletivos, SDC** (letras *a* e *b* do inciso II do art. 70 do Regimento Interno do TST), quando se tratar de recurso ordinário interposto contra a decisão proferida pelo Tribunal Regional do Trabalho em dissídios coletivos de natureza econômica ou jurídica, e quando se tratar de recurso ordinário interposto contra a decisão proferida pelo Tribunal Regional do Trabalho em ações rescisórias e mandados de segurança pertinentes a dissídios coletivos.

Quem apresenta o recurso se chama recorrente e a parte contrária se chama recorrido. No recurso, o recorrente deve pedir o **provimento** do recurso, enquanto nas contrarrazões o recorrido deve pedir o **não provimento** do recurso. Para interpor recurso ordinário deve ser procedido o **depósito recursal**. Mas, atenção: se não há condenação a pagamento em pecúnia, como na hipótese da sentença constitutiva ou da sentença declaratória, descabe o depósito recursal (Súmula n. 161 do TST). A comprovação do depósito da condenação tem que ser feita dentro do prazo para a interposição do recurso, sob pena de ser considerado deserto (art. 7º da Lei n. 5.584/70 e Súmula n. 245 do TST). Somente o recorrente reclamado é que se sujeita ao depósito recursal, visto que tal depósito tem natureza jurídica de garantia do juízo recursal (CLT, art. 899 e seus parágrafos, com a alteração das Leis n. 8.177/91 [art. 40] e 8.542/92 [art. 8º], e Instrução Normativa n. 3/93 do TST). Havendo **condenação solidária** de duas ou mais empresas, o depósito recursal efetuado por uma delas aproveita as demais, quando a empresa que efetuou o depósito não pleiteia sua exclusão da lide (item III da Súmula n. 128 do TST). Porém, se houver o pedido de exclusão da lide, a reclamada que pretende recorrer deverá efetuar o depósito recursal. Alguns julgados do Tribunal Superior do Trabalho têm aplicado, por analogia, o mesmo entendimento para o caso de **condenação subsidiária,** visto que o depósito recursal realizado pelo devedor principal também serve para o devedor subsidiário ou secundário, desde que não haja pedido de exclusão da ação pelo devedor principal, pois, do contrário, a procedência dessa pretensão deixaria sem garantia o juízo, tendo em vista o levantamento dos valores.

A parte recorrente estará dispensada da obrigação de proceder ao depósito recursal, para qualquer recurso, quando já houver depositado integralmente o valor da condenação (segunda parte do item I da Súmula n. 128 do TST).

Nos dissídios individuais o depósito recursal deverá ser feito em conta vinculada ao juízo e corrigido com os mesmos índices da poupança (§ 4º do art. 899 da CLT).

Quando da execução provisória ou definitiva, o juízo deverá levar em conta os valores recolhidos pelo reclamado a título de depósito recursal, quando da expedição do Mandado de Citação Penhora e Avaliação (letra *f* do item II da Instrução Normativa n. 3 do TST, alterada pela Resolução n. 180, de 5-3-2012).

Quanto ao pagamento das custas processuais, tanto o reclamante quanto o reclamado sujeitam-se ao recolhimento, à exceção da parte em que foi deferida a gratuidade da Justiça. Neste caso, se a ação trabalhista for julgada totalmente improcedente, o reclamante é quem deverá pagar as custas; se a ação trabalhista for julgada totalmente procedente, o reclamado é quem deverá pagar integralmente as custas; se a ação trabalhista for julgada procedente em parte, quem deverá pagar as custas é o reclamado, que foi vencido, ainda que em parte. Isso porque no processo do trabalho não existe proporcionalidade no pagamento das custas (§ 1º do art. 789 da CLT c/c o § 2º do art. 832 da CLT).

IMPORTANTE

O valor do depósito recursal será reduzido pela metade para entidades sem fins lucrativos, empregadores domésticos, microempreendedores individuais, microempresas e empresas de pequeno porte (§ 9º do art. 899 da CLT).

O depósito recursal poderá ser substituído por fiança bancária ou seguro-garantia judicial (§ 11 do art. 899 da CLT). Para o Tribunal Superior do Trabalho, a carta de fiança bancária e o seguro-garantia judicial equivalem a dinheiro (Orientação Jurisprudencial n. 59 da Subseção de Dissídios Individuais II do TST).

O Conselho Superior da Justiça do Trabalho e o Tribunal Superior do Trabalho publicaram o Ato Conjunto TST.CSJT.CGJT n. 1, de 16-10-2019, alterado pelo Ato Conjunto TST. CSJT. CGJT n. 1, de 29 de maio de 2020, que regulamenta a utilização do seguro garantia judicial e da fiança bancária na esfera trabalhista, tanto no que se refere à fase de execução quanto para efeitos de depósito recursal.

Em relação ao valor a ser recolhido para fins de custas e depósito recursal, deve-se ter bastante cuidado. No caso de recolhimento insuficiente, somente haverá deserção do recurso se, concedido o prazo de 5 dias previsto no § 2º do art. 1.007 do CPC de 2015, o recorrente não complementar e comprovar o valor (Orientação Jurisprudencial n. 140 da Subseção de Dissídios Individuais I do TST).

Conforme o inciso VIII do § 1º do art. 98 do Código de Processo Civil, a **assistência judiciária** também compreende a isenção dos depósitos previstos em lei para interposição de recurso. Tal dispositivo reproduz a antiga previsão do inciso VII do art. 3º da Lei n. 1.060/50, revogado pela Lei n. 13.105/2015. Inicialmente, pode-se concluir que o empregador pode ser dispensado de proceder ao depósito recursal quando da interposição de recurso. Porém, a jurisprudência trabalhista tem manifestado o entendimento de que a previsão de isenção do depósito recursal **não é aplicável ao processo do trabalho** em decorrência do princípio da proteção ao trabalhador, visto que o depósito recursal, na Justiça do Trabalho, tem natureza de garantia da execução. Assim, mesmo no caso de ser reconhecida a hipossuficiência do empregador, com o deferimento do benefício da gratuidade da Justiça, a empresa não estaria isenta de proceder ao depósito recursal. A assistência, então, irá se restringir à isenção de custas processuais e outras despesas judiciais, não alcançando o depósito recursal.

Porém, inobstante tal entendimento dos tribunais trabalhistas, o § 10 do art. 899 da CLT, incluído pela Lei n. 13.467, de 13-7-2017, que alterou a CLT, prevê expressamente que "são isentos do depósito recursal os beneficiários da justiça gratuita, as entidades filantrópicas e as empresas em recuperação judicial".

Outra hipótese em que a pessoa jurídica pode ser beneficiada pela isenção de pagamento das custas e do recolhimento do depósito recursal é a prevista pela Súmula n. 86 do Tribunal Superior do Trabalho, ou seja, no caso de **massa falida.**

Na elaboração do recurso ordinário deve-se prestar muita atenção, pois obrigatoriamente deverão ser redigidas **duas peças.** Para facilitar, demonstraremos a seguir, passo a passo, com dicas e orientações, como deve ser desenvolvida tal peça processual.

7.1 Estrutura da Peça Processual de Recurso Ordinário — Recurso Interposto pelo Reclamante

IMPORTANTE

Modelo aplicável à hipótese de cabimento do recurso ordinário da decisão definitiva ou terminativa de juiz de Vara do Trabalho ou de juiz de direito investido na jurisdição trabalhista (inciso I do art. 895 da CLT).

DICAS

Ao interpor o recurso ordinário, devem-se elaborar, na mesma ocasião, **duas peças processuais**: a primeira peça, denominada **petição de interposição** ou **peça de rosto**, que deverá ser endereçada ao Juízo que prolatou a sentença; e a segunda peça que conterá as **razões do recurso**.

As razões do recurso são protocoladas juntamente com a petição de interposição ou peça de rosto no Juízo *a quo* (juízo do qual se recorre), que será dirigida ao Tribunal Regional do Trabalho da respectiva Região.

Haverá perda de pontos se o examinado apresentar apenas as razões do recurso e deixar de elaborar a petição de interposição dirigida à Vara do Trabalho.

282 PASSO A PASSO PARA ELABORAÇÃO DE PETIÇÕES TRABALHISTAS

Lembre-se de que, em uma situação real, a petição de interposição e as razões do recurso devem ser formuladas em peças separadas, porém unidas quando do protocolo, e não redigidas uma logo abaixo da outra na mesma página. No Exame da OAB, a petição com as razões do recurso deverá ser formulada imediatamente após a de interposição, tendo em vista a quantidade reduzida de linhas para responder à questão de elaboração da peça da prova prático-profissional.

7.2 Estrutura da Primeira Peça do Recurso Ordinário — Petição de Interposição ou Peça de Rosto

DICA

A elaboração da peça de interposição é bem simples, porém devem ser observados determinados requisitos.

1º PASSO

Endereçar a petição de interposição ao juiz da Vara do Trabalho ou ao juiz de direito da Justiça Comum Estadual, investido na jurisdição trabalhista, que proferiu a sentença que se quer reformar (Juízo *a quo*).

DICA

Observe atentamente se a questão do Exame da OAB indica qual é o número da Vara do Trabalho que proferiu a sentença da qual se está recorrendo (Juízo *a quo*). Se não indicar, pode-se simplesmente colocar reticências (...). Exemplos: **"Excelentíssimo Senhor Doutor Juiz da 2ª Vara do Trabalho de Vitória — Estado do Espírito Santo"** (quando o problema indicar o número da Vara do Trabalho); **"Excelentíssimo Senhor Doutor Juiz da ... Vara do Trabalho de... — Estado..."** (quando o problema não indicar o número da Vara do Trabalho). Outros exemplos: "Excelentíssimo Senhor Doutor Juiz da ... Vara do Trabalho de Americana — Estado de São Paulo"; "Excelentíssimo Senhor Doutor Juiz de Direito da ... Vara Cível da Comarca de... — Estado do...".

Excelentíssimo Senhor Doutor Juiz da ... Vara do Trabalho de... — Estado do...

2º PASSO

Deixar um espaço de 10 a 15 linhas. Porém, tendo em vista o limite de linhas para a resposta da questão discursiva na prova da OAB, sugerimos escrever "espaço" entre parênteses, evitando saltar muitas linhas. Exemplo: (Espaço).

(Espaço)

3º PASSO

Identificar o número dos autos do processo.

Processo n. ...

4º PASSO

Identificar as partes: não é necessário qualificá-las, pois a qualificação já foi feita na petição inicial e na contestação, podendo empregar-se a expressão **"já qualificado"** ou **"já qualificada"**. Nas ações plúrimas deve-se utilizar a expressão **"já qualificados"**.

Emenegarda Linda, já qualificada, nos autos do processo em epígrafe em que é Reclamado o **Armazém Enrolado Ltda.**, também qualificado, (...)

5º PASSO

Comunicar que está recorrendo da sentença.

DICA

Nas ações pelo Procedimento Sumaríssimo, pode-se denominar o recurso **"Recurso Ordinário Sumaríssimo"**.

(...) vem tempestivamente perante esta Douta Vara do Trabalho, por seu advogado, devidamente constituído, adiante assinado, não se conformando com a respeitável sentença, interpor

Recurso Ordinário

6º PASSO

Indicar o dispositivo legal que autoriza a interposição do recurso ordinário (inciso I do art. 895 da CLT).

com fundamento no inciso I do art. 895 da Consolidação das Leis do Trabalho, juntando as Razões do Recurso, (...)

7º PASSO

Informar que está juntando a guia de pagamento das custas processuais, se for o caso.

IMPORTANTE

Somente o recorrente reclamado é que está obrigado a proceder ao depósito recursal.

O reclamante somente se sujeita ao recolhimento das custas quando a sentença for improcedente, visto que a Consolidação das Leis do Trabalho, no § 1º do art. 789, prevê que as custas serão pagas pelo vencido, e não pelos vencidos, após o trânsito em julgado da decisão ou quando da interposição de recurso. Da mesma forma, o § 2º do art. 832 da CLT também utiliza a palavra vencido no singular. Assim, no caso da sentença procedente ou procedente em parte quem deverá proceder ao pagamento das custas é exclusivamente o reclamado. São isentos do pagamento de custas, além dos beneficiários de justiça gratuita, a União, os Estados, o Distrito Federal, os Municípios e respectivas autarquias e fundações públicas federais, estaduais ou municipais que não explorem atividade econômica, bem como o Ministério Público do Trabalho (*caput* do art. 790-A da CLT). Tal isenção não alcança as entidades fiscalizadoras do exercício profissional, como a Ordem dos Advogados do Brasil, o Conselho Regional de Contabilidade, o Conselho Regional de Medicina etc.

No âmbito da Justiça do Trabalho, as custas e emolumentos devem ser realizados a partir da Guia de Recolhimento da União — GRU Judicial.

(...) bem como a guia de pagamento das custas processuais, (...)

8º PASSO

Requerer a remessa das razões para o Tribunal Regional do Trabalho (Juízo *ad quem*).

DICA

Caso tenha que mencionar o número da Região do qual faz parte o Tribunal Regional do Trabalho, pode-se identificar tal dado no art. 674 da CLT. Exemplo: o Espírito Santo faz parte da 17ª Região; São Paulo, Capital, compõe a 2ª Região, enquanto Campinas faz parte da 15ª Região.

(...) e requer que, depois de cumpridas as formalidades legais e processuais, sejam remetidas ao Egrégio Tribunal Regional do Trabalho da ... Região, para conhecimento e julgamento.

9º PASSO

Requerer a intimação da parte contrária para contra-arrazoar (ou contrarrazoar) o recurso.

Por fim, requer a intimação do Recorrido para, querendo, contra-arrazoar o presente recurso.

RECURSO ORDINÁRIO   285

10º PASSO

Fazer o desfecho final de praxe: requerimento, local, data e advogado.

DICA

No Exame da OAB, se os dados relativos ao local e à data não forem conhecidos pode-se utilizar uma das seguintes formas: "Local..., data..."; "(Local), (data)"; ou "(Local), .../.../...".

Nestes termos, pede deferimento.
Local..., data...
Advogado OAB/... n. ...

7.3 Estrutura da Segunda Peça do Recurso Ordinário — Razões do Recurso

ATENÇÃO

A petição contendo as razões do recurso deve ser entregue juntamente com a petição de interposição ou peça de rosto.

1º PASSO

Direcionar a petição contendo as razões ao Tribunal Regional do Trabalho que irá conhecer e julgar o recurso ordinário (Juízo *ad quem* ou Juízo para o qual se recorre).

DICA

Observe atentamente qual é o número da Região do Tribunal Regional do Trabalho para a qual se está recorrendo (Juízo *ad quem*). O art. 674 da CLT relaciona todas as 24 Regiões, com os Estados da federação que as compõem. Exemplos: "Egrégio Tribunal Regional do Trabalho da 17ª Região — Estado do Espírito Santo"; "Egrégio Tribunal Regional do Trabalho da 2ª Região — Estado de São Paulo"; "Egrégio Tribunal Regional do Trabalho da 1ª Região — Estado do Rio de Janeiro".

Egrégio Tribunal Regional do Trabalho da... Região — Estado do...

2º PASSO

Colocar a seguinte nomenclatura: Razões do Recurso Ordinário.

DICA

Nas ações pelo Procedimento Sumaríssimo, pode-se utilizar a seguinte nomenclatura: **"Razões do Recurso Ordinário Sumaríssimo"**.

Razões do Recurso Ordinário

3º PASSO

> Identificar informando o número dos autos do processo, o nome completo do recorrente e do recorrido, e a Vara do Trabalho de origem que prolatou a sentença à qual se está recorrendo (Juízo *a quo*).

Processo n. ...
Recorrente: Emenegarda Linda
Recorrido: Armazém Enrolado Ltda.
Origem: ... Vara do Trabalho de...

Doutos Julgadores,

4º PASSO

> Apresentar argumentos de fato e de direito contra a decisão.

Dos Fatos

DICA

> Fazer um breve histórico do pedido, da defesa e da decisão.

A Recorrente propôs ação trabalhista em face do Recorrido pleiteando os seguintes pagamentos: horas extras, trabalho prestado aos domingos e feriados e reflexos.

O Recorrido contestou o pedido, alegando já haver quitado todas essas verbas, apresentando recibos que demonstraram tão somente pagamentos parciais, e arrolando parentes do empregador como testemunhas, ficando em aberto a maior parte de tais importâncias.

Todavia, a respeitável sentença de primeiro grau foi desfavorável à Autora, quando, equivocadamente, não foram deferidas as horas extras postuladas, com acréscimo de 50% (cinquenta por cento), e tampouco o pagamento em dobro pelo trabalho prestado aos domingos e feriados.

Diante do inconformismo de tal decisão, a Recorrente vem à presença desse Egrégio Tribunal Regional do Trabalho expor as razões seguintes:

5º PASSO

> Antes de tratar especificamente sobre o mérito, apresentar preliminares, se houver.

Preliminarmente

1. Da Nulidade por Negativa de Prestação Jurisdicional – Violação ao inciso IX do art. 93 da CRFB

Requer a Recorrente a declaração de nulidade da decisão proferida pelo Juízo *a quo*, por falta de prestação jurisdicional, tendo em vista que não foram devidamente apreciados os fundamentos de seus embargos de declaração, na qual alegou a existência de omissão no julgado de primeiro grau no tocante ao pedido de horas extras.

Nesse sentido, como a decisão do Juízo de 1º Grau violou o inciso IX do art. 93 da CRFB, deverá ser acolhida a presente preliminar, determinando o retorno dos autos do processo à Vara do Trabalho de origem para que seja apreciado o item omisso nos embargos de declaração, bem como para que não haja supressão de instância.

2. Do cerceamento do direito de defesa

ATENÇÃO

No caso de alegação de cerceamento do direito de defesa (ou cerceamento de defesa) em razão de contradita de testemunha indeferida pelo juízo de primeiro grau em audiência, deverão ter sido lavrados os protestos na mesma oportunidade, de conformidade com o que dispõe o art. 795 da CLT e o inciso LV do art. 5º da CRFB. O Juízo *ad quem* poderá não acolher a alegação de nulidade por cerceamento do direito de defesa se a parte não se insurgiu oportunamente, deixando de formular o imediato protesto contra o encerramento da instrução. O protesto encontra-se consagrado pelos usos e costumes na Justiça do Trabalho, não existindo forma explícita para a sua formulação ou registro em ata. Neste caso, indeferida a prova, cabe à parte requerer imediatamente seja consignada na ata o seu inconformismo (protestos).

Na petição inicial da Reclamação Trabalhista a Recorrente pleiteia, entre outros itens, o pagamento de horas extras.

Para comprovação do labor extraordinário a Autora requereu que fossem ouvidas duas testemunhas.

As testemunhas foram devidamente convocadas, mas na audiência o depoimento de uma delas foi indeferido pelo Juízo de primeiro grau.

Importante destacar que a Recorrente manifestou o seu inconformismo, protestando, o que foi devidamente consignado na ata da audiência.

Outrossim, a Constituição Federal, no inciso LV do art. 5º, assegura aos litigantes o direito ao contraditório e à ampla defesa, com os meios e recursos a ela inerentes. Dentre os propalados meios está incluída a produção de provas. O indeferimento à solicitação da Recorrente de oitiva da testemunha que seria essencial para esclarecer sobre a existência do excessivo labor extraordinário, impõe derradeira a nulidade do processo, por cerceamento de defesa.

Nesse sentido é a jurisprudência dos Tribunais Trabalhistas:

> Cerceamento de defesa. Indeferimento de prova testemunhal. **Prova testemunhal pertinente à tese esposada nos autos não pode ser indeferida, sob pena de cerceio de defesa, ainda mais quando há protesto tempestivo e a sua não realização causa prejuízo à parte no julgado**, mormente quando seu requerimento vem sendo realizado desde a apresentação da inicial (Ac. 3ªT. 7386/95, Proc. TRT/SC/RO-V 1648/94, unânime, Rel. Juiz Gracio Ricardo Barboza Petrone, publ. 4-10-1995). (destacamos)
>
> Cerceamento de defesa. Nulidade. Tendo sido oportunamente requerida pela parte a produção de prova testemunhal e havendo tempestiva insurgência contra o seu indeferimento, além de provado o prejuízo advindo do procedimento do magistrado de primeiro grau, presentes estão os requisitos elencados nos arts. 794 e 795, ambos do Texto Consolidado, ensejadores da nulidade do processado (Ac. 1ª T. 6507/95, Proc. TRT/SC/RO-V 0785/94, unânime, Rel. Juiz Dilnei Ângelo Biléssimo, publ. 1º-9-1995).

Assim, diante da nulidade acima apresentada, que foi contestada em audiência mediante os protestos da Recorrente, esta requer o retorno dos autos para a Vara de Trabalho de origem para que o vício seja sanado e a testemunha ouvida.

Caso Vossa Excelência entenda não se tratar de caso de retorno do processo, a seguir será abordado o mérito.

Do Mérito

Não merece prosperar a respeitável sentença proferida pelo Meritíssimo Juiz de Primeira Instância pelas razões a seguir expostas.

1. Horas extras

Caso ultrapassada a preliminar de cerceamento de defesa, na qual se reitera o pedido de retorno dos autos à primeira instância para a oitiva da testemunha convidada, mesmo assim deverá ser reformada a decisão de primeiro grau, pois a Recorrente faz jus ao pagamento das horas extras.

Isto porque a Recorrente não tinha qualquer ingerência sobre seu registro de frequência, tendo em vista que os seus cartões de ponto não contêm qualquer variação nos registros dos horários de entrada e saída, caracterizando a chamada "jornada britânica", o que não é aceito tanto pela doutrina quanto pela jurisprudência.

E, de conformidade com o item III da Súmula n. 338 do Tribunal Superior do Trabalho:

> Súmula n. 338. JORNADA DE TRABALHO. REGISTRO. ÔNUS DA PROVA (incorporadas as Orientações Jurisprudenciais 234 e 306 da SBDI-I) — Res. 129/2005, *DJ*, 20, 22 e 25-4-2005.
>
> (...)
>
> III — Os cartões de ponto que demonstram horários de entrada e saída uniformes são inválidos como meio de prova, invertendo-se o ônus da prova, relativo às horas extras, que passa a ser do empregador, prevalecendo a jornada da inicial se dele não se desincumbir (ex-OJ 306 da SBDI-I, *DJ*, 11-8-2003).

Assim, como os cartões de ponto da Recorrente, juntados aos autos do processo pelo Recorrido, consignam registros de entrada e saída uniformes, deverá prevalecer a jornada de trabalho indicada na petição inicial, com a consequente reforma da decisão de primeiro grau e condenação do Réu ao pagamento das horas extras.

2. Trabalho aos domingos e feriados

Conforme ficou comprovado, mediante as cópias das solicitações de trabalho extraordinário (documento juntado), durante todo o pacto laboral a Recorrente prestava serviços ao Recorrido em 3 (três) domingos por mês, cuja jornada de trabalho iniciava às 08h00 e terminava às 14h00, sem que tal trabalho tenha sido devidamente remunerado ou compensado.

Da mesma forma, a Recorrente também sempre foi chamada a trabalhar nos feriados civis de 1º de maio e 7 de setembro dos anos de ... e ..., sem que tenha havido o pagamento em dobro ou a folga compensatória.

De conformidade com a jurisprudência uniforme do Tribunal Superior do Trabalho:

> Súmula n. 146. TRABALHO EM DOMINGOS E FERIADOS, NÃO COMPENSADO (incorporada a Orientação Jurisprudencial n. 93 da SBDI-1) — Res. 121/2003, *DJ*, 19, 20 e 21-11-2003. **O trabalho prestado em domingos e feriados, não compensado, deve ser pago em dobro,** sem prejuízo da remuneração relativa ao repouso semanal. (destacamos)

Assim, deve ser reformada a decisão de primeiro grau com a consequente condenação do Recorrido ao pagamento em dobro de todo trabalho efetuado pela Recorrente aos domingos e feriados.

6º PASSO

Fazer a conclusão, com o pedido de conhecimento e provimento do recurso.

Da Conclusão

Em face do exposto, a Recorrente requer seja acolhida a preliminar de nulidade por negativa de prestação jurisdicional, para determinar o retorno dos autos do processo à Vara do Trabalho de origem para que seja apreciado o item omisso no julgamento dos embargos de declaração relacionado ao pedido de horas extraordinárias, bem como requer também seja acolhida a preliminar de cerceamento do direito de defesa e, em consequência, que seja anulada a sentença proferida, determinando o retorno dos autos à Vara do Trabalho de origem, a fim de que seja reaberta a instrução processual e se proceda à oitiva da testemunha que não foi ouvida, ou, se vencida, requer, no mérito, que o presente Recurso Ordinário seja conhecido e provido, (...)

7º PASSO

Requerer a reforma da sentença.

(...) com a reforma da respeitável sentença de primeiro grau em sua íntegra, para concessão dos pedidos de todas as verbas aqui reivindicadas, com os devidos reflexos previstos em lei.

8º PASSO

Desfecho de praxe: requerimentos, local, data e assinatura do advogado.

DICA

No Exame da OAB, se os dados relativos ao local e à data não forem conhecidos, pode-se utilizar uma das seguintes formas: "Local..., data..."; "(Local), (data)"; ou "(Local), .../.../...".

Nestes termos, pede deferimento.
Local..., data...
Advogado OAB/... n. ...

7.4 Estrutura da Peça Processual de Recurso Ordinário — Recurso Interposto pelo Reclamado

IMPORTANTE

Modelo aplicável à hipótese de cabimento do recurso ordinário da decisão definitiva ou terminativa de juiz de Vara do Trabalho ou de juiz de direito investido na jurisdição trabalhista (inciso I do art. 895 da CLT).

7.5 Estrutura da Primeira Peça do Recurso Ordinário — Petição de Interposição ou Peça de Rosto

1º PASSO

Endereçar a petição de interposição ao juiz da Vara do Trabalho ou ao juiz de direito da Justiça Comum Estadual, investido na jurisdição trabalhista, que proferiu a sentença que se quer reformar (Juízo *a quo*).

Excelentíssimo Senhor Doutor Juiz da 1ª Vara do Trabalho de Vitória – Estado do Espírito Santo

2º PASSO

Deixar um espaço de 10 a 15 linhas. Porém, tendo em vista o limite de linhas para a resposta da questão discursiva na prova da OAB, sugerimos escrever "espaço" entre parênteses, evitando saltar muitas linhas. Exemplo: (Espaço).

(Espaço)

3º PASSO

Identificar o número dos autos do processo.

Processo n. RT-000253/2020

4º PASSO

Identificar as partes: não é necessário qualificá-las, pois a qualificação já foi feita na petição inicial e na contestação, podendo empregar-se a expressão "já qualificado" ou "já qualificada". Nas ações plúrimas, deve-se utilizar a expressão "já qualificados".

Auto Posto Petróleo & Gás Ltda., já qualificado, nos autos do processo de número *supra*, ajuizado por Josué Plácido, também qualificado, (...)

5º PASSO

Comunicar que está recorrendo da sentença.

DICA

Nas ações pelo Procedimento Sumaríssimo pode-se denominar o recurso "Recurso Ordinário Sumaríssimo".

(...) vem tempestivamente perante esta Douta Vara do Trabalho, por seu advogado, devidamente constituído, adiante assinado, não se conformando com a respeitável sentença, interpor

Recurso Ordinário

6º PASSO

Indicar o dispositivo legal que autoriza a interposição do recurso ordinário (inciso I do art. 895 da CLT).

com fundamento no inciso I do art. 895 da Consolidação das Leis do Trabalho, juntando as Razões do Recurso, (...)

7º PASSO

Informar que está juntando as guias de recolhimento do depósito recursal e de pagamento das custas processuais.

IMPORTANTE

Somente o recorrente reclamado é que está obrigado a proceder ao depósito recursal. A parte recorrente estará dispensada da obrigação de proceder ao depósito recursal se já houver depositado integralmente o valor da condenação (segunda parte do item I da Súmula n. 128 do TST).

Deve-se ter bastante atenção quando for proceder ao depósito recursal e ao pagamento das custas. No caso de recolhimento insuficiente das custas processuais ou do depósito recursal, somente haverá deserção do recurso se, concedido o prazo de 5 dias previsto no § 2º do art. 1.007 do CPC de 2015, o recorrente não complementar e comprovar o valor (Orientação Jurisprudencial n. 140 da Subseção de Dissídios Individuais I do TST).

Os valores vigentes do depósito recursal podem ser confirmados no *site* do TST.

O ATO SEGJUD.GP n. 287, de 2020, estabeleceu como valor-limite para fins de Recurso Ordinário a importância de R$ 10.059,15.

Assim, levando-se em consideração tal valor, se o reclamado for condenado a pagar ao reclamante a quantia de R$ 20.000,00, deverá proceder ao depósito recursal no valor-limite, isto é, R$ 10.059,15. Porém, se a condenação for de R$ 7.000,00, o valor do depósito para fins de Recurso Ordinário deverá ser de R$ 7.000,00 e não de R$ 10.059,15, uma vez que este é o valor máximo que deve ser depositado (teto), e não o valor mínimo.

Na hipótese de **condenação solidária**, de duas ou mais empresas, o depósito recursal efetuado por uma delas aproveita as demais, quando a empresa que efetuou o depósito não pleiteia sua exclusão da lide, pois se pleitear a exclusão da lide as outras reclamadas deverão efetuar o depósito recursal (item III da Súmula n. 128 do TST).

A comprovação do depósito da condenação terá que ser feita dentro do prazo para a interposição do recurso, sob pena de ser considerado deserto (art. 7º da Lei n. 5.584/70).

Se não há condenação a pagamento em pecúnia, descabe o depósito recursal (Súmula n. 161 do TST).

Na Justiça do Trabalho, estão dispensadas de proceder ao depósito para interposição de recurso a União, os Estados, o Distrito Federal, os Municípios e as autarquias ou fundações de direito público federais, estaduais ou municipais que não explorem atividade econômica (inciso IV do art. 1º do Decreto-lei n. 779/69). São isentos do pagamento de custas, além dos beneficiários de justiça gratuita, a União, os Estados, o Distrito Federal, os Municípios e respectivas autarquias e fundações públicas federais, estaduais ou municipais que não explorem atividade econômica, bem como o Ministério Público do Trabalho (*caput* do art. 790-A da CLT). Tal isenção não alcança as entidades fiscalizadoras do exercício profissional, como a Ordem dos Advogados do Brasil, o Conselho Regional de Contabilidade, o Conselho Regional de Medicina etc.

No âmbito da Justiça do Trabalho, as custas e emolumentos devem ser realizados por meio da Guia de Recolhimento da União – GRU Judicial.

Segundo o entendimento consolidado pelo Supremo Tribunal Federal, os conselhos profissionais são considerados autarquias especiais, e, portanto, são pessoas jurídicas de direito público, devendo lhes ser aplicados os mesmos privilégios previstos no Decreto-lei n. 779/69, como o prazo em dobro para recorrer, a dispensa de proceder ao depósito recursal e de apenas ter de pagar as custas no final do processo.

(...) bem como as guias de recolhimento do depósito recursal e de pagamento das custas processuais, (...)

8º PASSO

Requerer a remessa das razões para o Tribunal Regional do Trabalho (Juízo *ad quem*).

(...) e requer que, depois de cumpridas as formalidades legais e processuais, sejam remetidas ao Egrégio Tribunal Regional do Trabalho da 17ª Região, para conhecimento e julgamento.

9º PASSO

Requerer a intimação da parte contrária para contra-arrazoar (ou contrarrazoar) o recurso.

Por fim, requer a intimação do Recorrido para, querendo, contra-arrazoar o presente recurso.

10º PASSO

Fazer o desfecho de praxe: requerimento, local, data e advogado.

Nesses termos, pede deferimento.
Local..., data...
Advogado OAB/... n. ...

7.6 Estrutura da Segunda Peça do Recurso Ordinário — Razões do Recurso

1º PASSO

Direcionar a petição contendo as razões ao Tribunal Regional do Trabalho que irá conhecer e julgar o recurso ordinário (Juízo *ad quem* ou Juízo para o qual se recorre).

Egrégio Tribunal Regional do Trabalho da 17ª Região
– Estado do Espírito Santo

2º PASSO

Colocar a seguinte nomenclatura: Razões do Recurso Ordinário.

Razões do Recurso Ordinário

3º PASSO

Identificar, informando o número dos autos do processo, o nome completo do recorrente e do recorrido e a Vara do Trabalho de origem que prolatou a sentença à qual se está recorrendo (Juízo *a quo*).

Processo n. RT-000253/2020
Recorrente: Auto Posto Petróleo & Gás Ltda.
Recorrido: Josué Plácido
Origem: 1ª Vara do Trabalho de Vitória

Doutos Julgadores,

4º PASSO

Apresentar argumentos de fato e de direito contra a decisão.

Dos Fatos

DICA

Fazer um breve histórico do pedido, da defesa e da decisão.

O Recorrido propôs ação trabalhista pleiteando o reconhecimento do vínculo de emprego com o Recorrente, bem como a sua condenação ao pagamento das verbas daí decorrentes, e também do adicional de periculosidade.

Segundo o Reclamante, foi admitido pelo Reclamado no dia 10-1-2018 para exercer a função de vigia do posto de gasolina, bem como teria sido dispensado sem justa causa em 20-1-2020.

O Recorrente apresentou defesa alegando, preliminarmente, a inépcia da petição inicial em relação ao pedido de pagamento de adicional de periculosidade por lhe faltar a causa de pedir. Alegou, também, que o Recorrido jamais foi seu empregado, uma vez que exerceu serviços eventuais de segurança, não havendo que se falar na existência dos requisitos necessários à formação do vínculo jurídico de emprego, regido pela Consolidação das Leis do Trabalho.

A respeitável sentença de primeiro grau, *a contrario sensu,* resolveu julgar procedente os pleitos formulados pelo Autor, tendo reconhecido o vínculo de emprego entre as partes no período alegado na inicial, bem como condenou o Reclamado a pagar ao Reclamante as férias vencidas de 2018/2019 e de 2019/2020, ambas acrescidas do 1/3 constitucional, o décimo terceiro salário integral de 2018 e de 2019, e o décimo terceiro salário proporcional de 2020, além do pagamento do adicional de periculosidade e dos depósitos fundiários sobre todo o período.

Assim, inconformado com tal decisão, o Recorrente vem à presença desse Egrégio Tribunal Regional do Trabalho expor as razões a seguir.

5º PASSO

Antes de tratar especificamente sobre o mérito, apresentar preliminares, se houver.

Preliminarmente

1. Inépcia da Petição Inicial – Pedido de Pagamento do Adicional de Insalubridade

Requer o Recorrente a reforma da respeitável decisão de Primeiro Grau que não acolheu a preliminar de inépcia da petição inicial em relação ao pedido de pagamento do adicional de insalubridade, tendo em vista que carece de causa de pedir, na forma prevista no inciso I do § 1º do art. 330 do CPC, o que impossibilita, neste particular, o desenvolvimento válido do processo, devendo ser extinto o presente processo, em relação a tal pleito, sem resolução do mérito, com fundamento no inciso I do § 1º do art. 330 do Código de Processo Civil, combinado com o inciso I do art. 485 do Código de Processo Civil.

Do Mérito

Não merece prosperar a respeitável sentença proferida pelo Meritíssimo Juiz da Primeira Instância pelas razões a seguir expostas.

1. Da inexistência de vínculo de emprego

Não há como ser reconhecido o vínculo de emprego reivindicado pelo Recorrido, uma vez que houve a prestação de serviços, porém em modalidade diversa da relação de emprego regida pela legislação trabalhista, não tendo sido atendidos os pressupostos do art. 3º da Consolidação das Leis do Trabalho.

Na verdade, conforme restou comprovado por meio da robusta prova documental e testemunhal apresentada pelo Recorrente, o Recorrido prestou serviços eventuais de segurança, não havendo que se falar na existência dos requisitos necessários à formação do vínculo jurídico de emprego, conforme previsto na Consolidação das Leis do Trabalho, principalmente, a pessoalidade, o que não ocorreu de fato, pois muitas vezes o Recorrido foi substituído por terceiros; a subordinação, que jamais existiu, tendo em vista que o Reclamante trabalhava por conta própria e independente; e a habitualidade, que também nunca ocorreu na prática, visto que o Autor trabalhou nas situações cujo caráter eventual ficou patente das provas produzidas nos autos do processo.

Por estes motivos, merece ser reformada a respeitável decisão de primeiro grau, excluindo-se da condenação o vínculo de emprego reconhecido e, por conseguinte, a condenação ao pagamento de qualquer uma das verbas relacionadas na petição inicial.

2. Da não comprovação da existência de vínculo de emprego

De conformidade com o inciso I do art. 818 da CLT, "o ônus da prova incumbe ao reclamante, quanto ao fato constitutivo de seu direito".

Da mesma forma o inciso I do art. 373 do Código de Processo Civil, no qual incumbe ao autor o ônus da prova em relação ao fato constitutivo de seu direito.

Pois bem. Na presente ação trabalhista, o Recorrido efetivamente não comprovou a existência da relação de emprego.

Isto porque restou patente nos autos do processo a existência de controvérsia em relação à prova oral produzida pelo Recorrido, tendo em vista que os depoimentos prestados por suas testemunhas foram imprecisos, contraditórios e não comprovaram a existência do vínculo de emprego em relação ao período pretendido.

E, no tocante aos demais elementos de prova produzidos pelo Reclamante, também foram insuficientes para comprovar qualquer dos requisitos obrigatórios para formação do vínculo de emprego.

Assim sendo, também por este motivo, a respeitável sentença proferida pelo Juízo de Primeiro Grau deve ser reformada, com a exclusão do reconhecimento do vínculo de emprego no período pretendido pelo Recorrido, isto é, de 10-1-2018 a 20-1-2020, bem como com o indeferimento dos pedidos de pagamento de todas as verbas que seriam decorrentes, e ainda do adicional de periculosidade.

6º PASSO

Fazer a conclusão, com o pedido de conhecimento e provimento do recurso.

Exemplo: "Assim, requer o Recorrente que o presente Recurso Ordinário seja conhecido e provido, com a reforma da respeitável sentença de primeiro grau de folhas..., julgando improcedente a pretensão do Recorrido de pagamento de diferenças salariais e reflexos".

Da Conclusão

Assim, requer o Recorrente que o presente Recurso Ordinário seja conhecido e provido, (...)

7º PASSO

Requerer a reforma da sentença.

(...) com a reforma da respeitável sentença de primeiro grau, com o acolhimento da preliminar de inépcia da petição inicial em relação ao pedido de pagamento do adicional de insalubridade, com a extinção do processo sem resolução do mérito, neste particular, bem como deverá ser excluído o reconhecimento do vínculo de emprego no período pretendido pelo Recorrido.

Consequentemente, deve ser julgada improcedente a pretensão do Reclamante ao pagamento das férias vencidas de 2018/2019 e de 2019/2020, do décimo terceiro salário integral de 2018 e de 2019, do décimo terceiro salário proporcional de 2020, além do adicional de periculosidade e dos depósitos fundiários.

8º PASSO

> Desfecho de praxe: requerimentos, local, data e assinatura do advogado.

Nesses termos, pede deferimento.
Local..., data...
Advogado OAB/... n. ...

DICAS

> O recurso ordinário tem muita semelhança com a contestação. No entanto, a contestação tem como objetivo impugnar ou refutar as pretensões do autor, enquanto o recurso ordinário busca a reforma total ou em parte da sentença de primeiro grau.
>
> Juntamente com a petição deverão ser juntadas as guias do depósito recursal e das custas processuais, se houver.
>
> Para ser admitido, o recurso deve atender a determinados pressupostos, como: tempestividade (art. 895 da CLT), pagamento das custas processuais (art. 789 da CLT), depósito do valor da condenação (art. 899, e seus parágrafos, da CLT) etc.

7.7 Estrutura da Peça Processual de Recurso Ordinário em Dissídio Coletivo

IMPORTANTE

> Modelo aplicável à hipótese de cabimento do recurso ordinário da decisão definitiva ou terminativa de Tribunal Regional do Trabalho em ação de dissídio coletivo (inciso II do art. 895 da CLT).

DICAS

> Ao interpor o recurso ordinário deve-se elaborar, na mesma ocasião, **duas peças processuais**: a primeira peça, denominada **petição de interposição** ou **peça de rosto**, que deverá ser endereçada ao Tribunal Regional do Trabalho que prolatou a sentença normativa; e a segunda peça que conterá as **razões do recurso**.
>
> As razões do recurso são protocoladas juntamente com a petição de interposição ou peça de rosto no Juízo *a quo* (juízo do qual se recorre), que será dirigida ao Tribunal Superior do Trabalho.
>
> Haverá perda de pontos se o examinado apresentar apenas as razões do recurso e deixar de elaborar a petição de interposição dirigida à Vara do Trabalho.
>
> Lembre-se de que em uma situação real a petição de interposição e as razões do recurso devem ser formuladas em peças separadas, porém unidas quando do protocolo, e não redigidas uma logo abaixo da outra na mesma página. No Exame da OAB, a petição com as razões do recurso deverá ser formulada imediatamente após a de interposição, tendo em vista a quantidade reduzida de linhas para responder à questão de elaboração da peça da prova prático-profissional.

7.8 Estrutura da Primeira Peça do Recurso Ordinário em Dissídio Coletivo — Petição de Interposição ou Peça de Rosto

DICA

A elaboração da peça de interposição é bem simples, porém devem ser observados determinados requisitos.

1º PASSO

Endereçar a petição de interposição ao Juiz Presidente do Tribunal Regional do Trabalho que proferiu a sentença normativa que se quer reformar (Juízo *a quo*).

DICA

Caso tenha que mencionar o número da Região do qual faz parte o Tribunal Regional do Trabalho, pode-se identificar tal dado no art. 674 da CLT.

IMPORTANTE

Alguns Tribunais Regionais do Trabalho têm aprovado modificação em seus Regimentos Internos, visando alterar a designação de seus magistrados de Juiz do Trabalho para **Desembargador Federal do Trabalho.**

Excelentíssimo Senhor Doutor Juiz Presidente do Egrégio Tribunal Regional do Trabalho da ... Região — Estado do...

2º PASSO

Deixar um espaço de 10 a 15 linhas. Porém, tendo em vista o limite de linhas para a resposta da questão discursiva na prova da OAB, sugerimos escrever "espaço" entre parênteses, evitando saltar muitas linhas. Exemplo: (Espaço).

(Espaço)

3º PASSO

Identificar o número dos autos do processo.

Processo n. ...

4º PASSO

Identificar as partes: não é necessário qualificá-las, pois a qualificação já foi feita na petição inicial e na contestação, podendo empregar-se a expressão **"já qualificado"** ou **"já qualificada"**.

Sindicato dos Empregadores do Estado de..., já qualificado nos autos do Dissídio Coletivo de número *supra*, proposto pelo Sindicato dos Empregados do Estado do..., também qualificado, (...)

5º PASSO

Comunicar que está recorrendo da sentença.

(...) vem tempestivamente perante esse Egrégio Tribunal, por seu advogado, devidamente constituído, adiante assinado, não se conformando com a respeitável sentença normativa, interpor

Recurso Ordinário em Dissídio Coletivo

6º PASSO

Indicar o dispositivo legal que autoriza a interposição do recurso (inciso II do art. 895 da CLT).

com fundamento no inciso II do art. 895 da Consolidação das Leis do Trabalho, juntando as Razões do Recurso, (...)

7º PASSO

Informar que está juntando a guia de pagamento das custas processuais.

IMPORTANTE

No recurso ordinário interposto em dissídio coletivo não há a exigência de recolhimento do depósito recursal (item V da Instrução Normativa n. 03/93 do TST).

(...) bem como a guia de pagamento das custas processuais, (...)

RECURSO ORDINÁRIO

8º PASSO

Requerer a remessa das razões para o Tribunal Superior do Trabalho (Juízo *ad quem*).

(...) e requer que, depois de cumpridas as formalidades legais e processuais, sejam remetidas ao Colendo Tribunal Superior do Trabalho, para conhecimento e julgamento.

9º PASSO

Requerer a intimação da parte contrária para contra-arrazoar (ou contrarrazoar) o recurso.

Por fim, requer a intimação do Recorrido para, querendo, contra-arrazoar o presente recurso.

10º PASSO

Fazer o desfecho final de praxe: requerimento, local, data e advogado.

DICA

No Exame da OAB, se os dados relativos ao local e à data não forem conhecidos, pode-se utilizar uma das seguintes formas: "Local..., data..."; "(Local), (data)"; ou "(Local), .../.../...".

Nestes termos, pede deferimento.
Local..., data...
Advogado OAB/... n. ...

7.9 Estrutura da Segunda Peça do Recurso Ordinário em Dissídio Coletivo — Razões do Recurso

ATENÇÃO

A petição contendo as razões do recurso deve ser entregue juntamente com a petição de interposição ou peça de rosto.

1º PASSO

Direcionar a petição contendo as razões ao Tribunal Superior do Trabalho que irá conhecer e julgar o recurso ordinário (Juízo *ad quem* ou Juízo para o qual se recorre).

Colendo Tribunal Superior do Trabalho

2º PASSO

Colocar a seguinte nomenclatura: Razões do Recurso Ordinário em Dissídio Coletivo.

Razões do Recurso Ordinário em Dissídio Coletivo

3º PASSO

Identificar informando o número dos autos do processo, o nome completo do recorrente e do recorrido, e o Tribunal Regional do Trabalho de origem que prolatou a sentença normativa à qual se está recorrendo (Juízo *a quo*).

Processo n. ...

Recorrente: Sindicato dos Empregadores do Estado do...

Recorrido: Sindicato dos Empregados do Estado de...

Origem: Tribunal Regional do Trabalho da ... Região — Estado do...

Doutos Ministros Julgadores,

Não obstante a integridade e o extremo conhecimento jurídico dos Ilustres Juízes do Egrégio Tribunal Regional do Trabalho da ... Região, prolatores da respeitável sentença normativa, *data venia* Suas Excelências não fizeram a esperada justiça que sempre lhes é tão peculiar, visto que na presente ação vislumbra-se de forma muito clara a existência de grave irregularidade, caracterizada pela ausência de prévia negociação coletiva entre as partes integrantes da presente relação jurídico-processual.

Assim, o Recorrente desde já requer seja concedido efeito suspensivo ao presente recurso, na forma prevista no art. 14 da Lei n. 10.192/2001 e no art. 9º da Lei n. 7.701/88, visando impedir a imediata propositura da ação de cumprimento até julgamento final do processo.

4º PASSO

Apresentar argumentos de fato e de direito contra a decisão.

1. Dos Fatos

DICA _____
> Fazer um breve histórico da demanda.

O Recorrido ajuizou dissídio coletivo de natureza econômica em face do Recorrente, buscando o estabelecimento de condições coletivas de trabalho para o período de 2019/2021, aduzindo que restou infrutífera a tentativa de negociação coletiva perante a Superintendência Regional do Trabalho.

Na audiência de instrução, realizada em .../.../..., presidida pelo Excelentíssimo Juiz Presidente do Egrégio Tribunal Regional do Trabalho da ... Região, não houve conciliação.

Em contestação o Recorrente alegou, preliminarmente, a ausência de negociação prévia e pugnou pela extinção do processo sem resolução do mérito.

O Tribunal *a quo*, apreciando o feito, rejeitou a preliminar arguida na contestação e, no mérito, julgou procedente, em parte, o dissídio coletivo.

5º PASSO _____
> Antes de tratar especificamente sobre o mérito, apresentar preliminares, se houver.

2. Preliminarmente — Da ausência de negociação prévia

Ao julgar o dissídio coletivo o Egrégio Tribunal Regional do Trabalho da ... Região rejeitou a preliminar arguida pelo Recorrente de ausência de negociação coletiva prévia, por ter considerado que restou evidenciado nos autos do processo que o Recorrido esgotou as medidas atinentes à negociação coletiva.

Porém, o conjunto probatório, formado com a instrução do dissídio coletivo, demonstra exatamente o contrário, visto que o Sindicato profissional não esgotou os meios de negociação coletiva, uma vez que fez uma única tentativa de reunião, por meio de uma mesa-redonda que contou com a intermediação da Superintendência Regional do Trabalho, o que comprova a não ocorrência da negociação coletiva prévia, não havendo que se falar em esgotamento da via negocial.

A Constituição Federal, no § 2º do art. 114, exige, para o ajuizamento de dissídio coletivo, a recusa à negociação coletiva. Por sua vez, o § 4º do art. 616 da Consolidação das Leis do Trabalho dispõe que nenhum processo de dissídio coletivo de natureza econômica será admitido sem antes se esgotarem as medidas relativas à formalização da convenção ou acordo correspondente. Isto significa que a negociação prévia tem natureza de **pressuposto de constituição e de desenvolvimento válido e regular do processo.**

Assim, como restou evidenciado que o Recorrido não exauriu as medidas atinentes ao entabulamento das negociações prévias, sendo que esta constitui pressuposto processual objetivo e específico do dissídio coletivo, segundo exigências constitucionais e infraconstitucionais de esgotamento das vias extrajudiciais antes do ajuizamento da ação coletiva (§§ 2º e 4º do art. 616 da CLT e §§ 1º e 2º do art. 114 da CRFB), sua inobservância deve implicar a extinção do processo coletivo, sem resolução do mérito.

Assim sendo, diante de todo o exposto, requer o Recorrente a extinção do processo, sem a apreciação do mérito, na forma do disposto no inciso IV do art. 485 do Código de Processo Civil, ante a ausência do pressuposto de constituição e desenvolvimento válido e regular do processo.

3. Do Mérito

Como a preliminar arguida confunde-se com o mérito, o Recorrente renova as razões acima consignadas, ressaltando o fato de que em decorrência da ausência de negociação coletiva prévia, não há como ser mantida a respeitável sentença normativa proferida pelo Egrégio Tribunal Regional do Trabalho da ... Região, tendo em vista que efetivamente não foi oportunizada ao Sindicato Recorrente a necessária negociação, de forma a se chegar a um ponto de equilíbrio que atendesse tanto aos interesses dos trabalhadores quanto dos empregadores, devendo, por este motivo, ser extinto o processo, sem a apreciação do mérito.

Porém, caso não seja acolhida a preliminar aduzida, requer o Recorrente seja reformada a respeitável decisão do Juízo *a quo* em relação às seguintes cláusulas:

Cláusula 2 — Produtividade

O Egrégio Tribunal Regional do Trabalho deferiu a cláusula nos seguintes termos:

Fica deferido o adicional de produtividade no percentual de 4% (quatro por cento), incidente sobre os salários corrigidos na forma disposta na cláusula anterior.

Porém, deve ser excluída, pois desde a edição da Lei n. 8.880/94 esse Colendo Tribunal Superior do Trabalho vem indeferindo qualquer índice de produtividade sem o devido amparo em indicadores objetivos, como é o caso presente.

Cláusula 3, § 2º — Horas Extras/Adicional

O Egrégio Regional deferiu o § 2º nos seguintes termos:

As horas extras prestadas habitualmente por mais de 2 (dois) anos, quando suprimidas total ou parcialmente, continuarão sendo pagas e integrando o salário para todos os fins de direito, através de verba específica, calculando-se a média das horas extras efetivamente pagas nos últimos 24 (vinte e quatro) meses, e o valor com base no salário do mês de pagamento.

Tal cláusula deverá ser adaptada aos termos da Súmula n. 291 desse Colendo Tribunal Superior, que assim dispõe:

A supressão total ou parcial, pelo empregador, de serviço suplementar prestado com habitualidade, durante pelo menos 1 (um) ano, assegura ao empregado o direito à indenização correspondente ao valor de 1 (um) mês das horas suprimidas, total ou parcialmente, para cada ano ou fração igual ou superior a seis meses de prestação de serviço acima da jornada normal. O cálculo observará a média das horas suplementares nos últimos 12 (doze) meses anteriores à mudança, multiplicada pelo valor da hora extra do dia da supressão.

Cláusula 4 — Anuênio

O Egrégio Regional deferiu a cláusula nestes termos:

A empresa se obriga a pagar a seus empregados, o adicional de 1% (um por cento) sobre o salário por cada ano de serviço prestado.

Porém, a presente cláusula implicará um ônus financeiro que não tem como ser suportado pelas empresas. Assim, também deverá ser excluída.

Cláusula 7 — Adicional de Turno

O Egrégio Regional deferiu a cláusula nestes termos:

A Empresa se obriga a pagar a todos os seus empregados que trabalham em regime de revezamento de turnos alternados, o adicional de 4% (quatro por cento) do salário-base.

Da mesma forma, a presente norma também implicará um ônus financeiro que não tem como ser suportado pelas empresas, devendo ser excluída.

Cláusula 13 — Auxílio por Filho Excepcional/Deficiente

O Egrégio Regional deferiu a cláusula nestes termos:

A Empresa pagará a seus empregados, mensalmente, por filho excepcional ou deficiente físico, visual ou auditivo, o equivalente a 70% (setenta por cento) do piso salarial. Parágrafo Primeiro: A condição de excepcionalidade ou deficiência será atestada por médico do INSS, da Empresa ou por esta credenciado. Nesta hipótese, será necessária a ratificação por parte do médico da Empresa.
Parágrafo Segundo: Quando marido e mulher ou companheiro e companheira trabalharem na mesma Empresa, apenas o empregado mais antigo fará jus a este benefício, sendo que, em caso de estarem separados, o pagamento será feito àquele que tenha a guarda dos filhos.

Novamente, o deferimento de tal cláusula implicará um ônus financeiro que não tem como ser suportado pelas empresas, devendo, igualmente, ser excluída.

Cláusula 14 — Auxílio para Material Escolar

O Egrégio Regional deferiu a cláusula nestes termos:

A Empresa pagará, no próximo ano letivo, aos seus empregados que tenham filho na faixa de 7 (sete) a 14 (quatorze) anos, um auxílio, de uma única vez, no mês de março, no valor correspondente a 10% (dez por cento) do piso salarial, para auxílio material escolar.
Parágrafo Primeiro: Para percepção do benefício por parte do empregado, este deverá apresentar ao Departamento de Recursos Humanos o certificado do seu dependente.
Parágrafo Segundo: Quando se tratar de marido e mulher ou companheiro e companheira, ambos empregados na mesma Empresa, apenas o empregado mais antigo na Empresa fará jus a este benefício, sendo que, em caso de estarem separados, o pagamento será feito àquele que tem a guarda dos filhos.

Tal cláusula também deverá ser excluída, visto que implicará um ônus financeiro às empresas que não têm como suportá-lo.

Cláusula 18 — Fornecimento de Uniformes

O Egrégio Regional deferiu a cláusula nos seguintes termos:

A Empresa se obriga a fornecer gratuitamente aos seus empregados 4 (quatro) jogos completos de uniformes, inclusive àqueles que trabalham em serviços administrativos, que têm contato permanente com o público.

Neste caso, requer o Recorrente seja adaptada a cláusula aos termos do Precedente Normativo n. 115 desse TST, que assim dispõe:

> Determina-se o fornecimento gratuito de uniformes, desde que exigido seu uso pelo empregador.

Cláusula 25 — Pagamento Calendário

O Egrégio Regional deferiu a cláusula nestes termos:

> A Empresa se obriga a manter a atual sistemática de pagamento quinzenal, respeitando o limite máximo de pagamento nos dias 15 (quinze) e 28 (vinte e oito) de cada mês.
>
> Parágrafo único: A Empresa se obriga a enviar o pagamento do pessoal do Interior diretamente para a agência bancária da cidade do local de trabalho de cada empregado.

Porém, tal condição já está legalmente prevista no § 1º do art. 459 da CLT, não havendo motivos plausíveis que ensejem a sua ampliação. Assim, requer seja excluída.

6º PASSO

Fazer a conclusão, com o pedido de conhecimento e provimento do recurso.

4. Da Conclusão

Em face do exposto, o Recorrente requer seja acolhida a preliminar arguida, para extinguir o processo, sem a apreciação do mérito, na forma do disposto no inciso IV do art. 485 do Código de Processo Civil, para que possa ocorrer o necessário prosseguimento da negociação coletiva entre as partes, e no mérito, requer que o presente Recurso Ordinário seja conhecido e provido, (...)

7º PASSO

Requerer a reforma da sentença.

(...) com a reforma da respeitável sentença normativa, com a exclusão das Cláusulas 2 — Produtividade, 4 — Anuênio, 7 — Adicional de Turno, 13 — Auxílio por Filho Excepcional/Deficiente, 14 — Auxílio para Material Escolar e a 25 — Pagamento Calendário, bem como adaptação das Cláusulas 3, § 2º — Horas

Extras/Adicional e 18 — Fornecimento de Uniformes, nos termos da Súmula n. 291 do TST e do Precedente Normativo n. 115 do Tribunal Superior do Trabalho, respectivamente.

8º PASSO

Desfecho de praxe: requerimentos, local, data e assinatura do advogado.

DICA

No Exame da OAB, se os dados relativos ao local e à data não forem conhecidos, pode-se utilizar uma das seguintes formas: "Local..., data..."; "(Local), (data)"; ou "(Local), .../.../...".

Nestes termos, pede deferimento.
Local..., data...
Advogado OAB/... n. ...

Capítulo 8

Agravo de Instrumento

Recurso adequado para impugnar os despachos que denegarem seguimento a interposição de recursos (letra *b* do art. 897 da CLT).

Segundo o item II da Instrução Normativa n. 16/99 do TST, o cabimento do agravo de instrumento está limitado aos despachos que denegarem a interposição de recurso, e será dirigido à autoridade judiciária prolatora do despacho agravado, no prazo de 8 dias de sua intimação, e processado em autos apartados.

E, de acordo com o inciso XIII do art. 2º da Instrução Normativa n. 39/2016 do Tribunal Superior do Trabalho, não é aplicável ao Processo do Trabalho o art. 1.070 do CPC, que prevê o prazo de 15 dias para interposição do agravo. Neste caso, continua valendo o prazo previsto no art. 6º da Lei n. 5.584/70, ou seja, 8 dias.

IMPORTANTE

No processo do trabalho não cabem recursos de **decisões interlocutórias** (§ 1º do art. 893 c/c o § 2º do art. 799 da CLT e Súmula n. 214 do TST), somente de **decisão definitiva** ou **terminativa.** Assim, o agravo de instrumento serve apenas para "destrancar" recurso ao qual foi negado seguimento e não para atacar decisões interlocutórias.

Quem interpõe o recurso se chama agravante e a parte contrária se chama agravado.

Para interpor tal recurso não é necessário o pagamento de custas (item XI da Instrução Normativa n. 16/99 do TST), que somente serão pagas ao final do processo (inciso III do art. 789-A da CLT). Porém, **é necessário o depósito recursal,** que corresponderá a 50% do valor do depósito do recurso ao qual se pretende destrancar (§ 7º do art. 899 da CLT).

ATENÇÃO

O depósito recursal somente deverá ser procedido pela parte agravante na hipótese de haver depósito recursal no recurso principal.

A obrigação de proceder ao depósito restringe-se à parte reclamada, tendo em vista a natureza jurídica do depósito recursal de garantia do juízo, no caso de decisão condenatória ou executória de obrigação de pagamento em pecúnia (item I da Instrução Normativa n. 3/93 do TST).

Quando o agravo de instrumento for interposto com a finalidade de destrancar recurso de revista, que se insurge contra decisão que contraria a jurisprudência uniforme do Tribunal Superior do Trabalho, consubstanciada nas suas Súmulas ou em Orientação Jurisprudencial, não há a obrigatoriedade de a parte recorrente efetuar o depósito recursal (§ 8º do art. 899 da CLT). Porém, tal dispensa do depósito recursal não será aplicável aos casos em que o agravo de instrumento se refira a uma parcela de condenação, pelo menos, que não seja objeto de arguição de contrariedade à Súmula ou à Orientação Jurisprudencial do TST (*caput* do art. 23 do Ato n. 491/SEGJUD.GP, de 23-9-2014). E, caso a arguição se revelar manifestamente infundada, temerária ou artificiosa, o agravo de instrumento será considerado deserto (parágrafo único do art. 23 do Ato n. 491/SEGJUD.GP, de 23-9-2014).

A **petição inicial** do agravo de instrumento, com as razões que justificam a reforma do despacho que indeferiu o recurso trancado, deverá vir acompanhada, obrigatoriamente, das cópias das peças necessárias para a formação do instrumento (inciso I do § 5º do art. 897 da CLT), quais sejam:

> a decisão agravada;
> a certidão da respectiva intimação;
> as procurações outorgadas aos advogados do agravante e do agravado;
> a petição inicial;
> a contestação ou defesa;
> a decisão originária (sentença ou acórdão);
> o depósito recursal referente ao recurso que se pretende destrancar, se for o caso;
> e a comprovação do recolhimento das custas e do depósito recursal, se houver.

Facultativamente, a parte agravante também pode juntar outras peças que reputar úteis ao deslinde da matéria controvertida (inciso II do § 5º do art. 897 da CLT).

Se acaso faltar qualquer das peças obrigatórias **o recurso não será conhecido** (item III da Instrução Normativa n. 16/99 do TST).

Ademais, as peças trasladadas deverão conter informações que identifiquem o processo do qual foram extraídas, não sendo considerada válida a cópia de despacho ou decisão que não contenha a assinatura do juiz prolator, nem as certidões subscritas por serventuário sem as informações exigidas (item IX da Instrução Normativa n. 16/99 do Tribunal Superior do Trabalho).

IMPORTANTE

Atualmente, na Justiça do Trabalho, o envio do recurso é por intermédio do sistema de peticionamento eletrônico, mediante uso de assinatura eletrônica. Assim, quando da interposição do agravo de instrumento não há mais necessidade de ser retirada cópia das peças dos autos, porém o recurso deverá estar acompanhado das cópias obrigatórias dos documentos produzidos eletronicamente e dos digitalizados, em formato PDF (*Portable Document Format*).

Com as peças juntadas ao agravo de instrumento, o recurso deve ser protocolizado no juízo que denegou seguimento ao recurso, que poderá:

> **Reconsiderar a decisão denegatória,** verificando que houve equívoco ao denegar-se processamento. Neste caso, o agravo de instrumento é juntado aos autos principais e, depois de vistas à parte contrária para apresentar contrarrazões ao recurso principal, será remetido ao Tribunal competente para apreciação do apelo que havia sido inicialmente trancado.

> **Não reconsiderar a decisão** e então determinar a formação do agravo (autuação com os mesmos dados do processo principal), abrindo vistas à parte contrária (agravado) para contrarrazoar o agravo e o recurso principal, e em seguida remeter os autos do agravo ao juízo competente (item VI da Instrução Normativa n. 16/99 do TST).

IMPORTANTE

O Órgão Especial do Tribunal Superior do Trabalho aprovou no dia 30-8-2010 a **Resolução Administrativa n. 1.418,** na qual o agravo de instrumento de despacho que negar seguimento de recurso para o Tribunal Superior do Trabalho deve ser processado nos próprios autos do recurso denegado.

Da mesma forma, alguns Tribunais Regionais do Trabalho têm admitido, em determinadas hipóteses, que o agravo de instrumento seja processado nos autos principais, sem a necessidade de cópia das peças principais para a formação do instrumento.

Provido o agravo, o órgão julgador deliberará quanto ao julgamento do recurso destrancado, observando-se, daí em diante, o procedimento relativo a tal recurso, com designação de relator e de revisor, se for o caso (item VII da Instrução Normativa n. 16/99 do TST).

OBSERVAÇÃO

Casos mais frequentes em que é denegado seguimento a recurso:

Por **deserção**, pela ausência de preparo, ou seja, pelo não pagamento das custas processuais e recolhimento do depósito recursal.

Por **deserção,** pelo pagamento das custas processuais e recolhimento do depósito recursal após o prazo recursal.

> Pela **intempestividade,** em razão de o recurso ter sido interposto fora do prazo recursal (regra geral, 8 dias).
>
> Pela **intempestividade,** em razão de o recurso ter sido interposto antes da data da publicação da sentença ou do acórdão, momento em que tem início o prazo recursal.

DICA

Numa hipótese em que é denegado seguimento a determinado recurso trabalhista, por motivo de deserção, não há que se alegar em sede de agravo de instrumento, que o juízo *a quo* deveria ter determinado à intimação do recorrente para complementação do valor das custas, com fundamento no § 2º do art. 511 do Código de Processo Civil, que dispõe que a insuficiência no valor do preparo do recurso implicará deserção, se o recorrente, intimado, não vier a supri-lo no prazo de 5 dias. Segundo o *caput* do art. 789 da CLT, as custas devem ser computadas à base de 2% do valor da condenação, ao passo que o § 1º do mesmo dispositivo legal estabelece que o recolhimento deve ser comprovado no prazo recursal. Assim, como a CLT possui disposições específicas e objetivas relacionadas ao cálculo do valor das custas e em relação ao momento de comprovação do seu recolhimento, muitos julgados trabalhistas têm decidido pela inaplicabilidade do § 2º do art. 1.007 do CPC no Processo do Trabalho.

Exemplo de problema:

Erasto Silva propôs reclamação trabalhista em face da Padaria Belo Pão S.A., pleiteando o pagamento de horas extras e reflexos. O pedido foi deferido e julgada procedente a ação trabalhista. Inconformado com tal decisão, o reclamado interpôs recurso ordinário. Porém, o juízo de primeiro grau denegou seguimento ao recurso sob a alegação de intempestividade, pois teria sido interposto pelo reclamado após o término do prazo recursal. Questão: apresentar, como advogado do reclamado, a medida processual adequada.

8.1 Estrutura da Peça Processual do Agravo de Instrumento

DICAS

Ao interpor o agravo de instrumento deve-se elaborar, na mesma ocasião, **duas peças** processuais: a primeira peça, denominada **petição de interposição**, que deverá ser dirigida à autoridade judiciária prolatora do despacho agravado, e a segunda peça que conterá as **razões do recurso**.

As razões do recurso são protocoladas juntamente com a petição de interposição.

Haverá perda de pontos se o examinado apresentar apenas as razões do recurso e deixar de elaborar a petição de interposição.

AGRAVO DE INSTRUMENTO

Lembre-se que em uma situação real a petição de interposição e as razões do recurso devem ser formuladas em peças separadas, porém unidas quando do protocolo, e não redigidas uma logo abaixo da outra na mesma página. No Exame da OAB, a petição com as razões do recurso deverá ser formulada imediatamente após a de interposição, tendo em vista a quantidade reduzida de linhas para responder à questão de elaboração da peça da prova prático-profissional.

8.2 Estrutura da Primeira Peça do Agravo de Instrumento — Petição de Interposição

1º PASSO

Endereçar a petição de interposição à autoridade judiciária prolatora do despacho agravado (Juiz da Vara do Trabalho ou Juiz de direito da Justiça Comum Estadual, investido na jurisdição trabalhista; Juiz/Desembargador Presidente do Tribunal Regional do Trabalho; Ministro Presidente do Tribunal Superior do Trabalho). Exemplos: "Excelentíssimo Senhor Doutor Juiz da ... Vara do Trabalho de... — Estado..."; "Excelentíssimo Senhor Doutor Juiz/Desembargador Presidente do Egrégio Tribunal Regional do Trabalho da ... Região"; "Excelentíssimo Senhor Doutor Ministro Presidente do Colendo Tribunal Superior do Trabalho".

DICA

Observe atentamente se a questão do Exame da OAB indica qual é o número da Vara do Trabalho que proferiu o despacho da qual se pretende destrancar. Se não indicar, pode-se simplesmente colocar reticências (pontilhados). Exemplo: "Excelentíssimo Senhor Doutor Juiz da ... Vara do Trabalho de... — Estado...". Da mesma forma, pode-se também utilizar reticências se não for informado o número da Região do Tribunal Regional do Trabalho prolator do despacho agravado. Exemplo: "Egrégio Tribunal Regional do Trabalho da ... Região — Estado do...". Caso tenha que mencionar o número da Região do qual faz parte o Tribunal Regional do Trabalho, pode-se identificar tal dado no art. 674 da CLT.

Excelentíssimo Senhor Doutor Juiz da ... Vara do Trabalho de... — Estado do...

2º PASSO

Deixar um espaço de 10 a 15 linhas. Porém, tendo em vista o limite de linhas para a resposta da questão discursiva na prova da OAB, sugerimos escrever "espaço" entre parênteses, evitando saltar muitas linhas. Exemplo: (Espaço).

(Espaço)

3º PASSO

Identificar o número dos autos do processo.

Processo n. ...

4º PASSO

Identificar as partes: não é necessário qualificá-las, pois a qualificação já foi feita na petição inicial e na contestação, podendo empregar-se a expressão "já qualificado" ou "já qualificada". Nas ações plúrimas, deve-se utilizar a expressão "já qualificados".

Padaria Belo Pão S.A., já qualificada, por seu advogado, que esta subscreve, nos autos do processo em epígrafe proposto por **Erasto Silva,** também qualificado, vem, mui respeitosamente, à presença de Vossa Excelência, interpor

Agravo de Instrumento

5º PASSO

Indicar o dispositivo legal que autoriza a interposição do recurso (letra *b* do art. 897 da CLT).

com fundamento na alínea *b* do art. 897 da Consolidação das Leis do Trabalho, (...)

6º PASSO

Informar que está juntando as cópias das peças necessárias para formação do instrumento e julgamento do recurso denegado (inciso I do § 5º do art. 897 da CLT).

(...) juntando as cópias das peças necessárias para formação do instrumento e julgamento do recurso denegado, quais sejam:

> ❯ Decisão agravada;
> ❯ Certidão da respectiva intimação;
> ❯ Procurações outorgadas aos advogados do Agravante e do Agravado;
> ❯ Petição inicial;
> ❯ Contestação;
> ❯ Decisão originária (sentença) [ou acórdão, se for o caso];
> ❯ Comprovante do recolhimento das custas e do depósito recursal [se realizado].

A Agravante declara, desde já, a fidelidade das cópias aos documentos originais, na forma do item IX da Instrução Normativa n. 16/99 do Tribunal Superior do Trabalho, (...)

7º PASSO

Informar que está juntando a guia de recolhimento do depósito recursal, que corresponderá a 50% do valor do depósito do recurso ao qual se pretende destrancar (§ 7º do art. 899 da CLT).

IMPORTANTE

Somente o recorrente reclamado é que está obrigado a proceder ao depósito recursal. Havendo **condenação solidária**, de duas ou mais empresas, o depósito recursal efetuado por uma delas aproveita as demais, quando a empresa que efetuou o depósito não pleiteia sua exclusão da lide, pois, se pleitear a exclusão da lide, as outras reclamadas deverão efetuar o depósito recursal (item III da Súmula n. 128 do TST). A comprovação do depósito da condenação terá que ser feita dentro do prazo para a interposição do recurso, sob pena de ser considerado deserto (art. 7º da Lei n. 5.584/70). Se não há condenação a pagamento em pecúnia, descabe o depósito recursal (Súmula n. 161 do TST). Na Justiça do Trabalho, estão dispensadas de proceder ao depósito para interposição de recurso a União, os Estados, o Distrito Federal, os Municípios e as autarquias ou fundações de direito público federais, estaduais ou municipais que não explorem atividade econômica (inciso IV do art. 1º do Decreto-lei n. 779/69).

Não há obrigatoriedade da parte recorrente efetuar o depósito recursal quando o agravo de instrumento for interposto com a finalidade de destrancar recurso de revista, que se insurge contra decisão que contraria a jurisprudência uniforme do Tribunal Superior do Trabalho, consubstanciada nas suas Súmulas ou em Orientação Jurisprudencial (§ 8º do art. 899 da CLT).

(...) bem como junta o comprovante de recolhimento do depósito recursal, correspondente a 50% (cinquenta por cento) do valor do depósito do recurso ao qual se pretende destrancar.

8º PASSO

Requerer a reforma da decisão agravada (item IV da Instrução Normativa n. 16/99 do TST).

Por fim, requer a reforma da decisão agravada, (...)

9º PASSO

Requerer a intimação da parte contrária para apresentar contrarrazões ao recurso, e simultaneamente ao recurso principal, e, após, o encaminhamento dos autos do agravo ao juízo competente para conhecimento e julgamento (item VI da Instrução Normativa n. 16/99 do TST).

(...) e, caso mantida, a intimação do Agravado para, querendo, apresentar contrarrazões ao presente recurso e ao recurso principal, encaminhando-se, após, os autos do agravo ao Juízo competente, para conhecimento e julgamento.

10º PASSO

Fazer o desfecho final de praxe: requerimento, local, data e advogado.

DICA

No Exame da OAB, se os dados relativos ao local e à data não forem conhecidos, pode-se utilizar uma das seguintes formas: "Local..., data..."; "(Local), (data)"; ou "(Local), .../.../...".

Nestes termos, pede deferimento.
Local..., data...
Advogado OAB/... n. ...

8.3 Estrutura da Segunda Peça do Agravo de Instrumento — Razões do Recurso

ATENÇÃO

A petição contendo as razões do recurso deve ser entregue juntamente com a petição de interposição.

1º PASSO

Direcionar a petição contendo as razões ao juízo competente (Egrégio Tribunal Regional do Trabalho da ... Região; Colendo Tribunal Superior do Trabalho; Excelso Supremo Tribunal Federal), que irá conhecer e julgar o agravo de instrumento.

Egrégio Tribunal Regional do Trabalho da ... Região — Estado do...

2º PASSO

Colocar a seguinte nomenclatura: Razões do Agravo de Instrumento.

AGRAVO DE INSTRUMENTO

Razões do Agravo de Instrumento

3º PASSO

Identificar informando o número dos autos do processo, o nome completo do agravante e do agravado, e o juízo de origem que proferiu o despacho que denegou a interposição do recurso.

Processo n. ...
Agravante: Padaria Belo Pão S.A.
Agravado: Erasto Silva
Origem: Vara do Trabalho de...

Doutos Julgadores,

4º PASSO

Apresentar argumentos de fato e de direito contra a decisão.

Dos Fatos

DICA

Fazer um breve histórico do processo.

O Agravado propôs ação trabalhista em face da Agravante pretendendo o pagamento de horas extras e reflexos.

A Agravante contestou o pedido, comprovando já haver quitado a verba, apresentando recibos que demonstraram os pagamentos.

Todavia, a respeitável sentença de primeiro grau foi favorável às pretensões do Agravado, tendo deferido as horas extras postuladas, com acréscimo de 50% (cinquenta por cento), e reflexos nas verbas rescisórias e contratuais.

Diante do inconformismo de tal decisão, a Agravante interpôs Recurso Ordinário, no prazo de 8 (oito) dias, pretendendo a reversão da decisão de primeiro grau.

Porém, o Meritíssimo Juiz de Primeira Instância negou seguimento ao Recurso Ordinário sob o fundamento de que foi interposto após o término do prazo recursal, tendo indeferido o processamento do recurso por intempestivo.

Do Mérito

O Juízo de origem lançou o seguinte despacho no Recurso Ordinário protocolizado pela Agravante:

"Denego seguimento ao recurso, porque intempestivo. Em 8-10-2019."

Entretanto, incorreu em grave equívoco o Juízo de origem ao proferir tal decisão.

Isto porque, conforme se depreende do processado, a Agravante foi intimada da sentença em 27-8-2019. Neste caso, o prazo para interposição do Recurso Ordinário começou a ser contado em 28-8-2019 e findou-se em 4-9-2019.

Assim, como o Recurso Ordinário da Agravante foi protocolado em 4-9-2019, isto é, no prazo legal, **é incontestavelmente tempestivo,** devendo ser dado provimento ao presente Agravo de Instrumento, a fim de que seja processado o Recurso Ordinário por ela ofertado tempestivamente.

5º PASSO

Fazer a conclusão, com o pedido de conhecimento e provimento do Agravo de Instrumento, com o processamento do recurso que foi indeferido.

Da Conclusão

Pelo exposto, demonstrou a Agravante que observou todos os pressupostos gerais e específicos de admissibilidade do recurso principal interposto, requerendo, portanto, seja conhecido e provido o presente Agravo de Instrumento, para determinar o processamento do Recurso Ordinário, visando ao exame do mérito da matéria ali contida.

6º PASSO

Desfecho de praxe: requerimentos, local, data e assinatura do advogado.

DICA

No Exame da OAB, se os dados relativos ao local e à data não forem conhecidos, pode-se utilizar uma das seguintes formas: "Local..., data..."; "(Local), (data)"; ou "(Local), .../.../...".

Nestes termos, pede deferimento.
Local..., data...
Advogado OAB/... n. ...

Capítulo 9

Embargos de Declaração

O juiz, ao publicar a sentença, cumpre e esgota seu ofício jurisprudencial, somente podendo modificá-la em caso de embargos de declaração ou de erros evidentes.

Segundo Sergio Pinto Martins (2009, p. 473), os embargos de declaração "vêm a ser um impedimento à decisão judicial, visando sanar omissão, obscuridade ou contradição existente na decisão ou tendo por objetivo prequestionar determinada matéria que irá ser renovada na instância seguinte".

Ainda, segundo o autor, "se tivessem natureza recursal haveria contrarrazões, assim, como pagamento do depósito recursal e custas, o que inocorre".

OBSERVAÇÃO

Como os embargos de declaração são julgados pelo próprio juiz prolator da decisão atacada, muitos autores entendem que não se trata de um recurso, mas de apenas um meio de correção da sentença ou do acórdão. Para Nelson Nery Junior e Rosa Maria de Andrade Nery (2015b, p. 2120), os embargos de declaração têm natureza jurídica de recurso (inciso IV do art. 994 do CPC).

De conformidade com o *caput* do art. 897-A da Consolidação das Leis do Trabalho, os embargos de declaração são cabíveis da **sentença** ou **acórdão,** proferidos tanto nos dissídios individuais quanto nos coletivos, no prazo de **5 dias,** devendo seu julgamento ocorrer na primeira audiência ou sessão subsequente a sua apresentação, admitido **efeito modificativo** da decisão nos casos de **omissão** e **contradição** no julgado e **manifesto equívoco no exame dos pressupostos extrínsecos do recurso.**

Os embargos de declaração são cabíveis também para **corrigir erro material** (§ 1º do art. 897-A da CLT e inciso III do art. 1.022 do CPC), podendo inclusive ser corrigidos de ofício pelo juiz.

O Código de Processo Civil acrescenta, ainda, o cabimento dos embargos de declaração para esclarecer **obscuridade** (inciso I do art. 1.022 do CPC).

OBSERVAÇÃO

O art. 1.022 do CPC prevê o cabimento dos embargos de declaração contra qualquer decisão judicial (contra decisão interlocutória, sentença ou acórdão), enquanto no processo do trabalho seu cabimento se restringe a sentença ou acórdão (*caput* do art. 897-A da CLT).

Segundo o art. 9º da Instrução Normativa n. 39/2016 do Tribunal Superior do Trabalho, o cabimento dos embargos de declaração no Processo do Trabalho, para impugnar qualquer decisão judicial, rege-se pelo art. 897-A da CLT e, supletivamente, pelo Código de Processo Civil (arts. 1.022 a 1.025; §§ 2º, 3º e 4º do art. 1.026), excetuada a garantia de prazo em dobro para litisconsortes (§ 1º do art. 1.023 do CPC).

No processo do trabalho, os embargos de declaração são utilizados também para provocar o **prequestionamento** da matéria a ser discutida no recurso de revista, embargos para o Tribunal Superior do Trabalho e recurso extraordinário (Súmula n. 297 do TST).

IMPORTANTE

Os embargos de declaração não são cabíveis no caso de despachos.

Há **contradição** quando a decisão afirma algo que ao mesmo tempo nega. Exemplo: quando o juiz determina o pagamento de horas extraordinárias e depois diz que elas são indevidas, pois o autor não trabalhou além da oitava hora diária.

Há **omissão** na decisão quando o julgador deixa de se pronunciar sobre certo ponto sobre o qual deveria se manifestar. Exemplo: o autor pediu horas extras, com sua integração nas férias e no 13º salário, porém o juiz somente autorizou a integração nas férias.

Há **obscuridade** quando faltar clareza na sentença (ou acórdão), de forma a torná-la não compreensível.

O **manifesto equívoco no exame dos pressupostos extrínsecos do recurso** ocorrerá no caso em que equivocadamente for denegado seguimento a recurso para a instância superior em decorrência da intempestividade, deserção, ausência de procuração e recolhimento de custas ou depósito recursal. Exemplo: deferida a concessão da justiça gratuita o reclamante recorre, porém o juízo de primeiro grau denega seguimento ao seu recurso sob a alegação de deserção, tendo em vista que não foi procedido o pagamento das custas; por meio dos embargos de declaração poderá ser sanado tal equívoco na análise dos pressupostos de admissibilidade recursal, tendo em vista que o autor estava desobrigado de pagar custas para recorrer.

Na hipótese da existência de **erro material** na decisão embargada, a parte embargante pode utilizar os embargos de declaração para requerer ao juízo a sua correção (§ 1º do art. 897-A da CLT e inciso III do art. 1.022 do CPC). Para Nelson Nery Junior e Rosa Maria de Andrade Nery (2015b, p. 2123), há erro material quando houver incorreções na sentença ou no acórdão em relação ao modo de expressão do conteúdo, sendo os erros de grafia os mais comuns. São exemplos de erro material: quando a sentença de primeiro grau se equivoca ao citar a data da admissão ou da rescisão do contrato de trabalho do reclamante, informando uma data distinta da registrada na CTPS do ex-empregado; quando o juízo de primeiro grau reconhece na sentença a prescrição parcial, quando deveria ter consignado que se trata da prescrição total, ou vice-versa.

Quem interpõe o recurso se chama **embargante** e a parte contrária se chama **embargado**.

Importante destacar que a natureza da omissão suprida pelo julgamento de embargos declaratórios pode ocasionar **efeito modificativo** no julgado (Súmula n. 278 do TST).

Segundo a Lei n. 13.015, de 21-7-2014, que alterou a redação do art. 897-A da CLT, o efeito modificativo somente poderá ocorrer em virtude da correção de vício na decisão embargada, e desde que ouvida a parte contrária, no prazo de 5 dias (§ 2º do art. 897-A da CLT).

Assim, se os embargos de declaração tiverem efeito modificativo, deve ser dada vista à parte contrária para se manifestar sobre os embargos, sob pena de violação ao princípio do contraditório.

Nesse sentido, o Supremo Tribunal Federal tem manifestado o entendimento de que "a garantia constitucional do contraditório impõe que se ouça, previamente, a parte embargada na hipótese excepcional de os embargos de declaração haverem sido interpostos com efeito modificativo" (BRASIL, 2011b).

Ademais, é passível de nulidade decisão que acolhe embargos declaratórios com efeito modificativo sem dar oportunidade para a parte contrária se manifestar (item I da Orientação Jurisprudencial n. 142 da Subseção de Dissídios Individuais I do TST).

Quanto ao prazo, é em dobro para a interposição de embargos declaratórios por pessoa jurídica de direito público (Orientação Jurisprudencial n. 192 da Subseção de Dissídios Individuais I do TST).

E para interpor o recurso de embargos de declaração não é necessário o pagamento das custas nem o depósito recursal (parte final do *caput* do art. 1.023 do CPC).

OBSERVAÇÕES

Segundo o Ato n. 440/SEGJUD.GP do Tribunal Superior do Trabalho, a partir de agosto de 2012 os autores de recursos internos interpostos contra as decisões do TST, como embargos (art. 231 do RITST), embargos infringentes (art. 232 do RITST), agravo regimental (art. 235 do RITST), agravo (art. 239 do RITST) e embargos de declaração (art. 241 do RITST), deverão informar o registro do número de inscrição das partes no cadastro de pessoas físicas (CPF) ou jurídicas (CNPJ) mantido pela Receita Federal. Tal ato deverá ser observado tanto para as petições recebidas fisicamente pelo TST quanto pelo sistema e-Doc, e tem como objetivo a identificação precisa das partes envolvidas no processo.

Os embargos de declaração interrompem o prazo para interposição de outros recursos, por qualquer das partes, salvo quando intempestivos, irregular a representação da parte ou ausente a sua assinatura (§ 3º do art. 897-A da CLT e *caput* do art. 1.026 do CPC).

Não são admitidos novos embargos de declaração se os dois anteriores houverem sido considerados protelatórios (§ 4º do art. 1.026 do CPC).

9.1 Estrutura da Peça Processual de Embargos de Declaração

1º PASSO

Endereçar os embargos de declaração ao juiz da causa ou ao relator (nos tribunais), que proferiu a decisão na qual incorreu em omissão ou contradição no julgado, ou manifesto equívoco no exame dos pressupostos extrínsecos do recurso (*caput* do art. 897-A da CLT), ou também no caso de obscuridade (inciso I do art. 1.022 do CPC), ou também se incorreu em erro material (§ 1º do art. 897-A da CLT e inciso III do art. 1.022 do CPC).

Excelentíssimo Senhor Doutor Juiz da ... Vara do Trabalho de... — Estado do...

2º PASSO

Deixar um espaço de 10 a 15 linhas. Porém, tendo em vista o limite de linhas para a resposta da questão discursiva na prova da OAB, sugerimos escrever "espaço" entre parênteses, evitando saltar muitas linhas. Exemplo: (Espaço).

(Espaço)

3º PASSO

Identificar o número dos autos do processo.

Processo n. ...

4º PASSO

Identificar as partes: não é necessário qualificá-las, pois a qualificação já foi feita na petição inicial e na contestação, podendo empregar-se a expressão "já qualificado" ou "já qualificada". Nas ações plúrimas, deve-se utilizar a expressão **"já qualificados"**.

Erasto Silva, já qualificado, nos autos do processo em epígrafe proposto contra a **Padaria Belo Pão S.A.,** também qualificada, vem, mui respeitosamente, à presença de Vossa Excelência, interpor

Embargos de Declaração

5º PASSO

Indicar o dispositivo legal que autoriza a interposição dos embargos de declaração (*caput* do art. 897-A da CLT).

com fundamento no *caput* do art. 897-A da Consolidação das Leis do Trabalho combinado com o inciso II do art. 1.022 do Código de Processo Civil, pelos motivos de fato e de direito que a seguir expõe:

6º PASSO

Apresentar argumentos de fato e de direito contra a decisão.

DICA

Fazer a indicação precisa da omissão, contradição, do erro material, da obscuridade do julgado, ou ainda da ocorrência de manifesto equívoco no exame dos pressupostos extrínsecos do recurso.

O Embargante propôs ação trabalhista em face da Embargada requerendo o pagamento de horas extras e adicional noturno, além dos reflexos destes sobre as verbas contratuais e rescisórias.

A respeitável sentença julgou procedente o pedido de horas extras, contudo, foi omissa ao não examinar o pleito alusivo ao adicional noturno.

Logo, o presente apelo tem fundamento no *caput* do art. 897-A da Consolidação das Leis do Trabalho e no inciso II do art. 1.022 do Código de Processo Civil, nos quais são cabíveis embargos de declaração da sentença no caso de omissão no julgado.

7º PASSO

Fazer a conclusão, com o pedido de conhecimento e provimento dos Embargos de Declaração para que seja sanada a omissão, contradição ou obscuridade (da sentença ou acórdão), ou o manifesto equívoco no exame dos pressupostos extrínsecos do recurso.

Conclusão

Pelo exposto, requer o Embargado sejam conhecidos e providos os Embargos de Declaração, para que seja sanada a omissão indicada, com a apreciação do pedido de pagamento do adicional noturno, com os devidos reflexos sobre as verbas contratuais e rescisórias.

8º PASSO

Desfecho de praxe: requerimentos, local, data e assinatura do advogado.

DICA

No Exame da OAB, se os dados relativos ao local e à data não forem conhecidos pode-se utilizar uma das seguintes formas: "Local..., data..."; "(Local), (data)"; ou "(Local), .../.../...".

Nestes termos, pede deferimento.
Local..., data...
Advogado OAB/... n. ...

CAPÍTULO 10

Recurso de Revista

Antigamente, o recurso de revista era chamado de **recurso extraordinário,** quando a Justiça do Trabalho ainda era administrativa, isto é, quando pertencia ao Poder Executivo.

Quando a Justiça do Trabalho passou a integrar o Poder Judiciário (pela Constituição Federal de 1946), teve de ser mudada a sua nomenclatura para **recurso de revista,** para que não se confundisse com o **recurso extraordinário,** o qual pode ser interposto para a Suprema Corte. Neste caso, haviam dois recursos extraordinários: um dos Tribunais Regionais do Trabalho para o Tribunal Superior do Trabalho e outro deste para o Supremo Tribunal Federal.

Assim, como já existia um recurso com tal nomenclatura, o que acabava causando confusões, o legislador resolveu alterar a denominação do recurso trabalhista para recurso de revista.

A palavra "revista", em sentido genérico, tem o significado de rever, de reexame.

A principal função do recurso é **padronizar o entendimento ou interpretação das leis,** mediante o julgamento do recurso de revista pelas Turmas do Tribunal Superior do Trabalho.

Isto porque a ocorrência de decisões diferentes, na solução de casos iguais, acaba por afetar a confiança e a credibilidade dos jurisdicionados na atuação do Poder Judiciário.

Daí surge a necessidade de eliminar as divergências de interpretação das normas jurídicas, uma vez que essas divergências acabam por gerar insegurança ao jurisdicionado, que não entende como em um mesmo tipo de caso possam ser proferidas decisões muitas vezes tão distintas.

O recurso de revista é incabível para reexame de fatos e provas, visto que se destina apenas a **uniformizar a jurisprudência trabalhista** (Súmula n. 126 do TST).

Regulado pelo art. 896 da CLT, o recurso de revista é cabível quando das decisões proferidas em grau de recurso ordinário, em **dissídio individual,** para **Turma** do **Tribunal Superior do Trabalho** nos seguintes casos:

> Quando for proferida decisão por Tribunal Regional do Trabalho com violação literal de dispositivo de lei federal ou afronta direta e literal à Constituição Federal (alínea *c* do art. 896 da CLT);

> Quando for proferida decisão por Tribunal Regional do Trabalho que der ao mesmo dispositivo de lei federal interpretação diversa da que lhe houver dado outro Tribunal Regional do Trabalho, no seu Pleno ou Turma, ou interpretação diferente da que lhe houver dado a Seção de Dissídios Individuais do Tribunal Superior do Trabalho, ou quando contrariar Súmula da Jurisprudência Uniforme do TST ou Súmula Vinculante do Supremo Tribunal Federal (alínea *a* do art. 896 da CLT);

> Quando for proferida decisão por Tribunal Regional do Trabalho que der ao mesmo dispositivo de lei estadual, convenção coletiva de trabalho, acordo coletivo, sentença normativa ou regulamento empresarial de observância obrigatória em área territorial que exceda a jurisdição do Tribunal Regional prolator da decisão recorrida, interpretação divergente da que lhe houver dado outro Tribunal Regional do Trabalho, no seu Pleno ou Turma, ou interpretação diferente da que lhe houver dado a Seção de Dissídios Individuais do Tribunal Superior do Trabalho, ou interpretação diferente da que lhe houver dado a Súmula de Jurisprudência Uniforme do TST (alínea *b* do art. 896 da CLT).

Na hipótese de alegação de divergência jurisprudencial (alíneas *a* e *b* do art. 896 da CLT), a Súmula regional ou a tese jurídica prevalecente no Tribunal Regional do Trabalho, e não conflitante com Súmula ou Orientação Jurisprudencial do Tribunal Superior do Trabalho, servirá como paradigma para viabilizar o conhecimento do recurso de revista (§ 6º do art. 896 da CLT). Isso significa que o recurso de revista somente chegará ao Tribunal Superior do Trabalho se Tribunais Regionais do Trabalho distintos houverem editado Súmulas antagônicas entre si, cabendo ao TST optar por uma das teses. Neste caso, caberá à parte recorrente o ônus de produzir prova da divergência jurisprudencial, mediante certidão, cópia ou citação do repositório de jurisprudência, oficial ou credenciado, inclusive em mídia eletrônica, em que houver sido publicada a decisão divergente, ou ainda pela reprodução de julgado disponível na internet, com indicação da respectiva fonte, mencionando, em qualquer caso, as circunstâncias que identifiquem ou assemelhem os casos confrontados (§ 8º do art. 896 da CLT).

Cabe também recurso de revista por violação à lei federal, por divergência jurisprudencial e por ofensa à Constituição Federal nas execuções fiscais e nas controvérsias da fase de execução que envolvam a Certidão Negativa de Débitos Trabalhistas (CNDT), criada pela Lei n. 12.440, de 7-7-2011 (§ 10 do art. 896 da CLT).

Sob pena de não conhecimento do recurso de revista, cabe à parte recorrente indicar o trecho da decisão recorrida que consubstancia o prequestionamento da controvérsia objeto do recurso de revista, bem como indicar, de forma explícita e fundamentada, contrariedade a dispositivo de Lei, à Súmula ou à Orientação Jurisprudencial do Tribunal Superior do Trabalho que conflite com a decisão regional, além de expor as razões do pedido de reforma, impugnando todos os fundamentos jurídicos da decisão recorrida, inclusive mediante demonstração analítica de cada dispositivo de lei, da Constituição Federal, de Súmula ou Orientação Jurisprudencial, cuja contrariedade venha a apontar (§ 1º-A do art. 896 da CLT).

Para a Subseção de Dissídios Individuais I do Tribunal Superior do Trabalho, embora os incisos I e II do § 1º-A do art. 896 da CLT

> "utilize o verbo 'indicar', referindo-se ao requisito formal ali inscrito, esta Corte Superior tem exigido a transcrição do trecho da decisão regional que consubstancia o prequestionamento da controvérsia objeto do apelo, firme no entendimento de que a alteração legislativa empreendida pela Lei n. 13.015/2014, nesse aspecto, constitui pressuposto de adequação formal de admissibilidade do recurso de revista e se orienta no sentido de propiciar a identificação precisa da contrariedade a dispositivo de Lei e a Súmula e do dissenso de teses, afastando-se os recursos de revista que impugnam de forma genérica a decisão regional e conduzem sua admissibilidade para um exercício exclusivamente subjetivo pelo julgador de verificação e adequação formal do apelo. Assim, a necessidade da transcrição do trecho que consubstancia a violação e as contrariedades indicadas, e da demonstração analítica da divergência jurisprudencial, visa a permitir a identificação precisa e objetiva da tese supostamente ofensiva a lei, à segurança das relações jurídicas e à isonomia das decisões judiciais, de modo que contribua para a celeridade da prestação jurisdicional, possibilite a formação de precedentes como elementos de estabilidade e a decisão do TST contribua para a formação da jurisprudência nacionalmente unificada" (E-ED-RR – 552-07.2013.5.06.0231, Relator Ministro: Alexandre de Souza Agra Belmonte, Data de Julgamento: 9-6-2016, Subseção I Especializada em Dissídios Individuais, Data de Publicação: *DEJT* 17-6-2016).

Também poderá não ser conhecido o Recurso de Revista em que a parte recorrente deixar de transcrever na peça recursal, no caso de suscitar preliminar de nulidade de julgado por negativa de prestação jurisdicional, o trecho dos embargos declaratórios em que foi pedido o pronunciamento do tribunal sobre questão veiculada no recurso ordinário e o trecho da decisão regional que rejeitou os embargos quanto ao pedido, para cotejo e verificação, de plano, da ocorrência da omissão (inciso IV do art. 896 da CLT).

E, segundo a Súmula n. 401 do Supremo Tribunal Federal, o Recurso de Revista não será conhecido quando houver "jurisprudência firme" do Tribunal Superior do Trabalho no mesmo sentido da decisão impugnada, exceto se houver "colisão com a jurisprudência" do Supremo Tribunal Federal.

Nas causas sujeitas ao **procedimento sumaríssimo**, a admissibilidade de recurso de revista está limitada à demonstração de violação direta a dispositivo da Constituição Federal ou contrariedade à Súmula da jurisprudência uniforme do

Tribunal Superior do Trabalho, ou à Súmula Vinculante do Supremo Tribunal Federal, não se admitindo o recurso por contrariedade à Orientação Jurisprudencial do TST, ante a ausência de previsão no § 9º do art. 896 da CLT (Súmula n. 442 do TST).

Segundo o art. 6º da Lei n. 5.584/70, o recurso de revista deve ser interposto pela parte recorrente no prazo de 8 dias. No caso de feriado local, cabe à parte juntar ao recurso, quando da interposição, um documento que comprove a existência do feriado local, que justifique a prorrogação do prazo recursal, para evitar que o recurso seja considerado intempestivo (item I da Súmula n. 385 do TST).

É **incabível** recurso de revista interposto de acórdão regional prolatado em agravo de instrumento (Súmula n. 218 do TST).

A **divergência jurisprudencial** ensejadora da admissibilidade, do prosseguimento e do conhecimento do recurso de revista há de ser específica, revelando a existência de teses diversas na interpretação de um mesmo dispositivo legal, embora idênticos os fatos que as ensejaram (item I da Súmula n. 296 do TST).

Para **comprovação** da divergência justificadora do recurso, é necessário que o recorrente junte certidão ou cópia autenticada do acórdão paradigma ou cite a fonte oficial ou o repositório autorizado em que foi publicado, oficial ou credenciado, e transcreva, nas razões recursais, as ementas e/ou trechos dos acórdãos trazidos à configuração do dissídio, demonstrando o conflito de teses que justifique o conhecimento do recurso, ainda que os acórdãos já se encontrem nos autos ou venham a ser juntados com o recurso (§ 8º do art. 896 da CLT e item I da Súmula n. 337 do TST). A parte recorrente também pode produzir a prova da divergência jurisprudencial mediante a reprodução de julgado disponível na internet, com a indicação da respectiva fonte, mencionando as circunstâncias que identifiquem ou assemelhem os casos confrontados (§ 8º do art. 896 da CLT). A mera indicação da data de publicação, em fonte oficial, de aresto paradigma é inválida para comprovação de divergência jurisprudencial, quando a parte pretende demonstrar o conflito de teses mediante a transcrição de trechos que integram a fundamentação do acórdão divergente, uma vez que só se publicam o dispositivo e a ementa dos acórdãos (item III da Súmula n. 337 do TST). É válida para a comprovação da divergência jurisprudencial justificadora do recurso a indicação de aresto extraído de repositório oficial na internet, desde que o recorrente transcreva o trecho divergente, bem como aponte o sítio de onde foi extraído (endereço do respectivo conteúdo na rede – URL – *Universal Resource Locator*) e decline o número do processo, o órgão prolator do acórdão e a data da respectiva publicação no *Diário Eletrônico da Justiça do Trabalho* (item IV da Súmula n. 337 do TST).

Ademais, a **divergência de julgados** na interpretação de normas, apta a ensejar o Recurso de Revista, deve ser atual, não se considerando como tal a ultrapassada por Súmula do Tribunal Superior do Trabalho ou do Supremo Tribunal Federal, ou superada por iterativa e notória jurisprudência do Tribunal Superior do Trabalho (§ 7º do art. 896 da CLT).

IMPORTANTE

Para ensejar o recurso de revista, a divergência jurisprudencial deve ser estabelecida entre acórdãos de diferentes Tribunais Regionais do Trabalho ou entre acórdãos de um Tribunal Regional do Trabalho e acórdãos da Seção de Dissídios Individuais do Tribunal Superior do Trabalho (SBDI-I ou SBDI-II).

Mas, atenção: não servem de paradigma para configurar a divergência jurisprudencial os acórdãos das Turmas do Tribunal Superior do Trabalho, mas apenas os acórdãos da Seção de Dissídios Individuais, porque as decisões das Turmas podem ser reapreciadas e reformadas pela SDI, eliminando a divergência jurisprudencial ensejadora do recurso de revista.

Na hipótese de violação à lei federal ou à Constituição Federal, a parte recorrente deverá indicar expressamente o dispositivo violado (Súmula n. 221 do TST). O recurso de revista depende, ainda, de **prequestionamento**, isto é, que tenha ocorrido a expressa manifestação do Tribunal Regional do Trabalho sobre as teses divergentes e/ou sobre as violações legais (Súmula n. 297 do TST). "Diz-se prequestionada a matéria quando o órgão julgador adota entendimento explícito sobre dada matéria" (DIAS, 2011). Para o Tribunal Superior do Trabalho, o prequestionamento é **pressuposto de admissibilidade** dos recursos que tenham natureza extraordinária (Orientação Jurisprudencial n. 62 da Subseção de Dissídios Individuais I do TST). Porém, **não será exigido o prequestionamento** quando a violação houver nascido na própria decisão recorrida (Orientação Jurisprudencial n. 119 da Subseção de Dissídios Individuais I do TST).

Cabe também ao recorrente arguir que o recurso de revista oferece **transcendência** com relação aos reflexos gerais de natureza econômica, política, social ou jurídica (*caput* do art. 896-A da CLT).

IMPORTANTE

De conformidade com a Instrução Normativa n. 41/2018 do TST, o exame da transcendência seguirá a regra estabelecida no art. 246 do Regimento Interno do Tribunal Superior do Trabalho, incidindo apenas sobre os acórdãos proferidos pelos Tribunais Regionais do Trabalho publicados a partir de 11-11-2017, excluídas as decisões em embargos de declaração.

São considerados indicadores de transcendência (§ 1º do art. 896-A da CLT), entre outros:

a) econômica: o elevado valor da causa;

b) política: o desrespeito da instância recorrida à jurisprudência sumulada do Tribunal Superior do Trabalho ou do Supremo Tribunal Federal;

c) social: a postulação, por reclamante-recorrente, de direito social constitucionalmente assegurado;

d) jurídica: a existência de questão nova em torno da interpretação da legislação trabalhista.

Caso a transcendência não seja demonstrada, o relator poderá, monocraticamente, denegar seguimento ao recurso de revista, cabendo agravo de tal decisão para o colegiado do Tribunal Superior do Trabalho (§ 2º do art. 896-A da CLT).

Quando da sessão no colegiado do Tribunal Superior do Trabalho, a parte recorrente, cujo recurso foi denegado seguimento, poderá realizar sustentação oral sobre a questão da transcendência, durante 5 minutos (§ 3º do art. 896-A da CLT).

Caso seja mantido o voto do relator quanto à não transcendência do recurso, será lavrado acórdão com fundamentação sucinta, que constituirá decisão irrecorrível no âmbito do Tribunal Superior do Trabalho (§ 4º do art. 896-A da CLT).

Será irrecorrível a decisão monocrática do relator que, em agravo de instrumento em recurso de revista, considerar ausente a transcendência da matéria (§ 5º do art. 896-A da CLT).

Segundo o § 6º do art. 896-A da CLT, o juízo de admissibilidade do recurso de revista, exercido pela Presidência dos Tribunais Regionais do Trabalho, limita-se à análise dos pressupostos intrínsecos e extrínsecos do apelo, não abrangendo o critério da transcendência das questões nele veiculadas.

Não caberá Recurso de Revista das decisões proferidas pelos Tribunais Regionais do Trabalho ou por suas Turmas, em execução de sentença, no julgamento do agravo de petição, inclusive em processo incidente de embargos de terceiro, salvo na hipótese de ofensa direta e literal de norma da Constituição Federal (§ 2º do art. 896 da CLT).

Para admissão do recurso, é obrigatório o **preparo,** com a comprovação do recolhimento do depósito recursal (para o reclamado) e o pagamento das custas processuais, ou a sua complementação na hipótese em que tenha ocorrido a majoração do valor da condenação pelo Tribunal Regional do Trabalho. No caso de inversão do ônus da sucumbência em segundo grau, sem que tenha ocorrido acréscimo ou atualização do valor das custas, e se estas já houverem sido devidamente recolhidas, não será necessário um novo pagamento pela parte vencida caso venha a recorrer (item II da Súmula n. 25 do TST).

IMPORTANTE

O valor do depósito recursal será reduzido pela metade para entidades sem fins lucrativos, empregadores domésticos, microempreendedores individuais, microempresas e empresas de pequeno porte (§ 9º do art. 899 da CLT).

São isentos do depósito recursal os beneficiários da justiça gratuita, as entidades filantrópicas e as empresas em recuperação judicial (§ 10 do art. 899 da CLT).

O depósito recursal poderá ser substituído por fiança bancária ou seguro-garantia judicial (§ 11 do art. 899 da CLT). Para o Tribunal Superior do Trabalho, a carta de fiança bancária e o seguro-garantia judicial equivalem a dinheiro (Orientação Jurisprudencial n. 59 da Subseção de Dissídios Individuais II do TST).

No Tribunal Superior do Trabalho, o relator poderá denegar seguimento ao recurso de revista, em decisão monocrática, nas hipóteses de intempestividade, deserção, irregularidade de representação ou de ausência de qualquer outro pressuposto extrínseco ou intrínseco de admissibilidade do recurso (§ 14 do art. 896 da CLT).

Em síntese, pode-se interpor o recurso de revista nas seguintes hipóteses:

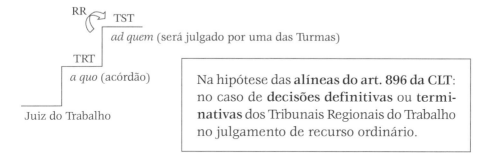

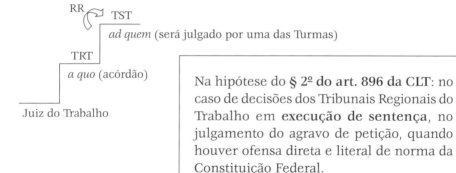

IMPORTANTE

O Tribunal Superior do Trabalho regulou a petição do recurso de revista mediante a Instrução Normativa n. 23/2003 do TST.

A Instrução Normativa n. 30/2007, do Tribunal Superior do Trabalho, dispõe sobre a informatização do processo judicial. Na Justiça do Trabalho, a prática de atos processuais por meio eletrônico pelas partes, advogados e peritos é feita a partir do Sistema Integrado de Protocolização e Fluxo de Documentos Eletrônicos (e-DOC). Tal serviço, disponível nas páginas da internet do Tribunal Superior do Trabalho e dos Tribunais Regionais do Trabalho, permite a prática de atos processuais dependentes de petição escrita, como, por exemplo, o recurso de revista.

O Ato TST n. 589/SEGJUD.GP, de 30-8-2013, regulamentou a tramitação dos processos em segredo de justiça do âmbito do Tribunal Superior do Trabalho. O direito ao sigilo encontra-se amparado no inciso IX do art. 93 da CRFB, nos casos em que a preservação do direito à intimidade do interessado no sigilo não prejudique o interesse público à informação.

O art. 189 do CPC também prevê as situações em que o processo deve tramitar em segredo de justiça, como nas situações em que o exigir o interesse público ou social, e também no processo que diz respeito a direito de família, bem como que conste dados protegidos pelo direito constitucional à intimidade, e ainda que verse sobre arbitragem, desde que a confidencialidade tenha sido estipulada e seja comprovada perante o juízo. Segundo art. 3º do Ato TST n. 589/SEGJUD.GP/2013, "nas ações originárias, havendo pedido expresso de trâmite em segredo de justiça, a CCADP fará a autuação com o respectivo indicador, certificando o ato". Portanto, para que o sigilo seja observado quando do recebimento do recurso pelo TST, a parte interessada deverá fazer o pedido de trâmite do processo em segredo de justiça perante o Juízo *a quo*, seja mediante requerimento verbal expresso diretamente ao juízo trabalhista na audiência inaugural, seja mediante pedido escrito na petição inicial. Dependendo da situação, o próprio juízo originário, de ofício, poderá determinar que o processo tramite em segredo de justiça.

O recolhimento do valor da multa imposta como sanção por litigância de má-fé, prevista no art. 81 do CPC, não é considerado pelo Tribunal Superior do Trabalho como pressuposto objetivo para interposição dos recursos de natureza trabalhista (Orientação Jurisprudencial n. 409 da Subseção de Dissídios Individuais I do TST).

Exemplo de problema:

Meríade Vecchia propôs Reclamação Trabalhista em face do Banco Real & Dólar S.A. pleiteando o pagamento do intervalo intrajornada mínimo, de uma hora, com o acréscimo de 50%, durante todo o lapso laboral, tendo em vista que cumpriu a jornada de trabalho de 8 horas. O Reclamado contestou o feito, negando qualquer ilegalidade na supressão do intervalo intrajornada, com a justificativa de que possui respaldo sindical, estando prevista em cláusula de acordos coletivos de trabalho, devidamente homologados na Superintendência Regional do Trabalho. O juízo de primeira instância julgou procedente os pleitos, deferindo o pagamento, de natureza indenizatória, do período suprimido, com acréscimo de 50% sobre o valor da remuneração da hora normal de trabalho. O reclamado interpôs recurso ordinário requerendo a revisão da decisão, e o Tribunal Regional do Trabalho proferiu acórdão dando provimento ao recurso da empresa para julgar improcedente a ação trabalhista ajuizada pela trabalhadora.

Questão: como advogado da reclamante, apresente o recurso cabível, considerando incabível a hipótese de embargos declaratórios.

10.1 Estrutura da Peça Processual de Recurso de Revista

DICAS

Ao interpor o recurso de revista, deve-se elaborar, na mesma ocasião, duas peças processuais: a primeira peça, denominada **petição de interposição** ou **peça de rosto**, que deverá ser endereçada ao Tribunal Regional do Trabalho que prolatou a decisão; e a segunda peça, que conterá as **razões do recurso** que deverá ser endereçada ao Tribunal Superior do Trabalho.

As razões do recurso são protocoladas juntamente com a petição de interposição ou peça de rosto no Juízo *a quo* (juízo do qual se recorre).

Haverá perda de pontos no Exame da OAB se o examinado apresentar apenas as razões do recurso e deixar de elaborar a petição de interposição dirigida ao Tribunal Regional do Trabalho.

Lembre-se de que, em uma situação real, a petição de interposição e as razões do recurso devem ser formuladas em peças separadas, porém unidas quando do protocolo, e não redigidas uma logo abaixo da outra na mesma página. No Exame da OAB, a petição com as razões do recurso deverá ser formulada imediatamente após a de interposição, tendo em vista a quantidade reduzida de linhas para responder à questão de elaboração da peça da prova prático-profissional.

Atualmente, a prática de atos processuais na Justiça do Trabalho é procedida por meio eletrônico por meio do Sistema Integrado de Protocolização e Fluxo de Documentos Eletrônicos (e-DOC).

10.2 Estrutura da Primeira Peça do Recurso de Revista — Petição de Interposição ou Peça de Rosto

1º PASSO

Endereçar a petição de interposição ao Juiz Presidente do Egrégio Tribunal Regional do Trabalho que proferiu a decisão que se quer reformar (Juízo *a quo*).

DICA

Caso tenha que mencionar o número da Região do qual faz parte o Tribunal Regional do Trabalho, pode-se identificar tal dado no art. 674 da CLT. Exemplo: o Espírito Santo faz parte da 17ª Região; São Paulo, Capital, compõe a 2ª Região, enquanto Campinas faz parte da 15ª Região.

IMPORTANTE

Alguns Tribunais Regionais do Trabalho têm aprovado modificação em seus Regimentos Internos, visando alterar a designação de seus magistrados de Juiz do Trabalho para **Desembargador Federal do Trabalho**. Neste caso, o endereçamento poderá ser o seguinte: **"Excelentíssimo Senhor Doutor Desembargador Presidente do Egrégio Tribunal Regional do Trabalho da ... Região — Estado do...".**

Excelentíssimo Senhor Doutor Juiz Presidente do Egrégio Tribunal Regional do Trabalho da ... Região — Estado do...

2º PASSO

Deixar um espaço de 10 a 15 linhas. Porém, tendo em vista o limite de linhas para a resposta da questão discursiva na prova da OAB, sugerimos escrever "espaço" entre parênteses, evitando saltar muitas linhas. Exemplo: (Espaço).

(Espaço)

3º PASSO

Identificar o número dos autos do processo.

Processo n. ...

4º PASSO

Identificar as partes: não é necessário qualificá-las, pois a qualificação já foi feita na petição inicial e na contestação, podendo empregar-se a expressão "já qualificado" ou "já qualificada". Nas ações plúrimas deve-se utilizar a expressão **"já qualificados"**.

Meríade Vecchia, já qualificada nos autos da reclamação trabalhista de número *supra*, proposta em face do **Banco Real & Dólar S.A.**, também qualificado, (...)

5º PASSO

Comunicar que está recorrendo da sentença.

(...) vem tempestivamente perante esse Egrégio Tribunal, por seu advogado, devidamente constituído, adiante assinado, não se conformando com o respeitável acórdão, interpor

Recurso de Revista

6º PASSO

Indicar o dispositivo legal que autoriza a interposição do recurso de revista (art. 896 da CLT).

com fundamento no art. 896 da Consolidação das Leis do Trabalho, juntando as Razões do Recurso, (...)

7º PASSO

Informar que está juntando as guias de recolhimento do depósito recursal e de pagamento das custas processuais. Exemplo: "(...) com fundamento no art. 896 da Consolidação das Leis do Trabalho, juntando as Razões do Recurso, bem como as guias de recolhimento do depósito recursal e de pagamento das custas processuais, e requer que, depois de cumpridas as formalidades legais e processuais, (...)".

IMPORTANTE

Somente o recorrente reclamado é que está obrigado a proceder ao depósito recursal. A parte recorrente estará dispensada da obrigação de proceder ao depósito recursal se já houver depositado integralmente o valor da condenação (segunda parte do item I da Súmula n. 128 do TST).

Havendo **condenação solidária** de duas ou mais empresas, o depósito recursal efetuado por uma delas aproveita as demais quando a empresa que efetuou o depósito não pleiteia sua exclusão da lide, pois se pleitear a exclusão da lide as outras reclamadas deverão efetuar o depósito recursal (item III da Súmula n. 128 do TST). A comprovação do depósito da condenação terá que ser feita dentro do prazo para a interposição do recurso, sob pena de ser considerado **deserto** (art. 7º da Lei n. 5.584/70). Se não há condenação a pagamento em pecúnia, descabe o depósito recursal (Súmula n. 161 do TST). Na Justiça do Trabalho, estão dispensadas de proceder ao depósito para interposição de recurso a União, os Estados, o Distrito Federal, os Municípios e as autarquias ou fundações de direito público federais, estaduais ou municipais que não explorem atividade econômica (inciso IV do art. 1º do Decreto-lei n. 779/69).

Já o pagamento das custas processuais é devido tanto pelo reclamante quanto pelo reclamado, exceto se houver sido deferida a gratuidade da Justiça. São isentos do pagamento de custas, além dos beneficiários de justiça gratuita, a União, os Estados, o Distrito Federal, os Municípios e respectivas autarquias e fundações públicas federais, estaduais ou municipais que não explorem atividade econômica, bem como o Ministério Público do Trabalho (*caput* do art. 790-A da CLT). Tal isenção não alcança as entidades fiscalizadoras do exercício profissional, como a Ordem dos Advogados do Brasil, o Conselho Regional de Contabilidade, o Conselho Regional de Medicina etc.

No âmbito da Justiça do Trabalho, as custas e emolumentos devem realizados por meio da Guia de Recolhimento da União — GRU Judicial.

Na maioria das vezes, somente há pagamento de custas processuais quando da interposição do recurso de revista, na hipótese em que houve majoração do valor da condenação ou quando for a primeira vez que a parte está recorrendo no processo. Isto porque, normalmente a parte já paga integralmente as custas quando da interposição do recurso ordinário.

Deve-se ter bastante atenção quando for proceder ao depósito recursal e ao pagamento das custas. Porém, no caso de recolhimento insuficiente das custas processuais ou do depósito recursal, somente haverá deserção do recurso se, concedido o prazo de 5 dias previsto no § 2º do art. 1.007 do CPC de 2015, o recorrente não complementar e comprovar o valor (Orientação Jurisprudencial n. 140 da Subseção de Dissídios Individuais I do TST).

Os valores vigentes do depósito recursal podem ser confirmados no *site* do Tribunal Superior do Trabalho.

O Ato SEGJUD.GP n. 287, de 2020, estabeleceu como valor-limite para fins de Recurso de Revista a importância de R$ 20.118,30, que constitui o dobro do valor alusivo ao teto do depósito para a interposição do recurso ordinário. Assim, levando-se em consideração tal valor-limite para fins de Recurso de Revista, se o reclamado for condenado a pagar ao reclamante a quantia de R$ 50.000,00, e que já tenha procedido ao depósito recursal para fins de recurso ordinário, no valor de R$ 10.059,15, deverá efetuar o depósito recursal para recorrer de revista no valor-limite, isto é, R$ 20.118,30. Porém, se a condenação for de R$ 20.000,00, e já houver a interposição de recurso ordinário (R$ 10.059,15), o valor para fins de recurso de revista deverá ser de R$ 9.940,85, e não R$ 20.118,30, uma vez que este é o valor máximo que deve ser depositado (teto), e não o valor mínimo, sendo que o somatório dos valores dos depósitos recursais totalizará R$ 20.000,00, isto é, o valor integral da dívida para com o reclamante. Se utilizarmos o teto, teremos depositado um valor superior ao devido: R$ 10.059,15 (RO) + R$ 20.118,30 (RR) = R$ 30.177,45. Se o reclamado deve R$ 20.000,00, não terá que pagar R$ 30.177,45. Se a dívida coincidisse com este valor ou fosse superior, estaria correto, pois o recorrente reclamado deveria então depositar os tetos tanto para RO quanto para RR.

8º PASSO

Requerer a remessa das razões para o Tribunal Superior do Trabalho (Juízo *ad quem*).

(...) e requer que, depois de cumpridas as formalidades legais e processuais, sejam remetidas ao Colendo Tribunal Superior do Trabalho, para conhecimento e julgamento.

9º PASSO

Requerer a intimação da parte contrária para contra-arrazoar (ou contrarrazoar) o recurso.

Por fim, requer a intimação do Recorrido para, querendo, contra-arrazoar o presente recurso.

10º PASSO

Fazer o desfecho de praxe: requerimento, local, data e advogado.

> **DICA**
>
> No Exame da OAB, se os dados relativos ao local e à data não forem conhecidos pode-se utilizar uma das seguintes formas: "Local..., data..."; "(Local), (data)"; ou "(Local), .../.../...".

Nestes termos, pede deferimento.

Local..., data...

Advogado OAB/... n. ...

10.3 Estrutura da Segunda Peça do Recurso de Revista — Razões do Recurso

> **ATENÇÃO**
>
> A petição contendo as razões do recurso deve ser entregue juntamente com a petição de interposição ou peça de rosto.

> **1º PASSO**
>
> Direcionar a petição contendo as razões ao Tribunal Superior do Trabalho que irá conhecer e julgar o recurso de revista (Juízo *ad quem* ou Juízo para o qual se recorre).

Colendo Tribunal Superior do Trabalho

> **2º PASSO**
>
> Colocar a seguinte nomenclatura: Razões do Recurso de Revista.

Razões do Recurso de Revista

> **3º PASSO**
>
> Identificar informando o número dos autos do processo, o nome completo do recorrente e do recorrido, e o Tribunal Regional do Trabalho de origem que prolatou a decisão à qual se está recorrendo (Juízo *a quo*).

Processo n. ...

Recorrente: Meríade Vecchia

Recorrido: Banco Real & Dólar S.A.

Origem: Tribunal Regional do Trabalho da ... Região — Estado do...

Doutos Ministros Julgadores,

Não obstante a integridade e o extremo conhecimento jurídico dos Ilustres Juízes do Egrégio Tribunal Regional do Trabalho da ... Região, prolatores do respeitável acórdão, *data venia* suas Excelências não fizeram a esperada justiça que sempre lhes é tão peculiar, ao indeferir o pedido de pagamento, de natureza indenizatória, do intervalo intrajornada mínimo, de uma hora, com o acréscimo de 50% (cinquenta por cento), por todo o lapso laboral.

Porém, como demonstrará a Recorrente, a seguir, deverá ser dado provimento do presente Recurso de Revista com a consequente reversão da decisão anterior.

Do Critério de Transcendência

4º PASSO

Informar que o recurso de revista oferece transcendência, com relação aos reflexos gerais de natureza econômica, política, social ou jurídica (*caput* do art. 896-A da CLT).

Importante etapa de desenvolvimento da peça recursal, visto que o relator poderá, monocraticamente, denegar seguimento ao recurso de revista caso a transcendência não seja claramente demonstrada (§ 2º do art. 896-A da CLT).

A Recorrente ressalta que o presente recurso oferece transcendência com relação aos reflexos gerais de natureza política, nos termos do inciso II do art. 896-A da Consolidação das Leis do Trabalho, tendo em vista a necessidade de adequar as decisões do Egrégio Tribunal Regional do Trabalho da ... Região à jurisprudência pacificada desse Tribunal Superior do Trabalho.

Isto porque a respeitável decisão Regional, proferida no presente processo, destoa de forma flagrante da jurisprudência uniforme desse TST, o que acaba por acarretar insegurança jurídica aos jurisdicionados.

5º PASSO

Demonstrar que foram preenchidos os **pressupostos extrínsecos** (genéricos) e **intrínsecos** (específicos) do recurso. Observar as previsões contidas no item I da Instrução Normativa n. 23/2003 do Tribunal Superior do Trabalho e os incisos I, II e III do § 1º-A do art. 896 da CLT (alterado pela Lei n. 13.015/2014). O relator poderá **denegar seguimento** ao recurso de revista, em decisão monocrática, nas hipóteses de intempestividade, deserção, irregularidade de representação ou de ausência de qualquer outro pressuposto extrínseco ou intrínseco de admissibilidade do recurso (§ 14 do art. 896 da CLT).

IMPORTANTE

> Sob pena de não conhecimento do recurso de revista, cabe à parte recorrente indicar o trecho da decisão recorrida que consubstancia o prequestionamento da controvérsia objeto do recurso de revista, bem como indicar, de forma explícita e fundamentada, contrariedade a dispositivo de lei, à súmula ou à orientação jurisprudencial do Tribunal Superior do Trabalho que conflite com a decisão regional; além de expor as razões do pedido de reforma, impugnando todos os fundamentos jurídicos da decisão recorrida, inclusive mediante demonstração analítica de cada dispositivo de lei, da Constituição Federal, de Súmula ou Orientação Jurisprudencial cuja contrariedade aponte (§ 1º-A do art. 896 da CLT).

Dos Pressupostos Extrínsecos do Recurso

Em atendimento ao item I da Instrução Normativa n. 23/2003 do Colendo Tribunal Superior do Trabalho, a Recorrente destaca, a seguir, que foram devidamente preenchidos os pressupostos extrínsecos do presente recurso, necessários ao seu conhecimento:

a) **Regularidade de representação.** A Recorrente está devidamente representada nos autos do processo, conforme a procuração que acompanha a petição inicial. Observação: no caso de mandato tácito: **regularidade de representação.** O causídico atuou na ata da audiência do dia .../.../... **[data]**;

b) **Preparo.** Foram deferidos os benefícios da Justiça Gratuita para a Recorrente, o que torna desnecessário o pagamento das custas processuais. Observação: no caso de recorrente reclamado: **preparo.** O depósito recursal e as custas processuais foram satisfeitos na instância ordinária e se encontram devidamente juntados aos autos do processo;

c) **Tempestividade.** O presente recurso é tempestivo, visto que o acórdão recorrido foi publicado no dia .../.../... **[data]**, tendo início o prazo recursal em .../.../... **[data]** e término em .../.../... **[data]**.

Dos Pressupostos Intrínsecos do Recurso

Inicialmente, a Recorrida destaca que a matéria constante nas razões recursais foi objeto de prequestionamento, nos moldes da Súmula n. 297 do Tribunal Superior do Trabalho, tendo o Egrégio Tribunal Regional do Trabalho da ... Região adotado tese explícita sobre o tema em comento, qual seja, a de que, em havendo convenção ou acordo coletivo prevendo a supressão do intervalo intrajornada, tal supressão deve ser considerada válida.

Com efeito, assentou o Egrégio Tribunal Regional do Trabalho da ... Região que, "nos termos dos incisos XXVI do art. 7º e VI do art. 8º da Constituição da República Federativa do Brasil, CRFB, em havendo acordo ou convenção coletiva de trabalho, é válida a cláusula que prevê a supressão do intervalo intrajornada".

Assim, a partir de tal trecho da decisão recorrida, pode-se perceber que o Egrégio Tribunal Regional do Trabalho da ... Região adotou tese explícita a respeito do assunto, objeto da presente insurgência.

E, em atendimento aos incisos I, II e III do § 1º-A do art. 896 da CLT, alterado pela Lei n. 13.015/2014, a Recorrente indica a seguir a parte do trecho da decisão regional ensejadora da violação, bem como indica o inciso XXII do art. 7º da CRFB e os §§ 3º e 4º do art. 71 da Consolidação das Leis do Trabalho como violados, além de contrariedade ao item II da Súmula n. 437 da jurisprudência uniforme do Tribunal Superior do Trabalho e divergência jurisprudencial, quanto à redução do intervalo intrajornada por norma coletiva.

Eis o teor da decisão transcrita, com o trecho indicado como ensejador da violação:

> "Intervalo intrajornada: a Constituição da República Federativa do Brasil, CRFB, nos incisos XXVI do artigo 7º e VI do artigo 8º, admitiu, de forma expressa, a existência dos acordos e convenções coletivas, como instrumentos aptos e sem nenhuma restrição quanto às matérias a serem negociadas. A partir de então, toda e qualquer norma infraconstitucional prevendo exigência especial para a validade de alguma cláusula convencional, se anterior à promulgação da Constituição, é considerada como por ela não recepcionada; se posterior, é inconstitucional. Assim, a previsão do § 3º do artigo 71 da CLT, que autoriza a redução do intervalo intrajornada por ato do Ministério do Trabalho e Emprego, somente é entendida como recepcionada pela Constituição se não for interpretada como óbice à vontade das partes em negociação coletiva. Sua leitura adequada, portanto, se harmoniza perfeitamente com a ordem constitucional, isto é, se não houver previsão em norma coletiva para a redução do intervalo, este pode ser reduzido por ato do Ministério do Trabalho e Emprego, após verificar as condições assinaladas naquele dispositivo. **Entretanto, se houver convenção ou acordo coletivo prevendo a supressão do intervalo, a supressão é válida sem mais nenhuma exigência. Diante da existência de norma coletiva prevendo a supressão do intervalo intrajornada dar provimento ao recurso da ré para julgar improcedente a ação**" (p. 357 a 359 – destacamos).

A Recorrente sustenta o cabimento e provimento do presente recurso, com fundamento nas alíneas *a* e *c* do art. 896 da Consolidação das Leis do Trabalho, ou seja, com base na divergência jurisprudencial e violação de lei federal, respectivamente.

5º PASSO

Informar que o recurso de revista oferece transcendência, com relação aos reflexos gerais de natureza econômica, política, social ou jurídica (*caput* do art. 896-A da CLT). Importante etapa de desenvolvimento da peça recursal, visto que o relator poderá, monocraticamente, denegar seguimento ao recurso de revista caso a transcendência não seja claramente demonstrada (§ 2º do art. 896-A da CLT).

A Recorrente ressalta, ainda, que o presente recurso oferece transcendência com relação aos reflexos gerais de natureza política, nos termos do inciso II do art. 896-A da Consolidação das Leis do Trabalho, tendo em vista a necessidade de adequar as decisões do Egrégio Tribunal Regional do Trabalho da ... Região à jurisprudência pacificada desse Tribunal Superior do Trabalho.

Isto porque a respeitável decisão Regional, proferida no presente processo, destoa de forma flagrante da jurisprudência uniforme desse TST, o que acaba por acarretar insegurança jurídica aos jurisdicionados.

6º PASSO

Apresentar argumentos de fato e de direito contra a decisão.

Dos Fatos

DICA

Fazer um breve histórico do pedido, da defesa e das decisões.

A Recorrente propôs Reclamação Trabalhista em face do Recorrido pleiteando o pagamento, de natureza indenizatória, do intervalo intrajornada mínimo de 1 hora, com o acréscimo de 50% (cinquenta por cento), tendo em vista que não usufruiu de qualquer intervalo durante todo o lapso laboral, apesar de ter cumprido jornada de trabalho de 8 (oito) horas.

O Recorrido contestou a Reclamatória negando qualquer ilegalidade na supressão do intervalo intrajornada, com a justificativa de que possui respaldo sindical, estando prevista em cláusula de acordos coletivos de trabalho.

O Meritíssimo Juiz da ... Vara do Trabalho de... julgou procedente o pleito, deferindo à Recorrente o pagamento, de natureza indenizatória, de 1 hora, com o adicional de 50%, por cada dia efetivamente trabalhado em que teve desrespeitado o período intervalar de, no mínimo, 1 hora, durante o período de .../.../... até .../.../...

O Recorrido interpôs Recurso Ordinário requerendo a revisão da decisão, e o Egrégio Tribunal Regional do Trabalho da ... Região proferiu acórdão dando provimento ao recurso para julgar improcedente a ação trabalhista ajuizada pela Recorrente.

OBSERVAÇÃO

Antes de tratar especificamente sobre o mérito, apresentar **preliminares**, se houver. Exemplos: cerceamento de defesa; negativa de prestação jurisdicional etc.

Do Mérito

Intervalo intrajornada – Supressão mediante negociação coletiva – Invalidade

A respeitável decisão recorrida foi proferida em total divergência ao item II da Súmula n. 437 do Tribunal Superior do Trabalho, evidenciando, assim, interpretação divergente sobre a aplicação dos §§ 3º e 4º do art. 71 da Consolidação das Leis do Trabalho.

O direito do trabalhador ao intervalo intrajornada de 1 hora, previsto no *caput* do art. 71 da Consolidação das Leis do Trabalho, decorre da jornada efetivamente trabalhada que excede de 6 (seis) horas, independentemente da duração da jornada contratual.

No caso presente, restou comprovado que a Recorrente não gozava do intervalo para descanso ou alimentação, apesar de cumprir uma jornada de 8 (oito) horas de trabalho.

Importante registrar que as normas jurídicas concernentes à jornada e intervalos não são dispositivos estritamente econômicos, tendo em vista que podem alcançar, em certos casos, o caráter determinante de regras de medicina e segurança do trabalho, portanto, normas de saúde pública.

Por essa razão é que a Constituição Federal arrolou no rol dos direitos dos trabalhadores a "redução dos riscos inerentes ao trabalho, por meio de normas de saúde, higiene e segurança" (inciso XXII do art. 7º da CRFB).

Assim, as normas concernentes ao intervalo intrajornada também têm caráter de normas de saúde pública, não podendo, em princípio, ser suplantadas pela ação privada dos indivíduos e grupos sociais.

Portanto, as regras jurídicas que, em vez de reduzirem os riscos inerentes ao trabalho, alargam ou aprofundam tais riscos, demonstram-se francamente inválidas, ainda que subscritas pela vontade coletiva dos agentes econômicos envolventes à relação de emprego, como é o caso das convenções e acordos coletivos.

Nos termos do item II da Súmula n. 437 do TST, é inválida cláusula de acordo ou convenção coletiva de trabalho contemplando a supressão do intervalo intrajornada porque este constitui medida de higiene, saúde e segurança do trabalho, garantido por norma de ordem pública (§§ 3º e 4º do art. 71 da CLT e inciso XXII do art. 7º da CRFB), infenso à negociação coletiva.

É bem verdade que o § 3º do art. 611-A da CLT permite a pactuação de acordo ou convenção coletiva de trabalho, com vistas a reduzir o lapso temporal mínimo de 1 hora para refeição e descanso, devendo ser respeitado, porém, o limite mínimo de 30 minutos para jornadas superiores a 6 horas, mas jamais a supressão total do intervalo intrajornada, como ocorreu no caso presente.

Desse modo, torna-se manifesto o desrespeito ao § 4º do art. 71 da CLT e o item II da Súmula n. 437 do TST.

Neste mesmo sentido, os seguintes precedentes dessa Colenda Corte em casos análogos:

> AGRAVO DE INSTRUMENTO. RECURSO DE REVISTA. INTERVALO INTRAJORNADA. REDUÇÃO. PREVISÃO EM NORMA COLETIVA. SÚMULA N. 437, II, DO TST. 1. Consoante a reiterada jurisprudência do Tribunal Superior do Trabalho, é inválida cláusula de acordo ou convenção coletiva de trabalho **contemplando a supressão** do intervalo intrajornada, haja vista este constituir medida de higiene, saúde e segurança do trabalho, garantido por norma de ordem pública (art. 7º, XXII, da CF/88), infenso à negociação coletiva. 2. Acórdão regional que consigna a invalidade da supressão do intervalo para refeição e descanso, mediante acordo ou convenção coletiva, encontra-se em conformidade com a jurisprudência do Tribunal Superior do Trabalho, consubstanciada na Súmula n. 437, II, do TST. 3. Agravo de instrumento de que se conhece e a que se nega provimento. (TST-AIRR-..., Relator Ministro:..., ...ª Turma, DEJT de .../.../...). (destacamos)

> RECURSO DE REVISTA. RITO SUMARÍSSIMO. INTERVALO INTRAJORNADA. SUPRESSÃO POR NORMA COLETIVA. INVALIDADE. "É inválida cláusula de acordo ou convenção coletiva de trabalho que contempla a supressão do intervalo intrajornada, que constitui medida de higiene, saúde e segurança do trabalho, garantido por norma de ordem pública (arts. 71 da CLT e 7º, XXII, da CF/88), infenso à negociação coletiva" (Súmula n. 437, II, do TST). Precedentes. Recurso de revista conhecido e provido. (TST-RR-..., Relatora Ministra:..., ...ª Turma, DEJT de .../.../...).

Dessa forma, o intervalo intrajornada suprimido pelo Recorrido deve ser remunerado, com o adicional de 50%, durante o período de .../.../... a .../.../..., conforme entendeu o Meritíssimo Juiz da ... Vara do Trabalho de..., na respeitável sentença, visto que não há que se falar em prevalência de acordo ou convenção coletiva que trata sobre supressão de intervalo intrajornada.

Logo, o presente recurso comporta cabimento com fundamento nas letras *a* e *c* do art. 896 da Consolidação das Leis do Trabalho, uma vez que ficou demonstrada a divergência de interpretação entre o Tribunal Regional do Trabalho e a Jurisprudência Uniforme do Tribunal Superior do Trabalho, bem como houve violação aos §§ 3º e 4º do art. 71 da Consolidação das Leis do Trabalho e contrariedade ao item II da Súmula n. 437 do Tribunal Superior do Trabalho.

Neste sentido, a Recorrente requer a reforma do respeitável acórdão prolatado pelo Egrégio Tribunal Regional do Trabalho *a quo*, com o pagamento de uma indenização, na forma prevista no § 4º do art. 71 da CLT, em decorrência do intervalo intrajornada mínimo suprimido, por todo o período laborado pela trabalhadora.

7º PASSO

Fazer a conclusão, com o pedido de **conhecimento** e **provimento** do recurso.

Da Conclusão

Em face do exposto, a Recorrente requer que o presente Recurso de Revista seja conhecido e provido, (...)

8º PASSO

Requerer a **reforma** da decisão.

(...) com a reforma do respeitável acórdão de segundo grau, em sua íntegra, determinando o pagamento de uma indenização do período suprimido do intervalo intrajornada, com o acréscimo de 50% (cinquenta por cento).

9º PASSO

Desfecho de praxe: requerimentos, local, data e assinatura do advogado.

DICA

No Exame da OAB, se os dados relativos ao local e a data não forem conhecidos pode-se utilizar uma das seguintes formas: "Local..., data..."; "(Local), (data)"; ou "(Local), .../.../...".

Nestes termos, pede-se deferimento.
Local..., data...
Advogado OAB/... n. ...

Capítulo 11

Recursos de Decisões Proferidas pelo Tribunal Superior do Trabalho

Segundo os incisos I e II do art. 894 da CLT, cabem embargos no Tribunal Superior do Trabalho, no prazo de 8 dias, de decisão não unânime de julgamento que conciliar, julgar ou homologar conciliação em dissídios coletivos que excedam a competência territorial dos Tribunais Regionais do Trabalho e estender ou rever as sentenças normativas do Tribunal Superior do Trabalho, nos casos previstos em lei; e das decisões das Turmas que divergirem entre si ou das decisões proferidas pela Seção de Dissídios Individuais, ou contrárias a Súmula ou Orientação Jurisprudencial do Tribunal Superior do Trabalho ou Súmula Vinculante do Supremo Tribunal Federal.

Assim, tais dispositivos legais preveem dois tipos de recursos no âmbito do Tribunal Superior do Trabalho:

a) Embargos infringentes (inciso I do art. 894 da CLT e arts. 262 a 264 do Regimento Interno do TST); e

b) Embargos para a Subseção I da Seção Especializada em Dissídios Individuais, também denominados Embargos de Divergência (inciso II do art. 894 da CLT e arts. 258 a 261 do Regimento Interno do TST).

A seguir, veremos cada um deles.

11.1 Embargos infringentes

Tal recurso é utilizado para impugnar decisão não unânime proferida em dissídio coletivo de competência originária do Tribunal Superior do Trabalho.

De acordo com o inciso I do art. 894 da CLT e a letra *c* do inciso II do art. 2º da Lei n. 7.701/88, compete à Seção Especializada em Dissídios Coletivos, SDC, também chamada de Seção Normativa, julgar em última instância os embargos infringentes interpostos contra decisão não unânime, proferida em processo de dissídio coletivo de sua competência originária.

No mesmo sentido, a letra *c* do inciso II do art. 77 e o *caput* do art. 262, ambos do Regimento Interno do Tribunal Superior do Trabalho (RITST).

Portanto, os embargos infringentes devem ser interpostos para a Seção de Dissídios Coletivos, no prazo de 8 dias úteis, contados da data da publicação do acórdão no Órgão Oficial (*caput* do art. 262 do RITST), quando não houver concordância geral entre os ministros da SDC, nas decisões proferidas em processo de dissídio coletivo da sua competência originária (SDC), como ocorre nos dissídios coletivos que excedam a área de um Tribunal Regional do Trabalho, e que, por conseguinte, devem ser ajuizados no Tribunal Superior do Trabalho.

IMPORTANTE

De acordo com a letra *a* do inciso I do art. 2º da Lei n. 7.701/88, compete à Seção Especializada em Dissídios Coletivos, SDC, originariamente, conciliar e julgar os dissídios coletivos que excedam a jurisdição dos Tribunais Regionais do Trabalho, no caso de categorias organizadas em nível suprarregional (que envolvem mais de uma região do território nacional, por exemplo, a 1ª e a 17ª Regiões, formadas pelos Estados do Rio e Janeiro e Espírito Santo, respectivamente) ou nacional (que envolvem todo o território nacional), e estender ou rever suas próprias sentenças normativas, nos casos previstos em lei. Desse modo, os embargos infringentes são um recurso para o mesmo órgão que prolatou a decisão recorrida, ou seja, que julgou originariamente o dissídio coletivo, no caso, a Seção de Dissídios Coletivos do Tribunal Superior do Trabalho.

Os dissídios coletivos de categorias organizadas em nível regional (que envolvem somente uma região do território nacional) devem ser conciliados e julgados pelo Tribunal Regional do Trabalho correspondente.

Cabe à parte recorrente indicar a cláusula em que há divergência, e, se esta for parcial, deverá indicar o objeto da divergência (parágrafo único do art. 262 do RITST).

Caso não sejam atendidas as exigências legais relativas ao cabimento dos embargos infringentes, o relator denegará seguimento ao recurso, facultando à parte interpor agravo interno, regimental (art. 264 do RITST).

11.2 Embargos à Subseção I da Seção Especializada em Dissídios Individuais ou Embargos de Divergência

De acordo com a parte inicial do inciso II do art. 894 da CLT e a letra *b* do inciso III do art. 3º da Lei n. 7.701/88, compete à Seção de Dissídios Individuais, SDI, julgar em última instância os embargos de divergência das decisões das

Turmas que divergirem entre si, isto é, no caso em que houver decisões divergentes entre as Turmas do Tribunal Superior do Trabalho, no julgamento de Recurso de Revista, ou das decisões proferidas pela Seção de Dissídios Individuais, quando houver divergência entre decisão de uma Turma e decisão da Seção de Dissídios Individuais.

São cabíveis também quando de decisões contrárias a Súmula ou Orientação Jurisprudencial do Tribunal Superior do Trabalho ou Súmula Vinculante do Supremo Tribunal Federal (segunda parte do inciso II do art. 894 da CLT).

No mesmo sentido, o *caput* do art. 258 do Regimento Interno do Tribunal Superior do Trabalho (RITST).

Os embargos de divergência são cabíveis ainda no caso de decisões das Turmas do TST que forem proferidas em agravos internos e agravos de instrumento que contrariarem precedentes obrigatórios firmados em julgamento de incidentes de assunção de competência ou de incidentes de recursos repetitivos (parágrafo único do art. 258 do RITST).

Segundo a Súmula n. 126 do TST, é incabível o recurso de embargos para reexame de fatos e provas.

E, de acordo com a Súmula n. 353 do TST, não cabem embargos de decisão de Turma proferida em agravo, salvo nos seguintes casos: a) da decisão que não conhece de agravo de instrumento ou de agravo pela ausência de pressupostos extrínsecos; b) da decisão que nega provimento a agravo contra decisão monocrática do relator, em que se proclamou a ausência de pressupostos extrínsecos de agravo de instrumento; c) para revisão dos pressupostos extrínsecos de admissibilidade do recurso de revista, cuja ausência haja sido declarada originariamente pela Turma no julgamento do agravo; d) para impugnar o conhecimento de agravo de instrumento; e) para impugnar a imposição de multas previstas no § 4º do art. 1.021 ou no § 2º do art. 1.026, ambos do CPC; f) contra decisão de Turma proferida em agravo em recurso de revista, nos termos do inciso II do art. 894 da CLT.

Os embargos de divergência têm como objetivo a uniformização da jurisprudência das turmas do TST, e devem ser interpostos para a Subseção I da Seção Especializada em Dissídios Individuais do TST (letra *a* do inciso II do art. 71 do RITST).

A divergência apta a ensejar a interposição dos embargos deverá ser atual, não se considerando como tal a ultrapassada por Súmula, Orientação Jurisprudencial ou Precedente Normativo do Tribunal Superior do Trabalho ou por Súmula do Supremo Tribunal Federal, ou superada por iterativa e notória jurisprudência do Tribunal Superior do Trabalho (§ 2º do art. 894 da CLT e parágrafo único do art. 259 do RITST).

Cabe à parte recorrente provar a divergência com certidão, cópia ou citação de repositório oficial ou credenciado de jurisprudência, inclusive em mídia eletrônica, em que foi publicado o acórdão divergente, ou com a reprodução de julgado disponível na rede mundial de computadores, indicando a respectiva fonte, devendo mencionar as circunstâncias que identificam ou assemelham os casos confrontados (*caput* do art. 259 do RITST).

Caso não sejam cumpridas tais exigências, o Ministro Relator denegará seguimento aos embargos de divergência (inciso I do art. 261 do RITST).

Também será denegado seguimento ao recurso nas hipóteses de intempestividade, deserção, irregularidade de representação ou de ausência de qualquer outro pressuposto extrínseco de admissibilidade, se o recorrente, após ser intimado para sanar o vício ou complementar a documentação exigível, não o fizer no prazo concedido para tanto (inciso II do § 3º do art. 894 da CLT e letra *b* do inciso I do art. 261 do RITST).

Da decisão denegatória dos embargos caberá agravo interno, regimental, no prazo de 8 dias úteis (§ 4º do art. 894 da CLT e parágrafo único do art. 261 do RITST).

Segundo a Súmula n. 401 do Supremo Tribunal Federal, o recurso de embargos de divergência não será conhecido quando houver "jurisprudência firme do Tribunal Superior do Trabalho no mesmo sentido da decisão impugnada, salvo se houver colisão com a jurisprudência do Supremo Tribunal Federal".

É da competência do Presidente da Turma exercer o juízo de admissibilidade dos embargos à Subseção I da Seção Especializada em Dissídios Individuais (art. 260 do RITST).

De acordo com a Súmula n. 433 do TST, a admissibilidade do recurso de embargos contra acórdão de Turma, em Recurso de Revista, em fase de execução, condiciona-se à demonstração de divergência jurisprudencial entre Turmas ou entre estas e a Seção Especializada em Dissídios Individuais do Tribunal Superior do Trabalho em relação à interpretação de dispositivo constitucional.

Vejamos, a seguir, o passo a passo para o desenvolvimento de cada um dos recursos.

11.3 Estrutura da Peça Processual do Recurso de Embargos Infringentes

DICAS

Ao interpor os embargos infringentes, deve-se elaborar, na mesma ocasião, duas peças processuais: a primeira peça, denominada **petição de interposição** ou **peça de rosto**, deverá ser endereçada ao Ministro Relator do processo de dissídio coletivo em que foi proferido acórdão, de que se pretende recorrer (juízo *a quo*); e a segunda peça, com as **razões do recurso**, deverá ser endereçada à Seção de Dissídios Coletivos do Tribunal Superior do Trabalho (Jjuízo *ad quem*).

As razões do recurso são protocoladas juntamente com a petição de interposição ou peça de rosto no Juízo *a quo* (juízo do qual se recorre).

Atualmente, a prática de atos processuais na Justiça do Trabalho é procedida por meio eletrônico por meio do Sistema Integrado de Protocolização e Fluxo de Documentos Eletrônicos (e-DOC).

RECURSOS DE DECISÕES PROFERIDAS PELO TRIBUNAL SUPERIOR DO TRABALHO   349

11.4 Estrutura da Primeira Peça do Recurso de Embargos Infringentes – Petição de Interposição ou Peça de Rosto

1º PASSO

Endereçar a petição de interposição ao Ministro Relator do processo de dissídio coletivo, na Seção de Dissídios Coletivos do Tribunal Superior do Trabalho, em que foi proferida a decisão que se quer reformar.

Excelentíssimo Senhor Doutor Ministro Relator ... [informar o nome completo do Ministro Relator] **da Seção de Dissídios Coletivos do Tribunal Superior do Trabalho**

2º PASSO

Deixar um espaço de 10 a 15 linhas. Porém, tendo em vista o limite de linhas para a resposta da questão discursiva na prova da OAB, sugerimos escrever "espaço" entre parênteses, evitando saltar muitas linhas. Exemplo: (Espaço).

(Espaço)

3º PASSO

Identificar o número dos autos do processo.

Processo n. ...

4º PASSO

Identificar as partes: não é necessário qualificá-las, pois a qualificação já foi feita nos autos do dissidio coletivo, podendo empregar-se a expressão "já qualificado", ou "já qualificada" ou mesmo "já qualificados", se formam uma ação plúrima.

Sindicato dos Trabalhadores das Indústrias Químicas e Farmacêuticas, já qualificado nos autos do processo de Dissídio Coletivo de número *supra*, proposto em face do **Sindicato das Empresas das Indústrias Químicas e Farmacêuticas,** também qualificada, (...)

5º PASSO

Comunicar que está recorrendo da decisão.

(...) vem, tempestivamente, perante essa Colenda Seção de Dissídios Coletivos, por seu advogado, devidamente constituído, adiante assinado, não se conformando com o respeitável acórdão publicado em .../.../..., interpor

Embargos Infringentes

6º PASSO

> Indicar o dispositivo legal que autoriza a interposição dos embargos infringentes.

com fundamento no inciso I do art. 894 da Consolidação das Leis do Trabalho, e na letra *c* do inciso II do art. 2º da Lei n. 7.701/88, e no art. 262 do Regimento Interno do Tribunal Superior do Trabalho, juntando as Razões do Recurso, (...)

7º PASSO

> Informar que está juntando a guia de pagamento das custas processuais, se houver.

(...) bem como a guia de pagamento das custas processuais.

8º PASSO

> Requerer a intimação da parte contrária para impugnar o recurso e a remessa do processo à unidade competente.

Por fim, requer a intimação do Embargado para, querendo, impugnar o recurso, no prazo legal, e, após, que o processo seja remetido à unidade competente, para ser imediatamente distribuído, na forma prevista no art. 263 do Regimento Interno do Tribunal Superior do Trabalho.

9º PASSO

> Fazer o desfecho final de praxe: requerimento, local, data e advogado.

DICA

> No Exame da OAB, se os dados relativos ao local e à data não forem conhecidos pode-se utilizar uma das seguintes formas: "Local..., data..."; "(Local), (data)"; ou "(Local), .../.../...".

Nesses termos, pede-se deferimento.
Local..., data...
Advogado OAB/... n. ...

RECURSOS DE DECISÕES PROFERIDAS PELO TRIBUNAL SUPERIOR DO TRABALHO

11.5 Estrutura da Segunda Peça do Recurso de Embargos Infringentes – Razões do Recurso

ATENÇÃO

A petição contendo as razões do recurso deve ser entregue juntamente com a petição de interposição ou peça de rosto.

1º PASSO

Direcionar a petição contendo as razões à Seção de Dissídios Coletivos, que irá conhecer e julgar o recurso.

Colenda Seção de Dissídios Coletivos do Tribunal Superior do Trabalho

2º PASSO

Colocar a seguinte nomenclatura: Razões dos Embargos Infringentes.

Razões dos Embargos Infringentes

3º PASSO

Identificar informando o número dos autos do processo, o nome completo do embargante/recorrente e do embargado/recorrido, ou seja, do embargante e do embargado, respectivamente.

Processo n. ...

Embargante/Recorrente: Sindicato dos Trabalhadores das Indústrias Químicas e Farmacêuticas.

Embargado/Recorrido: Sindicato das Empresas das Indústrias Químicas e Farmacêuticas.

Eméritos Ministros,

Deverá ser dado provimento ao presente recurso, com a consequente revisão da parte da decisão em que não houve unanimidade, proferida no julgamento do dissídio coletivo de número *supra*, ajuizado pelo Embargante em desfavor do Embargado, conforme as razões a seguir aduzidas:

4º PASSO

Demonstrar que foram preenchidos os **pressupostos extrínsecos** (genéricos) e **intrínsecos** (específicos) do recurso.

Dos Pressupostos Extrínsecos do Recurso

Foram devidamente preenchidos os pressupostos extrínsecos do presente recurso, necessários ao seu conhecimento:

a) **Regularidade de representação.** O Embargante está devidamente representado nos autos do processo, conforme a procuração que acompanha a petição inicial do dissídio coletivo.

b) **Preparo.** As custas processuais foram devidamente pagas, no importe de R$..., e o comprovante se encontra juntado aos autos do processo.

c) **Tempestividade.** O presente recurso de embargos infringentes é tempestivo, visto que o acórdão foi publicado no dia .../.../... [data], tendo início o prazo recursal em .../.../... [data] e término em .../.../... [data].

Dos Pressupostos Intrínsecos do Recurso

O presente recurso atende aos pressupostos intrínsecos, visto que seu cabimento está adstrito à decisão não unânime proferida pela Colenda Seção de Dissídios Coletivos, no julgamento do dissídio coletivo ajuizado pelo Embargante.

5º PASSO

Apresentar argumentos de fato e de direito contra a decisão.

Dos Fatos

O Embargante ajuizou dissídio coletivo econômico em desfavor do Embargado.

Na audiência realizada no dia .../.../..., foram apresentadas algumas sugestões de conciliação pelo Embargante, que foram integralmente rejeitadas pela categoria dos trabalhadores.

Posteriormente, o Embargado apresentou, por meio de petição, uma proposta de novo instrumento normativo, com cláusulas normativas e obrigacionais.

A Seção de Dissídios Coletivos do Tribunal Superior do Trabalho decidiu, por maioria, vencidos os Ministros ... e ..., incorporar algumas das novas cláusulas apresentadas pelo Embargado no instrumento normativo da categoria, sendo que uma delas, a cláusula 68, é completamente ilegal, e deverá ser excluída da decisão, que julgou parcialmente procedente o dissídio coletivo, conforme se demonstrará a seguir:

Do Mérito
Da cláusula em que houve divergência

Essa Colenda Seção Especializada, ao julgar o presente dissídio coletivo, por maioria, vencidos os Ministros... e ..., cujos votos seguem anexos, acolheu a inclusão da

Cláusula 68 no instrumento coletivo da categoria, apresentada a seguir, apesar de tal cláusula violar o princípio da legalidade, pelo fato de disciplinar e regulamentar o poder diretivo do empregador, autorizando a convocação dos empregados para trabalhar em dias de repouso semanal e feriados, o que não se pode admitir:

> **Cláusula 68 – TRABALHO EM DIA DE REPOUSO** – Sem prejuízo do pagamento do valor correspondente ao repouso semanal remunerado, fica assegurado ao empregado que for convocado a trabalhar em dia de repouso semanal remunerado e feriados o pagamento do valor equivalente a 200% (duzentos por cento), calculado sobre o valor pago no dia de jornada normal de trabalho, fazendo também jus a um vale-alimentação ou refeição (de acordo com a modalidade na qual está cadastrado), pelo dia trabalhado. **Parágrafo único** – Os 200% (duzentos por cento) de que trata esta cláusula serão pagos na folha do mês subsequente à sua apuração.

A manutenção da mencionada Cláusula 68, conforme o acórdão proferido por essa Colenda Seção Especializada no julgamento do dissídio coletivo, viola o princípio da legalidade estampado no inciso II do art. 5º da Constituição Federal de 1988, violando também os arts. 58, 59 e 67 da Consolidação das Leis do Trabalho, sendo que a manutenção da aludida cláusula importa em verdadeira alteração dos contratos individuais de trabalho dos empregados da categoria, visto que o empregador, ao seu livre-arbítrio, poderá convocar o trabalhador em dias de repouso semanal e feriados, em desrespeito às regras legais acima descritas.

Diante desse intransponível argumento, deve ser provido o presente recurso, julgando improcedente a Cláusula 68, excluindo-a do instrumento coletivo, visto que é inadmissível conferir ao empregador o direito irrestrito de convocar os trabalhadores para prestar serviços em dias de repouso semanal e feriados, salvo em caso de mútuo consentimento com o empregado, o que não é o caso, visto que a cláusula não dá ao trabalhador a oportunidade de aceitar ou não o chamado ao trabalho, ficando obrigado a trabalhar em dias em que deveria estar descansando e no convívio com seus familiares e parentes.

6º PASSO

Fazer a conclusão, com o pedido de **conhecimento** e **provimento** do recurso.

Da Conclusão

Em face do exposto, o Embargante requer que o presente Recurso de Embargos Infringentes seja conhecido e provido, (...)

7º PASSO

Requerer a **reforma** da decisão.

354 PASSO A PASSO PARA ELABORAÇÃO DE PETIÇÕES TRABALHISTAS

(...) com a reforma do respeitável acórdão proferido pela Seção de Dissídios Coletivos no Processo n. ..., com a revisão da decisão no sentido de excluir a Cláusula 68, conforme os argumentos apresentados.

8º PASSO

> Desfecho de praxe: requerimentos, local, data e assinatura do advogado.

DICA

> No Exame da OAB, se os dados relativos ao local e à data não forem conhecidos pode-se utilizar uma das seguintes formas: "Local..., data..."; "(Local), (data)"; ou "(Local), .../.../...".

Nesses termos, pede-se deferimento.
Local..., data...
Advogado OAB/... n. ...

11.6 Estrutura da Peça Processual de Embargos para a Subseção I da Seção Especializada em Dissídios Individuais ou Embargos de Divergência

DICAS

> Ao interpor os embargos de divergência, deve-se elaborar, na mesma ocasião, duas peças processuais: a primeira peça, denominada **petição de interposição** ou **peça de rosto**, que deverá ser endereçada ao juízo *a quo*, ou seja, para a Turma do Tribunal Superior do Trabalho que prolatou a decisão no Recurso de Revista; e a segunda peça, que conterá as **razões do recurso,** deverá ser endereçada à Subseção I da Seção Especializada em Dissídios Individuais do Tribunal Superior do Trabalho (Juízo *ad quem*).
>
> As razões do recurso são protocoladas juntamente com a petição de interposição ou peça de rosto no Juízo *a quo* (juízo do qual se recorre).
>
> Atualmente, a prática de atos processuais na Justiça do Trabalho é procedida por meio eletrônico por meio do Sistema Integrado de Protocolização e Fluxo de Documentos Eletrônicos (e-DOC).

11.7 Estrutura da Primeira Peça do Recurso de Embargos de Divergência – Petição de Interposição ou Peça de Rosto

1º PASSO

> Endereçar a petição de interposição ao Ministro-Presidente da Turma do Tribunal Superior do Trabalho que proferiu a decisão que se quer reformar (Juízo *a quo*).

RECURSOS DE DECISÕES PROFERIDAS PELO TRIBUNAL SUPERIOR DO TRABALHO

> Atualmente, o Tribunal Superior do Trabalho tem oito turmas, com três Ministros cada uma, sendo que um deles é o Presidente da Turma.
>
> No endereçamento, deverá ser feita a indicação expressa da Turma do TST que julgou o Recurso de Revista, por exemplo, Primeira Turma.

Excelentíssimo Senhor Doutor Ministro-Presidente da Colenda ... [indicar a Turma] **Turma do Tribunal Superior do Trabalho**

2º PASSO

> Deixar um espaço de 10 a 15 linhas. Porém, tendo em vista o limite de linhas para a resposta da questão discursiva na prova da OAB, sugerimos escrever "espaço" entre parênteses, evitando saltar muitas linhas. Exemplo: (Espaço).

(Espaço)

3º PASSO

> Identificar o número dos autos do processo.

Processo n. ...

4º PASSO

> Identificar as partes: não é necessário qualificá-las, pois a qualificação já foi feita na petição inicial e na contestação, podendo empregar-se a expressão "já qualificado", ou "já qualificada" ou mesmo "já qualificados", se for uma ação plúrima.

Paulo Silva, já qualificado nos autos da reclamação trabalhista de número *supra*, proposta em face do **Autoposto S.A.,** também qualificado, (...)

5º PASSO

> Comunicar que está recorrendo da sentença.

(...) vem tempestivamente perante essa Colenda Turma, por seu advogado, devidamente constituído, adiante assinado, não se conformando com o respeitável acórdão proferido no julgamento do Recurso de Revista, interpor

Embargos para a Subseção I da Seção Especializada em Dissídios Individuais (ou Embargos de Divergência)

6º PASSO

Indicar o dispositivo legal que autoriza a interposição dos embargos de divergência.

com fundamento no inciso II do art. 894 da Consolidação das Leis do Trabalho, na letra *b* do inciso III do art. 3º da Lei n. 7.701/88, e no art. 258 do Regimento Interno do Tribunal Superior do Trabalho, juntando as Razões do Recurso, (...)

7º PASSO

Informar que está juntando as guias de recolhimento do depósito recursal e de pagamento das custas processuais. Exemplo: "(...) com fundamento no art. 896 da Consolidação das Leis do Trabalho, juntando as Razões do Recurso, bem como, as guias de recolhimento do depósito recursal e de pagamento das custas processuais, e requer que, depois de cumpridas as formalidades legais e processuais, (...)".

IMPORTANTE

Somente o recorrente reclamado é que está obrigado a proceder ao depósito recursal. A parte recorrente estará dispensada da obrigação de proceder ao depósito recursal se já houver depositado integralmente o valor da condenação (segunda parte do item I da Súmula n. 128 do TST). A comprovação do depósito da condenação terá que ser feita dentro do prazo para a interposição do recurso, sob pena de ser considerado **deserto** (art. 7º da Lei n. 5.584/70). Se não há condenação a pagamento em pecúnia, descabe o depósito recursal (Súmula n. 161 do Tribunal Superior do Trabalho).

Já o pagamento das custas processuais é devido tanto pelo reclamante quanto pelo reclamado, exceto ser houver sido deferida a gratuidade da Justiça. Porém, o pagamento será desnecessário se a parte já houver pago integralmente as custas quando da interposição de recurso anterior.

8º PASSO

Requerer a remessa das razões para a Subseção de Dissídios Individuais I do Tribunal Superior do Trabalho (Juízo *ad quem*).

(...) e requer que, depois de cumpridas as formalidades legais e processuais, sejam remetidas à Colenda Subseção I da Seção Especializada em Dissídios Individuais do Tribunal Superior do Trabalho, para conhecimento e julgamento.

RECURSOS DE DECISÕES PROFERIDAS PELO TRIBUNAL SUPERIOR DO TRABALHO   357

9º PASSO

Requerer a intimação da parte contrária para contra-arrazoar (ou contrarrazoar) o recurso.

Por fim, requer a intimação do Embargado para, querendo, contra-arrazoar o presente recurso.

10º PASSO

Fazer o desfecho final de praxe: requerimento, local, data e advogado.

DICA

No Exame da OAB, se os dados relativos ao local e à data não forem conhecidos pode-se utilizar uma das seguintes formas: "Local..., data..."; "(Local), (data)"; ou "(Local), .../.../...".

Nesses termos, pede-se deferimento.
Local..., data...
Advogado OAB/... n. ...

11.8   Estrutura da Segunda Peça do Recurso de Embargos de Divergência – Razões do Recurso

ATENÇÃO

A petição contendo as razões do recurso deve ser entregue juntamente com a petição de interposição ou peça de rosto.

1º PASSO

Direcionar a petição contendo as razões do recurso para a Subseção I da Seção Especializada em Dissídios Individuais de Dissídios Individuais I do Tribunal Superior do Trabalho, que irá conhecer e julgar o recurso (Juízo *ad quem* ou Juízo para o qual se recorre).

Colenda Subseção I da Seção Especializada em Dissídios Individuais do Tribunal Superior do Trabalho

2º PASSO

Colocar a seguinte nomenclatura: Razões dos Embargos de Divergência.

Razões dos Embargos (ou dos Embargos de Divergência)

3º PASSO

Identificar informando o número dos autos do processo, o nome completo do recorrente e do recorrido e a Turma do Tribunal Superior do Trabalho que prolatou a decisão da qual se está recorrendo (Juízo *a quo*).

Processo n. ...

Embargante/Recorrente: Paulo Silva

Embargado/Recorrido: Autoposto S.A.

Origem: ... [informar a Turma] **Turma do Tribunal Superior do Trabalho.**

Nobres Julgadores,

Não obstante a integridade e o extremo conhecimento jurídico dos Ilustres Ministros da ... Turma do Tribunal Superior do Trabalho, prolatores do respeitável acórdão proferido quando do julgamento do Recurso de Revista, *data venia* suas Excelências não fizeram a esperada justiça que sempre lhe é tão peculiar, ao decidir que o adicional de periculosidade não deve compor a base de cálculo das horas extras.

Porém, como demonstrará o Embargante, a seguir, deverá ser dado provimento ao presente Recurso de Embargos (ou Embargos de Divergência), com a consequente revisão da decisão anterior.

4º PASSO

Demonstrar que foram preenchidos os **pressupostos extrínsecos** (genéricos) e **intrínsecos** (específicos) do recurso. O relator poderá **denegar seguimento** aos embargos, em decisão monocrática, nas seguintes hipóteses: se a decisão recorrida estiver em consonância com tese fixada em julgamento de casos repetitivos ou de repercussão geral, com entendimento firmado em incidente de assunção de competência, súmula, orientação jurisprudencial ou precedente normativo do Tribunal Superior do Trabalho ou súmula do Supremo Tribunal Federal, ou com iterativa, notória e atual jurisprudência do Tribunal Superior do Trabalho, cumprindo-lhe indicá-la (alínea *a* do inciso I art. 261 do Regimento Interno do TST); e nas hipóteses de intempestividade, deserção, irregularidade de representação ou de ausência de qualquer outro pressuposto extrínseco de admissibilidade, se o recorrente, após ser intimado para sanar o vício ou complementar a documentação exigível, na forma da legislação aplicável, não o fizer no prazo concedido para tanto (alínea *b* do inciso I art. 261 do Regimento Interno do TST).

IMPORTANTE

Sob pena de não conhecimento dos embargos de divergência, cabe à parte recorrente provar a divergência com certidão, cópia ou citação de repositório oficial ou credenciado de jurisprudência, inclusive em mídia eletrônica, em que foi publicado o acórdão divergente, ou com a reprodução de julgado disponível na rede mundial de computadores, indicando a respectiva fonte, devendo mencionar as circunstâncias que identificam ou assemelham os casos confrontados (*caput* do art. 259 do Regimento Interno do TST).

Dos Pressupostos Extrínsecos do Recurso

Foram devidamente preenchidos os pressupostos extrínsecos do presente recurso, necessários ao seu conhecimento:

a) **Regularidade de representação.** O Recorrente está devidamente representado nos autos do processo, conforme a procuração que acompanha a petição inicial.

b) **Preparo.** Foram deferidos os benefícios da Justiça Gratuita para o Recorrente, o que torna desnecessário o pagamento das custas processuais. Observação: No caso de recorrente reclamado: **Preparo.** O depósito recursal e as custas processuais foram satisfeitos na instância ordinária, e se encontram devidamente juntados aos autos do processo.

c) **Tempestividade.** O presente recurso é tempestivo, visto que o acórdão recorrido foi publicado no dia .../.../... **[data]**, tendo início o prazo recursal em .../.../... **[data]** e término em .../.../... **[data]**.

Dos Pressupostos Intrínsecos do Recurso

Inicialmente, o Recorrido destaca que a matéria constante nas razões recursais foi objeto de prequestionamento, nos moldes da Súmula n. 297 do Tribunal Superior do Trabalho.

E, em atendimento ao *caput* do art. 259 do Regimento Interno do TST, o Embargante faz a transcrição do item I da Súmula n. 132 do TST, comprovando que a decisão proferida pela ... Turma do Tribunal Superior do Trabalho é contrária à jurisprudência dominante do TST:

> SÚMULA N. 132 ADICIONAL DE PERICULOSIDADE. INTEGRAÇÃO (incorporadas as Orientações Jurisprudenciais ns. 174 e 267 da SBDI-I) – Res. 129/2005, *DJ* 20, 22 e 25.04.2005
> I – O adicional de periculosidade, pago em caráter permanente, integra o cálculo de indenização e de horas extras (ex-Prejulgado n. 3). (ex-Súmula n. 132 – RA 102/1982, *DJ* 11.10.1982/*DJ* 15.10.1982 – e ex-OJ n. 267 da SBDI-I – inserida em 27.09.2002).

Outrossim, junta certidão, e faz a transcrição de parte do acórdão, proferido pela Oitava Turma do Tribunal Superior do Trabalho, que demonstra a existência de decisão que frontalmente diverge da decisão proferida no presente processo pela ... Turma do Tribunal Superior do Trabalho:

> "RECURSO DE REVISTA (...) ADICIONAL D£ PERICULOSIDADE — INTEGRAÇÃO — BASE DE CÁLCULO DAS HORAS EXTRAS. O Tribunal Regional, ao concluir que o adicional de periculosidade não compõe a base de cálculo das horas extras diverge do entendimento adotado pela Súmula n. 132, a qual estabelece que — *O adicional de periculosidade, pago em caráter permanente, integra o cálculo de indenização e de horas extras*. Recurso conhecido e provido. (...) (RR — 32000-10.2007.5.02.0040, Relator Juiz Convocado: Sebastião Geraldo de Oliveira, Data de Julgamento: 11/10/2011, 8ª Turma, Data de Publicação: *DEJT* 14/10/2011)" (grifamos).

5º PASSO

Apresentar argumentos de fato e de direito contra a decisão.

Dos Fatos

DICA

Fazer um breve histórico do pedido, da defesa e das decisões.

O Embargante ajuizou ação trabalhista em face do Embargado pleiteando vários direitos trabalhistas.

A sentença foi procedente, tendo sido mantida pelo Tribunal Regional do Trabalho da 17ª Região, Espírito Santo, quando do julgamento do Recurso Ordinário interposto pelo Embargado.

Porém, em sede de Recurso de Revista, a ... Turma do TST reverteu parte da decisão, no sentido de que o adicional de periculosidade não deve compor a base de cálculo das horas extras.

Em razão disso, o Embargante interpõe o presente recurso para que tal decisão possa ser revista.

Do Mérito

Da decisão contrária à Súmula do Tribunal Superior do Trabalho

O acórdão, de que se pretende a reforma, está em conflito com o item I da Súmula n. 132 do Tribunal Superior do Trabalho, na qual o adicional de periculosidade pago em caráter permanente deve compor a base de cálculo das horas extras.

Assim, a divergência é específica, visto que o acórdão recorrido não admite que o adicional de periculosidade componha a base de cálculo das horas extras, sendo que a citada Súmula prevê exatamente o contrário.

Da divergência jurisprudencial

Ademais, o acórdão abaixo, proferido pela Oitava Turma do Tribunal Superior do Trabalho, diverge frontalmente da decisão proferida pela ... Turma do Tribunal Superior do Trabalho no julgamento do Recurso de Revista interposto pelo Embargado:

"RECURSO DE REVISTA (...) ADICIONAL DE PERICULOSIDADE — INTEGRAÇÃO — BASE DE CÁLCULO DAS HORAS EXTRAS. O Tribunal Regional, ao concluir que o adicional de periculosidade não compõe a base de cálculo das horas extras diverge do entendimento adotado pela Súmula n. 132, a qual estabelece que — *O adicional de periculosidade, pago em caráter permanente, integra o cálculo de indenização e de horas extras*. Recurso conhecido e provido. (...) (RR — 32000-10.2007.5.02.0040, Relator Juiz Convocado: Sebastião Geraldo de Oliveira, Data de Julgamento: 11/10/2011, 8ª Turma, Data de Publicação: *DEJT* 14/10/2011)" (grifamos).

Do cabimento dos presentes Embargos no Tribunal Superior do Trabalho

Conforme os argumentos apresentados, percebe-se que é perfeitamente cabível o presente Recurso de Embargos para a Subseção I da Seção Especializada em Dissídios Individuais, com fundamento no inciso II do art. 894 da CLT, pois a decisão recorrida da ... Turma do Tribunal Superior do Trabalho é contrária ao que prevê a Súmula n. 132 do TST, e diverge frontalmente de decisão proferida pela Oitava Turma do TST.

6º PASSO

Fazer a conclusão, com o pedido de **conhecimento** e **provimento** do recurso.

Da Conclusão

Em face do exposto, o Embargante requer que o presente Recurso de Embargos, para a Subseção I da Seção Especializada em Dissídios Individuais, seja conhecido e provido, (...)

7º PASSO

Requerer a **reforma** da decisão.

(...) com a reforma do respeitável acórdão proferido pela ... Turma do Tribunal Superior do Trabalho, em sua íntegra, determinando que o adicional de periculosidade pago com habitualidade seja utilizado como base de cálculo das horas extras.

8º PASSO

Desfecho de praxe: requerimentos, local, data e assinatura do advogado.

DICA

No Exame da OAB, se os dados relativos ao local e à data não forem conhecidos pode-se utilizar uma das seguintes formas: "Local..., data..."; "(Local), (data)"; ou "(Local), .../.../...".

Nesses termos, pede-se deferimento.
Local..., data...
Advogado OAB/... n. ...

Capítulo 12

Agravo de Petição

Recurso cabível, no prazo de 8 dias, das decisões do Juiz ou Presidente, nas execuções de sentença (letra *a* do art. 897 da CLT).

Em regra, no processo do trabalho, o agravo de petição é o recurso que serve para atacar as **decisões terminativas** ou **definitivas,** dos juízes das Varas do Trabalho nas execuções de sentença, não sendo cabível no processo de conhecimento.

O agravo de petição é cabível contra as decisões proferidas em embargos à execução e embargos de terceiro.

Podemos conceituar **embargos à execução** como ação utilizada no caso em que o executado, devedor, pretende desconstituir o direito de execução ou certos atos da execução ou, ainda, impugnar a sentença de liquidação, visando rediscutir os cálculos homologados pelo juiz (art. 884 da CLT).

Embargos de terceiro é a ação utilizada no caso em que o oficial de justiça penhora bens que não pertencem ao executado, mas que pertencem a terceiro, que, não tendo feito parte na relação jurídica processual, não pode ser atingido pela sentença (art. 674 do CPC).

Para interpor o agravo de petição não é necessário o pagamento das custas, que somente deverão ser pagas ao final pelo executado (inciso IV do art. 789-A da CLT).

Em regra, não há depósito recursal. Porém, se a parte ainda não houver efetuado o depósito da condenação, até o limite previsto em lei, deverá fazê-lo dentro do prazo para a interposição do agravo de petição, sob pena de ser negado seguimento a esse recurso.

Da mesma forma, poderá ser exigida a complementação da garantia do juízo na hipótese de elevação do valor do débito (item II da Súmula n. 128 do TST).

Em síntese, pode-se interpor o agravo de petição na seguinte hipótese:

AGRAVO DE PETIÇÃO

Na hipótese da **alínea *a* do art. 897 da CLT**: no caso de **decisões definitivas** ou **terminativas** das Varas do Trabalho ou Juízos de Direito investidos da jurisdição trabalhista, nas **execuções de sentença**.

IMPORTANTE
O agravo de petição somente será recebido quando o agravante delimitar, justificadamente, as matérias e os valores que são objeto de discordância (§ 1º do art. 897 da CLT).

12.1 Estrutura da Peça Processual do Recurso de Agravo de Petição

DICAS
Ao interpor o agravo de petição deve-se elaborar, na mesma ocasião, duas peças processuais: a primeira peça, denominada **petição de interposição ou peça de rosto**, que deverá ser endereçada ao Juízo que prolatou a decisão; e a segunda peça que conterá as **razões do recurso**.

As razões do recurso são protocoladas juntamente com a petição de interposição ou peça de rosto no Juízo *a quo* (juízo do qual se recorre), que será dirigida ao Tribunal Regional do Trabalho da respectiva Região.

Haverá perda de pontos se o examinado apresentar apenas as razões do recurso e deixar de elaborar a petição de interposição dirigida à Vara do Trabalho.

Lembre-se de que em uma situação real a petição de interposição e as razões do recurso devem ser formuladas em peças separadas, porém unidas quando do protocolo, e não redigidas uma logo abaixo da outra na mesma página. No Exame da OAB, a petição, com as razões do recurso, deverá ser formulada imediatamente após a interposição, tendo em vista a quantidade reduzida de linhas para responder à questão de elaboração da peça da prova prático-profissional.

12.2 Estrutura da Primeira Peça do Agravo de Petição — Petição de Interposição ou Peça de Rosto

1º PASSO
Endereçar a petição de interposição ao juiz da Vara do Trabalho ou ao juiz de direito da Justiça Comum Estadual, investido na jurisdição trabalhista, que proferiu a decisão que se quer reformar (Juízo *a quo*).

DICA

Observe atentamente se a questão do Exame da OAB indica qual é o número da Vara do Trabalho que proferiu a decisão da qual se está recorrendo (Juízo *a quo*). Se não indicar, pode-se simplesmente colocar reticências (...). Exemplos: "Excelentíssimo Senhor Doutor Juiz da ... Vara do Trabalho de... — Estado...".

**Excelentíssimo Senhor Doutor Juiz da ... Vara
do Trabalho de... — Estado do...**

2º PASSO

Deixar um espaço de 10 a 15 linhas. Porém, tendo em vista o limite de linhas para a resposta da questão discursiva na prova da OAB, sugerimos escrever "espaço" entre parênteses, evitando saltar muitas linhas. Exemplo: (Espaço).

(Espaço)

3º PASSO

Identificar o número dos autos do processo.

Processo n. ...

4º PASSO

Identificar as partes: não é necessário qualificá-las, pois a qualificação já foi feita anteriormente, podendo empregar-se a expressão "já qualificado" ou "já qualificada". Nas ações plúrimas deve-se utilizar a expressão **"já qualificados"**.

Banco Miraflores S/A, já qualificado, nos autos da Execução Trabalhista que lhe move **Edmundo Viriato,** também qualificado, (...)

5º PASSO

Comunicar que está recorrendo da sentença.

DICA

Nas ações pelo Procedimento Sumaríssimo, pode-se denominar o recurso **"Agravo de Petição em Rito Sumaríssimo"**.

AGRAVO DE PETIÇÃO

(...) vem, tempestivamente, perante essa Douta Vara do Trabalho, por seu advogado, devidamente constituído, adiante assinado, não se conformando com a respeitável decisão proferida pelo Juízo de Primeiro Grau, interpor

Agravo de Petição

6º PASSO

Indicar o dispositivo legal que autoriza a interposição do recurso (alínea *a* do art. 897 da CLT).

com fundamento na alínea *a* do art. 897 da Consolidação das Leis do Trabalho, juntando as Razões do Recurso, (...)

7º PASSO

Requerer a remessa das razões para o Tribunal Regional do Trabalho (Juízo *ad quem*).

DICA

Caso tenha que mencionar o número da Região do qual faz parte o Tribunal Regional do Trabalho, pode-se identificar tal dado no art. 674 da CLT. Exemplo: o Espírito Santo faz parte da 17ª Região; São Paulo, Capital, compõe a 2ª Região, enquanto Campinas faz parte da 15ª Região.

(...) e requer que, depois de cumpridas as formalidades legais e processuais, sejam remetidas ao Egrégio Tribunal Regional do Trabalho da ... Região, para conhecimento e julgamento.

8º PASSO

Delimitar expressamente as matérias e valores que serão impugnados (§1º do art. 897 da CLT).

Nos termos do § 1º do art. 897 da Consolidação das Leis do Trabalho, o Agravante declara que o presente recurso tem como objeto de discordância a aplicação da multa prevista no § 1º do art. 523 do Código de Processo Civil, bem como o valor que foi bloqueado a tal título no importe total de R$ 3.000,00 (três mil reais).

9º PASSO

Requerer a intimação da parte contrária para contra-arrazoar (ou contrarrazoar) o recurso.

Por fim, requer a intimação do Recorrido para, querendo, contra-arrazoar o presente recurso.

10º PASSO

Fazer o desfecho final de praxe: requerimento, local, data e advogado.

DICA

No Exame da OAB, se os dados relativos ao local e à data não forem conhecidos, pode-se utilizar uma das seguintes formas: "Local..., data..."; "(Local), (data)"; ou "(Local), .../.../...".

Nestes termos, pede deferimento.
Local..., data...
Advogado OAB/... n. ...

12.3 Estrutura da Segunda Peça do Agravo de Petição — Razões do Recurso

ATENÇÃO

A petição contendo as razões do recurso deve ser entregue juntamente com a petição de interposição ou peça de rosto.

1º PASSO

Direcionar a petição contendo as razões ao Tribunal Regional do Trabalho que irá conhecer e julgar o agravo de petição (Juízo *ad quem* ou Juízo para o qual se recorre).

DICA

Observe atentamente qual é o número da Região do Tribunal Regional do Trabalho para a qual se está recorrendo (Juízo *ad quem*). O art. 674 da CLT relaciona todas as 24 Regiões, com os Estados da Federação que as compõem. Exemplos: "Egrégio Tribunal Regional do Trabalho da 17ª Região — Estado do Espírito Santo"; "Egrégio Tribunal Regional do Trabalho da 2ª Região — Estado de São Paulo"; "Egrégio Tribunal Regional do Trabalho da 1ª Região — Estado do Rio de Janeiro".

Egrégio Tribunal Regional do Trabalho da... Região — Estado do...

2º PASSO

Colocar a seguinte nomenclatura: Razões do Agravo de Petição.

Razões do Agravo de Petição

3º PASSO

Identificar informando o número dos autos do processo, o nome completo do agravante e do agravado, e a Vara do Trabalho de origem que prolatou a decisão à qual se está recorrendo (Juízo *a quo*).

Processo n. ...
Agravante: Banco Miraflores S/A
Agravado: Edmundo Viriato
Origem: ... Vara do Trabalho de...
Doutos Julgadores,
Não merece prosperar a respeitável decisão proferida pelo Meritíssimo Juiz de Primeira Instância pelas razões de fato e de direito a seguir expostas:

4º PASSO

Apresentar argumentos de fato e de direito contra a decisão.

Dos Fatos

DICA

Fazer um breve histórico da demanda.

O Agravado propôs reclamação trabalhista em face do Agravante pleiteando o pagamento de horas extras e verbas rescisórias. A ação foi julgada procedente, e encontra-se transitada em julgado.

Iniciada a execução, os cálculos foram homologados em R$ 33.000,00 (trinta e três mil reais). Foi procedido bloqueio *on-line* de créditos do Agravante do valor total da execução, através do Sistema de Busca de Ativos do Poder Judiciário (Sisbajud).

O Agravante opôs Embargos à Execução requerendo a exclusão da multa prevista no § 1º do art. 523 do Código de Processo Civil, com a consequente devolução do valor bloqueado a tal título.

Porém, o Juízo de Primeiro Grau entendeu por bem rejeitar os Embargos.

Do Mérito

5º PASSO

Delimitar justificadamente as matérias que serão impugnadas, que são objeto de discordância (§1º do art. 897 da CLT).

1. Delimitação da matéria: Da inaplicabilidade do § 1º do art. 523 do Código de Processo Civil ao Processo do Trabalho

Data venia, a respeitável decisão proferida pelo Meritíssimo Juiz da ... Vara do Trabalho de..., no julgamento dos Embargos à Execução, está incorreta, uma vez que a multa prevista no § 1º do art. 523 do Código de Processo Civil não é aplicável ao processo do trabalho.

Isto porque o Código de Processo Civil somente é aplicável subsidiariamente à execução trabalhista nos casos em que há omissão na Consolidação das Leis do Trabalho e na Lei n. 6.830/80 (arts. 769 e 889 da CLT).

Ocorre, porém, que a legislação laboral não é omissa a esse respeito, conforme se extrai do disciplinado nos arts. 880 e 883 da Consolidação das Leis do Trabalho, respectivamente, assim redigidos:

> Art. 880. Requerida a execução, o juiz ou presidente do tribunal mandará expedir mandado de citação do executado, a fim de que cumpra a decisão ou o acordo no prazo, pelo modo e sob as cominações estabelecidas ou, quando se tratar de pagamento em dinheiro, inclusive de contribuições sociais devidas à União, para que o faça em 48 (quarenta e oito) horas ou garanta a execução, sob pena de penhora.
>
> Art. 883. Não pagando o executado, nem garantindo a execução, seguir-se-á penhora dos bens, tantos quantos bastem ao pagamento da importância da condenação, acrescida de custas e juros de mora, sendo estes, em qualquer caso, devidos a partir da data em que for ajuizada a reclamação inicial.

Ademais, não é característica da execução trabalhista a imposição de multa pelo não pagamento do crédito exequendo.

Assim, considerando-se que a Legislação Consolidada é expressa no tocante aos trâmites do processo de execução, demonstra-se incabível na execução trabalhista a aplicação do § 1º do art. 523 do CPC (antigo art. 475-J do CPC/1973).

Neste mesmo sentido, tem decidido o Colendo Tribunal Superior do Trabalho:

> RECURSO DE REVISTA — CERCEAMENTO DE DEFESA — (...). MULTA DO ART. 475-J DO CPC — INCOMPATIBILIDADE COM O PROCESSO DO TRABALHO — REGRA PRÓPRIA COM PRAZO REDUZIDO — MEDIDA COERCITIVA NO PROCESSO DO TRABALHO DIFERENCIADA DO PROCESSO CIVIL — O art. 475-J do CPC

determina que o devedor que, no prazo de quinze dias, não tiver efetuado o pagamento da dívida, tenha acrescido multa de 10% sobre o valor da execução e, a requerimento do credor, mandado de penhora e avaliação. **A decisão que determina a incidência de multa do art. 475-J do CPC, em processo trabalhista, viola o art. 889 da CLT, na medida em que a aplicação do processo civil, subsidiariamente, apenas é possível quando houver omissão da CLT, seguindo, primeiramente, a linha traçada pela Lei de Execução fiscal, para apenas após fazer incidir o CPC.** Ainda assim, deve ser compatível a regra contida no processo civil com a norma trabalhista, nos termos do art. 769 da CLT, o que não ocorre no caso de cominação de multa no prazo de quinze dias, quando o art. 880 da CLT determina a execução em 48 horas, sob pena de penhora, não de multa. Recurso de revista conhecido e provido para afastar a multa do art. 475-J do CPC (TST — RR 938/2005-002-20-85, Rel. Min. Aloysio Corrêa da Veiga, *DJe*, 20-3-2009 — p. 986). (destacamos)

APLICAÇÃO DA MULTA DO ART. 475-J DO CPC — **É inaplicável nesta Justiça Especializada o art. 475-J do CPC, eis que incompatível com o artigo 880 da CLT,** que regula a forma e cominações para garantia da execução. Agravo de Petição a que se nega provimento (TRT 2ª R., 8ª T., AgP 02631-2004-032-02-00-9, Rel. Des. Lilian Lygia Ortega Mazzeu, *DOESP*, 7-4-2009). (destacamos)

Assim, merecem ser acolhidas as razões recursais acima delineadas para excluir da execução a multa prevista no § 1º do art. 523 do Código de Processo Civil e, consequentemente, determinar a devolução do valor bloqueado a tal título ao Agravante.

6º PASSO

> Delimitar justificadamente os valores que serão impugnados, que são objeto de discordância (§1º do art. 897 da CLT).

2. Delimitação do valor impugnado

Com a exclusão da referida multa deverá ser devolvida ao Agravante a importância bloqueada a tal título no valor de R$ 3.000,00 (três mil reais), com juros e correção monetária.

7º PASSO

> Fazer a conclusão, com o pedido de conhecimento e provimento do recurso.

Da Conclusão

Pelo exposto, requer o Agravante que o presente Recurso seja conhecido e provido, (...)

8º PASSO

Requerer a reforma da decisão.

(...) com a reforma da respeitável decisão recorrida para excluir da execução a multa prevista no § 1º do art. 523 do Código de Processo Civil e, consequentemente, determinar a devolução do valor bloqueado a tal título ao Recorrente.

9º PASSO

Desfecho de praxe: requerimentos, local, data e assinatura do advogado.

DICA

No Exame da OAB, se os dados relativos ao local e à data não forem conhecidos, pode-se utilizar uma das seguintes formas: "Local..., data..."; "(Local), (data)"; ou "(Local), .../.../...".

Nestes termos, pede deferimento.
Local..., data...
Advogado OAB/... n. ...

Capítulo 13

Embargos à Execução

Os embargos à execução têm natureza jurídica de ação e não de recurso ou defesa, na qual o devedor (executado) será o autor, e o credor (exequente) o réu, e visa desconstituir o direito de execução ou de certos atos da execução. Tal ação é processada nos próprios autos da execução trabalhista, e pode ser apresentada no prazo de 5 dias após estar garantida a execução pela penhora ou após ter sido procedido o depósito do valor da condenação (*caput* do art. 884 da CLT).

Somente por meio dos embargos o executado poderá impugnar a sentença de liquidação, cabendo ao exequente igual direito e no mesmo prazo (§ 3º do art. 884 da CLT). Porém, se a parte já houver sido intimada para se manifestar sobre os cálculos, não mais poderá fazê-lo por meio dos embargos, por ter ocorrido a preclusão (§ 2º do art. 879 da CLT).

OBSERVAÇÃO

Segundo a Instrução Normativa n. 41/2018 do TST, a regra inscrita no § 2º do art. 879 da CLT, quanto ao dever de o juiz conceder prazo comum de 8 dias para impugnação fundamentada da conta de liquidação, não se aplica à liquidação de julgado iniciada antes de 11-11-2017.

Os embargos e as impugnações à liquidação são julgados na mesma sentença (§ 4º do art. 884 da CLT).

Segundo o § 1º do art. 884 da CLT, a matéria a ser discutida nos embargos está adstrita ao cumprimento da decisão ou do acordo, quitação ou prescrição da dívida.

Assim, podem ser alegados por meio de embargos os seguintes assuntos:

a) Cumprimento da decisão pelo executado;

b) Cumprimento do acordo realizado entre as partes, que deverá ser posterior à sentença;

c) Quitação da dívida, que deverá ser posterior à sentença, já que a quitação anterior à sentença deve ser necessariamente juntada aos autos quando da defesa;

d) Prescrição da dívida. Para alguns autores a prescrição a que se refere o § 1º do art. 884 da CLT é a prescrição intercorrente, ou seja, aquela posterior à sentença exequenda. A prescrição intercorrente ocorre quando, após a citação, o processo ficar paralisado, e a prescrição interrompida inicia novo curso e com o mesmo prazo, a contar da data da paralisação. Neste caso, é aplicável o *caput* do art. 11 da CLT, ou seja, é bienal o prazo de prescrição. Portanto, configura-se no caso de inércia do autor por tempo superior a 2 anos. Para o Supremo Tribunal Federal "o direito trabalhista admite a prescrição intercorrente" (Súmula n. 327), e "prescreve a execução no mesmo prazo de prescrição da ação" (Súmula n. 150), ou seja, 2 anos. De acordo com o *caput* do art. 11-A da CLT, passou a ser aplicável no Processo do Trabalho a prescrição intercorrente, afastando a previsão contida na Súmula n. 114 do Tribunal Superior do Trabalho e no inciso VIII do art. 2º da Instrução Normativa n. 39 do Tribunal Superior do Trabalho. Segundo o citado dispositivo consolidado, ocorre a prescrição intercorrente no processo do trabalho no prazo de 2 anos, cuja fluência tem início quando o exequente deixar de cumprir determinação judicial no curso da execução (§ 1º do art. 11-A da CLT).

Existe ainda a possibilidade de se alegar nos embargos à execução as matérias enumeradas no art. 917 do CPC, de aplicação subsidiária ao processo do trabalho (art. 769 da CLT e art. 15 do CPC), nas quais os embargos poderão versar também sobre:

a) **Inexigibilidade do título**, como ocorreria se alguém fizesse um acordo pela empresa sem poderes para tanto, ou a **inexigibilidade da obrigação**. Exemplos: no caso do acordo firmado por quem não era preposto; no caso da sentença ilíquida etc.

b) **Penhora incorreta ou avaliação errônea**. Em tal hipótese o executado poderá questionar a penhora no prazo para os embargos à execução ou poderá ser impugnada por meio de simples petição, que deverá ser apresentada no prazo de 15 dias, contado da ciência do ato (§ 1º do art. 917 do CPC).

c) **Incompetência absoluta ou relativa do juízo da execução**. Exemplo: no caso de incompetência do juízo, em que os embargos constituem a primeira manifestação do executado nos autos. Segundo o § 1º do art. 64 do CPC, a incompetência absoluta pode ser alegada em qualquer tempo e grau de jurisdição e deve ser declarada de ofício pelo juiz.

d) **Excesso de execução ou cumulação indevida de execuções**. Há excesso de execução quando: a) o credor pleiteia quantia superior à do título; b) a execução recai sobre coisa diversa daquela declarada no título; c) a execução se processa de modo diferente do que foi determinado na sentença; d) o credor, sem cumprir a prestação que lhe corresponde, exige o adimplemento do devedor; e) o credor não provar que a condição se realizou (§ 2º do art. 917 do CPC). Porém, quando o embargante alegar que o exequente, em excesso de execução, pleiteia quantia superior à do título, deverá declarar na petição inicial o valor que entende correto, apresentando o demonstrativo com a discriminação e atualização do seu cálculo. Caso não aponte o valor correto ou não apresente o demonstrativo, os embargos à execução serão liminarmente rejeitados, sem resolução de mérito, se o excesso de execução for o seu único fundamento, ou serão processados, se houver outro fundamento, mas o juiz não examinará a alegação de excesso de execução. Segundo Humberto Theodoro Júnior (2009, p. 416-417) a cumulação de execuções é 1) a que decorre da diversidade de procedimentos para diversos títulos que se pretende cumular numa mesma execução, ou por 2) decorrer do simultâneo ajuizamento de diversas execuções baseadas num mesmo título, quando há diversas garantias e vários coobrigados em torno de uma mesma dívida.

Como a **execução de título extrajudicial** não é precedida da ação de conhecimento, a primeira oportunidade para o devedor apresentar sua defesa ocorre na ação de execução que foi ajuizada contra ele. Oportunidade em que o executado poderá alegar qualquer matéria que lhe seria lícito deduzir como defesa no processo de conhecimento (inciso VI do art. 917 do CPC).

Se na defesa houverem sido arroladas testemunhas o juiz ou Presidente do Tribunal poderá marcar audiência para a produção das provas, na qual deverá ser realizada dentro de 5 dias (§ 2º do art. 884 da CLT).

Não tendo sido arroladas testemunhas na defesa, o juiz ou Presidente do Tribunal, conclusos os autos, proferirá sua decisão, dentro de 5 dias, julgando subsistente ou insubsistente a penhora (art. 885 da CLT).

Se houverem sido arroladas testemunhas, finda a sua inquirição em audiência, o escrivão ou secretário fará, dentro de 48 horas, conclusos os autos ao juiz ou presidente, que proferirá sua decisão (*caput* do art. 886 da CLT).

Proferida a decisão, as partes interessadas serão notificadas, em registrado postal, com franquia (§ 1º do art. 886 da CLT).

Da decisão cabe a interposição de agravo de petição no prazo de 8 dias (*caput* do art. 897 da CLT). O agravo de petição é o recurso específico para atacar decisão do juiz na execução (alínea *a* do art. 897 da CLT), após o julgamento de embargos à execução, ou impugnação à sentença de liquidação (art. 884 da CLT).

IMPORTANTE

Quem tem legitimidade ativa para apresentar os embargos à execução é o devedor (executado).

Nos embargos, não pode ser alegada compensação, visto que esta somente pode ser arguida como matéria de defesa (art. 767 da CLT).

A falta ou nulidade de citação de que trata o inciso I do § 1º do art. 525 do CPC não pode ser alegada nos embargos, visto que a parte revel foi intimada da sentença (segunda parte do art. 852 da CLT).

No caso de penhora incorreta ou avaliação errônea, o executado poderá impugnar a penhora em duas oportunidades, no prazo para os embargos e por simples petição, que deverá ser apresentada no prazo de 15 dias, contado da ciência do ato (§ 1º do art. 917 do CPC).

Responsabilidade do sócio. Não havendo bens suficientes pertencentes à pessoa jurídica executada (reclamada), que possam garantir o crédito devido à parte exequente (reclamante), os sócios poderão responder com seu patrimônio particular, em decorrência da teoria da desconsideração da personalidade jurídica, prevista no art. 855-A da CLT e nos arts. 133 a 137 do CPC.

Segundo a Instrução Normativa n. 41/2018 do TST, o incidente de desconsideração da personalidade jurídica, regulado pelo CPC (arts. 133 a 137), aplica-se ao processo do trabalho, com as inovações trazidas pela Lei n. 13.467/2017.

Responsabilidade do ex-sócio. Segundo o art. 10-A da CLT, o sócio retirante da sociedade irá responder **subsidiariamente** pelas obrigações trabalhistas relativas ao período em que figurou como sócio, somente em ações ajuizadas até 2 anos depois de averbada a modificação do contrato, observada a seguinte ordem de preferência: a empresa devedora; os sócios atuais; e os sócios retirantes. De acordo com o parágrafo único do mesmo dispositivo, o sócio retirante irá responder **solidariamente** com os demais quando ficar comprovada fraude na alteração societária decorrente da modificação do contrato. Na hipótese em que o sócio tenha se retirado da sociedade há mais de 2 anos, não mais poderá ter a execução direcionada contra si.

Nos embargos à execução pode ser pedida a desconstituição da penhora realizada em imóvel considerado **bem de família**. Segundo a doutrina, o ordenamento jurídico brasileiro possui dois regimes que disciplinam o denominado bem de família. O Código Civil prevê sobre o Bem de Família Convencional ou Voluntário (arts. 1.711 a 1.722), que irá gerar a impenhorabilidade e a inalienabilidade do bem instituído, como sendo o lar familiar. Já a Lei n. 8.009/90 trata do Bem de Família legal, prevendo a impenhorabilidade somente ao bem eleito como abrigo familiar.

13.1 Estrutura da Petição Inicial dos Embargos à Execução

1º PASSO

Fazer o correto endereçamento para o juiz do trabalho ou juiz de direito, investido de jurisdição trabalhista, na qual a execução está sendo processada (art. 61 do CPC).

DICAS

O endereçamento não deve ser abreviado.

Se a execução estiver sendo feita por carta precatória, a petição deverá ser endereçada para o juízo deprecado, que será o competente para conhecer dos embargos à execução (§ 2º do art. 845 do CPC).

EMBARGOS À EXECUÇÃO

Excelentíssimo Senhor Doutor Juiz da ...
Vara do Trabalho de... – Estado do...

2º PASSO

Deixar um espaço de 10 a 15 linhas. Porém, tendo em vista o limite de linhas para a resposta da questão discursiva na prova da OAB, sugerimos escrever "espaço" entre parênteses, evitando saltar muitas linhas.

Como os embargos à execução são regularmente distribuídos por dependência (§ 1º do art. 914 do CPC), sugere-se registrar "Distribuição por dependência", informando, a seguir, o número dos autos do processo. Caso o problema não informe expressamente tal número utilize reticências. Exemplo: "Processo n. ...".

(Espaço)

Distribuição por dependência
Processo n. ...

3º PASSO

Fazer a qualificação individualizada e completa da parte embargante (devedor) ou simplesmente utilizar a expressão "já qualificado".

Byte Consultoria e Serviços de Informática Ltda. e **Astolfo Silva**, já qualificados, por seu advogado que esta subscreve, nos autos da reclamação trabalhista de número supra proposta por (...)

4º PASSO

Fazer a qualificação individualizada e completa da parte embargada (credor) ou simplesmente utilizar a expressão "já qualificado".

(...) **Leandro Boagente**, já qualificado, vem, mui respeitosamente, à presença de Vossa Excelência, apresentar

Embargos à Execução

376 PASSO A PASSO PARA ELABORAÇÃO DE PETIÇÕES TRABALHISTAS

5º PASSO

Indicar o dispositivo legal que autoriza o ajuizamento dos embargos à execução.

com fundamento no art. 884 da CLT, pelos motivos de fato e de direito a seguir aduzidos:

6º PASSO

Apresentar argumentos de fato e de direito (causa de pedir).

Dos Fatos

O Embargado propôs reclamação trabalhista em face do Primeiro Embargante, requerendo o pagamento de horas extras e adicional noturno.

A ação foi julgada procedente e encontra-se transitada em julgado.

Iniciada a execução, os cálculos foram homologados em R$ 100.000,00 (cem mil reais), tendo sido penhorado um imóvel do Segundo Embargante, sócio da empresa executada.

No entanto, a referida penhora não merece prosperar, pois inteiramente em desacordo com os preceitos legais, conforme se demonstrará a seguir:

Do Direito

O segundo Embargante é o legítimo proprietário e reside com sua família no imóvel penhorado, localizado na Avenida das Acácias, n. 28, São Paulo, Capital, registrado na matrícula n. 6.890 do 9º Cartório de Registro de Imóveis de São Paulo, restando patente a configuração do bem de família nos termos da Lei n. 8.009/90.

Segundo o art. 5º da citada norma, para se reconhecer a impenhorabilidade do bem imóvel são necessários dois requisitos: que o imóvel sirva de moradia para o devedor e sua família e que seja o único imóvel utilizado para esse fim.

No caso presente, a certidão juntada, bem como os documentos acostados, comprovam que o Segundo Embargante e sua família residem no imóvel penhorado.

Portanto, como foram preenchidos os requisitos da impenhorabilidade, deverá ser desconstituída a penhora efetuada em .../.../... **[data]**, que indevidamente recaiu sobre o imóvel residencial do Segundo Embargante, comprovadamente utilizado pela entidade familiar para moradia permanente.

EMBARGOS À EXECUÇÃO

7º PASSO

Fazer o pedido.

Dos Pedidos

Por todo o exposto, requer sejam conhecidos e julgados procedentes os presentes Embargos à Execução, a fim de que seja declarada a impenhorabilidade do imóvel do Segundo Embargante, bem como, seja determinada a desconstituição da penhora efetuada, e o consequente cancelamento do seu registro perante o Cartório de Registro de Imóveis.

Requer, ainda, a intimação do Embargado, na pessoa de seu advogado, para que, querendo, apresente impugnação no prazo legal.

8º PASSO

Requerer a produção de provas para comprovação dos fatos alegados.

Das Provas

Protestam os Embargantes provar o alegado por todos os meios de prova em direito admitidos, especialmente pela juntada de documentos e oitiva de testemunhas (art. 450 do CPC).

9º PASSO

Indicar o valor da causa.

DICA

Nos embargos à execução, o valor da causa deve corresponder àquele atribuído ao processo de execução, salvo na hipótese em que os embargos impugnarem todo o débito reclamado. Neste caso, o valor da causa deverá corresponder ao total impugnado.

Dá-se à causa o valor de R$... (extenso).

10º PASSO

Desfecho de praxe: requerimentos, local, data e advogado.

DICA

No Exame da OAB, se os dados relativos ao local e a data não forem conhecidos, pode-se utilizar uma das seguintes formas: "Local..., data..."; "(Local), (data)"; ou "(Local), .../.../...".

Nesses termos, pede-se e espera-se deferimento.
Local..., data...
Advogado OAB/... n. ...

Capítulo 14

Outras Ações

14.1 Ação de Cumprimento

De acordo com Amauri Mascaro Nascimento (2007, 419), a "ação de cumprimento é o processo individual executório de sentença de dissídio coletivo".

Embora tenha a denominação de ação de cumprimento, sua natureza não é executiva, pois os instrumentos normativos coletivos não têm natureza executória.

Na verdade, trata-se de uma **ação de conhecimento condenatória**, considerada um dissídio individual, previsto no parágrafo único do art. 872 da CLT, e deve ser ajuizada perante a Vara do Trabalho, ou juízo de direito investido na jurisdição trabalhista, objetivando condenar o empregador a pagar ou a fazer, de conformidade com as cláusulas da sentença normativa que a empresa deixou de cumprir voluntariamente. Embora se destine ao cumprimento de instrumentos coletivos normativos, ela não tem por objeto criar direito novo, mas sim fazer cumprir direitos que já estão normatizados para a categoria.

Tal ação é considerada um dissídio individual, pois as duas partes, autor e réu, são pessoas individualizadas: de um lado o sindicato ou o(s) empregado(s), e do outro a empresa.

Segundo Valentin Carrion (2009, p. 717), "a sentença normativa poderá ser objeto de ação de cumprimento: a) quando do TRT, a partir do 20º dia subsequente ao do julgamento, fundada no acórdão ou na certidão de julgamento (Lei n. 7.701/1988, art. 7º); b) quando do TST, a partir da publicação da certidão de julgamento (Lei n. 7.701/1988, art. 10)".

Tem legitimação ativa para o ajuizamento da ação tanto o **sindicato** que representa a categoria profissional quanto o **empregado interessado individualmente** (dissídio individual singular) **ou em grupo** (dissídio individual plúrimo), mesmo sem a atuação do sindicato obreiro.

Na ação de cumprimento, o sindicato atua na qualidade de **substituto processual** — em lugar dos trabalhadores —, pois postula em juízo, em nome próprio, defendendo interesses dos associados (*caput* do art. 18 do CPC; inciso XXI do art. 5º e inciso III do art. 8º da CRFB), que são os verdadeiros titulares do direito.

De conformidade com o § 2º do art. 3º da Lei n. 7.238/84, é "facultado aos Sindicatos, independente da outorga de poderes dos integrantes da respectiva categoria profissional, apresentar reclamação na qualidade de substituto processual de seus associados".

Apesar de o art. 872 da CLT referir-se expressamente à sentença normativa, podem ser executados também, segundo a Súmula n. 286 do TST, a Convenção Coletiva de Trabalho (*caput* do art. 611 da CLT) e o Acordo Coletivo de Trabalho (§ 1º do art. 611 da CLT), na qual se objetiva a condenação do empregador ao cumprimento das cláusulas de tais instrumentos coletivos.

Segundo Amauri Mascaro Nascimento (2007, p. 419), a ação de cumprimento "é o meio hábil para obter a condenação do empregador ao cumprimento de acordos ou convenções coletivas". Para Sergio Pinto Martins (2009, p. 696), a ação de cumprimento "estende-se a quaisquer outras condições de trabalho, que foram previstas na sentença normativa e não cumpridas espontaneamente pelo empregador".

De acordo com Sergio Pinto Martins (2009, p. 696), "se o valor da causa for inferior a 40 salários-mínimos, o procedimento a ser seguido na ação de cumprimento é o sumaríssimo, pois a CLT não faz distinção quanto à matéria, mas apenas ao valor".

Neste sentido, é o aresto seguinte:

> Rito sumaríssimo. Ação de cumprimento. A ação de cumprimento também é processada sob o rito sumaríssimo, pois o valor da causa é inferior a 40 salários-mínimos. Trata-se de dissídio individual e não há qualquer exceção no artigo 852-A da CLT (TRT 2ª R., RO, Processo 02324-2003-026-02-00-5, Rel. Des. Federal Sergio Pinto Martins, 17-1-2006).

E, na hipótese de o autor apontar os pedidos pretendidos sem indicar, porém, o valor correspondente em cada um deles, a ação poderá ser arquivada (§ 1º do art. 852-B da CLT), visto que não foi observada a previsão contida no inciso I do art. 852-B da CLT.

Conforme a Súmula n. 246 do TST, "é dispensável o trânsito em julgado da sentença normativa para a propositura da ação de cumprimento". Porém, o prazo de prescrição com relação à ação de cumprimento de decisão normativa flui apenas da data de seu trânsito em julgado (Súmula n. 350 do TST).

IMPORTANT

No caso de ter de apresentar **defesa** à ação de cumprimento, o reclamado pode alegar na contestação:

- A sua incapacidade econômica para arcar com o reajuste salarial ou com novas condições de trabalho, de conformidade com o art. 5º do Decreto-lei n. 15/66:

  "Art. 5º O acordo coletivo de trabalho ou a decisão da Justiça do Trabalho que tenha reajustado ou aumentado salários não será aplicado, no todo ou em parte, à Empresa que demonstrar, perante a mesma Justiça, a incapacidade econômica ou financeira de atender ao aumento de despesa decorrente.

  § 1º O requerimento da Empresa à Justiça do Trabalho suspenderá a aplicação do acordo ou da decisão referida no *caput* deste artigo, até a decisão final daquela Justiça.

  § 2º A Empresa que invocar incapacidade econômica ou financeira para pagar o aumento de salário referido no *caput* deste artigo não poderá, enquanto não aplicar a acordo coletivo ou decisão da Justiça do Trabalho:

  a) distribuir lucros ou dividendos a titulares, sócios ou acionistas;

  b) atribuir gratificações a diretores e gerentes ou aumentar os honorários destes".

- Que não é possível o cumprimento da decisão em razão de sua incapacidade financeira, surgida posteriormente à prolação da sentença normativa.

- Que não está enquadrado no âmbito da categoria da sentença normativa juntada com a petição inicial, o que será objeto de prova no decorrer da instrução processual, ou mediante a apresentação de documento de recolhimento da contribuição sindical.

- Que não integrou a relação coletiva negocial ou processual, diretamente ou representada pela associação sindical de sua classe (Súmula n. 374 do TST).

Exemplo de problema:

Teófilo Dinamarco trabalha para o Banco Tal & Qual, desde 10-3-2015, exercendo a função de caixa. Enquanto bancário, a data-base do trabalhador é no mês de dezembro. Como na negociação coletiva não houve acordo, o sindicato dos bancários ajuizou dissídio coletivo perante o Tribunal Regional do Trabalho, que, em decisão, proferiu sentença normativa concedendo um aumento real de 10%, aplicável a partir do salário do mês de dezembro de 2017. Apesar de tal decisão judicial, a empresa somente concedeu 5% de aumento aos seus empregados. Considerando a situação hipotética apresentada, na qualidade de advogado(a) do empregado, elabore a peça processual adequada a satisfazer judicialmente o interesse do trabalhador.

A seguir, apresentaremos o passo a passo para desenvolvimento da petição inicial da ação de cumprimento, indicando os requisitos que devem ser observados para sua elaboração:

14.1.1 Estrutura da Petição Inicial da Ação de Cumprimento

1º PASSO

Fazer o correto endereçamento para o juiz do trabalho ou para o juiz de direito investido de jurisdição trabalhista (parágrafo único do art. 872 da CLT), que irá conhecer e julgar a ação de cumprimento.

DICAS

Mesmo que o dissídio coletivo tenha sido julgado pelo Tribunal Regional do Trabalho ou Tribunal Superior do Trabalho, a ação sempre deve ser movida no órgão de primeiro grau ou de primeira instância da Justiça Laboral.

O endereçamento não deve ser abreviado.

Na questão para elaboração da peça profissional em que não houver expressa menção do local da competência jurisdicional, sugere-se utilizar reticências. Exemplo: **"Excelentíssimo Senhor Doutor Juiz da ... Vara do Trabalho de..."**. Pode-se complementar o endereçamento com a indicação do Estado da Federação onde estiver localizada a Vara do Trabalho. Neste caso, também podem ser utilizadas reticências quando tal dado não constar da questão. Exemplo: **"Estado do..."**.

Excelentíssimo Senhor Doutor Juiz da ... Vara
do Trabalho de... — Estado do...

2º PASSO

Deixar um espaço de 10 a 15 linhas. Porém, tendo em vista o limite de linhas para a resposta da questão discursiva na prova da OAB, sugerimos escrever "espaço" entre parênteses, evitando saltar muitas linhas.

(Espaço)

3º PASSO

Fazer a qualificação individualizada e completa do(s) autor(es).

DICAS

A ação de cumprimento pode ser proposta pelo **sindicato**, como substituto processual, independentemente de outorga de poderes (procuração) dos substituídos, ou mesmo pelo **empregado** individualmente (dissídio individual singular), ou por mais de um empregado, no caso da reclamação plúrima (dissídio individual plúrimo). Quando o sindicato atua como substituto processual, ajuíza a ação em nome próprio, defendendo direitos dos substituídos.

De acordo com a Súmula n. 286 do TST: "SINDICATO. SUBSTITUIÇÃO PROCESSUAL. CONVENÇÃO E ACORDO COLETIVOS (mantida) — Res. 121/2003, *DJ*, 19, 20 e 21-11-2003. A legitimidade do sindicato para propor ação de cumprimento estende-se também à observância de acordo ou de convenção coletivos".

Exemplo de qualificação, na hipótese de a ação ser ajuizada pelo **sindicato**, como substituto processual: "Sindicato dos Trabalhadores..., entidade civil de direito privado, inscrito no CNPJ sob o n. ..., representado pelo seu presidente, Sr. ..., com endereço na Rua..., n. ..., Bairro..., Cidade..., Estado..., CEP..., por seu advogado, conforme procuração juntada, com escritório profissional na Rua..., n. ..., Bairro..., Cidade..., Estado..., CEP..., onde recebe intimações, vem, respeitosamente, à presença de Vossa Excelência, propor Ação de Cumprimento em face de...".

Segundo a jurisprudência majoritária do Tribunal Superior do Trabalho, é desnecessária autorização expressa dos empregados substituídos, visto que o sindicato profissional tem legitimação extraordinária plena para agir no interesse de toda a categoria. Para o TST, inclusive, a lista ou relação de substituídos, a que se refere a jurisprudência ao tratar de substituição processual dos sindicatos para a defesa de direitos homogêneos, há tempos deixou de ser obrigação para se converter, mais propriamente, no máximo em uma faculdade. Assim, o sindicato dos trabalhadores tem a faculdade de identificar na ação os substituídos, podendo juntar à petição inicial a relação dos trabalhadores, visto que foi cancelada a exigência prevista no item V da Súmula n. 310 do TST, de individualização dos substituídos.

Teófilo Dinamarco, brasileiro, casado, bancário, portador da Carteira de Trabalho e Previdência Social n. ..., série..., inscrito no CPF n. ..., com endereço eletrônico..., com domicílio e residência na Rua..., n. ..., Bairro..., Cidade..., Estado..., CEP..., por seu advogado, infra-assinado e devidamente constituído, conforme instrumento procuratório juntado, com escritório profissional na Rua..., n. ..., Bairro..., Cidade..., Estado..., CEP..., onde recebe intimações e notificações, vem, respeitosamente, à presença de Vossa Excelência, propor

4º PASSO

Nominar a petição de **Ação de Cumprimento** (expressão utilizada pela Súmula n. 286 do TST) ou **Ação de Cumprimento pelo Rito Ordinário**. Presentes os requisitos contidos no art. 852-A e incisos I e II do art. 852-B da CLT, a demanda pode ser nominada de **Ação de Cumprimento pelo Procedimento Sumaríssimo**. Admite-se ainda seja nominada de **Ação de Cumprimento com Pedido Liminar de Antecipação de Tutela**, tendo em vista o caráter alimentar do salário. Correto também será nominar a ação de **Reclamação Trabalhista**, visto que o parágrafo único do art. 872 da CLT é expresso ao prever que "poderão os empregados ou seus sindicatos (...) apresentar reclamação".

Ação de Cumprimento pelo Procedimento Sumaríssimo

5º PASSO

Fazer a qualificação individualizada e completa do réu, no caso, a empresa ou empregador que deixou de cumprir com a(s) cláusula(s) da sentença normativa, convenção coletiva ou acordo coletivo de trabalho.

DICA

A empresa que não foi parte na relação coletiva negocial ou processual, diretamente ou representada pela associação sindical de sua classe, ou que não integra a categoria de que originou a fonte normativa, está isenta do cumprimento de seus dispositivos. Neste aspecto, de acordo com a Súmula n. 374 do TST: "Empregado integrante de categoria profissional diferenciada não tem o direito de haver de seu empregador vantagens previstas em instrumento coletivo no qual a empresa não foi representada por órgão de classe de sua categoria". Portanto, se o empregador não integrou a relação coletiva negocial ou processual, diretamente ou representada pela associação sindical de sua classe, não pode figurar no polo passivo da ação de cumprimento.

contra o **Banco Tal & Qual,** pessoa jurídica de direito privado, inscrita no CNPJ sob o n. ..., com endereço eletrônico..., com sede na Rua..., n. ..., Bairro..., Cidade..., Estado..., CEP..., (...)

6º PASSO

Indicar o dispositivo legal que autoriza o ajuizamento da ação de cumprimento.

(...) com fundamento no § 1º do art. 840, combinado com o parágrafo único do art. 872, ambos da Consolidação das Leis do Trabalho, de acordo com as razões a seguir aduzidas:

7º PASSO

Apresentar argumentos de fato e de direito (causa de pedir).

Dos Fatos e Fundamentos

O Autor é empregado do Reclamado desde 10-3-2015, exercendo a função de caixa, tendo sido dispensado sem justa causa em 31-3-2018.

8º PASSO

Informar que está juntando a cópia da sentença normativa, ou do acordo coletivo de trabalho ou da convenção coletiva de trabalho, cujo cumprimento é pretendido, sob pena de tornar inepta a petição inicial, podendo o juiz declarar extinto o processo sem resolução de mérito (inciso I do art. 485 do CPC).

O dissídio coletivo da categoria, cuja certidão da sentença normativa segue juntada à presente, concedeu um aumento real de 10% (dez por cento) sobre o salário do mês de dezembro de 2017.

Entretanto, em total desrespeito ao instrumento normativo ora delineado, o Reclamado deixou de cumprir o que foi decidido.

Importante destacar que nos dissídios coletivos de natureza econômica, como é o caso presente, o cumprimento da sentença normativa faz-se de imediato, a partir da publicação da certidão de julgamento (art. 10 da Lei n. 7.701/88), sendo dispensável o trânsito em julgado daquela para a propositura da ação (Súmula n. 246 do TST).

Em razão das alterações ocorridas na CLT pela Lei n. 13.467, de 13 de julho de 2017, o Reclamado deverá ser condenado a pagar os honorários advocatícios sucumbenciais, na forma prevista no art. 791-A da CLT.

9º PASSO

Fazer o pedido.

Dos Pedidos

Assim, pretende o Autor a condenação do Reclamado ao pagamento de:

a) Diferenças salariais correspondentes aos salários dos meses de dezembro de 2017 e janeiro, fevereiro e março de 2018: R$...

b) Diferenças de férias vencidas + 1/3 constitucional: R$...

c) Diferenças de décimo terceiro salário de 2017: R$...

d) Diferenças de décimo terceiro salário proporcional de 2018: R$...

e) Incidências do FGTS (8%) sobre as diferenças salariais, férias vencidas + 1/3 constitucional e décimo terceiro salário: R$...

Valor total: R$... (extenso)

As verbas acima deverão ser corrigidas e acrescidas dos juros legais.

Requer, ainda, a condenação do Reclamado ao pagamento de honorários sucumbenciais, em percentual a ser fixado por esse juízo.

10º PASSO

Fazer a conclusão, requerendo que o pedido seja julgado procedente.

Da Conclusão

Assim, requer a notificação do Réu para contestar a presente postulação, se o desejar, sob pena de revelia, que ao final deverá ser julgada procedente, condenando o Reclamado na forma do pedido, acrescido de juros e correção monetária.

Protesta pela produção de todas as provas em direito admitidas, especialmente pelo depoimento pessoal do Reclamado e juntada de documentos.

Protesta, também, pela intimação do Reclamado para comparecer à audiência para prestar depoimento pessoal, com a expressa cominação de aplicação da confissão, para o caso de não comparecer (item I da Súmula n. 74 do TST) ou se recusar a depor.

Declara, desde já, o advogado do Autor, sob sua responsabilidade pessoal, a fidelidade das cópias dos documentos oferecidos como prova aos documentos originais, na forma do *caput* do art. 830 da Consolidação das Leis do Trabalho.

11º PASSO

Indicar o valor da causa.

DICA

Nas ações sujeitas ao procedimento sumaríssimo o valor da causa deverá corresponder ao valor total dos pedidos relacionados na petição inicial.

Dá-se à causa o valor de R$... (extenso).

12º PASSO

Desfecho de praxe: requerimentos, local, data e advogado.

DICA

No Exame da OAB, se os dados relativos ao local e a data não forem conhecidos, pode-se utilizar uma das seguintes formas: "Local..., data..."; "(Local), (data)"; ou "(Local), .../.../...".

Nestes termos, pede e espera deferimento.
Local..., data...
Advogado OAB/... n. ...

14.2 Ação de Consignação em Pagamento

A ação de consignação em pagamento, prevista do art. 539 ao art. 549 do Código de Processo Civil, é admitida no processo do trabalho.

De acordo com Sergio Pinto Martins (2009, p. 515), "o pagamento por consignação é forma de extinção das obrigações, sendo regulado nos artigos 334 a 345 do Código Civil". Ainda, de acordo com o autor, no CPC, a ação de consignação em pagamento é prevista nos arts. 539 a 549, sendo aplicável o Código de Processo Civil em decorrência da omissão da Consolidação das Leis do Trabalho (art. 769 da CLT e art. 15 do CPC).

A natureza da ação de consignação em pagamento é **declaratória,** visto que o juízo de primeiro grau irá declarar se a prestação ou o objeto consignado é devido ou não, bem como poderá declarar se a recusa do credor em receber é devida ou não. Pode também ter natureza **constitutiva** quando extingue a obrigação existente entre as partes. Pode, ainda, ter natureza **condenatória** quando determinar o pagamento de diferenças devidas.

Tal ação, em regra, é ajuizada pelo devedor em relação ao credor, visando extinguir a obrigação de entregar determinada quantia ou coisa.

De conformidade com o art. 335 do Código Civil, a consignação pode ser utilizada nas seguintes hipóteses: se o credor não puder, ou, sem justa causa, recusar receber o pagamento, ou dar quitação na devida forma; se o credor não for, nem mandar receber a coisa no lugar, tempo e condição devidos; se o credor for incapaz de receber, for desconhecido, declarado ausente, ou residir em lugar incerto ou de acesso perigoso ou difícil; se ocorrer dúvida sobre quem deva legitimamente receber o objeto do pagamento; se pender litígio sobre o objeto do pagamento.

Na Justiça do Trabalho, tal ação tem como objetivo, principalmente, desobrigar o empregador da mora no pagamento de determinada verba, como, por exemplo, evitar a aplicação do § 8º do art. 477 da CLT, no caso de mora do empregador quando da falta de pagamento das verbas rescisórias no prazo previsto no § 6º do art. 477 da CLT. Porém, o empregado também pode se valer da consignação, por exemplo, quando o empregador se recusar a receber mostruário, mercadorias, equipamentos de proteção individual ou vestuários usados no trabalho etc.

Na petição inicial, podem-se utilizar as seguintes nomenclaturas: **consignante** para o autor da ação que é o devedor, e **consignado** para o réu da ação que é o credor da obrigação. Podem, ainda, ser utilizadas as nomenclaturas **reclamante** e **reclamado, autor** e **réu.**

IMPORTANTE

Uma dúvida muito recorrente diz respeito à utilização da nomenclatura **consignatário**, em vez de consignante, para designar o autor da ação de consignação em pagamento. Tendo em vista que consignatário diz respeito à pessoa ou indivíduo que recebe mercadorias, ou mesmo àquele que negocia ou comercializa mercadorias em consignação, as expressões "consignatário" e "consignante" não são sinônimas, e a primeira jamais deve ser utilizada para denominar o autor na petição inicial da ação de consignação em pagamento.

De acordo com a doutrina, os casos mais frequentes de utilização da consignatória são os seguintes:

> Quando o empregado, que pediu demissão ou que foi dispensado com ou sem justa causa, se recusa a receber as verbas rescisórias ou dar quitação, o empregador pode utilizar a ação de consignação em pagamento para evitar aplicação da multa pelo atraso prevista no § 8º do art. 477 da CLT. É frequente o empregado, dispensado com justa causa (art. 482 da CLT), não concordar com a rescisão contratual e resolver não receber o pagamento das verbas rescisórias;

> Para evitar a rescisão indireta do contrato de trabalho (alínea *d* do art. 483 da CLT) em razão do não pagamento de salários, por período igual ou superior a 3 meses (§ 1º do art. 2º do Decreto-lei n. 368/68), o empregador poderá ajuizar a consignatória em face do empregado;

> No caso em que o empregado se recusar a gozar e a receber as férias anuais, cujo período concessivo esteja no final, o empregador poderá ajuizar a ação de consignação em pagamento para evitar o pagamento das férias em dobro (art. 137 da CLT). Atualmente, dificilmente tal hipótese ocorre na prática, visto que é comum o empregador abrir uma conta em banco em nome do empregado na qual utiliza para pagar os haveres trabalhistas mediante depósito bancário (parágrafo único ao art. 464 da CLT).

A empresa também poderá ajuizar a ação de consignação em pagamento quando o empregado for declarado ausente, ou quando falecer deixando saldo de salário, bem como outras verbas rescisórias, e ainda quando houver dúvida sobre quem é o verdadeiro credor que deverá receber o pagamento de tais verbas, bem como no caso de, embora conhecidos os credores, haver litígio entre os herdeiros do obreiro falecido sobre as verbas trabalhistas devidas.

Segundo o Código de Processo Civil, também pode ser postulada a consignação em pagamento de determinada coisa (*caput* do art. 539 do CPC), na qual poderá ser requerido o seu depósito em juízo no prazo de 5 dias, contados do deferimento pelo juiz (inciso I do art. 542 do CPC). Por exemplo, pode ser ajuizada uma

Ação de Consignação em Pagamento objetivando a entrega das guias do termo de rescisão do contrato de trabalho e do seguro-desemprego, bem como a entrega do aparelho celular que foi esquecido pelo ex-empregado nas dependências da empresa, tendo permanecido guardado no almoxarifado. Neste caso, no pedido poderá ser requerido que seja deferido o prazo de 5 dias, previsto no inciso I do art. 542 do CPC, para efetuar o depósito dos documentos referentes à rescisão contratual, como a CTPS, as guias para saque do FGTS e da indenização de 40%, bem como as guias para percepção do seguro-desemprego, além do aparelho celular. No caso deste, há ainda a possibilidade de se pedir seja autorizada a retirada do aparelho celular pelo ex-empregado (consignado) diretamente no endereço da empresa (consignante), no setor do almoxarifado.

IMPORTANTE

Na hipótese de trabalhador falecido, em que a empresa empregadora pretende proceder ao pagamento das verbas rescisórias aos herdeiros ou sucessores, devem ser observadas as previsões do *caput* do art. 1º da Lei n. 6.858/80 nas quais "os valores devidos pelos empregadores aos empregados e os montantes das contas individuais do Fundo de Garantia do Tempo de Serviço e do Fundo de Participação PIS-PASEP, não recebidos em vida pelos respectivos titulares, serão pagos, em quotas iguais, aos **dependentes habilitados** perante a Previdência Social ou na forma da legislação específica dos servidores civis e militares, e, na sua falta, **aos sucessores** previstos na lei civil, indicados em alvará judicial, independentemente de inventário ou arrolamento". A ordem de sucessão encontra-se prevista no art. 1.829 do Código Civil. Havendo dependente menor, as quotas que lhe forem atribuídas deverão ficar depositadas em caderneta de poupança, rendendo juros e correção monetária, e somente serão liberadas quando o menor completar 18 anos, salvo autorização do juiz para aquisição de imóvel destinado à residência do menor e de sua família ou para dispêndio necessário à subsistência e educação do menor (§ 1º do art. 1º da Lei n. 6.858/80). Caso não haja dúvida sobre quem tem legitimidade para receber as verbas rescisórias do empregado falecido, o pagamento poderá ser efetuado pelo devedor (empregador) diretamente ao credor ou seu representante (art. 308 do CC). Porém, havendo dúvida sobre quem deva legitimamente receber o pagamento, o devedor poderá ajuizar a ação de consignação em pagamento, requerendo o depósito dos valores e a citação dos possíveis titulares do crédito para provarem o seu direito (art. 547 do CPC).

Segundo Sergio Pinto Martins (2009, p. 517), se "a consignação for proposta em relação ao empregado estável, que se ausentou injustificadamente por mais de 30 dias, caracterizando abandono de emprego, deve ser proposta, cumulativamente, com inquérito para apuração de falta grave". É o que prevê a Súmula n. 62 do TST. Neste caso, deve-se ter cuidado, pois não são todos os casos de garantia de emprego que exigem o ajuizamento do inquérito, mas somente algumas situações específicas.

A consignatória tramitará na Justiça do Trabalho não pelo rito ordinário ou sumaríssimo, mas pelo **rito especial,** tendo em vista previsão legal expressa, de conformidade com a Instrução Normativa n. 27/2005 do TST.

IMPORTANTE

No caso de a consignação ser proposta em relação a empregado com garantia de emprego, que se ausentou injustificadamente do serviço por mais de 30 dias, caracterizando a justa causa por abandono de emprego, poderá ser proposta **ação de consignação em pagamento cumulada com inquérito para apuração de falta grave,** visto que para rescindir o contrato de trabalho de determinados empregados que têm garantia de emprego, como o **dirigente sindical, o representante dos trabalhadores no Conselho Nacional de Previdência Social (CNPS), o representante dos trabalhadores no Conselho Curador do FGTS e o empregado eleito diretor de sociedade cooperativa,** há a necessidade do ajuizamento do inquérito para apurar a falta grave cometida, para então rescindir o contrato de trabalho.

OBSERVAÇÃO

O devedor pode escolher entre ajuizar a ação de consignação ou utilizar, inicialmente, a **consignação extrajudicial** prevista no § 1º do art. 539 do CPC. A consignação extrajudicial é aplicável somente às obrigações pecuniárias, isto é, quando se tratar de obrigação em dinheiro, e deve ser feita mediante depósito em estabelecimento bancário oficial. Neste caso, o devedor deverá depositar a quantia que considera devida, ou seja, o valor da prestação, em estabelecimento bancário oficial (Caixa Econômica Estadual, Caixa Econômica Federal, Banco do Brasil etc.), em conta com correção monetária, especialmente aberta para essa finalidade. Em seguida, deve encaminhar pelos Correios uma carta para o credor com Aviso de Recebimento (AR), na qual o remetente terá como comprovar o recebimento da correspondência postada, dando ciência ao credor do depósito bancário efetuado. Da data de recebimento da carta, o credor terá o prazo de 10 dias para recusar formalmente o pagamento (§ 1º do art. 539 do CPC). Se o credor recusar o pagamento no prazo legal (10 dias a contar do recebimento da carta), mediante manifestação de recusa por escrito ao estabelecimento bancário, o devedor terá 1 mês para mover a ação de consignação em pagamento (§ 3º do art. 539 do CPC), contado da ciência dada ao devedor de que houve a recusa do depósito pelo credor. Se em até 30 (trinta) dias, contados da recusa do credor, o devedor não der entrada na ação de consignação em pagamento, o depósito efetuado ficará sem efeito (§ 4º do art. 539 do CPC). Caso o credor aceite o pagamento, ou não manifeste a sua recusa, as prestações que foram depositadas são consideradas liquidadas, ficando o devedor liberado da obrigação (§ 2º do art. 890 do CPC).

Exemplo de problema:

A Empresa Tal Ltda. admitiu Teófilo Dinamarco para exercer a função de eletricista. Posteriormente, o empregado foi dispensado por justa causa pela prática

OUTRAS AÇÕES

de ato de improbidade, tendo sido imediatamente avisado da despedida quando do término da sindicância, na qual foram apurados os fatos e definidas as responsabilidades. Convocado para comparecer ao Departamento de Recursos Humanos da empresa, para receber o pagamento das verbas rescisórias, o trabalhador não compareceu e nem mesmo justificou sua ausência. Preocupada com a rescisão do contrato de trabalho, com a baixa da CTPS, com o pagamento das parcelas decorrentes da rescisão contratual, e para não incorrer em mora, a empresa procurou profissional da advocacia. Considerando a situação hipotética apresentada, na qualidade de advogado(a) da empresa, elabore a peça processual adequada, visando a extinção da obrigação do empregador de pagar as verbas rescisórias ao obreiro.

A seguir, apresentaremos o passo a passo para desenvolvimento da petição inicial da ação de consignação em pagamento, indicando os requisitos que devem ser observados para sua elaboração:

14.2.1 Estrutura da Petição Inicial da Ação de Consignação em Pagamento

1º PASSO

Fazer o correto endereçamento para o juiz do trabalho ou para o juiz de direito investido de jurisdição trabalhista, que irá conhecer e julgar a ação de consignação em pagamento. O endereçamento não deve ser abreviado.

DICAS

Em regra, a competência para a ação não é o lugar do pagamento, mas o do último local da prestação de serviços do empregado (*caput* do art. 651 da CLT).

Se o problema não citar o local, complete com reticências (pontilhados). Exemplo: **"Excelentíssimo Senhor Doutor Juiz da ... Vara do Trabalho de... — Estado do..."**.

Pode-se complementar o endereçamento com a indicação do Estado da Federação onde estiver localizada a Vara do Trabalho. Neste caso, também podem ser utilizadas reticências quando tal dado não constar expressamente da questão. Exemplo: **"Estado do..."**.

**Excelentíssimo Senhor Doutor Juiz da ... Vara
do Trabalho de... — Estado do...**

2º PASSO

Deixar um espaço de 10 a 15 linhas. Porém, tendo em vista o limite de linhas para a resposta da questão discursiva na prova da OAB, sugerimos escrever "espaço" entre parênteses, evitando saltar muitas linhas.

(Espaço)

3º PASSO _____

Proceder à qualificação completa do consignante.

DICA _____

A ação de consignação em pagamento é proposta pelo devedor em relação ao credor. Normalmente, o devedor é o empregador, que quer pagar, e o credor será o empregado, que se recusa em receber.

Empresa Tal Ltda., pessoa jurídica de direito privado, inscrita no CNPJ sob o n. ..., com endereço eletrônico..., com sede na Rua..., n. ..., Bairro..., Cidade..., Estado..., CEP..., por meio de seu advogado infrassubscrito, com instrumento procuratório devidamente juntado, com escritório profissional na Rua..., n. ..., Bairro..., Cidade..., Estado..., CEP..., onde recebe intimações, vem, respeitosamente, à presença de Vossa Excelência, (...)

4º PASSO _____

Indicar o dispositivo legal que autoriza o ajuizamento da ação de consignação em pagamento.

Como a ação de consignação em pagamento não é uma ação genuinamente trabalhista como a reclamação trabalhista e o inquérito para apuração de falta grave, por exemplo, dever-se-á observar também os requisitos do art. 319 do CPC.

(...) com fundamento no § 1º do art. 840 da Consolidação das Leis do Trabalho combinado com o art. 319 e os arts. 539 e seguintes do Código de Processo Civil, propor a presente

5º PASSO _____

Nominar a ação.

DICA _____

Pode-se nominar **Ação de Consignação em Pagamento** ou **Ação de Consignação em Pagamento cumulada com Inquérito para Apuração de Falta Grave** ou **Reclamação Trabalhista cumulada com Pedido de Consignação em Pagamento,** dando-se preferência à primeira.

Ação de Consignação em Pagamento

6º PASSO _____

Proceder à qualificação completa do consignado.

pelo rito (ou procedimento) especial, em face de **Teófilo Dinamarco,** brasileiro, casado, eletricista, portador da Carteira de Trabalho e Previdência Social n. ..., série..., inscrito no CPF sob o n. ..., com endereço eletrônico..., com domicílio e residência na Rua..., n. ..., Bairro..., Cidade..., Estado..., CEP..., pelos motivos de fato e razões de direito aduzidos a seguir.

DICA

Nos casos das ações pelo **rito especial**, previstas no Código de Processo Civil, sugerimos elaborar um tópico discorrendo acerca do cabimento da ação na Justiça do Trabalho, por força do art. 769 da CLT, que autoriza a aplicação subsidiária da norma processual civil no processo do trabalho quando houver omissão da legislação trabalhista, e também do art. 15 do Código de Processo Civil, que autoriza a aplicação supletiva e subsidiária do CPC, na ausência de normas que regulem o Processo do Trabalho.

Do Cabimento da Ação de Consignação em Pagamento na Justiça do Trabalho

As normas inerentes à Ação de Consignação em Pagamento são perfeitamente compatíveis com o processo do trabalho, tendo em vista a omissão da Legislação Consolidada, os termos do art. 769 da Consolidação das Leis do Trabalho e o art. 15 do Código de Processo Civil.

7º PASSO

Apresentar argumentos de fato e de direito (causa de pedir).

Dos Fatos e Fundamentos

O Consignado foi admitido pela Consignante em..., para exercer a função de eletricista, percebendo como última remuneração mensal a quantia de R$... (extenso).

Na data de .../.../..., o Consignado foi dispensado com justa causa do quadro de empregados da Consignante, pela prática de ato de improbidade (alínea *a* do art. 482 da CLT), sendo que o Réu foi imediatamente avisado da dispensa quando do término da sindicância, na qual foram apurados os fatos e definidas as responsabilidades, conforme memorando juntado à presente ação.

No dia .../.../..., o Consignado foi convocado para comparecer ao Departamento de Recursos Humanos da Consignante para receber o pagamento das verbas rescisórias a que faz jus, bem como para receber sua CTPS, com o devido registro da baixa.

Entretanto, o Réu não compareceu nem justificou sua ausência.

8º PASSO

Informar da exclusão da exigência de pagamento da multa prevista no § 8º do art. 477 da CLT.

Assim, para evitar que o Requerido venha exigir o pagamento da multa do § 8º do art. 477 da CLT ou venha a fazer qualquer outra alegação, a presente ação tem por objeto que o Consignado venha receber a importância de R$... (extenso), devidamente depositada em estabelecimento bancário oficial (documento juntado), em conta com correção monetária, especialmente aberta para essa finalidade, (...)

9º PASSO

Relacionar as parcelas e valores das verbas rescisórias que o consignado faz jus.

DICAS

Se o empregado houver prestado serviço para o empregador durante todo o ano, e no último mês da prestação de serviços o obreiro tiver trabalhado até o 15º dia do mês de dezembro em diante (até 31/12), terá direito ao pagamento do décimo terceiro salário integral (12/12). Se não, somente terá direito ao décimo terceiro salário proporcional.

No caso de dispensa **com justa causa** (art. 482 da CLT), o empregado **somente tem direito** ao pagamento das seguintes verbas:

- Pagamento do saldo de salário, correspondente aos últimos dias trabalhados no mês da rescisão do contrato individual de trabalho.
- Pagamento do décimo terceiro salário integral, desde que tenha mais de 1 ano de serviço.
- Pagamento das férias vencidas, acrescidas de 1/3 constitucional, desde que tenha mais de 1 ano de serviço.

Com a justa causa o empregado **perde os seguintes direitos:**

- Pagamento do aviso prévio de 30 dias (trabalhado) ou indenizado.
- Pagamento do décimo terceiro salário proporcional.
- Pagamento das férias proporcionais + 1/3 constitucional.
- Pagamento da multa de 40% sobre o saldo do FGTS.
- Saque dos depósitos de sua conta vinculada no FGTS.
- Percepção do seguro-desemprego.

(...) correspondente ao valor total das seguintes verbas rescisórias:

> saldo de salário referente a ... dias: R$...
> férias vencidas + 1/3 constitucional: R$...
> décimo terceiro salário integral: R$...

Total: R$... (extenso).

A presente ação objetiva também a entrega das guias do termo de rescisão do contrato de trabalho, bem como a devolução da CTPS do Consignado, com o registro da data de término do contrato de trabalho.

10º PASSO

Fazer o pedido, requerendo o depósito da quantia ou da coisa devida, a ser efetivado no prazo de 5 dias contados do deferimento (inciso I do art. 542 do CPC), bem como a citação do réu para levantar o depósito ou oferecer contestação (inciso II do art. 542 do CPC).

DICAS

O inciso I do art. 542 do CPC determina que o autor requeira o depósito da quantia ou coisa devida, a ser efetivado no prazo de 5 dias contado do deferimento, ressalvada a hipótese em que o depósito já tenha sido feito pelo devedor. Na prática, o empregador pode fazer o depósito judicial do valor total das verbas rescisórias dentro do prazo de pagamento das parcelas rescisórias, previsto no § 6º do art. 477 da CLT, juntado a guia de depósito, juntamente com as guias para saque do FGTS e percepção do seguro-desemprego, se for o caso.

Porém, se já for devida a multa do § 8º do art. 477 da CLT, pelo fato de a empresa não ter observado o prazo contido no § 6º do art. 477 da CLT, relativo ao pagamento das verbas rescisórias, deverá ser requerido na petição inicial, no pedido, o depósito da quantia devida, na forma do inciso I do art. 542 do CPC, bem como o pagamento da multa do citado § 8º, no valor de um salário do empregado.

Há a obrigatoriedade de pedir a citação do réu para levantar o depósito ou oferecer resposta (inciso II do art. 542 do CPC), mesmo sabendo que no processo do trabalho a citação é automática (art. 841 da CLT).

Em Exames anteriores da Ordem, foi pontuado o pedido de consignação em pagamento com efeito de quitação, e a notificação do empregado para comparecer e receber os valores consignados.

Dos Pedidos

Assim, esgotados todos os meios para a solução da pendência, só resta à Consignante valer-se da presente ação, requerendo:

a) a consignação em pagamento, com efeito de quitação, das parcelas rescisórias devidas ao Consignado;

b) seja deferido o prazo de 5 dias, previsto no inciso I do art. 542 do CPC, para efetuar o depósito dos documentos referentes à rescisão contratual, ou seja, da CTPS e do termo de rescisão do contrato de trabalho;

c) a notificação do Consignado para comparecer e receber os valores depositados, ou, se quiser, oferecer contestação, sob pena de sujeitar-se aos efeitos da revelia.

Requer, ainda, a condenação do Consignado ao pagamento de honorários sucumbenciais, em percentual a ser fixado por esse juízo.

11º PASSO

Fazer a conclusão, requerendo que o pedido seja julgado procedente, com a consequente extinção da obrigação.

Conclusão

Requer, ainda, a procedência total dos pedidos, declarando extinta a obrigação da Consignante para com o Consignado, alusiva ao pagamento das verbas rescisórias, na forma prevista no *caput* do art. 546 do CPC, protestando desde já por todos os meios de prova em direito admitidos, em especial pelo depoimento pessoal do Requerido, oitiva de testemunhas, juntada de novos documentos, perícia e todos mais que se fizerem necessários para o julgamento da presente.

Requer, também, a intimação do Consignado para comparecer à audiência para prestar depoimento pessoal, com a expressa cominação de aplicação da confissão, para o caso de não comparecer (item I da Súmula n. 74 do TST) ou se recusar a depor.

Declara, desde já, o advogado da Consignante, sob sua responsabilidade pessoal, a fidelidade das cópias dos documentos oferecidos como prova aos documentos originais, na forma do *caput* do art. 830 da Consolidação das Leis do Trabalho.

12º PASSO

Indicar o valor da causa, que na ação de consignação dependerá do valor do objeto do pagamento. No exemplo, o valor da causa corresponde ao valor total das verbas rescisórias devidas ao trabalhador.

Dá-se à causa o valor de R$... (extenso).

13º PASSO

Desfecho de praxe: requerimentos, local, data e advogado.

DICA

No Exame da OAB, se os dados relativos ao local e à data não forem conhecidos, pode-se utilizar uma das seguintes formas: "Local..., data..."; "(Local), (data)"; ou "(Local), .../.../...".

Nestes termos, pede deferimento.
Local..., data...
Advogado OAB/... n. ...

14.3 Inquérito para Apuração de Falta Grave

O inquérito para apuração de falta grave é uma ação proposta pelo empregador, que pretende rescindir o contrato de trabalho de determinados empregados que têm garantia de emprego, em virtude de justa causa (art. 482 da CLT) praticada pelo obreiro.

IMPORTANTE

> O art. 508 da CLT foi revogado pela Lei n. 12.347/2010. Portanto, a falta contumaz de pagamento de dívidas legalmente exigíveis por empregado bancário não mais constitui caso de justa causa.

Na ação, o autor é chamado de **requerente** e o réu de **requerido**. Podem-se empregar também as nomenclaturas **autor** e **réu**.

O número de testemunhas, que podem ser ouvidas quando da instrução processual, é de até 6 para cada uma das partes (art. 821 da CLT).

Em relação ao valor da causa, a letra *d* do § 3º do art. 789 da CLT previa que no caso de inquérito tal valor seria calculado sobre 6 vezes o salário mensal do empregado. Como tal dispositivo foi revogado pela Lei n. 10.537/2002, atualmente inexiste a obrigação de fazer constar um valor específico na ação de inquérito, ficando a critério do advogado dar à causa o valor que entender devido.

O empregador tem 30 dias para propor o inquérito, caso tenha suspendido o empregado. Tal prazo é contado da data da suspensão do obreiro (art. 853 da CLT). De acordo com a Súmula n. 403 do Supremo Tribunal Federal o prazo para a propositura da ação é de decadência. Perdido o prazo, haverá a caducidade do direito, restando ao empregador ajuizar a ação somente quando outro fato, considerado grave a ponto de justificar a rescisão do contrato de trabalho por justa causa, vier a ocorrer.

Ademais, se a parte requerente deixar transcorrer o prazo de 30 dias para apuração da falta grave, restará caracterizado o **perdão tácito**. Nesse sentido, os tribunais trabalhistas têm se manifestado da seguinte forma:

"O aforamento de inquérito para apuração de falta grave deve ser levado a efeito dentro de trinta dias, a contar da suspensão do empregado estável, sob pena de decadência, a teor do que dispõe o art. 853 da CLT e conforme entendimento jurisprudencial dominante, consubstanciado em verbete da Suprema Corte Federal (Súmula n. 403 do STF) e do C. TST (Enunciado 62). Portanto, o empregador não pode propor o inquérito senão dentro do prazo legal citado, atendendo, assim, ao princípio da atualidade. Se a propositura do inquérito for tardia, a inércia do empregador deverá ser entendida como perdão tácito, não mais podendo ser discutida aquela falta grave. Obviamente, se a lei estipulou um prazo certo para a parte agir judicialmente, trata-se de prazo de decadência. O ajuizamento da ação interrompe a prescrição. Entendimento que decorre do disposto no art. 172 do antigo Código

Civil. A decadência, porém, não se interrompe, nem se suspende. Portanto, o ajuizamento do inquérito anterior não interrompeu o prazo decadencial de trinta dias contados da suspensão do empregado" (Ac. 20040135530, Rel. Tânia Bizarro Quirino de Moraes, 5ª T., publ. 16-4-2004).

Vejamos, a seguir, quais são os trabalhadores que têm garantia de emprego, na qual há necessidade de se instaurar o inquérito para apuração de falta grave, no caso de rescisão contratual por justa causa:

> **Empregado dirigente sindical,** ainda que suplente, conforme o inciso VIII do art. 8º da CRFB e § 3º do art. 543 da CLT. E, de conformidade com a Súmula n. 197 do Supremo Tribunal Federal, "o empregado com representação sindical só pode ser despedido mediante inquérito em que se apure falta grave". No mesmo sentido, a Súmula n. 379 do TST prevê que "o dirigente sindical somente poderá ser dispensado por falta grave mediante a apuração em inquérito judicial, inteligência dos arts. 494 e 543, § 3º, da CLT".

> **Empregado eleito para o cargo de diretor de sociedade cooperativa (dirigente de cooperativa de empregados),** nos termos do art. 55 da Lei n. 5.764/71, o qual prevê que "os empregados de empresas que sejam eleitos diretores de sociedades cooperativas pelos mesmos criadas, gozarão das garantias asseguradas aos dirigentes sindicais pelo art. 543 da Consolidação das Leis do Trabalho (Decreto-lei n. 5.452, de 1º de maio de 1943)". Importante destacar que a citada lei somente assegura a garantia de emprego aos empregados eleitos diretores de cooperativas, não abrangendo os membros suplentes (Orientação Jurisprudencial n. 253 da Subseção de Dissídios Individuais I do TST).

> **Representantes dos Trabalhadores no Conselho Nacional de Previdência Social — CNPS,** nos termos do § 7º do art. 3º da Lei n. 8.213/91, o qual determina que aos membros do Conselho Nacional de Previdência Social, enquanto representantes dos trabalhadores em atividade, titulares e suplentes, é assegurada a estabilidade no emprego, da nomeação até 1 ano após o término do mandato de representação, somente podendo ser dispensados por motivo de falta grave, regularmente comprovada mediante processo judicial.

> **Representantes dos trabalhadores no Conselho Curador do FGTS.** De acordo com o § 9º do art. 3º da Lei n. 8.036/90: "aos membros do Conselho Curador, enquanto representantes dos trabalhadores, efetivos e suplentes, é assegurada a estabilidade no emprego, da nomeação até um ano após o término do mandato de representação, somente podendo ser demitidos por motivo de falta grave, regularmente comprovada através de processo sindical".

IMPORTANTE

O ajuizamento da ação de inquérito judicial pelo empregador, para as hipóteses de garantia de emprego em que não há necessidade de utilização de tal tipo de ação, poderá dar ensejo à extinção do feito, sem resolução do mérito, com fundamento no inciso IV do art. 485 do CPC, por se tratar de via inapropriada, com a condenação do requerente ao pagamento das custas e dos honorários advocatícios sucumbenciais.

Exemplo de problema:

Ao participar de uma greve, Ludovido Malaquias, dirigente sindical, empregado da Empresa Petrodólares S.A., agiu de forma indevida na condução do movimento grevista, tendo invadido as casas de controle com o objetivo premeditado de paralisar diversas unidades de produção da refinaria, inclusive as essenciais à atividade empresarial, colocando a refinaria em risco de incêndio e explosão — e outras pessoas em perigo. Em razão do ocorrido, o empregador resolveu rescindir o contrato de trabalho do empregado estável por justa causa. Para tanto, a empresa lhe procurou para que, na qualidade de advogado(a), elabore a peça processual adequada, visando a extinção motivada do contrato de trabalho de Ludovico.

A seguir, apresentaremos o passo a passo para desenvolvimento da petição inicial do inquérito para apuração de falta grave, indicando os requisitos que devem ser observados para sua elaboração:

14.3.1 Estrutura da Petição Inicial do Inquérito para Apuração de Falta Grave

1º PASSO

Fazer o correto endereçamento para o juiz do trabalho ou para o juiz de direito investido de jurisdição trabalhista (art. 854 da CLT), que irá conhecer e julgar o Inquérito para apuração de falta grave.

DICAS

O endereçamento não deve ser abreviado.

Na questão para elaboração da peça profissional em que não houver expressa menção do local da competência jurisdicional, sugere-se utilizar reticências. Exemplo: **"Excelentíssimo Senhor Doutor Juiz da ... Vara do Trabalho de..."**. Pode-se complementar o endereçamento com a indicação do Estado da Federação onde estiver localizada a Vara do Trabalho. Neste caso, também podem ser utilizadas reticências quando tal dado não constar da questão. Exemplo: **"Estado do..."**.

Excelentíssimo Senhor Doutor Juiz da ... Vara do Trabalho de... — Estado do...

2º PASSO

Deixar um espaço de 10 a 15 linhas. Porém, tendo em vista o limite de linhas para a resposta da questão discursiva na prova da OAB, sugerimos escrever "espaço" entre parênteses, evitando saltar muitas linhas.

(Espaço)

3º PASSO

Fazer a qualificação individualizada e completa do requerente. Neste caso, o requerente será a empresa que pretende rescindir, por justa causa, nas hipóteses do art. 482 da CLT, o contrato de trabalho do empregado que detém garantia de emprego.

Empresa Tal, pessoa jurídica de direito privado, inscrita no CNPJ sob o n. ..., com endereço eletrônico..., com sede na Rua..., n. ..., Bairro..., Cidade..., Estado..., CEP..., por meio de seu advogado infrassubscrito, com instrumento procuratório juntado, com escritório profissional na Rua..., n. ..., Bairro..., Cidade..., Estado..., CEP..., onde recebe intimações, vem, respeitosamente, à presença de Vossa Excelência, (...)

4º PASSO

Indicar o dispositivo legal que autoriza o ajuizamento do inquérito.

(...) com base no § 1º do art. 840 combinado com o art. 853, ambos da Consolidação das Leis de Trabalho, propor o presente

Inquérito para Apuração de Falta Grave

5º PASSO

Fazer a qualificação individualizada e completa do requerido. Neste caso, o requerido será o empregado que tem garantia de emprego, do qual a empresa pretende rescindir o contrato de trabalho por justa causa.

em face de **Teófilo Dinamarco**, brasileiro, casado, motorista, portador da Carteira de Trabalho e Previdência Social n. ..., série..., inscrito no CPF sob o n. ..., com endereço eletrônico..., com domicílio e residência na Rua..., n. ..., Bairro..., Cidade..., Estado..., CEP..., pelos motivos de fato e razões de direito a seguir aduzidos:

6º PASSO

Apresentar argumentos de fato e de direito (causa de pedir).

Dos Fatos

O Requerido foi admitido pela Requerente em.../.../..., para exercer a função de motorista, percebendo a remuneração mensal de R$... (extenso).

Desde janeiro de 2017 o Requerido encontra-se empossado no cargo de diretor tesoureiro do Sindicato de sua categoria profissional, com vigência do mandato até setembro de 2019, conforme ata de posse da Diretoria e comunicação formal do Sindicato (documento juntado).

Desta forma, por força do que dispõe o inciso VIII do art. 8º da Constituição da República Federativa do Brasil e o § 3º do art. 543 da Consolidação das Leis do Trabalho, o Requerido tem garantia no emprego até 1 ano após o término de seu mandato.

Entretanto, desde sua posse, o Requerido vem se mostrando indisciplinado no trabalho, executando sua função com má vontade e descaso.

Tal atitude culminou com a recusa injustificada do Réu em atender as ordens do empregador, bem como em ofensas físicas ao superior hierárquico na presença de diversas testemunhas, dentre elas colegas de trabalho, clientes e visitantes.

Em razão desses fatos, o empregador não teve alternativa senão suspender a execução e os efeitos do contrato de trabalho do Requerido e ajuizar a presente ação, visto que tais comportamentos constituem falta grave justificadora da rescisão do contrato de trabalho por justa causa, de conformidade com as previsões contidas nas alíneas *h* e *k* do art. 482 da Consolidação das Leis do Trabalho.

7º PASSO

Fazer o pedido, informando que a ação está sendo ajuizada dentro do prazo de 30 dias, contados da data da suspensão do empregado (art. 853 da CLT).

Do Pedido

Diante do que aqui se expôs, e estando dentro do trintídio legal (art. 853 da CLT), contados da data da suspensão do empregado, requer-se a instauração do presente Inquérito, que deverá culminar com o reconhecimento da falta grave autorizadora da rescisão do contrato de trabalho do Requerido por justa causa.

8º PASSO

Fazer a conclusão, requerendo que o pedido seja julgado procedente, com a consequente extinção do contrato de trabalho do empregado estável por justa causa.

Da Conclusão

Requer a notificação do Requerido para acompanhar a presente demanda em todos os seus termos e atos, onde ao final será julgada totalmente procedente, com a consequente extinção do contrato de trabalho do Réu por justa causa, e sua condenação ao pagamento de honorários sucumbenciais, em percentual a ser fixado pelo juízo.

9º PASSO

Requerer a produção de provas para comprovação dos fatos alegados.

Protesta provar o alegado por todos os meios de prova em direito admitidos, sem exclusão de nenhum, especialmente pelo depoimento pessoal do Réu, oitiva de testemunhas (art. 821 da CLT), perícias, juntada de documentos e demais provas que se fizerem necessárias.

Protesta, também, pela intimação do Requerido para comparecer à audiência para prestar depoimento pessoal, com a expressa cominação de aplicação da confissão, para o caso de não comparecer (item I da Súmula n. 74 do TST) ou se recusar a depor.

Declara, desde já, o advogado da Requerente, sob sua responsabilidade pessoal, a fidelidade das cópias dos documentos oferecidos como prova aos documentos originais, na forma do *caput* do art. 830 da Consolidação das Leis do Trabalho.

10º PASSO

Indicar o valor da causa.

Dá-se à causa o valor de R$... (extenso).

11º PASSO

Desfecho de praxe: requerimentos, local, data e advogado.

DICA

No Exame da OAB, se os dados relativos ao local e a data não forem conhecidos pode-se utilizar uma das seguintes formas: "Local..., data..."; "(Local), (data)"; ou "(Local), .../.../...".

Nestes termos, espera deferimento.
Local..., data...
Advogado OAB/... n. ...

14.4 Ação Rescisória

De acordo com Sergio Pinto Martins (2009, p. 491), a "ação rescisória é uma ação especial, que tem por objeto desconstituir ou anular uma decisão transitada em julgado, por motivo da existência de vícios em seu bojo. Deve-se destacar que a ação rescisória é ação e não recurso".

Tal ação de conhecimento, autônoma, na qual se busca a desconstituição ou anulação de uma decisão de mérito (sentença ou acórdão que houver decidido o mérito da causa), transitada em julgado, é da competência originária dos Tribunais, não podendo ser ajuizada perante o juízo de primeiro grau.

OBSERVAÇÃO

> Segundo a Súmula n. 425 do TST, o *jus postulandi* das partes, estabelecido no art. 791 da CLT, limita-se às Varas do Trabalho e aos Tribunais Regionais do Trabalho, não alcançando a **ação rescisória**, a ação cautelar, o mandado de segurança e os recursos de competência do Tribunal Superior do Trabalho. Portanto, de conformidade com o atual entendimento do TST, a ação rescisória deverá ser ajuizada obrigatoriamente por advogado, sendo vedado às partes propor pessoalmente tal tipo de demanda.

O *caput* do art. 836 da CLT prevê que "é vedado aos órgãos da Justiça do Trabalho conhecer de questões já decididas, excetuados os casos expressamente previstos neste Título e a ação rescisória, que será admitida na forma do disposto no Capítulo IV do Título IX da Lei n. 5.869, de 11 de janeiro de 1973 — Código de Processo Civil, sujeita ao depósito prévio de 20% (vinte por cento) do valor da causa, salvo prova de miserabilidade jurídica do autor". Tal depósito tem como objetivo reduzir as demandas de caráter protelatório, constituindo verdadeiro requisito de admissibilidade sem o qual a ação não será conhecida, sendo extinta sem resolução do mérito.

OBSERVAÇÃO

> Atualmente, a ação rescisória encontra previsão no Capítulo VII do Título I do Livro III da Parte Especial do Código de Processo Civil, dos arts. 966 a 975.
>
> Segundo a Instrução Normativa n. 39/2016 do Tribunal Superior do Trabalho, são aplicáveis ao Processo do Trabalho os arts. 966 a 975 do CPC.

Se o Tribunal, ao analisar a ação rescisória, verificar que não houve o depósito prévio, poderá indeferir a petição inicial da ação, por ausência de pressuposto processual.

O *caput* do art. 836 da CLT estabelece que a ação rescisória, no processo trabalhista, seguirá as regras do Código de Processo Civil, e somente será admitida se for realizado o depósito de 20% do valor da causa. No mesmo sentido, prevê o parágrafo único do art. 213 do Regimento Interno do TST.

Tal valor depositado pelo autor é revertido em favor do réu, a título de multa, caso o pedido na ação rescisória seja julgado por unanimidade de votos, improcedente ou inadmissível (Instrução Normativa n. 31/2007 do TST).

O depósito somente não será exigido no caso em que o autor da rescisória provar sua miserabilidade jurídica (parágrafo único do art. 213 do Regimento Interno do TST), isto é, quando receber salário igual ou inferior a 2 salários-mínimos, ou declarar, sob as penas da lei, não ter condições de pagar as custas do processo sem prejuízo do sustento próprio ou de sua família (*caput* do art. 836 da CLT).

A Subseção II da Seção Especializada em Dissídios Individuais do Tribunal Superior do Trabalho tem adotado o entendimento de que o depósito prévio não se confunde com custas processuais e, tampouco, com o depósito recursal. O depósito prévio poderá ser convertido em multa, segundo o inciso II do art. 968 do CPC, caso a ação rescisória seja, por unanimidade de votos, declarada inadmissível ou improcedente.

Importante destacar que o § 1º do art. 969 do CPC dispensou do depósito prévio a União, os Estados, o Distrito Federal, os Municípios e as autarquias e fundações de direito público e o Ministério Público. Da mesma forma, o art. 24-A da Lei n. 9.028/95 isentou a União, suas autarquias e fundações do pagamento do depósito prévio em ação rescisória, em quaisquer foros e instâncias.

Segundo o art. 966 do Código de Processo Civil, a sentença de mérito, transitada em julgado, pode ser rescindida nas seguintes hipóteses:

> ❯ Quando se verificar que foi provinda por força de **prevaricação, concussão** ou **corrupção** do juiz. Segundo o art. 319 do CP, a **prevaricação** consiste em "retardar ou deixar de praticar, indevidamente, ato de ofício, ou praticá-lo contra disposição expressa de lei, para satisfazer interesse ou sentimento pessoal". E, de conformidade com o art. 316 do CP, a **concussão** importa em "exigir, para si ou para outrem, direta ou indiretamente, ainda que fora da função ou antes de assumi-la, mas em razão dela, vantagem indevida". Já a **corrupção passiva** importa em "solicitar ou receber, para si ou para outrem, direta ou indiretamente, ainda que fora da função ou antes de assumi-la, mas em razão dela, vantagem indevida, ou aceitar promessa de tal vantagem" (art. 317 do CP).

> ❯ Quando for proferida por **juiz impedido** ou por juízo **absolutamente incompetente**. Sergio Pinto Martins (2009, p. 496) cita o exemplo do caso "de o juiz do trabalho proferir sentença sobre direitos de servidores públicos estatutários", pois é absolutamente incompetente para dirimir tal controvérsia. Não é admissível o ajuizamento de ação rescisória no caso de incompetência em razão do lugar, uma vez que a norma se refere à incompetência absoluta do juiz e não a relativa.

> Quando resultar de **dolo ou coação da parte vencedora** em detrimento da parte vencida, ou de **simulação ou colusão** entre as partes, a fim de fraudar a lei. É o caso de as partes praticarem atos simulados com o objetivo de fraudar a lei ou conseguir um fim proibido por lei, como um acordo entre empregado e empregador para liberar o saldo do FGTS.

> Quando **ofender a coisa julgada,** isto é, no caso de sentença que houver decidido matéria já decidida.

> Quando violar **manifestamente norma jurídica.** Para Nelson Nery Junior e Rosa Maria de Andrade Nery (2015b, p. 1.917), restará concretizada tal hipótese quando na decisão de mérito, transitada em julgada, o juiz não houver aplicado a lei ou a houver aplicado de forma incorreta. O Código de Processo Civil exige que tal violação seja visível, evidente. Para o Tribunal Superior do Trabalho a conclusão acerca da ocorrência de violação literal a disposição de lei pressupõe pronunciamento explícito, na sentença rescindenda, sobre a matéria veiculada (item I da Súmula n. 298 do TST). Tal pronunciamento explícito diz respeito à matéria e ao enfoque específico da tese debatida na ação, e não necessariamente ao dispositivo legal tido por violado, pois basta que o conteúdo da norma reputada violada haja sido abordado na decisão rescindenda para que se considere preenchido o pressuposto (item II da Súmula n. 298 do TST).

> Quando for fundada em **prova**, cuja **falsidade** tenha sido apurada em processo criminal ou venha a ser demonstrada na própria ação rescisória.

> Quando, posteriormente ao trânsito em julgado, o autor obtiver **prova nova**, cuja existência ignorava, ou de que não pôde fazer uso, capaz, por si só, de lhe assegurar pronunciamento favorável. Segundo a Súmula n. 402 do TST, "documento novo é o cronologicamente velho, já existente ao tempo da decisão rescindenda, mas ignorado pelo interessado ou de impossível utilização, à época, no processo. Não é documento novo apto a viabilizar a desconstituição de julgado: a) sentença normativa proferida ou transitada em julgado posteriormente à sentença rescindenda; b) sentença normativa preexistente à sentença rescindenda, mas não exibida no processo principal, em virtude de negligência da parte, quando podia e deveria louvar se de documento já existente e não ignorado quando emitida a decisão rescindenda". Exemplo: empregado que pretende anular uma decisão regional prolatada em 17-7-2020, que julgou improcedente seu pedido de pagamento do adicional de periculosidade relativo ao armazenamento de combustíveis no pátio do prédio em que trabalhava, sob a alegação de que um laudo pericial, emitido em 10-10-2020, atestava a periculosidade do local. Neste caso, como o laudo pericial apresentado pelo empregado foi emitido em 10-10-2020 e a aludida decisão foi prolatada em 17-7-2020, tal documento não poderá ser considerado documento novo. Isto porque o apelo rescisório, fundamentado em documento novo,

somente é aceito se o documento já existisse à época em que a decisão foi proferida, mas que por motivos diversos acabou sendo ignorado.

> Quando fundada em **erro de fato**, verificável do exame dos autos. Tal erro deve ser do juiz e não das partes. Segundo o § 1º do art. 966 do CPC há erro de fato quando a decisão rescindenda admitir fato inexistente ou quando considerar inexistente fato efetivamente ocorrido, sendo indispensável, em ambos os casos, que o fato não represente ponto controvertido sobre o qual o juiz deveria ter se pronunciado. Segundo a Orientação Jurisprudencial n. 136 da Subseção de Dissídios Individuais II do Tribunal Superior do Trabalho, a caracterização do erro de fato como causa de rescindibilidade de decisão judicial transitada em julgado supõe a afirmação categórica e indiscutida de um fato, na decisão rescindenda, que não corresponde à realidade dos autos.

IMPORTANTE

De conformidade com o *caput* do art. 966 do CPC, a ação rescisória somente é cabível para desconstituir decisão de mérito transitada em julgado, não se prestando a desconstituição de decisão monocrática proferida em sede de despacho.

Para que a ação rescisória seja aceita, são necessários dois requisitos: a **decisão de mérito e o trânsito em julgado da decisão**. Assim, não se pode propor ação rescisória em face de sentença ou acórdão com decisão sem resolução do mérito, excluindo-se, portanto, a coisa julgada formal (Orientação Jurisprudencial n. 134 da Subseção de Dissídios Individuais II do TST).

De conformidade com a Súmula n. 413 do TST, "é incabível ação rescisória, por violação do art. 896, 'a', da CLT, contra decisão transitada em julgado sob a égide do CPC de 1973 que não conhece de recurso de revista, com base em divergência jurisprudencial, pois não se cuidava de sentença de mérito (art. 485 do CPC de 1973)". Da mesma forma, a ação rescisória não admite reexame de fatos e provas do processo que originou a decisão rescindenda, de conformidade com a Súmula n. 410 do TST.

E, segundo a Orientação Jurisprudencial n. 25 da Subseção de Dissídios Individuais II do TST, "não procede pedido de rescisão fundado no art. 485, V, do CPC de 1973 quando se aponta contrariedade à norma de convenção coletiva de trabalho, acordo coletivo de trabalho, portaria do Poder Executivo, regulamento de empresa e súmula ou orientação jurisprudencial de tribunal".

Ainda, de conformidade com o item I da Súmula n. 83 do TST, "não procede pedido formulado na ação rescisória por violação literal de lei se a decisão rescindenda estiver baseada em texto legal infraconstitucional de interpretação controvertida nos Tribunais". Da mesma forma, prevê a Súmula n. 343 do Supremo Tribunal Federal que "não cabe ação rescisória por ofensa a literal disposição de lei, quando a decisão rescindenda se tiver baseado em texto legal de interpretação controvertida nos tribunais".

No que tange ao prazo, a ação rescisória deve ser proposta no prazo decadencial de 2 anos, contados do trânsito em julgado da decisão (art. 975 do CPC). Tal prazo será prorrogado: a) até o primeiro dia útil imediatamente subsequente o prazo de 2 anos, quando expirar durante férias forenses, recesso, feriados ou em dia em que não houver expediente forense (§ 1º do art. 975 do CPC); b) se a ação rescisória for fundada em prova nova (inciso VII do art. 966 do CPC), o termo inicial do prazo será a data de descoberta da prova nova, observado o prazo máximo de 5 (cinco) anos, contado do trânsito em julgado da última decisão proferida no processo (§ 2º do art. 975 do CPC); c) nas hipóteses de simulação ou de colusão das partes, o prazo começa a contar, para o terceiro prejudicado e para o Ministério Público, que não interveio no processo, a partir do momento em que têm ciência da simulação ou da colusão (§ 3º do art. 975 do CPC).

Segundo o item I da Súmula n. 100 do TST, "o prazo de decadência, na ação rescisória, conta-se do dia imediatamente subsequente ao trânsito em julgado da última decisão proferida na causa, seja de mérito ou não". Havendo recurso parcial no processo principal, o trânsito em julgado dá-se em momentos e em tribunais diferentes, contando-se o prazo decadencial para a ação rescisória do trânsito em julgado de cada decisão, salvo se o recurso tratar de preliminar ou prejudicial que possa tornar insubsistente a decisão recorrida, hipótese em que flui a decadência a partir do trânsito em julgado da decisão que julgar o recurso parcial (item II da Súmula n. 100 do TST). No caso de acordo realizado entre as partes, o termo conciliatório transita em julgado na data da sua homologação judicial (item V da Súmula n. 100 do TST). Na hipótese de colusão das partes (ajuste entre partes para enganar e prejudicar terceiros, inclusive empregados; conluio a fim de fraudar a lei; ardil para ludibriar direitos de trabalhadores), o prazo decadencial da ação rescisória somente começa a fluir para o Ministério Público, que não interveio no processo principal, a partir do momento em que tem ciência da fraude (item VI da Súmula n. 100 do TST).

Haverá a prorrogação do prazo decadencial para o primeiro dia útil imediatamente subsequente, quando o prazo para o ajuizamento da ação rescisória terminar no período das férias forenses, feriados, finais de semana ou em dia em que não houver expediente forense (item IX da Súmula n. 100 do TST).

Para o processamento da ação rescisória é indispensável a prova do trânsito em julgado da decisão rescindenda (item I da Súmula n. 299 do TST). Caso seja verificado pelo relator que a parte interessada não juntou à petição inicial o documento comprobatório, abrirá prazo de 15 dias para que o faça (art. 321 do CPC), sob pena de indeferimento da ação rescisória (item II da Súmula n. 299 do TST). Ainda, segundo o Tribunal Superior do Trabalho, "é indispensável ao processamento da ação rescisória a prova do trânsito em julgado da decisão rescindenda" (item I da Súmula n. 299 do TST).

Tal ação tramitará na Justiça do Trabalho não pelo rito ordinário ou sumaríssimo, mas pelo **rito especial,** tendo em vista previsão legal expressa, de conformidade com a Instrução Normativa n. 27/2005 do TST.

A contestação apresentada em ação rescisória obedece à regra relativa à contagem de prazo constante do art. 774 da CLT, não sendo aplicável o art. 231 do CPC (Orientação Jurisprudencial n. 146 da Subseção de Dissídios Individuais II do Tribunal Superior do Trabalho).

No processo trabalhista, é cabível a condenação ao pagamento de honorários advocatícios em ação rescisória (item II da Súmula n. 219 do TST).

OBSERVAÇÕES

A parte pode desistir de um recurso a qualquer tempo, sem a necessidade de anuência da parte contrária (*caput* do art. 998 do CPC). No caso de desistência de recurso, a ação rescisória deve ser apresentada até 2 anos após a data do protocolo de desistência do recurso. Segundo o entendimento da Subseção de Dissídios Individuais II do Tribunal Superior do Trabalho, o ato de desistência do recurso produz efeito imediato, não ficando na dependência de homologação ou intimação, pois as declarações unilaterais de vontade produzem imediatamente a constituição, modificação ou extinção de direitos processuais (*caput* do art. 200 do CPC).

Tendo em vista o que dispõem a Medida Provisória n. 1.984-22/2000 e o art. 969 do Código de Processo Civil, é cabível o pedido de tutela provisória formulado na petição inicial da ação rescisória ou na fase recursal, visando suspender a execução da decisão rescindenda (Súmula n. 405 do TST).

Exemplo de problema:

Teófilo Dinamarco propôs ação trabalhista contra a Empresa Tal S.A. postulando o pagamento de horas extras e reflexos. Em audiência de conciliação, as partes apresentaram petição de acordo, a qual foi recebida pelo juiz da Vara do Trabalho, porém, sem a imediata homologação. Posteriormente, o Juízo singular determinou a intimação do reclamante para que comparecesse na Secretaria da Vara do Trabalho, no prazo de 10 dias, a fim de ratificar os termos do acordo, sob pena de arquivamento do feito, tendo o Juízo condicionado a homologação à concordância expressa e pessoal do Reclamante com os termos do ajuste. No prazo determinado, o Reclamante compareceu na Secretaria da Vara do Trabalho e declarou expressamente sua discordância com os termos do acordo. Inobstante tal manifestação contrária, o Juízo da Vara do Trabalho procedeu a homologação do acordo, tendo ocorrido o trânsito em julgado do termo conciliatório na data da sua homologação judicial. Insatisfeito com a situação, 30 dias depois, o trabalhador o procurou para, como advogado(a), promover a medida judicial cabível, visando obter

OUTRAS AÇÕES

uma decisão judicial na qual determine o prosseguimento do feito, mediante a designação de audiência de conciliação e instrução e apresentação de defesa.

A seguir, apresentaremos o passo a passo para desenvolvimento da petição inicial da ação rescisória, indicando os requisitos que devem ser observados para sua elaboração.

14.4.1 Primeira Estrutura da Petição Inicial da Ação Rescisória

1º PASSO

Fazer o correto endereçamento para o Tribunal do Trabalho que irá conhecer e julgar a ação rescisória.

DICAS

Observar os requisitos do art. 319 do CPC, conforme determina o *caput* do art. 968 do CC.

A ação rescisória é um processo de competência originária dos tribunais trabalhistas, **TRT** e **TST**. Segundo o item 2 da letra *c* do inciso I do art. 678 da CLT, compete ao **Tribunal Pleno** dos Tribunais Regionais, quando divididos em Turmas, processar e julgar em última instância as ações rescisórias das decisões das Varas do Trabalho, dos juízes de direito investidos na jurisdição trabalhista, das Turmas e de seus próprios acórdãos.

A ação rescisória deverá ser remetida ao **Tribunal Regional do Trabalho**, nos seguintes casos: quando a decisão que transitou em julgado for de juiz da Vara do Trabalho; quando a decisão de mérito for do próprio Tribunal Regional do Trabalho; quando não houver pronunciamento de mérito do Tribunal Superior do Trabalho, na hipótese em que não foram conhecidos o recurso de revista e de embargos (item I da Súmula n. 192 do TST).

Caso tenha que informar o número da Região da qual o Tribunal Regional do Trabalho faz parte, pode-se consultar o art. 674 da CLT, onde se encontram relacionadas todas as 24 Regiões, com os Estados da Federação que as compõem. Exemplos: o Espírito Santo faz parte da 17ª Região; São Paulo faz parte da 2ª Região; enquanto o Rio de Janeiro faz parte da 1ª Região. Porém, se o local e número da Região não for informado no problema, pode-se utilizar reticências (pontilhados). Exemplo: "Excelentíssimo Senhor Doutor Juiz Presidente do Egrégio Tribunal Regional do Trabalho da ... Região — Estado do...".

No Tribunal Superior do Trabalho, a ação rescisória será julgada pela: a) **Subseção de Dissídios Individuais II** (item 1 da letra *a* do inciso III do art. 71 do Regimento Interno do TST) nos seguintes casos: quando das decisões das turmas do Tribunal Superior do Trabalho e das decisões da Seção de Dissídios Individuais (alínea *a* do inciso I do art. 3º da Lei n. 7.701/88); b) **Seção de Dissídios Coletivos** (letra *d* do inciso I do art. 70 do Regimento Interno do TST) no seguinte caso: quando das sentenças normativas proferidas pela própria Seção de Dissídios Coletivos (alínea *c* do inciso I do art. 2º da Lei n. 7.701/88). Nas duas hipóteses, o endereçamento da ação será para o "Excelentíssimo Senhor Doutor Ministro Presidente do Colendo Tribunal Superior do Trabalho".

A petição inicial da ação rescisória poderá ser indeferida na forma do art. 330 do CPC.

IMPORTANTE

Alguns Tribunais Regionais do Trabalho têm aprovado modificação em seus Regimentos Internos, visando alterar a designação de seus magistrados de Juiz do Trabalho para **Desembargador Federal do Trabalho**.

Excelentíssimo Senhor Doutor Juiz Presidente do Egrégio Tribunal Regional do Trabalho da ... Região — Estado do...

2º PASSO

Deixar um espaço de 10 a 15 linhas. Porém, tendo em vista o limite de linhas para a resposta da questão discursiva na prova da OAB, sugerimos escrever "espaço" entre parênteses, evitando saltar muitas linhas.

(Espaço)

3º PASSO

Fazer a qualificação individualizada e completa das partes.

DICAS

Tem legitimidade para propor ação rescisória (art. 967 do CPC) a pessoa que foi parte no processo ou seu sucessor a título universal ou singular; o terceiro interessado (interesse jurídico e não econômico); o Ministério Público se não tiver sido ouvido no processo em que era obrigatória sua interveniência, ou quando a sentença rescindenda decorreu de simulação ou colusão entre as partes, com o intuito de fraudar a lei.

Segundo o item II da Súmula n. 406 do TST, o "Sindicato, substituto processual e autor da reclamação trabalhista, em cujos autos fora proferida a decisão rescindenda, possui legitimidade para figurar como réu na ação rescisória, sendo descabida a exigência de citação de todos os empregados substituídos, porquanto inexistente litisconsórcio passivo necessário".

OUTRAS AÇÕES

Empresa Tal S.A., pessoa jurídica de direito privado, com endereço eletrônico..., inscrita no CNPJ sob o n. ..., com sede na Rua..., n. ..., Bairro..., Cidade..., Estado..., CEP..., por meio de seu advogado infrassubscrito, com instrumento procuratório juntado, com escritório profissional na Rua..., n. ..., Bairro..., Cidade..., Estado..., CEP..., onde recebe intimações, vem, respeitosamente, à presença de Vossa Excelência, propor

Ação Rescisória

pelo rito (ou procedimento) especial, em face de **Teófilo Dinamarco,** brasileiro, casado, eletricista, portador da Carteira de Trabalho e Previdência Social n. ..., série..., inscrito no CPF sob o n. ..., com endereço eletrônico..., com domicílio e residência na Rua..., n. ..., Bairro..., Cidade..., Estado..., CEP..., (...)

4º PASSO

Indicar o dispositivo legal que autoriza o ajuizamento da ação rescisória.

(...) com fundamento no art. 836 da Consolidação das Leis do Trabalho combinado com os arts. 319 e 966 do Código de Processo Civil, (...)

5º PASSO

Informar que está juntando as guias de acolhimento do depósito prévio de 20% do valor da causa, conforme determinado no *caput* do art. 836 da CLT e no parágrafo único do art. 213 do Regimento Interno do TST. Informar também que está juntando as cópias autenticadas da decisão de mérito rescindenda e da certidão do trânsito em julgado. Tais peças são essenciais para a constituição válida e regular da ação, pois, segundo o item I da Súmula n. 299 do TST, "é indispensável ao processamento da ação rescisória a prova do trânsito em julgado da decisão rescindenda". Na falta de ambas ou de apenas uma das cópias, o processo poderá ser julgado extinto sem resolução do mérito, por ausência de pressuposto de constituição e desenvolvimento válido do feito, conforme o entendimento contido na Orientação Jurisprudencial n. 84 da Subseção de Dissídios Individuais II do TST.

DICA

Quando do preenchimento da guia de acolhimento do depósito prévio, devem-se observar as instruções contidas na Instrução Normativa n. 31 de 2007 do TST, que regulamenta a forma de realização do depósito prévio em ação rescisória.

(...) juntando a guia de acolhimento do depósito prévio de 20% (vinte por cento) do valor da causa, na forma do *caput* do art. 836 da Consolidação das Leis do

412 PASSO A PASSO PARA ELABORAÇÃO DE PETIÇÕES TRABALHISTAS

Trabalho e do parágrafo único do art. 213 do Regimento Interno do TST, bem como as cópias da decisão de mérito rescindenda e da certidão do trânsito em julgado, que comprovam o trânsito em julgado (item I da Súmula n. 299 do TST), e apresentando, a seguir, as suas razões de fato e de direito:

6º PASSO

Apresentar argumentos de fato e de direito (causa de pedir).

DICA

Observar as previsões da Súmula n. 408 do TST: "Não padece de inépcia a petição inicial de ação rescisória apenas porque omite a subsunção do fundamento de rescindibilidade no art. 966 do CPC ou o capitula erroneamente em um de seus incisos. Contanto que não se afaste dos fatos e fundamentos invocados como causa de pedir, ao Tribunal é lícito emprestar-lhes a adequada qualificação jurídica (*iura novit curia*). No entanto, fundando-se a ação rescisória no inciso V do art. 966 do CPC, é indispensável a expressa indicação, na petição inicial da ação rescisória, da norma jurídica violada, por se tratar de causa de pedir da rescisória, não se aplicando, no caso, o princípio *iura novit curia*" (princípio que se traduz no dever que o juiz tem de conhecer a norma jurídica e aplicá-la por sua própria autoridade).

Dos Fatos

O Réu moveu ação trabalhista contra a Autora, postulando o pagamento de horas extras e reflexos, tendo deixado arquivar a referida ação (Processo n. ..., ajuizado na... Vara do Trabalho de...).

Em .../.../..., o Réu ajuizou uma segunda ação trabalhista contra o Autor, que teve sua postulação julgada improcedente pelo Juízo de Primeiro Grau, uma vez que a empresa comprovou que as horas extras e reflexos já haviam sido efetivamente pagas (Processo n. ..., perante a... Vara do Trabalho de...).

Transcorridos 3 (três) meses da data da intimação da sentença, que julgou improcedente o pedido do empregado, o Autor mudou de domicílio.

Aproveitando-se da situação, o Réu propôs novamente a mesma ação, citando a empresa Requerente por edital, conforme prova juntada.

Tal ação foi julgada à revelia da empresa, estando em fase de execução do julgado (Processo n. ..., perante a... Vara do Trabalho de...).

Do Direito

IMPORTANTE

Deverá ser informada qual é a hipótese de cabimento da ação rescisória (casos enumerados no art. 966 do CPC).

A terceira ação movida pelo Réu não poderia ter sido proposta, em razão da existência de ofensa à coisa julgada (inciso IV do art. 966 do CPC), que já se tinha constituído com o julgamento da segunda ação, em que a pretensão do autor foi tida por improcedente, visto que as horas extras e os reflexos já estavam comprovadamente pagas.

7º PASSO

> Fazer o pedido.

Do Pedido

Em razão da violação da coisa julgada, pede a rescisão da decisão proferida no Processo n. ..., perante a... Vara do Trabalho de..., absolvendo a Autora dos pedidos ali formulados.

Requer, também, a condenação do Réu ao pagamento de honorários advocatícios sucumbenciais (art. 791-A da CLT e item II da Súmula n. 219 do Tribunal Superior do Trabalho).

8º PASSO

> Fazer a conclusão, requerendo que o pedido seja julgado procedente, com a consequente rescisão da decisão. Exemplo: "Requer seja julgado procedente o pedido de desconstituição do acórdão proferido na ação trabalhista, que tramitou perante a 2ª Vara do Trabalho de Vitória, na qual foi dado provimento parcial ao seu recurso, mas não reconheceu a unicidade contratual".

Da Conclusão

Requer a notificação do Réu para contestar a presente ação, se desejar, sob pena de revelia, devendo o pedido ser julgado procedente, rescindindo-se a decisão anteriormente mencionada.

9º PASSO

> Requerer a produção de provas. Mas atenção: a ação rescisória calcada em violação de lei não admite reexame de fatos e provas do processo que originou a decisão rescindenda (Súmula n. 410 do TST).

Protesta provar o alegado por todos os meios de prova em direito admitidos.

10º PASSO

> Indicar o valor da causa.

PASSO A PASSO PARA ELABORAÇÃO DE PETIÇÕES TRABALHISTAS

DICA

Observar as previsões da Instrução Normativa n. 31/2007 do TST, na qual o valor da causa da ação rescisória, que visa desconstituir decisão da fase de conhecimento, corresponderá: a) no caso de improcedência, ao valor dado à causa do processo originário ou aquele que for fixado pelo Juiz; b) no caso de procedência, total ou parcial, ao respectivo valor arbitrado à condenação. Já o valor da causa da ação rescisória que visa desconstituir decisão da fase de execução corresponderá ao valor apurado em liquidação de sentença.

Dá-se à causa o valor de R$... (extenso).

11º PASSO

Desfecho de praxe: requerimentos, local, data e advogado.

DICA

No Exame da OAB, se os dados relativos ao local e à data não forem conhecidos, pode-se utilizar uma das seguintes formas: "Local..., data..."; "(Local), (data)"; ou "(Local), .../.../...".

Nestes termos, pede deferimento.
Local..., data...
Advogado OAB/... n. ...

14.4.2 Segunda Estrutura da Petição Inicial da Ação Rescisória (com Requerimento de Benefício da Justiça Gratuita)

1º PASSO

Fazer o correto endereçamento para o Tribunal do Trabalho que irá conhecer e julgar a ação rescisória.

Excelentíssimo Senhor Doutor Juiz Presidente do Egrégio Tribunal Regional do Trabalho da... Região — Estado do...

2º PASSO

Deixar um espaço de 10 a 15 linhas. Porém, tendo em vista o limite de linhas para a resposta da questão discursiva na prova da OAB, sugerimos escrever "espaço" entre parênteses, evitando saltar muitas linhas.

(Espaço)

3º PASSO

Fazer a qualificação individualizada e completa das partes.

Teófilo Dinamarco, brasileiro, casado, eletricista, portador da CTPS n. ..., série..., inscrito no CPF sob o n. ..., com endereço eletrônico..., com domicílio e residência na Rua..., n. ..., Bairro..., Cidade..., Estado..., CEP..., por meio de seu advogado infrassubscrito, com instrumento procuratório juntado, com escritório profissional na Rua..., n. ..., Bairro..., Cidade..., Estado..., CEP..., onde recebe intimações, vem, respeitosamente, à presença de Vossa Excelência, propor

Ação Rescisória

pelo rito (ou procedimento) especial, em face da **Empresa Tal S.A.,** pessoa jurídica de direito privado, com endereço eletrônico..., inscrita no CNPJ sob o n. ..., com sede na Rua..., n. ..., Bairro..., Cidade..., Estado..., CEP..., (...)

4º PASSO

Indicar o dispositivo legal que autoriza o ajuizamento da ação rescisória.

(...) com fundamento no art. 836 da Consolidação das Leis do Trabalho combinado com os arts. 319 e 966 do Código de Processo Civil, (...)

5º PASSO

Informar que está juntado as cópias autenticadas da decisão rescindenda e da certidão do trânsito em julgado.

(...) juntando as cópias da decisão rescindenda e da certidão do trânsito em julgado, que comprovam o trânsito em julgado (item I da Súmula n. 299 do TST), e apresentado, a seguir, as suas razões de fato e de direito:

6º PASSO

Apresentar argumentos de fato e de direito (causa de pedir).

Dos Fatos

O Autor moveu ação trabalhista contra a Ré postulando o pagamento de horas extras e reflexos.

As partes apresentaram petição de acordo (documento juntado), a qual foi recebida pelo Meritíssimo Juízo da... Vara do Trabalho de..., sem a imediata homologação.

Posteriormente, no dia .../.../..., o Juízo singular determinou a intimação do Reclamante para que comparecesse na Secretaria da Vara do Trabalho, no prazo de 10 (dez) dias, a fim de ratificar os termos do acordo, sob pena de arquivamento do feito (documento juntado).

Nesse sentido, o Juízo da Vara condicionou a homologação do acordo à concordância expressa e pessoal do Reclamante com os termos do ajuste.

Em .../.../..., o Reclamante compareceu à Secretaria do Juízo e declarou expressamente a sua discordância com os termos do acordo (documento juntado).

Inobstante tal manifestação contrária, inadvertidamente o Juízo da ... Vara do Trabalho de... procedeu à homologação do acordo (documento juntado).

Do Direito

IMPORTANTE

Deverá ser informada qual é a hipótese de cabimento da ação rescisória (casos enumerados no art. 966 do CPC).

No caso presente, ocorreu flagrante erro de fato (inciso VIII do art. 966 do CPC) facilmente apurável mediante o simples exame dos autos do processo.

Tal erro decorreu da desatenção ou omissão do órgão julgador, que, ao homologar o acordo, admitiu como existente um fato inexistente (§ 1º do inciso VIII do art. 966 do CPC), mesmo tendo as provas dos autos demonstrado o contrário, visto que o Autor expressamente se manifestou contrário à realização do ajuste.

Ademais, sequer houve pronunciamento judicial sobre a manifestação de discordância do Autor aos termos do acordo (§ 1º do inciso VIII do art. 966 do CPC), conforme pode ser constado pela simples leitura da decisão rescindenda (documento juntado), o que permite concluir que o Juízo singular realmente admitiu como existente um fato inexistente, ou seja, admitiu como existente a concordância do Autor, sendo que o próprio Juízo havia condicionado a homologação à manifestação expressa de concordância do Requerente.

Assim, como na respeitável sentença homologatória não há qualquer referência à discordância do Autor, conclui-se que houve evidente erro de percepção do Juízo ao não perceber a manifestação de discordância do Reclamante, o que foi determinante para a homologação do acordo, pois se o Juízo de origem tivesse percebido a manifestação contrária do Reclamante, quanto aos termos do acordo, com certeza o desfecho da lide teria sido outro.

7º PASSO

> Fazer o pedido.

Do Pedido

Em razão de a decisão homologatória do acordo ter sido fundada em erro de fato, pede a rescisão da sentença homologatória do acordo proferida no processo n. ..., pelo Meritíssimo Juízo da... Vara do Trabalho de..., com o consequente prosseguimento do feito na Vara do Trabalho de origem, mediante a designação de audiência de conciliação e instrução e apresentação de defesa.

Requer, também, a condenação da Ré ao pagamento de honorários advocatícios sucumbenciais (art. 791-A da CLT e item II da Súmula n. 219 do TST).

8º PASSO

> Fazer a conclusão, requerendo que o pedido seja julgado procedente, com a consequente rescisão da decisão, bem como os benefícios da Justiça Gratuita.

Da Conclusão

Requer a notificação da Ré para contestar a presente ação, se desejar, sob pena de revelia, devendo o pedido ser julgado procedente, rescindindo-se a sentença homologatória anteriormente mencionada.

Requer, por fim, os benefícios da Justiça Gratuita, com a dispensa do Autor de proceder ao depósito prévio de que trata o *caput* do art. 836 da Consolidação das Leis do Trabalho, visto a sua condição de miserabilidade, conforme comprova a declaração juntada.

9º PASSO

> Requerer a produção de provas.

Das Provas

Protesta provar o alegado por todos os meios de prova em direito admitidos.

10º PASSO

> Indicar o valor da causa.

Dá-se à causa o valor de R$... (extenso).

11º PASSO

Desfecho de praxe: requerimentos, local, data e advogado.

Nestes termos, pede deferimento.

Local..., data...

Advogado OAB/... n. ...

14.5 Mandado de Segurança

Ação utilizada para proteção de direito líquido e certo, não amparado por *habeas corpus* ou *habeas data*, sempre que, ilegalmente ou com abuso de poder, qualquer pessoa física ou jurídica sofrer violação ou houver justo receio de sofrê-la por parte de autoridade, seja de que categoria for e sejam quais forem as funções que exerça (art. 1º da Lei n. 12.016/2009).

Como não existe dispositivo expresso na Consolidação das Leis do Trabalho prevendo o mandado de segurança, aplica-se a **Lei n. 12.016, de 7-8-2009**.

Segundo Hely Lopes Meirelles (1983, p.11), "direito líquido e certo é o que se apresenta manifesto na sua existência, delimitado na sua extensão e apto a ser exercitado no momento da impetração". Portanto, direito líquido e certo é aquele que não suscita dúvida.

Já abuso de poder, de acordo com Hely Lopes Meirelles (1989, p. 90), "ocorre quando a autoridade, embora competente para praticar o ato, ultrapassa os limites de suas atribuições ou se desvia das finalidades administrativas". "O excesso de poder ocorre quando a autoridade, embora competente para praticar o ato, vai além do permitido e se exorbita no uso de faculdades administrativas" (MEIRELLES, 1989, p. 91). "O desvio de finalidade ou de poder se verifica quando a autoridade, embora atuando nos limites de sua competência, pratica o ato por motivos ou com fins diversos dos objetivados pela lei ou exigidos pelo interesse público. O desvio de finalidade ou de poder é, assim, a violação ideológica da lei, ou, por outras palavras, a violação moral da lei, colimando o administrador público fins não queridos pelo Legislador, ou utilizando motivos e meios imorais para a prática de um ato administrativo aparentemente legal" (MEIRELLES, 1989, p. 92). Assim, dá-se o abuso de poder quando a autoridade excede os limites das suas atribuições ou da lei e pratica determinado ato.

No processo do trabalho, a **autoridade coatora** poderá ser o juiz do trabalho ou o juiz de direito investido na jurisdição trabalhista, o diretor de Secretaria, o diretor-geral do Tribunal Regional do Trabalho, outro servidor da Justiça do Trabalho ou o Auditor-Fiscal do Trabalho, que tenha violado direito líquido e certo de outrem.

Havendo ofensa a direito líquido e certo, é cabível mandado de segurança contra acórdão, sentença e até mesmo contra despacho.

Não cabe mandado de segurança contra os atos de gestão comercial praticados pelos administradores de empresas públicas, de sociedade de economia mista e de concessionárias de serviço público (§ 2º do art. 1º da Lei n. 12.016/2009).

Quando o direito ameaçado ou violado couber a várias pessoas, qualquer delas poderá requerer o mandado de segurança (§ 3º do art. 1º da Lei n. 12.016/2009).

Também não cabe mandado de segurança no caso de homologação de acordo, visto que a homologação constitui faculdade do juiz, inexistindo em tal caso direito líquido e certo (Súmula n. 418 do TST).

Em caso de urgência, observados os requisitos legais, é permitido impetrar mandado de segurança por telegrama, radiograma, fax ou outro meio eletrônico de autenticidade comprovada (*caput* do art. 4º da Lei n. 12.016/2009).

Não se dará mandado de segurança nas hipóteses do art. 5º da Lei n. 12.016/2009, quando se tratar de ato do qual caiba recurso administrativo com efeito suspensivo, independentemente de caução; de decisão judicial da qual caiba recurso com efeito suspensivo; de decisão judicial transitada em julgado.

Também não cabe mandado de segurança de decisão judicial transitada em julgado (Súmula n. 33 do TST). Da mesma forma, esgotadas as vias recursais existentes, não cabe mandado de segurança (Orientação Jurisprudencial n. 99 da Subseção de Dissídios Individuais II do TST). Ainda, não cabe mandado de segurança contra decisão judicial passível de reforma mediante recurso próprio, ainda que com efeito diferido (Orientação Jurisprudencial n. 92 da Subseção de Dissídios Individuais II do TST).

Obrigatoriamente, a petição inicial do Mandado de Segurança deve ser instruída com os **documentos essenciais à comprovação prévia da violação ao direito líquido e certo** da parte impetrante, uma vez que neste tipo de ação inexiste a possibilidade de dilação probatória. Tais documentos, que comprovam a ofensa à lei ou abuso de poder, devem ser devidamente autenticados ou declarados autênticos pelo advogado da parte, sob pena de extinção da ação mandamental, sem resolução do mérito, na forma do inciso IV do art. 485 do CPC, por ausência de pressuposto de constituição e desenvolvimento válido do processo, tendo em vista a previsão contida no *caput* do art. 10 da Lei n. 12.016/2009, na qual "a inicial será desde logo indeferida, por decisão motivada, quando não for o caso de mandado de segurança ou lhe faltar algum dos requisitos legais ou quando decorrido o prazo legal para a impetração".

Segundo a Súmula n. 415 do TST, "exigindo o mandado de segurança prova documental pré-constituída, inaplicável se torna o art. 321 do CPC quando verificada, na petição inicial do 'mandamus', ausência de documento indispensável ou de sua autenticação". Portanto, em tais casos, não será dada oportunidade à parte de emendar ou completar a petição inicial no prazo de 15 dias previsto no *caput* do art. 321 do CPC.

Importante destacar também a previsão contida no *caput* do art. 830 da CLT, na qual "o documento em cópia oferecido para prova poderá ser declarado autêntico pelo próprio advogado, sob sua responsabilidade pessoal".

Ademais, como as questões referentes às condições da ação e aos pressupostos processuais são de ordem pública podem até mesmo ser conhecidas de ofício pelos Tribunais de Segundo Grau (STJ-4ªT, REsp 217.329-MG, Rel. Min. Barros Monteiro, j. 16-12-2003, *DJU*, 5-4-2004, p. 266).

Sobre tais questões, os tribunais trabalhistas têm se manifestado no seguinte sentido:

MANDADO DE SEGURANÇA. CÓPIAS DE DOCUMENTO DESPROVIDAS DE AUTENTICAÇÃO. EXTINÇÃO DO PROCESSO SEM A RESOLUÇÃO DO MÉRITO. O mandado de segurança exige prova documental pré-constituída. Portanto, é inviável a concessão de oportunidade para juntada de documento quando verificada a ausência de autenticação das cópias dos documentos que acompanham a inicial. Incidência da Súmula n. 415 do Tribunal Superior do Trabalho. A possibilidade de declaração de autenticidade das cópias pelo próprio advogado com base no art. 544 do Código de Processo Civil [art. 1.042 do CPC/2015] é restrita à hipótese de agravo de instrumento. Já o artigo 365 do Código de Processo Civil [art. 425 do CPC/2015] não tem aplicação no processo do trabalho, por não se enquadrar na hipótese prevista no art. 769 da Consolidação das Leis do Trabalho. Por fim, a incidência da nova redação conferida ao art. 830 da CLT pela Lei n. 11.925/2009 alcança apenas os atos praticados após a sua vigência, em respeito à norma de direito intertemporal *tempus regit actum* (Precedentes). Processo extinto, sem a resolução do mérito (ROMS-3500-23.2009.5.15.0000, Rel. Min. Emmanoel Pereira, SBDI-2, *DJ*, 5-2-2010).

RECURSO ORDINÁRIO EM MANDADO DE SEGURANÇA. PRELIMINAR DE EXTINÇÃO DO FEITO SUSCITADA EM CONTRARRAZÕES. AUSÊNCIA DE AUTENTICAÇÃO NAS PEÇAS TRAZIDAS PELA IMPETRANTE. SÚMULA N 415 DO TST. O Mandado de Segurança constitui via excepcional de natureza estreita, que exige prova pré-constituída, de sorte que se mostra inaplicável o art. 284 do CPC [art. 321 do CPC/2015] quando verificada a ausência de documentos essenciais ao deslinde da controvérsia (Súmula n. 415 do TST). Hipótese em que as peças colacionadas pela Impetrante, entre elas o próprio ato impugnado, carecem da autenticação exigida pelo art. 830 da CLT, inferindo-se daí a sua inexistência e, via de consequência, imprestabilidade para efeito de prova, cumprindo, todavia, ressaltar que, ao contrário do que ocorre com o agravo de instrumento (art. 544 do CPC) [art. 1.042 do CPC/2015], não há previsão legal para que, em caso de declaração de autenticidade pelo próprio advogado, seja dispensada a formalidade exigida no aludido dispositivo da CLT. Ressalte-se que a alteração conferida ao art. 830 da CLT, pela Lei n. 11.925, de 17 de abril de 2009, permitindo ao advogado declarar, sob sua responsabilidade, a autenticidade da documentação juntada com a petição inicial, não se aplica ao caso presente, pois a presente demanda foi ajuizada em data anterior à vigência do novo texto legal. Processo extinto, sem resolução do mérito, com fundamento no art. 267, IV, do CPC [inciso IV do art. 485 do CPC/2015] (ROMS 1085000-91.2008.5.02.0000, j. 10-11-2009, Rel. Min. José Simpliciano Fontes de F. Fernandes, Subseção II Especializada em Dissídios Individuais, *DEJT*, 27-11-2009).

OUTRAS AÇÕES

O direito de requerer mandado de segurança extinguir-se-á decorridos 120 dias, contados da ciência, pelo interessado, do ato impugnado (art. 23 da Lei n. 12.016/2009).

Tal ação tramitará na Justiça do Trabalho não pelo rito ordinário ou sumaríssimo, mas pelo **rito especial**, tendo em vista previsão legal expressa, de conformidade com a Instrução Normativa n. 27/2005 do TST.

IMPORTANTE

Não cabe condenação em honorários advocatícios na ação de mandado de segurança, de conformidade com o art. 25 da Lei n. 12.016/2009 e a Súmula n. 512 do STF.

Na hipótese de a tutela antecipada ser concedida liminarmente, isto é, antes da sentença, cabe mandado de segurança, em face da inexistência de recurso próprio (item II da Súmula n. 414 do TST).

Segundo a Súmula n. 425 do TST, o *jus postulandi* das partes, estabelecido no art. 791 da CLT, limita-se às Varas do Trabalho e aos Tribunais Regionais do Trabalho, não alcançando a ação rescisória, a ação cautelar, o **mandado de segurança** e os recursos de competência do Tribunal Superior do Trabalho. Portanto, de conformidade com o atual entendimento do TST o mandado de segurança deverá ser ajuizado obrigatoriamente por advogado, sendo vedado às partes propor pessoalmente tal tipo de demanda.

Exemplo de problema:

Petrônio Boavida trabalhou para o Banco Moedas Fortes S/A desde 10-3-2010. Petrônio, que é membro do conselho fiscal do Sindicato dos Bancários, foi dispensado imotivadamente em 20-1-2020, tendo recebido as verbas resilitórias dentro do prazo legal. Insatisfeito com a rescisão do contrato de trabalho, o empregado ajuizou uma ação trabalhista pleiteando sua reintegração no emprego, sob a alegação de que não poderia ter sido dispensado sem justa causa, por ser portador da garantia de emprego prevista no inciso VIII do art. 8º da Constituição da República Federativa do Brasil e no § 3º do art. 543 da Consolidação das Leis do Trabalho, uma vez que exerce o cargo de membro do conselho fiscal de seu sindicato profissional. O juiz da 1ª Vara do Trabalho de Vitória/ES concedeu a antecipação da tutela, sem oitiva da parte contrária, determinando a imediata reintegração do obreiro no emprego, tendo o empregador sido notificado dos termos da decisão no dia seguinte. Considerando a situação hipotética apresentada, na qualidade de advogado(a) do Banco Moedas Fortes S/A, elabore a peça processual adequada a satisfazer judicialmente os interesses do empregador.

IMPORTANTE

No caso de auto de infração, lavrado por Auditor-Fiscal do Trabalho, da Subsecretaria de Inspeção do Trabalho, que esteja viciado por ilegalidades, não cabe a princípio Mandado

> de Segurança, mas o ajuizamento de Ação Anulatória de Auto de Infração, perante a 1ª Instância (Vara do Trabalho). Isto porque, de conformidade com o inciso I do art. 5º da Lei n. 12.016/2009, "não se concederá mandado de segurança quando se tratar de ato do qual caiba recurso administrativo com efeito suspensivo, independentemente de caução".

A seguir, apresentaremos o passo a passo para desenvolvimento da petição inicial do mandado de segurança, indicando os requisitos que devem ser observados para sua elaboração.

14.5.1 Primeira Estrutura da Petição Inicial do Mandado de Segurança (com endereçamento para Tribunal Regional do Trabalho)

DICA

> A petição inicial do mandado de segurança deverá atender aos requisitos dos arts. 319 e 320 do CPC. Segundo o *caput* do art. 6º da Lei n. 12.016/2009, a "petição inicial, que deverá preencher os requisitos estabelecidos pela lei processual, será apresentada em 2 (duas) vias com os documentos que instruírem a primeira, reproduzidos na segunda e indicará, além da autoridade coatora, a pessoa jurídica que esta integra, à qual se acha vinculada ou da qual exerce atribuições".

1º PASSO

> Fazer o correto endereçamento para o juiz da Vara do Trabalho ou Tribunal a que é dirigida.
> A ação é de competência originária do **Tribunal Regional do Trabalho** (n. 3 da letra *b* do inciso I do art. 678 da CLT). Segundo a **Orientação Jurisprudencial n. 4 do Tribunal Pleno do TST**: "Ao Tribunal Superior do Trabalho não compete apreciar, originariamente, mandado de segurança impetrado em face de decisão de TRT". Portanto, quando a autoridade coatora for juiz de Tribunal Regional do Trabalho, o mandado de segurança deverá ser endereçado para o próprio TRT e não ao Tribunal Superior do Trabalho.
> No primeiro grau, **Vara do Trabalho**, o mandado de segurança caberá contra ato abusivo da fiscalização do trabalho por Auditor-Fiscal do Trabalho.
> Nos **Tribunais Regionais do Trabalho**, em que não exista Grupo de Turmas ou Seção Especializada, a competência para julgar o mandado de segurança é do Tribunal Pleno.
> Nos processos de dissídio coletivo (letra *d* do inciso I do art. 2º da Lei n. 7.701/88), a **Seção de Dissídios Coletivos** do Tribunal Superior do Trabalho julgará, originariamente, os mandados de segurança contra os atos praticados pelo presidente do tribunal ou por qualquer dos ministros integrantes da referida seção, nos processos de dissídios coletivos.
> A **Subseção de Dissídios Individuais II (SBDI-II)** do Tribunal Superior do Trabalho tem competência para julgar os mandados de segurança contra os atos praticados pelo Presidente do Tribunal, ou por qualquer dos Ministros integrantes da Seção Especializada em

OUTRAS AÇÕES

Dissídios Individuais, nos processos de sua competência (item 2 da alínea *a* do inciso III do art. 71 do Regimento Interno do TST).

Também no Tribunal Superior do Trabalho, compete ao **Órgão Especial**, em matéria judiciária, julgar mandado de segurança impetrado contra atos do Presidente ou de qualquer Ministro do Tribunal, ressalvada a competência das Seções Especializadas (letra *b* do inciso I do art. 69 do Regimento Interno do TST).

No Tribunal Regional do Trabalho, o endereçamento da ação será para o **"Excelentíssimo Senhor Doutor Juiz Presidente do Egrégio Tribunal Regional do Trabalho da ... Região — Estado do...".**

Já no Tribunal Superior do Trabalho, o endereçamento da ação será para o **"Excelentíssimo Senhor Doutor Ministro Presidente do Colendo Tribunal Superior do Trabalho".**

DICA

Caso tenha que informar o número da Região da qual o Tribunal Regional do Trabalho faz parte, pode-se consultar o art. 674 da CLT, onde se encontram relacionadas todas as 24 Regiões, com os Estados da Federação que as compõem.

IMPORTANTE

Alguns Tribunais Regionais do Trabalho têm aprovado modificação em seus Regimentos Internos, visando alterar a designação de seus magistrados de Juiz do Trabalho para **Desembargador Federal do Trabalho**.

Excelentíssimo Senhor Doutor Juiz Presidente do Egrégio Tribunal Regional do Trabalho da... Região — Estado do...

2º PASSO

Deixar um espaço de 10 a 15 linhas. Porém, tendo em vista o limite de linhas para a resposta da questão discursiva na prova da OAB, sugerimos escrever "espaço" entre parênteses, evitando saltar muitas linhas.

(Espaço)

3º PASSO

Fazer a qualificação individualizada e completa do impetrante.

Euclério Santo, brasileiro, casado, bancário, portador da Carteira de Trabalho e Previdência Social n. ..., série..., inscrito no CPF sob o n. ..., com endereço eletrônico..., com domicílio e residência na Rua..., n. ..., Bairro..., Cidade..., Estado..., CEP..., por meio de seu advogado infrassubscrito, conforme instrumento procuratório juntado, com escritório profissional na Rua..., n. ..., Bairro..., Cidade..., Estado..., CEP..., onde recebe intimações, vem, respeitosamente, à presença de Vossa Excelência, impetrar

Mandado de Segurança

pelo rito (ou procedimento) especial, (...)

4º PASSO

> Indicar qual é a autoridade coatora (exemplos: Juiz do Trabalho, Superintendente Regional do Trabalho e Emprego etc.).

(...) contra ato do **MM. Juiz da ... Vara do Trabalho de...**, que pode ser localizado na Rua..., n. ..., Bairro..., Cidade..., Estado..., CEP..., (...)

5º PASSO

> Indicar o dispositivo legal que autoriza o ajuizamento do mandado de segurança.

(...) com fundamento nos arts. 319 e 320 do Código de Processo Civil, no inciso LXIX do art. 5º da Constituição da República Federativa do Brasil e no inciso IV do art. 114 da mesma Carta Magna, combinados com as disposições da Lei n. 12.016/2009, apresentando, a seguir, as suas razões de fato e de direito:

6º PASSO

> Indicar quais são os fatos e os fundamentos jurídicos do pedido.

Dos Fatos

O Impetrante ajuizou ação trabalhista contra a empresa..., postulando o pagamento das verbas rescisórias (documento juntado).

A ação trabalhista foi julgada totalmente improcedente, inclusive quanto ao pedido de assistência judiciária gratuita, com a condenação do Impetrante ao pagamento das custas processuais no importe de R$... (extenso), apesar de possuir direito líquido e certo à isenção de custas, pois além de estar desempregado, não recebendo qualquer quantia fixa por mês, firmou declaração expressa na petição inicial de que é pobre na acepção jurídica do termo.

Diante de tais fatos, o Impetrante interpôs embargos de declaração da sentença proferida pelo Meritíssimo Juízo Impetrado, questionando o indeferimento da justiça gratuita, tendo sido mantida a decisão de primeiro grau.

Após, o Impetrante interpôs recurso ordinário. Porém, o indeferimento do requerimento da gratuidade da Justiça acabou gerando o não seguimento do recurso, por deserção.

Pretende, pois, por meio do presente Mandado de Segurança, que seja cassada a ordem arbitrária do Douto Juízo da... Vara do Trabalho de..., conferindo ao impetrante os benefícios da justiça gratuita, com o consequente processamento do apelo ordinário ao Egrégio Tribunal Regional do Trabalho da ... Região.

Do Direito

No caso presente, o Impetrante preencheu os requisitos legais, bem como atendeu às formalidades necessárias para obtenção dos benefícios da assistência judiciária gratuita, de conformidade com os §§ 3º e 4º do art. 790 da CLT, o *caput* do art. 98 do CPC e o § 3º do art. 99 do CPC, uma vez que, não possuindo condições de subsidiar a demanda, pleiteou na inicial da reclamatória trabalhista a gratuidade da justiça, bem como juntou declaração de pobreza, pelo que entende que preenche os requisitos que ensejam a concessão da justiça gratuita, visto que comprovou insuficiência de recursos para o pagamento das custas do processo, na forma do § 4º do art. 790 da CLT.

Assim, não há justifica para o extremo rigorismo adotado pela Douta Autoridade Impetrada, nem tampouco para a negativa de seu pleito, mormente considerando-se que a norma infraconstitucional, no espírito da Constituição Federal, pretende seja facilitado o acesso de todos à Justiça (inciso XXXV do art. 5º).

Segundo Cristovão Piragibe Tostes Malta, em sua obra *Prática do Processo Trabalhista* (28ª edição, 1997, Editora LTr, São Paulo, página 542), quando o empregado se encontrar "em estado de miserabilidade jurídica, isto é, não podendo pagar as custas do processo sem prejuízo do sustento próprio ou de sua família, poderá requerer o benefício da gratuidade"; tal assertiva também poderá ser aplicada no caso de o empregado não estar assistido por sindicato (art. 14 da Lei n. 5.584/70), mas sim por advogado regularmente constituído.

Da mesma forma, tem se posicionado a jurisprudência pátria:

Isenção de custas. Fere direito líquido e certo do impetrante decisão da MM. Vara que indefere isenção de custas requeridas, mesmo após o cumprimento de todos os pressupostos legais para sua concessão. A atividade do Magistrado está adstrita ao cumprimento da lei, não lhe sendo dado indeferir requerimento cujo amparo legal é inequívoco. Segurança que se concede (TRT/SP — 01341/2001-6—MS, Ac. SDI

2002021412, Rel. Nelson Nazar, *DOE*, 7-1-2003, Ementário de Jurisprudência do TRT/2ª Região, Boletim n. 3/2003 — SDCI).

Indeferimento do pedido. O indeferimento do pedido de concessão de assistência judiciária gratuita, quando feito nos termos da lei, importa violação ao direito líquido e certo de defesa do requerente (TRT/SP 998/96-P, Ac. SDI 1098/96-P, Rel. Floriano Corrêa Vaz da Silva, *DOE*, 3-1-1997, Ementário de Jurisprudência do TRT/2ª Região, Boletim n. 6/97, p. 146).

Não há que se falar, ainda, na inobservância dos requisitos constantes da Lei n. 5.584/70 e do § 3º do art. 790 da CLT, sendo certo que no Processo do Trabalho são aplicáveis ambas as legislações, o que permite ao trabalhador, invocando os benefícios da legislação mencionada, utilizar-se dos serviços de um profissional de sua escolha.

Nesse sentido, merece ser ressaltado que a própria legislação trabalhista permite que os "juízes, órgãos julgadores e presidentes dos tribunais do trabalho de qualquer instância conceder, a requerimento ou de ofício, o benefício da justiça gratuita, inclusive quanto a traslados e instrumentos, àqueles que perceberem salário igual ou inferior a 40% (quarenta por cento) do limite máximo dos benefícios do Regime Geral de Previdência Social", sendo que "o benefício da justiça gratuita será concedido à parte que comprovar insuficiência de recursos para o pagamento das custas do processo".

Isso é o que dispõem os §§ 3º e 4º do art. 790 da Consolidação das Leis do Trabalho, que permitem que o trabalhador, mesmo percebendo salário superior a 40% do limite máximo dos benefícios do Regime Geral de Previdência Social, faça jus à concessão da assistência judiciária gratuita, desde que não possa arcar com o pagamento das custas processuais sem prejuízo de seu sustento pessoal ou de sua família, o que, a princípio, se comprova por meio de uma simples declaração de hipossuficiência econômica firmada pela parte ou por seu advogado (Súmula n. 463 do TST), não havendo nenhuma razão legal para o mero indeferimento desse pedido com base apenas na Lei n. 5.584/70.

Por outro lado, deve ser mencionado que a expressão "faculdade", contida no referido § 3º do art. 790 da Consolidação das Leis do Trabalho, apenas demonstra a cautela do legislador pátrio no sentido de permitir ao Juiz, na análise das peculiaridades de cada caso, verificar se o obreiro, independentemente do salário percebido ou da escolha de seu representante legal, pode arcar ou não com o pagamento das custas processuais, sem qualquer prejuízo próprio ou de seus familiares. Assim, ante a possibilidade do prejuízo no sustento do trabalhador, seja em razão do valor elevado das custas, ou pelas suas condições econômicas atuais, e diante da declaração de pobreza firmada pelo obreiro, a concessão da gratuidade da justiça pelo magistrado torna-se um dever.

7º PASSO

Fazer o pedido, requerendo que seja conhecido o mandado e concedida a segurança pleiteada.

DICA

No mandado de segurança não há requerimento de produção de provas, pois se o direito buscado no mandado de segurança depender da produção de provas é impossível lhe seja reconhecido os pressupostos de liquidez e certeza.

Dos Pedidos

Por todo o exposto, espera seja conhecida a presente ação e concedida a segurança, para cassar a ordem arbitrária do Excelentíssimo Senhor Doutor Juiz da... Vara do Trabalho de ..., conferindo ao Impetrante os benefícios da justiça gratuita como de direito, isentando-o do pagamento das custas processuais, com o consequente processamento do seu recurso ordinário ao Egrégio Tribunal Regional do Trabalho da ... Região.

8º PASSO

Requerer que a autoridade coatora seja notificada do conteúdo da petição inicial do mandado de segurança, a fim de que, no prazo de 10 dias, preste as informações (inciso I do art. 7º da Lei n. 12.016/2009).

Requer, também, que a autoridade coatora seja devidamente notificada do conteúdo da presente petição inicial, a fim de que preste as informações no prazo de 10 (dez) dias, como de direito.

9º PASSO

Requerer que, após a prestação de informações pela autoridade coatora, seja intimado o Ministério Público do Trabalho para que manifeste a sua opinião sobre o feito no prazo improrrogável de 10 dias (*caput* do art. 12 da Lei n. 12.016/2009).

Requer, ainda, que após a prestação de informações pela autoridade coatora, seja feita a intimação do Ministério Público do Trabalho para que manifeste a sua opinião sobre o feito no prazo improrrogável de 10 (dez) dias.

10º PASSO

Informar que está juntando a prova documental indispensável à comprovação prévia da violação ao direito líquido e certo.

DICA

Como o mandado de segurança exige a juntada da prova documental pré-constituída, é obrigatória a sua autenticação ou a declaração expressa de autenticidade pelo próprio advogado (*caput* do art. 830 da CLT), sob pena de extinção do processo, sem resolução do mérito, na forma do inciso IV do art. 485 do CPC, por ausência de pressuposto de constituição e desenvolvimento válido do processo.

As provas dos fatos alegados pelo Impetrante encontram-se devidamente juntadas à presente, declarando-se, desde já, a fidelidade das cópias aos documentos originais, na forma do *caput* do art. 830 da Consolidação das Leis do Trabalho.

11º PASSO

Indicar o valor da causa por estimativa, com base no art. 291 do CPC. No Exame da OAB, pode-se colocar R$ seguido de reticências. Exemplo: "R$... (extenso)".

Dá-se à causa o valor de R$... (extenso).

12º PASSO

Desfecho de praxe: requerimentos, local, data e advogado.

DICA

No Exame da OAB, se os dados relativos ao local e à data não forem conhecidos, pode-se utilizar uma das seguintes formas: "Local..., data..."; "(Local), (data)"; ou "(Local), .../.../...".

Nestes termos, pede e espera deferimento.
Local..., data...
Advogado OAB/... n. ...

OUTRAS AÇÕES

14.5.2 Segunda Estrutura da Petição Inicial do Mandado de Segurança (com endereçamento para Vara do Trabalho)

DICA

A petição inicial do mandado de segurança deverá atender aos requisitos dos arts. 319 e 320 do CPC, bem como às previsões contidas na Lei n. 12.016/2009.

1º PASSO

Fazer o correto endereçamento para o juiz da Vara do Trabalho a que é dirigida. O endereçamento não deve ser abreviado. Na questão para elaboração da peça profissional em que não houver expressa menção do local da competência jurisdicional, sugere-se utilizar reticências. Exemplo: **"Excelentíssimo Senhor Doutor Juiz da ... Vara do Trabalho de..."**. Pode-se complementar o endereçamento com a indicação do Estado da Federação onde estiver localizada a Vara do Trabalho. Neste caso, também podem ser utilizadas reticências quando tal dado não constar da questão. Exemplo: **"Estado do..."**.

Excelentíssimo Senhor Doutor Juiz da ... Vara
do Trabalho de... — Estado do...

2º PASSO

Deixar um espaço de 10 a 15 linhas. Porém, tendo em vista o limite de linhas para a resposta da questão discursiva na prova da OAB, sugerimos escrever "espaço" entre parênteses, evitando saltar muitas linhas.

(Espaço)

3º PASSO

Fazer a qualificação individualizada e completa do impetrante.

Clínica de Depilação, Estética e Embelezamento Ltda., pessoa jurídica de direito privado, com endereço eletrônico..., inscrita no CNPJ n. ..., com endereço na Rua..., n. ..., Bairro..., Cidade..., Estado..., CEP..., por meio de seu advogado infrassubscrito, com instrumento procuratório juntado, com escritório profissional na Rua..., n. ..., Bairro..., Cidade..., Estado..., CEP..., onde recebe intimações, vem, respeitosamente, à presença de Vossa Excelência, impetrar

Mandado de Segurança

pelo rito (ou procedimento) especial, (...)

4º PASSO

> Indicar qual é a autoridade coatora.

(...) contra ato do **Auditor-Fiscal do Trabalho do Ministério do Trabalho e Emprego,** que pode ser localizado na Rua..., n. ..., Bairro..., Cidade..., Estado..., CEP..., (...)

5º PASSO

> Indicar o dispositivo legal que autoriza o ajuizamento do mandado de segurança.

(...) com fundamento nos arts. 319 e 320 do Código de Processo Civil, e no inciso LXIX do art. 5º da Constituição da República Federativa do Brasil, e no inciso IV do art. 114 da mesma Carta Magna, combinados com as disposições da Lei n. 12.016/2009, apresentando, a seguir, as suas razões de fato e de direito:

6º PASSO

> Indicar quais são os fatos e os fundamentos jurídicos do pedido.

Dos Fatos

A Impetrante foi autuada pelo órgão local de fiscalização do trabalho, em razão do fato de o Auditor-Fiscal do Trabalho do Ministério do Trabalho e Emprego ter concluído pela existência de vínculo empregatício entre a Impetrante e seus prestadores de serviços (trabalhadores terceirizados), motivo pelo qual foi lavrado o Auto de Infração n. ... (documento juntado), bem como foi determinada a imediata interdição do estabelecimento comercial pelo órgão de fiscalização.

Para tanto, o Auditor-Fiscal do Trabalho se serviu tão somente de sua particular interpretação dos fatos observados quando da diligência realizada, de forma totalmente subjetiva e arbitrária.

Do Direito

No caso presente, incorreu a autoridade coatora em flagrante abuso de poder, visto que extrapolou os limites de sua competência, principalmente pelo fato de ter determinado a interdição do estabelecimento comercial da empresa, até o suposto registro pelo Impetrante dos contratos de trabalho dos trabalhadores terceirizados, o que é inadmissível na presente situação, visto que não são empregados da Clínica, mas trabalhadores contratados por meio de regular contrato de terceirização, conforme comprova a documentação juntada.

Ademais, não é dado ao Auditor-Fiscal do Trabalho declarar a existência ou não de relações de trabalho subordinado, tendo em vista que se trata de tema que envolve elementos fáticos em torno dos quais há grande controvérsia.

Tal avaliação das condições de trabalho que possam implicar a conclusão de existência de vínculo empregatício está submetida única e exclusivamente à competência do Poder Judiciário, visto que somente ao Juiz do Trabalho é permitido declarar eventual existência de relação de emprego, de conformidade com o inciso I do art. 114 da Constituição da República Federativa do Brasil, na qual deve fazê-lo sempre mediante ampla dilação probatória, em meio à qual a prova testemunhal, aliás, é de grande valor e não tem o mesmo caráter excepcional que lhe é dado na esfera administrativa.

Nesse sentido:

> Quem tem competência para dizer se o trabalhador é empregado ou não é a Justiça do Trabalho, por força do art. 114 da Constituição. O auditor fiscal do trabalho não pode dizer se o trabalhador é empregado, principalmente pelo fato de que isso exige prova dos requisitos do contrato de trabalho, o que só pode ser feito na Justiça do Trabalho. Logo, não poderia ser aplicada a multa (TRT da 2ª R., Ac. 2ª T. 20060426203, Rel. Des. Sergio Pinto Martins, *DOE*, 27-6-2006, p. 26).

Assim, ao exorbitar de sua competência legal, a Auditoria-Fiscal do Trabalho incorreu em abuso de poder, devendo, pois, ser anulado o ato de interdição do estabelecimento comercial e declarado nulo o ato administrativo sob discussão, principalmente pelo fato de que não foi assegurado ao suposto infrator o amplo direito de defesa, bem como não lhe foi garantido o contraditório, configurando-se em flagrante ofensa a direito constitucional, líquido e certo.

Importante destacar que com a autuação foi imposto indevidamente à empresa Impetrante o recolhimento do valor da multa a favor da União (documento juntado), sendo que tal importância deverá ser restituída à Impetrante.

7º PASSO

Fazer o pedido, requerendo que seja deferida a segurança requerida e julgado procedente o pedido.

DICA

No mandado de segurança não há requerimento de produção de provas, pois se o direito buscado no mandado de segurança depender da produção de provas é impossível lhe seja reconhecido os pressupostos de liquidez e certeza.

Dos Pedidos

Por todo o exposto, requer seja deferida a segurança e julgado procedente o presente pedido, para anular o ato arbitrário de interdição do estabelecimento comercial, e para declarar nulo o Auto de Infração n. ... lavrado em .../.../..., bem como seja determinada a restituição à Impetrante do valor da multa imposta pela autoridade coatora, já recolhida em favor da União, atualizada monetariamente e acrescida dos juros de mora.

8º PASSO

Requerer que a autoridade coatora seja notificada do conteúdo da petição inicial do mandado de segurança, com o envio da segunda via apresentada com as cópias dos documentos, a fim de que, no prazo de 10 dias, preste as informações (inciso I do art. 7º da Lei n. 12.016/2009).

Requer, também, que a autoridade coatora seja devidamente notificada do conteúdo da presente petição inicial, a fim de que preste as informações no prazo de 10 (dez) dias, como de direito.

9º PASSO

Requerer que, após a prestação de informações pela autoridade coatora, seja intimado o Ministério Público do Trabalho para que manifeste sua opinião sobre o feito no prazo im-prorrogável de 10 dias (*caput* do art. 12 da Lei n. 12.016/2009).

Requer, ainda, que após a prestação de informações pela autoridade coatora, seja feita a intimação do Ministério Público do Trabalho para que manifeste a sua opinião sobre o feito no prazo improrrogável de 10 (dez) dias.

10º PASSO

Informar que está juntando a prova documental indispensável à comprovação prévia da violação ao direito líquido e certo.

DICA

Como o mandado de segurança exige a juntada da prova documental pré-constituída, é obrigatória a sua autenticação ou a declaração expressa de autenticidade pelo próprio advogado (*caput* do art. 830 da CLT), sob pena de extinção do processo, sem resolução do mérito, na forma do inciso IV do art. 485 do CPC, por ausência de pressuposto de consti-tuição e desenvolvimento válido do processo.

As provas dos fatos alegados pelo Impetrante encontram-se devidamente juntadas à presente, declarando-se, desde já, a fidelidade das cópias aos documen-tos originais, na forma do *caput* do art. 830 da Consolidação das Leis do Trabalho.

11º PASSO

Indicar o valor da causa por estimativa, com base no art. 291 do CPC. No Exame da OAB pode-se colocar R$ seguido de reticências. Exemplo: "R$... (extenso)".

DICA

No modelo, o valor da causa poderá ser o valor da multa administrativa recolhida a favor da União.

Dá-se à causa o valor de R$... (extenso).

12º PASSO

Desfecho de praxe: requerimentos, local, data e advogado.

DICA

No Exame da OAB, se os dados relativos ao local e a data não forem conhecidos pode-se utilizar uma das seguintes formas: "Local..., data..."; "(Local), (data)"; ou "(Local),.../.../...".

Nestes termos, pede e espera deferimento.
Local..., data...
Advogado OAB/... n. ...

14.6 Ação Anulatória de Débito Fiscal e Ação Anulatória de Auto de Infração

De conformidade com a previsão contida no inciso VII do art. 114 da CRFB (dispositivo alterado pela Emenda Constitucional n. 45/2004), compete à Justiça do Trabalho processar e julgar as ações relativas às **penalidades administrativas** impostas aos empregadores pelos órgãos de fiscalização das relações de trabalho.

Os casos mais comuns de fiscalização, discutidos na Justiça do Trabalho, e que serão o foco do presente estudo, envolvem a atuação dos Auditores-Fiscais do Trabalho vinculados à Subsecretaria de Inspeção do Trabalho, apesar de a fiscalização também poder ocorrer por meio da atuação dos fiscais do Instituto Nacional de Seguridade Social e da Caixa Econômica Federal, que é órgão operador do Fundo de Garantia por Tempo de Serviço.

Segundo alguns julgados, o mandado de segurança não é a ação própria para se discutir a nulidade de auto de infração, pois não há direito líquido e certo a ser protegido contra a lavratura de auto de infração por Auditor-Fiscal do Trabalho.

Assim, no caso de fiscalização pelo Auditor-Fiscal do Trabalho, dependendo da situação, a empresa poderá ajuizar uma das seguintes ações:

> Ação Anulatória de Débito Fiscal;
> Ação Anulatória de Auto de Infração.

A **Ação Anulatória de Débito Fiscal** é utilizada para desconstituir o lançamento efetuado pela Fazenda Nacional, no caso de dívida ativa já inscrita. Por conseguinte, tal ação deve ser ajuizada quando já decorrida a inscrição do crédito na dívida ativa (momento em que ele passa a ser exigido judicialmente).

Já pela **Ação Anulatória de Auto de Infração** busca-se demonstrar o equívoco da lavratura do auto de infração pelos Auditores-Fiscais do Trabalho. Nesta hipótese, a empresa tão somente foi notificada da lavratura do auto de infração, não havendo ainda que se falar em inscrição na dívida ativa. Assim, tal ação somente pode ser ajuizada antes da inscrição, ou seja, antes da constituição do crédito fiscal.

De conformidade com a Instrução Normativa n. 34 do TST, de 16-11-2009, a parte que pretende ajuizar a Ação Anulatória de Débito Fiscal, resultante de penalidade administrativa imposta por autoridade do Ministério do Trabalho e Emprego, deve proceder ao **depósito prévio** do valor da multa.

Alguns juízes do trabalho entendem que é obrigatório o depósito prévio nas duas espécies de ações, apesar de a Instrução Normativa n. 34/2009 do TST somente se referir à Ação Anulatória de Débito Fiscal.

Assim, no caso em que a pretensão é impedir a Fazenda Pública de proceder a inscrição na dívida ativa, o autor da ação anulatória está obrigado a realizar o depósito prévio previsto no art. 636 da CLT e na parte final do art. 38 da Lei n. 6.830/80, uma vez que a empresa não está autorizada a discutir dívida de caráter fiscal (art. 2º da Lei n. 6.830/80) sem o respectivo depósito prévio.

Importante destacar que a **União Federal,** parte ré nesses tipos de ações, possui o quádruplo do prazo (20 dias) fixado no art. 841 da CLT para apresentar defesa (inciso II do art. 1º do Decreto-lei n. 779/69), diferentemente da regra geral (art. 841 da CLT) na qual, citado o réu, a audiência de julgamento se dará depois de 5 dias, oportunidade em que, querendo, apresentará defesa.

E, no que tange ao **prazo prescricional** para ajuizar a anulatória de débito fiscal, devem-se observar as previsões contidas no art. 1º do Decreto n. 20.910/32, na qual as dívidas passivas da União, dos Estados e dos Municípios, bem assim todo e qualquer direito ou ação contra a Fazenda Federal, Estadual ou Municipal, seja qual for a sua natureza, prescrevem em 5 anos contados da data do ato ou fato do qual se originarem. Portanto, o direito de anular o ato de lançamento tributário através da Ação Anulatória de Débito Fiscal deve ser exercido pelo contribuinte no prazo prescricional de 5 anos, contado da data da notificação do lançamento do crédito tributário, ou seja, quando da aplicação da multa pelo órgão de fiscalização. A incidência da prescrição determinará a extinção do processo, com resolução do mérito, nos termos do inciso II do art. 487 do CPC.

OUTRAS AÇÕES

IMPORTANTE

No caso de ato abusivo do Auditor-Fiscal do Trabalho, cabe mandado de segurança, impetrado na primeira instância (Vara do Trabalho).

Na hipótese de apresentação de **defesa administrativa** à autoridade máxima regional em matéria de inspeção do trabalho, na elaboração da peça de defesa, deve-se observar os requisitos previstos nos arts. 26 a 28 da Portaria MTP n. 667, de 08-11-2021.

A seguir, apresentaremos de forma detalhada o passo a passo para elaboração da peça inicial das ações anulatórias de débito fiscal e de auto de infração.

14.6.1 Estrutura da Petição Inicial da Ação Anulatória de Débito Fiscal

1º PASSO

Fazer o correto endereçamento para o juiz do trabalho ou para o juiz de direito investido de jurisdição trabalhista, que irá conhecer e julgar a ação. O endereçamento não deve ser abreviado. Na questão para elaboração da peça profissional em que não houver expressa menção do local da competência jurisdicional, sugere-se utilizar reticências. Exemplo: **"Excelentíssimo Senhor Doutor Juiz da ... Vara do Trabalho de..."**. Pode-se complementar o endereçamento com a indicação do Estado da Federação onde estiver localizada a Vara do Trabalho. Neste caso, também podem ser utilizadas reticências quando tal dado não constar da questão. Exemplo: **"Estado do..."**.

Excelentíssimo Senhor Doutor Juiz da ... Vara do Trabalho de... — Estado do...

2º PASSO

Deixar um espaço de 10 a 15 linhas. Porém, tendo em vista o limite de linhas para a resposta da questão discursiva na prova da OAB, sugerimos escrever "espaço" entre parênteses, evitando saltar muitas linhas.

(Espaço)

3º PASSO

Proceder à qualificação completa do autor da ação.

Empresa Tal S/A, pessoa jurídica de direito privado, inscrita no CNPJ sob o n. ..., com endereço eletrônico..., com sede na Rua..., n. ..., Bairro..., Cidade..., Estado..., CEP..., por meio de seu advogado infrassubscrito, conforme instrumento procuratório juntado, com escritório profissional na Rua..., n. ..., Bairro..., Cidade..., Estado..., CEP..., onde recebe intimações, vem, respeitosamente, à presença de Vossa Excelência, propor a presente

4º PASSO

Nominar a ação.

Ação Anulatória de Débito Fiscal

5º PASSO

Proceder à qualificação completa do réu.

em face da **União Federal (Fazenda Nacional)**, pessoa jurídica de direito público, representada por seus procuradores, com endereço na Rua..., n. ..., Bairro..., Cidade..., Estado..., CEP..., (...)

6º PASSO

Indicar o dispositivo legal que autoriza o ajuizamento da ação.

(...) com fundamento no § 1º do art. 840 da Consolidação das Leis do Trabalho, combinado com o inciso VII do art. 114 da Constituição da República Federativa do Brasil e com o art. 38 da Lei n. 6.830/80, Lei de Execuções Fiscais, (...)

7º PASSO

Informar que está juntando o comprovante de depósito prévio, de conformidade com a determinação contida no art. 636 da CLT e na parte final do art. 38 da Lei n. 6.830/80.

(...) juntando o comprovante de depósito prévio no valor de R$... (extenso), de conformidade com a previsão contida no art. 636 da Consolidação das Leis do Trabalho e na parte final do art. 38 da Lei n. 6.830/80, pelas razões a seguir.

8º PASSO

Apresentar argumentos de fato e de direito (causa de pedir).

Dos Fatos

A empresa Requerente foi autuada em .../.../... por Auditor-Fiscal do Trabalho, tendo sido lavrado o Auto de Infração n. ..., sob o argumento de que, em 10 de outubro de 2019, foi constatada a manutenção de trabalhadores sem o respectivo registro em livro, ficha ou sistema eletrônico competente, em violação ao disposto no art. 41 da Consolidação das Leis do Trabalho.

Foi esclarecido e demonstrado ao Auditor-Fiscal do Trabalho que tais trabalhadores não eram empregados da Autora, mas cooperados que prestavam serviços à Requerente.

Posteriormente, a Requerente foi notificada de que o valor oriundo do Auto de Infração n. ... foi inscrito na Dívida Ativa da Fazenda Nacional em .../.../..., Inscrição n. ... (documento juntado).

Do Direito

Nunca houve qualquer relação empregatícia com os cooperados que prestaram serviços à Requerente, ante a ausência dos requisitos dos arts. 2º e 3º da Consolidação das Leis do Trabalho.

Ademais, a contratação de tais trabalhadores é de legalidade indiscutível, tendo em vista que está em conformidade com a Súmula n. 331 do TST e a Lei n. 5.764/71, uma vez que os serviços contratados eram especializados e ligados à sua atividade-meio, sendo que os trabalhadores não se sujeitavam a qualquer poder diretivo, fiscalizador ou disciplinar da Autora, bem como não possuíam controle de horário de trabalho, prestando serviços sem qualquer subordinação.

Além disso, há de se ressaltar que a autoridade máxima regional em matéria de inspeção do trabalho não possui competência para reconhecer vínculo de emprego, mas apenas a Justiça do Trabalho, e que, no exercício dessas atribuições, agiu de forma parcial.

Assim, deverá haver a desconstituição do débito efetuado pela Ré, uma vez que a Autora não descumpriu a literalidade do dispositivo legal mencionado no auto de infração, não tendo desobedecido qualquer norma trabalhista.

9º PASSO

Fazer o pedido.

Dos Pedidos

Pleiteia, assim, a Autora seja declarado nulo o auto de infração n. ..., lavrado em .../.../... **[data]**, bem como requer a desconstituição do débito indevido, com a consequente anulação da respectiva inscrição na dívida ativa da União Federal de n. ....

Requer, também, a condenação da Ré ao pagamento dos honorários sucumbenciais (art. 791-A da CLT), bem como ao reembolso das custas processuais.

10º PASSO

Fazer a conclusão, requerendo que o pedido seja julgado procedente.

Da Conclusão

Requer, por fim, a notificação da Requerida para acompanhar a presente demanda em todos os seus termos e atos, em que ao final será julgada totalmente procedente, condenando a Ré no pagamento das despesas processuais.

11º PASSO

Requerer a produção de provas para comprovação dos fatos alegados.

IMPORTANTE

Neste tipo de ação, a princípio, aplica-se o disposto no inciso I do art. 355 do CPC, visto que não há a necessidade de produzir prova em audiência.

Protesta provar o alegado por todos os meios de prova em direito admitidos, em especial a robusta prova documental juntada à presente.

Declara, desde já, o advogado da empresa Autora, sob sua responsabilidade pessoal, a fidelidade das cópias dos documentos oferecidos como prova aos documentos originais, na forma do *caput* do art. 830 da Consolidação das Leis do Trabalho.

12º PASSO

Indicar o valor da causa.

Dá-se à presente causa o valor de R$... (extenso).

13º PASSO

Desfecho de praxe: requerimentos, local, data e advogado.

DICA

No Exame da OAB, se os dados relativos ao local e à data não forem conhecidos, pode-se utilizar uma das seguintes formas: "Local..., data..."; "(Local), (data)"; ou "(Local), .../.../...".

OUTRAS AÇÕES

Nestes termos, pede deferimento.

Local..., data...

Advogado OAB/... n. ...

14.6.2 Estrutura da Petição Inicial da Ação Anulatória de Auto de Infração

1º PASSO

Fazer o correto endereçamento para o juiz do trabalho ou para o juiz de direito investido de jurisdição trabalhista, que irá conhecer e julgar a ação.

DICAS

O endereçamento não deve ser abreviado.

Na questão para elaboração da peça profissional em que não houver expressa menção do local da competência jurisdicional, sugere-se utilizar reticências. Exemplo: **"Excelentíssimo Senhor Doutor Juiz da ... Vara do Trabalho de..."**. Pode-se complementar o endereçamento com a indicação do Estado da Federação onde estiver localizada a Vara do Trabalho. Neste caso, também podem ser utilizadas reticências quando tal dado não constar da questão. Exemplo: **"Estado do..."**.

Excelentíssimo Senhor Doutor Juiz da ... Vara do Trabalho de... — Estado do...

2º PASSO

Deixar um espaço de 10 a 15 linhas. Porém, tendo em vista o limite de linhas para a resposta da questão discursiva na prova da OAB, sugerimos escrever "espaço" entre parênteses, evitando saltar muitas linhas.

(Espaço)

3º PASSO

Proceder à qualificação completa do autor da ação.

Empresa Tal S/A, pessoa jurídica de direito privado, inscrita no CNPJ sob o n. ..., com endereço eletrônico..., com sede na Rua..., n. ..., Bairro..., Cidade..., Estado..., CEP..., por meio de seu advogado infrassubscrito, com instrumento procuratório juntado, com escritório profissional na Rua..., n. ..., Bairro..., Cidade..., Estado..., CEP..., onde recebe intimações, vem, respeitosamente, à presença de Vossa Excelência, (...)

4º PASSO

> Indicar o dispositivo legal que autoriza o ajuizamento da ação.

(...) com fundamento no § 1º do art. 840 da Consolidação das Leis do Trabalho combinado com o inciso VII do art. 114 da Constituição da República Federativa do Brasil, propor a presente

5º PASSO

> Nominar a ação.

Ação Anulatória de Auto de Infração

6º PASSO

> Proceder à qualificação completa do réu.

em face da **União Federal**, pessoa jurídica de direito público, representada por seus procuradores, com endereço na Rua..., n. ..., Bairro..., Cidade..., Estado..., CEP..., pelas razões a seguir.

7º PASSO

> Apresentar argumentos de fato e de direito (causa de pedir).

Dos Fatos

A empresa Requerente foi notificada do Auto de Infração n. ..., lavrado por Auditores-Fiscais do Trabalho, sob o argumento de que, em 10 de agosto de 2019, foi constatada a manutenção de trabalhadores sem o respectivo registro em livro, ficha ou sistema eletrônico competente, em violação ao disposto no art. 41 da Consolidação das Leis do Trabalho.

Foi esclarecido e demonstrado aos Auditores-Fiscais do Trabalho que tais trabalhadores não eram empregados da Autora, mas cooperados que prestavam serviços à Requerente.

Do Direito

Nunca houve qualquer relação empregatícia com os cooperados que prestaram serviços à Requerente, ante a ausência dos requisitos dos arts. 2º e 3º da Consolidação das Leis do Trabalho.

Ademais, a contratação de tais trabalhadores é de legalidade indiscutível, tendo em vista que está em conformidade com a Súmula n. 331 do Tribunal Superior do Trabalho e a Lei n. 5.764/71, uma vez que os serviços contratados eram especializados e ligados à sua atividade-meio, sendo que os trabalhadores não se sujeitavam a qualquer poder diretivo, fiscalizador ou disciplinar da Autora, bem como não possuíam controle de horário de trabalho, prestando serviços sem qualquer subordinação.

Além disso, há de se ressaltar que a autoridade máxima regional em matéria de inspeção do trabalho não possui competência para reconhecer vínculo de emprego, mas apenas a Justiça do Trabalho, e que, no exercício dessas atribuições, agiu de forma parcial.

Assim, os Auditores-Fiscais do Trabalho incorreram em inegável equívoco ao lavrar o Auto de Infração n. ..., em .../.../... **[data]**, uma vez que a Autora não descumpriu a literalidade do dispositivo legal mencionado no auto de infração, não tendo desobedecido qualquer norma trabalhista.

8º PASSO

Fazer o pedido.

Dos Pedidos

Pleiteia, assim, a Autora seja declarado nulo o Auto de Infração n. ..., lavrado em .../.../... **[data]**, tendo em vista que é totalmente indevido, bem como seja cancelada a consequente multa administrativa aplicada pela Fiscalização do Trabalho **[para o caso de já ter sido aplicada multa administrativa, sem que tenha ocorrido a inscrição na dívida ativa da União]**.

Requer, ainda, a condenação da Ré ao pagamento dos honorários sucumbenciais (art. 791-A da CLT).

9º PASSO

Fazer a conclusão, requerendo que o pedido seja julgado procedente.

Da Conclusão

Requer, por fim, a notificação da Requerida para acompanhar a presente demanda em todos os seus termos e atos, onde ao final será julgada totalmente procedente, condenando a Ré ao pagamento das despesas processuais.

10º PASSO

Requerer a produção de provas para comprovação dos fatos alegados.

IMPORTANTE

Neste tipo de ação, a princípio, aplica-se o disposto no inciso I do art. 355 do CPC, visto que não há a necessidade de produzir prova em audiência.

Protesta provar o alegado por todos os meios de prova em direito admitidos, em especial a robusta prova documental juntada à presente.

Declara, desde já, o advogado da empresa Autora, sob sua responsabilidade pessoal, a fidelidade das cópias dos documentos oferecidos como prova aos documentos originais, na forma do *caput* do art. 830 da Consolidação das Leis do Trabalho.

11º PASSO

Indicar o valor da causa.

Dá-se à presente causa o valor de R$... (extenso).

12º PASSO

Desfecho de praxe: requerimentos, local, data e advogado.

DICA

No Exame da OAB, se os dados relativos ao local e à data não forem conhecidos, pode-se utilizar uma das seguintes formas: "Local..., data..."; "(Local), (data)"; ou "(Local), .../.../...".

Nestes termos, pede deferimento.
Local..., data...
Advogado OAB/... n. ...

14.7 Ações Possessórias

De conformidade com a Súmula Vinculante n. 23 do STF, "a Justiça do Trabalho é competente para processar e julgar **ação possessória** ajuizada em decorrência do exercício do direito de greve pelos trabalhadores da iniciativa privada".

Tais ações estão previstas no Capítulo III do Título III do Livro I da Parte Especial do Código de Processo Civil, que trata dos procedimentos denominados especiais.

Ao tratar dos efeitos da posse o Código Civil prevê que "o possuidor tem direito a ser mantido na posse em caso de turbação, restituído no de esbulho, e segurado de violência iminente, se tiver justo receio de ser molestado" (*caput* do art. 1.210).

Em tais situações, na defesa de seus interesses, o possuidor poderá valer-se das ações denominadas possessórias.

São três as ações tipicamente possessórias no Direito Processual brasileiro:

> ❭ a ação de manutenção de posse, no caso de turbação (arts. 560 a 566 do CPC);
> ❭ a ação de reintegração de posse, no caso de esbulho (arts. 560 a 566 do CPC);
> ❭ e a ação de interdito proibitório, na hipótese de ameaça de ser molestado na posse (arts. 567 e 568 do CPC).

Incluídas na mesma seção, no Código de Processo Civil, as ações de manutenção e de reintegração de posse apresentam características e requisitos semelhantes.

Basicamente, a distinção está no fato de que o possuidor tem o direito de ser mantido na posse em caso de turbação e de ser reintegrado em caso de esbulho (art. 560 do CPC e art. 1.210 do CC).

Assim, a **ação de manutenção de posse** deverá ser utilizada na hipótese em que a posse do proprietário está sendo turbada, perturbada, atacada, por terceiros. Entende-se por turbação todo ato que embaraça, perturba, incomoda ou limita o livre exercício dos direitos do possuidor, embora este não venha a perder a posse da coisa, como ocorre no caso de esbulho. Exemplo: na ocorrência de uma greve, os trabalhadores grevistas resolvem acampar na empresa, sem, entretanto, subtrair de terceiros e proprietários o direito e ir e vir. Neste caso, apesar de molestado, o proprietário continua com a posse dos seus bens, sem que ainda tenha sido aperfeiçoado eventual esbulho.

Já a **ação de reintegração de posse** poderá ser ajuizada no caso do esbulho (perda) da posse se concretizar, na qual o possuidor fica privado da posse de seus bens (móveis ou imóveis), em razão de ação ilícita praticada por terceiro. Pode-se conceituar esbulho como a perda da posse contra a vontade do possuidor, podendo resultar de atos de violência, ou de qualquer outro vício, como a clandestinidade ou a precariedade. Exemplo: na ocorrência de uma greve os trabalhadores grevistas resolvem acampar na empresa, proibindo terceiros e proprietários de ter acesso ao local.

A lei exige a prova da data do fato (art. 558 do CPC), pois dela depende o procedimento adotado. Assim se a turbação ou o esbulho aconteceu antes de 1 ano e dia do ajuizamento da ação, o procedimento será o **especial**, e poderá ser deferido pedido de liminar de manutenção ou de reintegração de posse em favor do autor, se requerido. Passado esse prazo, o procedimento será **comum**, não perdendo, contudo, o caráter possessório.

Na prática, temos observado outras situações não relacionadas à greve em que a reintegração de posse tem sido postulada na Justiça do Trabalho. Vejamos:

a) empregador que admitiu empregado como caseiro, mediante o pagamento de remuneração mensal e cessão da posse de imóvel da empresa para moradia do obreiro, enquanto vigente o contrato de trabalho. Rescindido o contrato e pagas as verbas rescisórias devidas, o empregado resolve continuar na posse do imóvel, negando-se a desocupá-lo, sem justificativa legal;

b) trabalhadora doméstica que reside no imóvel do empregador, em razão de contrato de trabalho doméstico. Rescindido o contrato, a trabalhadora se nega a desocupar o local, alegando que não tem outro imóvel para residir, e que é pessoa pobre e que nem sequer recebeu as verbas rescisórias, requerendo em sede de reconvenção que seja mantida na posse do imóvel até o pagamento de todas as verbas trabalhistas;

c) condomínio que contratou trabalhadora na função de faxineira, sendo que na data da contratação a trabalhadora recebeu, por meio de comodato verbal, um apartamento para uso residencial durante o período do contrato de trabalho. Rescindido o contrato, a trabalhadora se recusa a desocupar o imóvel;

d) trabalhador que alega ser o legítimo proprietário de um veículo adquirido em face do contrato de trabalho anteriormente existente com o empregador, sendo que tal negócio foi realizado mediante um contrato de *leasing*, em nome da empresa, porém, o obreiro é quem efetuava o pagamento das parcelas do respectivo contrato. Após a rescisão do pacto laboral continuou a efetuar o pagamento integral das parcelas, porém, a empresa apreendeu o veículo;

e) a lide envolvendo trabalhador rural que continua na casa da propriedade rural depois de cessar os serviços que prestava.

A **ação de interdito proibitório** possui previsão no art. 567 do CPC. Segundo tal dispositivo, o possuidor direto ou indireto, que tiver justo receio de ser molestado na posse, poderá requerer ao juiz que o segure da turbação ou esbulho iminente, mediante mandado proibitório, em que pode ser cominada pena pecuniária ao réu para o caso de transgredir o preceito.

Para o Tribunal Superior do Trabalho, é da competência originária das Varas do Trabalho o julgamento das ações de interdito proibitório com o fim de garantir o livre acesso às agências bancárias. Para a Seção de Dissídios Coletivos do TST tal ação tem natureza civil e é regulamentada pelo art. 932 do CPC, não se tratando de dissídio coletivo de natureza econômica ou de greve (BRASIL, 2011f).

Também denominado **ação de força iminente**, o interdito é uma ação preventiva, onde a pretensão é uma prestação de fazer negativa, ou seja, destina-se a evitar que se consume a turbação ou o esbulho possessório. Por ser preventiva, tal ação parte não de um fato consumado (a turbação ou o esbulho), mas da desconfiança fundada de que a turbação ou o esbulho pode ocorrer a qualquer momento. Assim, cabe ao autor do pleito provar que há fundado receio de que a violência virá, cumprindo-lhe, pois, provar os requisitos como a posse anterior, ameaça da moléstia perpetrada pelo réu e a injustiça desta, bem como a probabilidade de que venha a verificar-se.

Conquanto tenha característica de processo cautelar, o interdito proibitório com este não se confunde, tendo em vista que não visa à preparação de futura ação, tampouco objetiva a garantia do direito a ser discutido em outra via legal, mas encerra em si mesmo a proteção buscada.

De conformidade com Amauri Mascaro Nascimento (2009a, p. 257), o interdito proibitório "é o meio processual que permite ao empregador defender a sua posse contra invasão de estabelecimento, sabotagem e outros atos conflitivos que envolvam a necessidade de restituição de posse indevidamente turbada".

Como exemplo, podemos citar a ação de interdito proibitório proposta por determinado banco em face do sindicato dos empregados em estabelecimentos bancários, alegando que a ameaça de greve deflagrada pelo sindicato pode pôr em risco o ingresso de seus empregados e do público em suas respectivas unidades, bem como que o movimento grevista fere frontalmente o seu direito de posse porque implica o bloqueio das entradas de suas agências, havendo esbulho e turbação da sua posse. Por meio da ação, pretende a concessão de liminar a fim de que seja expedido mandado proibitório para o fim de obrigar o sindicato a suspender a prática de atos que venham a embaraçar o exercício de direitos fundamentais de terceiros e a molestar a posse mansa e pacífica do banco sobre os seus imóveis, com a retirada de pessoas, veículos, cavaletes, correntes, cadeados, faixas e objetos que estejam impedindo a entrada de qualquer um ao seu local de trabalho, bem como dos clientes, aplicadores e usuários em geral, retirando-se também aparelhos de som e os instrumentos que possam provocar ruídos, perturbando a ordem e a paz no local e nas imediações, requerendo, de imediato, a aplicação de pena pecuniária em caso de descumprimento da ordem judicial. Tal ação também pode ser movida pelo Ministério Público do Trabalho.

Para o Tribunal Superior do Trabalho, é da competência originária das Varas do Trabalho o julgamento das ações de interdito proibitório com o fim de garantir o livre acesso às agências bancárias. Para a Seção de Dissídios Coletivos do TST, tal ação tem natureza civil e é regulamentada pelo art. 567 do Código de Processo Civil, não se tratando de dissídio coletivo de natureza econômica ou de greve (BRASIL, 2011e).

Segundo Amauri Mascaro Nascimento (2009a, p. 256), "outras disputas possessórias podem surgir, tendo como objeto não só bens imóveis como móveis. É o que ocorre quando o empregado se utiliza de automóvel da empresa como parte do contrato de trabalho, quando o empregador retém ferramentas ou vestuários de propriedade do trabalhador; quando, durante a greve, os operários efetivam a ocupação da fábrica; quando o empregado propagandista fica com o mostruário dos produtos da empresa, tudo de modo a gerar problemas de turbação ou de esbulho da posse".

Tanto as ações de manutenção e de reintegração de posse quanto a de interdito proibitório não podem tramitar pelo procedimento sumaríssimo, ainda que seja atribuído à causa valor inferior a 40 salários-mínimos. Em relação a tais ações, ademais, não cabe reconvenção, mas pedido contraposto, isto é, o réu pode fazer pedido em seu favor na própria peça de contestação (art. 556 do CPC).

E, de acordo com a previsão contida no art. 555 do CPC, será lícito ao autor cumular ao pedido possessório o pleito de condenação em perdas e danos, dentre outros.

Importante destacar que, de conformidade com o *caput* do art. 554 do CPC, os interditos possessórios são dotados de fungibilidade ampla, visto que a propositura de uma ação possessória em vez de outra não obstará a que o juiz conheça do pedido e outorgue a proteção legal correspondente àquela, cujos requisitos estejam provados.

A Lei Processual Civil prevê **procedimento especial** para as ações possessórias, quando se tratar da chamada "posse nova", isto é, o esbulho ou turbação deve ter ocorrido a menos de ano e dia, de conformidade com o *caput* do art. 558 do CPC.

Na hipótese de posse nova em que tenha ocorrido a perda da posse, o possuidor tem o direito de pedir para ser liminarmente reintegrado na posse do bem, com ou sem audiência de justificação. Quando a posse for velha, ou seja, o esbulho aconteceu há mais de ano e dia, a ação seguirá o **procedimento comum** (parágrafo único do art. 558 do CPC).

A seguir, apresentaremos de forma detalhada o passo a passo para elaboração da peça inicial das ações possessórias.

14.7.1 Estrutura da Petição Inicial da Ação de Manutenção de Posse

1º PASSO

Fazer o correto endereçamento para o juiz do trabalho ou para o juiz de direito investido de jurisdição trabalhista, que irá conhecer e julgar a ação. O foro competente será o da localização do imóvel (*caput* do art. 47 do CPC).

DICAS

O endereçamento não deve ser abreviado.

Na questão para elaboração da peça profissional em que não houver expressa menção do local da competência jurisdicional, sugere-se utilizar reticências. Exemplo: **"Excelentíssimo Senhor Doutor Juiz da ... Vara do Trabalho de..."**. Pode-se complementar o endereçamento com a indicação do Estado da Federação onde estiver localizada a Vara do Trabalho. Neste caso, também podem ser utilizadas reticências quando tal dado não constar da questão. Exemplo: **"Estado do..."**.

OUTRAS AÇÕES

Excelentíssimo Senhor Doutor Juiz da ...
Vara do Trabalho de... — Estado do...

2º PASSO

Deixar um espaço de 10 a 15 linhas. Porém, tendo em vista o limite de linhas para a resposta da questão discursiva na prova da OAB, sugerimos escrever "espaço" entre parênteses, evitando saltar muitas linhas.

(Espaço)

3º PASSO

Proceder à qualificação completa do autor da ação.

Banco Moedas Fortes S/A, pessoa jurídica de direito privado, inscrita no CNPJ sob o n. ..., com endereço eletrônico..., com sede na Rua..., n. ..., Bairro..., Cidade..., Estado..., CEP..., por meio de seu advogado infrassubscrito, com instrumento procuratório juntado, com escritório profissional na Rua..., n. ..., Bairro..., Cidade..., Estado..., CEP..., onde recebe intimações, vem, respeitosamente, à presença de Vossa Excelência, (...)

4º PASSO

Indicar o dispositivo legal que autoriza o ajuizamento da ação.

DICA

Nos casos que não envolvam o exercício do direito de greve, podem-se indicar os seguintes dispositivos: "com fundamento no art. 319 do CPC, combinado com os arts. 560 e seguintes do mesmo diploma legal, propor a presente...".

(...) com fundamento no art. 319 do Código de Processo Civil, combinado com os arts. 560 e seguintes do mesmo diploma legal, além do inciso II do art. 114 da Constituição da República Federativa do Brasil, e na Súmula Vinculante n. 23 do Supremo Tribunal Federal, propor a presente

5º PASSO

Nominar a ação.

448 PASSO A PASSO PARA ELABORAÇÃO DE PETIÇÕES TRABALHISTAS

DICAS

A ação pode ser nominada de **Ação de Manutenção de Posse, Ação de Manutenção de Posse com Pedido de Liminar** (nos casos de posse nova, em que a turbação data de menos de ano e dia – art. 562 do CPC); **Ação de Manutenção de Posse com Pedido de Antecipação de Tutela** (nos casos de posse velha, em que a turbação data de mais de ano e dia – arts. 300 e 311 do CPC).

Somente poderá ser concedida liminar se a ação for ajuizada com menos de ano e dia do fato gerador da ação, desde que fiquem provados os fatos mencionados no art. 561 e no *caput* do art. 562 do CPC. No caso de a ação ser proposta contra pessoa jurídica de direito público, o juiz não poderá conceder o pedido de liminar sem antes ouvir o respectivo representante judicial, mesmo que provados os requisitos dos dispositivos citados (parágrafo único do art. 562 do CPC).

Ação de Manutenção de Posse
com Pedido de Liminar

6º PASSO

Proceder à qualificação completa do réu.

pelo procedimento (ou rito) especial, em face do **Sindicato dos Bancários de...**, com endereço eletrônico..., inscrito no CNPJ sob o n. ..., na pessoa de seu presidente, Sr..., com sede na Rua..., n. ..., Bairro..., Cidade..., Estado..., CEP..., pelos motivos de fato e razões de direito aduzidos a seguir.

DICA

Nos casos das ações pelo **rito especial**, previstas no Código de Processo Civil, sugerimos elaborar um tópico discorrendo acerca do cabimento da ação na Justiça do Trabalho, por força do art. 769 da CLT, que autoriza a aplicação subsidiária da norma processual civil no processo do trabalho quando houver omissão da legislação trabalhista, e também do art. 15 do Código de Processo Civil, que autoriza a aplicação supletiva e subsidiária do CPC, na ausência de normas que regulem o Processo do Trabalho.

Do Cabimento da Ação de Manutenção
de Posse na Justiça do Trabalho

As normas inerentes à Ação de Manutenção de Posse são perfeitamente compatíveis com o processo do trabalho, tendo em vista a omissão da legislação consolidada, os termos do art. 769 da Consolidação das Leis do Trabalho e o art. 15 do Código de Processo Civil.

7º PASSO

Apresentar argumentos de fato e de direito (causa de pedir).

DICA

Cabe ao autor da ação demonstrar a sua posse, que a turbação se concretizou, a data da turbação, e a continuação da posse, embora turbada (art. 561 do CPC).

Dos Fatos

A categoria dos bancários tem como data base o mês de setembro.

Apesar de as negociações coletivas ainda estarem em andamento, o Sindicato dos Bancários de... fez uma assembleia na qual foi decidido pela realização da greve.

Com a deflagração do movimento, os grevistas resolveram invadir no dia.../.../... (inciso III do art. 561 do CPC) uma das agências bancárias de propriedade do Autor, conforme matrícula no Cartório de Registro de Imóveis sob o n. ..., conforme faz prova o título de propriedade juntado (documentos que comprovam a posse, de conformidade com o inciso I do art. 561 do CPC).

Mesmo não tendo ocorrido, ainda, a perda da posse, a invasão limitou o Autor do livre exercício da posse de seu imóvel (parte final do inciso IV do art. 561 do CPC), tendo em vista turbação praticada pelo Réu (inciso II do art. 561 do CPC).

Com a invasão, um grupo de empregados, liderados por sindicalistas, turbaram a posse do Autor, dominando a entrada e saída da agência bancária, restringindo o ingresso de empregados ao trabalho, e fazendo um verdadeiro "arrastão" para impedir que outros trabalhassem, ameaçando trabalhadores, inclusive seguranças e prestadores de serviço, restando evidente que a posse do Requerente foi turbada.

Ainda, os grevistas destruíram totalmente 3 (três) terminais de autoatendimento (caixas eletrônicos), avaliados em R$... (extenso).

Do Direito

Apesar de estar garantido constitucionalmente no art. 9º da Constituição da República Federativa do Brasil e previsto na Lei n. 7.783/89, estabelece a citada lei que o movimento grevista deve ser pacífico, e não pode violar ou constranger os direitos e garantias fundamentais de outrem (§ 1º do art. 6º da Lei n. 7.783/89).

Por outro lado, estabelece o § 3º do art. 6º da Lei n. 7.783/89 que as manifestações e atos de persuasão utilizados pelos grevistas não poderão impedir o acesso ao trabalho nem causar ameaça ou dano à propriedade ou pessoa.

Por sua vez, o art. 560 do Código de Processo Civil estabelece que o possuidor tem o direito a ser mantido na posse em caso de turbação e reintegrado no de esbulho.

Na mesma linha, o art. 1.210 do Código Civil estabelece que o possuidor tem direito a ser mantido na posse em caso de turbação, restituído no de esbulho, e segurado de violência iminente, se tiver justo receio de ser molestado.

Em última análise, os atos praticados pelos trabalhadores grevistas, incentivados pelo Sindicato Profissional, constituem abuso do direito de greve e flagrante turbação possessória, a ser imediatamente repelida por esse Juízo mediante a expedição do competente mandado liminar de manutenção de posse, uma vez que o Requerente vem sofrendo prejuízos irreparáveis com a invasão pelos grevistas, seja pela destruição do seu patrimônio, seja pela impossibilidade de cumprir regularmente seus compromissos e gerenciar a empresa, em face da ilegal turbação praticada.

8º PASSO

Fazer o pedido, requerendo a expedição, liminar, de mandado de manutenção de posse, bem como a confirmação posterior da liminar requerida, com a manutenção definitiva do autor na posse.

Dos Pedidos

Isto posto, requer:

a) a expedição, liminar, de mandado de manutenção de posse a ser cumprido imediatamente pelo Senhor Oficial de Justiça, sem oitiva da parte contrária (*caput* do art. 562 do CPC), utilizando-se, inclusive, se necessária, da força policial, a fim de resguardar a posse do Autor no imóvel, até o final do julgamento;

b) a confirmação posterior da liminar, ora requerida, com a manutenção definitiva do Autor na posse do imóvel (agência bancária localizada na Rua..., n. ..., Bairro..., nesta cidade), bem como a cominação de pena em caso de o Réu turbar novamente a posse do Autor (inciso I do parágrafo único do art. 555 do CPC);

c) a condenação do Réu ao pagamento da indenização no valor de R$... (extenso) pelos danos causados, correspondentes à destruição de 3 (três) terminais de autoatendimento (caixa eletrônico), no valor total de R$... (extenso) (inciso I do art. 555 do CPC).

Requer, ainda, a condenação do Réu ao pagamento dos honorários advocatícios sucumbenciais (art. 791-A da CLT).

9º PASSO

Fazer a conclusão, requerendo que o pedido seja julgado procedente.

Da Conclusão

Requer, por fim, a citação do Sindicato Requerido para acompanhar a presente demanda em todos os seus termos e atos, onde ao final será julgada totalmente procedente, condenando o Réu no pagamento das despesas processuais.

10º PASSO

Requerer a produção de provas para comprovação dos fatos alegados.

Protesta provar o que for necessário, usando de todos os meios de prova em direito admitidos, especialmente pela juntada de documentos, oitiva de testemunhas e depoimento pessoal do Réu, na qual requer seja intimado com a expressa cominação de aplicação da confissão, para o caso de não comparecer à audiência para prestar depoimento (item I da Súmula n. 74 do TST) ou se recusar a depor.

Declara, desde já, o advogado do Autor, sob sua responsabilidade pessoal, a fidelidade das cópias dos documentos oferecidos como prova aos documentos originais, na forma do *caput* do art. 830 da Consolidação das Leis do Trabalho.

11º PASSO

Indicar o valor da causa. Nas ações possessórias, o valor da causa deve ser equivalente ao do bem objeto do litígio.

Dá-se à presente causa o valor de R$... (extenso).

12º PASSO

Desfecho de praxe: requerimentos, local, data e advogado.

DICA

No Exame da OAB, se os dados relativos ao local e a data não forem conhecidos pode-se utilizar uma das seguintes formas: "Local..., data..."; "(Local), (data)"; ou "(Local), .../.../...".

Nestes termos, pede deferimento.
Local..., data...
Advogado OAB/... n. ...

14.7.2 Estrutura da Petição Inicial da Ação de Reintegração de Posse

1º PASSO

Fazer o correto endereçamento para o juiz do trabalho ou para o juiz de direito investido de jurisdição trabalhista, que irá conhecer e julgar a ação. O foro competente será o da localização do imóvel (*caput* do art. 47 do CPC).

DICAS

O endereçamento não deve ser abreviado.
Na questão para elaboração da peça profissional em que não houver expressa menção do local da competência jurisdicional, sugere-se utilizar reticências. Exemplo: **"Excelentíssimo Senhor Doutor Juiz da ... Vara do Trabalho de..."**. Pode-se complementar o endereçamento com a indicação do Estado da Federação onde estiver localizada a Vara do Trabalho. Neste caso, também podem ser utilizadas reticências quando tal dado não constar da questão. Exemplo: **"Estado do..."**.

**Excelentíssimo Senhor Doutor Juiz da ... Vara
do Trabalho de... — Estado do...**

2º PASSO

Deixar um espaço de 10 a 15 linhas. Porém, tendo em vista o limite de linhas para a resposta da questão discursiva na prova da OAB, sugerimos escrever "espaço" entre parênteses, evitando saltar muitas linhas.

(Espaço)

3º PASSO

Proceder à qualificação completa do autor da ação.

Banco Moedas Fortes S/A, pessoa jurídica de direito privado, inscrita no CNPJ sob o n. ..., com endereço eletrônico..., com sede na Rua..., n. ..., Bairro..., Cidade..., Estado..., CEP..., por meio de seu advogado infrassubscrito, com instrumento procuratório juntado, com escritório profissional na Rua..., n. ..., Bairro..., Cidade..., Estado..., CEP..., onde recebe intimações, vem, respeitosamente, à presença de Vossa Excelência, (...)

4º PASSO

Indicar o dispositivo legal que autoriza o ajuizamento da ação.

Nos casos que não envolvam o exercício do direito de greve, pode-se indicar os seguintes dispositivos: "com fundamento no art. 319 do CPC, combinado com os arts. 560 e seguintes do mesmo diploma legal, propor a presente...".

(...) com fundamento no art. 319 do Código de Processo Civil, combinado com os arts. 560 e seguintes do mesmo diploma legal, além do inciso II do art. 114 da Constituição da República Federativa do Brasil e na Súmula Vinculante n. 23 do Supremo Tribunal Federal, propor a presente

5º PASSO

Nominar a ação.

DICAS

A ação pode ser nominada de **Ação de Reintegração de Posse, Ação de Reintegração de Posse com Pedido de Liminar** (nos casos de posse nova, em que o esbulho data de menos de ano e dia — art. 562 do CPC); **Ação de Reintegração de Posse com Pedido de Antecipação de Tutela** (nos casos de posse velha, em que o esbulho data de mais de ano e dia — arts. 300 e 311 do CPC).

Somente poderá ser concedida liminar se ação for ajuizada com menos de 1 ano e dia do fato gerador da ação, desde que fiquem provados os fatos mencionados no art. 561 e *caput* do art. 562 do CPC. No caso de a ação ser proposta contra pessoa jurídica de direito público, o juiz não poderá conceder o pedido de liminar sem antes ouvir o respectivo representante judicial, mesmo que provados os requisitos dos dispositivos citados.

Ação de Reintegração de Posse com Pedido de Liminar

6º PASSO

Proceder à qualificação completa do réu.

pelo procedimento (ou rito) especial, em face do **Sindicato dos Bancários de ...**, com endereço eletrônico..., inscrito no CNPJ sob o n. ..., na pessoa de seu presidente, Sr..., com sede na Rua..., n. ..., Bairro..., Cidade..., Estado..., CEP..., pelos motivos de fato e razões de direito aduzidos a seguir.

DICA

Nos casos das ações pelo rito especial, previstas no Código de Processo Civil, sugerimos elaborar um tópico discorrendo acerca do cabimento da ação na Justiça do Trabalho, por força do art. 769 da CLT, que autoriza a aplicação subsidiária da norma processual civil no processo do trabalho quando houver omissão da legislação trabalhista, e também do art. 15 do Código de Processo Civil, que autoriza a aplicação supletiva e subsidiária do CPC, na ausência de normas que regulem o Processo do Trabalho.

Do Cabimento da Ação de Reintegração de Posse na Justiça do Trabalho

As normas inerentes à Ação de Reintegração de Posse são perfeitamente compatíveis com o processo do trabalho, tendo em vista a omissão da legislação consolidada, os termos do art. 769 da Consolidação das Leis do Trabalho e o art. 15 do Código de Processo Civil.

7º PASSO

Apresentar argumentos de fato e de direito (causa de pedir).

DICA

Cabe ao empregador demonstrar a sua posse, que o esbulho se concretizou, a data do esbulho, e a perda da posse (art. 561 do CPC).

Dos Fatos

A categoria dos bancários tem como data base o mês de setembro.

Apesar de as negociações coletivas ainda estarem em andamento, o Sindicato dos Bancários de... fez uma assembleia na qual foi decidido pela realização da greve.

Com a deflagração do movimento os grevistas invadiram as agências bancárias do Autor (documentos juntados que comprovam a posse, de conformidade com o inciso I do art. 561 do CPC), no dia.../.../... (inciso III do art. 561 do CPC), impedindo o acesso de toda e qualquer pessoa, principalmente dos empregados que não aderiram a greve, de usuários e clientes do sistema bancário (parte final do inciso IV do art. 561 do CPC), esbulhando a posse do Autor (inciso II do art. 561 do CPC).

Ainda, os grevistas destruíram totalmente 3 (três) terminais de autoatendimento (caixas eletrônicos), avaliados em R$... (extenso).

Do Direito

Apesar de estar garantido constitucionalmente no art. 9º da Constituição da República Federativa do Brasil e previsto na Lei n. 7.783/89, estabelece a citada lei que o movimento grevista deve ser pacífico, e não pode violar ou constranger os direitos e garantias fundamentais de outrem (§ 1º do art. 6º da Lei n. 7.783/89).

Por outro lado, estabelece o § 3º do art. 6º da Lei n. 7.783/89 que as manifestações e atos de persuasão utilizados pelos grevistas não poderão impedir o acesso ao trabalho nem causar ameaça ou dano à propriedade ou pessoa.

Por sua vez, o art. 560 do CPC estabelece que o possuidor tem o direito a ser mantido na posse em caso de turbação e reintegrado no de esbulho.

Na mesma linha, o art. 1.210 do Código Civil estabelece que o possuidor tem direito a ser mantido na posse em caso de turbação, restituído no de esbulho, e segurado de violência iminente, se tiver justo receio de ser molestado.

Em última análise, os atos praticados pelos trabalhadores grevistas, incentivados pelo Sindicato Profissional, constituem abuso do direito de greve e flagrante esbulho possessório, a ser imediatamente repelido por esse Juízo mediante a expedição do competente mandado liminar de reintegração de posse, uma vez que o Requerente vem sofrendo prejuízos irreparáveis, seja pela destruição do seu patrimônio, seja pela impossibilidade de cumprir seus compromissos e gerenciar a empresa, em face do ilegal esbulho praticado.

8º PASSO

Fazer o pedido, requerendo a expedição, liminar, de mandado de reintegração de posse, bem como a confirmação posterior da liminar requerida, com a reintegração definitiva do autor na posse.

Dos Pedidos

Isto posto, requer:

a) a expedição, liminar, de mandado de reintegração de posse a ser cumprido imediatamente pelo Senhor Oficial de Justiça, sem oitiva da parte contrária (*caput* do art. 562 do CPC), para que o Autor seja reintegrado liminarmente na posse do imóvel, utilizando-se, inclusive, se necessária, da força policial, para a desocupação do imóvel;

b) a confirmação posterior da liminar, ora requerida, com a reintegração definitiva do Requerente na posse, bem como a cominação de pena em caso de novo esbulho possessório (inciso I do parágrafo único do art. 555 do CPC);

c) a condenação do Réu ao pagamento da indenização no valor de R$...

456   PASSO A PASSO PARA ELABORAÇÃO DE PETIÇÕES TRABALHISTAS

(extenso) em face de terem sido destruídos 3 (três) terminais de autoatendimento (caixa eletrônico), no valor de R$... (extenso) (inciso I do art. 555 do CPC).

Requer, ainda, a condenação do Requerido ao pagamento dos honorários advocatícios (art. 791-A da CLT).

9º PASSO

Fazer a conclusão, requerendo que o pedido seja julgado procedente.

Da Conclusão

Requer, por fim, a citação do Requerido para acompanhar a presente demanda em todos os seus termos e atos, onde ao final será julgada totalmente procedente, condenando o Réu no pagamento das despesas processuais.

10º PASSO

Requerer a produção de provas para comprovação dos fatos alegados.

Protesta provar o que for necessário, usando de todos os meios de prova em direito admitidos, especialmente pela juntada de documentos, oitiva de testemunhas e depoimento pessoal do Réu, na qual requer seja intimado com a expressa cominação de aplicação da confissão, para o caso de não comparecer à audiência para prestar depoimento (item I da Súmula n. 74 do TST) ou se recusar a depor.

Declara, desde já, o advogado do Autor, sob sua responsabilidade pessoal, a fidelidade das cópias dos documentos oferecidos como prova aos documentos originais, na forma do *caput* do art. 830 da Consolidação das Leis do Trabalho.

11º PASSO

Indicar o valor da causa. Nas ações possessórias, o valor da causa deve ser equivalente ao do bem, móvel ou imóvel, objeto do litígio.

Dá-se à presente causa o valor de R$... (extenso).

12º PASSO

Desfecho de praxe: requerimentos, local, data e advogado.

OUTRAS AÇÕES

DICA

No Exame da OAB, se os dados relativos ao local e à data não forem conhecidos, pode-se utilizar uma das seguintes formas: "Local..., data..."; "(Local), (data)"; ou "(Local), .../.../...".

Nestes termos, pede deferimento.

Local..., data...

Advogado OAB/... n. ...

14.7.3 Estrutura da Petição Inicial da Ação de Interdito Proibitório

1º PASSO

Fazer o correto endereçamento para o juiz do trabalho ou para o juiz de direito investido de jurisdição trabalhista, que irá conhecer e julgar a ação. O foro competente é o da situação do imóvel, ainda que haja cumulação com ação de natureza obrigacional (*caput* do art. 47 do CPC).

DICAS

O endereçamento não deve ser abreviado.

Na questão para elaboração da peça profissional em que não houver expressa menção do local da competência jurisdicional, sugere-se utilizar reticências. Exemplo: **"Excelentíssimo Senhor Doutor Juiz da ... Vara do Trabalho de..."**. Pode-se complementar o endereçamento com a indicação do Estado da Federação onde estiver localizada a Vara do Trabalho. Neste caso, também podem ser utilizadas reticências quando tal dado não constar da questão. Exemplo: **"Estado do..."**.

Excelentíssimo Senhor Doutor Juiz da ...

Vara do Trabalho de... — Estado do...

2º PASSO

Deixar um espaço de 10 a 15 linhas. Porém, tendo em vista o limite de linhas para a resposta da questão discursiva na prova da OAB, sugerimos escrever "espaço" entre parênteses, evitando saltar muitas linhas.

(Espaço)

3º PASSO

Proceder à qualificação completa do autor da ação.

Banco Moedas Fortes S/A, pessoa jurídica de direito privado, inscrita no CNPJ sob o n. ..., com endereço eletrônico..., com sede na Rua..., n. ..., Bairro..., Cidade..., Estado..., CEP..., por meio de seu advogado infrassubscrito, com instrumento procuratório juntado, com escritório profissional na Rua..., n. ..., Bairro..., Cidade..., Estado..., CEP..., onde recebe intimações, vem, respeitosamente, à presença de Vossa Excelência, (...)

4º PASSO

Indicar o dispositivo legal que autoriza o ajuizamento da ação.

DICA

Nos casos que não envolvam o exercício do direito de greve, podem-se indicar os seguintes dispositivos: "com fundamento no art. 319 do CPC, combinado com os arts. 567 e 568 do mesmo diploma legal, propor a presente...".

(...) com fundamento nos arts. 319, 567 e 568 do Código de Processo Civil, combinados com o inciso II do art. 114 da Constituição da República Federativa do Brasil e a Súmula Vinculante n. 23 do Supremo Tribunal Federal, propor a presente

5º PASSO

Nominar a ação.

DICA

A ação pode ser nominada de **Ação de Interdito Proibitório** ou **Ação de Interdito Proibitório com Pedido de Liminar**.

Ação de Interdito Proibitório com Pedido de Liminar

6º PASSO

Proceder à qualificação completa do réu.

pelo procedimento (ou rito) especial, em face do **Sindicato dos Bancários de ...**, com endereço eletrônico..., inscrito no CNPJ sob o n. ..., na pessoa de seu

OUTRAS AÇÕES

presidente, Sr. ..., com sede na Rua..., n. ..., Bairro..., Cidade..., Estado..., CEP...,
pelos motivos de fato e razões de direito aduzidos a seguir.

DICA

Nos casos das ações pelo **rito especial**, previstas no Código de Processo Civil, sugerimos
elaborar um tópico discorrendo acerca do cabimento da ação na Justiça do Trabalho, por
força do art. 769 da CLT, que autoriza a aplicação subsidiária da norma processual civil no
processo do trabalho quando houver omissão da legislação trabalhista, e também do art.
15 do Código de Processo Civil, que autoriza a aplicação supletiva e subsidiária do CPC, na
ausência de normas que regulem o Processo do Trabalho.

Do Cabimento do Interdito Proibitório na Justiça do Trabalho

As normas inerentes à Ação de Interdito Proibitório são perfeitamente compatíveis com o processo do trabalho, tendo em vista a omissão da legislação consolidada, os termos do art. 769 da Consolidação das Leis do Trabalho e o art. 15 do
Código de Processo Civil.

7º PASSO

Apresentar argumentos de fato e de direito (causa de pedir).

IMPORTANTE

Cabe à parte autora demonstrar que há ameaça ou justo receio de ser molestada na posse
ou que está na iminência de sofrer ameaça ou esbulho no tocante à posse de seu imóvel. No
caso da greve, cabe ao empregador demonstrar que há justo receio de que o movimento
grevista venha a se materializar na forma de ocupação do seu estabelecimento.

Dos Fatos

O Sindicato Réu e outros diretórios sindicais vêm promovendo inúmeras paralisações aleatórias e por tempo indeterminado nas agências e unidades administrativas do Banco Autor.

Tais paralisações, tituladas de "movimento grevista", ferem frontalmente o
direito de posse do Requerente porque têm implicado o bloqueio das entradas de
suas agências e unidades administrativas, havendo esbulho e turbação da sua
posse, bem como implicam sérios riscos para o exercício normal de suas atividades.

Tais alegações poderão ser facilmente confirmadas por meio da farta documentação acostada à presente petição inicial, na qual o Requerente comprova o

justo receio de vir a ser molestado em sua posse, ou turbação ou esbulho iminente, no tocante à posse dos imóveis onde funcionam as suas agências bancárias, visto que nos movimentos anteriores os empregados que não aderiram à greve foram constrangidos, bem como os usuários do sistema bancário foram ilegalmente impedidos de ingressar nos respectivos recintos.

Importante destacar que na presente ação não está em discussão o exercício do direito de greve, mas, sim, objetiva preservar o patrimônio do Autor e garantir o livre ingresso de seus empregados e clientes nas agências, bem como daqueles que queiram ou necessitem adentrar os imóveis nos quais atuam, tendo em vista o iminente risco de suas unidades bancárias serem interditadas em decorrência do movimento grevista.

Do Direito

Apesar de estar garantido constitucionalmente no art. 9º da Constituição da República Federativa do Brasil e previsto na Lei n. 7.783/89, estabelece a citada lei que o movimento grevista deve ser pacífico, e não pode violar ou constranger os direitos e garantias fundamentais de outrem (§ 1º do art. 6º da Lei n. 7.783/89).

Por outro lado, estabelece o § 3º do art. 6º da Lei n. 7.783/89 que as manifestações e atos de persuasão utilizados pelos grevistas não poderão impedir o acesso ao trabalho nem causar ameaça ou dano à propriedade ou pessoa.

Por sua vez, o *caput* do art. 1.210 do Código Civil estabelece que o possuidor tem direito a ser mantido na posse em caso de turbação, restituído no de esbulho, e segurado de violência iminente, se tiver justo receio de ser molestado.

Em última análise, os atos praticados pelos trabalhadores grevistas em movimentos anteriores, incentivados pelo Sindicato Profissional, constituem abuso do direito de greve e flagrante esbulho possessório, devendo ser imediatamente repelido por esse Juízo através da expedição liminar do competente mandado proibitório, uma vez que com o movimento grevista o Autor poderá vir a sofrer prejuízos irreparáveis, seja pela destruição do seu patrimônio, seja pela impossibilidade de cumprir seus compromissos e de gerenciar a empresa.

8º PASSO

Fazer o pedido, requerendo a expedição, liminar, do mandado proibitório, com a cominação de pena pecuniária (art. 567 do CPC).

Dos Pedidos

Isto posto, tendo em vista o justo receio do Autor em ser molestado em sua posse (art. 567 do CPC), requer a expedição, liminar, do mandado proibitório, com

OUTRAS AÇÕES

ou sem audiência de justificação, para que o Requerido se abstenha da prática de qualquer ato de turbação ou esbulho da posse das agências bancárias do Requerente, com a cominação de pena pecuniária no valor de R$... (extenso), caso o Réu venha transgredir o preceito.

Requer, ainda, a condenação do Réu ao pagamento dos honorários advocatícios sucumbenciais (art. 791-A da CLT).

9º PASSO

Fazer a conclusão, requerendo que o pedido seja julgado procedente.

Da Conclusão

Por fim, requer a notificação do Sindicato Requerido para acompanhar a presente demanda em todos os seus termos e atos, em que ao final será julgada totalmente procedente, confirmando-se a liminar deferida, e condenando o Réu no pagamento das despesas processuais.

10º PASSO

Requerer a produção de provas para comprovação dos fatos alegados.

Protesta provar o que for necessário, usando de todos os meios de prova em direito admitidos, especialmente pela juntada de documentos, oitiva de testemunhas e depoimento pessoal do Réu, na qual requer seja intimado com a expressa cominação de aplicação da confissão, para o caso de não comparecer à audiência para prestar depoimento (item I da Súmula n. 74 do TST) ou se recusar a depor.

Declara, desde já, o advogado do Autor, sob sua responsabilidade pessoal, a fidelidade das cópias dos documentos oferecidos como prova aos documentos originais, na forma do *caput* do art. 830 da Consolidação das Leis do Trabalho.

11º PASSO

Indicar o valor da causa.

Dá-se à presente causa o valor de R$... (extenso).

12º PASSO

Desfecho de praxe: requerimentos, local, data e advogado.

PASSO A PASSO PARA ELABORAÇÃO DE PETIÇÕES TRABALHISTAS

> **DICA**
>
> No Exame da OAB, se os dados relativos ao local e à data não forem conhecidos pode-se utilizar uma das seguintes formas: "Local..., data..."; "(Local), (data)"; ou "(Local), .../.../...".

Nestes termos, pede deferimento.

Local..., data...

Advogado OAB/... n. ...

14.8 Ação Monitória

Segundo Sergio Pinto Martins (2009, p. 562), "a ação monitória é incabível no processo do trabalho, por ser incompatível com suas determinações". Mais adiante esclarece que para "os que entendem cabível (...), seriam os seguintes exemplos de sua utilização: termo de rescisão do contrato de trabalho não quitado; acordo extrajudicial para pagamento parcelado das verbas rescisórias; aviso prévio de férias (art. 135 da CLT), em que estas não foram pagas ao empregado; confissão de dívida".

A ação monitória encontra-se prevista do art. 700 ao art. 702 do CPC, na qual o autor postula a formação de título executivo judicial.

Assim, para o ajuizamento da ação monitória, pretendendo a expedição de mandado de pagamento ou de entrega da coisa para a satisfação do crédito, é imprescindível prova escrita, que não tenha eficácia de título executivo, tendo por objetivo o pagamento de quantia em dinheiro, entrega de coisa fungível ou infungível ou de determinado bem móvel ou imóvel, bem como o adimplemento de obrigação de fazer ou de não fazer (art. 700 do CPC).

Tal ação tramitará na Justiça do Trabalho não pelo rito ordinário ou sumaríssimo, mas pelo **rito especial**, tendo em vista previsão legal expressa.

Na hipótese de ajuizamento de ação de execução e o juízo entender que o documento juntado não possui eficácia executiva, a Justiça do Trabalho pode converter a ação em ação monitória.

A seguir, apresentaremos o passo a passo para desenvolvimento da petição inicial da ação monitória, indicando os requisitos que devem ser observados para sua elaboração.

14.8.1 Estrutura da Petição Inicial da Ação Monitória

> **1º PASSO**
>
> Fazer o correto endereçamento para o juiz do trabalho ou para o juiz de direito investido de jurisdição trabalhista, que irá conhecer e julgar a ação monitória.

OUTRAS AÇÕES

DICAS

O endereçamento não deve ser abreviado.

Na questão para elaboração da peça profissional em que não houver expressa menção do local da competência jurisdicional, sugere-se utilizar reticências. Exemplo: "**Excelentíssimo Senhor Doutor Juiz da ... Vara do Trabalho de...**". Pode-se complementar o endereçamento com a indicação do Estado da Federação onde estiver localizada a Vara do Trabalho. Neste caso, também podem ser utilizadas reticências quando tal dado não constar da questão. Exemplo: "**Estado do...**".

Excelentíssimo Senhor Doutor Juiz da ... Vara do Trabalho de... — Estado do...

2º PASSO

Deixar um espaço de 10 a 15 linhas. Porém, tendo em vista o limite de linhas para a resposta da questão discursiva na prova da OAB, sugerimos escrever "espaço" entre parênteses, evitando saltar muitas linhas.

(Espaço)

3º PASSO

Fazer a qualificação individualizada e completa do reclamante.

Teófilo Dinamarco, brasileiro, casado, eletricista, portador da Carteira de Trabalho e Previdência Social n. ..., série..., inscrito no CPF sob o n. ..., com endereço eletrônico..., com domicílio e residência na Rua..., n. ..., Bairro..., Cidade..., Estado..., CEP..., por meio de seu advogado infrassubscrito, com instrumento procuratório juntado, com escritório profissional na Rua..., n. ..., Bairro..., Cidade..., Estado..., CEP..., onde recebe intimações, vem, respeitosamente, à presença de Vossa Excelência, (...)

4º PASSO

Indicar o dispositivo legal que autoriza o ajuizamento da ação monitória.

(...) com fundamento nos arts. 700 a 702 do Código de Processo Civil, propor a presente

Ação Monitória

5º PASSO

Fazer a qualificação individualizada e completa do reclamado.

pelo procedimento (ou rito) especial, em face da **Empresa Tal**, pessoa jurídica de direito privado, inscrita no CNPJ sob o n. ..., com endereço eletrônico..., com sede na Rua..., n. ..., Bairro..., Cidade..., Estado..., CEP..., de acordo com as razões a seguir aduzidas:

DICA

Nos casos das ações pelo **rito especial**, previstas no Código de Processo Civil, sugerimos elaborar um tópico discorrendo acerca do cabimento da ação na Justiça do Trabalho, por força do art. 769 da CLT, que autoriza a aplicação subsidiária da norma processual civil no

processo do trabalho quando houver omissão da legislação trabalhista, e também do art. 15 do Código de Processo Civil, que autoriza a aplicação supletiva e subsidiária do CPC, na ausência de normas que regulem o Processo do Trabalho.

Do Cabimento da Ação Monitória na Justiça do Trabalho

As normas inerentes à Ação Monitória são perfeitamente compatíveis com o processo do trabalho, tendo em vista a omissão da legislação Consolidada, os termos do art. 769 da Consolidação das Leis do Trabalho e o art. 15 do Código de Processo Civil.

6º PASSO

Apresentar argumentos de fato e de direito (causa de pedir).

Dos Fatos e Fundamentos

O Reclamante foi admitido pela Reclamada na data de .../.../... e dispensado sem justa causa em .../.../... .

A empresa lhe forneceu o termo de rescisão do contrato de trabalho, em que confessa dever a importância de R$... (extenso), a título de verbas rescisórias (documento juntado), tanto que o Reclamante sacou o saldo do FGTS (documento juntado).

Porém, o cheque emitido pela Ré para pagamento das verbas rescisórias foi devolvido pelo banco sacado com insuficiência de fundos (documento juntado).

Em razão de tal fato, o Autor procurou, sem sucesso, receber o que lhe era devido por meio do protesto do cheque no Cartório de Protesto de Letras e Títulos (documento juntado), seguindo a previsão contida no art. 47 da Lei n. 7.357/85.

Assim, tendo exaurido as vias administrativas, não restou ao Requerente alternativa senão buscar a prestação da tutela jurisdicional trabalhista, com a intercessão do Estado-juiz para que este possa tutelar o direito reivindicado pelo Autor, visto que procurou o empregador inúmeras vezes para receber o que lhe é devido, sem que tenha conseguido satisfazer seu crédito.

7º PASSO

Fazer o pedido.

Dos Pedidos

Por todo o exposto, requer a expedição de mandado de pagamento da importância de R$... (extenso), com juros e correção monetária, no prazo de 15 (quinze) dias. Se os embargos não forem opostos, que seja constituído o título executivo judicial, convertendo-se o mandado inicial em mandado executivo (art. 702 do CPC).

Assim, deve o Reclamado ser condenado na forma do pedido, respondendo pelas custas processuais e honorários advocatícios sucumbenciais (art. 791-A da CLT).

8º PASSO

Requerer a produção de provas para comprovação dos fatos alegados.

Das Provas

Protesta provar o alegado por todos os meios de prova em direito admitidos, especialmente pelo depoimento pessoal da Ré, sob pena de confissão, oitiva de testemunhas, perícias, juntada de documentos e demais provas que se fizerem necessárias.

Protesta, também, pela intimação da Requerida para comparecer à audiência para prestar depoimento pessoal, com a expressa cominação de aplicação da confissão, para o caso de não comparecer (item I da Súmula n. 74 do TST) ou se recusar a depor.

Declara, desde já, o advogado do Autor, sob sua responsabilidade pessoal, a fidelidade das cópias dos documentos oferecidos como prova aos documentos originais, na forma do *caput* do art. 830 da Consolidação das Leis do Trabalho.

9º PASSO

Indicar o valor da causa.

Dá-se à causa o valor de R$... (extenso).

10º PASSO

Desfecho de praxe: requerimentos, local, data e advogado.

DICA

No Exame da OAB, se os dados relativos ao local e à data não forem conhecidos, pode-se utilizar uma das seguintes formas: "Local..., data..."; "(Local), (data)"; ou "(Local), .../.../...".

Nestes termos, pede e espera deferimento.

Local..., data...

Advogado OAB/... n. ...

14.9 *Habeas Corpus*

Expressão latina que significa "que tenhas o corpo".

Muito utilizado na esfera criminal, o *habeas corpus* é uma garantia constitucional concedida à pessoa que, por ilegalidade ou abuso de poder, sofre ou se acha ameaçado de sofrer violência ou coação em sua liberdade de locomoção.

Tal instrumento legal de proteção individual pode ser requerido por qualquer pessoa que tenha seu direito à liberdade violado, independentemente de representação por advogado.

O inciso LXVIII do art. 5º da Constituição prevê que "conceder-se-á *habeas corpus* sempre que alguém sofrer ou se achar ameaçado de sofrer violência ou coação em sua liberdade de locomoção, por ilegalidade ou abuso de poder".

O *habeas corpus* é regulado pelos arts. 647 a 667 do CPP (Decreto-lei n. 3.689/41), e visa assegurar a liberdade de ir e vir do indivíduo, de locomoção, que não pode ser ameaçado ou sofrer violência ou coação nessa referida liberdade, por ilegalidade ou abuso de poder.

De conformidade com o inciso IV do art. 114 da Constituição da República Federativa do Brasil, a Justiça do Trabalho é competente para processar e julgar o *habeas corpus* quando o ato questionado compreender matéria sujeita à sua competência.

Tal ação tramitará na Justiça do Trabalho não pelo rito ordinário ou sumaríssimo, mas pelo **rito especial**, tendo em vista previsão legal expressa, de conformidade com a Instrução Normativa n. 27/2005 do TST.

A hipótese mais comum de utilização do *habeas corpus* na Justiça do Trabalho diz respeito à prisão do depositário infiel. Porém, para o Tribunal Superior do Trabalho "a investidura no encargo de depositário depende da aceitação do nomeado que deve assinar termo de compromisso no auto de penhora, sem o que, é inadmissível a restrição de seu direito de liberdade" (Orientação Jurisprudencial n. 89 da Subseção de Dissídios Individuais II do TST). Ainda, conforme a jurisprudência uniforme do Tribunal Superior do Trabalho, "não se caracteriza a condição de depositário infiel quando a penhora recair sobre coisa futura e incerta, circunstância que, por si só, inviabiliza a materialização do depósito no momento da constituição do paciente em depositário, autorizando-se a concessão de *habeas corpus* diante da prisão ou ameaça de prisão que sofra" (Orientação Jurisprudencial n. 143 da Subseção de Dissídios Individuais II do TST).

Segundo a Orientação Jurisprudencial n. 156 da Subseção de Dissídios Individuais II do TST "é cabível ajuizamento de *habeas corpus* originário no Tribunal Superior do Trabalho, em substituição de recurso ordinário em *habeas corpus*, de decisão definitiva proferida por Tribunal Regional do Trabalho, uma vez que o órgão colegiado passa a ser a autoridade coatora no momento em que examina o mérito do *habeas corpus* impetrado no âmbito da Corte local".

IMPORTANTE

Segundo entendimento do Supremo Tribunal Federal, não mais existe a prisão civil do depositário infiel, após a Emenda Constitucional n. 45/2004, independentemente da espécie de depósito, tendo em vista a prevalência de normas de proteção de direitos humanos constantes de tratados internacionais. Assim, de conformidade com a **Súmula Vinculante n. 25 do STF**: "É ilícita a prisão civil de depositário infiel, qualquer que seja a modalidade do depósito". Mesmo assim, na prática, pode-se encontrar ainda situações que têm culminado com a prisão civil do depositário considerado infiel, sendo necessário impetrar o *habeas corpus*.

A seguir, apresentaremos o passo a passo para desenvolvimento da petição inicial do *habeas corpus*, indicando os requisitos que devem ser observados para sua elaboração:

14.9.1   Estrutura da Petição Inicial de *Habeas Corpus*

1º PASSO

Fazer o correto endereçamento para o Tribunal que irá conhecer e julgar o *habeas corpus*.

DICA

O *habeas corpus* deve ser impetrado junto à autoridade imediatamente superior à que praticou a prisão, pois quem tem competência para prender, tem para soltar. Assim, se o coator é:

- juiz da Vara do Trabalho, o *habeas corpus* deverá ser dirigido ao **Tribunal Regional do Trabalho**;

468 PASSO A PASSO PARA ELABORAÇÃO DE PETIÇÕES TRABALHISTAS

- juiz do TRT, o *habeas corpus* deverá ser dirigido ao **Tribunal Superior do Trabalho**;
- ministro do Tribunal Superior do Trabalho, o *habeas corpus* deverá ser dirigido ao **Supremo Tribunal Federal**.

No Tribunal Superior do Trabalho, a **Subseção de Dissídios Individuais II** é quem tem competência para julgar as ações de *habeas corpus* (item 4 da alínea *a* do inciso III do art. 71 do Regimento Interno do TST).

IMPORTANTE

Observar as normas de organização judiciária local, pois alguns Tribunais Regionais do Trabalho têm alterado seu Regimento Interno, passando a adotar o título de **Desembargador** Federal do Trabalho para designar os seus membros efetivos. Neste caso, o endereçamento da petição poderá ser o seguinte: "**Excelentíssimo Senhor Doutor Desembargador Presidente do Egrégio Tribunal Regional do Trabalho da... Região — Estado do...**".

**Excelentíssimo Senhor Doutor Juiz Presidente do
Egrégio Tribunal Regional da... Região — Estado do...**

2º PASSO

Deixar um espaço de 10 a 15 linhas. Porém, tendo em vista o limite de linhas para a resposta da questão discursiva na prova da OAB, sugerimos escrever "espaço" entre parênteses, evitando saltar muitas linhas.

(Espaço)

3º PASSO

Fazer a qualificação individualizada e completa do impetrante.

DICA

Informar o nome da pessoa que sofre ou está ameaçada de sofrer violência ou coação e o de quem exercer a violência, coação ou ameaça.

Teófilo Dinamarco, brasileiro, casado, bancário, portador da Carteira de Trabalho e Previdência Social n...., série..., inscrito no CPF sob o n. ..., com endereço na Rua..., n. ..., Bairro..., Cidade..., Estado..., CEP..., por meio de seu advogado infrassubscrito, com instrumento procuratório juntado, com escritório profissional na Rua..., n. ..., Bairro..., Cidade..., Estado..., CEP..., onde recebe intimações, vem, respeitosamente, à presença de Vossa Excelência, (...)

4º PASSO

Indicar o dispositivo legal que autoriza o ajuizamento do *habeas corpus*.

(...) com fundamento no inciso LXVIII do art. 5º combinado com o inciso IV do art. 114, ambos da Constituição da República Federativa do Brasil, impetrar ordem de

Habeas Corpus

5º PASSO

Indicar quem é a autoridade coatora.

pelo rito (ou procedimento) especial, contra ato do **Meritíssimo Juiz da... Vara do Trabalho de...**, pelos motivos de fato e de direito a seguir expostos:

6º PASSO

Apresentar argumentos de fato e de direito (causa de pedir).

DICA

Informar a espécie de constrangimento ou, em caso de simples ameaça de coação, as razões em que finda seu temor.

Dos Fatos

O Impetrante está preso no presídio de... por ordem do Meritíssimo Juiz do Trabalho da ... Vara do Trabalho de..., que alega que o Requerente é depositário infiel, conforme Processo n. ...

Acompanha a presente petição inicial a cópia do mandado de prisão, na qual foi determinado ao Senhor Oficial de Justiça que "proceda à prisão do depositário infiel dos bens penhorados nos autos do processo em epígrafe, Senhor Teófilo Dinamarco, portador do CPF n. ..., com acompanhamento da Polícia Militar, se necessário for. Deverá o depositário infiel permanecer detido pelo prazo de 60 (sessenta) dias de prisão civil, em regime fechado, ou, se no ato da diligência o depositário cumprir a obrigação, inclusive o depósito em dinheiro, no valor da avaliação do bem, a prisão poderá deixar de ser efetivada".

Do Direito

De acordo com o entendimento consolidado na Súmula Vinculante n. 25, editada pelo Supremo Tribunal Federal, "é ilícita a prisão civil de depositário infiel, qualquer que seja a modalidade do depósito".

Ademais, com a edição da referida Súmula Vinculante, com base no § 7º do art. 7º do Pacto de São José da Costa Rica e no art. 11 do Pacto Internacional sobre Direitos Civis e Políticos, a prisão civil do depositário infiel tornou-se inadmissível e não mais subsiste em nosso ordenamento jurídico, tendo sido cancelado o entendimento contido na Súmula n. 619 do Supremo Tribunal Federal, a qual dispunha que "a prisão do depositário judicial pode ser decretada no próprio processo em que se constituiu o encargo, independentemente da propositura de ação de depósito".

Nesse sentido, o aresto a seguir demonstra de forma clara como vem se manifestando a jurisprudência dos Tribunais Trabalhistas sobre o assunto:

EMENTA: *HABEAS CORPUS* — PRISÃO CIVIL — DEPOSITÁRIO INFIEL. A decretação da prisão civil do depositário infiel não mais encontra suporte em nosso ordenamento positivo, ante a absoluta incompatibilidade com os direitos e garantias consagrados na Constituição da República e nos tratados internacionais de direitos humanos (TRT-3ª R., 3ª T., Proc. HC — 00898-2009-000-03-00-6, Rel. Juiz Convocado Danilo Siqueira de Castro Faria, *DJ*, 10-8-2009).

7º PASSO

Fazer o pedido de concessão da ordem de *habeas corpus*.

Do Pedido

Assim, considerando que a prisão do Impetrante configurou constrangimento ilegal, e que foi atentatória ao seu direito de ir e vir, conforme o inciso LXVIII do art. 5º da Constituição da República Federativa do Brasil, requer a concessão de medida liminar a fim de que seja expedido, imediatamente, o alvará de soltura e, finalmente, que seja concedida a competente ordem de *habeas corpus*, destinada a proteger, em definitivo, a liberdade do Impetrante, resguardando o seu direito de ir e vir, acautelado pela Constituição Federal.

8º PASSO

Indicar o valor da causa.

Dá-se à presente causa o valor de R$... (extenso).

9º PASSO

Desfecho de praxe: requerimentos, local, data e advogado.

DICA

No Exame da OAB, se os dados relativos ao local e a data não forem conhecidos pode-se utilizar uma das seguintes formas: "Local..., data..."; "(Local), (data)"; ou "(Local), .../.../...".

Nestes termos, pede deferimento.
Local..., data...
Advogado OAB/... n. ...

DICAS

Para impetrar *habeas corpus* não é preciso ser advogado, podendo ser oferecido por qualquer pessoa. Em tal caso, deve-se colocar a assinatura do impetrante, ou de alguém a seu rogo, quando não souber ou não puder escrever.

CAPÍTULO 15

Petição de Homologação de Acordo Extrajudicial no Processo de Jurisdição Voluntária

O procedimento de jurisdição voluntária destinado à apreciação de acordo extrajudicial foi inserido no Processo do Trabalho pela Reforma Trabalhista, Lei n. 13.467/2017, conforme previsão da alínea *f* do art. 652 da CLT, regulamentado nos arts. 855-B a 855-E da CLT.

O processo de homologação de acordo extrajudicial tem início por petição conjunta, sendo obrigatória a representação das partes por advogado (*caput* do art. 855-B da CLT), sendo vedada a representação por advogado comum (§ 1º do art. 855-B da CLT).

Ao trabalhador é facultado ser assistido por advogado do sindicato da sua categoria profissional (§ 2º do art. 855-B da CLT).

Homologado o acordo para pagamento de verbas rescisórias, o empregador deverá observar o prazo previsto no § 6º do art. 477 da CLT, sob pena de ter que pagar a multa do § 8º do mesmo dispositivo consolidado (art. 855-C da CLT).

Segundo o art. 855-D da CLT, o juiz terá um prazo de 15 dias para analisar o acordo, a contar da data de distribuição da petição inicial, podendo designar audiência, se entender necessário.

Poderá ser marcada audiência pelo juiz para que sejam prestados esclarecimentos acerca dos termos do acordo, e principalmente para averiguar se há a livre manifestação da vontade do trabalhador, evitando as lides simuladas, chamadas *casadinhas,* que foram muito comuns antes da Reforma Trabalhista, que visavam reduzir ou suprimir direitos, causando grande prejuízo ao trabalhador.

Apresentada a petição de homologação do acordo extrajudicial, o prazo prescricional, da ação quanto aos direitos nela especificados, será suspenso (*caput* do art. 855-E da CLT), que voltará a fluir no dia útil seguinte ao do trânsito em julgado da decisão que negar a homologação da transação (parágrafo único do art. 855-E da CLT). Como se trata de suspensão, e não de interrupção, o prazo prescricional voltará a fluir no dia útil seguinte ao do trânsito em julgado que negar a homologação do acordo.

Da sentença que não homologar o acordo, extinguindo o processo sem resolução do mérito, com fundamento no inciso IV do art. 485 do CPC, caberá Recurso Ordinário no prazo de 8 dias (inciso I do art. 895 da CLT).

Porém, se o acordo for homologado, as partes acordantes não poderão recorrer da sentença, pois terá força de decisão irrecorrível, na forma do parágrafo único do art. 831 da CLT (item V da Súmula n. 100 do TST).

A princípio, todos os direitos trabalhistas podem ser objeto da transação extrajudicial, porém, dependendo dos termos, o juiz poderá não homologar, ou mesmo homologar somente parte do que foi ajustado.

Segundo os itens II e III do Enunciado n. 123, definidos durante a 2ª Jornada de Direito Material e Processual do Trabalho em novembro de 2017, "o acordo extrajudicial só será homologado em juízo se estiverem presentes, em concreto, os requisitos previstos nos arts. 840 a 850 do Código Civil para a transação", sendo que "não será homologado em Juízo o acordo extrajudicial que imponha ao trabalhador condições meramente potestativas, ou que contrarie o dever geral de boa-fé objetiva (arts. 122 e 422 do Código Civil)".

Portanto, na redação do texto da petição do acordo extrajudicial trabalhista deverão ser observados alguns cuidados, sob pena de não homologação da transação, visto que, além dos requisitos formais da petição conjunta e da representação por advogados distintos, o juiz poderá observar outros requisitos materiais, como a inclusão de cláusula de quitação geral e irrestrita quanto ao extinto contrato de trabalho, o que na maioria das vezes não é aceito judicialmente; o ajuste com valores irrisórios, que demonstram claramente que o trabalhador renunciou de forma flagrante e ilegal a seus direitos trabalhistas; situações em que há a exigência de reconhecimento da relação jurídica de emprego, sem que isto seja observado pelos acordantes; a inexistência de cláusula penal (art. 412 do Código Civil) etc.

IMPORTANTE

> De conformidade com a Súmula n. 418 do TST, "a homologação de acordo constitui faculdade do juiz, inexistindo direito líquido e certo tutelável pela via do mandado de segurança". Isto significa que o juiz pode se recusar a homologar o acordo, nos termos propostos, em decisão fundamentada (Enunciado n. 110 da 2ª Jornada de Direito Material e Processual do Trabalho).

A seguir, apresentaremos o passo a passo para elaboração da petição inicial de homologação do acordo extrajudicial.

474   PASSO A PASSO PARA ELABORAÇÃO DE PETIÇÕES TRABALHISTAS

15.1 Estrutura da Petição Conjunta de Homologação de Acordo Extrajudicial

1º PASSO

Fazer o correto endereçamento para o juiz do trabalho ou para o juiz de direito investido de jurisdição trabalhista (parágrafo único do art. 872 da CLT), que irá conhecer e julgar a ação. O endereçamento jamais deve ser abreviado.

DICA

Nas localidades onde houver mais de uma Vara do Trabalho, devem-se utilizar reticências antes da expressão "Vara do Trabalho", visto que tal número somente será identificado após o protocolo da ação. Exemplo: "Excelentíssimo Senhor Doutor Juiz da ... Vara do Trabalho". Nas localidades onde houver somente uma Vara do Trabalho, não devem ser utilizadas reticências. Exemplos: "Excelentíssimo Senhor Doutor Juiz da Vara do Trabalho de Ribeirão Pires/SP"; "Excelentíssimo Senhor Doutor Juiz da Vara do Trabalho de Linhares/ES".

**Excelentíssimo Senhor Doutor Juiz da ...
Vara do Trabalho de... – Estado do...**

2º PASSO

Deixar um espaço de 10 a 15 linhas. Porém, tendo em vista o limite de linhas para a resposta da questão discursiva na prova da OAB, sugerimos escrever "espaço" entre parênteses, evitando saltar muitas linhas.

(Espaço)

3º PASSO

Fazer a qualificação individualizada e completa do primeiro acordante.

    Luciano Maia, (nacionalidade), (estado civil), (profissão), com endereço eletrônico..., portador da Carteira de Trabalho e Previdência Social n...., série n...., inscrito no CPF n...., com endereço na Rua..., n...., Bairro..., Cidade..., Estado..., CEP..., doravante denominado de Primeiro Acordante, (...)

4º PASSO

Inserir o endereço completo do escritório profissional do advogado do primeiro acordante.

(...) por seu advogado, infra-assinado e devidamente constituído, conforme instrumento procuratório juntado, com escritório profissional na Rua..., n...., Bairro..., Cidade..., Estado..., CEP..., onde recebe intimações, (...)

5º PASSO

Fazer a qualificação individualizada e completa do segundo acordante.

e **RGH Representações Ltda.**, pessoa jurídica de direito privado, com endereço eletrônico..., inscrito no CNPJ n...., com sede na Rua..., n...., Bairro..., Cidade..., Estado..., CEP..., doravante denominado de Segundo Acordante, (...)

6º PASSO

Inserir o endereço completo do escritório profissional do advogado do segundo acordante.

(...) por seu advogado, infra-assinado e devidamente constituído, conforme instrumento procuratório juntado, com escritório profissional na Rua..., n...., Bairro..., Cidade..., Estado..., CEP..., onde recebe intimações, vêm, respeitosamente, à presença de V. Ex.ª, apresentar a presente petição conjunta de

7º PASSO

Nominar a petição inicial de **Homologação de Acordo Extrajudicial** ou **Homologação de Transação Extrajudicial**.

Homologação de Acordo Extrajudicial

8º PASSO

Indicar o dispositivo legal que autoriza o ajuizamento da ação.

(...) com fundamento no § 1º do art. 840 da CLT, combinado com o *caput* do art. 855-B da CLT, conforme as cláusulas e condições a seguir descritas:

9º PASSO

Relacionar as cláusulas e condições do acordo extrajudicial.

Cláusula Primeira: O presente acordo tem como objeto prevenir eventuais litígios decorrentes do contrato individual de trabalho, no qual o Primeiro Acordante exerceu a função de gerente administrativo, tendo prestado serviços para o Segundo Acordante pelo período de 3 anos, com admissão no dia 5-1-2015, tendo recebido como último salário mensal o valor de R$ 3.500,00 (três mil e quinhentos reais). Seguem juntados todos os documentos relativos à relação jurídica de emprego existente entre a empresa e o Primeiro Acordante, quais sejam: cópia da carteira de trabalho, com o registro dos dados do contrato individual de trabalho, cópia do último contracheque, cópias dos recibos do décimo terceiro salário e das férias vencidas, além do comprovante de regularidade dos depósitos do FGTS, com o extrato contendo o valor do saldo atual.

Cláusula Segunda: O pedido de demissão formalizado pelo Primeiro Acordante somente passará a ter efeitos a partir da homologação da transação extrajudicial.

Cláusula Terceira: As partes acordantes fixam como valor líquido do presente acordo extrajudicial a quantia de R$ 11.390,00 (onze mil, trezentos e noventa reais), com o pagamento a ser realizado no prazo de 10 dias, em cumprimento ao previsto no § 6º do art. 477 da CLT, a contar da data da homologação judicial da transação, conforme a seguinte discriminação:

a) Saldo de salário de 10 dias no valor de R$ 900,00.

b) Aviso prévio proporcional ao tempo de serviço no valor de R$ 3.000,00.

c) Férias proporcionais de 3/12 avos no valor de R$ 700,00.

d) 1/3 constitucional sobre as férias proporcionais no valor de R$ 290,00.

e) Décimo terceiro salário proporcional de 7/12 avos no valor de R$ 1.500,00.

f) Indenização alusiva à garantia de emprego do empregado no período de pré-aposentadoria no valor de R$ 5.000,00.

Parágrafo Primeiro: As partes acordantes declaram que o cálculo alusivo às verbas acima discriminadas se refere ao mês da assinatura do presente acordo extrajudicial, sendo que o termo de rescisão do contrato de trabalho será confeccionado quando da homologação da presente transação extrajudicial.

Parágrafo Segundo: O Primeiro Acordante declara que renuncia a qualquer diferença a título de verbas rescisórias eventualmente devidas em razão do lapso temporal que possa ocorrer entre a data da assinatura do presente acordo e a data da efetiva homologação do ajustado.

Cláusula Quarta: As partes acordantes declaram ter plena ciência dos efeitos da presente transação, sendo certo que o Primeiro Acordante dá plena, geral, ampla, irrestrita e irrevogável quitação sobre todas as verbas transacionadas e discriminadas no presente termo.

Cláusula Quinta: No caso de descumprimento do ajustado, o Segundo Acordante pagará ao Primeiro Acordante uma multa equivalente a 50% do valor da presente transação extrajudicial (cláusula penal).

Cláusula Sexta: Em conformidade com o § 3º do art. 789 da CLT, o pagamento das custas caberá em partes iguais aos acordantes, devendo ser isentado o Primeiro Acordante de sua cota parte, desde que concedido o benefício da Justiça Gratuita, nos moldes previstos nos §§ 3º e 4º do art. 790 da CLT.

Cláusula Sétima: Caso o Juízo de Primeiro Grau entenda necessário, requerem os acordantes seja designada audiência para a oitiva das partes, na forma prevista na parte final do art. 855-D da CLT, a fim de que sejam prestados eventuais esclarecimentos.

10º PASSO

Fazer o pedido de homologação da transação extrajudicial.

Assim, pelos termos acima ajustados, os acordantes requerem seja proferida sentença de homologação da transação extrajudicial firmada pelo Primeiro e Segundo Acordantes, no prazo de 15 dias, conforme previsão contida no art. 855-D da CLT, que deverá culminar na extinção do processo com resolução do mérito, de conformidade com a alínea *b* do inciso III do art. 487 do CPC.

Requerem, por fim, seja expedido alvará em nome do Primeiro Acordante, autorizando o saque do saldo da conta vinculado do trabalhador no FGTS.

11º PASSO

Indicar o valor da causa, que corresponderá ao somatório total da transação extrajudicial.

Dá-se à presente causa o valor de R$ 11.390,00 (onze mil, trezentos e noventa reais).

12º PASSO

Desfecho de praxe: requerimentos, local, data, acordantes e seus respectivos advogados.

DICA

No Exame da OAB, se os dados relativos ao local e à data não forem conhecidos, pode-se utilizar uma das seguintes formas: "Local..., data..."; "(Local), (data)"; ou "(Local), .../.../...".

Nesses termos, pede-se deferimento.
Local..., data...
Primeiro Acordante...
Advogado do Primeiro Acordante OAB/... n. ...
Segundo Acordante...
Advogado do Segundo Acordante OAB/... n. ...

Capítulo 16

Assuntos Importantes que Devem Ser Observados na Elaboração das Peças Trabalhistas

16.1 Espécies ou Tipos de Trabalhadores

Muitas vezes, uma dificuldade encontrada no Exame da OAB pelo candidato (ou mesmo em situações reais no atendimento ao cliente) é identificar exatamente a qual espécie de trabalhador refere-se a questão da peça prático-profissional.

Isto é extremamente importante, pois, dependendo do tipo de trabalhador, a norma de direito material que regulamenta a sua relação com o tomador de serviços será distinta, e, por conseguinte, irá influenciar principalmente na elaboração dos pedidos da petição inicial.

Como exemplo, pode-se citar a relação de trabalho doméstico. A norma de direito material que regulamenta tal relação não é a Consolidação das Leis do Trabalho, mas é o parágrafo único do art. 7º da Constituição Federal e a Lei Complementar n. 150/2015, que trata acerca dos direitos dos trabalhadores domésticos. Por se tratar de uma relação de trabalho, havendo um conflito, a ação deverá ser movida na Justiça do Trabalho (inciso I do art. 114 da CRFB). Assim, a petição inicial deverá ser elaborada de conformidade com os requisitos previstos no § 1º do art. 840 da CLT. Porém, quando da elaboração dos pedidos da peça processual, deve-se verificar as previsões contidas no parágrafo único do art. 7º da CRFB e na Lei Complementar n. 150/2015. Nesse sentido, por exemplo, é incorreto pedir na ação trabalhista movida por trabalhador doméstico em face do seu empregador o pagamento da multa do § 8º do art. 477 da CLT, ou mesmo a multa do art. 467 da CLT, visto que é inaplicável a tal tipo de relação jurídica. Da mesma forma, numa ação movida por trabalhador doméstico contra seu empregador, na qual se pleiteia o pagamento do aviso prévio, não há que se fazer a fundamentação legal do pedido citando o art. 487 da CLT, que trata sobre o instituto do aviso prévio, mas com base no art. 23 da Lei Complementar n. 150/2015, que assegura tal direito à categoria dos domésticos.

Assim, analisaremos, a seguir, os vários tipos de trabalhadores que podem compor a relação jurídica de trabalho, identificando as suas principais características e distinções.

16.1.1 Empregado

O conceito de empregado nós vamos encontrar no *caput* do art. 3º da CLT.

Para que o trabalhador seja considerado empregado, regido ou protegido pela CLT, são necessários cinco requisitos. Se ficar caracterizado como empregado, estará configurada a relação jurídica de emprego, tendo direito o trabalhador aos direitos previstos na Constituição Federal e na Consolidação das Leis do Trabalho.

Vejamos quais são tais requisitos:

a) Requisitos previstos no *caput* do art. 3º da CLT

a.1) O empregado deve ser pessoa física.

Isso porque não é possível o empregado ser pessoa jurídica.

OBSERVAÇÃO

> O Direito do Trabalho tem como objetivo proteger o trabalhador como ser humano e não a pessoa jurídica. Os serviços prestados pela pessoa jurídica são regulados pelo Direito Civil.

a.2) O empregado deve realizar serviços não eventuais.

Neste aspecto, a doutrina adota os seguintes entendimentos:

1º Entendimento: o trabalho prestado pelo empregado deve ser contínuo, não podendo ser ocasional ou mesmo esporádico. De acordo com a doutrina, basta que o empregado trabalhe uma ou duas vezes por semana, sempre no mesmo horário, para que fique caracterizada a continuidade da prestação de serviços.

2º Entendimento: devemos entender a expressão "trabalho não eventual" como um serviço essencial, que faz parte da atividade normal da empresa. Tem como objetivo, então, alcançar os fins pretendidos pela empresa. Devemos entender a expressão "trabalho eventual" como um serviço estranho à empresa, que não faz parte da atividade normal da empresa. Exemplo: o serviço de um bombeiro numa loja de roupas, visando ao conserto de um cano com vazamento, é um serviço circunstancial ou emergencial para a empresa, pois consertado o cano, o bombeiro nada mais terá a fazer na empresa. Diferente é a situação da atendente de uma loja de roupas, pois mesmo que não haja qualquer cliente para atender, a empregada deverá permanecer no estabelecimento, uma vez que está à disposição do empregador, aguardando ou executando ordens.

a.3) O empregado é um trabalhador subordinado

A palavra *subordinação* tem origem no latim *sub ordine*, que significa estar sob as ordens de outra pessoa, estar sob a direção de outra pessoa, estar sob o controle de outra pessoa.

Apesar de a Consolidação das Leis do Trabalho adotar a palavra dependência, a doutrina e a jurisprudência costumam utilizar a palavra subordinação.

O empregado é um trabalhador subordinado, pois é dirigido pelo empregador, ou melhor, o empregado recebe ordens do empregador. Neste sentido, cabe ao empregador definir o modo pelo qual o empregado deverá fazer o serviço (o como fazer), o serviço que deverá ser feito (o que fazer), o horário de trabalho (o quando fazer) e o local de trabalho (o onde fazer).

De acordo com a jurisprudência trabalhista, o elemento qualificador por excelência da relação de emprego é a **subordinação**. Quanto mais ordens o trabalhador recebe, maior será a possibilidade de ser considerado empregado.

Com as recentes transformações tecnológicas, principalmente no campo da informação, deve-se analisar o conceito de subordinação jurídica sob uma ótica mais abrangente. Isto é o que propõe a recente alteração do art. 6º da Consolidação das Leis do Trabalho pela Lei n. 12.551, de 15-12-2011, na qual não se deve fazer distinção entre o trabalho realizado no estabelecimento do empregador, o executado no domicílio do empregado e o realizado à distância, desde que estejam caracterizados os pressupostos da relação de emprego. Para os fins de subordinação jurídica, os meios telemáticos e informatizados de comando, controle e supervisão se equiparam aos meios pessoais e diretos de comando, controle e supervisão do trabalho alheio. Portanto, a subordinação jurídica poderá restar caracterizada mesmo nas situações em que o empregado não estiver presente fisicamente na empresa, por exemplo, quando estiver trabalhando em sua própria casa, e o empregador transmitir ordens ao trabalhador por meio telemático ou informatizado. Entende-se por telemática a comunicação realizada à distância, por meio de recursos de telecomunicações (telefonia, satélite, cabo etc.) e da informática (computadores, periféricos, sistema de rede etc.).

IMPORTANTE

Se o trabalhador não é subordinado, é considerado trabalhador autônomo, e não empregado, não sendo aplicável a ele a Consolidação das Leis do Trabalho, mas o Código Civil.

a.4) O empregado deve receber um salário

O empregado é um trabalhador assalariado, pois recebe um salário pela prestação de serviços ao empregador. O contrato de trabalho é oneroso e não gratuito, exatamente pelo fato de que o empregador deverá pagar uma remuneração ao empregado.

Porém, não é pelo fato de trabalhar sem remuneração que o trabalhador não poderá ser considerado empregado, visto que mesmo sendo uma obrigação jurídica do empregador, ainda encontramos obreiros que são explorados e que trabalham sem qualquer tipo de contraprestação. Em tais casos, configurado o vínculo de emprego, o trabalhador poderá buscar a tutela jurisdicional de conhecimento condenatória para fazer valer o seu direito ao pagamento dos salários.

b) Requisito previsto no *caput* do art. 2º da CLT

Mesmo tratando sobre o conceito de empregador, o art. 2º da CLT prevê um importante requisito para a configuração do trabalhador como empregado:

b.1) O empregado deve prestar pessoalmente os serviços

Isto significa que o contrato de trabalho é ajustado em função de certa e determinada pessoa, no caso o empregado contratado. Por esta razão, o contrato de trabalho é considerado *intuitu personae* (significa em consideração à pessoa), não podendo o empregado ser substituído por outra pessoa. Neste caso, a substituição eventual não forma o vínculo de emprego, porém, se passar a ser contínua existe a possibilidade de formar o vínculo de emprego, regido pela Consolidação das Leis do Trabalho, com o trabalhador substituto.

IMPORTANTE

De conformidade com a Súmula n. 196 do STF, "ainda que exerça atividade rural, o empregado de empresa industrial ou comercial é classificado de acordo com a categoria do empregador". Segundo esse entendimento, não é o fato de a indústria estar instalada no campo que o trabalhador será considerado empregado rural. De conformidade com a letra *b* do art. 7º da CLT, considera-se trabalhador rural aquele que, exercendo funções diretamente ligadas à agricultura e à pecuária, não seja empregado em atividades que, pelos métodos de execução dos respectivos trabalhos ou pela finalidade de suas operações, classifiquem-se como industriais ou comerciais. De acordo com o art. 2º e o *caput* do art. 3º da Lei n. 5.889/73, considera-se empregado rural a pessoa física que, em propriedade rural ou prédio rústico, presta serviços de natureza não eventual a empregador rural, sob a dependência deste e mediante salário, já empregador rural é a pessoa física ou jurídica, proprietário ou não, que explore atividade agroeconômica, em caráter permanente ou temporário, diretamente ou por meio de prepostos e com auxílio de empregados. Portanto, o critério diferenciador do trabalho rural não está na natureza do trabalho executado pelo trabalhador, mas, sim, na finalidade da empresa, pois para ser considerado rural o trabalhador deve exercer atividade tipicamente rural. Neste mesmo sentido, a jurisprudência consolidada do Tribunal Superior do Trabalho, na qual o trabalhador que presta serviços a empregador agroindustrial (§1º do art. 3º da Lei n. 5.889/73) é considerado empregado rurícola, independentemente da atividade por este exercida, pois neste caso a atividade preponderante da empresa é quem vai determinar o enquadramento do trabalhador (**Orientação Jurisprudencial n. 419 da Subseção de Dissídios Individuais I do TST**).

Pode ser reconhecida a prestação de serviços, com a consequente existência da relação de emprego, mesmo na hipótese em que o trabalhador executa o serviço em seu próprio domicílio. Para a Justiça do Trabalho, quando se tratar de trabalho na residência do trabalhador, a subordinação deve ser vista de forma especial, porque a situação do trabalhador é especial. Assim, mesmo quando o trabalho é realizado na residência do obreiro, pode ficar caracterizada a subordinação do trabalhador, uma vez que, ainda nesta situação, o empregador pode continuar detendo a direção da atividade, principalmente quando fixar a qualidade e quantidade do serviço a ser executado, bem como quando determinar prazo para entrega do trabalho terminado, além de pagar uma remuneração e também quando existir a pessoalidade em relação ao trabalhador.

As características do **contrato de parceria rural** encontram-se definidas no art. 4º do Decreto n. 59.566, de 14-11-1966, que regulamentou o Estatuto da Terra. Segundo o Decreto, não há subordinação de um parceiro ao outro, existindo ampla liberdade na exploração do empreendimento econômico, sem a intervenção do outro contratante. Regra geral, não há o recebimento de remuneração fixa, mas apenas a retribuição (*caput* do art. 3º do Decreto n. 59.566/66), conforme o resultado final da produção, na qual ambas as partes suportam as eventuais perdas na atividade explorada. Tais características são exatamente contrárias ao contrato de emprego, regido pela CLT, caracterizado pelo trabalho subordinado, mediante o recebimento de salário, e sem que o empregado assuma os riscos da atividade econômica (*caput* dos arts. 2º e 3º da CLT). Caso fique demonstrado, na prática da prestação de serviços, que na realidade havia um contrato de emprego e não de parceria rural, o juízo pode reconhecer o vínculo jurídico de emprego, na função de trabalhador rural, com a condenação do empregador a proceder à anotação na Carteira de Trabalho do trabalhador.

16.1.2 Trabalhador eventual

Considera-se trabalhador eventual a pessoa física que presta a sua atividade para alguém ocasionalmente, ou seja, de forma esporádica.

Neste caso, não existe a continuidade da prestação de serviços como ocorre com o empregado e o trabalhador autônomo.

Tal trabalhador é regido pelo Código Civil, mediante o contrato de prestação de serviços.

O trabalhador eventual não possui direitos trabalhistas, mas é segurado obrigatório da Previdência Social, conforme previsto na letra *g* do inciso V do art. 12 da Lei n. 8.212/91, sendo que quem utilizar seus serviços deve recolher a contribuição sobre a remuneração paga.

Como exemplos de trabalhadores eventuais, podemos citar o "chapa", o boia-fria e a diarista, que recebem pelo dia de trabalho, bem como podem ser substituídos ou se fazerem substituir a qualquer tempo.

16.1.3 Trabalhador autônomo

Considera-se trabalhador autônomo a pessoa física que trabalha por conta própria e independente diante daqueles para os quais presta continuamente ou não os seus serviços. É regido pelos arts. 593 a 609 do CC, por meio do contrato de prestação de serviços. Devem, também, ser observadas as previsões do art. 442-B da CLT.

Principais características:

> Não é subordinado como o empregado, pois não recebe ordens de outrem (tomador de serviços).

> Não tem horário de trabalho, podendo exercer sua atividade no momento que desejar e de acordo com a sua conveniência.

O autônomo é segurado obrigatório da Previdência Social, conforme previsto na letra *h* do inciso V do art. 12 da Lei n. 8.212/91, sendo que quem utilizar seus serviços deve recolher a contribuição sobre a remuneração paga.

A ausência do contrato de trabalho autônomo e do registro do trabalhador no Conselho dos Representantes Comerciais pode contribuir para confirmar judicialmente a nulidade da contratação como autônomo (art. 9º da CLT) e, consequentemente, o reconhecimento da existência do vínculo jurídico de emprego, regido pela CLT, entre o representante comercial e o tomador do serviço. Exemplo: quando da contratação de vendedor como representante comercial, a empresa deve formalizar a relação comercial autônoma, por meio do contrato de representação comercial, e exigir do trabalhador a comprovação do seu registro no Conselho Regional dos Representantes Comerciais. É claro que num processo judicial outros elementos de prova também poderão contribuir para o reconhecimento do vínculo de emprego, como o fato de o vendedor constituir empresa própria após seu ingresso na empresa, a participação do trabalhador em reuniões exigidas pela empresa etc.

Segundo o art. 442-B da CLT, a contratação do trabalhador autônomo, desde que cumpridas por este todas as formalidades legais, de forma contínua ou não, afasta a qualidade de empregado prevista no art. 3º da CLT. Neste caso, deve ser ajustado contrato de trabalho autônomo por escrito, com todas as especificidades do trabalho que será executado, com a descrição das atividades, prazos e modo das entregas, e a retenção dos impostos que incidem na remuneração, sendo de fundamental importância a inexistência de subordinação do trabalhador para com o tomador de serviços, bem como a sua atuação independente, sem receber ordens de como e quando fazer, e sem os controles e exigências do contrato de emprego, sob pena de reconhecimento do vínculo jurídico regido pela CLT, com todos os direitos inerentes a tal tipo de contrato. De acordo com o dispositivo citado, é vedada a celebração de cláusula de exclusividade.

IMPORTANTE

Apesar de o art. 442-B da CLT prever a obrigatoriedade de o trabalhador autônomo cumprir com as formalidades legais, para excluir a possibilidade de reconhecimento do vínculo jurídico de emprego, regido pela CLT, é obrigatório também que o tomador de serviços observe as especificidades de tal tipo de contratação, devendo reter o percentual da remuneração para fins de recolhimentos previdenciários, reter o IRPF de acordo com a tabela progressiva da Receita Federal, transmitindo a Declaração de Impostos Retidos na Fonte (DIRF) com estes valores, além de entregar ao trabalhador o informe de rendimentos do período.

De acordo com a jurisprudência trabalhista, poderá ser reconhecido o vínculo de emprego no caso de fraude (art. 9º da CLT), na qual o empregado é compelido a pedir demissão para posteriormente ser contratado como prestador de serviços autônomos. Tal comportamento ardil do empregador, de fraude às normas trabalhistas, visa tão somente reduzir custos com o não pagamento do décimo terceiro salário, das férias + 1/3, dos depósitos fundiários e recolhimentos previdenciários, além de obter vantagens ilícitas sobre o labor alheio.

OBSERVAÇÃO

No caso do representante comercial autônomo, devem ser observadas as previsões contidas na Lei n. 4.886/65. No julgamento do Recurso Extraordinário (RE) 606.003, com repercussão geral (Tema 550), ocorrido em setembro de 2020, o Supremo Tribunal Federal fixou a seguinte tese: "Preenchidos os requisitos dispostos na Lei 4.886/65, compete à Justiça Comum o julgamento de processos envolvendo relação jurídica entre representante e representada comerciais, uma vez que não há relação de trabalho entre as partes". Portanto, para o STF, na atividade de representação comercial autônoma, inexiste entre as partes vínculo de emprego ou relação de trabalho, mas relação comercial regida por legislação especial, ou seja, pela Lei n. 4.886/65. O recurso havia sido interposto contra decisão do Tribunal Superior do Trabalho que tinha reconhecido a competência da Justiça Trabalhista para julgar ações que envolvem a cobrança de comissões referentes à relação jurídica entre um representante comercial autônomo e a empresa por ele representada. Porém, para o Supremo Tribunal Federal, quem tem competência material para processar e julgar causas que envolvem representante comercial autônomo é a Justiça Comum, e não a Justiça do Trabalho, por se tratar de uma relação de natureza empresarial.

16.1.4 Trabalhador temporário

Considera-se trabalhador temporário a pessoa natural contratada por uma empresa de trabalho temporário (empresa de locação de mão de obra temporária), para prestar serviços a uma empresa tomadora de serviços ou cliente, visando atender a uma necessidade de substituição transitória de pessoal permanente ou à demanda complementar de serviços (inciso III do art. 43 do Decreto n. 10.854/2021).

O conceito legal de trabalho temporário vamos encontrar no *caput* do art. 2º da Lei n. 6.019/74, segundo o qual "trabalho temporário é aquele prestado por pessoa física contratada por uma empresa de trabalho temporário que a coloca à disposição de uma empresa tomadora de serviços, para atender à necessidade de substituição transitória de pessoal permanente ou à demanda complementar de serviços".

As características da contratação do trabalho temporário são apresentadas a seguir.

16.1.4.1 *Quanto à forma*

O contrato de trabalho celebrado entre empresa de trabalho temporário e cada um dos assalariados colocados à disposição de uma empresa tomadora ou cliente será, obrigatoriamente, escrito e nele deverão constar, expressamente, os direitos conferidos aos trabalhadores pela Lei n. 6.019/74, alterada pela Lei n. 13.429/2017 (*caput* do art. 11 da Lei n. 6.019/74). Neste caso, quem tem a obrigação de proceder ao registro da CTPS do trabalhador é a empresa de trabalho temporário.

No contrato firmado com a tomadora, com relação a cada trabalhador temporário, deverá conter a data do término predefinida, uma vez que a atividade a ser substituída ou o acréscimo extraordinário de serviços são eventos que deverão ter prazos delimitados de maneira a atender à finalidade da lei, que estabelece condições específicas à utilização do trabalho temporário.

Será considerada nula de pleno direito qualquer *cláusula de reserva* proibindo a contratação do trabalhador pela empresa tomadora ou cliente ao fim do prazo em que tenha sido colocado à sua disposição pela empresa de trabalho temporário (parágrafo único do art. 11 da Lei n. 6.019/74).

O contrato de trabalho temporário poderá versar sobre o desenvolvimento de atividades-meio e atividades-fim a ser executadas na empresa tomadora de serviços. Consideram-se atividades-fim as que são essenciais e normais para a empresa, inerentes ao objetivo principal da empresa. Consideram-se atividades-meio aquelas não relacionadas diretamente para a atividade principal da empresa.

16.1.4.2 *Quanto ao prazo*

Segundo o § 1º do art. 10 da Lei n. 6.019/74, contrato de trabalho temporário, com relação ao mesmo empregador, não poderá exceder o prazo de 180 dias, consecutivos ou não.

O contrato de trabalho temporário poderá ser prorrogado por até 90 dias, consecutivos ou não, além do prazo de 180 dias estabelecido no § 1º do art. 10 da Lei n. 6.019/74, quando comprovada a manutenção das condições que o ensejaram (§ 2º do art. 10 da Lei n. 6.019/74).

O trabalhador temporário que cumprir os períodos citados somente poderá ser colocado à disposição da mesma tomadora de serviços em novo contrato temporário, após 90 dias do término do contrato anterior, sendo que a contratação anterior ao prazo de 90 dias poderá caracterizar vínculo empregatício com a tomadora (§ 5º do art. 10 da Lei n. 6.019/74).

16.1.4.3 *Quanto às vantagens aplicáveis ao trabalhador temporário*

De acordo com o art. 12 da Lei n. 6.019/74, ficam assegurados ao trabalhador temporário os seguintes direitos:

> remuneração equivalente à percebida pelos empregados de mesma categoria da empresa tomadora ou cliente, calculados à base horária, garantida, em qualquer hipótese, a percepção do salário mínimo regional;

> jornada de trabalho de 8 horas, remuneradas as horas extraordinárias não excedentes de duas, com acréscimo de 20% (atualmente o acréscimo é de 50% de acordo com o inciso XVI do art. 7º da CRFB);

> férias proporcionais;

> repouso semanal remunerado;

> adicional por trabalho noturno;

> indenização por dispensa sem justa causa ou término normal do contrato, correspondente a 1/12 do pagamento recebido (revogado tacitamente, pois se aplica o regime do FGTS, na forma da Lei n. 8.036/90);

> seguro contra acidente do trabalho;

> proteção previdenciária nos termos do disposto na Lei Orgânica da Previdência Social.

ATENÇÃO

O trabalhador temporário não tem direito ao aviso prévio, trabalhado ou indenizado, nem ao décimo terceiro salário.

16.1.4.4 *Quanto à competência para resolver os conflitos*

O art. 19 da Lei n. 6.019/74 prevê que é da competência da Justiça do Trabalho dirimir os litígios entre as empresas de serviço temporário e seus trabalhadores. Aplica-se também à situação o inciso I do art. 114 da CRFB.

OBSERVAÇÃO

Existem empresas de locação de mão de obra temporária. Essas empresas são solicitadas por outra empresa que necessita, por prazo curto, de determinado tipo de serviço profissional.

Nesse caso, o cliente solicita o encaminhamento de um trabalhador à empresa de trabalho temporário. O cliente, também chamado tomador de serviços, paga um preço à empresa de trabalho temporário. Esta tem uma relação de trabalhadores cadastrados. Remete-os para atender à solicitação do cliente. O vínculo trabalhista não é formado entre o cliente e o trabalhador. É constituído entre a empresa de trabalho temporário e o trabalhador, uma vez que esta é que responderá pelos direitos do trabalhador temporário.

ATENÇÃO

Existe diferença entre trabalhador temporário (Lei n. 6.019/74) e empregado contratado a prazo determinado (§ 1º do art. 443 da CLT). O primeiro é contratado por uma empresa de trabalho temporário, para prestação de serviços a uma empresa tomadora de serviços (terceirização), enquanto o segundo é contratado diretamente pelo empregador.

Na prática, para distinguir um do outro, deve-se observar o seguinte: no primeiro, a relação é triangular, formada pela empresa de locação de mão de obra temporária, pelo trabalhador temporário e pela empresa tomadora de serviços; no segundo, a relação é formada unicamente por duas partes, o empregado e o empregador. Assim, se o tomador contratar diretamente o trabalhador, este poderá ser considerado empregado e não trabalhador temporário, que deve ser contratado por meio de uma empresa de trabalho temporário (terceirização).

16.1.5 Trabalhador avulso

Num sentido geral, a palavra "avulso" significa solto, isolado. Neste caso, tal trabalhador é considerado avulso, pois não é subordinado ao sindicato ou ao órgão gestor de mão de obra, nem à empresa ou empresas a que presta serviço.

Considera-se trabalhador avulso a pessoa física que presta serviços sem vínculo empregatício a inúmeras empresas, mediante a intermediação do sindicato da categoria ou de Órgão Gestor de Mão de Obra (OGMO) (inciso VI do art. 9º do Decreto n. 3.048/99).

A Lei dos Portos (Lei n. 12.815/2013) prevê a possibilidade de o trabalho portuário de capatazia, estiva, conferência de carga, conserto de carga, bloco e vigilância de embarcações, nos portos organizados, ser realizado por trabalhadores portuários com vínculo empregatício, por prazo indeterminado, e também por trabalhadores portuários avulsos (art. 40). A contratação com vínculo empregatício por prazo indeterminado somente deve ser feita dentre os trabalhadores portuários avulsos que estiverem devidamente registrados (§ 2º do art. 40).

O trabalhador avulso do setor portuário é regido pela Lei n. 12.815/2013, que dispõe sobre o regime jurídico da exploração dos portos organizados e das instalações portuárias. Já aos trabalhadores avulsos que trabalham com movimentação de mercadorias em geral aplica-se a Lei n. 12.023/2009.

IMPORTANTE

A Constituição Federal concede igualdade de direitos ao avulso e ao trabalhador com vínculo empregatício, conforme previsto no inciso XXXIV do art. 7º.

O trabalhador avulso é segurado obrigatório da Previdência Social (inciso VI do art. 12 da Lei n. 8.212/91) sendo que quem utilizar seus serviços deve recolher a contribuição sobre a remuneração paga.

16.1.6 Trabalhador voluntário

Considera-se trabalhador voluntário a pessoa física que presta serviços sem remuneração a entidade pública ou a entidade privada, sem fins lucrativos, mediante a celebração de termo de adesão, que não gera vínculo empregatício (arts. 1º e 2º da Lei n. 9.608/98).

Pode receber apenas uma indenização pelas despesas realizadas com autorização da entidade, para o desempenho do serviço voluntário (art. 3º).

OBSERVAÇÃO

Como as empresas públicas e sociedades de economia mista, que explorem atividade econômica, sujeitam-se ao regime jurídico próprio das empresas privadas, não podem contratar trabalhadores voluntários (inciso II do § 1º do art. 173 da CRFB).

16.1.7 Trabalhador doméstico

Considera-se doméstico o trabalhador maior de 18 anos que presta serviço de forma contínua, subordinada, onerosa e pessoal, em atividade de finalidade não lucrativa à pessoa ou à família, por mais de 2 dias por semana. São considerados domésticos: cozinheiro, governanta, babá, lavadeira, faxineiro, vigia, motorista particular, jardineiro, acompanhante de idosos, entre outros.

Os direitos dos trabalhadores domésticos estão previstos no **parágrafo único do art. 7º da Constituição Federal**, com redação dada pela **Emenda Constitucional n. 72, de 2013**, e na **Lei Complementar n. 150, de 1º-6-2015**.

OBSERVAÇÃO

Segundo o *caput* do art. 19 da Lei Complementar n. 150/2015, a Consolidação das Leis do Trabalho (CLT) poderá ser aplicada subsidiariamente à relação de trabalho doméstico, observadas as peculiaridades de tal espécie de trabalho. Assim, na hipótese de lacunas na norma que regulamenta o trabalho doméstico, a CLT poderá ser aplicada, mas é fundamental que sejam observadas as características específicas de tal tipo de relação jurídica.

Em 2013, foi aprovada pelo Senado Federal a **Proposta de Emenda Constitucional n. 66, denominada PEC das Domésticas**, que equipara os direitos das domésticas aos de outros trabalhadores.

Anteriormente à PEC, alguns direitos constitucionais já eram garantidos aos trabalhadores domésticos, como: salário mínimo fixado em lei; irredutibilidade do salário, salvo o disposto em acordo ou convenção coletiva de trabalho; décimo terceiro salário com base na remuneração integral ou no valor da aposentadoria; repouso semanal remunerado; férias + 1/3 constitucional; licença à gestante de 120 dias; licença-paternidade de 5 dias; aposentadoria; bem como sua integração ao Instituto de Previdência Social.

Com a alteração legislativa, alguns novos direitos entraram em vigor imediatamente e outros somente foram regulamentados mais recentemente pela Lei Complementar n. 150, de 1º-6-2015.

A LC n. 150/2015 prevê o prazo de 48 horas para o empregador proceder ao registro do contrato de trabalho doméstico na Carteira de Trabalho e Previdência Social (CTPS) (art. 9º).

De acordo com o art. 4º e o *caput* do art. 5º da LC n. 150/2015, o trabalhador doméstico poderá ser contratado a prazo determinado nas seguintes hipóteses: a) mediante **contrato de experiência**, por tempo não superior a 90 dias, e o contrato poderá ser prorrogado somente uma vez, desde que a soma dos dois períodos não ultrapasse 90 dias; b) para atender **necessidades familiares de natureza transitória** e para **substituição temporária** de trabalhador doméstico com contrato de trabalho interrompido ou suspenso em período limitado ao evento que motivou a contratação, no limite máximo de 2 anos, como a contratação de trabalhadora para substituição temporária de doméstica em gozo de licença-maternidade. Caso o trabalhador vier a ser dispensado sem justa causa, o empregador deverá pagar-lhe, a título de indenização, metade da remuneração a que teria direito até o término do contrato a prazo (art. 6º da LC n. 150/2015). Da mesma forma, se o trabalhador resolver rescindir o contrato de trabalho, sem justa causa, poderá ser obrigado a indenizar o empregador dos prejuízos que lhe resultar (*caput* do art. 7º da LC n. 150/2015). Durante a vigência do contrato a prazo não será exigido o aviso prévio, tanto por parte do empregador quanto do trabalhador doméstico (art. 8º da LC n. 150/2015).

OBSERVAÇÃO

O art. 27 da LC n. 150/2015 prevê as hipóteses em que o contrato de trabalho do doméstico pode ser rescindido por falta grave cometida pelo trabalhador. Já o parágrafo único do mesmo dispositivo prevê as hipóteses de justa causa praticadas pelo empregador, ensejadoras da rescisão indireta do contrato de trabalho.

A lei faculta às partes, inclusive, mediante acordo escrito, seja estabelecida a contratação do trabalho em regime de 12 horas de trabalho por 36 horas ininterruptas de descanso (*caput* do art. 10 da LC n. 150/2015). Em tais casos, poderá ser pactuado o pagamento de uma indenização ou cumprimento efetivo dos intervalos para repouso e alimentação pelo trabalhador.

Atualmente, são direitos dos trabalhadores domésticos:

a) Duração normal do trabalho não superior a 8 horas diárias e 44 horas semanais, facultada a compensação de horários e a redução da jornada, mediante acordo ou convenção coletiva de trabalho;

OBSERVAÇÃO

É obrigatório o registro do ponto pelo trabalhador doméstico, seja por meio manual, mecânico ou eletrônico (art. 12 da LC n. 150/2015).

Da mesma forma, é obrigatória a concessão de intervalo para repouso ou alimentação de, no mínimo, 1 hora, admitindo-se sua redução para 30 minutos, mediante acordo escrito entre o empregador e o trabalhador doméstico (*caput* do art. 13 da LC n. 150/2015). Caso o trabalhador doméstico resida no local de trabalho, o período de intervalo pode ser desmembrado em 2 períodos, desde que cada um deles tenha, no mínimo, 1 hora, até o limite de 4 horas ao dia (§ 1º do art. 13 da LC n. 150/2015).

O art. 3º da LC n. 150/2015 autoriza a celebração de **contrato de trabalho em regime de tempo parcial**, com duração não superior a 25 horas semanais, com o pagamento do salário proporcional aos trabalhadores que cumprem as mesmas funções em tempo integral. Assim, se o empregador doméstico contratar um único trabalhador doméstico para prestar serviços na sua residência, e for celebrado contrato de trabalho em regime de tempo parcial, no cálculo do salário deverá ser utilizado, no mínimo, o valor do salário mínimo. Para calcular o valor do salário proporcional do doméstico contratado para cumprir 25 horas semanais, deve-se multiplicar por 56,82% o valor do salário mensal dos trabalhadores que cumprem as mesmas funções em tempo integral. Tomando-se, por exemplo, o valor do salário mínimo de 2023, a importância que deverá ser recebida pelo trabalhador em tempo parcial de 25 horas semanais será de R$ 750,02, pois R$ 1.320,00 × 56,82% = R$ 750,02.

Se na residência trabalham dois domésticos, um em tempo integral de 44 horas semanais e o outro em tempo parcial de 25 horas semanais, enquanto o primeiro recebe o salário mensal de R$ 1.400,00, por exemplo, o segundo deverá receber R$ 795,48, pois R$ 1.400,00 × 56,82% = R$ 795,48. Se a duração do trabalho semanal for de 20 horas, dever-se-á multiplicar o salário por 45,45%; se for de 15 horas semanais, o percentual será de 34,09%; se for de 10 horas semanais, deverá ser utilizado 22,73%; e, se for de 5 horas semanais, o percentual será de 11,36%.

b) Repouso semanal remunerado, preferencialmente aos domingos;

ASSUNTOS IMPORTANTES QUE DEVEM SER OBSERVADOS NA ELABORAÇÃO DAS PEÇAS TRABALHISTAS   491

c) Horas extras, como remuneração do serviço extraordinário superior, no mínimo, em 50% à do serviço normal (§ 1º do art. 2º da LC n. 150/2015);

OBSERVAÇÃO

No caso de trabalhador doméstico mensalista, o salário-hora normal será obtido dividindo--se o salário mensal por 220 horas, salvo se o contrato de trabalho estipular jornada mensal inferior, que resulte em divisor diverso (§ 2º do art. 2º da LC n. 150/2015). Assim, se a doméstica recebe mensalmente a quantia de R$ 900,00, seu salário-hora normal será de R$ 4,09, pois R$ 900,00 ÷ 220 = R$ 4,09.

Já o salário-dia normal, no caso de trabalhador mensalista será obtido dividindo-se o salário mensal por 30, e servirá de base para o pagamento do repouso semanal remunerado e feriados (§ 3º do art. 2º da LC n. 150/2015). Neste caso, se a doméstica recebe mensalmente a quantia de R$ 900,00, o seu salário-dia normal será de R$ 30,00, pois R$ 900,00 ÷ 30 = R$ 30,00.

A LC n. 150/2015 autoriza a celebração de acordo escrito para **compensação de horas de trabalho** entre o empregador doméstico e o trabalhador doméstico, visando à dispensa do pagamento das horas extras (§ 4º do art. 2º da LC n. 150/2015). No regime de compensação, será devido o pagamento das primeiras 40 horas mensais excedentes ao horário normal de trabalho como horas extras, e poderão ser deduzidas, sem o correspondente pagamento, as horas não trabalhadas, em função de redução de horário normal de trabalho ou de dia útil não trabalhado durante o mês. O saldo que exceder às 40 primeiras horas mensais, com a dedução das horas não trabalhadas (em razão da redução do horário normal de trabalho ou de dia útil não trabalhado durante o mês), se for o caso, deverá ser compensado no período máximo de 1 ano (§ 5º do art. 2º da LC n. 150/2015). Ocorrendo a rescisão contratual, deverão ser pagas como extraordinárias as horas extras não compensadas, devendo ser utilizado no cálculo o valor da remuneração da data da rescisão (§ 6º do art. 2º da LC 150/2015).

Considera-se prontidão a situação em que o empregado celetista ferroviário permanece em seu local de trabalho, aguardando ordens, mas sem trabalhar. Para tanto, recebe um adicional de 2/3 sobre o valor da hora normal. A escala de prontidão deve ter, no máximo, 12 horas (§ 3º do art. 244 da CLT). Horas extras não se confundem com prontidão, mas ambas dão direito ao pagamento de um adicional, em percentuais distintos. No caso em que uma babá ou mesmo um cuidador de idoso tiver de dormir no emprego, para numa eventualidade atender às necessidades e aos cuidados da criança ou do idoso, o tempo em que não estiver trabalhando, dormindo, aguardando o possível chamado para o serviço, poder-se-á ser considerado em escala de prontidão, com direito ao pagamento do adicional respectivo. O art. 244 da CLT é aplicável ao empregado ferroviário, especificamente, mas como em ambas as hipóteses, tanto do ferroviário quanto do trabalhador doméstico, no caso da babá e do cuidador, há uma grande semelhança, isto é, os trabalhadores estão aguardando possíveis ordens de serviço, poder-se-á aplicar as previsões do citado dispositivo valendo-se da analogia, conforme autoriza o *caput* do art. 8º da CLT.

Uma dúvida recorrente diz respeito à forma como deve ser calculado o valor da hora extra do trabalhador doméstico. No caso da jornada de trabalho de 44 horas semanais, a hora extra deverá ser calculada utilizando-se o valor do salário mensal, bruto, dividido pelo número de horas mensais, ou seja, 220 horas. O resultado encontrado corresponderá ao valor de 1 hora normal, que deverá ser acrescido do percentual de 50%, para então se obter o valor de 1 hora extra. Exemplo: se a trabalhadora doméstica recebe salário mensal de R$ 1.200,00, para calcular o valor de 1 hora normal de trabalho, deve-se dividir esse valor por 220 (R$ 1.200,00 ÷ 220 = R$ 5,45). Esse total deve ser acrescido de 50% (R$ 5,45 + [R$ 5,45 × 50%]) = R$ 5,45 + R$ 2,72 = R$ 8,17). Nesse caso, R$ 8,17 correspondem ao valor de 1 hora extra. Se a doméstica fez 2 horas extraordinárias, deverá receber a quantia de R$ 16,34 (R$ 8,17 × 2). Se fizer 44 horas extras, terá direito ao valor de R$ 359,48 (R$ 8,17 × 44).

d) Pagamento em dobro do trabalho prestado em domingos e feriados, caso não sejam compensados, sem prejuízo da remuneração relativa ao repouso semanal remunerado (§ 8º do art. 2º da LC n. 150/2015).

OBSERVAÇÃO

Se o valor do salário-dia normal, no caso de trabalhador mensalista, que recebe salário mínimo, for de R$ 43,40 (R$ 1.302,00 ÷ 30 = R$ 43,40), o valor do trabalho prestado no dia do repouso semanal remunerado ou do dia feriado deverá ser de R$ 86,80, pois R$ 43,40 × 2 = R$ 86,80. No exemplo, foi utilizado o valor do salário mínimo de 2023, ou seja, R$ 1.302,00, previsto na Medida Provisória n. 1.143/22.

e) Férias anuais remuneradas de 30 dias, com pelo menos um terço a mais que o valor do salário normal, após cada período aquisitivo de 12 meses de trabalho, prestado à mesma pessoa ou família (*caput* do art. 17 da LC n. 150/2015).

OBSERVAÇÃO

As férias devem ser concedidas pelo empregador nos 12 meses subsequentes à data em que o trabalhador tiver adquirido o direito (§ 6º do art. 17 da LC n. 150/2015).

No contrato de trabalho na modalidade do regime de tempo parcial, após cada período de 12 meses de vigência do contrato, o trabalhador doméstico terá direito às férias, de forma proporcional à quantidade de horas de trabalho semanais: 18 dias de férias para a duração do trabalho semanal superior a 22, até 25 horas; 16 dias, para a duração do trabalho semanal superior a 20 horas, até 22 horas; 14 dias, para a duração do trabalho semanal superior a 15 horas, até 20 horas; 12 dias, para a duração do trabalho semanal superior a 10 horas, até 15 horas; 10 dias, para a duração do trabalho semanal superior a 5 horas, até 10 horas; 8 dias, para a duração do trabalho semanal igual ou inferior a 5 horas de trabalho semanais (§ 3º do art. 3º da LC n. 150/2015).

> Na cessação do contrato de trabalho, desde que não seja por justa causa, o trabalhador doméstico tem direito à remuneração relativa ao período incompleto das férias, na proporção de 1/12 por mês de serviço ou fração superior a 14 dias (§ 1º do art. 17 da LC n. 150/2015).
>
> É facultado ao empregador fracionar o período de gozo das férias em até 2 períodos, sendo que um deles deve ser de, no mínimo, 14 dias corridos (§ 2º do art. 17 da LC n. 150/2015).
>
> É facultado ao trabalhador doméstico converter um terço do período de férias em abono pecuniário, no valor da remuneração que lhe seria devida nos dias correspondentes (§ 3º do art. 17 da LC n. 150/2015). O abono deve ser requerido pelo trabalhador até 30 dias antes do término do período aquisitivo (§ 4º do art. 17 da LC n. 150/2015).
>
> O trabalhador doméstico tem direito ao pagamento em dobro da remuneração das férias vencidas, na forma prevista no art. 137 da CLT. As férias em dobro são cabíveis quando não são concedidas durante o período legal. Apesar de o trabalhador doméstico ter norma específica, Lei Complementar n. 150/2015, em algumas situações a CLT pode ser aplicada de forma subsidiária, por força do *caput* do art. 19 da Lei Complementar n. 150/2015, como é caso do capítulo celetista que trata sobre as férias

f) Licença-maternidade de 120 dias, sem prejuízo do emprego e do salário;

g) Redução dos riscos inerentes ao trabalho;

h) Reconhecimento de convenções e acordos coletivos de trabalho;

i) Proibição de diferença de salários por motivo de sexo, idade, cor ou estado civil;

OBSERVAÇÃO

> É vedado ao empregador efetuar descontos no salário do trabalhador doméstico em razão do fornecimento de alimentação, vestuário, higiene ou moradia, bem como despesas com transporte e hospedagem no caso de acompanhamento em viagem (*caput* do art. 18 da LC n. 150/2015). Porém, poderão ser descontadas despesas com moradia, quando esta for em local diverso da residência em que ocorrer a prestação de serviços, e desde que tenha sido expressamente acordado o desconto entre o empregador e o trabalhador doméstico (§ 2º do art. 18 da LC n. 150/2015).

j) Proibição de qualquer discriminação no tocante a salário e de critérios de admissão do trabalhador portador de deficiência;

k) Proibição de trabalho noturno, perigoso ou insalubre a menores de 18 anos e de qualquer trabalho a menores de 16 anos, salvo na condição de aprendiz, a partir de 14 anos;

l) Aviso prévio proporcional ao tempo de serviço;

OBSERVAÇÃO

O aviso prévio será concedido na proporção de 30 dias ao trabalhador doméstico que tiver até 1 ano incompleto de serviço para o mesmo tomador (§ 1º do art. 23 da LC 150/2015). Completado o primeiro ano de serviço, o trabalhador terá direito a mais 3 dias a título de aviso prévio proporcional ao tempo de serviço. Portanto, serão acrescidos de 3 dias por ano de serviço prestado, até o máximo de 60 dias, perfazendo um total de 90 dias (§ 2º do art. 23 da LC 150/2015). Assim, o doméstico que houver trabalhado 3 anos terá direito a 39 dias de aviso prévio (30 dias + 3 dias do primeiro ano trabalhado + 3 dias do segundo ano + 3 dias do terceiro ano de serviço). Para se obter tal resultado pode ser utilizada a seguinte fórmula, baseada na Nota Técnica CGRT/SRT/MTE n. 184/2012: 30 dias + (número de anos completos trabalhados × 3 dias). No exemplo, 30 dias + (3 anos × 3 dias) = 30 + 9 = 39 dias.

A falta do aviso prévio por parte do empregador dá ao trabalhador o direito aos salários correspondentes ao prazo do aviso (§ 3º do art. 23 da LC n. 150/2015).

A falta do aviso prévio por parte do trabalhador dá ao empregador o direito de descontar os salários correspondentes ao prazo respectivo, à exceção do pedido de demissão em virtude de novo emprego (§ 4º do art. 23 da LC n. 150/2015).

Durante o aviso prévio, quando a rescisão contratual tiver sido promovida pelo empregador, dispensa sem justa causa, a jornada de trabalho será deduzida de 2 horas diárias, sem prejuízo do salário integral (*caput* do art. 24 da LC n. 150/2015). É facultado ao trabalhador escolher entre trabalhar no horário reduzido ou faltar ao serviço por 7 dias corridos, sem prejuízo do salário integral (parágrafo único do art. 24 da LC n. 150/2015).

m) Redução dos riscos inerentes ao trabalho, por meio de normas de segurança e saúde no trabalho;

n) Seguro-desemprego, no caso em que for dispensado sem justa causa, no valor de um salário mínimo, por um período máximo de 3 meses, de forma contínua ou alternada (*caput* do art. 26 da LC n. 150/2015);

OBSERVAÇÃO

O seguro-desemprego deve ser requerido pelo trabalhador perante o órgão competente do Ministério do Trabalho e Emprego de 7 a 90 dias contados da data da dispensa (art. 29 da LC n. 150/2015).

Segundo o *site* Portal Brasil (BRASIL, 2016b) o seguro-desemprego do trabalhador doméstico corresponde a 1 salário mínimo, e será concedido por um período máximo de 3 meses, de forma contínua ou alternada, a cada período aquisitivo de 16 meses, contados da data da dispensa que originou a habilitação anterior. Porém, para usufruir do benefício, o doméstico deverá ter trabalhado por pelo menos 15 meses nos últimos 24 meses que antecedem à data da dispensa que deu origem ao requerimento do seguro-desemprego, e não poderá estar em gozo de qualquer benefício previdenciário de prestação continuada da Previdência Social, à exceção do auxílio-acidente e pensão por morte, e também não poderá possuir renda própria de qualquer natureza, suficiente à sua manutenção e de sua família. Tais requisitos serão verificados a partir de informações registradas no Cadastro Nacional de Informações Sociais (CNIS) ou por meio das anotações na Carteira de Trabalho e Previdência Social (CTPS), contracheques ou documento que contenha decisão judicial que detalhe a data de admissão, dispensa, remuneração, empregador doméstico e função exercida pelo trabalhador doméstico.

o) A inclusão do trabalhador doméstico no Fundo de Garantia por Tempo de Serviço (FGTS – *caput* do art. 21 da LC n. 150/2015);

OBSERVAÇÃO

Mensalmente, o empregador doméstico deverá depositar a importância de 8% sob a remuneração devida no mês anterior, a título de contribuição para o FGTS (inciso IV do art. 34 da LC n. 150/2015).

Deverá depositar também a importância de 3,2% sobre a remuneração devida no mês anterior (*caput* do art. 22 da LC n. 150/2015). Tal depósito destina-se ao pagamento da indenização compensatória na hipótese da perda do emprego, pela dispensa sem justa causa ou por culpa recíproca, sendo que nesta última o trabalhador somente poderá sacar metade dos valores depositados (50%) (§ 2º do art. 22 da LC n. 150/2015).

A LC n. 150/2015 não contemplou ao trabalhador doméstico a multa de 40% do FGTS, previsto no § 1º do art. 18 da Lei n. 8.036/90.

Atualmente, com o **Simples Doméstico** foi implantado o regime unificado de pagamento de todos os tributos e demais encargos trabalhistas, inclusive do FGTS. O sistema está disponível dentro do portal do eSocial, que possui um módulo específico para os empregadores domésticos, e pode ser acessado pelo endereço eletrônico www.esocial. gov.br.

p) Remuneração do trabalho noturno superior ao diurno (art. 14 da LC n. 150/2015);

OBSERVAÇÃO

Considera-se noturno o trabalho executado entre as 22 horas de um dia e às 5 horas do dia seguinte (*caput* do art. 14 da LC n. 150/2015), sendo que a hora do trabalho noturno terá duração de 52 minutos e 30 segundos (§ 1º do art. 14 da LC n. 150/2015), e a remuneração do trabalho noturno deverá ser de, no mínimo, 20% sobre o valor da hora diurna (§ 2º do art. 14 da LC n. 150/2015), como ocorre com o empregado, regido pela CLT.

Não há dúvida de que a hora de trabalho noturna reduzida será um problema para o empregador doméstico no momento em que for estabelecer uma jornada de trabalho que contemple ao mesmo tempo horas diurnas e noturnas (§ 4º do art. 14 da LC n. 150/2015).

q) Intervalo interjornada de 11 horas consecutivas de descanso (art. 15 da LC n. 150/2015).

OBSERVAÇÃO

Entre 2 jornadas de trabalho, o doméstico deverá ter um período de descanso de 11 horas consecutivas. Assim, por exemplo, se o trabalhador encerrar a jornada de trabalho às 21 horas deverá iniciar um novo dia de trabalho a partir das 9 horas da manhã do dia seguinte.

r) Assistência gratuita aos filhos e dependentes desde o nascimento até 6 anos de idade em creches e pré-escolas;

s) Seguro contra acidentes de trabalho, a cargo do empregador, sem excluir a indenização a que este está obrigado, quando incorrer em dolo ou culpa;

t) Salário-família em razão do dependente do trabalhador de baixa renda.

A proteção do trabalhador doméstico contra despedida arbitrária ou sem justa causa, ainda depende de lei complementar para efetivamente entrar em vigor. Não somente para os domésticos, como para todos os outros trabalhadores celetistas.

ATENÇÃO

O trabalhador doméstico pode pleitear o reconhecimento do vínculo de emprego, sob o regime da Consolidação das Leis do Trabalho (CLT), caso preste serviços que tenham **finalidade lucrativa**, uma vez que a legislação considera empregador doméstico aquele que não tem por intuito atividade econômica, isto é, que não desenvolve uma atividade que visa a obtenção de lucro. Assim, o que importa é que a atividade desempenhada pelo doméstico esteja voltada exclusivamente para o âmbito familiar, não ao lucro do empregador. Como exemplo, podemos citar o caso da pessoa contratada como trabalhadora doméstica, que além dos serviços domésticos também faz salgadinhos para a empregadora vender em seu negócio, cuja venda logicamente tem por finalidade obter lucro. Situação esta facilmente comprovada pela prova testemunhal. Com o reconhecimento do vínculo de emprego o trabalhador passa a ter todos os direitos do contrato de emprego regido pela CLT.

IMPORTANTE

A Lei Complementar n. 150/2015 estabeleceu um parâmetro que pode ser utilizado para distinguir a trabalhadora doméstica e a diarista. Como deve ser considerada doméstica a trabalhadora que presta serviços por mais de 2 dias à pessoa ou família (*caput* do art. 1º da LC n. 150/2015), pode-se concluir que o trabalho em até 2 dias da semana a trabalhadora poderá ser considerada diarista (trabalhadora eventual). Esta era uma questão que causava bastante confusão e dúvida na Justiça do Trabalho e no dia a dia em relação a tais tipos de relações de trabalho, e a nova regra pôs um ponto final à controvérsia outrora existente. Com certeza tal definição proporcionará maior segurança jurídica, principalmente para as trabalhadoras domésticas e as diaristas, que terão mais tranquilidade quando forem exigir judicialmente os seus direitos na Justiça Laboral.

Em relação à diarista está em andamento na Câmara dos Deputados o Projeto de Lei n. 7.279/2010, que pretende regulamentar a profissão de diarista. Consta no texto do PL n. 7.279/2010 que deve ser considerada diarista a trabalhadora que prestar serviço até 2 dias por semana para o mesmo contratante (tomador do serviço), em ambiente residencial, sem vínculo empregatício. Consta também que a trabalhadora diarista deverá receber o pagamento pelo serviço prestado no mesmo dia da diária, e não mensalmente como a doméstica.

De conformidade com a Instrução Normativa MTP n. 2, de 8-11-2021, o empregador doméstico poderá sofrer sanções administrativas no caso de violação dos direitos trabalhistas do doméstico. Isto significa que os empregadores domésticos também serão passíveis de ser autuados pelos Auditores-Fiscais do Trabalho da Subsecretaria de Inspeção do Trabalho, e poderão vir a ser obrigados a pagar multa. Na prática, é grande a probabilidade de as autuações ocorrerem somente mediante denúncia do trabalhador ou trabalhadora doméstica ou de terceiros ao órgão local de fiscalização do trabalho, visto a dificuldade de os agentes administrativos detectarem as violações às normas trabalhistas aplicáveis à categoria, em razão das particularidades de tal contrato.

16.1.8 Estagiário

Considera-se estagiário o estudante de nível médio ou superior que realiza atividades em empresa pública ou privada, visando complementar o aprendizado acadêmico, bem como a aquisição de experiência profissional, conforme previsto na Lei n. 11.788/2008.

O estágio não cria vínculo empregatício (art. 3º da Lei n. 11.788/2008), desde que sejam observados alguns requisitos, como: matrícula e frequência regular do educando em curso de educação superior, de educação profissional, de Ensino Médio, da educação especial e nos anos finais do Ensino Fundamental, na modalidade profissional da educação de jovens e adultos e atestados pela instituição de ensino; celebração de termo de compromisso entre o educando, a parte concedente do estágio e a instituição de ensino; compatibilidade entre as atividades desenvolvidas no estágio e aquelas previstas no termo de compromisso.

OBSERVAÇÃO

É assegurado ao estagiário o recesso de 30 dias, sempre que o estágio tenha duração igual ou superior a 1 ano, sendo este recesso obrigatoriamente remunerado, conforme a bolsa e/ou ajuda de custo acordado. Os dias de recesso serão concedidos de maneira proporcional

> nos casos de estágio ter duração inferior a 1 ano. Neste caso, recesso não quer dizer férias anuais, pois estas são pagas com o acréscimo de 1/3 constitucional (inciso XVII do art. 7º da CRFB), enquanto aquele não.

O tempo máximo de estágio, na mesma empresa, é de 2 anos, exceto quando se tratar de estudante portador de deficiência.

16.1.9 Detetive particular

A profissão foi regulada pela Lei n. 13.432, de 11-4-2017, sendo considerado detetive particular o profissional que, habitualmente, por conta própria (trabalhador autônomo) ou na forma de sociedade civil ou empresarial, planeja e executa a coleta de dados e informações de natureza não criminal, com conhecimento técnico e utilizando recursos e meios tecnológicos permitidos, visando ao esclarecimento de assuntos de interesse privado do contratante. Segundo a lei, são consideradas sinônimas as expressões "detetive particular", "detetive profissional" e outras que tenham ou venham a ter o mesmo objeto.

É obrigatório o registro em instrumento escrito, mediante a celebração do contrato de prestação de serviços, na qual deverá conter a qualificação completa das partes contratantes, o prazo de vigência, a natureza do serviço, a relação de documentos e dados fornecidos pelo contratante, o local em que será prestado o serviço, e a estipulação dos honorários e sua forma de pagamento, sendo facultada a estipulação de seguro de vida em favor do detetive particular, que indicará os beneficiários, quando a atividade envolver risco de morte.

No caso do detetive particular autônomo, o não pagamento dos honorários pelo serviço prestado poderá ensejar o ajuizamento de Reclamação Trabalhista em face do tomador de serviços, que poderá ser pessoa física ou jurídica. Caso ajustado, também pode ser postulado o pagamento de uma indenização pela não contratação do seguro de vida pelo contratante.

OBSERVAÇÃO

> Apesar de a Lei n. 13.432/2017 não prever, é possível a contratação de detetive particular pelo regime da CLT, para trabalhar para empresa especializada em investigações, com o registro do contrato na CTPS, contendo a anotação da data da admissão, o cargo ou a função de detetive, o valor da remuneração, bem como os recolhimentos previdenciários e depósitos fundiários, além dos direitos inerentes à relação empregatícia.

16.1.10 Motorista profissional empregado

Segundo a Lei n. 13.103, de 2-3-2015, é considerado motorista profissional o trabalhador que exerça a profissão nas atividades ou categorias econômicas de transporte rodoviário de passageiros ou de cargas, podendo ser motorista empregado ou não (art. 1º).

Segundo a lei, são **direitos** dos motoristas empregados:

a) Não responder perante o empregador por prejuízo patrimonial decorrente da ação de terceiro, ressalvadas as hipóteses de dolo ou desídia do trabalhador no cumprimento das suas funções, mas desde que devidamente comprovadas (alínea *a* do inciso V do art. 2º da Lei n. 13.103/2015);

b) Ter a jornada de trabalho controlada e registrada de maneira fidedigna, mediante anotação em diário de bordo, papeleta ou ficha de trabalho externo, ou a partir de sistema e meios eletrônicos instalados nos veículos, a critério do empregador (alínea *b* do inciso V do art. 2º da Lei n. 13.103/2015);

c) Ter benefício de seguro de contratação obrigatória, assegurado e custeado pelo empregador, destinado à cobertura de morte natural, morte por acidente, invalidez total ou parcial decorrente de acidente, traslado e auxílio para funeral, referentes às suas atividades, no valor mínimo correspondente a 10 vezes o piso salarial da sua categoria ou valor superior fixado em convenção ou acordo coletivo de trabalho (alínea *c* do inciso V do art. 2º da Lei n. 13.103/2015).

Quando a jornada de trabalho for superior a 6 horas, o motorista profissional empregado tem direito ao **intervalo intrajornada** de, no mínimo, 1 hora e, salvo acordo escrito ou contrato coletivo em contrário, não poderá exceder a 2 horas, que poderá ser reduzido e/ou fracionado (§ 5º do art. 71 da CLT). Porém, se a jornada de trabalho for superior a 4 horas, mas não exceder a 6 horas, terá direito a um intervalo intrajornada de 15 minutos, que poderá ser fracionado, quando compreendido entre o término da primeira hora trabalhada e o início da última hora trabalhada, desde que previsto em convenção ou acordo coletivo de trabalho, ante a natureza do serviço, e em virtude das condições especiais de trabalho a que são submetidos estritamente os motoristas, cobradores, fiscalização de campo e afins, nos serviços de operação de veículos rodoviários, empregados no setor de transporte coletivo de passageiros, mantida a remuneração e concedidos intervalos para descanso menores ao final de cada viagem (§ 5º do art. 71 da CLT).

Segundo o art. 5º da Lei n. 13.103/2015, que alterou o art. 168 da CLT, serão exigidos exames toxicológicos quando da admissão e por ocasião da rescisão contratual do motorista empregado, assegurados o direito à contraprova em caso de resultado positivo e a confidencialidade dos resultados dos respectivos exames (§ 6º do art. 168 da CLT). Ademais, será obrigatório exame toxicológico com janela de detecção mínima de 90 dias, específico para aferir o consumo de substâncias psicoativas, como antidepressivos, bebidas alcoólicas, cogumelos alucinógenos etc., que causem dependência ou, comprovadamente, comprometam a capacidade de direção, podendo ser utilizado para essa finalidade o exame toxicológico previsto no *caput* e § 1º do art. 148-A da Lei n. 9.503/97, Código de Trânsito Brasileiro, desde que realizado nos últimos 60 dias (§ 7º do art. 168 da CLT).

São **deveres** do motorista profissional empregado respeitar a legislação de trânsito e, em especial, as normas relativas ao tempo de direção e de descanso controlado e registrado na forma prevista no Código de Trânsito Brasileiro (Lei n. 9.503/97), ou seja, é vedado ao motorista profissional dirigir por mais de 5 horas e meia ininterruptas veículos de transporte rodoviário coletivo de passageiros ou de transporte rodoviário de cargas; submeter-se a exames toxicológicos com janela de detecção mínima de 90 dias e a programa de controle de uso de drogas e de bebidas alcoólicas, instituído pelo empregador, com sua ampla ciência, pelo menos uma vez a cada 2 anos e 6 meses, podendo ser utilizado para esse fim o exame obrigatório previsto no Código de Trânsito Brasileiro, desde que realizado nos últimos 60 dias (incisos III e VII do art. 235-B da CLT). No caso de recusa do empregado em se submeter ao teste ou ao programa de controle de uso de drogas e de bebidas alcoólicas, será considerada **infração disciplinar**, passível de penalização pelo empregador (parágrafo único do art. 235-B da CLT).

A **jornada de trabalho** do motorista profissional será de 8 horas, admitindo-se sua prorrogação por até 2 horas extras ou, mediante previsão em convenção ou acordo coletivo, por até 4 horas extraordinárias (art. 235-C da CLT), sendo assegurado o intervalo mínimo de 1 hora para refeição, podendo esse período coincidir com o tempo de parada obrigatória na condução do veículo, estabelecido pelo Código de Trânsito Brasileiro, exceto quando se tratar do motorista profissional enquadrado no § 5º do art. 71 da CLT (§ 2º do art. 235-C da CLT), ou seja, quando tiver o intervalo intrajornada reduzido ou fracionado por meio de acordo ou convenção coletiva de trabalho.

Salvo previsão contratual, a jornada de trabalho do motorista empregado não tem horário fixo de início, de final ou de intervalos (§ 13 do art. 235-C da CLT). E não será considerado como jornada de trabalho, nem ensejará o pagamento de qualquer remuneração, o período em que o motorista empregado ou o ajudante ficarem espontaneamente no veículo usufruindo dos intervalos de repouso (§ 4º do art. 235-D da CLT).

Dentro do período de 24 horas, são asseguradas 11 horas de **descanso** ao motorista profissional empregado, sendo facultados o seu fracionamento e a coincidência com os períodos de parada obrigatória na condução do veículo estabelecido pelo Código de Trânsito Brasileiro, garantidos o mínimo de 8 horas ininterruptas no primeiro período e o gozo do remanescente dentro das 16 horas seguintes ao fim do primeiro período (§ 3º do art. 235-C da CLT).

Nas viagens de longa distância, assim consideradas aquelas em que o motorista profissional empregado permanece fora da base da empresa, matriz ou filial, e de sua residência por mais de 24 horas, o repouso diário pode ser feito no veículo ou em alojamento do empregador, do contratante do transporte, do embarcador ou do destinatário, ou em outro local que ofereça condições adequadas (§ 4º do art. 235-C da CLT).

As **horas extraordinárias** do motorista profissional empregado serão pagas com o acréscimo de 50%, estabelecido na Constituição Federal ou compensadas na forma do § 2º do art. 59 da CLT (§ 5º do art. 235-C da CLT), isto é, poderá ser dispensado o acréscimo de salário se, por força de acordo ou convenção coletiva de trabalho, o excesso de horas em um dia for compensado pela correspondente diminuição em outro dia, de maneira que não exceda, no período máximo de 1 ano, a soma das jornadas semanais de trabalho previstas, nem seja ultrapassado o limite máximo de 10 horas diárias.

Quanto à hora de **trabalho noturno**, aplica-se o disposto no art. 73 da CLT (§ 6º do art. 235-C da CLT), ou seja, deverá ser considerado noturno o trabalho executado entre as 22 horas de um dia e as 5 horas do dia seguinte, e a hora do trabalho noturno será computada como de 52 minutos e 30 segundos, devendo ser paga ao trabalho noturno uma remuneração superior à do diurno, como um acréscimo de 20%, pelo menos, sobre o valor da hora de trabalho diurna.

São considerados **tempo de espera** as horas em que o motorista profissional empregado ficar aguardando carga ou descarga do veículo nas dependências do embarcador ou do destinatário e o período gasto com a fiscalização da mercadoria transportada em barreiras fiscais ou alfandegárias, não sendo computados como jornada de trabalho nem como horas extraordinárias (§ 8º do art. 235-C da CLT). As horas relativas ao tempo de espera serão indenizadas na proporção de 30% do salário-hora normal (§ 9º do art. 235-C da CLT). Em nenhuma hipótese o tempo de espera do motorista empregado prejudicará o direito ao recebimento da remuneração correspondente ao salário-base diário (§ 10 do art. 235-C da CLT). Quando a espera for superior a 2 horas ininterruptas e for exigida a permanência do motorista empregado junto ao veículo, caso o local ofereça condições adequadas, o tempo será considerado como de repouso para os fins do intervalo intrajornada de, no mínimo, 1 hora e do intervalo interjornada de 11 horas, sem prejuízo do pagamento das horas relativas ao tempo de espera, que deverão ser indenizadas na proporção de 30% do salário-hora normal (§ 11 do art. 235-C da CLT).

Durante o tempo de espera o motorista poderá realizar movimentações necessárias do veículo, as quais não serão consideradas como parte da jornada de trabalho, ficando garantido, porém, o gozo do descanso interjornada de 8 horas ininterruptas (§ 12 do art. 235-C da CLT).

Nas viagens de longa distância com duração superior a 7 dias, o **repouso semanal** será de 24 horas por semana ou fração trabalhada, sem prejuízo do intervalo de repouso diário de 11 horas, totalizando 35 horas, usufruído no retorno do motorista à base (matriz ou filial) ou ao seu domicílio, salvo se a empresa oferecer condições adequadas para o efetivo gozo do referido repouso (art. 235-D da CLT).

É permitido o fracionamento do repouso semanal em 2 períodos, sendo um destes de, no mínimo, 30 horas ininterruptas, a ser cumpridos na mesma semana e em continuidade a um período de repouso diário, que deverão ser usufruídos no retorno da viagem (§ 1º do art. 235-D da CLT). A cumulatividade de descansos semanais em viagens de longa distância é limitada ao número de 3 descansos consecutivos (§ 2º do art. 235-D da CLT).

O motorista empregado, em viagem de longa distância, que ficar com o veículo parado após o cumprimento da jornada normal ou das horas extraordinárias, fica dispensado do serviço, exceto se for expressamente autorizada a sua permanência junto ao veículo pelo empregador, hipótese em que o tempo será considerado de espera (§ 3º do art. 235-D da CLT).

Nos casos em que o empregador adotar dois motoristas trabalhando no mesmo veículo, o tempo de repouso poderá ser feito com o veículo em movimento, assegurado o repouso mínimo de 6 horas consecutivas fora do veículo, em alojamento externo ou, se na cabine leito, com o veículo estacionado, a cada 72 horas (§ 5º do art. 235-D da CLT).

Em situações excepcionais de inobservância justificada do limite de jornada de 8 horas, devidamente registrada, e desde que não se comprometa a segurança rodoviária, a duração da jornada de trabalho do motorista profissional empregado poderá ser elevada pelo tempo necessário até o veículo chegar a um local seguro ou ao seu destino (§ 6º do art. 235-D da CLT).

No caso de transporte de passageiros, é facultado o fracionamento do intervalo de condução do veículo previsto na Lei n. 9.503, de 23-9-1997, conhecido como Código de Trânsito Brasileiro, ou seja, de 30 minutos para descanso a cada 4 horas na condução de veículo, em períodos de, no mínimo, 5 minutos; será assegurado ao motorista o intervalo mínimo de 1 hora para refeição, podendo ser fracionado em dois períodos, e coincidir com o tempo de parada obrigatória na condução do veículo estabelecido pelo Código de Trânsito Brasileiro, exceto quando se tratar do motorista profissional enquadrado no § 5º do art. 71 da CLT, isto é, que tenha o intervalo intrajornada reduzido ou fracionado, mediante previsão em acordo ou convenção coletiva de trabalho; nos casos em que o empregador adotar dois motoristas no curso da mesma viagem, o descanso poderá ser feito com o veículo em movimento, respeitando-se os horários de jornada de trabalho, assegurado, após 72 horas, o repouso em alojamento externo ou em poltrona correspondente ao serviço de leito, com o veículo estacionado (art. 235-E da CLT).

Mediante acordo ou convenção coletiva de trabalho, poderá ser estipulada uma jornada de trabalho de 12 horas por 36 horas de descanso para o motorista profissional empregado, por meio do regime de compensação (art. 235-F da CLT).

IMPORTANTE

A Lei n. 13.103, de 2-3-2015, criou uma nova modalidade de **justa causa:** a hipótese de recusa do motorista profissional empregado em se submeter ao teste ou ao programa de controle de uso de drogas e de bebidas alcoólicas é considerada **infração disciplinar,** passível de penalização pelo empregador (parágrafo único do art. 235-B da CLT). Porém, não consta expressamente no parágrafo único do art. 235-B da CLT se a infração disciplinar será causa da dispensa imediata do trabalhador por justa causa, ou a aplicação de outra penalidade mais branda, como a advertência e a suspensão. Somente com o tempo a doutrina e a jurisprudência irão definir se se trata de uma **justa causa instantânea,** imediata ou **habitual,** isto é, inicialmente, o trabalhador deverá ser advertido, depois suspenso e, ao final, dispensado por justa causa. Porém, tendo em vista a gravidade do ato da recusa, e os riscos decorrentes da profissão, com sérias possibilidades de repercussões sobre a vida do trabalhador e de terceiros, a sua recusa em se submeter ao teste ou ao programa de controle de uso de drogas e de bebidas alcoólicas deverá ser considerada fato grave, com a quebra da fidúcia, autorizadora da dispensa do trabalhador imediatamente por justa causa, sem que se espere a ocorrência de acidentes que venham a comprometer a vida e integridade física do trabalhador e de terceiros.

16.1.11 Trabalhador cooperado

Considera-se cooperado o trabalhador admitido como sócio pela cooperativa de trabalho, que adere aos objetivos sociais e preenche as condições estabelecidas no Estatuto Social da Cooperativa, regido pela Lei n. 12.690, de 19-7-2012.

Já a cooperativa de trabalho pode ser definida como a sociedade constituída por trabalhadores para o exercício de suas atividades laborativas ou profissionais com proveito comum, autonomia e autogestão para obterem melhor qualificação, renda, situação socioeconômica e condições gerais de trabalho. A cooperativa de trabalho pode ser de serviço e de produção (incisos I e II do art. 4º da Lei n. 12.690/2012).

O trabalhador que for admitido por cooperativa pode vir a ser reconhecido judicialmente como empregado, tendo em vista que o parágrafo único do art. 442 foi revogado pela Lei n. 12.690/2012. Tal reconhecimento poderá ocorrer se estiverem presentes na relação jurídica os requisitos previstos no *caput* dos arts. 2º e 3º da CLT, principalmente a subordinação jurídica, bem como, se não forem observados pela cooperativa os princípios e valores previstos no art. 3º da referida lei, em especial: a adesão voluntária e livre dos sócios; a gestão democrática; a participação econômica dos membros; a autonomia e independência; a preservação dos direitos sociais, do valor social do trabalho e da livre-iniciativa; a não precarização do trabalho; a participação dos sócios na gestão em todos os níveis de decisão de acordo com o previsto em lei e no Estatuto Social da Cooperativa.

OBSERVAÇÃO

Foram excluídas do âmbito da Lei n. 12.690/2012 as cooperativas de assistência à saúde; as cooperativas que atuam no setor de transporte regulamentado pelo Poder Público e que detenham, por si ou por seus sócios, a qualquer título, os meios de trabalho; as cooperativas

> de profissionais liberais cujos sócios exerçam as atividades em seus próprios estabelecimentos; e as cooperativas de médicos cujos honorários sejam pagos por procedimento (parágrafo único do art. 1º).

16.1.12 Cuidados que devem ser observados no momento da elaboração da petição inicial trabalhista em razão das várias espécies de trabalhadores

Como visto, existem vários tipos ou espécies de trabalhadores nas quais, no momento da elaboração da petição inicial trabalhista, dever-se-á atentar para as suas peculiaridades, principalmente no que diz respeito às suas características e direitos.

Assim, antes de dar início à redação da peça inicial, em relação a determinado caso que envolva um ou mais trabalhadores, é fundamental ter a certeza para a resposta de cada um dos seguintes questionamentos:

1) Qual Justiça possui competência material para processar e julgar o litígio?

2) Sendo uma ação da competência material da Justiça do Trabalho, a peça a ser desenvolvida será de uma ação genuinamente trabalhista ou de uma ação que pode ser utilizada de forma subsidiária (art. 769 da CLT e art. 15 do CPC)?

3) Qual juízo possui competência territorial para julgar o caso?

4) A qual espécie de trabalhador o caso se refere?

Para o **primeiro questionamento**, dever-se-á ter certeza de que a matéria que será discutida na ação, objeto do conflito, é da competência da Justiça do Trabalho, isto é, que esta é a Justiça competente para dar uma solução ao litígio. Exemplo: a Justiça do Trabalho possui competência material para julgar a ação trabalhista movida por empregado contra seu empregador na qual busca o pagamento de uma indenização por danos morais (inciso VI do art. 114 da CRFB). O **segundo questionamento** é de extrema importância, tendo em vista os requisitos que deverão ser utilizados na elaboração da peça, uma vez que na Justiça do Trabalho podem ser identificadas ações que são genuinamente trabalhistas, como a reclamação trabalhista e a ação de cumprimento, por exemplo, sendo que, na elaboração de tais peças, deverão ser observados os requisitos contidos na CLT, mais especificadamente no § 1º do art. 840 da CLT, e também no inciso V do art. 319 do CPC, que trata sobre o valor da causa; e ações que podem ser utilizadas de forma subsidiária (art. 769 da CLT e art. 15 do CPC), como a ação de consignação em pagamento e a ação rescisória, por exemplo, em que, além do § 1º do art. 840 da CLT, também deverão ser utilizados os requisitos relacionados no art. 319 do CPC, e os dispositivos específicos para cada tipo de ação. Por exemplo, no desenvolvimento da peça inicial da ação de consignação em pagamento devem ser observadas as previsões dos arts. 539 a 549 do CPC. Não há impedimento, para que também sejam utilizados os requisitos previstos no art. 319 do CPC na redação das peças genuinamente trabalhistas, apesar de não serem obrigatórios, à exceção do valor da causa, dada a omissão existente na CLT, mesmo após a Lei n. 13.467/2017, que prevê a exigência da indicação do valor do pedido no § 1º do art. 840 da CLT, mas nada menciona sobre o valor da causa, que, por consequência lógica, deverá ser no valor do resultado do somatório de todos os pedidos líquidos. Em relação ao **terceiro questionamento,** deve-se analisar qual foi o último local que o trabalhador prestou ou presta os serviços, seguindo a regra geral do *caput* do art. 651 da CLT, para que possa fazer o correto endereçamento da petição inicial para a Vara do Trabalho que irá processar e julgar a ação trabalhista. Se o empregado, por exemplo, prestou ou presta serviços para a empresa em São Paulo, capital, a petição inicial será endereçada para o Excelentíssimo Senhor Doutor Juiz da ... Vara do Trabalho de São Paulo/SP. Porém, em relação ao **quarto questionamento**, ainda mais cuidado se deve ter, pois, dependendo do tipo de trabalhador, não serão as normas de direito material previstas na Consolidação das Lei do Trabalho que deverão ser aplicadas ao caso.

É muito comum, principalmente para estudantes do curso de Direito e advogados iniciantes, aplicar de forma geral as previsões contidas na Consolidação das Leis do Trabalho, em especial na indicação dos fundamentos jurídicos e na formulação dos pedidos da petição inicial, sem se atentar para o fato de que nem sempre poderá valer-se das regras de direito material da norma consolidada em relação às hipóteses que não envolvem relação de emprego.

Vejamos o seguinte exemplo de problema envolvendo um trabalhador: "Lucas exerce as profissões de catador de materiais recicláveis e de reciclador de papel. Em 2-8-2012, foi admitido como sócio da Cooperativa de Trabalho dos Profissionais da Reciclagem de Vitória para exercer a atividade de triagem do material reciclável, de segunda a sexta-feira, das 14 às 23 horas, com 1 hora de intervalo, e das 8 às 12 horas no sábado. Tal Cooperativa foi constituída no dia 20-7-2012. Em virtude de ato de violação do Regimento Interno, o trabalhador foi desligado da Cooperativa no dia 28-12-2012. Como trabalhou na Cooperativa por 5 meses sem receber nenhum dos direitos, Lucas resolveu procurar um advogado. Apresentar, como advogado(a) do trabalhador, a medida processual adequada na hipótese".

Num primeiro momento, pode-se acreditar ou sugerir que a situação se refere a uma relação de emprego, regida pela Consolidação das Leis do Trabalho, pois o problema menciona a jornada de trabalho, fazendo crer que seja um trabalhador subordinado que prestou serviços com habitualidade pelo período de 5 meses. Por conseguinte, buscar-se-ia na Justiça do Trabalho o pagamento dos direitos de empregado.

Realmente, por se tratar de uma relação de trabalho (inciso I do art. 114 da CRFB), será na Justiça do Trabalho que a demanda será processada e julgada. Porém, na verdade, trata-se de uma relação regida não pela Consolidação das Leis do Trabalho, mas pela Lei n. 12.690/2012, que dispõe sobre as cooperativas de trabalho.

Pode ocorrer de, em outros casos, em sentido semelhante, referir-se não a um empregado, mas a um trabalhador autônomo, um trabalhador doméstico ou mesmo a um trabalhador temporário, dentre outros.

Em relação à Consolidação das Leis do Trabalho, tem-se que observar que ela concentra ao mesmo tempo **normas de direito material** e de **direito processual do trabalho**, visto que não há um código separado que trata sobre direito material do trabalho e outro de direito processual, como no caso do Código Civil e do Código de Processo Civil. Do art. 1º ao art. 642-A, a CLT trata especificamente sobre direito material do trabalho. O *caput* do art. 8º é aplicável tanto no âmbito das autoridades administrativas quanto da Justiça do Trabalho. Já do art. 643 ao art. 910, a Consolidação trata sobre direito processual do trabalho, sendo que os artigos posteriores preveem disposições finais e transitórias. Assim, como regra geral, a parte alusiva ao direito material aplica-se a quem é empregado. Já a parte que contém normas de direito processual, como se refere a processo, é aplicável aos casos em que a parte, trabalhador ou tomador de serviços, além de outros, move ou responde à ação ajuizada perante a Justiça Laboral. Nos casos omissos, o direito processual comum pode ser utilizado como fonte subsidiária do direito processual do trabalho (art. 769 da CLT e art. 15 do CPC).

Na elaboração da petição inicial trabalhista, dever-se-á observar as previsões contidas na CLT (§ 1º do art. 840), e em alguns casos no Código de Processo Civil (art. 319). Porém, em relação aos fundamentos jurídicos e aos pedidos, tem-se que observar qual ou quais normas de direito material regulamentam a relação que se encontra em conflito. Num litígio, por exemplo, entre trabalhador doméstico com seu empregador doméstico, os direitos do obreiro estão previstos no parágrafo único do art. 7º da CRFB e na Lei Complementar n. 150/2015. Assim, em relação ao doméstico, o pedido de pagamento do aviso prévio encontra amparo no art. 23 da Lei Complementar n. 150/2015, e não no Capítulo VI da CLT (do art. 487 ao art. 491), que trata do aviso prévio. Por analogia, pode-se requerer a aplicação extensiva de alguns dispositivos, tendo em vista a hipótese de lacuna legislativa, por exemplo, a não previsão no parágrafo único do art. 7º da CRFB nem na Lei Complementar n. 150/2015 do cabimento do aviso prévio na despedida indireta do trabalhador doméstico. Neste caso, por analogia, pode-se requerer a aplicação do § 4º do art. 487 da CLT. Já num litígio envolvendo o trabalhador temporário, dever-se-á observar as previsões da Lei n. 6.019/74. Em tal hipótese, o pedido de pagamento do adicional noturno, por exemplo, terá como fundamento a letra *e* do art. 12 da Lei n. 6.019/74, e não o *caput* do art. 73 da CLT, mesmo que se possa requerer a aplicação analógica deste, em razão da lacuna existente na lei que trata do trabalho temporário, que não prevê expressamente qual percentual deve ser utilizado para o cálculo do adicional noturno do trabalhador temporário.

Por conseguinte, somente o empregado faz jus a alguns direitos celetistas, como o adicional de transferência e o adicional de periculosidade. É claro que, em algumas circunstâncias bastante especiais, as normas de direito material do trabalho podem ser aplicadas pelo juiz a outros tipos de trabalhadores, a partir da analogia (*caput* do art. 8º da CLT), bem como por meio de lei especial o determinado trabalhador pode ter acesso a direitos semelhantes. Da mesma forma, mediante acordos ou convenções coletivas, esses mesmos direitos podem ser conferidos a trabalhadores que não são empregados.

Outro detalhe importante que deve ser observado é se o trabalhador não exerce uma profissão cuja legislação lhe confere características especiais, como é o caso do bancário (art. 224 ao art. 226 da CLT), do jornalista profissional (art. 302 ao art. 316 da CLT), do professor (art. 317 ao art. 323 da CLT) etc.

Em relação ao problema anteriormente citado, envolvendo um trabalhador cooperado, quando da elaboração da peça jurídica de ingresso, é importante atentar para o seguinte:

> Em relação aos direitos do trabalhador, dever-se-á observar as previsões contidas na Lei n. 12.690/2012 (incisos do art. 7º), que regulamenta este tipo de relação.

> Porém, na elaboração da petição inicial, dever-se-á observar as normas de direito processual do trabalho contidas na Consolidação das Leis do Trabalho, podendo inclusive complementar a peça utilizando-se das previsões do Código de Processo Civil (art. 282).

Assim, levando-se em consideração o problema envolvendo o caso do cooperado Lucas, poder-se-á elaborar a seguinte petição inicial como resposta ao problema:

Endereçamento ou designação do juiz da Vara do Trabalho (§ 1º do art. 840 da CLT).

**Excelentíssimo Senhor Doutor Juiz da ... Vara
do Trabalho de Vitória – Estado do Espírito Santo**

(Espaço)

Qualificação do reclamante (§ 1º do art. 840 da CLT).

Lucas, brasileiro, (estado civil), catador de materiais recicláveis e reciclador de papel, com endereço eletrônico..., portador da Carteira de Trabalho e Previdência Social n. ..., série..., inscrito no CPF n. ..., com endereço na Rua..., n. ..., Bairro..., Cidade..., Estado..., CEP..., vem, por seu advogado, infra-assinado e devidamente constituído, conforme instrumento procuratório juntado, com escritório profissional na Rua..., n. ..., Bairro..., Cidade..., Estado..., CEP..., onde recebe intimações e notificações, ajuizar a presente

Reclamação Trabalhista pelo Rito Sumaríssimo

Qualificação do reclamado (§ 1º do art. 840 da CLT).

em face da **Cooperativa de Trabalho dos Profissionais da Reciclagem de Vitória**, com endereço eletrônico..., estabelecida na Rua..., n. ..., Bairro..., Cidade..., Estado..., CEP..., inscrita no CNPJ n. ..., com fundamento no § 1º do art. 840 da Consolidação das Leis do Trabalho, combinado com o art. 852-A da CLT e os incisos I e II do art. 852-B do mesmo diploma legal, pelos motivos de fato e razões de direito a seguir aduzidos.

Breve exposição dos fatos de que resulte o dissídio (§ 1º do art. 840 da CLT).

Dos Fatos

O Reclamante foi admitido como sócio da Reclamada no dia 2-8-2012, para exercer a atividade de triagem do material reciclável, de segunda a sexta-feira, das 14 às 23 horas, com 1 hora de intervalo, e das 8 às 12 horas no sábado.

A Reclamada foi constituída no dia 20-7-2012, devendo, portanto, observar as regras da Lei n. 12.690/2012, bem como das Leis n. 5.764/71 e 10.406/2002 (Código Civil), no que estas não forem incompatíveis.

No dia 28-12-2012, isto é, 5 meses após sua admissão, a Reclamada resolveu desligar o Autor da Cooperativa.

Porém, durante o tempo que lá trabalhou não recebeu nenhum dos seus direitos.

Fundamentos jurídicos do pedido (inciso III do art. 319 do CPC).

Dos Direitos/Dos Fundamentos

1. Retiradas

Segundo o inciso I do art. 7º da Lei n. 12.690/2012, o sócio da Cooperativa de Trabalho faz jus às retiradas não inferiores ao piso da categoria profissional e, na ausência deste, não inferiores ao salário-mínimo, calculadas de forma proporcional às horas trabalhadas ou às atividades desenvolvidas.

Como o Reclamante prestou a atividade de triagem de material reciclável durante 5 meses, tem direito às retiradas na forma prevista pela citada legislação.

2. Repouso semanal remunerado

De acordo com o inciso III do art. 7º da Lei n. 12.690/2012, o sócio da Cooperativa de Trabalho tem direito ao repouso semanal remunerado, preferencialmente aos domingos. Como tal verba não foi paga ao Autor, a Reclamada deverá ser condenada neste sentido.

3. Retirada para o trabalho noturno superior à do diurno

Como o Autor exerceu a atividade de triagem do material reciclável, de segunda a sexta-feira, das 14 às 23 horas, com 1 hora de intervalo, e das 8 às 12 horas no sábado, faz jus à retirada do trabalho noturno superior à do período diurno, na forma prevista no inciso V do art. 7º da Lei n. 12.690/2012.

Para tanto, em relação ao trabalho noturno, deverão ser utilizadas, por analogia, as previsões contidas na Consolidação das Leis do Trabalho, mais especificamente o caput do art. 73 consolidado, que prevê o adicional noturno de 20% (vinte por cento), bem como o § 2º do mesmo artigo, que considera noturno o trabalho executado a partir das 22 horas.

Portanto, faz jus o trabalhador ao pagamento de 1 hora noturna diária, de segunda a sexta-feira, compreendida entre as 22 e 23 horas, como acréscimo de 20%, por todo o período trabalhado.

Importante destacar que o *caput* do art. 8º da Consolidação das Leis do Trabalho autoriza o juiz a decidir por analogia na falta de disposição legal ou contratual, como é o caso presente, em que a Lei n. 12.690/2012 foi omissa em relação ao período que deve ser considerado noturno, bem como o percentual que deve ser aplicado à hora noturna do trabalhador cooperado.

4. Adicional de insalubridade sobre as retiradas

Como o Reclamante exercia a atividade de triagem de material reciclável, tendo contato habitual com materiais orgânicos e inorgânicos, sendo muitos deles tóxicos, faz jus ao adicional de insalubridade sobre as retiradas, conforme determina o inciso VI do art. 7º da Lei n. 12.690/2012.

Neste caso, igualmente por analogia, deverão ser utilizadas as previsões da Consolidação das Leis do Trabalho, mais especificamente o art. 192 da CLT.

Dado o grande risco de contaminação por doenças das mais variadas espécies, o Reclamante requer que a Reclamada seja condenada a pagar o adicional em seu grau máximo (40%).

5. Honorários advocatícios sucumbenciais

A Reclamada deverá ser condenada a pagar os honorários de sucumbência, que deverão ser fixados pelo juízo na forma prevista do art. 791-A da CLT.

6. Justiça gratuita

Esclarece o Reclamante que não tem condições de demandar sem sacrifício do sustento próprio e de seus familiares, motivo pelo qual pede que lhe sejam concedidos os benefícios da assistência judiciária gratuita, nos termos dos §§ 3º e 4º do art. 790 da CLT.

Os pedidos (§ 1º do art. 840 da CLT).

Dos Pedidos

Diante de tudo o quanto foi exposto, requer o Reclamante a condenação da Ré ao pagamento das seguintes verbas, acrescidas de juros de mora e correção monetária:

a) Retiradas sobre os 5 meses de trabalho: R$...
b) Repouso semanal remunerado sobre os 5 meses de trabalho: R$...
c) Retiradas para o trabalho noturno superior à do diurno (20%) sobre os 5 meses de trabalho: R$...
d) Adicional de insalubridade de 40% sobre as retiradas alusivas aos 5 meses de trabalho: R$...

Sobre as verbas acima reivindicadas deverão ser aplicados os juros de mora, devidos a partir do ajuizamento da ação trabalhista (art. 883 da CLT), calculados sobre a importância da condenação já devidamente corrigida monetariamente, conforme determina a Súmula n. 200 do Tribunal Superior do Trabalho.

Requer, também, a assistência judiciária gratuita, bem como a condenação da Reclamada ao pagamento de honorários advocatícios sucumbenciais.

Indicação das provas (inciso VI do art. 319 do CPC).

Das Provas

Protesta-se por todos os meios de provas em direito admitidas, especialmente pelo depoimento pessoal da Reclamada, sob pena de confissão (inciso I da Súmula

n. 74 do TST), juntada de documentos, inquirição de testemunhas, perícias e tantas outras quantas forem necessárias para provar tudo o quanto aqui foi afirmado.

Das Disposições Finais

Requer, ainda, que todas as notificações a ser publicadas sejam feitas em nome de seu representante, conforme instrumento procuratório juntado.

> Requerimento de citação (notificação) do réu (*caput* do art. 239 do CPC).

E, por fim, requer se digne Vossa Excelência determinar a notificação da Reclamada para, querendo, contestar a presente reclamação trabalhista, sob pena de revelia, acompanhando-a até seus ulteriores trâmites, quando deverá ser julgada totalmente procedente.

> Valor da causa (*caput* do art. 2º da Lei n. 5.584/70 e inciso V do art. 319 do CPC).

Dá-se à causa o valor de R$... (por extenso).
Nestes termos, pede deferimento.

> Data e assinatura do representante (§ 1º do art. 840 da CLT).

Local..., data...
Advogado OAB/... n. ...

16.2 Formas de Extinção do Contrato de Trabalho

Uma dificuldade encontrada muitas vezes pelo candidato ao elaborar a peça da prova prático-profissional do Exame da OAB (ou mesmo ao estudante ou ao advogado) diz respeito aos pedidos que possam ser formulados na petição inicial trabalhista nos casos que envolvem rescisão do contrato de trabalho em que a empresa não procedeu ao ex-empregado o pagamento, parcial ou total, das verbas rescisórias.

Tal dificuldade decorre do fato de que existem inúmeras formas de extinção do contrato de trabalho, com o pagamento de verbas rescisórias muitas vezes distintas.

Importante destacar também que, antes da **Reforma Trabalhista**, a CLT previa a possibilidade de contratação a prazo determinado e indeterminado, de forma tácita ou expressa, verbalmente ou por escrito. Em ambos os casos, a prestação do trabalho é contínuo, não havendo que se falar em períodos de inatividade, em que, independentemente da necessidade ou não da prestação de serviços, o empregador tem a obrigação de pagar os salários ao trabalhador, visto que o risco da atividade econômica é exclusivo da empresa (*caput* do art. 2º da CLT).

A partir da Reforma Trabalhista, além das duas possibilidades já existentes, a CLT passou a prever também a contratação mediante o contrato de trabalho intermitente, para a prestação do serviço não contínuo, com a possibilidade do trabalhador vir a ficar sem prestar serviços nos períodos de inatividade (*caput* do art. 452-C da CLT), sem direito à percepção do salário. Neste tipo de contrato, não é possível o ajuste a prazo determinado, e tampouco por experiência, visto que o *caput* do art. 443 da CLT é claro ao especificar cada uma das três formas de contratação, que possuem características próprias, sendo que somente no contrato contínuo é possível o estabelecimento de um prazo para o término da relação de emprego, inclusive mediante o contrato de experiência. Pode-se observar que cada uma das possibilidades está separada no citado dispositivo pela palavra "ou", o que demonstra serem formas distintas de contratação.

Porém, nada obsta que por meio de acordo ou convenção coletiva de trabalho seja incluída cláusula prevendo a contratação do trabalhador intermitente por meio do contrato de experiência, visto que o § 3º do art. 8º da CLT prevê que deverá haver a intervenção mínima da Justiça do Trabalho nas situações em que for necessário o exame das normas coletivas, e o inciso VIII do art. 611-A da CLT autoriza a celebração de acordo ou convenção coletiva dispondo sobre o contrato de trabalho intermitente.

Neste aspecto, a extinção do contrato de trabalho passou a envolver três grupos distintos de terminação contratual:

> ❭ A extinção dos contratos contínuos por tempo indeterminado, que constitui a regra geral;
> ❭ A extinção dos contratos contínuos por tempo determinado;
> ❭ E a extinção dos contratos intermitentes (isto é, não contínuos).

Para facilitar, relacionamos, a seguir, as muitas formas de rescisão contratual, bem como enumeramos os direitos do empregado que devem ser observados em cada uma delas e as parcelas que o trabalhador não faz jus.

Assim, na resolução da peça discursiva, deve-se observar se tais direitos foram satisfeitos pelo empregador quando da resolução do contrato de trabalho do empregado. Caso contrário, deve-se pleitear na peça inicial a condenação do empregador ao pagamento de tais direitos.

16.2.1 Rescisão do contrato de trabalho a prazo determinado pelo decurso/ término do prazo fixado

Nesta forma de rescisão contratual, na qual foi fixado um prazo para o término do contrato, o empregado faz jus aos seguintes direitos:
> Pagamento do saldo de salário, se houver.
> Pagamento das férias vencidas, simples (*caput* do art. 130 da CLT) ou em dobro (*caput* do art. 137 da CLT e Súmula n. 81 do TST), se houver.
> Pagamento do 1/3 constitucional sobre as férias vencidas simples ou em dobro, se houver (inciso XVII do art. 7º da CRFB).
> Pagamento das férias proporcionais acrescidas do 1/3 constitucional (parágrafo único do art. 146 c/c o art. 147, ambos da CLT; e inciso XVII do art. 7º da CRFB).
> Pagamento do décimo terceiro salário integral (art. 1º da Lei n. 4.090/62).
> Pagamento do décimo terceiro salário proporcional (inciso I do § 3º do art. 1º da Lei n. 4.090/62).
> Saque dos depósitos de sua conta vinculada no FGTS (inciso IX do art. 20 da Lei n. 8.036/90).

Em tal caso, o empregado não tem direito ao:
> Pagamento do aviso prévio, uma vez que as partes, empregado e empregador, conhecem antecipadamente quando o contrato irá terminar.
> Pagamento da indenização compensatória ou multa de 40% sobre o montante de todos os depósitos realizados na conta vinculada do empregado no FGTS, pois a iniciativa do rompimento não foi do empregador, bem como não é caso de dispensa sem justa causa.
> Percepção do seguro-desemprego, uma vez que o art. 3º da Lei n. 7.998/90 não prevê tal hipótese.

16.2.2 Extinção do contrato de trabalho por rescisão antecipada do contrato por prazo determinado

Neste caso, poderá ocorrer a extinção do contrato de trabalho em decorrência da rescisão antecipada do contrato por prazo determinado pelos seguintes motivos:
> Por dispensa do empregado antes do termo final com justa causa.
> Por dispensa do empregado antes do termo final sem justa causa.
> Ou por pedido de demissão do empregado antes do termo final.

Vejamos quais são os direitos do trabalhador em cada uma das hipóteses:

1ª hipótese: rescisão do contrato a prazo por justa causa antes do termo final.
No caso de dispensa por justa causa, antes do termo final do contrato, o empregado tem direito às seguintes verbas:
- Pagamento do saldo de salário, se houver.
- Pagamento das férias vencidas, acrescidas do 1/3 constitucional (*caput* do art. 130 da CLT e inciso XVII do art. 7º da CRFB), desde que haja cumprido o período aquisitivo.
- Pagamento do décimo terceiro salário integral, desde que tenha mais de 1 ano de serviço (art. 1º da Lei n. 4.090/62).

Nesta hipótese, o empregado não terá direito ao:
- Pagamento do aviso prévio, uma vez que é incabível nos contratos a prazo, conforme previsto no *caput* do art. 487 da CLT.
- Pagamento do décimo terceiro salário proporcional, pois o art. 3º da Lei n. 4.090/62 somente prevê o pagamento na dispensa sem justa causa e não na por justa causa, bem como o Decreto n. 10.854/2021 prevê no *caput* do art. 82 que o empregado não tem direito ao décimo terceiro salário no caso de justa causa.
- Pagamento das férias proporcionais, acrescidas de 1/3 (parágrafo único do art. 146 da CLT).
- Saque dos depósitos de sua conta vinculada no FGTS, tendo em vista que o art. 20 da Lei n. 8.036/90 não prevê tal hipótese.

2ª hipótese: rescisão do contrato a prazo sem justa causa antes do termo final.
No caso de dispensa sem justa causa, isto é, por iniciativa do empregador, antes do termo final do contrato, o empregado faz jus aos seguintes direitos:
- Pagamento do saldo de salário, se houver.
- Pagamento do décimo terceiro salário integral e proporcional (art. 3º da Lei n. 4.090/62).
- Pagamento das férias vencidas, simples (*caput* do art. 130 da CLT) ou em dobro (*caput* do art. 137 da CLT e Súmula n. 81 do TST), se houver.
- Pagamento do 1/3 constitucional sobre as férias vencidas, simples ou em dobro, se houver (inciso XVII do art. 7º da CRFB).
- Pagamento das férias proporcionais, acrescidas do 1/3 constitucional (parágrafo único do art. 146 c/c o art. 147 da CLT; e inciso XVII do art. 7º da CRFB).
- Pagamento da multa de 40% sobre o FGTS (art. 14 do Decreto n. 99.684/90).
- Saque dos depósitos da conta vinculada no FGTS (inciso I do art. 20 da Lei n. 8.036/90).
- Pagamento da indenização correspondente à metade da remuneração a que teria direito o obreiro até o término do contrato (*caput* do art. 479 da CLT).

IMPORTANTE

Somente nesta forma de rescisão do contrato de trabalho há o pagamento da indenização prevista no *caput* do art. 479 da CLT. Isso significa que a rescisão do contrato a prazo determinado sem justa causa antes do termo final é uma forma de extinção contratual distinta da rescisão do contrato de trabalho por prazo indeterminado em razão da dispensa do empregado sem justa causa.

OBSERVAÇÃO

Existindo a cláusula assecuratória do direito recíproco de rescisão (art. 481 da CLT), não mais se aplicam as indenizações previstas nos arts. 479 (empregador) e 480 (empregado) da CLT, devendo a rescisão ocorrer como se o pacto fosse por prazo indeterminado, ou seja, com a concessão do aviso prévio (ou sua indenização) e multa de 40% sobre os depósitos do FGTS.

3ª hipótese: rescisão por pedido de demissão antes do termo final.

Quando a rescisão do contrato a prazo determinado for por iniciativa do empregado (pedido de demissão), o obreiro deverá indenizar o empregador (*caput* do art. 480 da CLT).

Em tal caso, o empregado faz jus aos seguintes direitos:

❭ Pagamento do saldo de salário, se houver.
❭ Pagamento das férias vencidas, simples (*caput* do art. 130 da CLT) ou em dobro (*caput* do art. 137 da CLT e Súmula n. 81 do TST), se houver.
❭ Pagamento do 1/3 constitucional sobre as férias vencidas, simples ou em dobro, se houver (inciso XVII do art. 7º da CRFB).
❭ Pagamento das férias proporcionais, acrescidas do 1/3 constitucional (Súmula n. 261 do TST e inciso XVII do art. 7º da CRFB).
❭ Pagamento do décimo terceiro salário integral e proporcional (Súmula n. 157 do TST).

Pedindo demissão, o empregado perde o direito:

❭ à liberação do saldo do FGTS, que ficará retido;
❭ à percepção do seguro-desemprego;
❭ e à multa de 40% do FGTS, pois o rompimento não foi de iniciativa do empregador, tampouco é caso de dispensa sem justa causa.

16.2.3 Rescisão do contrato de trabalho por prazo indeterminado por pedido de demissão do empregado

Segundo o professor Amauri Mascaro Nascimento (2009b, p. 407), podemos conceituar pedido de demissão como "a comunicação do empregado de que não pretende mais dar continuidade ao contrato de trabalho".

Para o professor Sergio Pinto Martins (2010, p. 392), "demissão é o aviso que o empregado faz ao empregador de que não mais deseja trabalhar na empresa".

OBSERVAÇÃO

> Não se deve confundir **dispensa** ou **despedida**, que é o ato do empregador de despedir o empregado, com **demissão**, que é o ato do empregado de comunicar o empregador de que não quer mais continuar trabalhando para a empresa.

De acordo com o § 2º do art. 487 da CLT, a falta de aviso por parte do empregado dá ao empregador o direito de descontar os salários correspondentes ao prazo respectivo.

Neste caso, o empregado tem direito ao:

> Pagamento do saldo de salário, se houver.
> Pagamento das férias proporcionais, acrescidas do 1/3 constitucional, se o empregado estiver com menos de 1 ano de serviço (Súmula n. 261 do TST e inciso XVII do art. 7º da CRFB).
> Pagamento das férias vencidas, simples ou em dobro, se houver, e proporcionais, acrescidas do 1/3 constitucional, se o empregado estiver com mais de 1 ano de serviço (parágrafo único do art. 146 da CLT e inciso XVII do art. 7º da CRFB).
> Pagamento do décimo terceiro salário integral (art. 1º da Lei n. 4.090/62).
> Pagamento do décimo terceiro salário proporcional (Súmula n. 157 do TST).

O empregado não tem direito ao:

> Pagamento do aviso prévio, pois cabe ao empregado dá-lo ao empregador.
> Pagamento da indenização compensatória ou multa de 40% sobre os depósitos da conta vinculada do empregado no FGTS, pois a iniciativa do rompimento não foi do empregador, e não é uma dispensa sem justa causa.
> Saque dos depósitos de sua conta vinculada no FGTS, cujo saldo ficará retido na Caixa Econômica Federal.
> Percepção do seguro-desemprego, pois de acordo com o art. 3º da Lei n. 7.998/90 somente tem direito ao seguro-desemprego o empregado que tenha sido dispensado sem justa causa.

16.2.4 Rescisão do contrato de trabalho por rescisão indireta ou despedida indireta

Segundo o professor Amauri Mascaro Nascimento (2008, p. 855), podemos conceituar despedida indireta como "a rescisão do contrato de trabalho do empregado tendo em vista justa causa que o atingiu praticada pelo empregador".

Já o professor Sergio Pinto Martins (2010, p. 392) conceitua rescisão indireta como "a forma de cessação do contrato de trabalho por decisão do empregado em virtude da justa causa praticada pelo empregador".

Portanto, ocorre a rescisão indireta quando o empregador pratica uma falta grave em relação ao empregado, dando justo motivo ao obreiro para rescindir o contrato de trabalho.

Na prática, o empregado costuma dar por rescindido o contrato de trabalho, deixando de prestar os serviços e pleiteando na Justiça do Trabalho o pagamento das verbas a que tem direito.

Normalmente, o empregado postula a rescisão indireta de seu contrato de trabalho.

As hipóteses que fundamentam o pedido de rescisão indireta estão previstas nas alíneas do art. 483 da CLT. Ao relacionar tais situações que configuram justa causa, a Consolidação das Leis do Trabalho é taxativa e não exemplificativa.

Neste caso, o empregado tem direito ao:

> Pagamento do saldo de salário, se houver.
> Pagamento do aviso prévio indenizado (§ 4º do art. 487 da CLT).
> Pagamento do décimo terceiro salário integral e proporcional, uma vez que não pode ser imputado ao obreiro o descumprimento de obrigações pertinentes ao contrato de trabalho (*caput* do art. 1º da Lei n. 4.090/62).
> Pagamento das férias vencidas, simples (*caput* do art. 130 da CLT) ou em dobro (*caput* do art. 137 da CLT e Súmula n. 81 do TST), se houver.
> Pagamento do 1/3 constitucional sobre as férias vencidas, simples ou em dobro, se houver (inciso XVII do art. 7º da CRFB).
> Pagamento da indenização compensatória ou multa de 40% sobre os depósitos da conta vinculada do empregado no FGTS, uma vez que foi o empregador que deu causa à rescisão do contrato de trabalho (§ 1º do art. 9º do Decreto n. 99.684/90).
> Saque dos depósitos da conta vinculada no FGTS (inciso I do art. 20 da Lei n. 8.036/90).
> Percepção ao seguro-desemprego (inciso I do art. 2º da Lei n. 7.998/90).

OBSERVAÇÃO

Tal forma de rescisão contratual equivale a uma dispensa sem justa causa.

16.2.5 Rescisão do contrato de trabalho por prazo indeterminado por despedimento, despedida ou dispensa do empregado sem justa causa

Segundo o professor Amauri Mascaro Nascimento (2009b, p. 387), podemos definir dispensa sem justa causa como o "ato pelo qual o empregador põe fim à relação jurídica". Portanto, a dispensa corresponde ao ato do empregador.

Neste caso, o empregado tem direito ao:

> Pagamento do saldo de salário, se houver.

> Pagamento do aviso prévio trabalhado (inciso II do art. 487 da CLT) ou indenizado (§ 1º do art. 487 da CLT).

> Pagamento das férias vencidas, simples (*caput* do art. 130 da CLT) ou em dobro (*caput* do art. 137 da CLT e Súmula n. 81 do TST), se houver, e proporcionais correspondentes ao período aquisitivo incompleto, independentemente do tempo de serviço (art. 147 da CLT e Súmula n. 171 do TST).

> 1/3 constitucional sobre as férias vencidas, simples ou em dobro, se houver, e as férias proporcionais (inciso XVII do art. 7º da CRFB).

> Pagamento do décimo terceiro salário integral e proporcional aos meses do ano da dispensa (arts. 1º e 3º da Lei n. 4.090/62).

> Saque dos depósitos de sua conta vinculada no FGTS (inciso I do art. 20 da Lei n. 8.036/90).

> Pagamento da indenização compensatória ou multa de 40% sobre o montante de todos os depósitos efetuados na conta vinculada do empregado no FGTS (§ 1º do art. 18 da Lei n. 8.036/90).

> Percepção do seguro-desemprego (art. 3º da Lei n. 7.998/90).

> Pagamento da indenização adicional (art. 9º da Lei n. 7.238/84; Súmulas n. 182, 242 e 314 do TST).

OBSERVAÇÃO

Esta é a forma de rescisão contratual na qual mais direitos faz jus o empregado.

16.2.6 Rescisão do contrato de trabalho por prazo indeterminado por despedida, despedimento ou dispensa do empregado com justa causa

Segundo o professor Sergio Pinto Martins (2010, p. 373), podemos conceituar justa causa como "a forma de dispensa decorrente de ato grave praticado pelo empregado, implicando a cessação do contrato de trabalho por motivo devidamente evidenciado, de acordo com as hipóteses previstas na lei". Apesar de o excelente autor ter utilizado a palavra "evidenciado", preferimos empregar a palavra "comprovado", tendo em vista que não pode restar qualquer dúvida acerca da ocorrência da falta grave pelo empregado.

Portanto, o empregador poderá dispensar por justa causa o empregado que cometer falta ou infração grave.

Justa causa, portanto, é a punição máxima do empregado faltoso que, como consequência do ato ou da omissão praticados, perde o emprego.

Podemos utilizar tanto a expressão falta grave quanto justa causa, pois são sinônimas.

As hipóteses de justa causa estão previstas no art. 482 da CLT.

ASSUNTOS IMPORTANTES QUE DEVEM SER OBSERVADOS NA ELABORAÇÃO DAS PEÇAS TRABALHISTAS   519

IMPORTANTE

O art. 508 da CLT foi revogado pela Lei n. 12.347/2010. Portanto, a falta contumaz de pagamento de dívidas legalmente exigíveis por empregado bancário não mais constitui caso de justa causa.

Nesse caso, o empregado somente tem direito ao:
> Pagamento do saldo de salário, se houver.
> Pagamento do décimo terceiro salário integral, desde que tenha mais de 1 ano de serviço.
> Pagamento das férias vencidas, simples (*caput* do art. 130 da CLT) ou em dobro (*caput* do art. 137 da CLT e Súmula n. 81 do TST), se houver, desde que o empregado tenha mais de 1 ano de serviço.
> Pagamento do 1/3 constitucional sobre as férias vencidas, simples ou em dobro, se houver (inciso XVII do art. 7º da CRFB), desde que haja pagamento das férias vencidas ou em dobro.

O empregado não tem direito ao:
> Pagamento do aviso prévio de 30 dias ou indenizado (*caput* do art. 487 da CLT).
> Pagamento do décimo terceiro salário proporcional, uma vez que o § 3º do art. 1º e o art. 3º da Lei n. 4.090/62 não preveem a hipótese de pagamento no caso de justa causa. Ademais, o Decreto n. 10.854/2021 prevê no *caput* do art. 82 que o empregado não tem direito ao décimo terceiro salário no caso de justa causa.
> Pagamento das férias proporcionais (parágrafo único do art. 146 da CLT).
> Pagamento da indenização de 40% sobre o saldo do FGTS, tendo em vista que não foi o empregador que deu causa à dispensa (§ 1º do art. 18 da Lei n. 8.036/90).
> Saque dos depósitos de sua conta vinculada no FGTS, cujos valores permanecerão na conta vinculada do empregado, embora sem disponibilidade imediata, uma vez que o art. 20 da Lei n. 8.036/90 não prevê a hipótese de saque no caso de extinção do contrato de trabalho por justa causa.
> Percepção do seguro-desemprego (art. 3º da Lei n. 7.998/90).

OBSERVAÇÃO

Esta é a forma de rescisão contratual na qual mais direitos o empregado perde.

16.2.7 Rescisão do contrato de trabalho por culpa recíproca

Ocorre quando o empregado e o empregador cometem, ao mesmo tempo, faltas que constituem justa causa para a rescisão do contrato de trabalho, sendo que a falta do empregado está prevista no art. 482 da CLT, e a falta do empregador está prevista no art. 483 da CLT.

Neste caso, o empregado tem direito ao:

> Pagamento do saldo de salário, se houver.
> Pagamento de 50% do valor do aviso prévio (Súmula n. 14 do TST).
> Pagamento de 50% do valor das férias proporcionais, acrescidas de 1/3 (Súmula n. 14 do TST).
> Pagamento de 50% do valor do décimo terceiro salário proporcional (Súmula n. 14 do TST).

OBSERVAÇÃO

A Súmula n. 14 do TST não especifica se será pago 50% do décimo terceiro salário integral ou do proporcional, ou ambos. **1ª explicação:** como o direito ao décimo terceiro salário integral o empregado jamais perde, caso tenha cumprido a exigência de ter trabalhado de janeiro a dezembro, somente pode ser o décimo terceiro salário proporcional. **2ª explicação:** segundo o princípio do *in dubio pro* operário, quando na interpretação de uma norma surgir dúvida a respeito do seu verdadeiro sentido ou alcance, o intérprete ou aplicador da lei deve optar por aquele (sentido ou alcance) que seja mais favorável ao trabalhador. Portanto, o sentido mais favorável ao trabalhador é a aplicação do percentual de 50% somente ao décimo terceiro salário proporcional.

> Pagamento do 13º salário integral, se houver.
> Pagamento das férias vencidas, simples (*caput* do art. 130 da CLT) ou em dobro (*caput* do art. 137 da CLT e Súmula n. 81 do TST), se houver.
> Pagamento do 1/3 constitucional sobre as férias vencidas, simples ou em dobro, se houver (inciso XVII do art. 7º da CRFB).
> Saque dos depósitos de sua conta vinculada no FGTS (inciso I do art. 20 da Lei n. 8.036/90).
> Pagamento da indenização compensatória ou multa de 20% sobre o montante de todos os depósitos efetuados na conta vinculada do empregado no FGTS (art. 484 da CLT e § 2º do art. 18 da Lei n. 8.036/90).

Neste caso, o empregado não tem direito à percepção do seguro-desemprego (art. 3º da Lei n. 7.998/90).

16.2.8 Rescisão do contrato de trabalho por acordo entre empregado e empregador

Ocorre quando, por mútuo acordo, o empregado e o empregador ajustam a rescisão do contrato de trabalho (art. 484-A da CLT).

Neste caso, o empregado tem direito ao:

> Pagamento do saldo de salário, se houver.
> Pagamento de 50% do valor do aviso prévio, se indenizado. Se trabalhado, deverá ser pago de forma integral.
> Pagamento do valor das férias proporcionais, acrescidas de 1/3.
> Pagamento do valor do décimo terceiro salário proporcional.
> Pagamento do décimo terceiro salário integral.
> Pagamento das férias vencidas, simples (*caput* do art. 130 da CLT) ou em dobro (*caput* do art. 137 da CLT e Súmula n. 81 do TST), se houver.
> Pagamento do 1/3 constitucional sobre as férias vencidas, simples ou em dobro, se houver (inciso XVII do art. 7º da CRFB).
> Saque de 80% do valor dos depósitos de sua conta vinculada no FGTS (§ 1º do art. 484-A da CLT e inciso I do art. 20 da Lei n. 8.036/90).
> Pagamento de 50% da indenização compensatória sobre o montante de todos os depósitos efetuados na conta vinculada do empregado no FGTS.

Nesta forma de extinção contratual, o empregado não tem direito à percepção do seguro-desemprego (§ 2º do art. 484-A da CLT).

16.2.9 Rescisão do contrato de trabalho por morte do empregado

A morte do empregado implica a extinção do contrato de trabalho, que é pessoal, personalíssimo em relação ao obreiro. O contrato de trabalho é *intuitu personae* e o empregado não pode ser substituído por outra pessoa no ato de trabalhar, de prestar o serviço.

Assim, havendo a morte do empregado seus herdeiros têm direito ao:

> Pagamento do saldo de salário, se houver.
> Pagamento das férias vencidas, simples (*caput* do art. 130 da CLT) ou em dobro (*caput* do art. 137 da CLT e Súmula n. 81 do TST), se houver.
> Pagamento do 1/3 constitucional sobre as férias vencidas, simples ou em dobro, se houver (inciso XVII do art. 7º da CRFB).
> Pagamento das férias proporcionais, acrescidas do 1/3 constitucional (parágrafo único do art. 146 da CLT e inciso XVII do art. 7º da CRFB).
> Pagamento do décimo terceiro salário integral e proporcional (art. 3º da Lei n. 4.090/62), uma vez que a extinção do contrato não foi por justa causa.
> Saque dos depósitos da conta vinculada do empregado no FGTS (inciso IV do art. 20 da Lei n. 8.036/90).

Os herdeiros não têm direito ao:

> Pagamento do aviso prévio (art. 487 da CLT).
> Pagamento da indenização compensatória ou multa de 40% sobre o

montante de todos os depósitos efetuados na conta vinculada do empregado no FGTS, pois não ocorreu a dispensa por ato do empregador.

› Percepção do seguro-desemprego (art. 3º da Lei n. 7.998/90).

16.2.10 Rescisão do contrato de trabalho por extinção da empresa

Na extinção da empresa, o empregado fará jus a todos os direitos previstos na legislação, tendo em vista que não foi ele quem deu causa à rescisão do contrato de trabalho, bem como cabe à empresa assumir os riscos do negócio (*caput* do art. 2º da CLT). Assim, faz jus o obreiro ao:

› Pagamento do saldo de salário, se houver.

› Pagamento do aviso prévio (Súmula n. 44 do TST).

› Pagamento das férias vencidas, simples ou em dobro, se houver.

› Pagamento do 1/3 constitucional sobre as férias vencidas, simples ou em dobro, se houver (inciso XVII do art. 7º da CRFB).

› Pagamento das férias proporcionais, acrescidas do 1/3 constitucional.

› Pagamento do décimo terceiro salário integral e proporcional.

› Percepção do seguro-desemprego.

› Saque dos depósitos de sua conta vinculada no FGTS (inciso II do art. 20 da Lei n. 8.036/90).

Em caso de extinção da empresa por motivo de força maior a indenização de 40% sobre o FGTS será devida pela metade, isto é, 20% (inciso II do art. 502 da CLT).

ATENÇÃO

Embora a Lei n. 7.998/90 não preveja expressamente a hipótese de concessão de seguro-desemprego ao empregado dispensado em razão de extinção da empresa, grande parte da doutrina entende que o trabalhador faz jus a tal benefício, já que a hipótese muito se assemelha à dispensa sem justa causa.

16.2.11 Rescisão do contrato de trabalho por morte do empregador pessoa física

De conformidade com o § 2º do art. 483 da CLT no caso de morte do empregador constituído em empresa individual (pessoa física), é facultado ao empregado rescindir o contrato de trabalho.

Neste caso, o citado artigo prevê as seguintes hipóteses:

1) Se a empresa individual encerrar a sua atividade, o empregado estará automaticamente dispensado.

2) Se outra pessoa continuar com o negócio, o empregado poderá escolher entre rescindir o contrato ou continuar trabalhando.

Se o empregado escolher sair da empresa não terá de dar aviso prévio ao empregador.

Em tal caso, o empregado tem direito ao:

> Pagamento do saldo de salário, se houver.
> Pagamento do aviso prévio (*caput* do art. 487 e § 2º do art. 483, ambos da CLT).
> Pagamento das férias vencidas, simples (*caput* do art. 130 da CLT) ou em dobro (*caput* do art. 137 da CLT e Súmula n. 81 do TST), se houver.
> Pagamento do 1/3 constitucional sobre as férias vencidas, simples ou em dobro, se houver (inciso XVII do art. 7º da CRFB).
> Pagamento das férias proporcionais, acrescidas do 1/3 constitucional (parágrafo único do art. 146 e § 2º do art. 483 da CLT; e inciso XVII do art. 7º da CRFB).
> Pagamento do décimo terceiro salário integral e proporcional (art. 3º da Lei n. 4.090/62 e § 2º do art. 483 da CLT).
> Pagamento da indenização compensatória ou multa de 40% sobre o montante de todos os depósitos efetuados na conta vinculada do empregado no FGTS.
> Saque dos depósitos de sua conta vinculada no FGTS (inciso II do art. 20 da Lei n. 8.036/90).
> Percepção do seguro-desemprego (inciso I do art. 2º da Lei n. 7.998/90 c/c § 2º do art. 483 da CLT).

ATENÇÃO

De acordo com a doutrina, como o § 2º do art. 483 da CLT faculta ao empregado dar por rescindido o contrato no caso de morte do empregador firma individual, a situação torna-se idêntica à **dispensa indireta** (equivale a uma dispensa indireta — rescisão do contrato por ato do empregado, em decorrência de justa causa praticada pelo empregador).

16.2.12 Rescisão do contrato de trabalho intermitente sem justa causa

À exceção das hipóteses a que se referem o art. 482 (justa causa praticada pelo empregado) e art. 483 da CLT (justa causa praticada pelo empregador), na hipótese de extinção do contrato de trabalho intermitente, sem justa causa, serão devidas as seguintes verbas rescisórias (art. 5º da Portaria MTP n. 671/2021):

> Pagamento do saldo de salário, se houver.
> Pagamento do aviso prévio (indenizado), calculado com base na média dos valores recebidos pelo empregado no curso do contrato de trabalho intermitente.

> Pagamento da indenização de 40% sobre o saldo do Fundo de Garantia do Tempo de Serviço, FGTS (§ 1º do art. 18 da Lei n. 8.036/90).

> Saque do saldo da conta vinculada do trabalhador no FGTS, na forma do inciso I do art. 20 da Lei n. 8.036/90.

Além destas, o empregado também tem direito às verbas rescisórias abaixo:

> Pagamento das férias proporcionais, acrescidas do 1/3 constitucional, caso não tenham sido pagas quando do término da prestação de serviços na última convocação.

> Pagamento do décimo terceiro salário proporcional, caso não tenha sido pago quando do término da prestação de serviços na última convocação.

IMPORTANTE

A Portaria MTB n. 349/2018, revogada pela Portaria MTP n. 671, de 06-11-2021, previa no art. 5º que as verbas rescisórias e o aviso prévio deveriam ser calculados com base na média dos valores recebidos pelo empregado no curso do contrato de trabalho intermitente, e no cálculo da média deveriam ser considerados apenas os meses durante os quais o empregado houvesse recebido parcelas remuneratórias no intervalo dos últimos doze meses ou o período de vigência do contrato de trabalho intermitente, se este for inferior a doze meses. Já o art. 37 da MTP n. 671/2021 prevê que as verbas rescisórias e o aviso prévio deverão ser calculados com base na média dos valores recebidos pelo empregado no curso do contrato de trabalho intermitente, mesmo que em período superior a doze meses.

CAPÍTULO 17

Aspectos Relacionados à Competência da Justiça do Trabalho

17.1 Da Competência em Razão da Matéria

A competência da Justiça do Trabalho está disciplinada no art. 114 da CRFB, de conformidade com as alterações trazidas pela Emenda Constitucional n. 45/2004.

Assim, em casos específicos, ao elaborar a peça inicial da prova prático-profissional deve-se observar o que se expõe a seguir.

17.1.1 Ação em que se pleiteia indenização por dano moral

Tal ação é intentada visando à reparação dos danos causados em virtude de ofensa à honra, à imagem, à intimidade, à liberdade de ação, à autoestima, à saúde, ao lazer e à integridade física do trabalhador (art. 223-C da CLT), em decorrência de ato praticado pelo tomador de serviços, desde que o fato esteja relacionado com o contrato de trabalho.

Também pode ser ajuizada pela empresa contra o trabalhador no caso de reparação dos danos causados à imagem, à marca, ao nome, ao segredo empresarial e ao sigilo da correspondência da pessoa jurídica (art. 223-D da CLT).

Segundo o inciso VI do art. 114 da CRFB, compete à Justiça do Trabalho apreciar pedidos de indenização por dano moral ou patrimonial, decorrentes da relação de trabalho.

Exemplos de casos mais frequentes que ensejam o pedido de indenização por parte do trabalhador:

> ❯ trabalho escravo;

IMPORTANTE

Os elementos caracterizadores da redução da pessoa à condição análoga à de escravidão estão previstos no art. 140 do CP (Decreto-lei n. 2.848/40): submeter o trabalhador a trabalhos forçados e jornada exaustiva; condições degradantes de trabalho; restrição, por qualquer meio, do direito de locomoção; reter documentos ou objetos pessoais do trabalhador; manter vigilância ostensiva.

> assédio moral;
> *bullying* no trabalho;
> assédio sexual;

OBSERVAÇÃO

Para a doutrina e a jurisprudência, o **assédio moral** e o **assédio sexual** apresentam conceitos distintos. O **assédio sexual** pode se caracterizar no caso em que o agressor se vale de sua superior posição hierárquica para exigir favores sexuais de seu subordinado sob grave ameaça de perda de benefícios ou mesmo de rescisão do contrato de trabalho. Já o **assédio moral** se caracteriza pelo comportamento repetitivo e abusivo do empregador ou de seus prepostos, de natureza psicológica, na qual o agressor tem como intuito desqualificar o trabalhador e desestabilizá-lo emocionalmente, expondo-o a situações constrangedoras, humilhantes, degradantes, que podem culminar, inclusive, com a perda do emprego.

> revista pessoal de controle, desde que ofensiva da intimidade e da dignidade do empregado;
> empregado vitimado por falsa notícia oriunda do departamento médico da empresa empregadora, de que está acometido de doença grave ou contagiosa;
> justa causa ofensiva da honra levianamente imputada, se se confere publicidade ao ato;
> informações desabonadoras da conduta do empregado, prestadas pelo empregador por meio das conhecidas "listas negras", depois da resilição contratual;
> despedida do empregado por preconceito sexual;
> empresa que elabora uma planilha para controlar as idas ao banheiro dos empregados que prestam serviços de *telemarketing* e distribui a planilha entre os próprios empregados;
> empregador que comprovadamente dispensa empregado, sem justa causa, em razão do fato de o trabalhador ter ajuizado ação na Justiça do Trabalho contra a empresa, buscando punir o obreiro e intimidar os outros empregados a não acionar a Justiça.

Também enseja o pedido de pagamento de uma indenização por danos morais a hipótese em que o trabalhador que não teve a sua carteira de trabalho devidamente anotada pelo empregador, bem como foi dispensado e não recebeu os valores das verbas resilitórias. Isto porque o inadimplemento das verbas rescisórias sem justificativa, somado ao fato de que o ex-empregado tenha ficado impossibilitado de receber as parcelas do seguro-desemprego e de sacar o saldo do FGTS, em razão da falta de anotação do contrato de trabalho na CTPS, tem como consequência a privação do trabalhador aos seus meios de subsistência, o que acaba por ferir a sua dignidade. Apesar de nem sempre a empresa devedora incorrer em danos morais, em relação às verbas rescisórias, o descumprimento das obrigações legais e contratuais por parte do empregador acaba por atentar contra a honra e a dignidade do empregado, bem como os seus direitos de personalidade, dando margem ao pedido de pagamento de uma indenização por danos morais.

IMPORTANTE

Dispõe o art. 233-A da CLT que "aplicam-se à **reparação de danos de natureza extrapatrimonial** decorrentes da relação de trabalho apenas os dispositivos deste Título". Isso significa que o dano extrapatrimonial deverá ser exclusivamente regulado pelo Título II-A da CLT, incluído pela Lei n. 13.467, de 13-7-2017, excluindo, portanto, as previsões do Código Civil, que tratam sobre a responsabilidade civil.

Com isso, a nova regra **excluiu** a **responsabilidade objetiva,** prevista no parágrafo único do art. 927 do Código Civil, aplicável na hipótese em que o trabalho exercido causar risco anormal de dano ao empregado. De acordo com a teoria da responsabilidade objetiva, a empresa poderá ser considerada responsável (e, portanto, terá o dever de pagar indenizações correspondentes aos danos causados) independente de culpa. Tendo sido excluída a responsabilidade objetiva, será relevante apurar a culpa da empresa, não bastando a existência do dano (e do nexo causal) para que haja o dever de indenizar.

Antes da alteração da CLT, a jurisprudência trabalhista vinha firmando o entendimento no sentido de que a teoria da responsabilidade objetiva seria aplicada quando a atividade exercida pelo trabalhador fosse de risco, conforme interpretação da parte final do parágrafo único do art. 927 do CC ("Haverá obrigação de reparar o dano, independentemente de culpa (...) quando a atividade normalmente desenvolvida pelo autor do dano implicar, por sua natureza, risco para os direitos de outrem").

Portanto, doravante se deverá observar os dispositivos específicos da CLT que tratam sobre a reparação de dano extrapatrimonial, considerado como aquele causado por ação ou omissão, que ofenda a esfera moral ou existencial da pessoa física ou jurídica, as quais são as **titulares exclusivas** do direito à reparação (art. 223-B da CLT).

Assim, de acordo com o art. 223-B da CLT, o ofendido, na esfera moral ou existencial, terá o direito exclusivo de buscar a reparação da lesão extrapatrimonial, excluindo a possibilidade de os sucessores e os demais titulares do direito postularem a reparação.

Já o art. 223-C da CLT discorre sobre os bens imateriais passíveis de reparação extrapatrimonial, quais sejam "a honra, a imagem, a intimidade, a liberdade de ação, a autoestima, a sexualidade, a saúde, o lazer e a integridade física".

No caso da **pessoa jurídica**, os bens imateriais passíveis de reparação extrapatrimonial são a imagem, a marca, o nome, o segredo empresarial e o sigilo da correspondência (art. 223-D da CLT).

O art. 223-E da CLT prevê que serão "responsáveis pelo dano extrapatrimonial todos os que tenham colaborado para a ofensa ao bem jurídico tutelado, na proporção da ação ou da omissão". Portanto, a reparação do dano será proporcional ao dolo ou culpa do agressor.

O art. 223-G da CLT relaciona os fatores que servirão de parâmetro para a fixação do valor da indenização pelo juiz, quais sejam:

a) a natureza do bem jurídico tutelado;

b) a intensidade do sofrimento ou da humilhação;

c) a possibilidade de superação física ou psicológica;

d) os reflexos pessoais e sociais da ação ou da omissão;

e) a extensão e a duração dos efeitos da ofensa;

f) as condições em que ocorreu a ofensa ou o prejuízo moral;

g) o grau de dolo ou culpa;

h) a ocorrência de retratação espontânea;

i) o esforço efetivo para minimizar a ofensa;

j) o perdão, tácito ou expresso;

k) a situação social e econômica das partes envolvidas;

l) o grau de publicidade da ofensa.

Porém, ao prever que será observado o grau de dolo ou culpa, o inciso VII do art. 223-G excluiu a possibilidade de o juiz utilizar como parâmetro a responsabilidade objetiva.

O § 1º art. 223-G da CLT prevê os **parâmetros de fixação do valor**, que deverão ser observados pelo juiz, caso venha a julgar procedente o pedido de indenização, na situação em que ofendido é **pessoa física**:

a) **para ofensas de natureza leve**, o valor da indenização poderá ser estipulado em até 3 vezes o último salário contratual do empregado ofendido;

b) **para ofensa de natureza média**, o valor da indenização poderá ser estipulado em até 5 vezes o último salário contratual do empregado ofendido;

c) **para ofensa de natureza grave**, o valor da indenização poderá ser estipulado em até 20 vezes o último salário contratual do empregado ofendido;

d) **para ofensa de natureza gravíssima**, o valor da indenização poderá ser estipulado em até 50 vezes o último salário contratual do empregado ofendido.

Portanto, na estipulação do valor da indenização, o juiz irá observar o valor do último salário contratual do empregado ofendido e o grau da ofensa (de natureza leve, média, grave ou gravíssima), sendo vedada a acumulação de parâmetros (§ 1º art. 223-G da CLT).

No caso de o ofendido ser **pessoa jurídica**, a indenização será fixada pelo juiz com observância dos mesmos parâmetros estabelecidos acima, mas devendo ser levado em consideração o valor do salário contratual do empregado ofensor (§ 2º do art. 223-G da CLT).

Ocorrendo a **reincidência** entre as mesmas partes, em condenação em processo anterior, com mesma espécie de pedido, o juízo poderá elevar ao dobro o valor da indenização (§ 3º do art. 223-G da CLT).

Preveem, ainda, as novas regras da CLT que a reparação por danos extrapatrimoniais pode ser pedida cumulativamente com a **indenização por danos materiais** decorrentes do mesmo ato lesivo (*caput* do art. 223-F da CLT). Nesse caso, havendo a cumulação de pedidos, o juízo, ao proferir a decisão, irá discriminar o valor da indenização devida a título de danos patrimoniais e o valor das reparações por danos de natureza extrapatrimonial (§ 1º do art. 223-F da CLT).

As novas regras preveem, também, que a composição das perdas e danos, assim compreendidos os lucros cessantes e os danos emergentes, não irão interferir na avaliação dos danos extrapatrimoniais (§ 2º do art. 223-F da CLT).

De conformidade com a Instrução Normativa n. 39/2016 do Tribunal Superior do Trabalho, é aplicável ao Processo do Trabalho o inciso V do art. 292 do CPC, no qual o reclamante deverá informar na peça inicial o valor pretendido do pedido indenizatório. Inobstante as Instruções Normativas do TST não terem caráter vinculante, ou seja, não são de observância obrigatória pelas instâncias inferiores, por meio delas o TST sinaliza como irá aplicar na prática as normas interpretadas por tais Instruções.

17.1.2 Ação em que se pleiteia indenização por dano moral decorrente de acidente de trabalho ou doença ocupacional

Em inúmeras decisões, os tribunais trabalhistas têm manifestado o entendimento de que a Justiça do Trabalho é competente para apreciar pedido de dano moral que tem como origem acidente do trabalho, sofrido por um empregado em uma relação de emprego. Tal entendimento baseia-se no inciso IV do art. 114 da CRFB, alterado em 2004 pela Emenda Constitucional n. 45.

Tais decisões encontram amparo na Súmula Vinculante n. 22 do STF, na qual "a Justiça do Trabalho é competente para processar e julgar as ações de indenização por danos morais e patrimoniais decorrentes de acidente de trabalho propostas por empregado contra empregador, inclusive aquelas que ainda não possuíam sentença de mérito em primeiro grau quando da promulgação da Emenda Constitucional n. 45/2004".

No que diz respeito ao prazo prescricional para propor a ação de reparação, deve-se aplicar a prescrição trabalhista, prevista no inciso XXIX do art. 7º da CRFB e no *caput* do art. 11 da CLT, e não a prescrição de 3 anos, prevista no inciso V do § 3º do art. 206 do CC. Na prática, alguns juízes de primeiro grau têm aplicado a norma do Código Civil em vez da prescrição prevista na Constituição Federal.

Exemplos de situações em que é cabível o pedido de indenização: quando da ocorrência de acidente de trabalho por culpa do empregador, em que o empregado sofreu lesão permanente; empregada que adquiriu doença profissional, como tendinite nos punhos, em função das atividades desempenhadas na empresa etc.

IMPORTANTE

Segundo a jurisprudência pacificada do TST, os pressupostos para a indenização por danos decorrentes de acidente de trabalho regem-se pelas regras de responsabilidade subjetiva, ou seja, exige-se a culpa da empresa.

Continuam sob a competência da Justiça Comum Estadual as ações acidentárias contra o Instituto Nacional de Previdência Social, INSS, referentes a benefícios previdenciários decorrentes de acidentes de trabalho (ações que envolvem segurados e INSS). Como exemplo, podem-se citar as causas nas quais os trabalhadores contestam o valor do auxílio-acidente recebido em razão de acidente de trabalho. Portanto, cabe à Justiça Comum Estadual julgar a ações indenizatórias propostas pelo segurado contra o INSS, com o objetivo de obter o benefício e serviços previdenciários relativos ao acidente de trabalho, ficando sob a incumbência da Justiça do Trabalho julgar as ações de indenização por danos morais e patrimoniais decorrentes de acidente do trabalho propostas pelo empregado contra empregador.

17.1.3 Ação movida pelos herdeiros, sucessores ou dependentes do trabalhador falecido em que se pleiteia indenização por acidente de trabalho

Também é da competência da Justiça do Trabalho o julgamento de ação de indenização por acidente de trabalho movida pelos herdeiros, sucessores ou dependentes do trabalhador falecido. Este é o entendimento firmado pela Corte Especial do Superior Tribunal de Justiça, que revogou a Súmula n. 366, a qual estabelecia a competência da Justiça Comum Estadual para o julgamento de ação indenizatória proposta por viúva e filhos de empregado falecido em decorrência de acidente de trabalho. Tal mudança ocorreu em razão de jurisprudência do Supremo Tribunal Federal, firmada após a Emenda Constitucional n. 45/2004.

Para o Supremo Tribunal Federal é irrelevante para a definição da competência da Justiça do Trabalho que a ação de indenização não tenha sido proposta pelo empregado, mas por seus sucessores.

17.1.4 Ações relativas a penalidades administrativas

De acordo com o inciso VII do art. 114 da CRFB compete à Justiça do Trabalho processar e julgar as ações relativas às penalidades administrativas impostas aos empregadores pelos órgãos de fiscalização (pelos fiscais do trabalho) das relações de trabalho.

Neste caso, a Justiça do Trabalho é competente para julgar as ações que tenham como objeto penalidades administrativas aplicadas ao empregador pelos órgãos de fiscalização das relações de trabalho.

Exemplo: no caso de penalidades impostas pelos fiscais do trabalho ao empregador pela não observância de regras relativas às relações de trabalho.

Em tais casos, há a possibilidade de a empresa autuada apresentar defesa administrativa, no prazo de 10 dias, contados do recebimento do auto (§ 3º do art. 629 da CLT), e recurso administrativo, no prazo de 10 dias, contados do recebimento da notificação, perante a autoridade que houver imposto a multa, a qual encaminhará o recurso à autoridade da instância superior (*caput* do art. 636 da CLT). Ou, então, a empresa infratora pode buscar a declaração judicial de insubsistência do auto de infração, com a consequente anulação da multa administrativa.

Na prática, dificilmente tem sucesso a apresentação de defesa por meio do processo administrativo, mostrando-se preferível buscar o cancelamento do auto de infração diretamente na Justiça Laboral.

OBSERVAÇÃO

A ação pode ser nominada de **Ação Anulatória de Auto de Infração**, e deve ser movida contra a União Federal.

17.1.5 Ação de cobrança de honorários advocatícios

A Subseção Especializada em Dissídios Individuais I do Tribunal Superior do Trabalho tem manifestado o entendimento que a Justiça do Trabalho é incompetente para julgar ação de cobrança de honorários advocatícios ajuizada por profissional liberal contra o cliente. Para aquele Órgão, a relação entre um advogado e seu cliente é considerada uma relação de consumo, regulada pelo Código de Defesa do Consumidor (Lei n. 8.078/90), e não uma relação de trabalho, não sendo aplicável, então, o inciso I do art. 114 da Constituição Federal.

Tal entendimento também tem se baseado na previsão contida na Súmula n. 363 do STJ, segundo a qual é da competência da Justiça Comum Estadual processar e julgar ações de cobrança ajuizada por profissionais liberais contra clientes.

Segundo alguns julgados da Corte Superior Trabalhista, no contrato de prestação de serviço de mandato o objeto principal não é a relação de trabalho, mas a de representação. Desta forma, o pedido e a causa de pedir da ação acabam não tendo natureza trabalhista, mas cível.

Assim, as ações de cobrança de honorários advocatícios devem ser ajuizadas na Justiça Comum Estadual, e não na Justiça Trabalhista.

Por se tratar de incompetência absoluta, pode até mesmo ser conhecida de ofício pelo juízo de primeiro grau, bem como pode ser alegada em qualquer tempo e grau de jurisdição, independentemente de exceção.

OBSERVAÇÃO

Com a inclusão do art. 791-A na CLT pela Lei n. 13.467, de 13-7-2017, são devidos honorários advocatícios tanto nas lides que não derivem de relação de emprego, quanto nas decorrentes das relações empregatícias, isto é, que envolvam trabalhadores regidos pela CLT (empregados) e pela Lei Complementar n. 150/2015 (domésticos). Tal dispositivo não trata sobre **honorários advocatícios contratuais**, em que o Superior Tribunal de Justiça já consolidou seu entendimento pela competência da Justiça Estadual nas ações relacionadas à cobrança de honorários advocatícios (Súmula n. 363 do STJ), mas de **honorários advocatícios sucumbenciais**, que são cobrados da parte vencida nos próprios autos da ação trabalhista, quando da execução do julgado.

17.2 Da Competência em Razão das Pessoas

No que tange à competência da Justiça do Trabalho em razão das pessoas, deve-se observar o seguinte: de acordo com o inciso I do art. 114 da CRFB, compete à Justiça do Trabalho processar e julgar as ações oriundas da **relação de trabalho**, abrangidos os entes de direito público externo e da administração pública direta e indireta da União, dos Estados, do Distrito Federal e dos Municípios.

Inobstante tal previsão constitucional, a Justiça do Trabalho somente é competente para apreciar demandas relativas a servidores públicos contratados pelo regime da Consolidação das Leis do Trabalho, e não para apreciar as demandas de servidores estatutários, regidos pela Lei n. 8.112/90.

Este entendimento baseia-se na medida liminar concedida pelo Supremo Tribunal Federal na Ação Direta de Inconstitucionalidade n. 3.395, que suspendeu, com efeito *ex tunc*, todo e qualquer entendimento que incluísse na competência da Justiça Laboral o julgamento de ações ajuizadas por servidores públicos vinculados ao Poder Público por relação jurídica estatutária ou de caráter jurídico-administrativo, cuja ementa transcreve-se a seguir:

> Competência. Justiça do Trabalho. Incompetência reconhecida. Causas entre o Poder Público e seus servidores estatutários. Ações que não se reputam oriundas de relação de trabalho. Conceito estrito desta relação. Feitos da competência da Justiça Comum. Interpretação do art. 114, inc. I, da CF, introduzido pela EC 45/2004. Precedentes. Liminar deferida para excluir outra interpretação. (...) O disposto no art. 114, I, da Constituição da República, não abrange as causas instauradas entre o Poder Público e servidor que lhe seja vinculado por relação jurídico-estatutária (ADI 3.395-MC, Rel. Min. Cezar Peluso, j. 5-4-2006, *DJ*, 10-11-2006).

A partir da Emenda Constitucional n. 45/2004 a Justiça do Trabalho passou a solucionar não apenas os conflitos envolvendo trabalhadores e empregadores, mas também as lides envolvendo de um lado o trabalhador *lato sensu*, independentemente da natureza jurídica do contrato a que esteja vinculado, e de outro lado, o tomador dos seus serviços, mesmo que este não seja empregador.

Neste caso, a Justiça do Trabalho é competente para resolver conflitos envolvendo trabalhadores autônomos em geral, como representantes comerciais, pedreiros, contadores, arquitetos, eletricistas, engenheiros, costureiras etc. Importante destacar que, em tais casos, o juiz não aplicará a legislação trabalhista, mas a legislação civil que regula a relação jurídica material.

Para ilustrar podemos citar o caso do representante comercial (trabalhador autônomo) que, a partir da Emenda Constitucional n. 45/2004, tem a opção de ajuizar uma ação trabalhista postulando pretensões na qualidade de representante comercial, ou mesmo pode buscar o reconhecimento da existência da relação jurídica de emprego com a parte contrária.

Em tal caso, o representante comercial pode ajuizar uma ação trabalhista formulando, exclusivamente, uma pretensão ou outra, ou ambas, em caráter sucessivo (*caput* do art. 326 do CPC). Assim, sucessivamente, pode pleitear o reconhecimento da relação de emprego, e caso tal pedido seja rejeitado, pode requerer que o juízo condene o tomador do serviço ao cumprimento das obrigações previstas no contrato de representação comercial, como, por exemplo, o pagamento de saldo de comissões e de uma indenização.

Porém, se o trabalhador postular apenas o reconhecimento da relação de emprego com o tomador de serviços, e não pleitear, sucessivamente, o exame da relação jurídica civil havida entre as partes, e não tiver sucesso, o juiz não poderá examinar a segunda relação jurídica (civil), pois esta nem sequer foi postulada na petição inicial.

17.2.1 Tipos de trabalhadores que a Justiça do Trabalho tem competência para julgar suas questões

A Justiça do Trabalho tem competência para julgar as questões envolvendo:
a) o empregado (art. 3º da CLT) com seu empregador (art. 2º da CLT);
b) o trabalhador doméstico com seu empregador doméstico (Lei Complementar n. 150/2015);
c) o trabalhador temporário com a empresa de trabalho temporário (Lei n. 6.019/74 e inciso III do art. 43 do Decreto n. 10.854/2021);
d) o trabalhador avulso com seus tomadores de serviços (inciso XXXIV do art. 7º da CRFB e *caput* do art. 643 da CLT);
e) o empregado de empresas públicas ou de sociedades de economia mista, que exploram atividade econômica (inciso II do § 1º do art. 173 da CRFB), com seu empregador;

534 PASSO A PASSO PARA ELABORAÇÃO DE PETIÇÕES TRABALHISTAS

f) dentre outros trabalhadores autônomos, como contadores, contabilistas, engenheiros, arquitetos, eletricistas etc., com os seus tomadores de serviços.

17.2.2 Tipos de trabalhadores que a Justiça do Trabalho não tem competência para julgar suas questões

A Justiça do Trabalho não tem competência para julgar as questões envolvendo **servidores públicos estatutários,** que são da competência da Justiça Federal, no caso de servidores públicos federais, e da Justiça Comum Estadual, no caso de servidores públicos estaduais e municipais.

17.3 Da Competência em Razão do Lugar ou Territorial

Neste caso, devem ser observadas as previsões contidas no *caput* do art. 651 da CLT.

Em regra, a ação trabalhista deve ser ajuizada no último local da prestação de serviços do empregado, mesmo que o obreiro tenha sido contratado em outra localidade ou mesmo no estrangeiro.

OBSERVAÇÃO

O Tribunal Superior do Trabalho tem entendido que o art. 651 da CLT contém uma exceção (§ 3º) para permitir que o empregado apresente reclamação no foro da celebração do contrato ou no foro da prestação de serviço, caso o empregador realize atividades fora do lugar do contrato de trabalho. Referido Tribunal tem admitido a incidência desta exceção quando o empregado é contratado em determinada localidade para prestar serviço em outra. Neste caso, ele pode optar entre o foro da celebração do contrato e o da execução do trabalho. De uma forma em geral, nos Exames da OAB, temos observado que na prova prático-profissional os avaliadores têm direcionado a competência em razão do lugar para o último local da prestação de serviços do empregado, seguindo a previsão contida no *caput* do art. 651 da CLT.

No que diz respeito ao agente ou viajante comercial empregado, deve-se atentar para as previsões contidas no § 1º do art. 651 da CLT. Em tal caso, a competência será (1ª hipótese) da Vara do Trabalho da localidade em que a empresa tenha agência ou filial e a esta o empregado esteja subordinado e, na falta destas, (2ª hipótese) da localidade em que o trabalhador tenha domicílio, ou, ainda, (3ª hipótese) a localidade mais próxima.

Capítulo 18

Dicas Finais — Como Desenvolver a Resposta das Questões Discursivas do Exame da OAB

Respeitadas as particularidades de cada caso, no desenvolvimento das respostas das questões discursivas do Exame da OAB, pode-se empregar a seguinte sequência lógica para a formulação completa da resposta:

$1^{\underline{o}}$ Passo	$2^{\underline{o}}$ Passo	$3^{\underline{o}}$ Passo
Utilizar o próprio texto da pergunta da questão para dar início à redação da resposta	Justificar a resposta (o porquê)	Indicar a norma jurídica que fundamenta a resposta (dispositivo da CLT, do CPC etc.; Súmula do TST, do STF etc.)

Exemplo: (**Exame de Ordem 2007.1**) O advogado da massa falida da empresa Ômega interpôs recurso ordinário de sentença de $1^{\underline{o}}$ grau que havia estabelecido condenação da massa falida em verbas trabalhistas de ex-empregado. Entretanto, o referido advogado não efetuou o recolhimento do preparo nem pagou as custas processuais. Nesse caso, o recurso ordinário deve ser considerado deserto? Justifique a sua resposta.

Resposta: O recurso ordinário não deve ser considerado deserto, pois não ocorre deserção de recurso da massa falida por falta de pagamento de custas ou de depósito do valor da condenação, de conformidade com a Súmula n. 86 do Tribunal Superior do Trabalho.

Assim:

1º Passo	2º Passo	3º Passo
O recurso ordinário não deve ser considerado deserto, (...)	(...) pois não ocorre deserção de recurso da massa falida por falta de pagamento de custas ou de depósito do valor da condenação, (...)	(...) de conformidade com a Súmula n. 86 do Tribunal Superior do Trabalho.

Referências

ACOMPANHAMENTO Processual: *Pet/3794 — Petição*. Disponível em: http://www.stf.jus.br/portal/processo/verProcessoAndamento.asp?numero=3794&classe=Pet&origem=AP&recurso=0&tipoJulgamento=M. Acesso em: 11 ago. 2009.

ACQUAVIVA, Marcus Cláudio. *Dicionário jurídico Acquaviva*. 5. ed. São Paulo: Jurídica Brasileira, 1993.

ALMEIDA, Amador Paes de. *Curso prático de processo do trabalho*. 20. ed. São Paulo: Saraiva, 2009.

ARRUDÃO, Bias. *Veja o debate sobre a rebelião contra o idioma forense*. Disponível em: http://www.conjur.com.br/2005-nov-16/idioma_forense_encontra_resistencia_junto_popula cao. Acesso em: 7 ago. 2010.

BRASIL. AGÊNCIA BRASIL. *Seguro-desemprego é reajustado em 3,43%*: parcela máxima passa para R$ 1.735,29. 2019. Disponível em: http://agenciabrasil.ebc.com.br/economia/noticia/2019-01/seguro-desemprego-e-reajustado-em-343. Acesso em: 25 jul. 2019a.

BRASIL. PORTAL BRASIL (Org.). *Economia e Emprego*: domésticos agora têm direito ao seguro-desemprego. 2015. Disponível em: http://www.brasil.gov.br/economia-e-emprego/2015/08/domesticos-agora-tem-direito-ao-seguro-desemprego. Acesso em: 3 dez. 2016b.

BRASIL. Supremo Tribunal Federal. *Acórdão: RE 144981 ED/RJ — Rio de Janeiro. DJ* de 8-9-1995, p. 28362. Disponível em: http://www.stf.jus.br/portal/jurisprudencia/listarJurispruden cia.asp?s1=A+garantia+constitucional+do+contradit%F3rio+imp%F5e+que+se+o u%E7a%2C+previamente%2C+a+parte+embargada+na+hip%F3tese+excepcional+ de+os+embargos+de+declara%E7%E3o&base=baseAcordaos. Acesso em: 9 jan. 2011a.

BRASIL. Supremo Tribunal Federal. A. *TST deve analisar caso a caso ações contra União que tratem de responsabilidade subsidiária, decide STF* (atualizada). Disponível em: http://www.stf.jus.br/portal/cms/verNoticiaDetalhe.asp?idConteudo=166785. Acesso em: 18 jan. 2011b.

BRASIL. Tribunal Superior do Trabalho. *PROC. TST-RR-415/2006-007-04-00.0*. Disponível em: http://aplicacao5.tst.jus.br/consultaunificada2/inteiroTeor.do?action=printInteiroTeor &format=html&highlight=true&numeroFormatado=RR%20-%2041500-82.2006.5.04. 0007&base=acordao&rowid=AAANGhAAFAAAqzBAAC&dataPublicacao=29/05/2009& query=N%E3o%20%E9%20demais%20lembrar%20que%20as%20mulheres%20que%20 trabalham%20fora%20do%20lar%20est%E3o%20sujeitas%20a%20dupla%20jornada%20 de%20trabalho,%20pois%20ainda%20realizam%20as%20atividades%20 dom%E9sticas%20quando%20retornam%20%E0%20casa. Acesso em: 14 jul. 2011c.

BRASIL. Tribunal Superior do Trabalho. Seção Especializada em Dissídios Coletivos (Org.). *Processo: Pet — 5473-59.2011.5.00.0000.* Disponível em: http://ext02.tst.jus.br/pls/ap01/ ap_red100.resumo?num_int=126626&ano_int=2011&qtd_acesso=2994795. Acesso em: 18 set. 2011d.

BRASIL. Tribunal Superior do Trabalho. Seção Especializada em Dissídios Coletivos (Org.). *Processo: Pet – 5473-59.2011.5.00.0000.* Disponível em: http://ext02.tst.jus.br/pls/ap01/ ap_red100.resumo?num_int=126626&ano_int=2011&qtd_acesso=2994795. Acesso em: 18 set. 2011e.

BRASIL. *Portaria Interministerial MPS/MF N. 26, de 10 de janeiro de 2023.* Dispõe sobre o reajuste dos benefícios pagos pelo Instituto Nacional do Seguro Social – INSS e demais valores constantes do Regulamento da Previdência Social – RPS e dos valores previstos nos incisos II a VIII do § 1º do art. 11 da Emenda Constitucional n. 103, de 12 de novembro de 2019, que trata da aplicação das alíquotas da contribuição previdenciária prevista nos arts. 4º, 5º e 6º da Lei nº 10.887, de 18 de junho de 2004. (Processo n. 10128.118262/2022-61). Disponível em: https://www.in.gov.br/web/dou/-/portaria-interministerial-mps/ mf-n-26-de-10-de-janeiro-de-2023-457160869. Acesso em: 16 fev. 2023.

BRASIL. MINISTÉRIO DO TRABALHO E EMPREGO. *Divulgada tabela anual do Seguro-Desemprego para o ano de 2023.* 2023. Disponível em: https://www.gov.br/trabalho-e-previdencia/pt-br/noticias-e-conteudo/trabalho/2023/janeiro/divulgada-tabela-anual-do-se guro-desemprego-para-o-ano-de-2023#:~:text=Obs.2%3A%20No%20ano%20de,valor%20 do%20sal%C3%A1rio%20m%C3%ADnimo%20vigente.. Acesso em: 22 fev. 2023a.

CARRION, Valentin. *Comentários à Consolidação das Leis do Trabalho.* 34. ed. São Paulo: Saraiva, 2009.

DELGADO, Maurício Godinho. *Sucessão trabalhista*: a renovação interpretativa da velha lei em vista de fatos novos. Disponível em: http://www.mg.trt.gov.br/escola/download/ revista/rev_59/Mauricio Delgado.pdf. Acesso em: 6 jul. 2010.

DIAS, Luiz Cláudio Portinho. *Prequestionamento na Justiça do Trabalho.* Artigo. Disponível em: http://jus.uol.com.br/revista/texto/1270/prequestionamento-na-justica-do-trabalho. Acesso em: 29 jan. 2011.

FUNDAÇÃO ANFIP DE ESTUDOS DA SEGURIDADE SOCIAL (Brasil). *Nova tabela de expectativa de sobrevida – IBGE.* 2017. Disponível em: http://fundacaoanfip.org.br/site/ 2017/01/nova-tabela-da-expectativa-de-sobrevida-ibge/. Acesso em: 18 ago. 2017.

HOUAISS, Antônio *et al. Dicionário Houaiss da língua portuguesa.* Rio de Janeiro: Objetiva, 2001.

MACIEL, Roger Luiz. *Linguagem jurídica*: é difícil escrever direito? 2007. Disponível em: http://www.conjur.com.br/2007-jul-25/linguagem_juridica_dificil_escrever_direito. Acesso em: 20 jun. 2009.

MACIEL, Roger Luiz. Linguagem jurídica: é difícil escrever direito? *Visão Jurídica,* São Paulo, n. 25, p. 66-69, 2008. Mensal.

MARTINS, Sergio Pinto. *Direito do trabalho.* 26. ed. São Paulo: Atlas, 2010.

MACIEL, Roger Luiz. *Direito processual do trabalho.* 29. ed. São Paulo: Atlas, 2009.

MARTINS FILHO, Ives Gandra da Silva. *Manual de direito e processo do trabalho.* 18. ed. São Paulo: Saraiva, 2009.

MEIRELLES, Hely Lopes. *Direito administrativo brasileiro.* 14. ed. São Paulo: Revista dos Tribunais, 1989.

REFERÊNCIAS

MEIRELLES, Hely Lopes. *Mandado de segurança e ação popular.* 9. ed. São Paulo: Revista dos Tribunais, 1983.

MINAS GERAIS. *Guia do Cidadão.* Legislação Tributária: Continência (Direito Processual). Disponível em: http://guia.ipatinga.mg.gov.br/dic_glos.asp?page = 83&LastPage = 0&R egCount = 0&stpesq = 3&PagAbs = 82&PagSize = 10&cdprofissid = 0&cdatividadeint = d ic_glos&cdsiteid = 0&nmtermo = &cdtemaid = 0&cdsttermo = 1. Acesso em: 20 jun. 2009.

MORAES FILHO, Evaristo de. *Sucessão nas obrigações e a teoria da empresa.* Rio de Janeiro: Forense, 1960, v. 2. *apud* SENA, Adriana Goulart de. *A nova caracterização da sucessão trabalhista.* São Paulo: LTr, 2003.

NASCIMENTO, Amauri Mascaro. *Curso de direito do trabalho.* 23. ed. São Paulo: Saraiva, 2008.

NASCIMENTO, Amauri Mascaro. *Curso de direito processual do trabalho.* 24. ed. São Paulo: Saraiva, 2009a.

NASCIMENTO, Amauri Mascaro. *Iniciação ao direito do trabalho.* 34. ed. São Paulo: LTr, 2009b.

NASCIMENTO, Amauri Mascaro. *Iniciação ao processo do trabalho.* 2. ed. São Paulo: Saraiva, 2007.

NERY JUNIOR, Nelson *et al. Comentários ao Código de Processo Civil*: Novo CPC – Lei 13.105/2015. São Paulo: Revista dos Tribunais, 2015.

ORDEM DOS ADVOGADOS DO BRASIL (OAB). Regional Espírito Santo. *Provimento n. 144/2011.* Dispõe sobre o Exame de Ordem. Disponível em: http://www.oabes.org.br/ site_media/oab/uploads/documentos/pdf/2011/06/22/Provimento_144_Exame_de_Or dem.pdf. Acesso em: 20 jun. 2011.

SANTOS, Karla. *Responsabilidade do sucedido na sucessão trabalhista.* Disponível em: http:// www.direitonet.com.br/artigos/exibir/684/Responsabilidade-do-sucedido-na-suces-sao-trabalhista. Acesso em: 11 ago. 2009.

THEODORO JÚNIOR, Humberto. *Curso de direito processual civil.* 13. ed. São Paulo: Forense, 1994.

THEODORO JÚNIOR, Humberto. *Curso de direito processual civil.* 44. ed. Rio de Janeiro: Forense, 2009. v. 2.

TOSTES MALTA, Cristovão Piragibe. *Prática do processo trabalhista.* 28. ed. São Paulo: LTr, 1997.